狭山ヶ丘高等学校

〈収録内容〉

2024 年度 …………………… 第１回推薦 （英・国）
第２回推薦 （国）
第３回推薦 （数・英）
一般 （数）

2023 年度 …………………… 第１回推薦 （英・国）
第２回推薦 （数・国）
第３回推薦 （数・英）

2022 年度 …………………… 第１回推薦 （英・国）
第２回推薦 （数・国）
第３回推薦 （数・英）

2021 年度 …………………… 第１回推薦 （数・国）
第２回推薦 （数・英・国）
第３回推薦 （英）

DL 2020 年度 …………………… 第１回推薦 （数・英）
第３回推薦 （数・英）

QR コードから ⇒

解答用紙　過去年度　非対応 リスニング

※データのダウンロードは 2025 年 3 月末日まで。
※データへのアクセスには、右記のパスワードの入力が必要となります。 ⇒ 903507

〈合格最低点〉

※学校からの合格最低点の発表はありません。

本書の特長

実戦力がつく入試過去問題集

▶ 問題 …………… 実際の入試問題を見やすく再編集。

▶ 解答用紙 …… 実戦対応仕様で収録。

▶ 解答解説 …… 詳しくわかりやすい解説には、難易度の目安がわかる「基本・重要・やや難」の分類マーク つき（下記参照）。各科末尾には合格へと導く「ワンポイントアドバイス」を配置。採点に便利な配点つき。

入試に役立つ分類マーク

基本 確実な得点源！
受験生の 90%以上が正解できるような基礎的、かつ平易な問題。
何度もくり返して学習し、ケアレスミスも防げるようにしておこう。

重要 受験生なら何としても正解したい！
入試では典型的な問題で、長年にわたり、多くの学校でよく出題される問題。
各単元の内容理解を深めるのにも役立てよう。

やや難 これが解ければ合格に近づく！
受験生にとっては、かなり手ごたえのある問題。
合格者の正解率が低い場合もあるので、あきらめずにじっくりと取り組んでみよう。

合格への対策、実力錬成のための内容が充実

▶ 各科目の出題傾向の分析、合否を分けた問題の確認で、入試対策を強化！

▶ その他、学校紹介、過去問の効果的な使い方など、学習意欲を高める要素が満載！

解答用紙ダウンロード 解答用紙はプリントアウトしてご利用いただけます。弊社ＨＰの商品詳細ページよりダウンロードしてください。トビラのＱＲコードからアクセス可。

UD FONT 見やすく読みまちがえにくいユニバーサルデザインフォントを採用しています。

狭山ヶ丘高等学校

普通科
生徒数　828名
〒358-0011
埼玉県入間市下藤沢981
☎04-2962-3844
西武池袋線武蔵藤沢駅　徒歩13分
西武新宿線入曽駅・狭山市駅、JR八高線箱根ヶ崎駅、JR川越線・東武東上線川越駅より　スクールバス(無料)

「生まれつきの能力差なんかない！」充実の学校生活と県内屈指の進学実績 面倒見の良い教育がその原動力

URL	https://www.sayamagaoka-h.ed.jp/

プロフィール

才能を開花させる「自己観察教育」

創立は1960年（昭和35年）。2020年（令和2年）には創立60周年を迎えた。「黙想・茶道・対話」という３つの柱を教育の中心に据え、日本や社会を牽引する立派な人間を育てる学校だ。ゼミと呼ばれる多種多彩な補習や講習を展開し、それらは全て学校が運行するスクールバスと同様に無料である。2013年には付属中学校が開校し、併設校にはさやまが丘幼稚園（日高市）がある。

環境

全館冷暖房完備の充実した施設

狭山茶の名産地、入間市に位置し、校舎はすべて冷暖房完備。また、最大夜９時まで自習できる特別自習室、サッカーグラウンド・野球場・弓道場・多目的グラウンド・テニスコートを備えた「総合グラウンド」、400人収容の講堂や、視聴覚室、理科実験室、音楽室など施設も充実している。さらに2014年には体育館が、2015年（平成27年）には、約300人収容できる生徒ホールに加え売店も完備されている２号館が完成するなど、全ての施設が新しくきれいである。加えて、2020年（令和２年）６月には総合グラウンドにはクラブハウス棟も竣工し、県内随一の充実した学習環境を誇っている。

夜９時まで使用できる自習室

校舎風景

カリキュラム

さらなる飛躍へ４つの類系を設置

生徒のほぼ全員が大学進学を目指す狭山ヶ丘には、高い学力と志を具現化するための次の４つのコースがある。自分の大学進学志望、希望する高校生活などを考えてコースを選択することができる。

◇Ⅰ類（難関国立進学コース）
東京大学をはじめとした最難関国立大学への現役合格を可能にするカリキュラムを設定。進度の早い先取り学習や徹底した問題実践演習を取り入れながら、少数精鋭のクラス編成で学習する。

◇Ⅱ類（特別進学コース）
難関国公立大学や早慶上理等の難関私立大学への現役合格を可能にするカリキュラムを設定。授業内での教科書の早期学習や多くの問題実践演習に重点を置く。

◇Ⅲ類（総合進学コース）
多彩な活動を展開しやすい無理のないカリキュラムを設定し、着実に学習することを可能にすることで、上位の大学への現役合格を目指す。

◇Ⅳ類（スポーツ・文化進学コース）
当該スポーツ・文化活動を３年間継続して行う意思のあるサッカー部・野球部・女子バレーボール部・吹奏楽部・陸上部・弓道部等の強化クラブの生徒で主に構成され、高い能力を培うだけでなく、私立文系大学への現役合格を目指す（事前に部顧問との相談が必要）。

Ⅰ～Ⅲ類では入学後に年度ごと、学力による再編成を行う。数字の大きくなる類への変更は希望のみで可能。Ⅰ・Ⅱ類での次年度継続、さらに数字の小さくなる類への変更は、希望だけでなく所定の学力要件を満たす必要がある。

学校生活

クラブ活動に数多くの実績

部活動も盛んで、サッカー・女子バレーボール・野球・陸上・吹奏楽・弓道部の各部を強化クラブに指定している。野球部は2020年夏季埼玉県高等学校野球大会で優勝し、女子バレーボール部は関東大会に8年連続10回目の出場、吹奏楽部も西関東大会に出場している。運動系18、文化系20の部活動・同好会がある。

学校行事には、ベルーナドーム（旧西武ドーム）で行われる体育祭、笑顔溢れる文化祭の狭丘祭、海外での修学旅行（コロナ禍は国内実施）のほか、スキーの宿泊行事や希望者対象の海外語学研修もある。

ベルーナドーム（旧西武ドーム）体育祭

進路

急速に伸びる進学実績

2024年は、東京大学2名、国公立大学医学部1名等の国公立45名、早稲田・慶應・上智・東京理科が42名、GMARCHが121名という、素晴らしい進学実績を誇る。特に、東京大学へは2年連続で2名の合格者を輩出しており、学校環境や教科指導力の高さを証明している。授業以外の時間に自ら学習する「自学自習」のできる人間を育てている学校であり、その成果は如実に表れている。

過去問の効果的な使い方

① **はじめに**　入学試験対策に的を絞った学習をする場合に効果的に活用したいのが「過去問」です。なぜならば，志望校別の出題傾向や出題構成，出題数などを知ることによって学習計画が立てやすくなるからです。入学試験に合格するという目的を達成するためには，各教科ともに「何を」「いつまでに」やるかを決めて計画的に学習することが必要です。目標を定めて効率よく学習を進めるために過去問を大いに活用してください。また，塾に通われていたり，家庭教師のもとで学習されていたりする場合は，それぞれのカリキュラムによって，どの段階で，どのように過去問を活用するのかが異なるので，その先生方の指示にしたがって「過去問」を活用してください。

② **目的**　過去問学習の目的は，言うまでもなく，志望校に合格することです。どのような分野の問題が出題されているか，どのレベルか，出題の数は多めか，といった概要をまず把握し，それを基に学習計画を立ててください。また，近年の出題傾向を把握することによって，入学試験に対する自分なりの感触をつかむこともできます。

過去問に取り組むことで，実際の試験をイメージすることもできます。制限時間内にどの程度までできるか，今の段階でどのくらいの得点を得られるかということも確かめられます。それによって必要な学習量も見えてきますし，過去問に取り組む体験は試験当日の緊張を和らげることにも役立つでしょう。

③ **開始時期**　過去問への取り組みは，全分野の学習に目安のつく時期，つまり，9月以降に始めるのが一般的です。しかし，全体的な傾向をつかみたい場合や，学習進度が早くて，夏前におおよその学習を終えている場合には，7月，8月頃から始めてもかまいません。もちろん，受験間際に模擬テストのつもりでやってみるのもよいでしょう。ただ，どの時期に行うにせよ，取り組むときには，集中的に徹底して取り組むようにしましょう。

④ **活用法**　各年度の入試問題を全問マスターしようと思う必要はありません。できる限り多くの問題にあたって自信をつけることは必要ですが，重要なのは，志望校に合格するためには，どの問題が解けなければいけないのかを知ることです。問題を制限時間内にやってみる。解答で答え合わせをしてみる。間違えたりできなかったりしたところについては，解説をじっくり読んでみる。そうすることによって，本校の入試問題に取り組むことが今の自分にとって適当かどうかが，はっきりします。出題傾向を研究し，合否のポイントとなる重要な部分を見極めて，入学試験に必要な力を効率よく身につけてください。

数学

各都道府県の公立高校の入学試験問題は，中学数学のすべての分野から幅広く出題されます。内容的にも，基本的・典型的なものから思考力・応用力を必要とするものまでバランスよく構成されています。私立・国立高校では，中学数学のすべての分野から出題されることには変わりはありませんが，出題形式，難易度などに差があり，また，年度によっての出題分野の偏りもあります。公立高校を含め，ほとんどの学校で，前半は広い範囲からの基本的な小問群，後半はあるテーマに沿っての数問の小問を集めた大問という形での出題となっています。

まずは，単年度の問題を制限時間内にやってみてください。その後で，解答の答え合わせ，解説での研究に時間をかけて取り組んでください。前半の小問群，後半の大問の一部を合わせて50%以上の正解が得られそうなら多年度のものにも順次挑戦してみるとよいでしょう。

英語

英語の志望校対策としては，まず志望校の出題形式をしっかり把握しておくことが重要です。英語の問題は，大きく分けて，リスニング，発音・アクセント，文法，読解，英作文の5種類に分けられます。リスニング問題の有無(出題されるならば，どのような形式で出題されるか)，発音・アクセント問題の形式，文法問題の形式(語句補充，語句整序，正誤問題など)，英作文の有無(出題されるならば，和文英訳か，条件作文か，自由作文か) など，細かく具体的につかみましょう。読解問題では，物語文，エッセイ，論理的な文章，会話文などのジャンルのほかに，文章の長さも知っておきましょう。また，読解問題でも，文法を問う問題が多いか，内容を問う問題が多く出題されるか，といった傾向をおさえておくことも重要です。志望校で出題される問題の形式に慣れておけば，本番ですんなり問題に対応することができますし，読解問題で出題される文章の内容や量をつかんでおけば，読解問題対策の勉強として，どのような読解問題を多くこなせばよいかの指針になります。

最後に，英語の入試問題では，なんと言っても読解問題でどれだけ得点できるかが最大のポイントとなります。初めて見る長い文章をすらすらと読み解くのはたいへんなことですが，そのような力を身につけるには，リスニングも含めて，総合的に英語に慣れていくことが必要です。「急がば回れ」ということわざの通り，志望校対策を進める一方で，英語という言語の基本的な学習を地道に続けることも忘れないでください。

国語

国語は，出題文の種類，解答形式をまず確認しましょう。論理的な文章と文学的な文章のどちらが中心となっているか，あるいは，どちらも同じ比重で出題されているか，韻文(和歌・短歌・俳句・詩・漢詩)は出題されているか，独立問題として古文の出題はあるか，といった，文章の種類を確認し，学習の方向性を決めましょう。また，解答形式は，記号選択のみか，記述解答はどの程度あるか，記述は書き抜き程度か，要約や説明はあるか，といった点を確認し，記述力重視の傾向にある場合は，文章力に磨きをかけることを意識するとよいでしょう。さらに，知識問題はどの程度出題されているか，語句(ことわざ・慣用句など)，文法，文学史など，特に出題頻度の高い分野はないか，といったことを確認しましょう。出題頻度の高い分野については，集中的に学習することが必要です。読解問題の出題傾向については，脱語補充問題が多い，書き抜きで解答する言い換えの問題が多い，自分の言葉で説明する問題が多い，選択肢がよく練られている，といった傾向を把握したうえで，これらを意識して取り組むと解答力を高めることができます。「漢字」「語句・文法」「文学史」「現代文の読解問題」「古文」「韻文」と，出題ジャンルを分類して取り組むとよいでしょう。毎年出題されているジャンルがあるとわかった場合は，必ず正解できる力をつけられるよう意識して取り組み，得点力を高めましょう。

数学

出題傾向の分析と 合格への対策

●出題傾向と内容

本年度の出題数は，推薦，一般とも大問は5題，小問数は22題，23題，設問数にして41題，36題で，例年通りに多かった。

推薦，一般ともに，[1]，[2]は小問群で，数・式の計算，平方根，因数分解，方程式，関数，図形の計量，統計，角度，標本調査など，ほぼ全分野から出題されている。[3]以降が大問で，図形と確率の融合問題，図形と関数・グラフの融合問題，数の性質，平面図形の計量問題などが，思考力や応用力を必要とする内容で出題されていて，やや難解なものでは誘導形式も取り入れられている。問題数が多いことを考慮すると，推薦，一般とも標準より上のレベルである。

学習のポイント

教科書の内容を理解した上で，標準以上の問題集などで十分練習を積もう。また，時間配分のしかたの練習もしておこう。

●2025年度の予想と対策

来年度も，問題の質・量ともに大きな変化はないだろう。出題範囲は広く，中学数学の全域から，基本的事項を問うものから思考力・応用力を必要とするものまでバランスよく出題されると思われる。

まずは，教科書での学習に力を入れ，基礎的な力を固めておこう。その上で，標準的な問題集を使って練習を重ねておくとよい。

動点や図形の移動，関数・グラフと図形の融合問題，本校独自問題などのやや難しいものへの対策としては，単に答えを求めるだけでなく，常に図やグラフ，途中経過などを書きながらの学習が効果的である。

▼年度別出題内容分類表 ••••••

※1種目をA，2種目をBとする

出題内容			2020年	2021年	2022年	2023年	2024年
数と式		数の性質	AB	A	AB		AB
		数・式の計算	AB	AB	AB	AB	AB
		因数分解	B		B	B	B
		平方根	AB	AB	AB	AB	B
方程式・不等式		一次方程式	AB	AB	AB	AB	AB
		二次方程式	A	AB	A	AB	A
		不等式					
		方程式・不等式の応用	AB	AB	AB	AB	AB
関数		一次関数	AB	AB	AB	AB	AB
		二乗に比例する関数	AB	AB	AB	B	AB
		比例関数		A	A		A
		関数とグラフ	AB	AB	AB	B	AB
		グラフの作成					
図形	平面図形	角度		AB	AB	AB	AB
		合同・相似	AB	AB	AB	AB	B
		三平方の定理	AB		AB	AB	AB
		円の性質			AB	B	AB
	空間図形	合同・相似		B	A		
		三平方の定理	B			A	
		切断		B			
	計量	長さ	AB	AB	AB	AB	B
		面積	AB	AB	AB	AB	AB
		体積	B	AB	B	A	B
	証明						
	作図						
	動点		AB	B			B
統計		場合の数				AB	B
		確率	AB	B	AB	AB	A
		統計・標本調査				AB	AB
融合問題		図形と関数・グラフ	AB	AB	AB	B	AB
		図形と確率		B			A
		関数・グラフと確率					
		その他					
その他				AB	B	A	AB

狭山ヶ丘高等学校

英語

出題傾向の分析と 合格への対策

●出題傾向と内容

本年度は，第1回推薦，第3回推薦ともリスニング問題1題，長文読解問題2題，文法問題3題，アクセント問題・発音問題各1題の計8題の出題で，全体的に昨年とほぼ同じ構成であった。解答は選択式でマーク方式である。

長文問題は2題とも総合問題形式で，内容理解を問う問題が中心である。語句補充・選択，語句解釈，内容一致文選択問題が出題された。

文法問題は，適語補充，整序英作文，正誤問題など多様な形式で，中学英語全般の知識をまんべんなく問うものになっている。アクセント，発音問題も標準的出題である。

✔学習のポイント

本校の出題傾向には一定のパターンがあるので，必ず過去の問題を解いて，出題内容や設問形式及び全体の量に慣れておこう。

●2025年度の予想と対策

来年度も，長文読解，文法，発音・アクセント問題が幅広く出題されるだろう。

長文対策としては，標準レベルの問題集などを使って，数多くの英文を読みこなすこと。その際は，制限時間を決めて，速く正確に読解し設問に答えるようにするとよいだろう。

文法に関しては，基本的な文法事項をしっかり学習しておこう。ややハイレベルな問題集も1冊やっておくとよい。重要な熟語・慣用表現や構文を例文ごと暗記するようにすれば，整序英作文問題の対策として有効だろう。

発音・アクセント対策としては，教科書を中心に復習しておくことが大切だ。

▼年度別出題内容分類表 ……

※1種目をA，2種目をBとする

	出題内容	2020年	2021年	2022年	2023年	2024年
話し方・聞き方	単語の発音	AB	AB	AB	AB	AB
	アクセント	AB	AB	AB	AB	AB
	くぎり・強勢・抑揚					
	聞き取り・書き取り	AB	AB	AB	AB	AB
語い	単語・熟語・慣用句	AB	B	B	AB	AB
	同意語・反意語					
	同音異義語					
読解	英文和訳(記述・選択)					
	内容吟味	AB	AB	AB	AB	AB
	要旨把握					
	語句解釈	A	A	AB		AB
	語句補充・選択	AB	AB	AB	AB	AB
	段落・文整序					
	指示語	AB	B			B
	会話文					
文法・作文	和文英訳					
	語句補充・選択	AB	AB	AB	AB	AB
	語句整序	AB	AB	AB	AB	AB
	正誤問題	AB	A	AB	AB	AB
	言い換え・書き換え					
	英問英答					
	自由・条件英作文					
文法事項	間接疑問文	B		A	AB	
	進行形	B	A	A	A	AB
	助動詞	B	A	B	AB	AB
	付加疑問文				AB	
	感嘆文				B	B
	不定詞	B	AB	AB	A	AB
	分詞・動名詞	A	AB	AB	B	A
	比較	AB	AB	AB	AB	A
	受動態	A	AB		B	
	現在完了	AB	AB	A	A	A
	前置詞	AB	AB	AB	AB	A
	接続詞	B	AB			AB
	関係代名詞	A		AB		

狭山ヶ丘高等学校

国語

出題傾向の分析と 合格への対策

●出題傾向と内容

本年度の出題は，現代文の読解問題が2題と古文が1題という構成であった。

現代文の読解問題は，論説文と小説で，文脈の正確な理解を通して本文全体の内容の把握が進められる設問となっている。語句の意味や漢字の書き取りの問題もあった。古文の出題内容は，古語の意味を問う問題，口語訳，文脈把握の問題とともに，大意を問う設問も出題された。1回，2回ともにかなり長い文章であった。知識問題は，漢字，語句の意味，文学史など，読解問題に組み込まれる形で幅広く出題された。

いずれの設問も選択肢がよく練られている。解答形式は，マークシート方式である。

学習のポイント

やや難解な論説文に慣れておこう。冷静に前後の文脈をとらえる練習が必要だ！
小説は細部まで丁寧に読む練習を！

●2025年度の予想と対策

現代文の読解は，論説文は指示語の内容や接続語をおさえた上で，文脈をつかみ，筆者の主張を理解する練習をするとよい。ふだんから，新聞のコラム欄などの文章を読むことを心がけよう。文学的文章は，情景をとらえ，前後の文脈から登場人物の心情を読み取る練習が必要。

古文は，教科書に出てくるものだけでなく，かなり長めの文章に慣れておくことが大切である。

漢字，文法，文学史，ことわざなどの知識問題は，問題集を使って繰り返し学習しよう。

国語の力が幅広く問われるので，知識問題は手早く終わらせ，脱文補充や読解の問題に時間をかけられるよう，計画的な学習を心がけよう。

▼年度別出題内容分類表 ••••••

※1種目をA，2種目をBとする

出題内容			2020年	2021年	2022年	2023年	2024年
内容の分類	読解	主題・表題	AB				
		大意・要旨	AB	AB	AB	AB	AB
		情景・心情	AB	AB	AB	AB	AB
		内容吟味	AB	AB	AB	AB	AB
		文脈把握	AB	AB	AB	AB	AB
		段落・文章構成	A			A	A
		指示語の問題	AB	AB	A	A	A
		接続語の問題	AB	AB	AB	AB	AB
		脱文・脱語補充	AB	AB	AB	AB	AB
	漢字・語句	漢字の読み書き	AB	AB	AB	AB	AB
		筆順・画数・部首					
		語句の意味	AB	AB	AB	AB	AB
		同義語・対義語					
		熟語					AB
		ことわざ・慣用句	B	AB			
	表現	短文作成					
		作文(自由・課題)					
		その他					
	文法	文と文節					
		品詞・用法	AB	B	AB		AB
		仮名遣い					
		敬語・その他	B				
	古文の口語訳		AB	AB	AB	AB	AB
	表現技法		A	AB	AB	B	AB
	文学史		AB	AB	AB	AB	AB
問題文の種類	散文	論説文・説明文	AB	AB	AB	AB	AB
		記録文・報告文					
		小説・物語・伝記	AB	AB	AB	AB	AB
		随筆・紀行・日記					
	韻文	詩					
		和歌(短歌)		B		AB	B
		俳句・川柳					
	古文		AB	AB	AB	AB	AB
	漢文・漢詩						B

狭山ヶ丘高等学校

2024年度 合否の鍵はこの問題だ!!

数学 4

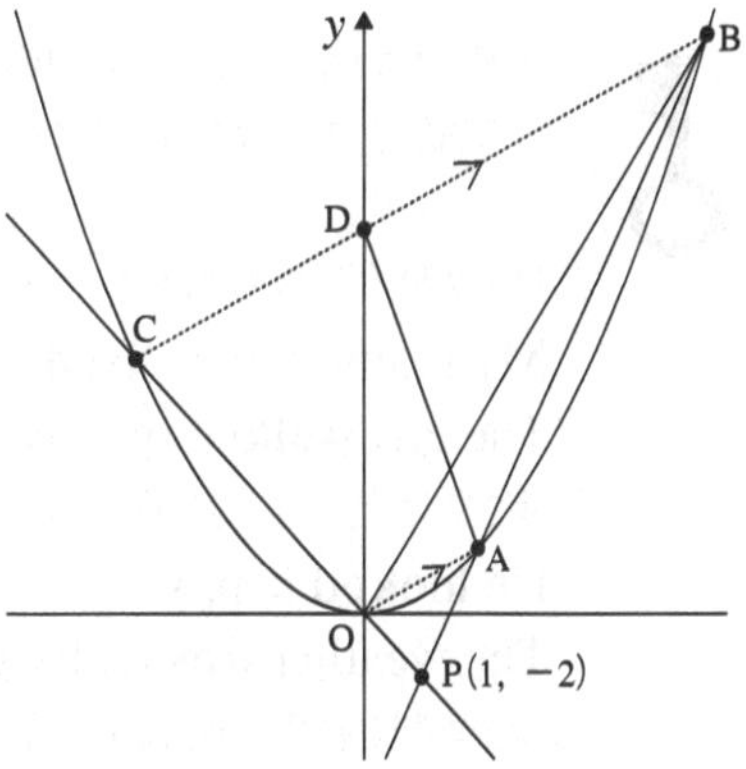

(1)　$y=\frac{1}{2}x^2$…①　直線CPの式を$y=ax$として点Pの座標を代入すると，$-2=a\times1$，$a=-2$　よって，直線CPの式は，$y=-2x$…②　①と②からyを消去すると，$\frac{1}{2}x^2=-2x$，$x^2=-4x$，$x^2+4x=0$，$x(x+4)=0$，$x=0$，-4　②に$x=-4$を代入して，$y=-2\times(-4)=8$　よって，C$(-4,\ 8)$

(2)　平行線と線分の比の定理から，PA：AB＝PO：OC＝1：4　A$\left(a,\ \frac{1}{2}a^2\right)$，B$\left(b,\ \frac{1}{2}b^2\right)$とすると，$(a-1):(b-a)=1:4$から，$4(a-1)=b-a$，$b=5a-4$…③　$\left\{\frac{1}{2}a^2-(-2)\right\}:\left(\frac{1}{2}b^2-\frac{1}{2}a^2\right)=1:4$から，$2a^2+8=\frac{1}{2}b^2-\frac{1}{2}a^2$，$4a^2+16=b^2-a^2$，$5a^2+16=b^2$…④　④に③を代入すると，$5a^2+16=(5a-4)^2$，$5a^2+16=25a^2-40a+16$，$20a^2-40a=0$，$a^2-2a=0$，$a(a-2)=0$，$a\neq0$から，$a=2$　①に$x=2$を代入して，$y=\frac{1}{2}\times2^2=2$　よって，A$(2,\ 2)$　③に$a=2$を代入して，$b=5\times2-4=6$，$\frac{1}{2}\times6^2=18$　よって，B$(6,\ 18)$　直線ABの傾きは，$\frac{18-2}{6-2}=\frac{16}{4}=4$　直線ABの式を$y=4x+c$として点Aの座標を代入すると，$2=4\times2+c$，$c=2-8=-6$　したがって，直線ABの式は，$y=4x-6$

(3)　直線BCの傾きは，$\frac{18-8}{6-(-4)}=\frac{10}{10}=1$　直線BCの式を$y=x+d$として点Cの座標を代入すると，$8=-4+d$，$d=8+4=12$　直線BCとy軸との交点をDとすると，D$(0,\ 12)$　よって，(台形OABC)＝△OBC＋△OAB＝△OBC＋△OAD＝$\frac{1}{2}\times12\times(4+6)+\frac{1}{2}\times12\times2=60+12=72$(cm^2)

◎(3)のようなグラフ上の台形の面積は平行線による等積移動を利用する。しっかりコツをつかんでおこう。

英語 2 問7

本校では例年，同じ文型の文を選ぶ問題が出題されるので，必ず事前にしっかりと学習し，得点しよう。英語の文型は5つに分けられる。以下でそれぞれ確認しよう。

○第1文型〈主語＋動詞〉 … 自動詞(目的語を取らない動詞)を使った文
My grandmother **lived** in that house. 「私の祖母はあの家に住んでいた」
The girl **walked** quietly. 「その少女は静かに歩いた」
○第2文型〈主語＋動詞＋補語〉 … 「主語」＝「補語」の関係が成り立つ
He **looked** happy. 「彼はうれしそうに見えた」
The weather **was** really great. 「天気はとても良かった」
○第3文型〈主語＋動詞＋目的語〉 … 他動詞(目的語を取る動詞)を使った文
I **like** baseball. 「私は野球が好きだ」
He **wrote** the letter last night. 「彼はその手紙を昨晩書いた」
○第4文型〈主語＋動詞＋間接目的語＋直接目的語〉 … 「(人)に(もの)を～する」という文
He **told** me the happy story. 「彼は私にそのうれしい話を話してくれた」
Her mother **made** her a nice bag. 「彼女の母は彼女にすてきなかばんを作った」
○第5文型〈主語＋動詞＋目的語＋補語〉 … 「目的語」＝「補語」の関係が成り立つ
She **named** her cat Momo. 「彼女はネコにモモという名を付けた」
The letter **made** me happy. 「その手紙は私を喜ばせた」

国語 一 問4

★なぜこの問題が合否を分けたのか
文脈を的確に読み取る力が試される設問である。本文を丁寧に読んで解答しよう。
★こう答えると「合格できない」！
前に「写真や映像，音楽をアプリケーション(アプリ)のおかげで素人でもプロっぽく加工できるようになり，『インスタ映え』に代表されるような，いかにたくさんの「いいね！」をもらうかに多くの人が熱中している」とあることから，「技術の進歩を追求させられている」とする①，あるいは「他者との交流が欠かせなくなっている」とする④を選ばないようにしよう。ここでは，インスタに写真や映像を上げることだけを指しているわけではなく，この後に「ちょっと手持ち無沙汰になれば……せずにはいられない」と続いていることを押さえよう！
★これで「合格」！
直前に「ちょっと手持ち無沙汰になれば，すぐさまスマホを取り出して，ゲームをしたり，ネットを見たり，SNSをチェックしたりせずにはいられない」とあり，この様子を「中毒」と表現していることを押さえ「やめたくてもやめられなくなっている」とする⑤を選ぼう。また，「中毒」には「依存症」という意味があることを押さえよう！

2024年度

★★★★★★★★★★★★★★★★★★★★★★★

入　試　問　題

2024年度

狭山ヶ丘高等学校入試問題

【数　学】（50分）　＜満点：100点＞

【注意】 コンパス，定規，分度器，電卓は使用しないのでしまって下さい。

$\boxed{1}$　次の $\boxed{1}$ ～ $\boxed{18}$ に当てはまる数をマークしなさい。

(1)　$(-0.4)^2 \div 2^4 \times 5 + \frac{1}{2} \times 0.9 = 0.\boxed{1}$

(2)　$2x + 3 - \frac{3x+4}{3} + \frac{3-2x}{2} = \frac{\boxed{2}\boxed{3}}{\boxed{4}}$

(3)　連立方程式 $\begin{cases} 2x + 3y = 6 \\ 3x + 2y = -1 \end{cases}$ の解は，$x = -\boxed{5}$，$y = \boxed{6}$ である。

(4)　２次方程式 $ax^2 + x - 6 = 0$ が $x = 2$ を解に持つとき，$a = \boxed{7}$ であり，方程式のもう１つの解は $x = -\boxed{8}$ である。

(5)　A，B，Cの３人で100点満点のテストを受けたところ，平均点はちょうど60点であり，Aさんは100点であった。

　Bさんの得点がCさんの得点より高かったことがわかったとすると，Bさんの得点として考えられる最大値は $\boxed{9}\boxed{10}$ 点，最小値は $\boxed{11}\boxed{12}$ 点であると判断できる。

(6)　$(a+2b)^2 - (a-2b)^2 = \boxed{13}ab$ である。また，斜辺の長さが21cmでもう１辺の長さが９cmである直角三角形の残りの１辺の長さは $\boxed{14}\sqrt{\boxed{15}\boxed{16}}$ cmである。

(7)　２次方程式 $x^2 + 3x - 7 = 0$ の２つの解の和は $-\boxed{17}$ であり，積は $-\boxed{18}$ である。

$\boxed{2}$　次の $\boxed{19}$ ～ $\boxed{34}$ に当てはまる数をマークしなさい。

(1)　右の図において，$x = \boxed{19}\boxed{20}°$ である。

ただし，Oは円の中心である。

図

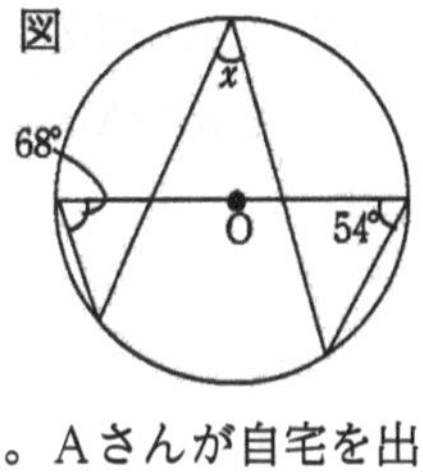

(2)　自宅から学校まで３kmの道のりをAさんは毎分300mの速さで歩いて通う。Aさんが自宅を出てちょうど３分後に，Bさんは学校を出てAさんの自宅に向かった。

Aさんと Bさんが出会ったのは，Bさんが学校出てから150秒後であった。

Bさんが一定の速さで走っていたとすると，Bさんは毎分 $\boxed{21}\boxed{22}$ 0mの速さで走ったことになる。

(3)　a，b を定数とする。

xy 平面上の直線 $y = ax - 9$ と直線 $y = -2x + b$ が１点（8，－5）で交わっているという。

　このとき $a = \frac{\boxed{23}}{\boxed{24}}$，$b = \boxed{25}\boxed{26}$ である。また，座標の１目盛分の長さを１cmとするとき，この２直線と y 軸とで囲まれた三角形の面積は $\boxed{27}\boxed{28}$ cm^2 である。

(4)　反比例のグラフ $y=\dfrac{6}{x}$ 上の点で，x 座標と y 座標がともに正の整数であるものは全部で $\boxed{29}$ 個ある。この $\boxed{29}$ 個の点のうち，x 座標が最も小さい点をＡとし，x 座標が２番目に大きい点をＢとすると，点Ｂの x 座標は $\boxed{30}$ であり，直線ABの方程式は $y=-\boxed{31}\,x+\boxed{32}$ となる。

(5)　箱の中にたくさんの白球が入っている。この中に赤球を50個入れてよくかき混ぜた。この箱から15個取り出した中に赤球は３個含まれていた。このことから白球は箱の中に約 $\boxed{33}\,\boxed{34}$ ０個入っていたと推定される。

$\boxed{3}$　白いサイコロと黒いサイコロが１個ずつある。この２つのサイコロを同時に振って，白いサイコロの出た目を a，黒いサイコロの出た目を b とする。このとき，xy 平面上の点Ａ（a，b）を定める。また，原点をＯ（0，０）とし，Ｂ（1，1），Ｃ（3，3）とする。
以下の $\boxed{35}$ ～ $\boxed{42}$ に当てはまる数をマークしなさい。

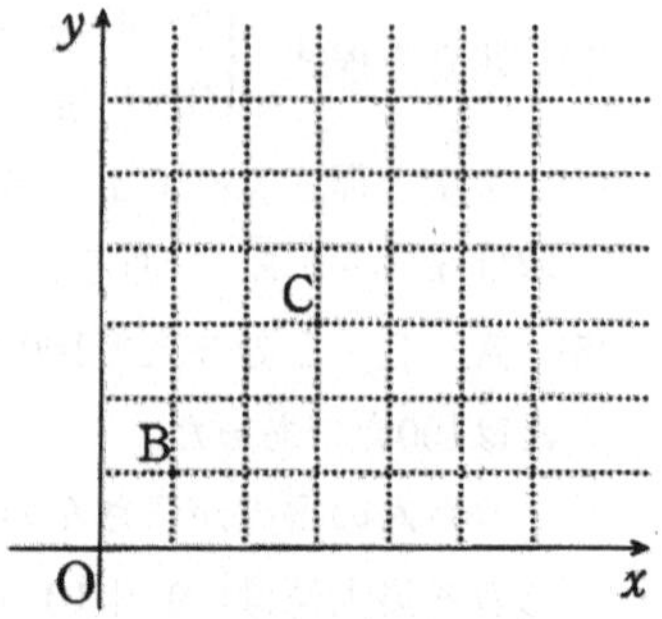

(1)　Ａ，Ｂ，Ｃが同一直線上にある確率は $\dfrac{\boxed{35}}{\boxed{36}}$ である。

(2)　三角形ABCが二等辺三角形になる確率は $\dfrac{\boxed{37}}{\boxed{38}}$ である。

(3)　三角形ABCが直角三角形になる確率は $\dfrac{\boxed{39}}{\boxed{40}}$ である。

(4)　三角形ABCの面積が２となる確率は $\dfrac{\boxed{41}}{\boxed{42}}$ である。

$\boxed{4}$　下の【図】のように，点Ｐ（1，−2）を通る２本の直線が，放物線 $y=\dfrac{1}{2}x^2$ と４点Ｏ，Ａ，Ｂ，Ｃで交わっている。点Ｏの座標は（0，０）であり，OA // CBである。
座標の１目盛分の長さを１㎝とするとき，以下の $\boxed{43}$ ～ $\boxed{50}$ に当てはまる数をマークしなさい。

(1)　点Ｃの座標は（$-\boxed{43}$，$\boxed{44}$）である。

(2)　点Ａの座標は（$\boxed{45}$，$\boxed{46}$）であり，直線ABの方程式は $y=\boxed{47}\,x-\boxed{48}$ である。

(3)　台形OABCの面積は $\boxed{49}\,\boxed{50}$ ㎝^{2} である。

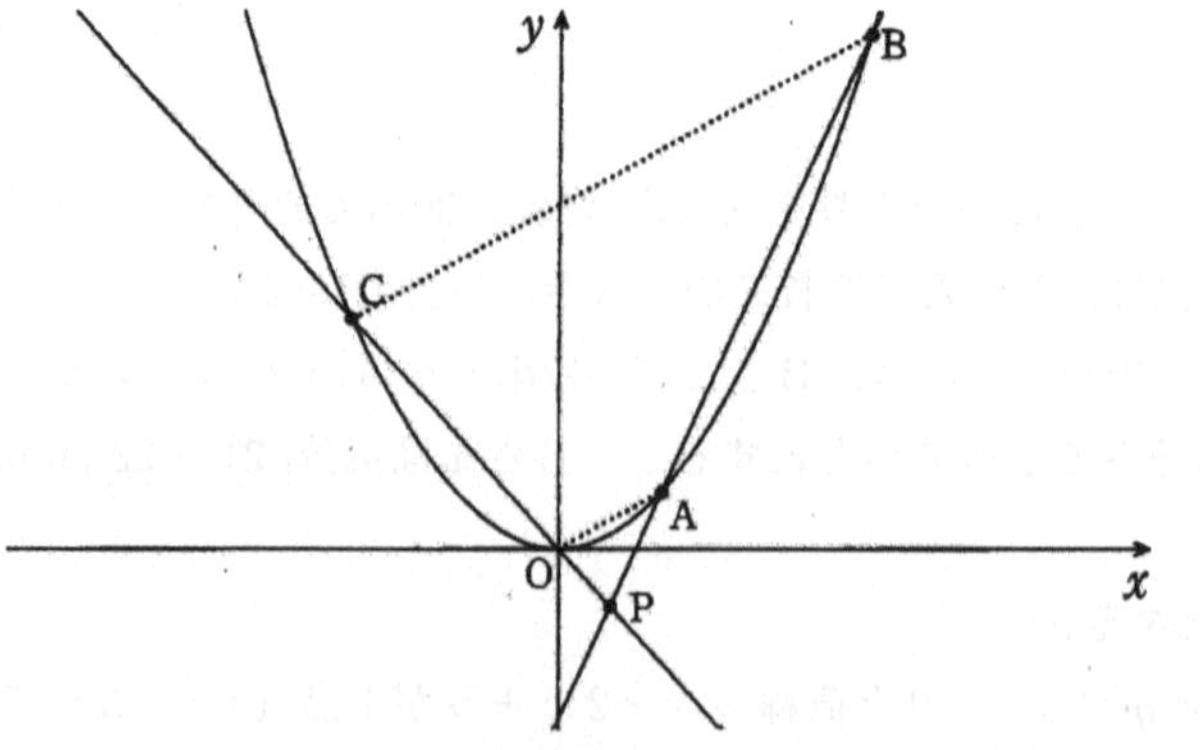

【図】

5　1，2，3，…，12の数字が書かれたカードが１枚ずつ，全部で12枚ある。このカードを信長さん，秀吉さん，家康さんの３人に４枚ずつ配った。３人それぞれ，配られたカードに書かれた４つの数の「２乗の和」を計算したところ，信長さんは151，秀吉さんは228，家康さんは271であった。このとき，３人に配られたカードは何だったかを考えてみよう。以下の 51 ～ 73 に当てはまる数をマークしなさい。

(1)　n が偶数であるとき，n^2 を４で割った余りは 51 である。
また，n が奇数であるとき，n^2 を４で割った余りは 52 である。
151を４で割った余りは 53 であり，271を４で割った余りは 54 であるから，信長さんは奇数のカードを 55 枚，家康さんは奇数のカードを 56 枚持っていることがわかる。
秀吉さんの持っているのはすべて偶数のカードである。

(2)　すべての偶数（２～12）の２乗の和は 57 58 59 であり，小さい４つの偶数（８以下）の２乗の和は 60 61 62 である。このことを考慮すると秀吉さんの持っているカードは 63，64，65，１ 66 の４枚とわかる。
（ただし 63 ＜ 64 ＜ 65 とする）

(3)　n が３の倍数のとき，n^2 を３で割った余りは 67 である。
n が３で割り切れない整数のとき，n^2 を３で割った余りは 68 である。
151も271も３で割った余りは１であるから，秀吉さんの持っているカードを除いた残り８枚の中のうち，69。
⓪　信長さんと家康さんはどちらも３の倍数のカードを持っている
①　信長さんと家康さんのどちらかが３の倍数のカードを全部持っている。

残った３の倍数の２乗の和を計算することで，
信長さんの持っているカードは 70，71，72，73 の４枚であるとわかる。

70 ～ 73 は次の選択肢⓪～ⓑから４つ選び，番号をマークしなさい。ただし，順不同とする。
【選択肢】
⓪ 1　① 2　② 3　③ 4　④ 5　⑤ 6　⑥ 7　⑦ 8　⑧ 9　⑨ 10
ⓐ 11　ⓑ 12

【英　語】（65分）　＜満点：100点＞

1（リスニングテスト）このリスニングテストには問題Ａから問題Ｃまであります。英文はそれぞれ２度ずつ読まれます。放送中メモを取っても構いません。

問題Ａ　これから流れる対話を聞き，最後に続く受け答えとして最も適切なものを選び記号で答えなさい。

No.1　1

1　Not really.　2　By bus.　3　For four days.　4　On foot.

No.2　2

1　I'm not a foreigner.　2　Show me your passport, too.
3　I want to carry yours.　4　No, thanks.

No.3　3

1　OK, because it's a birthday present for you.
2　I'll give you some money if you want me to.
3　Yes, that blue one is nice.
4　Our mother will buy it.

問題Ｂ　これから流れる対話を聞き，そのあとの質問に対する答えとして最も適切なものを選び記号で答えなさい。

No.1　4

1　He will probably tell her to read a lot of books.
2　He will probably tell her to buy books at a bookstore.
3　He will probably tell her to write a report soon.
4　He will probably tell her to go to a library.

No.2　5

1　He will have bread and milk.　2　He will have bread, a stamp and milk.
3　He will have a stamp and milk.　4　He will have a letter, a stamp and milk.

No.3　6

1　They are talking at a hotel.　2　They are talking at a gas station.
3　They are talking at a bookstore.　4　They are talking at a bank.

問題Ｃ　これから流れる英文を聞き，質問に対する答えとして最も適切なものを選び，記号で答えなさい。

No.1　7

1　He won second prize at the school art contest.
2　He won third prize at the school art contest.
3　He did not win any prizes at the school art contest.
4　He won first prize at the school art contest.

No. 2 8

1 There were a lot of garbage boxes in Blue Town.
2 The number of rats increased because their food reduced in the forest.
3 People in Blue Town threw away a lot of garbage.
4 People in Blue Town did not clean the forest.

No. 3 9

1 They went bowling and enjoyed themselves.
2 They changed the plan and visited the city library.
3 They arrived at the movie theater but they were late for the movie.
4 Their train didn't move anymore and they had to go home.

＜リスニングテスト放送台本＞

第１回推薦入試

１（リスニングテスト）　このリスニングテストには問題Ａから問題Ｃまであります。英文はそれぞれ２度ずつ読まれます。放送中メモを取っても構いません。

問題Ａ　これから流れる対話を聞き，最後に続く受け答えとして最も適切なものを選び記号で答えなさい。

No. 1

A : Hi, Cathy, how are you?
B : I'm OK, but I was sick in bed last week.
A : Really? How long were you absent from school?
B :
Listen Again

No. 2

A : Excuse me. Show me your passport.
B : Passport? I don't have it with me.
A : I think you should always carry it with you.
B :
Listen Again

No. 3

A : Alice, which notebook should I buy for our mother?
B : I think she will like this one.
A : This green one? Wow, it's expensive.
B :
Listen Again

問題Ｂ　これから流れる対話を聞き，そのあとの質問に対する答えとして最も適切なものを選び記号で答えなさい。

No. 1　※Ａは女性，Ｂは男性

A : Do you know when we have to finish the report on the Jomon period?

Ｂ：Yes, next Monday.
Ａ：Oh, I have to read a lot of books to write it.
Ｂ：Have you got those books yet?
Ａ：No. Actually, I don't have enough money to buy them.
Ｂ：That's not like you. You can read books without money.
Question: What will the man probably tell the woman to do?
Listen Again

№２　※Ａは女性，Ｂは男性
Ａ：Where are you going?
Ｂ：I'm going to take a walk to lose weight. Why?
Ａ：Can you go to a convenience store and buy some bread for lunch?
Ｂ：Sure.
Ａ：And can you post this letter on your way? You have to get a stamp.
Ｂ：No problem. I'll buy a stamp at the convenience store.
Ａ：Thanks. Oh, please buy some milk, too.
Question: What will the man have in his hands when he comes home?
Listen Again

№３
Ａ：Can I use yen?
Ｂ：Sorry. You can only use dollars.
Ａ：Where can I exchange my yen?
Ｂ：At the hotel next to that gas station in front of this building.
Ａ：Thank you. I'll buy this picture book after exchanging some money.
Question: Where are these two people talking?
Listen Again

問題Ｃ　これから流れる英文を聞き，質問に対する答えとして最も適切なものを選び，記号で答えなさい。

№１
Hello. I'm Kosuke Sugai. I'll tell you my story. I have been drawing pictures for ten years. In elementary school, I won second prize in the school art contest. In that contest, I met my favorite artist. She talked to me and gave me a copy of her picture with her name on it. I was so moved that I wanted to paint a new picture and be a better painter. It took more than a month to finish it, and I won first prize in the school art contest next year.
Question: What prize did the boy win in the school art contest next year?
Listen Again

№２
Many rats appeared in Blue Town and they ate the garbage that people threw away. Many pieces of garbage remained around garbage boxes. Some researchers said the

number of rats rose because of global warming. Their food reduced in the forest, and then they came to the city to get enough food. However, the town officers cleaned the garbage boxes and asked people to keep them clean to decrease the number of rats in Blue Town.
Question: What kind of the problem did Blue Town have?
Listen Again
No. 3
I was going to Moon Park Theater to see a new movie with Koji and Justin. The movie was going to begin at one p.m. I took the Sky Line and tried to change trains at South Station. However, the Earth Line was in an accident and it did not leave on that time. I called Koji and Justin and we changed the plan. We decided to visit Star Bowling at South Station and play two games. We enjoyed bowling for three hours.
Question: What did they do after all?
Listen Again
これでリスニングテストを終わります。以降の問題を解いて下さい。

2 次の英文を読み，後の設問に答えなさい

Ten-year-old ① Princess Elizabeth spent time in castles and palaces in England and Scotland from her birth. Her father was a duke*. Her grandfather was the king of the United Kingdom, or the UK. The UK included England, Scotland, Wales, and Northern Ireland. Like a fairy-tale princess, Elizabeth lived happily in a big house in London.

Elizabeth was called Lilibet by family members, and had everything a princess could want — dogs, ponies, tiaras, closets full of pretty dresses, and a lot of free time. She didn't go to school. She was taught by her nanny* at home. At the age of six, she was given her own tiny cottage. It was a playhouse for her and her younger sister, Margaret. It came with a working kitchen and child-sized furniture in all the rooms.

Lilibet and Margaret were very popular with the British people. Even as a baby, Lilibet received letters and gifts — three tons of toys! — from people all over the world.

［ ② ］ Elizabeth was a princess, she never expected to become a queen herself.

Her uncle Edward was the oldest son of the king, so he was first in line for the throne*. Lilibet's father, Albert, was second in line. That meant Edward would become king after his father died. If Edward had children of his own, his oldest child would be second in line. Lilibet's father would move down the list, and probably never become king.

And at first, when Lilibet's grandfather died in January 1936, her uncle became

King Edward Ⅷ.

But later that year, everything changed.

Edward fell in love with an American woman. He wanted to marry her. But she was divorced* — twice. According to the Church of England, a king could not marry a divorced woman. Edward wanted to marry her [③] much that he decided to give up being king.

[④] December 10, 1936, King Edward Ⅷ gave up the throne. He signed papers and stepped down. When he did that, Lilibet's father became the king. Her father's real name was Albert, but he chose George as his royal name: King George VI. Now her father was king, so Lilibet was suddenly next in line for the throne!

A servant* came to tell Elizabeth the news. He bowed* as he entered the room. From that moment on, everyone treated her differently. She had only one job — learning how to become [⑤].

One day, she would rule over* an empire that included fifty-six countries around the world. At the age of ten, Elizabeth had no idea how quickly that might happen.

Elizabeth Alexandra Mary Windsor was born at home in 1926. While Lilibet was a baby, ⑥ her family moved to a very large house in London. It had a ballroom*, a library, and twenty- five bedrooms.

Her father was king, so her family moved into Buckingham Palace — a very large palace in the center of London. It had 775 rooms with hundreds of people working there. Huge iron gates at the front kept people out.

Lilibet's father never wanted to be king. King George Ⅵ was shy and stuttered* when he spoke. He loved horses and dogs. When Lilibet was only three, she had her first riding lesson. When she was seven, her father gave her a dog named Dookie. From then on, she loved horses and dogs — almost more than anything else.

Lilibet's nanny was named Marion Crawford. ⑦ Everyone called her Crawfie. She spent nearly all day with Lilibet and Margaret, teaching them history, reading, geography, and grammar.

As a young child, Lilibet was sometimes naughty. She had a hot temper* like her father and grandfather. But as Elizabeth grew up, her mother taught her to control [⑧]. She told her never to shout at people — especially when she became queen — [⑨] people would lose their trust in her.

By the age of ten, Lilibet turned into a serious girl. She liked to have fun with her family and could be friendly and charming. But she was quiet and dignified* in public. She already knew how to act like a queen.

Lilibet's younger sister, Margaret, was the opposite of her — wild and free.

She loved mocking* how famous people spoke. Lilibet laughed but would never do anything like that herself.

Elizabeth's father once said, "Lilibet is my pride. Margaret is my joy." Both girls visited their parents' bedroom every morning to play and have fun. It was a family tradition.

（出典：Megan Stine *Who Was Queen Elizabeth Ⅱ?* 改変）

（注） duke 「公爵（英国の貴族の階段）」 nanny 「うば（養育係の女性）」 throne 「王位」
divorced 「離婚した」 servant 「召し使い」 bow 「おじぎをする」
rule over 「～を統治する」 ballroom 「舞踊室」 stutter 「言葉につまりながらしゃべる」
hot temper 「怒りやすい気質」 dignified 「威厳のある」 mock 「～をまねる」

問１ 下線部①に関する記述として適切でないものを次の中から選びなさい。 [10]

1 英国の大きな城や宮殿の中で，幸せな暮らしをしていた。
2 犬，ポニー，ティアラ，ドレスなど，欲しいものは何でも手にすることができた。
3 学校には通っていなかったので，独学で学んでいた。
4 ６歳の頃に小さなコテージを与えられ，妹と共にそれを使用していた。

問２ [②] に入れるのに最も適切なものを次の中から選びなさい。 [11]

1 Although　2 Because　3 But　4 And

問３ [③] に入れるのに最も適切なものを次の中から選びなさい。 [12]

1 very　2 so　3 how　4 that

問４ [④] に入れるのに最も適切なものを次の中から選びなさい。 [13]

1 In　2 At　3 On　4 Of

問５ [⑤] に入れるのに最も適切なものを次の中から選びなさい。 [14]

1 a duke　2 a king　3 a princess　4 a queen

問６ 下線部⑥に関する記述として適切でないものを次の中から選びなさい。 [15]

1 父が国王になった後に，家族全員でバッキンガム宮殿に移り住んだ。
2 父は内気な性格で，人前で話す時に言葉につまることがあった。
3 父は馬や犬が大好きで，娘が７歳の頃に初めて乗馬のレッスンを行った。
4 母は学習の指導を行うことはなかったが，女王としての振る舞い方を教えた。

問７ 下線部⑦の文と同じ文型の文を次の中から選びなさい。 [16]

1 Ken sings very well.
2 Ken looks happy today.
3 Ken moved the box to another room.
4 Ken gave his son a lot of money.
5 Ken named his dog Taro.

問８ [⑧] に入れるのに最も適切なものを次の中から選びなさい。 [17]

1 happiness　2 anger　3 sadness　4 pleasure

問９ [⑨] に入れるのに最も適切なものを次の中から選びなさい。 [18]

1 and　2 or　3 however　4 result

問10 本文の内容と合うものを次の中から１つ選びなさい。 [19]

1 Lilibetは赤ん坊の頃から英国民に大変人気で，多くの手紙やおもちゃを受け取ったが，英国以外の人々には大して人気が無かった。

2 LilibetのおじのEdwardは英国王になったが，離婚歴がある女性と結婚したかったため，王位の座を降りることになった。

3 バッキンガム宮殿には775部屋あり，各部屋にはLilibetとMargaretが遊ぶための小さな台所や家具があり，数百人の召し使いがいた。

4 LilibetとMargaretは正反対の性格で，LilibetはMargaretがすることを嫌っており，2人が楽しく遊ぶことはなかった。

3 次の英文を読み，後の設問に答えなさい。

"Are you ready, ①Tyler?" asks his friend, Eric.

"Yes, I'm ready," Tyler replies.

Today is a big day in Bayview. There is a big bike race today. Everybody is very [②]. Ryan is in the race, too. Tyler and Ryan are both very good riders. They both want to win the race.

Tyler's friends John and Eric want him to win.

"Have a good race, Tyler," says Eric.

"Thanks, I want to win this year," says Tyler.

John says, "Ryan wins every year. But I think you'll win today."

"Be careful of Ryan. He's very fast," says Eric.

"I know," Tyler replies. "I'll watch him."

Ryan is with his father, Mr.Walsh. Ryan has a new bike. Every year Ryan's father buys him a new bike for this race. It is a very good bike. It is very fast. Ryan is very happy.

"I'll win this race again this year, too, with my new bike," Ryan thinks.

Ryan's father is talking to Ryan.

"I want you to win. Our family always finishes first," Mr.Walsh says. "We always win. Do you understand?" "Yes, Dad," says Ryan. "I understand. Our family always wins."

His father says, "I want you to go faster than last year, okay? You will win today. Okay?"

Ryan is worried but he says, "Yes, Dad."

All the riders go to the starting line. Ryan is worried about the race. He looks at his father. His father really wants Ryan to win. Ryan looks at Tyler. He knows Tyler wants to win, too.

"I'll win today. I'm Ryan Walsh! I always win," Ryan thinks. "I have a good bike and I'm a good rider. I'm very good," he thinks.

Tyler looks at Ryan's new bike. "Is that a new bike, Ryan?" he asks.

"Yes," Ryan says. "Do you like it?"

Tyler says, "You have a good bike, but I'm going to win. Let's have a good race."

"Yeah," Ryan replies. "I'll see you at the finish line."

Tyler and Ryan start very fast. They are winning. They are faster than [③] riders. They go faster and faster. Tyler and Ryan race* around a corner.

"Good, I'm winning," thinks Tyler.

Ryan is second but he is going fast, too.

They go up and down. They go through the trees. They go through a river. It is a very good race. Tyler is going fast and Ryan is going fast, too. Now Ryan is winning. And Tyler is second.

They race through some more trees. Tyler and Ryan are tired, but they both want to win today.

"I always win!" thinks Ryan. "I can't be second! I won't be second!"

"I'll win today!" thinks Tyler.

They go faster and faster. It is a great race.

They see a gate. They race to it. The first person to the gate will win the race. The two bikes are very close. Ryan goes faster, but Tyler is winning.

"I want to be first to the gate," thinks Ryan. "I want to win! I always win!"

Tyler is winning, but Ryan wants to get to the gate first. He goes faster than Tyler.

Ryan thinks about his father's words. "We always win!" he remembers. "We always win!"

Tyler sees Ryan's bike getting closer and closer.

Ryan does not want Tyler to win. Ryan pushes Tyler.

Tyler shouts, "Hey! What are you doing?"

Tyler's bike hits the gate. He falls off his bike. Ryan goes through the gate. Ryan goes on to the finish line. He wins the race.

Ryan gets the cup. His father is very happy.

"Good job, Ryan," says his father.

Ryan says nothing. He is not happy.

Tyler looks at Ryan. Ryan looks at Tyler.

"Umm...Dad?...," Ryan says. "I want to tell you ④ <u>something</u>..."

Later that day, Ryan and his father go to see Tyler.

"This is your cup, not mine," says Ryan. He gives Tyler the cup.

"I' m really sorry," Ryan says. Tyler smiles.

"Are you okay?" asks Ryan.

"Thanks, Ryan," says Tyler. "I'm okay now."

（出典：Rob Waring and Maurice Jamall *I Always Win!* 改変）

（注） race 「競走する」

問１　下線部①に関する記述として最も適切なものを次の中から選びなさい。 [20]

1　２人の友人から声援を送られている。
2　この大会に出るのは今日が初めてである。
3　父から声援を送られている。
4　毎年この大会には新しい自転車で臨んでいる。

問２　[②] に入れるのに最も適切なものを次の中から選びなさい。 [21]

1　excite　　2　excites　　3　excited　　4　exciting

問３　[③] に入れるのに最も適切なものを次の中から選びなさい。 [22]

1　another　　2　any other　　3　the other　　4　others

問４　下線部④の内容として最も適切なものを次の中から選びなさい。 [23]

1　父の声援は嬉しかったが，大きなプレッシャーになっていたということ。
2　父が喜んでいるのを見て，自分も嬉しくなったということ。
3　Tyler が自分のことを見ていて，自分も Tyler のことを見ていたということ。
4　Tyler が乗る自転車を故意に押して，Tyler を転倒させたということ。

問５　本文の内容と合うものを次の中から２つ選びなさい。 [24]・[25]

1　Tyler はこの大会が始まる前から優勝する自信があり，レース開始直後から常に首位をキープし続けて優勝した。
2　Ryan の父は毎年この大会に向けて Ryan に新しい自転車を買ってあげており，Ryan に必ず勝てるという声援を送った。
3　Ryan はこの大会が始まる前から優勝する自信があり，一切の不安を感じていなかった。
4　この大会では，森，川，アスファルトで舗装された道といったように，街全体をコースとしていた。
5　最終的に Ryan は Tyler に謝罪をして優勝カップを渡し，Tyler はそれを受け入れ，２人は仲直りした。

[4]　次の各英文の [　] に入る最も適切なものを次の中から選びなさい。

1　If you don't study, you [26] not play video games.
　①　mustn't　　②　don't have　　③　have　　④　must

2　How did the machine [27] while you were using it?
　①　song　　②　sound　　③　music　　④　concert

3　She [28] him do his homework soon.
　①　kept　　②　took　　③　did　　④　helped

4　Now in my class, everyone [29] I visited the country last week.
　①　knowing　　②　knew　　③　know　　④　knows

[5]　次の各英文の（　）内の語を適切に並べ替えたとき，（　）内で３番目と６番目にくるものを答えなさい。ただし，文頭にくる語（句）も小文字で示してある。

1　（① been　② for　③ the　④ has　⑤ two　⑥ piano　⑦ he　⑧ playing） hours.

３番目は [30]・６番目は [31]

2 （① fun ② a ③ like ④ so ⑤ taking ⑥ would ⑦ walk ⑧ I ⑨ was） to do it again.

3番目は 32 ・6番目は 33

3 I（① want ② a ③ make ④ is ⑤ he ⑥ to ⑦ sure） teacher.

3番目は 34 ・6番目は 35

4 （① fast ② I ③ was ④ car ⑤ the ⑥ so ⑦ as ⑧ not） thought.

3番目は 36 ・6番目は 37

6 次の英文で，文法的な誤りが含まれる下線部を選びなさい。

1 I ① saw the movie again ② on the morning so I ③ have seen it ④ twice.

38

2 If he ① had a lot of money, he ② will go ③ overseas, but he ④ is not rich.

39

3 He ① doesn't have ② any interest ③ in ④ why to eat a lot of vegetables.

40

4 Where ① in this town ② are you going ③ to live ④ in your sister in the future?

41

7 各組の語の中で，最も強く発音する部分が他と異なるものをそれぞれ１つずつ選びなさい。

1 〔① seven-teen ② it-self ③ a-sleep ④ break-fast〕 42

2 〔① re-lax ② eigh-ty ③ be-cause ④ be-lieve〕 43

3 〔① to-mor-row ② de-li-cious ③ au-di-ence ④ Aus-tral-ia〕 44

8 各組の語の中で，下線部の発音が他と異なるものをそれぞれ１つずつ選びなさい。

1 〔① desert ② hard ③ heart ④ dark〕 45

2 〔① health ② Thai ③ thank ④ thin〕 46

3 〔① aid ② blind ③ change ④ sacred〕 47

① 四面楚歌　② 朝三暮四　③ 臥薪嘗胆　④ 傍若無人
⑤ 切磋琢磨

問8 傍線部Ｆ「さる心構へ」とあるが、これが指しているものとして最も適当なものを次の①～⑤のうちから一つ選び、番号で答えなさい。解答番号は39。

① 生き延びた安徳天皇を主君として平家の残党を呼び集めて源氏に対して復讐を企てるように相談すること。
② 壇ノ浦で入水した安徳天皇の怨念を晴らすべく源氏を朝敵として頼朝打倒の旗頭にすること。
③ 藤原経房が雨露をしのがせてその身に代えて安徳天皇を生涯かくまい続けようとしたこと。
④ 平氏が復権を果たした後には清盛以前のように貴族を中心とした華やかな時代に戻す計画を立てること。
⑤ 『吾妻鏡』や『保暦間記』に記載されたように二位の尼の代わりに按察局が入水した噂を周囲に触れ回ること。

問9 本文に合致するものとして最も適当なものを次の①～⑤のうちから一つ選び、番号で答えなさい。解答番号は40。

① 出野村の農家勘兵衛は藤原経房の遺書が発見されたとき、すぐに貴重な品だと気づき、国守に報告せずにこっそりと独り占めにしようとした。
② 作者は新たに発見された藤原経房の遺書の存在を噂には聞いていたものの、実際に見ることができず、周囲の人間からわずかに聞いた書誌情報をもとに分析を試みた。
③ 壇ノ浦で窮地に陥った安徳天皇は三種の神器のうち宝剣を抱いたまま入水してしまったため、宝剣は依然として行方不明になったままである。
④ 作者は藤原経房の遺書について明の史彬の『致身録』とは体裁は似ていても内容は異なっており、「実録」とは呼ばれるものの真偽は疑わしいものであると感じている。
⑤ 藤原経房が落人のような身の上になってしまった事実に対して作者は立腹し、忠臣として平家の隆盛をはからなかったことを嘆いている。

問10 本文の作者滝沢馬琴の作品として最も適当なものを次の①～⑤のうちから一つ選び、番号で答えなさい。解答番号は41。

① 『南総里見八犬伝』
② 『雨月物語』
③ 『曽根崎心中』
④ 『世間胸算用』
⑤ 『奥の細道』

(ウ) つやつや 32

① ぼんやりと
② ほとんど
③ 少しも
④ 不思議に
⑤ 詳細には

問２ 傍線部Ａ「摂津国」の現在の都道府県として最も適当なものを次の①～⑤のうちから一つ選び、番号で答えなさい。解答番号は33。

① 千葉県　② 岡山県　③ 福島県　④ 滋賀県
⑤ 大阪府

問３ 傍線部Ｂ「そのよし」の指すものとして最も適当なものを次の①～⑤のうちから一つ選び、番号で答えなさい。解答番号は34。

① 安徳天皇の忠臣に藤原経房という武勇兼備の忠臣が存在していたこと。
② 安徳天皇の子孫は代々出野村の農家勘兵衛の先祖の家にひっそりと隠れ住んでいたこと。
③ 安徳天皇は実のところ兵士にかくまわれており壇ノ浦の戦いには参戦していなかったこと。
④ 安徳天皇の忠臣藤原経房の遺書が農家勘兵衛のところから発見されたこと。
⑤ 安徳天皇の忠臣藤原経房の遺書を農家勘兵衛のもとに返却するべきこと。

問４ 傍線部Ｃ「いかでその書の見まほしさに」の解釈として最も適当なものを次の①～⑤のうちから一つ選び、番号で答えなさい。解答番号は35。

① どうしてその遺書を見ることになったのだろうか、
② どうしてもその遺書を見たいと思っていたので、
③ 絶対にその遺書を見ることができないところがあって、
④ 自ら進んでその遺書を見たいとは思わなかったが、
⑤ どうしてもその遺書に見づらいところがあったので、

問５ 傍線部Ｄ「嗚呼恐るべきかな」とあるが、これは何に対して述べられたことか。最も適当なものを次の①～⑤のうちから一つ選び、番号で答えなさい。解答番号は36。

① 壇ノ浦で入水した安徳天皇がひっそりと生き延びており、源氏に対して綿密な復讐計画をしていたこと。
② 安徳天皇を見殺しにしてしまった藤原経房の恨みがいまだにこの山村に霊魂として現れ、人々を呪い続けていたこと。
③ 今回新たに発見された藤原経房の遺書の出現によって歴史的事実を人々に読み誤らせてしまう結果になったこと。
④ 二位の尼が安徳天皇を抱いて入水したという伝説は史実ではなく、按察局が恨みを残して犠牲になった背景があったこと。
⑤ 今回新たに発見された藤原経房の遺書の出現により平家の呪いが人々の間で再び信じられるようになったこと。

問６ 空欄 X に入る語句として最も適当なものを次の①～⑤のうちから一つ選び、番号で答えなさい。解答番号は37。

① ぞ　② なむ　③ や　④ か　⑤ こそ

問７ 傍線部Ｅ「会稽の恥」とあるが、これと類義の四字熟語として最も適当なものを次の①～⑤のうちから一つ選び、番号で答えなさい。解答番号は38。

せ給はずとも、いかでか強顔《つれなく》あたらせ給ふべき。又鎌倉幕府も然なり、平家は朝敵なり。且つ父の讐《あだ》なれば［X］、討ち滅ぼしもしたれ。よしや自家を営《いとな》むの奸《かん》ありといふとも、後世、明《みん》の燕王が、※10靖難《せいなん》を唱へて、都城を陥《おとしい》れ、建文帝を失はんと謀《はか》りし類《たぐひ》にはあらず。これ亦先帝恙なくおはしませしと聞かば、必ずその御座《みくら》を儲けて、迎へとり奉るべきに、彼の三臣は、次の年の夏までも、竟《つひ》に還幸の議なかりしはいかにぞや。そも平維章《これあきら》が、二位尼を論《あげつら》ひしごとく、天下《あめのした》の※11共主《きょうしゅ》と申すことを、忘《わす》れたるにやあらむ。又その志操《こころざし》、上皇さへにねたく思ひ奉りて、E会稽《くわいけい》の恥《はぢ》を雪《きよ》めまゐらせん為に、深く潜《しの》ばせ奉らば、密々《しのびしのび》に、平家の残党を招き集めんとこそ、相謀《はからふ》べき事なるに、Fさる心構へもなく、朝敵たる、平家の落人《おちうど》に等《ひと》しく、露命を繋《つなが》し奉るを、おのおのその身の務《つと》めにせしはいかにぞや。こは後生《こうせい》机上《きじょう》の論にして、当時の勢ひ、なほ還《かへ》し奉りがたき筋ありけん」と、助けいふとも、さては智勇の足らざるのみならで、忠もなく義もなきに似たり。かかれば彼の経房の遺書をもて、明《みん》の史彬《しひん》が、※12『致身録《ちしんろく》』に擬《ぎ》するとも、その趣きは似て、その事は非なり。『致身録』すら、彼《かしこ》にも信《う》くるものあり、偽《いつはり》とするものあり、伝写《でんしゃ》の異聞《いもん》、故《もと》より定説なし。むかし※13孟氏は万章に答ふること再三、好事者《カウズノモノ》為《スル》レ之《ヲ》也といふをもてせり。好事のもののしたらんには、その実《じつ》なき事知るべきのみ、顧《おも》ふに経房の書も、一巻《ひとまき》の小説なり。それを実録としもいふは、好事の手より出づればなるべし。

（滝沢馬琴『玄同放言』による）

※1　丁丑…ここでは文化十四年（一八一七）のこと。
※2　寿永の戦闘…寿永は平安時代末期の年号。一一八二～一一八四。ここでは源平合戦を指す。「先帝」とは安徳天皇のこと。
※3　この日…元暦二年（一一八五）三月二十四日、壇ノ浦の戦いを指す。
※4　『東海談』…江戸時代の随筆。篠崎東海（平惟章）のこと。後出の「平惟章」も同じ。
※5　『吾妻鏡』…鎌倉時代成立の歴史書。初代将軍源頼朝から第六代将軍宗尊親王までの構成で、幕府の事績を編年体で記す。
※6　『保暦間記』…南北朝時代成立の歴史書。鎌倉時代後半から南北朝時代前期を取り扱ったもの。
※7　按察局…建礼門院に付き従っているが、壇ノ浦の戦いでは安徳天皇を抱いて入水したと伝わっている。
※8　蝌蚪…おたまじゃくしのこと。
※9　碔砆…宝玉によく似た石のこと。
※10　靖難…靖難の役のこと。明の二代皇帝建文帝とその叔父燕王朱棣の帝位をめぐる争い。その結果、燕王が勝利して永楽帝となった。
※11　共主…中心として崇められる君主。
※12　『致身録』…明代の史彬による随筆。
※13　孟氏は万章に…『孟子』万章編の一節。

問1　波線部(ア)～(ウ)の語句の意味として最も適当なものを次の各語群①～⑤のうちからそれぞれ一つずつ選び、番号で答えなさい。解答番号は30～32。

(ア)　いぬる　30
①　過ぎ去った
②　留守にしていた
③　肌寒かった
④　残暑厳しい
⑤　寝過ごした

(イ)　恙なく　31
①　不意に
②　軽率に
③　孤独に
④　冷静に
⑤　無事に

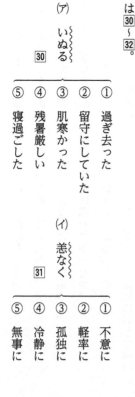

適当なものを次の①～⑤のうちから一つ選び、番号で答えなさい。解答番号は28。

① 本物の竜が降臨したということ。
② 今回の現象は恵印だけが体験したということ。
③ 雲や稲妻が本物の竜に化けたということ。
④ 竜は恵印の目の錯覚だということ。
⑤ 恵印が竜であったということ。

問10 本文の作者、芥川龍之介の作品として最も適当なものを次の①～⑤のうちから一つ選び、番号で答えなさい。解答番号は29。

① 「他人の足」　② 「頭ならびに腹」　③ 「鼻」
④ 「耳なし芳一」　⑤ 「蹴りたい背中」

三 次の文章を読んで、以下の問い（問1～10）に答えなさい。

(ア)いぬる※1丁丑の秋、A摂津国能勢《のせの》郡、出野《しゆつの》村なる勘兵衛てふ農家の天井より、奇書一通現れにき。その書は竹箭《たけのつつ》に籠《こ》めて、水銀をもて充塞《みてふさぎ》たり。うち抜《ひら》きて見るに、※2寿永の闘戦《たたかひ》に、安徳天皇従亡《じゆうばう》の忠臣、左少弁藤原朝臣経房《つねふさ》の遺《ゐ》書《しょ》なりけり。私にすべきにあらずとて、やがてBそのよしを申ししかば、守云云《かみしかじか》の後、その主に返し給ひしとぞいふなる。実説《まこと》なり耶《や》知らず。その書に由《よ》れば、旧録軍記に伝ふる如くにはあらで、当時先帝は(イ)恙《つつが》なく、戦場《せんぢやう》を出でさせ給ひて、このわたりに、潜《しの》びておはしませしなりといふ。京の人森島守近《もりちか》、早くこの事を伝へ聞きて、余に云云《しかじか》と告げしころ、Cいかでその書の見まほしさに、更に彼の人を労煩《らうはん》すること二《ふた》年《とせ》に及びつ。守近からくして、ある人に就《つ》きて、摂津の人某氏《それうぢ》の写本を借抄《しやくせう》し、遂《つひ》に郵附《いうふ》して見せらる。余これを獲《え》て、灯下《とうか》に閲《けみ》せしに、(ウ)つやつや信《うけ》がたきものなり。（中略）※3この日は白昼《はくちう》の合戦にして、しかも海上の事なり。経房等《ら》翅《つばさ》ありとも、先帝に供奉《ぐぶ》して、虎口《ここう》を脱《まぬか》るる事は、有りがたき勢ひなるをや。※4『東海談』下編に、この段を論じていふ、「諸源の諸平を滅ぼしたるとき、二位尼、天皇を抱《いだ》き、伝国の璽《じ》を帯びて入水せしは、女心と謂《い》ひつべし。いかに女なればとて、最も拙《つたな》き心なり、今の女は、却りてかかる事はえすまじ、天皇と申し奉る、至極のいはれを知ればなり」といへり。※5『吾妻鑑』及び※6『保暦間記』に「※7按察《あぜち》局、先帝を抱き奉りて、入水せし」といへるにより、按察局は存命《ながらへ》たるに、先帝の尊骸の、浮かせ給はぬを疑《うたが》ふ者あり。これらの人彼の経房の書を信《うけ》て、「二位尼の寃《えん》をも雪《きよ》むべく、数百年来の疑ひを解かんものは、ただこの書にこそ」とて、売弄《もてはやす》もあらん歟《か》。小説伝奇《でんき》は、はじめより、誰も作り設けたる偽《いつはり》を知るものなれば、誣《しひ》るといふとも猶は浅かり、古書を偽作せしものは、窃《ひそか》に縁《よ》る所あれば、識者も不図《ふと》欺かるることあり。ここをもてその害深し。※8蝌蚪《くわと》の魚子《うをのこ》に似たるは、何ぞ久しがらん。※9碔砆《ぶふ》の玉に混ずる、D嗚呼《ああ》恐るべきかな。惑者《まよふもの》のいふ、「然《しか》りといへども、和漢今昔《こんじやく》、同名の人、時を同じうする事多かるにあらずや」。余がいふ、「然《さ》なり。左大弁藤原経房と、左少弁藤原経房を別人にして、その事ありとせんにも、猶ほ理義に称《かな》はざるを知らずや。二位尼、窃《ひそか》に経房等の両臣一婦人を、先帝に傅《つけ》まゐらせて、潜幸《せんかう》なし奉らんに、などて三種の神器を、玉体にそへ奉らざりし。彼の書にいふ如く、宝剣は、須磨にて失せたりとも、なほ神璽内侍所《しんじないしどころ》あり。そは別船《ことふね》に在《おはしま》して、早《とみ》に取りまゐらするに、便《びん》なかりしともいふべし。しからば二位尼の、先帝を潜幸《せんかう》なし奉りしは、源氏にとらし奉らじ、と思ひしのみにて、旧都に還幸《くわんかう》の議に及ばずとも、先帝は、上皇のおん為にも、おん孫ならずや。復位《ふくゐ》はかなは

いうこと。

② ただでさえ広い敷地であるのに、誰も来ずに閑散としているということ。

③ ただでさえ立派な池であるのに、公家なども大勢集まっており現実味がないということ。

④ ただでさえ貴族が来てしまっているのに、一般市民まで巻き込んでしまったということ。

⑤ ただでさえ竜が出てきそうにない池なのに、貴族や役人まで招待したということ。

問７ 傍線部Ｅ「莫迦げた気」とあるが、どこが「莫迦げ」ているのか。その説明として最も適当なものを次の①～⑤のうちから一つ選び、番号で答えなさい。解答番号は 26 。

① 恵印のつまらない虚勢によって多くの人々がまきこまれてしまった点。

② 恵印のついた嘘が現実のものになることなどあり得ないと確信している点。

③ 多くの人々を集めることになってしまったのに、ただの嘘であるという滑稽な点。

④ 偽りの建札を自分で打ったにもかかわらず、本当に昇天するかもしれない気がしている点。

⑤ 見知らぬ他人だけでなく、知り合いの僧や親類までだました点。

問８ 空欄 Y には次の(ア)～(オ)を並び替えたものが入る。その順序として最も適当なものを次の①～⑤のうちから一つ選び、番号で答えなさい。なお(オ)の「梭《おさ》」とは機織りの付属具のことで、速い往復運動により、たて糸によこ糸を織り込む働きをするもののことである。解答番号は 27 。

(ア) が、それは瞬く暇で、後はただ風雨の中に、池をめぐった桜の花がまっ暗な空へ飛ぶのばかり見えたと申す事でございます。

(イ) それが一度鍵の手に群る雲を引っ裂いて、余る勢いに池の水を柱のごとく捲き起したのでございましたが、恵印の眼にはその刹那、その水煙と雲との間に、金色の爪を閃《ひらめ》かせて一文字に空へ昇って行く十丈あまりの黒竜が、朦朧として映りました。

(ウ) その途端に一陣の風がさっと、猿沢の池に落ちて、鏡のように見えた水の面に無数の波を描きましたが、さすがに覚悟はしていながら慌てまどった見物が、あれよあれよと申す間もなく、天を傾けてまっ白にどっと雨が降り出したのではございませんか。

(エ) すると、恵印がそこへ来てから、やがて半日もすぎた時分、まるで線香の煙のような一すじの雲が中空にたなびいたと思いますと、見る間にそれが大きくなって、今までのどかに晴れていた空が、俄にうす暗く変りました。

(オ) のみならず神鳴も急に凄まじく鳴りはためいて、絶えず稲妻が梭《おさ》のように飛びちがうのでございます。

① (ア)→(イ)→(オ)→(エ)→(ウ)

② (ア)→(イ)→(エ)→(オ)→(ウ)

③ (ア)→オ→(ウ)→(イ)→(エ)

④ (エ)→(ウ)→(オ)→(イ)→(ア)

⑤ (エ)→(ウ)→(イ)→(ア)→(オ)

問９ 傍線部Ｆ「眼のせい」とはどういうことか。その説明として最も

(ア) かつごう 18
① 背負おう
② だまそう
③ 泳がせよう
④ 急がせよう
⑤ 喜ばせよう

(イ) 仰々しく 19
① 綿密に
② 大雑把に
③ 大げさに
④ 詳細に
⑤ 質素に

(ウ) 薬が利きすぎた 20
① 忠告の効果が表れすぎた
② 制裁の意味がなさすぎた
③ 皮肉の意図が十分に伝わりすぎた
④ 計算の間違いが大きすぎた
⑤ 価値が大きく下がりすぎた

問2 傍線部A「一かど大手柄でも建てたような嬉しい気が致すのでございます」とあるが、そのような気になる理由として最も適当なものを次の①～⑤のうちから一つ選び、番号で答えなさい。解答番号は21。
① 検非違使の眼を盗むことが背徳心をくすぐったから。
② 自分の行為が結果的に多くの人々を動かすことになったから。
③ 信心深い恵印の日々の信仰の篤さが報われたから。
④ 竜を見るという念願が叶うことがわかったから。
⑤ 建札を立てるという業務を見事にこなすことができたから。

問3 傍線部B「それ」の品詞として最も適当なものを次の①～⑤のうちから一つ選び、番号で答えなさい。解答番号は22。
① 接続詞　② 動詞　③ 副詞　④ 名詞　⑤ 助詞

問4 空欄 X に語句を入れ、「風流な工夫をする」という意味になるように次の①～⑤のうちから一つ選び、番号で答えなさい。解答番号は23。
① 義理　② 興味　③ 数寄　④ 荘厳　⑤ 郷愁

問5 傍線部C「元より叔母の尼には、恵印のそんな腹の底が呑みこめる訳もございません」とあるが、どういうことか。その説明として最も適当なものを次の①～⑤のうちから一つ選び、番号で答えなさい。解答番号は24。
① 竜が昇るという嘘を恵印が流した真意は親類にしか理解ができないということ。
② 叔母は信心深い尼であるため、竜が昇るということを信じずにはいられないということ。
③ 恵印が嘘の高札を揚げてしまったことに後悔していると叔母が推察しているということ。
④ 叔母の本当の気持ちは恵印には理解することができないということ。
⑤ 本当の事情を知らない叔母には恵印の心情は想像できないということ。

問6 傍線部D「そもそも途方もない嘘」とはどういうことか。最も適当なものを次の①～⑤のうちから一つ選び、番号で答えなさい。解答番号は25。
① ただでさえ狭い池であるのに、竜が現れるなんて起こりえないと

の陰にも、平張《ひらばり》の下にも、あるいはまた桟敷《さじき》※9の欄干の後《うしろ》にも、簇々《ぞくぞく》と重なり重なって、朝から午《ひる》へ、午から夕《ゆうべ》へ日影が移るのも忘れたように、竜王が姿を現すのを今か今かと待って居りました。

「

Y

――度を失った見物が右往左往に逃げ惑って、池にも劣らない人波を稲妻の下で打たせた事は、今更別にくだくだしく申し上げあるまでもございますまい。

「さてその内に豪雨《ごうう》もやんで、青空が雲間《くもま》に見え出しますと、恵印は鼻の大きいのも忘れたような顔色で、きょろきょろあたりを見廻しました。一体今見た竜の姿はF眼のせいではなかったろうか――そう思うと、自分が高札を打った当人だけに、どうも竜の天上するなどと申す事は、なさそうな気も致して参ります。と申して、見た事は確かに見たのでございますから、考えれば考えるほど益《ますます》不審《ふしん》でたまりません。そこで側《かたわら》の柱の下に死んだようになって坐っていた叔母の尼を抱《だ》き起しますと、妙にてれた容子《ようす》も隠しきれないで、『竜を御覧《ごろう》じられたかな。』と臆病らしく尋ねました。すると叔母は大息をついて、しばらくは口もきけないのか、ただ何度となく恐しそうに頷《うなず》くばかりでございましたが、やがてまた震え声で、『見たとも、見たとも、金色《こんじき》の爪ばかり閃※10かいた、一面にまっ黒な竜神《りゅうじん》じゃろが。』と答えるのでございます。して見ますと竜を見たのは、何も鼻蔵人《はなくろうど》の※11得業《とくごう》恵印《えいん》の眼のせいばかりではなかったのでございましょう。いや、後で世間の評判を聞きますと、その日そこに居合せた老若男女《ろうにゃくなんにょ》は、大抵皆雲の中に黒竜の天へ昇る姿を見たと申す事でございました。

「その後恵印は何かの拍子《ひょうし》に、実はあの建札は自分の悪戯《いたずら》だったと申す事を白状してしまいましたが、恵門を始め仲間の法師は一人もその白状をほんとうとは思わなかったそうでございます。これで一体あの建札の悪戯は図星《ずぼし》に中《あた》ったのでございましょうか。それとも的《まと》を外れたのでございましょうか。鼻蔵《はなくら》の、鼻蔵人《はなくろうど》の、大鼻の蔵人得業《くろうどとくごう》の恵印法師に尋ねましても、恐らくこの返答ばかりは致し兼ねるのに相違ございますまい…………」

（芥川龍之介「竜」による）

※1　検非違使…犯罪人を検察裁判する役人のこと。
※2　香花…仏前に供える花と香のこと。
※3　風鐸…風鈴に同じ。
※4　青糸毛…びろうの葉を細かく裂いて白くさらし、青く染めたもので箱を作った牛車。皇后・中宮・東宮・准后・親王・摂関のみ乗用の牛車。
※5　赤糸毛…加茂の祭りの女使だけの乗用の牛車。
※6　梅檀庇…せんだんの板で作った牛車の庇《ひさし》。
※7　平張…布で作った仮小屋。
※8　桟敷…仮設の見物席のこと。
※9　欄干…人の転落を防ぐ柵のこと。
※10　閃かいた…原文のままの表記。
※11　得業…仏道修行をおさめ終えた人のこと。

問1　波線部(ア)～(ウ)の語句の本文中での意味として最も適当なものを次の各語群①～⑤のうちからそれぞれ一つずつ選び、番号で答えなさい。解答番号は18～20。

のまま南大門《なんだいもん》の柱の根がたへ意気地《いくじ》なく蹲《うずくま》ってしまいました。「けれどC も元より叔母の尼には、恵印のそんな腹の底が呑《の》みこめる訳もございませんから、こちらは頭巾《ずきん》もずり落ちるほど一生懸命首を延ばして、あちらこちらを見渡しながら、成程竜神の御棲《おす》まいになる池の景色は格別だの、これほど人出がした上からは、きっと竜神も御姿を御現わしなさるだろうのと、何かと恵印をつかまえては話しかけるのでございます。そこでこちらも柱の根がたに坐《すわ》ってばかりは居られませんので、嫌々腰を擡《もた》げて見ますと、ここにも揉烏帽子《もみえぼし》や侍烏帽子《さむらいえぼし》が人山《ひとやま》を築いて居りましたが、その中に交ってあの恵門法師《えもんほうし》も、相不変《あいかわらず》鉢の開いた頭を一きわ高く聳《そび》やかせながら、鵜《う》の目もふらず池の方を眺めて居るではございませんか。恵印は急に今までの情けない気もちも忘れてしまって、ただこの男さえかついでやったと云う可笑《おか》しさに独り擽《くすぐ》られながら、『御坊《ごぼう》』と一つ声をかけて、それから『御坊も竜の天上を御覧かな。』とからかうように申しましたが、恵門は横柄《おうへい》にふりかえると、思いのほか真面目な顔で、『さようでござる。御同様大分《だいぶ》待ち遠い思いをしますな。』と、例のげじげじ眉も動かさずに答えるのでございます。これはちと(ウ)薬が利きすぎた——と思うと、浮いた声も自然に出なくなってしまいましたから、恵印はまた元の通り世にも心細そうな顔をして、ぼんやり人の海の向うにある猿沢の池を見下しました。が、池は、もう温《ぬる》んだらしい底光りのする水の面《おもて》に、堤をめぐった桜や柳を鮮にじっと映したまま、いつになっても竜などを天上させる気色《けしき》もございません。殊にそのまわりの何里四方が、隙き間もなく見物の人数《にんず》で埋《うず》まってでもいるせいか、今日は池の広さが日頃より一層狭く見えるようで、第一ここに竜が居ると云うD それがそもそも途方《とほう》もない嘘のような気が致すのでございます。

「が、一時一時《いっときいっとき》と時の移って行くのも知らないように、見物は皆片唾《かたず》を飲んで、気長に竜の天上を待ちかまえて居るのでございましょう。門の下の人の海は益《ますます》広がって行くばかりで、しばらくする内には牛車《ぎっしゃ》の数《かず》も、所によっては車の軸が互に押し合いへし合うほど、多くなって参りました。それを見た恵印の情けなさは、大概前からの行きがかりでも、御推察が参るでございましょう。が、ここに妙な事が起ったと申しますのは、どう云うものか、恵印の心にもほんとうに竜が昇りそうな——それも始はどちらかと申すと、昇らない事もなさそうな気がし出した事でございます。恵印は元よりあの高札《こうさつ》を打った当人でございますから、そんなE 莫迦《ばか》げた気のすることはありそうもないものでございますが、目の下で寄せつ返しつしている烏帽子《えぼし》の波を見て居りますと、どうもそんな大変が起りそうな気が致してなりません。これは見物の人数の心もちがいつとなく鼻蔵《はなくら》にも乗り移ったのでございましょうか。それともあの建札を建てたばかりに、こんな騒ぎが始まったと思うと、何となく気が咎《とが》めるので、知らず知らずほんとうに竜が昇ってくれれば好《い》いと念じ出したのでございましょうか。その辺の事情はともかくも、あの高札の文句を書いたものは自分だと重々《じゅうじゅう》承知しながら、それでも恵印は次第次第に情けない気もちが薄くなって、自分も叔母の尼と同じように飽かず池の面《おもて》を眺め始めました。また成程《なるほど》そう云う気が起りでも致しませんでしたら、昇る気づかいのない竜を待って、いかに不承不承《ふしょうぶしょう》とは申すものの、南大門《なんだいもん》の下に小一日《こいちにち》も立って居る訳には参りますまい。

「けれども猿沢の池は前の通り、漣《さざなみ》も立てずに春の日ざしを照り返して居るばかりでございます。空もやはりほがらかに晴れ渡って、拳《こぶし》ほどの雲の影さえ漂って居る容子《ようす》はございません。が、見物は相不変《あいかわらず》、日傘き、それを経由して対話できる。

⑤ 新しく発明された空を走る自転車ではペダルを漕ぐだけで高所へも移動できる。

問9 空欄 Ⅰ （二ヶ所ある）、 Ⅱ に入る語として最も適当なものを次の①～⑥のうちからそれぞれ一つずつ選び、番号で答えなさい。ただし、同じ番号を二度用いてはならない。解答番号は Ⅰ が16、 Ⅱ が17。

① 具体　② 客体　③ 抽象
④ 特殊　⑤ 主体　⑥ 一般

二 次の文章は芥川龍之介「竜」の一節である。鼻が大きいことで周囲から「鼻蔵人」とあだ名を付けられている法師の恵印はある日、「三月三日この池より竜昇らんずるなり」という建札を猿沢池のほとりに立てる。文章を読んで以下の問い（問1～10）に答えなさい。

さてこうなって考えますと、叔母の尼さえ竜の事を聞き伝えたのでございますから、大和《やまと》の国内は申すまでもなく、摂津の国、和泉《いずみ》の国、河《かわ》内《ち》の国を始めとして、事によると播磨《はりま》の国、山城《やましろ》の国、近江《おうみ》の国、丹波《たんば》の国のあたりまでも、もうこの噂が一円《いちえん》にひろまっているのでございましょう。つまり奈良の老若《ろうにゃく》(ア)をかつごうと思ってした悪戯が、思いもよらず四方《よも》の国々で何万人とも知れない人間を瞞《だま》す事になってしまったのでございます。恵印はそう思いますと、可笑《おか》しいよりは何となく空恐ろしい気が先に立って、朝夕《あさゆう》叔母の尼の案内がてら、つれ立って奈良の寺々を見物して歩いて居ります間も、とんと※1検非違使《けびいし》の眼を偸《ぬす》んで、身を隠している罪人のような後《うしろ》めたい思いがして居りました。が、時々往来のものの話などで、あの建札へこの頃は※2香花《こうげ》が手向《たむ》けてあると云う噂を聞く事でもございますと、やはり気味の悪い一方では、A一《ひと》かど大手柄でも建てたような嬉しい気が致すのでございます。

「その内に追い追い日数《ひかず》が経って、とうとう竜の天上する三月三日になってしまいました。そこで恵印は約束の手前、今更ほかに致し方もございませんから、渋々叔母の尼の伴《とも》をして、猿沢《さるさわ》の池が一目に見えるあの興福寺《こうふくじ》の南大門《なんだいもん》の石段の上へ参りました。丁度その日は空もほがらかに晴れ渡って、門の※3風鐸《ふうたく》を鳴らすほどの風さえ吹く気色《けしき》はございませんでしたが、それでも今日《きょう》と云う今日を待ち兼ねていた見物は、奈良の町は申すに及ばず、河内、和泉、摂津、播磨、山城、近江、丹波の国々からも押し寄せて参ったのでございましょう。石段の上に立って眺めますと、見渡す限り西も東も一面の人の海で、Bそれがまた末はほのぼのと霞をかけた二条の大路《おおじ》のはてのはてまで、ありとあらゆる烏帽子《えぼし》の波をざわめかせて居るのでございます。と思うとそのところどころには、※4青糸《あおいと》毛《げ》だの、※5赤糸毛《あかいとげ》だの、あるいはまた※6栴檀庇《せんだんびさし》だのの X を凝らした牛《ぎっ》車《しゃ》が、のっしりとあたりの人波を抑えて、屋形《やかた》に打った金銀の金具《かなぐ》を折からうららかな春の日ざしに、眩《まば》ゆくきらめかせて居りました。そのほか、日傘《ひがさ》をかざすもの、※7平張《ひらばり》を空に張り渡すもの、あるいはまた仰々《ぎょうぎょう》(イ)しく※8桟敷《さじき》を路に連ねるもの――まるで目の下の池のまわりは時ならない加《か》茂《も》の祭でも渡りそうな景色でございます。これを見た恵印法師はまさかあの建札を立てたばかりで、これほどの大騒ぎが始まろうとは夢にも思わずに居りましたから、さも呆れ返ったように叔母の尼の方をふり向きますと、『いやはや、飛んでもない人出でござるな。』と情けない声で申したきり、さすがに今日は大鼻を鳴らすだけの元気も出ないと見て、そ

③ 暇をもてあますようになっているということ。
④ 他者との交流が欠かせなくなっているということ。
⑤ やめたくともやめられなくなっているということ。

問5 傍線部Ｃ「その分の労力や時間を私たちは無為に費やすことができない」とあるが、これはなぜか。その理由として最も適当なものを次の①～⑤のうちから一つ選び、番号で答えなさい。解答番号は[12]。

① 合理化を追求していった結果、余暇を楽しめるようになったから。
② 個人の価値を高めなければ、他の人への評価を付けられないから。
③ 科学技術の発展が原因で、余暇を悪とする価値観が広まったから。
④ 競争社会から脱落しないように、知識や技能を磨こうとするから。
⑤ テクノロジーが進化しても、それを経済成長に還元できないから。

問6 傍線部Ｄ「分業を通じて有機的に連帯する社会」とあるが、ここではどのような社会を指すか。その説明として最も適当なものを次の①～⑤のうちから一つ選び、番号で答えなさい。解答番号は[13]。

① 多岐にわたるジャンルの仕事を一人でこなしていく社会。
② 個人の特性を活かしつつ他者と集団で協働していく社会。
③ 仕事に楽しみを見出しながら人間性を失わずに働く社会。
④ ＡＩと人間が共存しながらそれぞれの長所を活かす社会。
⑤ ハイパーマルチ人間が集団で仕事に取り組んでいく社会。

問7 傍線部Ｅ「ルーティンワークはむしろ個人を守ってくれるものと言える」とあるが、これはなぜか。その理由として最も適当なものを次の①～⑤のうちから一つ選び、番号で答えなさい。解答番号は[14]。

① ルーティンワークならば、過酷な競争社会を生き抜く努力が不要だから。
② ルーティンワークならば、複数人での業務による連携意識を持てるから。
③ ルーティンワークならば、やり遂げた後に自己の成長を実感できるから。
④ ルーティンワークならば、理想の働き方を追求する余裕が生まれるから。
⑤ ルーティンワークならば、自分が習得してきた能力を活かしやすいから。

問8 傍線部Ｆ「『主人公』は人間ではなくテクノロジーの側となるだろう」とあるが、「『主人公』」が「テクノロジーの側」となった具体例として最も適当なものを次の①～⑤のうちから一つ選び、番号で答えなさい。解答番号は[15]。

① ネットゲームに熱中した結果、現実よりもネットゲームの世界を楽しいと考えるようになる。
② ＡＩを搭載したカーナビゲーションシステムを使って道のりを確認しながら車を運転する。
③ 解析された行動履歴によって目的地が自動設定され、乗車するだけで自動操縦が始まる。
④ 玄関の呼び出しボタンが押されるとスマートフォンに通知が届

［Ⅰ］で、私たちが［Ⅱ］になるのが、「あたらしい技術」なのだ。

（堀内進之介『人工知能時代を〈善く生きる〉技術』による）

※１　ＶＲ…仮想現実。コンピューターによって創り出された仮想空間を現実のように擬似体験できる仕組みのこと。

※２　ＩｏＴ…モノのインターネット。あらゆるモノをインターネットに接続する技術。

※３　ＳＮＳ…ソーシャルネットワーキングサービスのこと。インターネット上でコミュニケーションを取るサービスの総称。

※４　『天空の城ラピュタ』…一九八六年に公開されたスタジオジブリのアニメ映画。空中の浮島ラピュタに秘められた謎の飛行石をめぐる冒険活劇。

問１　傍線部(ア)〜(オ)のカタカナに当てはまる漢字として最も適当なものを次の各語群①〜⑤のうちからそれぞれ一つずつ選び、番号で答えなさい。解答番号は［1］〜［5］。

(ア)　カン境［1］　①寒　②還　③観　④環　⑤勧

(イ)　ケン索［2］　①験　②剣　③険　④倹　⑤検

(ウ)　恩ケイ［3］　①計　②恵　③景　④形　⑤係

(エ)　コウ撃［4］　①攻　②功　③項　④巧　⑤効

(オ)　ソナえ［5］　①設　②供　③調　④備　⑤整

問２　空欄［W］〜［Z］に入る語として最も適当なものを次の①〜⑥のうちからそれぞれ一つずつ選び、番号で答えなさい。ただし、同じ番号を二度用いてはならない。解答番号は［W］が［6］、［X］が［7］、［Y］が［8］、［Z］が［9］。

①　すなわち　②　あるいは　③　たとえば
④　ところで　⑤　しかし　⑥　そして

問３　傍線部Ａ「技術がもたらす変化」とあるが、ここではどういうことか。その説明として**適当でないもの**を次の①〜⑤のうちから一つ選び、番号で答えなさい。解答番号は［10］。

①　以前と比べて便利になること。
②　以前と比べて忙しくなること。
③　以前と比べて疲弊しなくなること。
④　以前と比べてやることが増えること。
⑤　以前と比べて多くの情報に触れられること。

問４　傍線部Ｂ「『中毒』そのもの」とあるが、ここではどういうことか。その説明として最も適当なものを次の①〜⑤のうちから一つ選び、番号で答えなさい。解答番号は［11］。

①　技術の進歩を追求させられているということ。
②　少しずつ心身の健康が害されているということ。

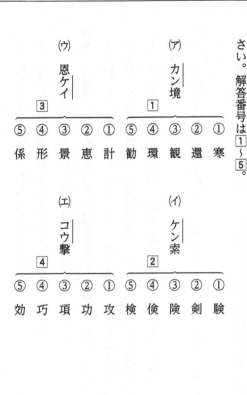

しかし、驚異的とも言えるスピードで進化を続ける「あたらしい技術」を個人の努力だけでアップデートし続けることは、それこそ達成不可能なミッションだ。それでも、競争社会で生き残り、「人間の仕事」を奪おうとするＡＩと差別化していくためには、どんなに苦しくてもアップデートし続けるしかない、という雰囲気がつくられつつある。

絶え間ないアップデートが目指すのは、「あれもこれもできる」という、一種のハイパーマルチ人間だ。進化するテクノロジーを活用しつつ、事務能力、営業力、クリエイティブな発想力、タスク管理能力など、すべてを(オ)ソナえ、多岐にわたるジャンルの仕事をひとりでこなしてパフォーマンスを上げる。本当にそんなことができる人間がどれだけいるかは分からないが、そうやって「人的資本」としての価値をどこまで高めていっても、それは競争社会の激しさを増すことにつながるばかりで、アップデートのストレスは強まりこそすれ、決して減ることはない。

かつてフランスの社会学者エミール・デュルケムは、個々人が社会の重要なパーツとして存在し、D分業を通じて有機的に連帯する社会を論じたが、「人的資本」としての価値を高めることは［Ｙ］、有機的な連帯には目もくれず、仕事を何もかもすべてひとりで背負うことを求めるようなものだ。デュルケムの目には、今の私たちは入れ替え可能な「歯車」となることで人間性が失われたのみならず、複雑かつ大量の仕事をこなすためにアップデートを繰り返さざるを得ないマシンと化しているように映ることだろう。

近年、機械でもできる単純作業はＡＩに任せ、人間はクリエイティブな仕事に集中すればいい、という観点で職場へのＡＩ導入が語られている。［Ｚ］、アメリカの社会学者リチャード・セネットが『それでも新資本主義についていくか——アメリカ型経営と個人の衝突』で論じるように、E単純な事務作業などのルーティンワークはむしろ個人を守ってくれるものと言える。「クリエイティブな仕事」と言うと聞こえはいいが、実際のところ、クリエイティブな作業には、どこまでやってもゴールに到達することはないというハードさがつきまとう。ルーティンワークに携わる方が明らかに負担は軽いし、誰もが「芸術家」として生きる厳しさに耐えられるわけでもない。

それでも、もしかしたら「あたらしい技術」の進化によって、たとえば人間の能力そのものが飛躍的に高められ、皆が「人的資本」としての自らの価値を向上させて活躍できる時代が到来するかもしれない。だが、今の技術のあり方を見る限り、「あたらしい技術」を使いこなし、自分が「主人公」となって活躍しているという感覚は、単なる錯覚ということになりそうだ。このまま「あたらしい技術」が進化していくならば、F「主人公」は人間ではなくテクノロジーの側となるだろう。やがて私たちは「機械がまだ機械のたのしさを持っていた時代　科学が必ずしも人を不幸にすることは決まってないころ　そこはまだ世界の主人公は人間だった」という※4『天空の城ラピュタ』のキャッチコピーそのままの世界を目の当たりにするかもしれない。

「あたらしい技術」は、既に、私たちと融合を始めている。スマホでもネットでも、「あたらしい技術」は私たちが使う「道具」というより、今やその中にどっぷりと浸かる「第二の自然」だ。道具であれば、使うか否かを決める［Ｉ］は私たちだが、そうした旧来のビジョンでは、既に「ここにあるもの」として、私たちと一体化しつつある「あたらしい技術」に対応できない。むしろ、道具だと思っていた「技術」が

【国　語】（五〇分）〈満点：一〇〇点〉

一　次の文章を読んで、以下の問い（問1～9）に答えなさい。

AI、ロボット、シンギュラリティ、ディープラーニング、ブロックチェーン、VR[※1]、IoT[※2]、スマートスピーカー……数年前には想像もしなかった「あたらしい技術」が今、急速に広がっている。こうした「あたらしい技術」は、便利さや快適さをもたらす一方で、私たちの生活や社会をこれまでにないかたちに変えていくことになるだろう。

A技術がもたらす変化は、いつもいいことばかりとは限らない。インターネットやスマートフォンがない時代を知っている世代は、以前と比べて、確かにいろいろなことが便利にはなったものの、何だかやけに忙しくなったと感じているはずだ。それは「こんなはずではなかった」という感覚に近いかもしれない。本当なら、技術の進化によって便利になったのだから、私たちにもっと余裕が生まれているはずである。それなのに、「あたらしい技術」が進化すればするほど疲弊させられていくのは、ひとつには「つながりっぱなし」、そしてもうひとつには「アップデート」という、ふたつの負荷が私たちにのしかかっているからだ。

「つながりっぱなし」の弊害については、多くの人が実感しているだろう。今はネットにつながる(ア)カン境さえあれば、たとえどんな僻地《へきち》にいても、昼夜かまわず仕事という日常が追いかけてくるようになったし、膨大な情報が溢れるネットを(イ)ケン索すれば、知らなくてもいいことまで、つい目に入ってきてしまう。写真や映像、音楽をアプリケーション（アプリ）のおかげで素人でもプロっぽく加工できるようになり、「インスタ映え」に代表されるような、いかにたくさんの「いいね！」をもらうかに、多くの人が熱中している。ちょっと手持ち無沙汰になれば、すぐさまスマホを取り出して、ゲームをしたり、ネットを見たり、SNS[※3]をチェックしたりせずにはいられない様子は、まさにB「中毒」そのものだ。

もうひとつの「アップデート」の負荷は、「自己責任」を基調とする現代社会の価値観と大きく関係している。

テクノロジーの(ウ)恩ケイで何かが便利になったとしても、Cその分の労力や時間を私たちは無為に費やすことができない。［W］自動運転の車に乗ることで、「運転」という行為をせずにすむようになったとしよう。しかし、そのことによって生まれた「余暇」は、窓に映る景色をしみじみ眺めたり、音楽を聴いたり、同乗者との会話を楽しんだりするのではなく、仕事や勉強といった「役に立つこと」に使われる。便利になり、合理化を追求することで、私たちは楽になるどころか、逆にやることがどんどん増えていくのが現実なのだ。

その背景にあるのは、無為に過ごすこと＝怠けることだと捉え、それでは「負け組」になってしまうという、一種の強迫観念だろう。『いかにして民主主義は失われていくのか――新自由主義の見えざる(エ)コウ撃』の著者でアメリカの政治学者ウェンディ・ブラウンが言うように、すべてを「自己責任」に帰結させる新自由主義において、個人は「人的資本」となり、私たちは自らの「人的資本」としての価値を高めようと、過酷な競争社会を勝ち抜くための知識や技能を身につけるべく躍起になる。もちろん、技術もそのための重要なツールだ。［X］進化する技術に乗り遅れることは個人の努力不足と見なされ、それは自己責任なのだから競争社会から脱落してもしかたがない、と片付けられてしまう。

2024年度

狭山ヶ丘高等学校入試問題

【数　学】（50分）　＜満点：100点＞

【注意】 コンパス，定規，分度器，電卓は使用しないのでしまって下さい。

$\boxed{1}$ 次の $\boxed{1}$ ～ $\boxed{14}$ にあてはまる数をマークしなさい。

(1) $\frac{1}{3}-\left(-1\frac{1}{2}\right)\div\left(-\frac{3}{4}\right)^2$ を計算すると，$\boxed{1}$ となる。

(2) $\frac{2+\sqrt{2}}{\sqrt{2}}-\frac{\sqrt{6}-2\sqrt{3}}{\sqrt{6}}$ を計算すると，$\boxed{2}\sqrt{\boxed{3}}$ となる。

(3) $1.2(3x-2)-\frac{8x+3}{5}$ を計算すると，$\boxed{4}x-\boxed{5}$ となる。

(4) $4x(x-1)-4(9-x)$ を因数分解すると，$\boxed{6}(x-\boxed{7})(x+\boxed{7})$ となる。
同じ解答番号の欄があるため注意すること。

(5) $2024^2-(4048-A)\times A$ を計算すると4となった。このとき，A として考えられる値は2つあり，小さい方の値は $A=202\boxed{8}$ である。

(6) 連立方程式 $\begin{cases}-x+7y=15\\5x+y=-3\end{cases}$ の解の和 $x+y$ は $\boxed{9}$ である。

(7) 半径が $\sqrt{3}$ cmの球の表面積は $\boxed{10}\boxed{11}$ $\pi\,\text{cm}^2$であり，体積は $\boxed{12}\sqrt{3}\pi\,\text{cm}^3$である。

(8) 右図の円は正方形の4辺と接している。正方形の面積が $(\sqrt{32}+8)\,\text{cm}^2$ であるとき，円の面積は $(\sqrt{\boxed{13}}+\boxed{14})\pi\,\text{cm}^2$である。

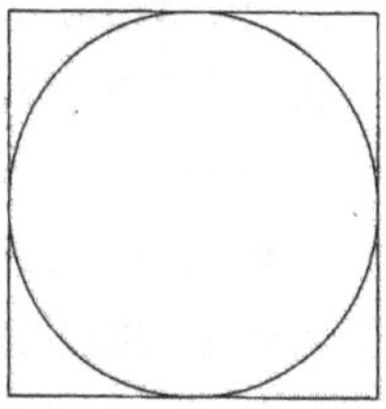

$\boxed{2}$ 次の $\boxed{15}$ ～ $\boxed{30}$ にあてはまる数をマークしなさい。

(1) a は定数である。2点A $(-1,\ -1)$，B $(2,\ -7)$ を通る直線の方程式は $\boxed{15}x+y+\boxed{16}=0$ であり，これと $y=ax^2$が点Aで交わるとき，もう1つの交点をCとすると，Cの x 座標は $\boxed{17}$，線分ABとBCの長さの比は $\boxed{18}$：1である。

(2) 次のデータは，生徒9人の冬休みに運動をした回数を表したものである。また，次のページの箱ひげ図は，生徒9人に太郎君を加えた10人について，冬休みに運動をした回数を表したものが①であり，生徒9人に花子さんを加えた10人について，冬休みに運動した回数を表したものが②である。ここから読み取れることは，太郎君が冬休みに運動した回数は $\boxed{19}$ 回であり，花子さんが冬休みに運動した回数は $\boxed{20}$ 回以上 $\boxed{21}$ 回以下である。

0，1，2，3，3，3，5，9，9

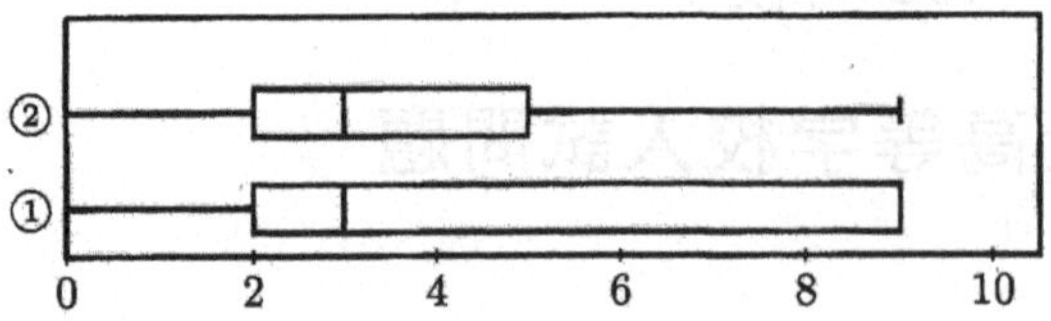

(3)　ボールがいくつかある。これを3つの箱A，B，Cに分けて入れた。このとき，Aの箱にはボール全体の$\frac{1}{5}$が入っていたが，Aの箱からCの箱へ2個移動したところ，Aの箱に入っているボールの数は全体の$\frac{1}{6}$となった。また，移動後のAとCの箱の個数をあわせるとちょうどBの箱と同じ個数となった。ボールは全部で [22][23] 個あり，移動後のBの箱の中のボールの個数はCの箱の中のボールの数より [24] 割多い。

(4)　$3\sqrt{7}$と$4\sqrt{7}$の間には整数は全部で [25] 個ある。また，$53+4\sqrt{7}$がn^2と$(n+1)^2$の間にある数となるような正の整数nは [26] である。

(5)　右図において，2直線mとnは平行である。このとき$x°=$ [27][28] °である。

また，$AB=\frac{2\sqrt{3}}{3}$cm，$BC=\sqrt{2}$cmであるならば，$y=$ [29][30] °である。

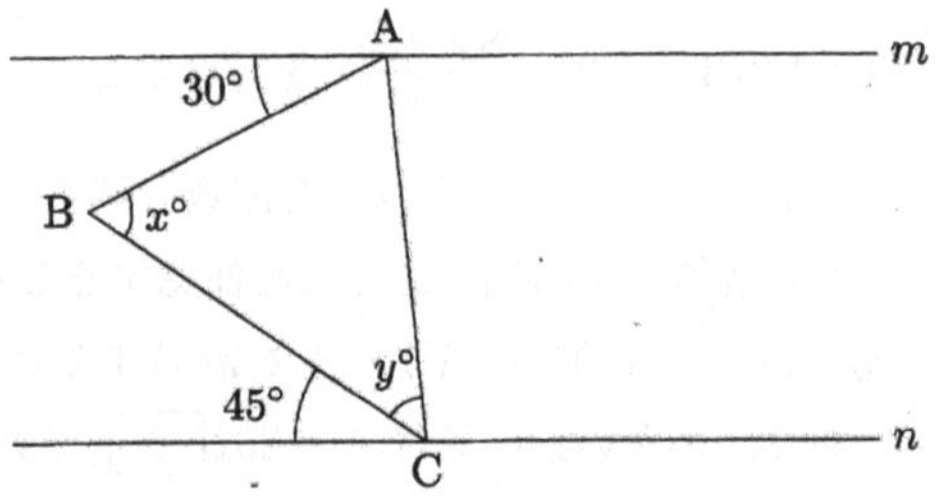

[3]　次の [31] ～ [39] にあてはまる数をマークしなさい。

黒板には最初にある数字が書かれている。また，[1]，[2]，[3]，[4]，[5]の5枚のカードがある。まず，この5枚のカードの中から何枚かを取り出して並べる。並べたカードを左から順に以下の作業を行う。

●　カードに書かれた数と黒板に書かれている数の積を3で割った余りに黒板の数をかきなおす。

例えば，黒板に最初に書かれた数が2で，カードを2枚取り出して並べたら，カードに書かれた数が左から2，5であった場合，

1番左のカードに書かれた数が2であるから，2 × 2を3で割った余りである1に黒板の数を書きなおす。

2番目のカードに書かれた数が5であるから，1 × 5を3で割った余りである2に黒板の数を書きなおす。

よって，作業後の黒板に書かれた数は2となる。

(1)　黒板に最初に書かれた数が1で，カードを2枚取り出して並べたら，カードに書かれた数が左から2，4であった場合，

1番左のカードに書かれた数が2であるから，黒板の数は [31] となる。

2番目のカードに書かれた数が4であるから，黒板の数は [32] となる。

よって，作業後の黒板に書かれた数は [32] となる。同じ番号の解答欄が複数あるので注意すること。

(2)　黒板に最初に書かれた数が1で，カードを2枚取り出して並べたら，作業後に黒板に書かれた

数が０となった。このような２枚のカードの並べ方は $\boxed{33}$ 通りある。

(3) 黒板に最初に書かれた数が１であり，カードを３枚取り出して並べる。

作業後に黒板に書かれた数が１となるような３枚のカードの並べ方は $\boxed{34}\boxed{35}$ 通りある。

また，作業後に黒板に書かれた数が２となるような３枚のカードの並べ方は $\boxed{36}\boxed{37}$ 通りある。

ただし，５枚のカードの中から３枚を取り出して並べる方法は５×４×３＝60通りあることを用いても構わない。

(4) 黒板に最初に書かれた数が２で，カードを３枚取り出して並べたら，作業後に黒板に書かれた数が１となった。このような３枚のカードの並べ方は $\boxed{38}\boxed{39}$ 通りある。

$\boxed{4}$ 図のように，中心が原点で半径が１の半円を，折り曲げた円周が x 軸に接するように線分ABで折り曲げる。その接点をＣとする。２点ＡとＢは元の半円の周上の点である。次の $\boxed{40}$～$\boxed{52}$ にあてはまる数をマークしなさい。

(1) 線分ABが x 軸に平行であるとき，線分ABと y 軸との交点の座標は $\left(0,\ \dfrac{\boxed{40}}{\boxed{41}}\right)$ である。

(2) 点Ｃの座標が $\left(\dfrac{1}{3},\ 0\right)$ であるとき，線分ABの中点の座標は $\left(\dfrac{\boxed{42}}{\boxed{43}},\ \dfrac{\boxed{44}}{\boxed{45}}\right)$ である。

(3) 点Ａの y 座標が $\dfrac{1}{3}$ であるとき，

点Ａの x 座標は $\dfrac{\boxed{46}\sqrt{\boxed{47}}}{\boxed{48}}$ であり，線分ABの中点の x 座標は $\dfrac{\boxed{49}\sqrt{\boxed{50}}-\sqrt{\boxed{51}}}{\boxed{52}}$ である。

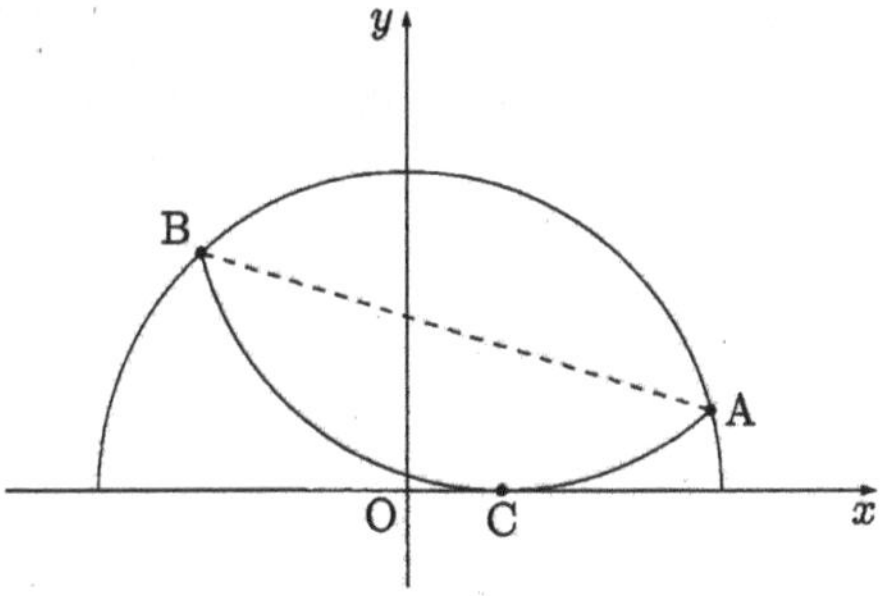

$\boxed{5}$ 次のページの図の長方形ABCDとEFGHは合同であり，BC上のCP＝１㎝となる点Ｐを辺FGが通り，また辺ＧＨが点Ｃを通るように，長方形ABCDを固定した状態で長方形EFGHを動かす。辺CDの長さは２㎝で，辺BCは１㎝よりも長い。また，辺EHは辺ＣＤと交わるとき，その交点をＩとし，辺ADと辺EFの交点をＪ，辺ADと辺EHが交わるとき，その交点をＫとする。次の $\boxed{53}$～$\boxed{67}$ にあてはまる数をマークしなさい。

(1) ∠CPG＝45°である場合，

PG＝$\dfrac{\sqrt{\boxed{53}}}{\boxed{54}}$ cm，DI＝($\boxed{55}-\boxed{56}\sqrt{\boxed{57}}$) ㎝である。

(2) ∠CPG＝30°である状態から，∠CPG＝45°である状態まで，長方形EFGHを動かしたとき，点Gが通った図形の長さは $\dfrac{\boxed{58}}{\boxed{59}\boxed{60}}\pi$ cmである。

(3) 辺EHが辺CD，ADと交わり，△PCGの面積が△IHCの面積の $\dfrac{1}{3}$ 倍である場合，

DI＝（$\boxed{61}-\sqrt{\boxed{62}}$）cm，CG＝$\dfrac{\boxed{63}}{\boxed{64}}$ cmであり，さらに，斜線部の面積が $\dfrac{25\sqrt{3}}{32}$ cm^2 ならば，

長方形の横の長さは $\left(\boxed{65}-\dfrac{\boxed{66}\sqrt{3}}{\boxed{67}}\right)$ cmである。

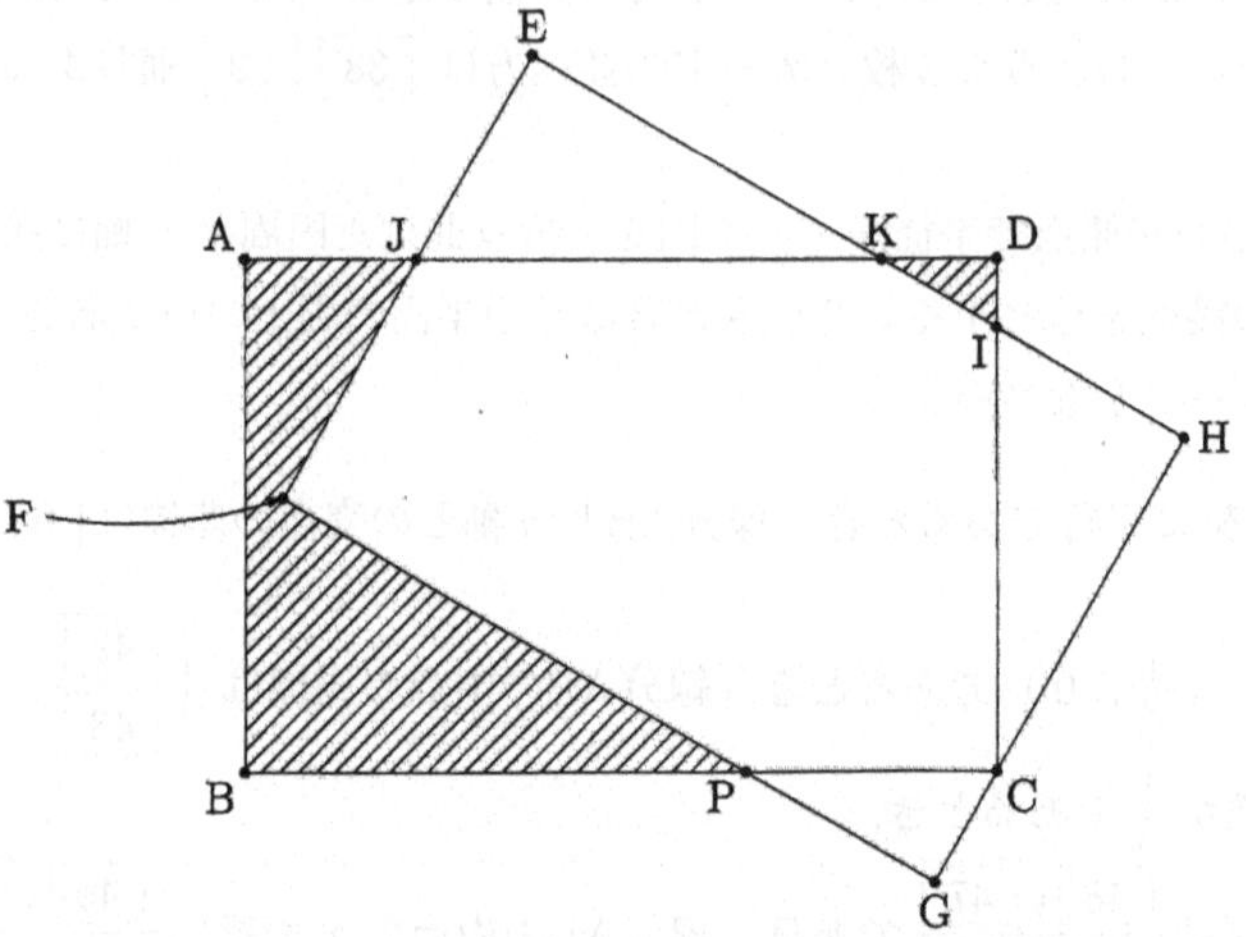

【英　語】（65分）　＜満点：100点＞

1 （リスニングテスト）　このリスニングテストには問題Aから問題Cまであります。英文はそれぞれ２度ずつ読まれます。放送中メモを取っても構いません。

問題A　これから流れる対話を聞き，最後に続く受け答えとして最も適切なものを選び記号で答えなさい。

No.1　1
1 Yes, we'll go to my hometown.
2 No, we'll go abroad.
3 I want it, too.
4 I have no kids.

No.2　2
1 You should call me right now.
2 What time did you call me?
3 You've found it, too.
4 But there's a clock on that wall.

No.3　3
1 I've played soccer for two hours.
2 If the score is A, I can join a special math class.
3 I want to play it as hard as I can.
4 It's six thirty, so I have to run there.

問題B　これから流れる対話を聞き，そのあとの質問に対する答えとして最も適切なものを選び記号で答えなさい。

No.1　4
1 She will buy a suitcase first.
2 She will buy a TV set first.
3 She will buy a washing machine first.
4 She will buy some clothes first.

No.2　5
1 It is a blue tie wrapped in blue paper.
2 It is a plain tie wrapped in blue paper.
3 It is a striped tie wrapped in plain paper.
4 It is a striped tie wrapped in blue paper.

No.3　6
1 He will pay 82 dollars and 72 cents.
2 He will pay 92 dollars and 72 cents.
3 He will pay 102 dollars and 72 cents.
4 He will pay 112 dollars and 72 cents.

問題Ｃ　これから流れる英文を聞き，質問に対する答えとして最も適切なものを選び記号で答えなさい。

No. 1　[7]

1　He practiced soccer three days a week.
2　He practiced soccer hard but his soccer skill didn't improve.
3　He got a chance to play soccer as a regular member.
4　His coach did not let him join in any soccer matches.

No. 2　[8]

1　She loves spring because she can wear various T-shirts.
2　She loves summer because she can wear different jackets.
3　She loves autumn because she can choose several combinations of clothes.
4　She loves winter because she can wear thick coats and gloves.

No. 3　[9]

1　They clean White Town twice a year and people in the town join it.
2　They pick up trash on the road along the White River on the second Saturday every month.
3　They ask many people to stop throwing away any trash.
4　They clean the parks on the third Monday of March.

＜リスニングテスト放送台本＞

第３回推薦入試

１（リスニングテスト）　このリスニングテストには問題Ａから問題Ｃまであります。英文はそれぞれ２度ずつ読まれます。放送中メモを取っても構いません。

問題Ａ　これから流れる対話を聞き，最後に続く受け答えとして最も適切なものを選び記号で答えなさい。

No. 1

A：Mom, I want to go abroad this summer.
B：You do?
A：So, do you have any plans for this vacation?
B：

Listen Again

No. 2

A：What time is it now?
B：Seven o'clock.　Why did you ask me?
A：I lost my smartphone yesterday.
B：

Listen Again

No. 3

A：You have to hurry, Ken.　It's six thirty.
B：Mom, I don't want to go to the soccer club tonight.

A：You want to study for the test tomorrow, right?

B：

Listen Again

問題B　これから流れる対話を聞き，そのあとの質問に対する答えとして最も適切なものを選び記号で答えなさい。

No. 1　*※Aは女性，Bは男性*

A：I was going to buy a new TV this weekend, but my washing machine broke down. I also want a new suitcase for my trip next week, but I can't buy everything now.

B：So, what will you do?

A：Well, clean clothes are the most important, aren't they?

B：Yes, I guess so.

Question: What will the woman buy first?

Listen Again

No. 2

A：Well, have you decided what to give your friend as a birthday present?

B：Yes, I think I'll give him this striped tie. Actually, I was thinking of a plain tie at first, but then I remembered he often wears a striped tie.

A：OK. Would you like me to wrap the tie?

B：Yes, please.

A：Sure. We have a selection of colors for the wrapping paper. Which one do you like?

B：Let me see... Blue, please.

Question: What is the present like?

Listen Again

No. 3　*※Aは女性，Bは男性*

A：That will be 102 dollars and 72 cents in total.

B：Can I use a coupon?

A：I'm sorry but only people who spend 110 dollars or more can get a discount today.

B：I didn't know that. Then I will buy that 10-dollar T-shirt, too.

A：OK. You will get a 20-dollar discount off the total price.

Question: How much will the man pay?

Listen Again

問題C　これから流れる英文を聞き，質問に対する答えとして最も適切なものを選び，記号で答えなさい。

No. 1　※男性

Three years ago, when I was 10, I practiced soccer in a team. There were forty players but I was not a regular member of the team. My team had two practices a week, on Wednesdays and Saturdays. Once a month, we had a soccer match with another soccer team. I could not take part in a match at first, and I wanted to be a regular player. I began to practice soccer hard, and I could play better. After that, the coach told me to join in the next game as a regular member. I was so happy.

Question: What is true about his story?

Listen Again

No.２ ※女性

In Japan, we have four seasons but these days I don't think so. We have a long summer and a long winter. Where are spring and autumn? I like autumn the best because I like autumn clothes. I can choose a combination of a long-sleeved shirt and jacket every day. I also like summer. I have many T-shirts and love to select which T-shirt to wear. When it is very hot, I often change my T-shirts. I am happy to wear various T-shirts. However, I don't like spring because I suffer from hay fever.

Question: Which is her favorite season?

Listen Again

No.３

White Town has clean up events on the third Monday of March and the second Saturday of September. People who live in the town join these events. In March we have to clean up roads along the White River. It is more than five kilometers long and it takes four hours to finish picking up all the trash. In September, we must clean some public parks. In White Town, there are fifteen public parks and it takes three hours to clean all the parks. A problem is that the number of people who join these events is not increasing.

Question: What do they do for their cleaning events?

Listen Again

これでリスニングテストを終わります。以降の問題を解いて下さい。

２ 次の英文を読み，後の設問に答えなさい。

Most people want to know ① what is in space. There are many galaxies in space. Clouds, planets, and stars make up galaxies. We can see the sun, moon, and stars from Earth. However, we cannot clearly see everything in space from Earth. If you want to see things in space more clearly, you have to use a telescope*. Did you know stars are different colors? We can see the many colors of stars with a telescope. However, if we go into space and use a telescope, we can see farther into our galaxy or even outside of it.

② A space pilot can go to space. These days, space pilots are called astronauts. They travel to space in a spacecraft. These are the men and women exploring space today. When astronauts go into space for a long time, they live in the International Space Station*. The space station is also a spacecraft. However, it doesn't travel away from Earth. The International Space Station is a home in space for its crew members. It has five bedrooms, two bathrooms, and a big window. Astronauts go into space to look at what is there. They study the objects in space. They also do experiments that can help us on Earth. Astronauts have to test the machines inside the space station. They make sure everything is safe in the space station, too. Astronauts usually stay in space for six months. However, a person has stayed in space for 879 days. It is the longest time. Astronauts spend most of their time inside the space station. ③ Sometimes astronauts go outside the space station. Going outside is called "taking a spacewalk." When the astronauts go on spacewalks, they have to wear a spacesuit to protect their bodies. They go on spacewalks to fix things on satellites or test new machines outside the spacecraft. They can also do science experiments on spacewalks. ④ Astronauts have fun, too. They like to watch sunrises and sunsets when they are in space. Sunrises and sunsets happen every 45 minutes while in space! Astronauts also have some time off each week to rest. They exercise to keep their bodies healthy. They play games with other crew members. They watch movies and read books. They spend time on talking with their families while in space, too. When astronauts are not in space, they work in an office. They write reports about their trips to space. They go to meetings with other office workers. They study how to control robots and other machines used in space. They help plan spacewalks. For now, most astronauts work for the government. Only [⑤] countries have built spacecraft that sent people to space. These countries are the USA, Russia, and China. Less than 600 people in the world have ever traveled to space. However, many people are curious about what happens in space.

As we learn more about living in space, it is becoming easier to go there. Soon, we will need a new kind of space pilot who can fly visitors to space for research, work, and maybe even vacations. This job will be a little different than ⑥ that of astronauts. It will be like an airplane pilot, but a pilot flying to space! In university, space pilots can study many subjects. They can study engineering* or biological science*. They can study physical science* or computer science. They can also study math. After university, space pilots need to get experience. Before going to space, they need to practice flying jets. They should practice for at least 1,000 hours. These days, astronaut training can take as [⑦] as three years. ⑧ Space pilots will need to do a lot of training, as well. They have to learn how to operate spacecraft. They have to learn what to do in emergencies* in space. They have to learn how to do spacewalks. How can people learn to spacewalk on Earth? They can put on a big suit and work (or walk) in a swimming pool! People who are not space pilots may soon be able to buy tickets on spacelines* to fly to space. It may be similar to how people buy tickets to fly to other countries today. Spacelines will need space pilots to fly their spacecraft. Of course, space pilots will need to have a pilot license. They will also need to complete training at the spaceline they work for. People do not need to work as astronauts before they work as space pilots. However, it is good if they study the same subjects that astronauts study in school. For their flying experience, space pilots may work as either airline or military* pilots. Space pilots can also have experience as fighter or test pilots. Fighter pilots fly jets during wars. Test pilots fly new jets to make sure they are safe.

⑨ <u>Space travel</u> is going to be possible for all of us very soon. A few companies are preparing to take tourists on space trips in the near future. Virgin Galactic* is the world's first spaceline. They want people to see the beautiful things in space. They want people of all ages to explore space. They want tourists to experience floating! It is very expensive to buy a ticket to go to space. One ticket can cost over $100,000 dollars! If space tourism becomes very popular, the price will probably become lower in the future. Virgin Galactic plans to use a few different kinds of spacecraft. One spacecraft that can take tourists to space is named SpaceShipTwo. Two pilots will fly SpaceShipTwo. This spacecraft can take two pilots along with* six other passengers to space. Being safe while in space is very important. Space tourists will have to do training before going on a trip to space. They can do the training at a spaceport*. A spaceport is like an airport for spacecraft. Space tourists can see what space is like at the spaceport. They will learn about gravity* and how to be comfortable in space. They will also do a health test at the spaceport. Space pilots will need to teach space tourists, too. Space pilots can help with training tourists for space travel at spaceports. They will help passengers learn basic emergency skills for their space travel. In addition to flying a spacecraft, space pilots will be like tour guides for the passengers. They will help tourists with any questions they have about space. Space pilots will help passengers feel more comfortable about going to space. Many people are very interested in going to space. Space tourism will probably become big business in the future. Spacelines will need many space pilots. Does this job sound exciting to you? Maybe you can be a space pilot in the future!

（出典：Shauente Waters *Space Pilots* 改変）

（注） telescope「望遠鏡」 the International Space Station「国際宇宙ステーション」
engineering「工学」 biological science「生物学」 physical science「自然科学」
emergency「緊急事態」 spaceline「宇宙船の運行会社」 military「軍の」

Virgin Galactic 「ヴァージンギャラクティック（宇宙船の運行会社名）」
along with 「～といっしょに」　spaceport 「宇宙船基地」　gravity 「重力」

問１　下線部①に関する記述として適切でないものを次の中から選びなさい。 10
1　宇宙には多くの銀河が存在し銀河は惑星と星のみで構成される。
2　宇宙にある太陽，月，星は地球から見ることができる。
3　宇宙にあるすべてのものを地球からはっきりと見られるわけではない。
4　宇宙には様々な色の星があり，望遠鏡を使うことで確認できる。

問２　下線部②に関する記述として最も適切なものを次の中から選びなさい。 11
1　宇宙パイロットは旅行する人々を宇宙飛行士と呼んでいる。
2　宇宙パイロットは寝室のない国際宇宙ステーションで暮らしている。
3　宇宙パイロットは宇宙に長く滞在するためにいくつかの衛星を利用する。
4　宇宙パイロッットは宇宙の物体を調べ，実験を行っている。

問３　下線部③に関する記述として最も適切なものを次の中から選びなさい。 12
1　宇宙飛行士が国際宇宙ステーションの外に出るときに宇宙服を着てはいけない。
2　宇宙飛行士が国際宇宙ステーションの外で活動することをスペースウォークという。
3　宇宙飛行士がスペースウォークをする際は実験をしない。
4　宇宙飛行士が国際宇宙ステーションの外で活動できるのは45分間だけである。

問４　下線部④の文と同じ文型の文を次の中から選びなさい。 13
1　Gordon thanked me for coming to his concert.
2　My boss kept silent through the meeting.
3　My aunt always gives me some candies.
4　There is a baby in this room.
5　You must keep this room clean.

問５　⑤ に入れるのに最も適切なものを次の中から選びなさい。 14
1 no　　2 one　　3 two　　4 three

問６　下線部⑥が指すものとして最も適切なものを次の中から選びなさい。 15
1 the job　　2 the spacecraft　　3 the pilot　　4 the vacation

問７　⑦ に入れるのに最も適切なものを次の中から選びなさい。 16
1 far　　2 long　　3 well　　4 soon

問８　下線部⑧に関する記述として最も適切なものを次の中から選びなさい。 17
1　宇宙パイロットはスペースウォークのやり方を学ぶために宇宙に行ってから訓練をする。
2　宇宙パイロットはパイロットの免許を取らなければならない。
3　宇宙パイロットは宇宙船の運行会社に就職してからは訓練がない。
4　宇宙パイロットは航空会社と軍隊の両方でパイロットの経験を積まなければならない。

問９　下線部⑨に関する記述として適切でないものを次の中から選びなさい。 18
1　世界には宇宙船の運行会社がまだほんの数社しかない。
2　現在は宇宙旅行をするためのチケットが10万ドル以上することもある。
3　宇宙旅行をする客は宇宙へ旅行をする前に訓練を行わなくてよい。
4　宇宙旅行をする客は事前に健康診断を受けなければならない。

問10　本文中の内容と合うものを次の中から１つ選びなさい。 19

1　宇宙飛行士はたいてい２年間宇宙に滞在することが仕事として決まっている。
2　宇宙飛行士は休息を取るときは何もせずただ体を休めなければならない。
3　ヴァージンギャラクティックは将来チケットを安くするために新しい宇宙船を開発している。
4　宇宙観光は将来発展する分野であり，宇宙パイロットの需要は増加するだろう。

3　次の英文を読み，後の設問に答えなさい。

People believe there are lucky numbers, and unlucky numbers. The number 13 is unlucky in England and America; in some Asian countries the number 4 is unlucky.

Chai and Samy are old friends. Every week Chai buys a number of lottery tickets. He's always hoping for lucky numbers, for the big win...

Chai walked slowly into the coffee shop, and breathed* heavily. His huge stomach was the first thing to go through the door. He looked around to find his usual table. It was empty. ① The coffee shop was in the same situation most of the time these days. He sat down heavily and nodded at the short Indian man at the back of the coffee shop.

"Oi Samy! One teh-tarik*, four-spoon sugar," he called. "Usual?" smiled Samy, in his friendly way.

Chai's face was hot, and his breathing was noisy. Samy came over to sit with his friend.

"So Chai! Very hot today. Hot like this, and I cannot get many customers," said Samy. He shook his head.

"You know, Samy," Chai said. "If I win the four-digit* lottery, I can buy a big aircon* house outside the city, and go and live there!"

"Yes ah? Did you buy today's lottery numbers?" said Samy.

"Of course-lah! Do you want to see them?" said Chai. He moved his large body with difficulty, and pulled out from his back pocket a number of lottery tickets.

"You spend too ② money on those things-lah! Eh! How about giving me one of your numbers? You always got good luck," laughed Samy.

Chai often won something on the lottery. Maybe it was his good luck, or maybe it was because he spent almost all his money on buying tickets.

"I can't do that, Samy. If I give away my numbers, I lose my luck," said Chai.

"So what?" Samy said. "I'm your good friend ah? I always give you free tea."

"OK-lah, OK-lah!" said Chai. The kitchen boy came with his glass of tea, and Chai put away his tickets. He was beginning to feel hot and a little angry because he didn't like that his friend laughed at him.

"I'll give you one. Here! Four-four-four-four! My birth date," whispered*

Chai. He spoke softly because he didn't want anyone to hear him, and also because he was finding it difficult to breathe.

"Oh...!" Samy began to speak, then stopped. He knew the words "four" and "death" sounded almost the same in Chinese, but ③he decided not to say anything.

Chai suddenly closed his eyes in pain. He felt there was something around his chest, and it pulled tighter and tighter and tighter. Something was banging* in his head, and it hurt his eyes. He felt sick.

"Eh, Chai! What's wrong? Are you OK? Shall I take you to see the doctor?"

"No... no need. The weather-lah... I'll go home and sleep. I'm sure to feel better." Chai got to his feet, and breathed noisily. Then his eyes closed again and he almost fell. His friend [④] took hold of his arm.

"Come. I'll take you home."

"I'm OK," whispered Chai. His head felt better. He found his way out of the shop and turned into a narrow little street, the quick way to his home. Dirty water from the houses ran down the street, and the smell of it was terrible. There were strong cooking smells too, and it was coming from the open back doors of shop-houses.

Chai tried to walk faster. He had to get home before seven.

He walked on, and his left arm went dead. He couldn't feel it at all. The side of his face began to hurt.

"Four-four-four-four..." Chai whispered. The pain in his chest was suddenly huge, terrible; he could not breathe, he could not see. He fell to the ground, and darkness closed in around him. Somewhere a child shouted, cooking pots banged together, a police car siren screamed...

At seven that evening, the winning numbers for the four-digit lottery were called out. Samy sat in his chair, his eyes on the television, and his shaking hands held a single lottery ticket. Slowly, his old face began to smile, a great big happy smile...

（出典：Jennifer Bassett *Songs from the Soul — Stories from Around the World* —改変）

（注） breathe 「息をする」 teh-tarik 「テータリック（マレーシアなどにある温かいお茶）」
four-digit 「４桁の」 aircon 「エアコンのある」 whisper 「ひそひそ話す」
bang 「ドンと音がする」

問１ 下線部①とあるが，その内容として最も適切なものを次の中から選びなさい。 [20]

1 最近そのコーヒー店はたいていチャイが使っているテーブルが空いていた。

2 最近そのコーヒー店はたいてい多くの客でにぎわっていてテーブルが空いていなかった。

3 最近そのコーヒー店はたいてい店の中が閑散としてどのテーブルも空いていた。

4 最近そのコーヒー店はたいてい店に入るには気が重くなることがいくつもあった。

問２ [②] に入れるのに最も適切なものを次の中から選びなさい。 [21]

1 much　2 many　3 a number of　4 a few

問３　下線部③とあるが，その理由として最も適切なものを次の中から選びなさい。［22］

1　サミーがどうして宝くじの数字を教えてくれたのかわからなかったから。
2　サミーはチャイから宝くじの券を１枚しかもらえなかったことをけちだと思ったから。
3　サミーはチャイが言った番号が中国では不幸な番号だと言うべきではないと思ったから。
4　サミーはチャイにお茶をおごっていることが喜ばれていると思ったから。

問４　［④］に入れるのに最も適切なものを次の中から選びなさい。［23］

1　often　　2　quickly　　3　early　　4　usually

問５　本文の内容と合うものを次の中から2つ選びなさい。［24］・［25］

1　サミーはチャイと昔からの友人であったが，今はチャイを雇っている店長であった。
2　チャイは体が小さく，後ろポケットから宝くじを取り出すのも簡単であった。
3　チャイは宝くじが当たったら，サミーにエアコンをプレゼントすると約束した。
4　チャイは具合が突然悪くなり，自分の誕生日をつぶやきながら倒れてしまった。
5　サミーはチャイからもらった１枚の宝くじが当たってとても喜んだ。

［4］　次の各英文の［　］に入る最も適切なものを次の中から選びなさい。

1　I am using my dictionary now, so please use ［26］.
　① my　　② their　　③ his　　④ your

2　What is ［27］ more important than your bike?
　① much　　② lot　　③ very　　④ many

3　The people ［28］ watching the soccer match when I went there.
　① was　　② were　　③ is　　④ are

4　Please show me ［29］ you are a good soccer player.
　① it　　② who　　③ that　　④ to

［5］　次の各英文の（　）内の語を適切に並べ替えたとき，（　）内で３番目と６番目にくるものを答えなさい。ただし，文頭にくる語（句）も小文字で示してある。

1　(① cute　② what　③ this　④ a　⑤ cat　⑥ is)!
　　３番目は［30］・６番目は［31］

2　(① the　② as　③ have　④ clean　⑤ make　⑥ you　⑦ room　⑧ soon　⑨ to) as possible.
　　３番目は［32］・６番目は［33］

3　To (① mean　② the　③ you　④ him　⑤ that　⑥ will　⑦ letter　⑧ send) love him.
　　３番目は［34］・６番目は［35］

4　(① help　② with　③ wanted　④ his　⑤ to　⑥ he　⑦ me　⑧ homework　⑨ him).
　　３番目は［36］・６番目は［37］

［6］　次の英文で，文法的な誤りが含まれる下線部を選びなさい。

1　This is ① one of the flowers ② which ③ looks like a ④ flying butterfly.　［38］
2　I'm afraid ① if he ② won't give me ③ his new bike ④ tomorrow.　［39］

3 ① Remember there ② is a lot of things ③ you ④ don't have to tell your friends. 40

4 When I ① come home, she was ② looking for something ③ cold to drink ④ in the room. 41

7 各組の語の中で，最も強く発音する部分が他と異なるものをそれぞれ１つずつ選びなさい。

1 〔① ab-sent ② noth-ing ③ pre-fer ④ lis-ten〕 42

2 〔① or-ange ② in-vent ③ Sun-day ④ of-fer〕 43

3 〔① med-i-cine ② Sat-ur-day ③ bas-ket-ball ④ sev-en-teen〕 44

8 各組の語の中で，下線部の発音が他と異なるものをそれぞれ１つずつ選びなさい。

1 〔① tooth ② root ③ wood ④ zoo〕 45

2 〔① silence ② united ③ survive ④ prince〕 46

3 〔① gym ② guy ③ gate ④ gold〕 47

のないものと歌い、素浪人として万事を諦観する気持ち。

④ 命をかけてもかけなくても今夜の月には変わりがないと歌い、自然の雄大に対比して人事の卑小さを嘆く気持ち。

⑤ 自らの命を闇夜の中に漂う月として歌い、人生に迷える者として方向性を見失ってしまった絶望した気持ち。

問9 傍線部Ｆ「いやその事はただ今まだいふべきにあらず」とあるが、瀧川がこのように言った理由として最も適当なものを次の①～⑤のうちから一つ選び、番号で答えなさい。解答番号は41。

① 自らが主君に背いて裏切り者となった以上、敵軍からどんなに憎まれても仕方がないと考えたから。

② 信長の家臣である萱谷を客として招いて話している以上、主君の内情を漏らすことはできないと考えたから。

③ 下間や小寺などの乱世の名臣の武功を引き合いに出して論じたことを後悔して自らの不甲斐なさを感じていたから。

④ 自らが既にこの世の亡者となった以上、敵軍の稚拙な攻め方について今さら改めて論じても仕方がないと思ったから。

⑤ 自らがこのような目に遭ったのはそもそも信長の仕打ちへの逆恨みに起因していたことを恥じていたから。

問10 本文に合致するものとして最も適当なものとして①～⑤のうちから一つ選び、番号で答えなさい。解答番号は42。

① 萱谷は伊賀国の一揆後に主君の織田信長から柘植と瀧川の安否を探るように厳命されていたが、彼ら二人と出会ったときにはひとまず安堵した。

② 萱谷は伊賀国の一揆後に柘植と瀧川に再会して酒を酌み交わすことができたが、彼らが酒代として手渡したものは彼らが姿を消すとことごとく消え失せてしまった。

③ 仏教への信仰心の厚い萱谷は、伊賀国の一揆により柘植と瀧川が討たれた噂を聞いたときには、主君具時を裏切った報いによるものと考えていた。

④ 伊賀国の一揆後に再会した萱谷が一首詠むことを勧めた際に、柘植が詠んだ和歌は勇ましいものであったが、瀧川のものは悲壮感に溢れるものであった。

⑤ 伊賀国の一揆において柘植と瀧川は織田信長の侵攻に対して深い恨みを抱いていたが、長年交友があった萱谷と再会した際にはその気持ちを打ち明けることはなかった。

①　奈良県　②　三重県　③　兵庫県
④　滋賀県　⑤　神奈川県

問３　傍線部Ｂ「信長公」とあるが、織田信長の事績とは**直接関係がないもの**として最も適当なものを次の①～⑤のうちから一つ選び、番号で答えなさい。解答番号は35。

①　比叡山焼き討ち　②　本能寺の変　③　安土城の築城
④　桶狭間の戦い　⑤　賤ヶ岳の戦い

問４　傍線部Ｃ「諸方の手づかひ障りとならん」の解釈として最も適当なものを次の①～⑤のうちから一つ選び、番号で答えなさい。解答番号は36。

①　近郷のならず者を早く攻め滅ぼさなくては、諸々の軍備の支障となることだろう。
②　近郷のならず者をこのまま攻め滅ぼさずとも、諸々の軍備の支障とはなり得ない。
③　近郷のならず者を攻め滅ぼさずとも、諸々の軍備の支障となってはならない。
④　近郷のならず者を攻め滅ぼさないままでは、諸々の軍備の支障となるのだろうか。
⑤　近郷のならず者をそのうちに攻め滅ぼせば、諸々の軍備の支障とならずに済む。

問５　傍線部Ｄ「これは夢にてやあるらんと怪しみながら」とあるが、菅谷がそのように思った理由として最も適当なものを次の①～⑤のうちから一つ選び、番号で答えなさい。解答番号は37。

①　菅谷はかつて生前の柘植と瀧川の二人と深い親交があり、何があっても必ず再会することを誓い合っていたから。
②　菅谷は前後不覚になるほど酔っ払っていたうえ、山田郡には狐狸が棲み着いていることで有名であったから。
③　菅谷は生前の柘植と瀧川の武功を聞き及んでおり、戦闘中に二人が討たれたという噂が信じられなかったから。
④　菅谷は柘植と瀧川が討たれたことを事前に聞いていたため、二人に行き会ったときに現実のこととは思えなかったから。
⑤　菅谷は主君を裏切った柘植と瀧川に対して深い恨みを持ち、いずれ再会して恨みを果たそうと思っていたから。

問６　空欄　Ｘ　に入る語句として最も適当なものを次の①～⑤のうちから一つ選び、番号で答えなさい。解答番号は38。

①　馬　②　龍　③　鶴　④　犬　⑤　鼠

問７　空欄　Ｙ　に入る枕詞として最も適当なものを次の①～⑤のうちから一つ選び、番号で答えなさい。解答番号は39。

①　草枕　②　垂乳根の　③　青丹よし
④　梓弓　⑤　久方の

問８　傍線部Ｅ「今宵の月をいかで待ちみむ」と下間筑後守が詠んだが、その気持ちとして最も適当なものを次の①～⑤のうちから一つ選び、番号で答えなさい。解答番号は40。

①　何とか生き延びられたからこそ今夜の月を見届けることができたと歌い、僧侶としての出家遁世したことを喜ぶ気持ち。
②　命がけで戦ってきたからこそ今夜の月を見届けることは格別であると歌い、武士としての達成感を覚える気持ち。
③　何とか生き延びられたとはいえ、今夜の月を見届けることは意味

行くかと見えしが、召し連れたる※14中間ばらもろともに跡なく消え失せたり。菅谷大いに驚き、伊賀にて討ち死せし事をやうやう思ひ出だしたり。日は山の端に傾き鳥は梢にやどりを争ふ。人を遣はして酒売る家に質物とせし小袖を取り寄せて見れば、手にとるや等《ひと》しくぼろぼろと砕けて土ほこりの如くになれり。菅谷急ぎ帰りて密かに僧を請じ、二人の菩提を吊《とぶら》ひけるとなり。

（浅井了意『伽婢子』による）

※1　天正…室町時代の年号。一五七三～一五九二。

※2　勧賞…褒賞。恩賞。論功行賞。功労を賞して官位や土地などを授与すること。

※3　諸葛長民…東晋時代の武将。同僚の劉毅が劉裕に謀殺されたため、決起するもだまし討ちされた。

※4　織田掃部…尾張国日置城主織田忠寛のこと。もとは織田信長の家臣であったが、敵将と内通して日置大膳によって誅殺された。

※5　佐久間右衛門…戦国時代の武将佐久間信盛のこと。織田信長の勘気を買って織田家から追放された。

※6　下間筑後守…戦国時代の武将下間頼照のこと。史実では織田信長の越前国侵攻に際して立ち向かって戦死した。

※7　朝倉に方人して…越前国の武将朝倉義景の味方となって。

※8　醒悟…迷いがはれて悟りを得ること。

※9　荒木摂津守…戦国時代の武将荒木村重のこと。織田信長に重用されるも後に謀叛を起こした。

※10　小寺官兵衛…戦国時代から江戸初期の武将黒田官兵衛孝高（如水）のこと。江戸時代には福岡藩主となる。

※11　髻…たぶさ。髪を頭上で束ねたもの。

※12　緇衣編衫…黒い衣。ここでは僧衣。

※13　半町…現在の距離で約五十五メートル。

※14　中間…武家の召使いの者。

問1　波線部(ア)～(ウ)の語句の意味として最も適当なものを次の各語群①～⑤のうちからそれぞれ一つずつ選び、番号で答えなさい。解答番号は 31 ～ 33 。

(ア)　もとの貧賤にならばや　31
- ①　もとの貧賤の身になるはずはあるまい
- ②　もとの貧賤の身になるのだろうか
- ③　もとの貧賤に身になりつつあるようだ
- ④　もとの貧賤の身になってはならない
- ⑤　もとの貧賤の身にもどりたい

(イ)　そぞろに　32
- ①　大げさに
- ②　無性に
- ③　一斉に
- ④　大声で
- ⑤　突然

(ウ)　嘯きつつ　33
- ①　とぼけて知らないふりをして
- ②　言葉を言いつくろって
- ③　大きなあくびを繰り返して
- ④　指笛を吹くまねをして
- ⑤　酒を一息に飲み干して

問2　傍線部Ａ「伊勢」の現在の都道府県として最も適当なものを次の①～⑤のうちから一つ選び、番号で答えなさい。解答番号は 34 。

ほさずば大いなる難義に及び、C諸方の千づかひ障《さは》りとならんとて、軍兵を差し向けられし所に、城中強くして人数多く損じける中に、柘植《つげ》瀧川二人ながら討たれたり。これによりてあつかひを入れられ、終に信長公に随《したが》ひけり。その後一年ばかりを経て、信長公の家臣菅谷《すげのや》九右衛門、所用ありて山田郡《やまだのこほり》に行きける道にて、柘植瀧川に行き合ひたり。菅谷思ひけるは、この二人は正しく討ち死にしたりと聞きしに、Dこれは夢にてやあるらんと怪しみながら、立ち向ひ物語するに、柘植いふやう、「久しくて対面す。いざここにて酒一つ飲み給へ」とて、召し連れたる中間に仰せ付けて、小袖一つ持たせ酒屋に遣《つか》はし、質物として酒取り寄せ、むしろを借りて道端の草むらに敷かせ、柘植瀧川菅谷三人打ち向ひて、数盃を傾けたり。瀧川いふやう、「昔もろこしの諸葛長民※3といふ人は、劉毅《りゆうき》が殺されし時これがために軍兵を催し、乱を作《な》さんとして未だ思ひ定めず。かくて曰《いは》く、(ア)貧賤なれば、富貴を願ふ。富貴になれば必ず危き事に逢ふ。その時またもとの貧賤にならばやと思ふとも、これもまたかなふべからず。腰に十万貫の銭を纏《まと》ひて、X にのりて揚州に登るといふ。思ふ儘《まま》なる事はなし。武士《もののふ》と生まれ、その名を後代に伝ふる程の手柄なき者は、必ず恥を万事に残す事古《いにし》へ今ためし多し。遠く他家に求むべからず。※4織田掃部はさしも勲功を致《いた》せしかども、終に日置《へき》大膳に仰せて誅せられ、※5佐久間右衛門は、信長公草業の御時より忠節ありけれども、忽《たちま》ちに追ひ放たれて恥に逢ひたり。歴々の功臣猶ほかくの如し。ましてその外の人さらに行末知り難し」といふ。瀧川がいふやう、「※6下間筑《しもつま》後守は越前の※7朝倉に方人《かたうど》して、木目《きのめ》峠の城に籠りしを、朝倉討たれて後、平泉寺に隠れて跡をくらまし、※8醒悟発明の道人となりて、

Y 引くとはなしに逃れずは　E今宵の月をいかで待ちみむ

と詠ぜしは、名を埋《うづ》みて道《だう》に替へたり。※9荒木摂津守が家人※10小寺官兵衛は、主君の逆心を諫《いさ》めかねて、※11髻《もとどり》きりて、僧になりつつ、

四十年来謀㆓戦功㆒《ねんらいせんこうをはかり》
鉄冑着尽折㆓良弓㆒《てつちうきつくしてりようきうをくじく》
※12緇衣編衫靡㆓人識㆒《しえへんさんひとのしることなし》
独誦㆓妙経㆒詢㆓梵風㆒《ひとりめうきやうをじゆしてほんふうをしたふ》

といふ詩を題して、世を逃れたるも尊しや。この二人はその身逆心の君に仕へながら、終によく禍を免かれたり。これ智慮の深きに侍らずや」といふ。柘植うち笑ひていふやう、「この輩は我等のため恥かしからずや。いでその伊賀の一揆ばら、謀は拙《つたな》かりし者を」といふ。瀧川、F「いやその事はただ今またいふべきにあらず。思へば口惜しきに、ただ酒飲み給へ、菅谷殿」とて、互ひに盃の数重なりで後、菅谷二人に向ひて、「如《い》何《か》にかたがた、日来《ひごろ》は数奇の道とてもて遊ばるるに、今日の遊びに一首なきか」といふ。「されば」とてうち案じつつ柘植《つげの》三郎左衛門、

露霜と消えての後はそれかとも　草葉より外知る人もなし

瀧川三郎兵衛、

埋《うづ》もれぬ名は有明の月影に　身は朽《く》ちながら訪ふ人もなし

と詠みて、二人ながら(イ)そぞろに涙を押し拭《ぬぐ》ひけり。菅谷、歌の言葉いとどあやしく、またこの有様心得がたく驚き思ひて、「いかに日ごろは武勇智謀を心に掛けて、少しも物事に弱げなき気象のともがら、ただ今の歌のさま哀傷深く、涙を流しけるこそ怪しけれ」といふに、二人ながらさらに言葉はなく大息《いき》つきて、(ウ)嘯《うそぶ》きつつ、「酒巳《すで》になくなれば、今はこれまでなり」とて座を立ち、暇乞《いとまご》ひして※13半町ばかり

② 七三郎の芸を目の当たりにすると、自分の芸の才能のなさを突きつけられた気がしたから。

③ 七三郎の芸に惹きつけられていく大衆から自己の変化のない芸事の現状に焦りを覚えたから。

④ 七三郎の芸が時代の最先端にあって藤十郎の芸の未熟さを実感したから。

⑤ 七三郎の芸は藤十郎の芸に及ぶまでもないもので、あしらう必要もなかったから。

問７ 傍線部Ｅ「トランプの切り札」とはこの本文においてはどのような意味をもつ比喩か。その説明として最も適当なものを次の①～⑤のうちから一つ選び、番号で答えなさい。解答番号は[27]。

① 一般にはまだ発表したことのない演目。

② 藤十郎にはまだ演じることのできない演目。

③ 人には絶対に見せてはいけない演目。

④ 困ったときに演じるとっておきの演目。

⑤ 一部の熱心な愛好家にだけ知られている演目。

問８ 傍線部Ｆ「無知な見物」とはこの本文においてどのような人物のことか。その説明として最も適当なものを次の①～⑤のうちから一つ選び、番号で答えなさい。解答番号は[28]。

① 歌舞伎に興味を持てない人物。

② 歌舞伎のよしあしがわからない人物。

③ 藤十郎の悩みの本質を認識できない人物。

④ 団十郎の芸をよしとする人物。

⑤ 七三郎に肩を入れる人物。

問９ 二ヶ所ある空欄 [Ｙ] に共通して入る語句として最も適当なものを次の①～⑤のうちから一つ選び、番号で答えなさい。解答番号は[29]。

① こまぬい　② 曲げ　③ 折っ　④ たたい　⑤ 挙げ

問10 本文の作者である菊池寛は、現在の文藝春秋の創始者で、親交の深かったある作家の業績を記念して賞を設立した。その賞として最も適当なものを次の①～⑤のうちから一つ選び、番号で答えなさい。解答番号は[30]。

① 川端康成文学賞

② 谷崎潤一郎賞

③ 芥川龍之介賞

④ 三島由紀夫賞

⑤ 江戸川乱歩賞

[三] 次の文章を読んで、以下の問い（問１～10）に答えなさい。

※1天正年中に、伊勢の国司具教《とものり》公A をば武井《たけい》の御所とぞいひける。民部少輔具時《ともとき》は国司の甥《をひ》にて、南伊勢の木作《こづくり》といふ所に住み侍り。この郎等に柘植《つげの》三郎左衛門、瀧川三郎兵衛とて二人の侍あり。武勇智謀ある者なりければ、時にとりて名を施しけり。然《しか》るに国司具教その甥民部少輔、同じく奢《おごり》を極め国民を貪《むさぼ》り、佞奸の者に親しみ、国政正しからざる故に、行末頼もしからずと思ひ、柘植と瀧川二人心を合はせ信長公B に内通して、終《つひ》に伊勢の国を信長公に属《しょく》せしめ、国司を亡《ほろ》ぼし、すなはち勧賞※2《けんじやう》を被《かうふ》り、立身して権を取り威を震《ふる》ひけり。そのころ伊賀国に一揆起こり、近郷のあぶれ者、武井の城《じやう》の余党ども多く集まり、要害を構へて楯《たて》こもり、土民百姓を悩まし国郡村里を掠《かす》めしかば、信長公、早くこれを攻め

い。解答番号は19～21。

(ア) かまびすしくなる　19
① 物騒になる
② 騒がしくなる
③ 信憑性が高くなる
④ 忘れられていく
⑤ 構われなくなる

(イ) むげに　20
① 本当に
② 冷淡に
③ 熱心に
④ 真剣に
⑤ 無闇に

(ウ) たわいもなく　21
① しっかりした考えもなく
② そっけなく
③ とんでもなく
④ たいしたこともなく
⑤ どうしようもなく

問2 傍線部A「新しき物を追うのは、人心の常である」とはどういうことか。その説明として最も適当なものを次の①～⑤のうちから一つ選び、番号で答えなさい。解答番号は22。

① 人は目新しい芸風に心を惹かれやすいということ。
② 人は芸には本来興味がないということ。
③ 人の目を引く芸には不変的なものがあるということ。
④ 人は常に正しい物を追い求めて芸を追究していくということ。
⑤ 人は新しい芸を常に工夫して演じていくべきだということ。

問3 傍線部B「なお」の品詞として最も適当なものを次の①～⑤のうちから一つ選び、番号で答えなさい。解答番号は23。

① 形容詞　② 連体詞　③ 感動詞
④ 副詞　⑤ 形容動詞

問4 空欄 X に入る「今まで一度もなかったほど」を意味する四字熟語を次の①～⑤のうちから一つ選び、番号で答えなさい。解答番号は24。

① 前後不覚　② 前代未聞　③ 前途洋洋
④ 前途多難　⑤ 前虎後狼

問5 傍線部C「藤十郎は少しも騒がなかった」理由として最も適当なものを次の①～⑤のうちから一つ選び、番号で答えなさい。解答番号は25。

① 藤十郎は歌舞伎においては誰の意見にも耳を傾けない人物だから。
② 藤十郎自身の芸と団十郎の芸に違いがないと思ったから。
③ 団十郎の芸よりも七三郎の芸の方を恐ろしく感じているから。
④ 江戸の歌舞伎と都の歌舞伎を比べるのは失礼と考えたから。
⑤ 藤十郎は自分の芸が誰にも負けていない自負があったから。

問6 傍線部D「今度の七三郎に対しては、才牛をあしろうたようには、行かなかった」とあるが、なぜ七三郎をあしらうことができなかったのか。その理由の説明として最も適当なものを次の①～⑤のうちから一つ選び、番号で答えなさい。解答番号は26。

① 七三郎の芸と藤十郎の芸を比べることで藤十郎は自身の芸の遅れに初めて気付いたから。

が、伊左衛門の※9紙衣姿《かみこすがた》になりさえすれば、見物はたわいもなく喝采した。少しでも客足が薄《うす》くなると、彼は定《き》まって、伊左衛門に扮した。しかも、彼の伊左衛門は、Eトランプの切《き》り札《ふだ》か何かのように、多くの見物と喝采とを、藤十郎に保証するのであった。

が、彼は心のうちで、いつとなしに、自分の芸に対する不安を感じていた。いつも、同じような役に扮して、舌たるい傾城を相手の台詞《せりふ》を言うことが、彼の心のなかに、ぼんやりとした不快を起こすことが度重《たびかさ》なるようになっていた。が、彼はまだいいだろう、まだいいだろうと思いながら、一日延ばしのように、自分の仕なれた喝采を獲《う》るにきまった狂言から、脱《ぬ》け出そうという気を起こさなかったのである。

こうした藤十郎の心に、おそろしい警鐘《けいしょう》はとうとう伝えられたのだ。

『またいつもながらの伊左衛門か、藤十郎どのの紙衣姿は、もう幾度見たか、数え切れぬほどじゃ。』と、いう巷の評判は、藤十郎にとっては致命的《ちめいてき》な言葉であった。彼が、おそれたのは、七三郎という敵ではなかった。彼の大敵は、彼自身の芸が行き詰《づ》まっていることである。今までは、比較《ひかく》される物のないために、彼の芸が行き詰まっている事が、F無知な見物にはわからなかったのである。彼は、七三郎の巴之丞を見た時に、傾城買いの世界とは、まるきり違った新しい世界が、舞台の上に、浮き出されている事を感じないわけには行かなかった。ただ浮わついた根も葉もないような傾城買いの狂言とは違うて、一歩深く人の心のうちに踏み入った世界が、舞台の上に展開されて来るのを認めないわけには行かなかった。見物は傾城買いの狂言から、(ウ)たわいもなく七三郎の舞台へ、ひき付けられて行った。が、藤十郎は、見物のたわいもない妄動《もうどう》のうちに、深いもっともな理由のあるのを、看取しないわけには行かなかったのである。

小手先の芸の問題ではなかった。彼は、もっと深い大切な所で、若輩《じゃくはい》の七三郎に一足、取り残されようとしたのである。七三郎の巴之丞が、洛中《らくちゅう》洛外の人気をそそって、弥生狂言をも、同じ芸題《だしもの》で打ち続けるといううわさを聞きながら、藤十郎ははげしい焦燥《しょうそう》と不安の胸を抑《おさ》えて、じっと思案の手を Y たのである。その時に、ふと彼の心に浮かんだのは、浪華《なにわ》に住んでいる近松門左衛門《ちかまつもんざえもん》の事であった。

（菊池寛「藤十郎の恋」による）

※1　弥生狂言…三月の興行および演目のこと。
※2　濡事師…歌舞伎で、男女の情事を演ずるのを得意とする役者のこと。
※3　三ヶ津総芸頭…「三ヶ津」とは、京・大坂・江戸の三都のこと。遊女を買って遊ぶ場面を演じる「傾城買い」を得意とすることでつけられた藤十郎の美称。
※4　荒事…歌舞伎で、怪力勇猛の武人とか、超人的な鬼神などを主役とする武張った狂言。
※5　実事…歌舞伎で、分別ある人物を主役とし、身近な事件を写実的に演ずるもの。
※6　右際勝り…際立って勝っていること。
※7　竜骨車…水をすくいあげて田に注ぐ器械のこと。
※8　京の三座…かつて京都にあった、北・南・西の歌舞伎劇場のこと。現在は南座のみ残る。
※9　紙衣姿…伊左衛門の衣装を着た姿のこと。

問1　波線部(ア)～(ウ)の語句の本文中での意味として最も適当なものを次の各語群①～⑤のうちからそれぞれ一つずつ選び、番号で答えなさ

Aが新しき物を追うのは、人心の常である。口性《くちさが》なき京童《きょうわらべ》は、

「藤十郎どのの伊左衛門は、いかにも見事じゃ、が、われらは幾度見たか数えられぬほどじゃ。去年の※1弥生狂言《やよいきょうげん》もたしか伊左衛門じゃ。もう伊左衛門には堪能《たんのう》いたしておるわ。それに比ぶれば、七三郎どのの巴之丞は、都にて初めての狂言じゃ。京の※2濡事師《ぬれごとし》とはまた違《ちご》うて、やさしいうちにも、東男《あずまおとこ》のきつい所があるのが、てんとたまらぬところじゃ。」と口々に言いはやした。

動きやすい都の人心は、十年賛嘆《さんたん》し続けた藤十郎の王座から、ともすれば離《はな》れ始めそうな気勢《けはい》を示した。万太夫座の木戸よりも、半左衛門座の木戸の方へと、よりたくさんの群衆が、流れ始めていた。

春狂言の期日が尽《つ》きると、万太夫座はすぐ千秋楽《せんしゅうらく》になったにもかかわらず、B半左衛門座はなお打ち続けた。二月に入っても客足は少しも落ちなかった。二月が終わりになって、いよいよ弥生狂言の季節が、近づいて来たのにもかかわらず、七三郎はなお巴之丞の役に扮して、都大路の人気をいっぱいに背負うていた。「半左衛門座では、弥生狂言も『傾城浅間ヶ岳』を打ち通すそうじゃが、かような例は、玉村千之丞《たまむらせんのじょう》河内《かわち》通《がよ》いの狂言に、百五十日打ち続けて以来、絶えて聞かぬ事じゃ。七三郎どのの人気は、 X じゃ。」と、巷《ちまた》の風説は、ただこの沙汰《さた》ばかりのようであった。

こうしたうわさが、(ア)かまびすしくなるにつれ、ひそかに腕を Y て考え始めたのは、坂田藤十郎であった。

※3三ヶ津総芸頭という美称を、長い間享受《きょうじゅ》して来た藤十郎は、自分の芸については、何らの不安もないとともに、十分な自信を持っていた。過ぐる未年《ひつじどし》に才牛《さいぎゅう》市川団十郎が、日本随市川《ずいいちかわ》のかまびすしい名声を担うて、東からはるばると、都の早雲長吉座《はやぐもちょうきちざ》に上って来た時も、藤十郎の自信はビクともしなかった。『お江戸団十郎見しゃいな。』と、江戸の人々が誇るこの珍客《ちんきゃく》を見るために、都の人々が雪崩《なだれ》をなして、長吉座に押《お》し寄せて行った時も、C藤十郎は少しも騒がなかった。ことに、彼が初めて団十郎の舞台を見た時に、彼は心のなかでひそかに江戸の歌舞伎を軽蔑《けいべつ》した。彼は、団十郎が一流編み出したという※4荒事《あらごと》を見て、何という粗野《そや》な興ざめた芸だろうと思って、彼の腹心の弟子《でし》の山下京右衛門《きょうえもん》が、

「太夫《たゆう》様、団十郎の芸をいかが思《おぼ》し召《め》さる、江戸自慢《じまん》の荒事とやらをどう思し召さる。」ときいた時、彼はつつましやかな苦笑をもらしながら

「※5実事《じつごと》の奥義《おうぎ》の解《げ》せぬ人たちのする事じゃ。また実事のおもしろさの解せぬ人たちの見る芝居じゃ。」と一言《いちごん》の下《もと》にけなし去った。Dが今度の七三郎に対しては、才牛をあしろうたようには、行かなかった。

と、いって藤十郎は、(イ)むげに七三郎を恐《おそ》れているのではない。もとより、団十郎の幼稚《ようち》な児騙《ちごだま》しにも似た荒事とは違うて、人間の真実な動作《しうち》をさながらに、模《うつ》している七三郎の芸を十分に尊敬もすれば、恐れもした。が、藤十郎は芸能という点からだけでは、自分が七三郎にみじんも劣《おと》らないばかりでなく、むしろ※6右際勝《みぎわまさ》りであることを十分に信じた。従って、今まで足り満ちていた藤十郎の心に不安な空虚《くうきょ》と不快な動揺《どうよう》とを植え付けたのは、七三郎との対抗《たいこう》などという事よりも、もっと深いもっと本質的なある物であった。

彼は、二十の年から四十幾つという今まで、何の不安もなしに、濡事師に扮して来た。そして、藤十郎の傾城買いといえば、※7竜骨車《りゅうこつしゃ》にたよる里の童にさえも、聞こえている。また※8京の三座見物たちも藤十郎の傾城買いの狂言と言えば、いつもながら惜《お》しげもない喝采《かっさい》を送っていた。彼

② 必要なものと不要なものを区別できなくなったということ。
③ 他の国々と比較して精神性が低くなったということ。
④ なくともよいものを蓄えるようになったということ。
⑤ 一つひとつのものを大切にできなくなったということ。

問７ 傍線部Ｅ『捨てることのみを『もったいない』と考えてはいけない』とあるが、ここではどういうことか。その説明として最も適当なものを次の①～⑤のうちから一つ選び、番号で答えなさい。解答番号は[14]。

① 買い込んだ余計なものを積極的に捨てるべきだということ。
② 不要なものの大量生産をそもそもやめるべきだということ。
③ ものを使うときにそのありがたさを実感するべきだということ。
④ 必要なものが不足しても我慢するべきだということ。
⑤ 廃棄とは別に再利用の方法も考えるべきだということ。

問８ 傍線部Ｆ「エゴイスティックな」、Ｈ「刹那」とあるが、それぞれを言い換えたものとして最も適当なものを次の各語群①～⑤のうちからそれぞれ一つずつ選び、番号で答えなさい。解答番号は[15]、[16]。

Ｆ「エゴイスティックな」[15]

① 利己的な　② 利他的な　③ 持続的な
④ 広範的な　⑤ 段階的な

Ｈ「刹那」[16]

① 感動　② 歓喜　③ 理由　④ 日常　⑤ 瞬間

問９ 傍線部Ｇ「ものが溢れかえっているダイニングではその風情を味わうことは難しい」とあるが、これはなぜか。その理由として最も適当なものを次の①～⑤のうちから一つ選び、番号で答えなさい。解答番号は[17]。

① 高踏な緊張が身体に生じて漆器と向き合えないから。
② 際限のないゆるみが身体に生じて漆器と向き合えないから。
③ 余計な背景が作られてしまい漆器と向き合えないから。
④ 室内の他のものの美しさを受け止めようとしてしまうから。
⑤ 漆器の美しさそのものが損なわれてしまうから。

問10 傍線部Ｉ「ものに託された暮らしの豊かさ」が「成就」したものの具体例として最も適当なものを次の①～⑤のうちから一つ選び、番号で答えなさい。解答番号は[18]。

① 伝統工芸品である箸を色合いが変化するまで長年使い続ける。
② 安価に購入した花瓶で他にもののない床の間に花を活けて飾る。
③ 着なくなった洋服をミシンで縫い直して雑巾として再利用する。
④ 家の階段に足腰の不自由な老後を考えて手すりを取り付ける。
⑤ 購入したソファーをリビングルームに設置して悠々とくつろぐ。

二

次の文章は、菊池寛の「藤十郎の恋」の一節である。文章を読んで以下の問い（問１～10）に答えなさい。

はたして藤十郎の評価は、狂っていなかった。顔見世狂言にひどい不評を招いた中村七三郎は、年が改まると初春《はつはる》の狂言に、『傾城浅間ヶ岳《けいせいあさまだけ》』を出して、巴之丞《とものじょう》の役に扮《ふん》した。七三郎の巴之丞の評判は、すさまじいばかりであった。

藤十郎は、得意の夕霧伊左衛門《ゆうぎりいざえもん》を出して、これに対抗した。二人の名優が、舞台の上の競争は、都の人々の心をわき立たせるに十分であった。

(ウ) タン緒 [3]

① 単
② 短
③ 端
④ 胆
⑤ 炭

(エ) キョウ給 [4]

① 協
② 教
③ 共
④ 供
⑤ 京

(オ) コウじ [5]

① 講
② 構
③ 抗
④ 公
⑤ 好

問2 空欄 [W] ～ [Z] に入る語として最も適当なものを次の①～⑥のうちからそれぞれ一つずつ選び、番号で答えなさい。ただし、同じ番号を二度用いてはならない。解答番号は [W] が[6]、[X] が[7]、[Y] が[8]、[Z] が[9]。

① しかし　② さらに　③ むしろ
④ たとえば　⑤ だから　⑥ ところで

問3 傍線部Ａ「できるだけ空間から物をなくすことが肝要」とあるが、筆者がこのように考えるのはなぜか。その理由として最も適当なものを次の①～⑤のうちから一つ選び、番号で答えなさい。解答番号は[10]。

① 心のゆとりを持つことができるから。
② 新品の購入や経済成長に通じるから。
③ 戦後の飢餓状態を再確認できるから。
④ 自然の豊かさを噛みしめられるから。
⑤ 簡潔さが想像力を養う土台となるから。

問4 傍線部Ｂ「目も当てられない」の語句の意味として最も適当なものを次の①～⑤のうちから一つ選び、番号で答えなさい。解答番号は[11]。

① あまりにもひどく見るに堪えない
② わざわざ見る必要がない
③ 世間から注目もされない
④ どこを見るべきかわからない
⑤ 一目で見渡すことができない

問5 傍線部Ｃ「欲深ウサギ」とあるが、この比喩表現の説明として最も適当なものを次の①～⑤のうちから一つ選び、番号で答えなさい。解答番号は[12]。

① 戦後の飢餓状態にあるかつての日本人が食料に飢えていることを喩えた表現。
② もので溢れた空間で生活するかつての日本人が収納できないことを喩えた表現。
③ 食べ物に不自由しないかつての日本人が食欲を抑えられないことを喩えた表現。
④ 蓄えの多い現代の日本人が住宅内の状況を俯瞰できないことを喩えた表現。
⑤ ものを溜め込んだ現代の日本人がその不便さに気付かないことを喩えた表現。

問6 傍線部Ｄ「ものの生産と消費の不毛な結末」とあるが、ここではどういうことか。その説明として最も適当なものを次の①～⑤のうちから一つ選び、番号で答えなさい。解答番号は[13]。

① 経済成長のために生産量を増やすことになったということ。

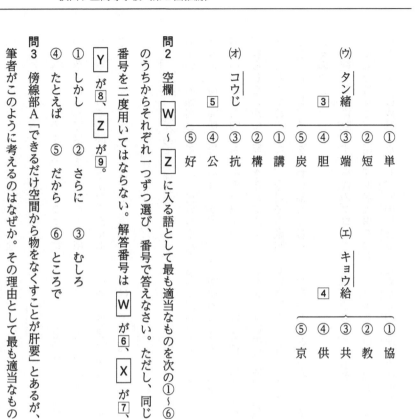

も、リモコンが散乱していたり、Gものが溢れかえっているダイニングではその風情を味わうことは難しい。

白木のカウンターに敷かれた一枚の白い紙や、漆の盆の上にことりと置かれた青磁の小鉢《こばち》、塗り椀《わん》の蓋を開けた瞬間に香りたつ出し汁のにおいに、ああこの国に生まれてよかったと思うH刹那《せつな》がある。そんな高踏な緊張など日々の暮らしに持ち込みたくはないと言われるかもしれない。緊張ではなくゆるみや開放感こそ、心地よさに繋がるのだという考え方も当然あるだろう。家は休息の場でもあるのだ。[Y]、だらしなさへの無制限の許容がリラクゼーションにつながるという考えは、ある種の堕落をはらんではいまいか。ものを用いる時に、そこに潜在する美を発揮させられる空間や背景がわずかにあるだけで、暮らしの喜びは必ず生まれてくる。そこに人は充足を実感してきたはずである。

伝統的な工芸品を活性化するために、様々な試みが(オ)コウじられている。[Z]、現在の生活様式にあったデザインの導入であるとか、新しい用い方の提案とかである。自分もそんな活動に加わったこともある。そういう時に痛切に思うのは、漆器にしても陶磁器にしても、問題の本質はいかに魅力的なものを生み出すかではなく、それらを魅力的に味わう暮らしをいかに再興できるかである。漆器が売れないのは漆器の人気が失われたためではない。今日でも素晴らしい漆器を見れば人々は感動する。しかし、それを味わい楽しむ暮らしの余白がどんどんと失われているのである。

伝統工芸品に限らず、現代のプロダクツも同様である。豪華さや所有の多寡ではなく、利用の深度が大事なのだ。よりよく使い込む場所がないと、ものは成就しないし、Iものに託された暮らしの豊かさも成就しない。だから僕たちは今、未来に向けて住まいのかたちを変えていかなくてはならない。育つものはかたちを変える。「家」も同様である。

ものを捨てるのはその一歩である。「もったいない」をより前向きに発展させる意味で「捨てる」のである。どうでもいい家財道具を世界一たくさん所有している国の人から脱皮して、簡潔さを背景にものの素敵さを日常空間の中で開花させることのできる繊細な感受性をたずさえた国の人に立ち返らなくてはいけない。

持つよりもなくすこと。そこに住まいのかたちを作り直していくヒントがある。何もないテーブルの上に箸置きを配する。そこに箸がぴしりと決まったら、暮らしはすでに豊かなのである。

（原研哉『日本のデザイン――美意識がつくる未来』による）

※１　慈照寺の同仁斎…慈照寺は銀閣寺として知られる臨済宗相国寺派に属する寺院。同仁斎は慈照寺の境内にある東求堂の一室。

※２　桂の離宮…江戸時代初期に皇族・八条宮家により造営された別邸。

※３　雑駁…雑然としてまとまりのないさま。

※４　ＧＤＰ…国内総生産のこと。

問１　傍線部(ア)～(オ)のカタカナに当てはまる漢字として最も適当なものを次の各語群①～⑤のうちからそれぞれ一つずつ選び、番号で答えなさい。解答番号は[1]～[5]。

(ア)　オン床　[1]
①　音
②　温
③　恩
④　穏
⑤　御

(イ)　達カン　[2]
①　間
②　感
③　完
④　寛
⑤　観

らしに濁りを与えるだけの結果しかもたらしていないとするならば、これほど虚しいことはない。

僕らはいつしか、もので溢れる日本というものを、度を超えて許容してしまったかもしれない。世界第二位であったＧＤＰ※4を、目に見えない誇りとして頭の中に装着してしまった結果か、あるいは、戦後の物資の乏しい時代に経験したものへの渇望がどこかで幸福を測る感覚の目盛りを狂わせてしまったのかもしれない。秋葉原にしてもブランドショップにしても、過剰なる製品(エ)キョウ給の情景は、ものへの切実な渇望をひとたび経験した目で見るならば、確かに頼もしい勢いに見えるだろう。

X 、いつの間にか日本人はものを過剰に買い込み、その異常なる量に鈍感になってしまった。

しかし、そろそろ僕らはものを捨てなくてはいけない。E捨てることのみを「もったいない」と考えてはいけない。捨てられるものの風情に感情移入して「もったいない」と感じる心持ちにはもちろん共感できる。しかし膨大な無駄を排出した結果の、廃棄の局面でのみ機能させるのだとしたら、その「もったいない」はやや鈍感に過ぎるかもしれない。廃棄する時では遅いのだ。もしそういう心情を働かせるなら、まずは何かを大量に生産する時に感じた方がいいし、さもなければそれを購入する時に考えた方がいい。もったいないのは、捨てることではなく、廃棄を運命づけられた不毛なる生産が意図され、次々と実行に移されることではないか。

だから大量生産という状況についてもう少し批評的になった方がいい。無闇に生産量を誇ってはいけないのだ。大量生産・大量消費を加速させてきたのは、F企業のエゴイスティックな成長意欲だけではない。所有の果てを想像できない消費者のイマジネーションの脆弱《ぜいじゃく》さもそれに加担している。ものは売れてもいいが、それは世界を心地よくしていくことが前提であり、人はそのためにものを欲するのが自然である。さして必要でもないものを溜め込むことは決して快適ではないし心地よくもない。

良質な旅館に泊まると、感受性の感度が数ランク上がったように感じる。それは空間への気配りが行き届いているために安心して身も心も解放できるからである。しつらいや調度の基本はものを少なく配することである。何もない簡素な空間にあってこそ、畳の目の織りなす面の美しさに目が向き、壁の漆喰《しっくい》の風情にそそられる。床に活けられた花や花器に目が向き、料理が盛りつけられた器の美しさを堪能できる。そして庭に満ちている自然に素直に意識が開いていくのである。ホテルにしても同様。簡潔に極まった環境であるからこそ一枚のタオルの素材に気を通わせることができ、バスローブの柔らかさを楽しむ肌の繊細さが呼び起こされてくるのである。

これは一般の住まいにも当てはまる。現在の住まいにあるものを最小限に絞って、不要なものを処分しきれば、住空間は確実に快適になる。試しに夥しい物品のほとんどを取り除いてみればいい。おそらくは予想外に美しい空間が出現するはずだ。

無駄なものを捨てて暮らしを簡潔にするということは、家具や調度、生活用具を味わうための背景をつくるということである。芸術作品でなくとも、あらゆる道具には相応の美しさがある。何の変哲もないグラスでも、しかるべき氷を入れてウイスキーを注げば、めくるめく琥珀《こはく》色がそこに現れる。霜の付いたグラスを優雅な紙敷の上にぴしりと置ける片付いたテーブルがひとつあれば、グラスは途端に魅力を増す。逆に、漆器が艶々かな漆黒をたたえて、陰影を礼讃《らいさん》する準備ができていたとして

【国　語】（五〇分）〈満点：一〇〇点〉

一　次の文章を読んで、以下の問い（問1～10）に答えなさい。

住空間をきれいにするには、Aできるだけ空間から物をなくすことが肝要ではないだろうか。ものを所有することが豊かであると、僕らはいつの間にか考えるようになった。

高度成長の頃の三種の神器は、テレビ、冷蔵庫、洗濯機、その次は、自動車とルームクーラーとカラーテレビ。戦後の飢餓状態を経た日本人は、いつしか、ものを率先して所有することで、豊かさや充足感を噛み締めるようになっていたのかもしれない。しかし、考えてみると、快適さとは、溢《あふ》れかえるほどのものに囲まれていることではない。むしろ、ものを最小限に始末した方が快適なのである。何もないという簡潔さこそ、高い精神性や豊かなイマジネーションを育む(ア)オン床であると、日本人はその歴史を通して、(イ)達カンしたはずである。

※1慈照寺《じしょうじ》の同仁斎《どうじんさい》にしても、※2桂《かつら》の離宮《りきゅう》にしても、空っぽだから清々しいのであって、ごちゃごちゃと雑貨やら用度品やらで溢れているとしたなら、B目も当てられない。洗練を経た居住空間は、簡素にしつらえられ、実際にこの空間に居る時も、ものを少なくすっきりと用いていたはずである。用のないものは、どんなに立派でも蔵や納戸に収納し、実際に使う時だけ取り出してくる。それが、日本的な暮らしの作法であったはずだ。

しかしながら、今の日本の人々の住宅は、仮に天井をはがして俯瞰《ふかん》するならば、どこの世帯もおおむね夥《おびただ》しいもので溢れかえっているのではないかと想像される。率先して所有へと突き進んだ結果である。かつて腹ぺこに泣かされたC欲深ウサギは両方の手にビスケットを持っていないと不安なのである。しかし冷静に判断するなら、両方の手に何も持っていない方が、生きていく上では便利である。両手が自由なら、それを振って挨拶もできるし、時には花を活けることもできよう。両の手がビスケットでいつも塞がれていては、そういうわけにもいかない。

ピーター・メンツェルという写真家の作品に『地球家族』と題された写真集がある。これは多様な文化圏の家族を撮影したものだ。それぞれの家族は、全ての家財道具を家の前に持ち出して並べ、家を背景にして写真に収まっている。どのくらいの国や文化、家族の写真が収められていたかは正確に記憶していないけれども、鮮明に覚えているのは、日本人の家財道具が、群を抜いて多かったことである。日本人は、いったいいつの間にこんなにたくさんの道具に囲まれて暮らしはじめたかと、唖《あ》然《ぜん》とした気持ちでそれを眺めた。無駄と言い切ることはできないまでも、なくてもよいものたちを、よくぞここまで細かく取り揃《そろ》えたものだとあきれる。別の言い方をするならば、Dものの生産と消費の不毛な結末を静かに指摘しているようなその写真は、僕らがどこかで道を間違えてしまったことを暗示しているようであった。

ものにはそのひとつひとつに生産の過程があり、マーケティングのプロセスがある。石油や鉄鉱石のような資源の採掘に始まる遠大なものづくりの(ウ)タン緒に遡って、ものは計画され、修正され、実施されて世にかたちをなしてくる。［W］広告やプロモーションが流通の後押しを受けて、それらは人々の暮らしのそれぞれの場所にたどり着く。そこにどれほどのエネルギーが消費されることだろう。その大半が、なくてもいいような、※3雑駁《ざっぱく》とした物品であるとしたらどうだろうか。資源も、創造も、輸送も、電波も、チラシも、コマーシャルも、それらの大半が、暮

2024年度

解 答 と 解 説

《2024年度の配点は解答欄に掲載してあります。》

＜数学解答＞

[1] (1) [1] 5 (2) [2] 1 [3] 9 [4] 6 (3) [5] 3 [6] 4
(4) [7] 1 [8] 3 (5) [9] 8 [10] 0 [11] 4 [12] 1
(6) [13] 8 [14] 6 [15] 1 [16] 0 (7) [17] 3 [18] 7

[2] (1) [19] 3 [20] 2 (2) [21] 5 [22] 4
(3) [23] 1 [24] 2 [25] 1 [26] 1 [27] 8 [28] 0
(4) [29] 4 [30] 3 [31] 2 [32] 8 (5) [33] 2 [34] 0

[3] (1) [35] 1 [36] 6 (2) [37] 1 [38] 9 (3) [39] 1 [40] 6
(4) [41] 2 [42] 9

[4] (1) [43] 4 [44] 8 (2) [45] 2 [46] 2 [47] 4 [48] 6
(3) [49] 7 [50] 2

[5] (1) [51] 0 [52] 1 [53] 3 [54] 3 [55] 3 [56] 3 (2) [57] 3 [58] 6
[59] 4 [60] 1 [61] 2 [62] 0 [63] 2 [64] 4 [65] 8 [66] 2
(3) [67] 0 [68] 1 [69] 1 [70] 2 [71] 4 [72] 5 [73] 8

○推定配点○

[1] (1)～(3) 各3点×3 (4)～(7) 各2点×8 [2] (1)，(2)，(5) 各3点×3
(3)，(4) 各2点×6 [3] 各4点×4 [4] 各4点×4 [5] (1) 各1点×6
(2) 各2点×2，3点 (3) 各2点×3，3点 計100点

＜数学解説＞

基本 [1] **(数・式の計算，連立方程式，2次方程式，統計，三平方の定理)**

(1) $(-0.4)^2\div2^4\times5+\frac{1}{2}\times0.9=\frac{4}{25}\times\frac{1}{16}\times5+\frac{1}{2}\times\frac{9}{10}=\frac{1}{20}+\frac{9}{20}=\frac{10}{20}=\frac{1}{2}=0.5$

(2) $2x+3-\frac{3x+4}{3}+\frac{3-2x}{2}=\frac{6(2x+3)-2(3x+4)+3(3-2x)}{6}=\frac{12x+18-6x-8+9-6x}{6}=\frac{19}{6}$

(3) $2x+3y=6$…① $3x+2y=-1$…② ②×3－①×2から，$5x=-15$，$x=-3$ ①に$x=-3$を代入して，$2\times(-3)+3y=6$，$3y=6+6=12$，$y=4$

(4) $ax^2+x-6=0$…① ①に$x=2$を代入して，$a\times2^2+2-6=0$，$4a=4$，$a=1$ ①に$a=1$を代入して，$x^2+x-6=0$，$(x+3)(x-2)=0$，$x=-3$，2 よって，もう1つの解は-3

(5) Bさんの得点をx点，Cさんの得点をy点とすると，$100+x+y=60\times3$，$x+y=80$ よって，Bさんの得点の最大値は80点 2人とも同じ得点だとすると，$80\div2=40$ $x>y$より，xの最小値は41点

(6) $(a+2b)^2-(a-2b)^2=(a^2+4ab+4b^2)-(a^2-4ab+4b^2)=8ab$ 三平方の定理より求める長さは，$\sqrt{21^2-9^2}=\sqrt{(15+2\times3)^2-(15-2\times3)^2}=\sqrt{8\times15\times3}=6\sqrt{10}$

(7) $x^2+3x-7=0$…① 2つの解を求めると$x=\frac{-3\pm\sqrt{37}}{2}$より，和は$\frac{-3+\sqrt{37}}{2}+\frac{-3-\sqrt{37}}{2}=$

$\frac{-6}{2}=-3$　積は$\frac{(-3+\sqrt{37})}{2}\times\frac{(-3-\sqrt{37})}{2}=\frac{(-3)^2-(\sqrt{37})^2}{4}=-7$

2　**(角度，方程式の応用問題，図形と関数・グラフの融合問題，比例関数，標本調査)**

(1)　各点を右の図のように定めると，△BOCと△EODは二等辺三角形だから，∠BOC＝180°−68°×2＝44°，∠EOD＝180°−54°×2＝72°　∠COD＝180°−(44°＋72°)＝64°　円周角の定理から，x＝64°÷2＝32°

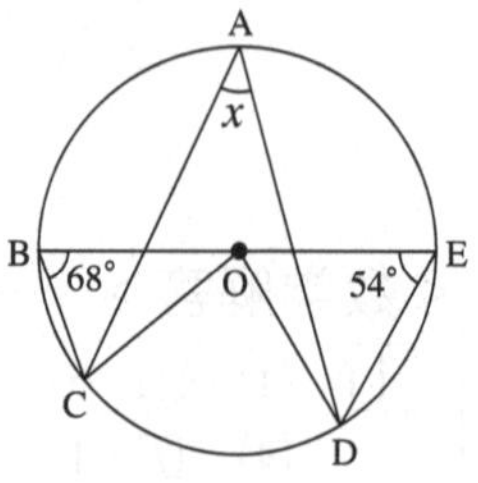

(2)　3km＝3000m，150秒＝$\frac{150}{60}$分＝$\frac{5}{2}$分　Bさんが毎分xmの速さで走ったことにすると，仮定から，$300\times\left(3+\frac{5}{2}\right)+x\times\frac{5}{2}=3000$，$\frac{5}{2}x=3000-1650=1350$，$x=1350\times\frac{2}{5}=540$

(3)　$y=ax-9$…①，$y=-2x+b$…②　①に(8，−5)を代入して，$-5=a\times8-9$，$8a=4$，$a=\frac{1}{2}$　②に(8，−5)を代入して，$-5=-2\times8+b$，$b=11$　①，②とy軸との交点をA，Bとすると，A(0，−9)，B(0，11)　AB＝11−(−9)＝20　三角形のABを底辺とすると高さは交点のx座標の絶対値になるから8　よって，求める面積は，$\frac{1}{2}\times20\times8=80$(cm²)

(4)　$y=\frac{6}{x}$…①　①上の点で，x座標とy座標がともに正の整数であるものは，(1，6)，(2，3)，(3，2)，(6，1)の4個　A(1，6)，B(3，2)より点Bのx座標は3　直線ABの傾きは，$\frac{2-6}{3-1}=\frac{-4}{2}=-2$　直線ABの式を$y=-2x+b$として点Aの座標を代入すると，$6=-2\times1+b$，$b=8$　よって，直線ABの式は，$y=-2x+8$

(5)　白球が箱の中にx個入っていたと推定すると，(白球)：(赤球)から，x：50＝(15−3)：3　$x=\frac{50\times12}{3}=200$

3　**(図形と確率の融合問題)**

基本　(1)　2つのサイコロの目の出かたは全部で，6×6＝36(通り)　直線BCの式は$y=x$だから，A，B，Cが同一直線上にある場合は，点Aの座標が(1，1)，(2，2)，(3，3)，(4，4)，(5，5)，(6，6)になるときの6通り　よって，求める確率は，$\frac{6}{36}=\frac{1}{6}$

(2)　△ABCが二等辺三角形になる場合は，点Aの座標が(1，3)，(1，5)，(3，1)，(5，1)になるときの4通り　よって，求める確率は，$\frac{4}{36}=\frac{1}{9}$

(3)　△ABCが直角三角形になる場合は，点Aの座標が(1，3)，(1，5)，(2，4)，(3，1)，(4，2)，(5，1)の6通り　よって，求める確率は，$\frac{6}{36}=\frac{1}{6}$

重要　(4)　△ABCの面積が2となる場合は，点Aの座標が(1，3)，(2，4)，(3，1)，(3，5)，(4，2)，(4，6)，(5，3)，(6，4)の8通り　よって，求める確率は，$\frac{8}{36}=\frac{2}{9}$

4　**(図形と関数・グラフの融合問題)**

基本　(1)　$y=\frac{1}{2}x^2$…①　直線CPの式を$y=ax$として点Pの座標を代入すると，$-2=a\times1$，$a=-2$

よって，直線CPの式は，$y=-2x$…②　①と②からyを消去すると，$\frac{1}{2}x^2=-2x$，$x^2=-4x$，$x^2+4x=0$，$x(x+4)=0$，$x=0$，-4　②に$x=-4$を代入して，$y=-2\times(-4)=8$　よって，C$(-4,\ 8)$

重要 (2)　点Aのx座標を$1+m$とおくと$(m>0)$，点Aの座標が$\left(1+m,\ \frac{1}{2}(1+m)^2\right)$で，PA：AB＝1：4より点Bの座標が$\left(1+5m,\ \frac{1}{2}(1+5m)^2\right)$とおけて，OA直線とCB直線の傾きが等しいので$(1+m):\frac{1}{2}(1+m)^2=(5+5m):\left(\frac{1}{2}(1+5m)^2-8\right)$　$\therefore 2:(1+m)=10(1+m):(1+5m)^2-16$
$\therefore 10(1+m)^2=2(1+5m)^2-32$　上式を整理すると$m^2=1$で$m=1$　∴点A$(2,\ 2)$，点B$(6,\ 18)$
AB直線の傾きが4なので，直線の方程式は，$y=4x-6$となる。

重要 (3)　△OAP∽△OBPで，辺の比が1：5なので△OAPの面積と△OBPの面積の比は，$1^2:5^2=1:25$
∴台形OABCの面積は，△OAPの面積の24倍　$\therefore 24\times\left(\frac{(2+4)\times 2}{2}-(2+1)\right)=72\text{cm}^2$

5 (数の性質，文字式の利用)

基本 (1)　nが偶数のとき，kを自然数として$n=2k$と表せる。$n^2=(2k)^2=4k^2$　k^2は整数だから，n^2は4の倍数になるので，n^2を4で割った余りは0　nが奇数のとき，kを自然数として$n=2k-1$と表せる。$n^2=(2k-1)^2=4k^2-4k+1=4(k^2-k)+1$　k^2-kは整数だから，n^2を4で割った余りは1
151÷4＝37あまり3より，151を4で割った余りは3　271÷4＝67余り3より，271を4で割った余りは3　よって，信長さんは奇数のカードを3枚，家康さんも奇数のカードを3枚持っていることがわかる。

(2)　$2^2+4^2+6^2+8^2+10^2+12^2=4+16+36+64+100+144=364$より，すべての偶数の2乗の和は364
小さい4つの偶数の和は$4+16+36+64=120$　秀吉さん持っている4枚の偶数の2乗の和は228だから，$120+144-36=228$より，秀吉さんの持っているカードは，2，4，8，12の4枚

重要 (3)　nが3の倍数のとき，kを自然数として$n=3k$と表せる。$n^2=(3k)^2=9k^2=3\times 3k^2$　$3k^2$は整数だから，nは3の倍数になるので，n^2を3で割った余りは0　nが3で割り切れないとき，kを整数として，$n=3k+1$または$n=3k+2$と表せる。$n^2=(3k+1)^2=9k^2+6k+1=3(3k^2+2k)+1$，$n^2=(3k+2)^2=9k^2+12k+4=3(3k^2+4k+1)+1$　$3k^2+2k+1$，$3k^2+4k+1$は整数だから，n^2を3で割ったときの余りは共に1　151も271も3で割った余りは1であるから，4枚のうち1枚は3の倍数でない，または4枚とも3の倍数でないのどちらかになる。よって，秀吉さんの持っているカードを除いた残り8枚のうち，信長さんと家康さんのどちらかが3の倍数のカードを全部持っている。
$3^2+6^2+9^2=126$，$151-126=25=5^2$より，信長さんの持っているカードは3，5，6，9の4枚であるとわかる。

★ワンポイントアドバイス★

3 (4)は，(1，3)，(3，1)を通り直線BCに平行な直線をひき，等積移動を利用して，△ABCの面積が2になる点Aの座標を数えよう。

＜英語解答＞

1	1 3	2 1	3 2	4 4	5 1	6 3	7 4	8 2	9 1
2	10 3	11 1	12 2	13 3	14 4	15 3	16 5	17 2	18 2
	19 2								
3	20 1	21 3	22 3	23 4	24 2	25 5			
4	26 4	27 2	28 4	29 4					
5	30 1	31 6	32 7	33 4	34 3	35 4	36 3	37 1	
6	38 2	39 2	40 4	41 4					
7	42 4	43 2	44 3						
8	45 1	46 2	47 2						

〇推定配点〇

1～9・26～29・38～41　各2点×17　10～25・30～37　各3点×20（30～37各完答）

42～47　各1点×6　計100点

＜英語解説＞

1　リスニングテスト解説省略。

2　**（長文読解問題・伝記：内容吟味，語句補充・選択，接続詞，前置詞，文型，内容一致）**

（全訳）　10歳の①エリザベス王女は生まれてからイングランドとスコットランドの城や宮殿で過ごしていた。彼女の父親は公爵だった。彼女の祖父は英国の国王だった。英国にはイングランド，スコットランド，ウェールズ，北アイルランドが含まれた。おとぎ話のお姫様のようにエリザベスはロンドンの大きな家で幸せに暮らしていた。

エリザベスは家族にリリベットと呼ばれ，王女が望むものは何でも持っていた。犬，ポニー，ティアラ，かわいいドレスでいっぱいのクローゼット，そしてたくさんの自由な時間。彼女は学校に行かなかった。彼女は自宅でうばに教わった。6歳で彼女は自分用の小さなコテージを与えられた。それは彼女と妹のマーガレットのための遊び場だった。それにはキッチンがあり全ての部屋には子供サイズの家具があった。

リリベットとマーガレットは英国の人々に非常に人気があった。赤ちゃんの頃でさえ，リリベットは世界中の人々から手紙や贈り物－おもちゃ3トン分！－をもらった。

リリベットは王女だった②けれども自分が女王になるとは思ってもみなかった。

彼女の伯父のエドワードは国王の長男だったので王位継承順位1位だった。リリベットの父アルバートは2位だった。それはつまり，エドワードは彼の父の死後に国王になるということだ。もしエドワードに子供がいれば，彼の第1子が王位継承順位2位となる。リリベットの父は順位が落ち，おそらく国王にはならないだろう。

そして，最初，リリベットの祖父が1936年1月に亡くなると，彼女の伯父が国王エドワード8世となった。

しかしその後，その年にすべてが変わった。

エドワードはアメリカ人女性と恋に落ちた。彼は彼女と結婚したかった。しかし彼女は離婚歴が2回あった。英国教会によると国王は離婚歴のある女性と結婚できなかった。エドワードは彼女と③とても結婚したかったので，国王であることをあきらめることにした。

1936年12月10日④に，国王エドワード8世は王位を放棄した。彼は書類に署名して退いた。彼がこうした時，リリベットの父が国王になった。彼女の父親の実際の名前はアルバートだったが，彼は王の名前としてジョージを選び，国王ジョージ6世となった。彼女の父が国王となったので，リリベットは突然，王位継承順位が次になった！

1人の召し使いがその知らせをリリベットに伝えに来た。彼はお辞儀をして部屋に入った。その瞬間から誰もが彼女の扱いを変えた。彼女にはたった1つの仕事があった。⑤女王になる方法を学ぶことだ。

いつか彼女は世界中の56か国を含む帝国を統治するだろう。10歳ではエリザベスはそれがどれほどあっという間に起きるかわからなかった。

エリザベス・アレクサンドラ・メアリー・ウィンザーは1926年に自宅で生まれた。リリベットが赤ちゃんだった時，⑥彼女の家族はロンドンの非常に大きな家に引っ越した。そこには舞踏室，図書室，25の寝室があった。

彼女の父は国王だったので，家族はバッキンガム宮殿に引っ越した。ロンドン中心部にある非常に大きな宮殿だ。775部屋があり数百人がそこで働いていた。正面の巨大な鉄の門が人々を入れないようにしていた。

リリベットの父親は決して王になりたくなかった。国王ジョージ6世は内気で，話す時に言葉につまった。彼は馬と犬が大好きだった。リリベットがわずか3歳の時に，彼女は初めて乗馬のレッスンをした。彼女が7歳の時，彼女の父は彼女にドーキーという名の犬を与えた。その時から彼女は馬と犬が大好きだった。他の何よりも。

リリベットのうばはマリオン・クロフォードという名前だった。⑦皆が彼女をクロフィーと呼んだ。彼女はほとんど1日中リリベットとマーガレットと一緒に過ごし，2人に歴史，読解，地理，文法を教えた。

幼い子供の頃，リリベットは時々いたずらっ子だった。彼女は父親と祖父のように怒りっぽい気性だった。しかしエリザベスが成長するにつれ，彼女の母は彼女に⑧怒りをコントロールする方法を教えた。母は彼女に決して人に対して怒鳴らないように言った－特に女王になったら－⑨さもないと人々は彼女への信頼を失うだろう。

10歳までにリリベットは真面目な少女になった。彼女は家族と楽しいことをするのが好きで，親しみやすく魅力的になった。しかし公の場では静かで威厳があった。彼女は既に女王のようにふるまう方法を知っていた。

リリベットの妹のマーガレットは彼女とは正反対だった。野性的で自由だった。彼女は有名人の話し方をまねすることが大好きだった。リリベットは笑ったが，自分ではそのようなことを決してしなかった。

エリザベスの父はかつて言った。「リリベットは私の誇りだ。マーガレットは私の喜びだ」 2人の女の子は毎朝両親の寝室に行き，遊んで楽しんだ。それは家族の伝統だった。

問1　10　第2段落第3文および下線部⑦の次の文参照。独学ではなくうばに教わった。

問2　11　Although ～, …「～だけれども…」

問3　12　so … that ～「とても…なので～」

問4　13　日付の前には前置詞 on を付ける。

問5　14　下線部⑤の前の段落参照。父が国王になったため，リリベットは父の後，女王になることになった。

問6　15　下線部⑦の前の段落の第5文参照。父は娘が7歳の時に犬をあげたので，3は誤り。

重要　問7　16　下線部⑦は第5文型〈主語＋動詞＋目的語＋補語〉で5が同じ。1は第1文型〈主語＋動詞〉，2は第2文型〈主語＋動詞＋補語〉，3は第3文型〈主語＋動詞＋目的語〉，4は第4文型〈主語＋動詞＋間接目的語＋直接目的語〉。

問8　[17]　空所⑧の直前の文の hot temper「怒りやすい気質」より anger「怒り」が適切。

やや難　問9　[18]　接続詞 or は「さもないと」を表す。

重要　問10　[19]　2が第6～9段落の内容と一致する。

3　**(長文読解問題・物語文：内容吟味，語句補充・選択，語句解釈，内容一致)**

(長文)「準備はいいか？　①テイラー」と彼の友人のエリックが尋ねる。

「うん，いいよ」とテイラーが答える。

今日はベイヴューの大切な日だ。今日は大きな自転車レースがある。みんなとても②ワクワクしている。ライアンもレースに出る。テイラーとライアンは2人ともとても優れた自転車選手だ。彼らは2人ともレースで優勝したいと思っている。

テイラーの友人のジョンとエリックは彼に勝ってほしいと思っている。

「テイラー，良いレースを」とエリックが言う。

「ありがとう。僕は今年優勝したい」とテイラーが言う。

ジョンは言う。「ライアンが毎年優勝している。でも今日は君が優勝すると僕は思う」

「ライアンに注意しろ。あいつはとても速い」とエリックが言う。

「わかってる」とテイラーが答える。「僕はあいつから目を離さない」

ライアンは父親のウォルシュ氏と一緒だ。ライアンは新しい自転車を持っている。毎年ライアンの父親はこのレースのために新しい自転車を彼に買う。それはとても良い自転車だ。非常に速い。ライアンはとても喜んでいる。

「僕は新しい自転車で，今年もまたこのレースに勝つぞ」とライアンは思う。

ライアンの父親が彼に話しかけている。

「私はお前に勝ってほしい。私たち家族は常に1位になる」とウォルシュ氏が言う。「我々は必ず勝つ。わかるな？」「うん，パパ」とライアンが言う。「わかっているよ。僕たち家族は常に勝つ」

彼の父親は言う。「いいか，去年よりも速く行ってくれよ。お前は今日優勝する。いいな？」

ライアンは不安だが「うん，パパ」と言う。

自転車選手全員がスタートラインに向かう。ライアンはレースについて心配していた。彼は父親を見る。彼の父親は本当にライアンに優勝してほしいと思っている。ライアンはテイラーを見る。彼はテイラーも優勝したいと思っていることを知っている。

「僕は今日優勝するぞ。僕はライアン・ウォルシュだ！　僕は常に勝つ」とライアンは思う。「良い自転車があるし，僕は良い自転車選手だ。僕はとてもうまい」と彼は思う。

テイラーはライアンの新しい自転車を見る。「ライアン，それは新しい自転車？」と彼は尋ねる。

「うん」とライアンは言う。「いいだろう？」

テイラーは言う。「君は良い自転車を持っているけど，僕が勝つぞ。良いレースをしよう」

「ああ」とライアンは返事する。「ゴールで会おう」

テイラーとライアンは非常に速くスタートする。彼らは優勝しそうだ。彼らは③他の選手より速い。彼らはどんどん速く進む。テイラーとライアンは角をまわって競争する。

「よし，僕が勝っているぞ」とテイラーは思う。

ライアンは2位だが彼も速く進んでいる。

彼らは坂を上ったり下りたりする。森の中を進む。川の中を進む。とても良いレースだ。テイラーは速く進みライアンも速く進む。今はライアンが勝っている。そしてテイラーが2位だ。

彼らはさらに森の間を進む。テイラーとライアンは疲れたが，彼らは2人とも今日優勝したいと思っている。

「僕は必ず勝つんだ！」とライアンは思う。「2位にはなれない！　2位にはならない！」

「僕は今日勝つ！」とテイラーが思う。

彼らはどんどん速く進む。素晴らしいレースだ。

門が見える。彼らはそれに向かって競争する。最初にその門に着いた者がレースに勝つ。2台の自転車は非常に近い。ライアンはさらに速く進むが，テイラーが勝っている。

「僕が門に最初に着きたい」とライアンは思う。「僕は勝ちたい！　僕は必ず勝つ！」

テイラーが勝っているが，ライアンは最初に門に到着したいと思っている。彼はテイラーより速く進む。

ライアンは父親の言葉を思い出す。「僕たちは常に勝つ！」と彼は思い起こす。「僕たちは常に勝つ！」

テイラーはライアンの自転車がどんどん近づいてくるのが見える。

ライアンはテイラーに勝ってほしくなかった。ライアンはテイラーを押す。

テイラーは「おい！　何をしている？」と叫ぶ。

テイラーの自転車が門にぶつかる。彼は自転車から落ちる。ライアンが門を通過する。ライアンがゴールラインに進む。彼がレースに勝つ。

ライアンは優勝カップを手にする。彼の父親はとても喜ぶ。

「よくやった，ライアン」と父親が言う。

ライアンは何も言わない。彼はうれしくなかった。

テイラーはライアンを見る。ライアンはテイラーを見る。

「あの…パパ」とライアンが言う。「僕はパパに④あることを言いたい」

その日，後になって，ライアンと父親がテイラーに会いに来る。

「これは君の優勝カップだ。僕のじゃない」とライアンが言う。彼はテイラーにカップを渡す。

「本当にごめん」とライアンが言う。テイラーは微笑む。

「大丈夫？」とライアンが尋ねる。

「ありがとう，ライアン」とテイラーが言う。「僕はもう大丈夫だ」

問1　20　テイラーはジョンとエリックという2人の友人から応援されているので1が適切。

問2　21　excited は人を主語にして「わくわくしている，興奮している」という意味。

やや難　問3　22　the other「他の～」　the other riders はテイラーとライアン以外の選手たちのこと。

重要　問4　23　ライアンは自分が勝つために，テイラーの自転車を故意に押してテイラーを転倒させた。ライアンは優勝後にそのことを父親に告白した。

重要　問5　24　2(○)　25　5(○)　①(×)　常に首位をキープしていたわけではない。　3(×)　ライアンはレース直前，不安を感じていた。　4(×)　「アスファルトで舗装された道」や「街全体をコースとしていた」については記述がない。

基本　**4**　(語句補充・選択：助動詞，単語，時制)

1　26　「勉強しないならテレビゲームをしてはいけない」　must not は禁止を表す。

2　27　「あなたがその機械を使っている間，どのような音がしましたか」　この sound は「音がする」という意味の動詞。

3　28　「彼女はすぐに，彼が宿題をするのを手伝った」　〈help ＋人＋動詞の原形〉「(人)が～するのを手伝う」

4　29　「今，私のクラスでは誰もが私が先週その国を訪問したことを知っている」　文頭に Now とあるので現在時制の文にする。主語 everyone は単数扱いなので動詞に -s を付ける。

やや難　**5**　(語句整序：現在完了，進行形，動名詞，助動詞，不定詞，熟語，比較)

1　30・31　He has been playing the piano for two (hours.)　「彼は2時間ピアノを弾いている」

現在完了進行形 have been ～ing は現在までの動作の継続を表す。

2 [32]・[33] Taking a walk was fun so I would like (to do it again.) 「散歩することは楽しかったので私はもう一度やりたい」 take a walk「散歩する」 ～ing は動名詞で「散歩すること」となる。〈would like to ＋動詞の原形〉「～したい」

3 [34]・[35] (I) want to make sure he is a (teacher) 「私は彼が教師であることを確認したい」 make sure「確認する」

4 [36]・[37] The car was not so fast as I (thought.) 「その車は私が思ったほど速くなかった」 not so … as ～「～ほど…でない」

6 (正誤問題：熟語，前置詞，仮定法)

1 [38] 「私は午前中にその映画をもう一度見たので，それを2回見たことになる」 in the morning「午前中に」

2 [39] 「もし彼が大金を持っていたら海外に行くだろうが，彼は裕福ではない」 現在の事実に反する仮定を述べる，仮定法過去の文。〈If ＋主語＋動詞の過去形～，主語＋助動詞の過去形＋動詞の原形…〉の構文となる。②は誤りで would が正しい。

3 [40] 「彼はたくさんの野菜を食べるべき理由にまったく興味がない」 「～する理由」は〈the reason to ＋動詞の原形〉と表すので④は the reason to eat に直す。

4 [41] 「あなたは将来，あなたの妹と一緒にこの町のどこに住むつもりですか」 ④を with「～と一緒に」に直す。

7 (アクセント)

1 [42] ④は第1音節，他は第2音節を強く読む。 2 [43] ②は第1音節，他は第2音節。

3 [44] ③は第1音節，他は第2音節。

8 (発音)

1 [45] ①は [ər]，他は [ɑr]。 2 [46] ②は [t]，他は [θ]。 3 [47] ②は [ai]，他は [ei]。

★ワンポイントアドバイス★

[2]はエリザベス女王の幼少時から少女時代について述べた文章。王位に就いた経緯について正確に読み取ろう。

＜国語解答＞

一 1 ④ 2 ⑤ 3 ② 4 ① 5 ④ 6 ③ 7 ⑥ 8 ① 9 ⑤
10 ③ 11 ⑤ 12 ④ 13 ② 14 ① 15 ③ 16 ⑤ 17 ②

二 18 ② 19 ③ 20 ① 21 ② 22 ④ 23 ③ 24 ⑤ 25 ①
26 ④ 27 ④ 28 ④ 29 ③

三 30 ① 31 ⑤ 32 ③ 33 ⑤ 34 ⑤ 35 ② 36 ③ 37 ⑤
38 ③ 39 ① 40 ④ 41 ①

○推定配点○

一 1～9・16・17 各2点×11 10～15 各3点×6 二 18～20・22・23・29 各2点×6
21・24～26・28 各3点×5 27 4点 三 30～33・37・38・41 各2点×7
34～36・39・40 各3点×5 計100点

<国語解説>

一 (論説文―漢字の読み書き,脱語補充,接続語,文脈把握,内容吟味,要旨)

問1 (ア)「環」を使った熟語はほかに「環状線」「循環」など。 (イ)「検」を使った熟語はほかに「検査」「検診」など。字形の似た「剣」「険」「倹」などと区別する。 (ウ)「恵」の音読みはほかに「エ」。熟語は「恵方」「知恵」など。訓読みは「めぐ(む)」。 (エ)「攻」を使った熟語はほかに「攻略」「侵攻」など。訓読みは「せめ(る)」。 (オ)「備」の音読みは「ビ」。熟語は「備蓄」「準備」など。

問2 W 直後で「……になったとしよう」と具体例を示しているので,例示を表す「たとえば」が入る。 X 直前に「その背景にあるのは,無為に過ごすこと＝怠けることだと捉え,それでは『負け組』になってしまうという,一種の強迫観念だろう。……技術もそのための重要なツールだ」とあり,直後で「進化する技術に乗り遅れることは個人の努力不足と見なされ,……と片付けられてしまう」とつけ加えているので,累加を表す「そして」が入る。 Y 直前に「『人的資本』としての価値を高めること」とあり,直後で「仕事も何もかもすべてひとりで背負うことを求めるようなもの」と説明しているので,説明・言い換えを表す「すなわち」が入る。 Z 直前に「機械でもできる単純作業はAIに任せ,人間はクリエイティブな仕事に集中すればいい,という観点で職場へのAI導入が語られている」とあるのに対し,直後では「単純な事務作業などのルーティンワークはむしろ個人を守ってくれるものと言える」と,別の視点を示しているので,逆接を表す「しかし」が入る。

問3 「技術がもたらす変化」については,直前に「便利さや快適さをもたらす」とあり,直後では「なんだかやけに忙しくなったと感じている」「『あたらしい技術』が進化すればするほど疲弊させられていくのは,……『つながりっぱなし』,そしてもうひとつは『アップロード』という,二つの負荷が私たちにのしかかっているからだ」と説明されているので,「疲弊しなくなる」とある③は適切でない。

やや難 問4 直前の「ちょっと手持ち無沙汰になれば,すぐさまスマホを取り出して,ゲームをしたり,ネットを見たり,SNSをチェックしたりせずにはいられない様子」を指すので,「やめたくともやめられなくなっている」とする⑤が適切。「中毒」には「依存症」という意味がある。

問5 直後に「しかし,そのことによって生まれた『余暇』は,……会話を楽しんだりするのではなく,仕事や勉強といった『役に立つこと』に使われる。……逆にやることがどんどん増えていくのが現実なのだ」とあるので,「知識や技術を磨こうとするから」とする④が適切。

問6 「分業」は,直前に「個々人が社会の重要なパーツとして存在し」とあり,これを「個人の特性を活かし」と言い換え,「有機的に連帯する」を「他者と集団で協働していく」と言い換えているので,②が適切。

問7 「ルーティンワーク」については,直後で「クリエイティブな仕事には,どこまでやってもゴールに到達することはないというハードさがつきまとう。ルーティンワークに携わる方が明らかに負担は軽い」と説明されているので,①が適切。

問8 人間ではなくテクノロジーが行動の主体となる例としては,「行動履歴によって目的地が自動設定され」とある③が適切。人間は,行き先を自ら選択する「主体」ではなくなり,テクノロジーによって行き先を決められる(自動設定される)ようになるという例である。

問9 Ⅰの直前の「決める」にあてはまる語としては「主体」が適切。Ⅱには,「主体」の対義語の「客体」が入る。「あたらしい技術」によって,「技術」は「道具」ではなくなり,「技術」が「主体」となり,「私たち」が「客体」になる,というのである。

二 (小説—語句の意味，情景・心情，品詞，脱語補充，文脈把握，内容吟味，文章構成，文学史)

問1 (ア)「かつぐ(担ぐ)」には，ふざけて人をだます，という意味があるので，「かつごう」は，だまそう，という意味。 (イ)「仰々しい(ぎょうぎょうしい)」は，見かけや表現が大げさである，という意味。 (ウ)「薬が効く」は，忠告や仕置きなどの効果が現れる，という意味。

問2 前に「つまり奈良の老若をかつごうと思ってした悪戯が，思いもよらず四方の国々で何万人とも知れない人間を騙す事になってしまった」とあるので，②が適切。

問3 「それ」は，相手の近くにあるものを指していう「名詞(指示代名詞)」。

問4 「数寄を凝らす」は，建物や道具などに，いろいろと風流な工夫をほどこす，という意味。

問5 「叔母の尼」については，「叔母の尼さえ竜の事を聞き伝えたのでございます」とある。恵印が建札を立てたことなど知らないので，⑤が適切。

やや難 問6 直前に「今日は池の広さが日頃より一層狭く見えるようで」とあるので，「ただでさえ狭い池であるのに，竜が現れるなんて起こりえない」とする①が適切。

問7 直前に「どう云うものか，恵印の心にもほんとうに竜が昇りそうな……昇らない事もなさそうな気がし出した」とある。自分が立てた偽りの建札なのに，竜が昇らない事もなさそうな気がしてきたことを「莫迦げた気」としているので，④が適切。

やや難 問8 直後に「度を失った見物が右往左往に逃げ惑って，池にも劣らない人波を稲妻の下で打たせた事は」「その内に豪雨もやんで，……一体今見た竜は眼のせいではなかったろうか……」とあることから，稲妻，雷鳴，豪雨の後に竜が天に昇って消えた，という流れが読み取れるので，「のどかに晴れていた空が，俄にうす暗く変わりました」とある(エ)が最初。続いて「……どっと雨が降り出した」とある(ウ)が2番目。「のみならず雷鳴も……」と続く(オ)が3番目。「一文字に空へ昇って行く十丈あまりの黒竜が，朦朧として映りました」とある(イ)が4番目。最後は「が，それは瞬く暇で……」とある(ア)なので，(エ)→(ウ)→(オ)→(イ)→(ア)の順になる。

問9 直後に「どうも竜の天上するなどと申す事はなさそう気も致して参ります。と申して，見た事は確かに見たのでございます」と，不確かな様子なので，「目の錯覚」とする④が適切。

問10 芥川龍之介の作品は『鼻』のほかに『羅生門』『杜子春』『河童』など。『他人の足』は大江健三郎，『頭ならびに腹』は横光利一，『耳なし芳一』は小泉八雲，『蹴りたい背中』は綿矢りさの作品。

三 (古文—語句の意味，旧国名，指示語，口語訳，文脈把握，係り結び，四字熟語，大意)

〈口語訳〉 去る丁亥の秋，摂津国能勢郡，出野村に住む勘兵衛という(者の)農家の天井より，奇書が一通出てきた。その書は竹筒に入り，水銀でふさがれていた。開いてみると，源平合戦で安徳天皇の忠臣であった藤原朝臣経房の遺書であった。個人のものにすべきではない(持ち主に返すべきだ)と，すぐにその旨を申し上げると，守はしかじかと云った後，その持ち主にお返しすると言う。本当かどうかはわらない。その書によると，旧録の軍記に伝わるのとは違って，当時，先帝は無事で，戦場から退出されて，このあたりに，潜伏しておられたという。京の人である森島守近は，早くにこのことを伝え聞いて，私にしかじかと伝えたころ，どうしてもその書を見たいと思っていたので，さらに書の持ち主に働きかけること二年に及んだ。守近はかろうじて，ある人に頼んで，摂津の某氏の写本を借りて，ついに取り寄せて見ることができた。私はこれを手に入れて灯下で閲覧したが，少しも信用できないものであった。この日は壇ノ浦の戦いの日で，しかも海上の戦である。兵士につばさがあったとしても，先帝に仕えて，危険な事態を免れることはできない勢いであっただろう。『東海談』の下巻に，この段を論じて「源氏が平氏を滅ぼしたときに，二位尼は天皇を抱き，天子の印章を帯びて入水したのは，女心というものであろう。いくら女だからといっても，最も拙い心である。今の女は，このようなことは決してしないだろう。天皇と申し上げるのは，至極の由緒を知るからこそである」とある。『吾妻鏡』および『保暦間記』に,「按察局は,先帝をお抱きになって入水した」とあることにより,按察局は生き延びたので,先帝のなきがらが浮いておられたというのを疑う者がある。これ等の人は,かの経房の書を信じて,「二位尼の汚名をそそぐために,数百年来の疑いを解くのは,この書のほかにない」といって,もてはやすのではないか。小説や伝奇は,そもそも作りものであることは誰もが知ることであるから,事実を曲げるというのも浅はかである。古書を偽造したものは,ひそかに理由があるので,識者も欺かれることがある。これはその害が深い。おたまじゃくしが魚の子に似ているのは,どうして久しいものであろうか。宝玉に似た石が宝玉に混ざるというのは,ああ,恐ろしいことである。惑う者は「しかし,和漢今昔,同名の人が,同じ時に存在することは多くあるのではないか」というが,私は「そうです。左大弁藤原経房と左少弁藤原経房を別人にして,その事実があったというのも,やはり理屈に合わないのではないでしょうか。二位尼は,ひそかに経房たち両臣と一人の婦人を先帝に付けて,帝に参るのに,どうして三種の神器を先帝の身体に添えなさらなかったのか。かの書にあるように,宝剣は須磨で失くしたとしても,それでも神璽内侍所はある。しかしそれは,別の船にあって,先にお取りになり,別の船はなかったと言うだろう。それならば,二位尼が先帝を上皇に渡さないのは,源氏にとらせたから,と思うだけで,旧都の還幸の議に及ばなくとも,先帝は上皇にとっても孫ではないか。復位はかなわなくとも,どうして,つれなくされようか。また,鎌倉幕府も同じである。平家は朝敵である。かつ父の仇であれば,討ち滅ぼしもするだろう。たとえ自家を営む謀があったとしても,後世,明の燕王が靖難の役を提唱して都城を陥れ,建文帝を討とうと謀ったような類のことではない。これまた,先帝が恙なくいらっしゃると聞いたならば,必ずその御座を設けて迎えにいらっしゃるはずなのに,かの三臣は,次の年の夏までも,ついに還幸がないのはどういうことか。そもそも平維章が,二位尼をあげつらうように,天下の共主と申すことを,忘れたわけではあるまい。またその考えは,上皇さえ妬ましく思って,会稽の恥をきよめるために,(思いを)深くしのばせたのであれば,密々に平家の残党を集めようと謀るべきなのに,そのような心構えもなく,朝敵である平家の落人にも等しく,命をつないでいらっしゃるのを,各々,その身の務めにしているのはなぜか。これは,後世の机上の論で,当時の勢いでは,なお返しがたかったのであろう」と,助言しても,それでは智勇が足りないだけで,忠も義もないのに似ている。そういうわけなので,かの経房の遺書は,明の史彬が『致身録』に似せても,その趣きは似ていても内容はまったく違う(のと同じだ)。『致身録』でさえ,信じる者もいれば,偽りだという者もいるのだから,伝写は異聞で,もとより定説はない。昔,孟子は,万章に答えて再三,「好事家これをするなり」と言っていた。好事家の書いたものは,事実ではないと知るべきである。思うに,経房の書も一巻の小説である。それを実録だというのは,好事家の手によるものだからである。

問1 (ア)「いぬ」は,「往ぬ」または「去ぬ」と書き,時が過ぎ去る,経過する,という意味。(イ)「恙なし(つつがなし)」は,無事だ,障りがない,という意味。 (ウ)「つやつや」は,下に打消しの語を伴って,少しも～ない,という意味になる。

問2 「摂津国」は現在の「大阪府」。「大阪府」は摂津・和泉・河内。「千葉県」は下総・上総・安房。「岡山県」は美作・備前・備中。「福島県」は,岩代・磐城。「滋賀県」は近江。

やや難 問3 「よし」は,わけ,事情,という意味。直前に「私にすべきにあらずとて」とあり,直後には「その主に返し給ひしとぞいふ」とあるので,⑤が適切。

問4 「いかで」は,どうにかして,ぜひとも,という意味。「まほし」は,～したい,という希望を意味するので,「どうしてもその書を見たい」とする②が適切。

問5 直前に「碔砆の玉に混ずる」とあり,その前には「古書を偽作せしものは,窃に縁る所あれば,識者も不図欺かるることあり」とあるので,③が適切。

問6　文末が「～したれ」と已然形で結ばれているので，係り結びの法則により，已然形と呼応する係助詞の「こそ」が入る。

問7 「会稽の恥」は，以前に受けた手ひどい恥，という意味。「臥薪嘗胆(がしんしょうたん)」は，敵を討ち，恥をすすぐために，長い間苦労を重ねること。

やや難 問8　直前の「会稽の恥を雪めまゐらせん為に，……密々に，平家の残党を招き集めんとこそ，相謀べき事」を指すので，①が適切。

やや難 問9　④は，本文最後に「顧ふに経房の書も，一巻の小説なり。それを実録としもいふは，好事の手より出づればなるべし」とあることと合致する。

問10　滝沢馬琴の作品は『南総里見八犬伝』のほかに『椿説弓張月』など。「曲亭馬琴」ともいう。『雨月物語』は上田秋成，『曽根崎心中』は近松門左衛門，『世間胸算用』は井原西鶴，『奥の細道』は松尾芭蕉の作品。

★ワンポイントアドバイス★

問題数が多めなので，時間配分を考えて解答することを心がけよう！　古文は，かなりの長文を想定して，時間内に読みこなし，大意をとらえる練習をしておこう！

2024年度

解　答　と　解　説

《2024年度の配点は解答欄に掲載してあります。》

＜数学解答＞

[1] (1) [1] 3　(2) [2] 2　[3] 2　(3) [4] 2　[5] 3　(4) [6] 4　[7] 3
(5) [8] 2　(6) [9] 1　(7) [10] 1　[11] 2　[12] 4　(8) [13] 2　[14] 2

[2] (1) [15] 2　[16] 3　[17] 3　[18] 3　(2) [19] 9　[20] 2　[21] 5
(3) [22] 6　[23] 0　[24] 5　(4) [25] 3　[26] 7
(5) [27] 7　[28] 5　[29] 4　[30] 5

[3] (1) [31] 2　[32] 2　(2) [33] 8　(3) [34] 1　[35] 2　[36] 1　[37] 2
(4) [38] 1　[39] 2

[4] (1) [40] 1　[41] 2　(2) [42] 1　[43] 6　[44] 1　[45] 2
(3) [46] 2　[47] 2　[48] 3　[49] 2　[50] 2　[51] 5　[52] 6

[5] (1) [53] 2　[54] 2　[55] 3　[56] 2　[57] 2　(2) [58] 1　[59] 1　[60] 2
(3) [61] 2　[62] 3　[63] 1　[64] 2　[65] 4　[66] 3　[67] 4

○推定配点○

[1] (1)～(6), (8)　各3点×7　(7)　各2点×2　[2] (1)　各2点×3　(2)　2点, 3点
(3)　各2点×2　(4)　各2点×2　(5)　各2点×2　[3] (1)　各2点×2
(2)～(4)　各3点×4　[4] 各4点×4　[5] (1)　各3点×2　(2)　4点
(3)　3点, 3点, 4点　計100点

＜数学解説＞

基本 [1] (数・式の計算, 平方根の計算, 因数分解, 連立方程式, 図形の計量問題)

(1)　$\frac{1}{3}-\left(-1\frac{1}{2}\right)\div\left(-\frac{3}{4}\right)^2=\frac{1}{3}-\left(-\frac{3}{2}\right)\times\frac{16}{9}=\frac{1}{3}+\frac{8}{3}=\frac{9}{3}=3$

(2)　$\frac{2+\sqrt{2}}{\sqrt{2}}-\frac{\sqrt{6}-2\sqrt{3}}{\sqrt{6}}=\frac{2\sqrt{3}+\sqrt{6}-\sqrt{6}+2\sqrt{3}}{\sqrt{6}}=\frac{4\sqrt{3}}{\sqrt{6}}=\frac{4\sqrt{18}}{6}=\frac{12\sqrt{2}}{6}=2\sqrt{2}$

(3)　$1.2(3x-2)-\frac{8x+3}{5}=\frac{6(3x-2)-(8x+3)}{5}=\frac{18x-12-8x-3}{5}=\frac{10x-15}{5}=2x-3$

(4)　$4x(x-1)-4(9-x)=4(x^2-x-9+x)=4(x^2-9)=4(x-3)(x+3)$

(5)　$2024^2-4048\times A+A^2=4$より, $(2024-A)^2=4$　これをみたすAは$A=2022$, 2026　小さい方は$A=2022$

(6)　$-x+7y=15$…①　$5x+y=-3$…②　①×5+②から, $36y=72$, $y=2$　①に$y=2$を代入して, $-x+7\times2=15$, $x=-1$　よって, $x+y=-1+2=1$

(7)　半径$\sqrt{3}$cmの球の表面積は, $4\pi\times(\sqrt{3})^2=12\pi$(cm^2), 体積は, $\frac{4}{3}\pi\times(\sqrt{3})^3=4\sqrt{3}\pi$(cm^3)

(8)　円の半径をrとすると, 正方形の一辺の長さは, $2r$　正方形の面積から, $(2r)^2=\sqrt{32}+8$, $4r^2=4(\sqrt{2}+2)$, $r^2=\sqrt{2}+2$　よって, 円の面積は$\pi r^2=(\sqrt{2}+2)\pi$(cm^2)

2 (関数，統計，方程式の応用問題，平方根の大小，角度)

基本 (1) 直線ABの傾きは，$\frac{-7-(-1)}{2-(-1)}=\frac{-6}{3}=-2$　直線ABの式を$y=-2x+b$として点Aの座標を代入すると，$-1=-2\times(-1)+b$，$b=-3$　よって，直線ABの式は，$y=-2x-3$…①　$2x+y+3=0$　$y=ax^2$に点Aの座標を代入して，$-1=a\times(-1)^2$，$a=-1$　$y=-x^2$…②　①と②からyを消去すると，$-2x-3=-x^2$，$x^2-2x-3=0$，$(x+1)(x-3)=0$，$x=-1$，3　よって，点Cのx座標は3　①に$x=3$を代入して，$y=-2\times3-3=-9$　よって，C(3，−9)　直線BCの傾きは，$\frac{-9-(-7)}{3-2}=-2$　直線ABと直線BCの傾きが等しいので，点A，B，Cは一直線上にある。よって，AB：BC＝$\{2-(-1)\}:(3-2)=3:1$

(2) 回数が多い方から数えて3番目の回数が第3四分位数になる。①の箱ひげ図から，第3四分位数は9から，9回は3人いることになるので，太郎君が冬休みに運動した回数は9回　②の箱ひげ図から，第1四分位数は2回，第2四分位数は3回，第3四分位数は5回　回数の少ない方から1，2，3番目は0，1，2で，5，6番目はどちらも3で，8，9，10番目は5，9，9であることがわかる。よって，花子さんが冬休みに運動した回数は，2回以上5回以下

(3) ボールは全部でx個あるとすると，$\frac{1}{5}x-2=\frac{1}{6}x$から，$\frac{1}{5}x-\frac{1}{6}x=2$，$\frac{1}{30}x=2$，$x=60$　移動後のAの箱のボールの個数は，$60\times\frac{1}{6}=10$，$60\div2=30$から，Cの箱のボールの個数は，$30-10=20$，Bの箱の個数は30　$30-20=10$，$10\div20=0.5$から，移動後のBの箱の中のボールの個数はCの箱の中のボールの数より5割多い。

(4) $3\sqrt{7}=\sqrt{63}$，$4\sqrt{7}=\sqrt{112}$　$\sqrt{63}<n<\sqrt{112}$，$63<n^2<112$，$n^2=64$，81，100　よって，$3\sqrt{7}$と$4\sqrt{7}$の間の整数は8，9，10の3個ある。$\sqrt{100}<4\sqrt{7}<\sqrt{121}$から，$10<4\sqrt{7}<11$，$53+10<53+4\sqrt{7}<53+11$，$63<53+4\sqrt{7}<64$　$7^2<53+4\sqrt{7}<8^2$から，求める正の整数nは7

(5) 点Bを通り直線m，nに平行な直線をひくと，平行線の錯角は等しいことから，$x°=30°+45°=75°$　点Bを通り直線m，nに垂直な直線をひき，直線m，nとの交点をD，Eとする。△BADは∠BAD＝30°の直角三角形だから，$AD=\frac{2\sqrt{3}}{3}\times\frac{\sqrt{3}}{2}=1$　△BCEは∠BCE＝45°の直角二等辺三角形だから，$EC=\sqrt{2}\times\frac{1}{\sqrt{2}}=1$　よって，AD＝EC　AC//DEとなるので，AC⊥n　したがって，$y=90°-45°=45°$

3 (数の性質，場合の数)

基本 (1) 2×1＝2，2を3で割った余りは2だから，黒板の数は2となる。4×2＝8，8を3で割った余りは2だから，黒板の数は2となる。よって，作業後の黒板に書かれた数は2となる。

(2) カードに書かれた数が左からa，bとする。作業後に黒板に書かれた数が0となる場合は，(a, b)＝(1，3)，(2，3)，(3，1)，(3，2)，(3，4)，(3，5)，(4，3)，(5，3)の8通り

(3) カードに書かれた数が左からa，b，cとする。(2)から，a，b，cに3が含まれると余りは0になることがわかる。作業後に黒板に書かれた数が1となる場合は，(a, b, c)＝(1，2，5)，(1，5，2)，(2，1，5)，(2，4，5)，(2，5，1)，(2，5，4)，(4，2，5)，(4，5，2)，(5，1，2)，(5，2，1)，(5，2，4)，(5，4，2)の12通り　作業後に黒板に書かれた数が2となる場合は，(a, b, c)＝(1，2，4)，(1，4，2)，(1，4，5)，(1，5，4)，(2，1，4)，(2，4，1)，(4，1，2)，(4，1，5)，(4，2，1)，(4，5，1)，(5，1，4)，(5，4，1)の12通り

(4) 作業後に黒板に書かれた数が1となる場合は，(a, b, c)＝(1，2，4)，(1，4，2)，(1，4，5)，(1，5，4)，(2，1，4)，(2，4，1)，(4，1，2)，(4，1，5)，(4，2，1)，(4，5，1)，(5，1，4)，

(5，4，1)の12通り

4 **(図形と関数・グラフの融合問題)**

基本 (1)　線分ABがx軸に平行であるとき，接点Cは原点になるから，線分ABとy軸との交点のy座標は半径の$\frac{1}{2}$になる。よって，$\left(0,\ \frac{1}{2}\right)$

重要 (2)　折り曲げた円周の中心をO′とすると，O′Cとx軸は垂直でO′C=1だから，O′$\left(\frac{1}{3},\ 1\right)$　四角形OAO′Bは一辺の長さが1のひし形になるから，ABとOO′は互いの中点で交わる。よって，ABの中点の座標は，$\frac{1}{3}\div 2=\frac{1}{6}$，$1\div 2=\frac{1}{2}$から，$\left(\frac{1}{6},\ \frac{1}{2}\right)$

重要 (3)　点Aからx軸へ垂線AHをひくとAH=$\frac{1}{3}$，OA=1　△AOHにおいて三平方の定理を用いると，OH=$\sqrt{1^2-\left(\frac{1}{3}\right)^2}=\sqrt{\frac{8}{9}}=\frac{2\sqrt{2}}{3}$　よって，点Aのx座標は$\frac{2\sqrt{2}}{3}$　線分OO′の中点(線分ABの中点でもある)をM$\left(t,\ \frac{1}{2}\right)$とおくと直角三角形OMAに三平方の定理を使うと，$\overline{OA}^2=\overline{MA}^2+\overline{OM}^2$より$1=\left(\frac{2}{3}\sqrt{2}-t\right)^2+\left(\frac{1}{3}-\frac{1}{2}\right)^2+t^2+\left(\frac{1}{2}\right)^2$　上式を整理すると$t^2-\frac{2\sqrt{2}}{3}t+\frac{1}{12}=0$　解の公式を使って$t=\frac{2\sqrt{2}\pm\sqrt{5}}{6}$　また$2t<1$から$t=\frac{2\sqrt{2}-\sqrt{5}}{6}$

5 **(平面図形の計量問題―図形の移動，円周角の定理，三角形の相似)**

基本 (1)　△CPGは直角二等辺三角形になるので，PG=CP×$\frac{1}{\sqrt{2}}=\frac{1}{\sqrt{2}}=\frac{\sqrt{2}}{2}$(cm)　CG=PG=$\frac{\sqrt{2}}{2}$　HC=$2-\frac{\sqrt{2}}{2}$　△CIHも直角二等辺三角形になるので，IC=HC×$\sqrt{2}=\left(2-\frac{\sqrt{2}}{2}\right)\times\sqrt{2}=2\sqrt{2}-1$　よって，DI=$2-(2\sqrt{2}-1)=3-2\sqrt{2}$(cm)

重要 (2)　∠PGC=90°から，点GはPCを直径とする円周上にある。PCの中点をOとすると，円周角の定理から，∠COG=2∠CPG　45°×2−30°×2=30°から，点Gは直径1の円周上を30°動くことになる。よって，求める長さは，$1\times\pi\times\frac{30^\circ}{360^\circ}=\frac{1}{12}\pi$(cm)

やや難 (3)　△PCG∽△CIHで面積比が1：3から，相似比は，$\sqrt{1}:\sqrt{3}=1:\sqrt{3}$　よって，PC：CI=1：$\sqrt{3}$，1：CI=1：$\sqrt{3}$，CI=$\sqrt{3}$　よって，DI=$2-\sqrt{3}$(cm)　PC：CI=1：$\sqrt{3}$から，△PICは∠IPC=60°の直角三角形になる。IP=2，IP=HGから，IP//HG　∠IPG=90°　∠CPG=90°−60°=30°　よって，△PCGは∠CPG=30°の直角三角形になるので，CG=$\frac{\mathrm{PC}}{2}=\frac{1}{2}$　△PCG=$\frac{1}{2}\times\frac{\sqrt{3}}{2}\times\frac{1}{2}=\frac{\sqrt{3}}{8}$，△CIH=$\frac{\sqrt{3}}{8}\times 3=\frac{3\sqrt{3}}{8}$　△PCGと△CIHと△KJEの面積の和は，斜線部の面積と等しくなるから，$\frac{\sqrt{3}}{8}+\frac{3\sqrt{3}}{8}$+△KJE=$\frac{25\sqrt{3}}{32}$，△KJE=$\frac{25\sqrt{3}}{32}-\frac{\sqrt{3}}{2}=\frac{9\sqrt{3}}{32}$　EK=aとすると，△KJEは∠JKE=30°の直角三角形だから，EJ=$\frac{a}{\sqrt{3}}$　△KJEの面積から，$\frac{1}{2}\times a\times\frac{a}{\sqrt{3}}=\frac{9\sqrt{3}}{32}$，$a^2=\frac{9\sqrt{3}}{32}\times 2\sqrt{3}=\frac{27}{16}$，$a>0$から，$a=\sqrt{\frac{27}{16}}=\frac{3\sqrt{3}}{4}$　KI=$2(2-\sqrt{3})=4-2\sqrt{3}$　IH=$\frac{\sqrt{3}}{2}$　よって，長方形の横の長さは，EK+KI+IH=$\frac{3\sqrt{3}}{4}+4-2\sqrt{3}+\frac{\sqrt{3}}{2}=4-\frac{3\sqrt{3}}{4}$(cm)

★ワンポイントアドバイス★

[4] (2)のような円の折り返しの問題は，折り返した円周の中心を作図するとひし形が作れることを覚えておこう。

＜英語解答＞

[1]	[1] 1	[2] 4	[3] 2	[4] 3	[5] 4	[6] 2	[7] 3	[8] 3	[9] 1
[2]	[10] 1	[11] 4	[12] 2	[13] 1	[14] 4	[15] 1	[16] 2	[17] 2	[18] 3
	[19] 4								
[3]	[20] 3	[21] 1	[22] 3	[23] 2	[24] 4	[25] 5			
[4]	[26] 3	[27] 1	[28] 2	[29] 3					
[5]	[30] 1	[31] 6	[32] 9	[33] 7	[34] 2	[35] 1	[36] 7	[37] 9	
[6]	[38] 3	[39] 1	[40] 2	[41] 1					
[7]	[42] 3	[43] 2	[44] 4						
[8]	[45] 3	[46] 4	[47] 1						

○推定配点○

[1]～[9]・[26]～[29]・[38]～[41]　各2点×17　　[10]～[25]・[30]～[37]　各3点×20([30]～[37]各完答)

[42]～[47]　各1点×6　　計100点

＜英語解説＞

[1] リスニングテスト解説省略。

[2] (長文読解問題・紹介文：内容吟味，文型，語句補充・選択，指示語，内容一致)

(全訳)　ほとんどの人が①宇宙には何があるのか知りたいと思っている。宇宙にはたくさんの銀河がある。星雲，惑星，星が銀河を構成する。地球からは太陽，月，星が見える。しかし地球からは宇宙にあるものすべてをはっきりと見ることはできない。宇宙にあるものをもっとはっきりと見たければ，望遠鏡を使わなければならない。あなたは星の色が違っていることを知っていただろうか。望遠鏡で星の様々な色を見ることができる。しかし，もし宇宙に行って望遠鏡を使えば，私たちの銀河のもっと奥，さらにはその外を見ることができる。

②宇宙パイロットは宇宙に行ける。最近では宇宙パイロットは宇宙飛行士と呼ばれる。彼らは宇宙船に乗って宇宙に行く。今日では宇宙探索をする男性も女性もいる。宇宙飛行士が長期間宇宙に行くなら，彼らは国際宇宙ステーションで暮らす。宇宙ステーションは宇宙船でもある。しかしそれは地球から離れた場所へは行かない。国際宇宙ステーションは乗組員たちにとって宇宙における家である。それには寝室5つ，浴室2つ，そして大きな窓が1つある。宇宙飛行士たちは宇宙に何があるのかを見るために宇宙へ行く。彼らは宇宙にある物体を研究する。彼らはまた，地球上の私たちに役立つ実験をする。宇宙飛行士たちは宇宙ステーションの内側で機械のテストをしなければならない。彼らは宇宙ステーション内で全てが安全であるようにする。宇宙飛行士はふつう宇宙に6か月間滞在する。しかしある人物は879日間宇宙に滞在した。それは最長時間だ。宇宙飛行士はほとんどの時間を宇宙ステーションの中で過ごす。③ときどき宇宙飛行士たちは宇宙ステーションの外に出る。外に出ることは「スペースウォークをする」と呼ばれる。宇宙飛行士たちがスペースウォークをする時は，体を守るために宇宙服を着なくてはならない。彼らは人工衛星上のものを修理

するため，また，宇宙船の外で新しい機械をテストするためにスペースウォークをする。彼らはスペースウォークの際に科学実験も行う。④宇宙飛行士は楽しみもある。彼らは宇宙にいる時，日の出と日の入りを見るのが好きだ。日の出と日の入りは宇宙にいると45分毎に起きる！　宇宙飛行士は休息のために毎週ある程度の時間の休みを取る。彼らは体を健康に保つために運動をする。彼らは他の乗組員たちと一緒にゲームをする。映画を見たり読書もする。彼らは宇宙にいる間も家族と話して時間を過ごす。宇宙飛行士たちは宇宙にいない時は事務所で働く。彼らは自分たちの宇宙飛行について報告書を書く。彼らは他の事務員たちと一緒に会議に出る。彼らは宇宙で使用されるロボットや他の機械の操縦法を学ぶ。彼らはスペースウォークの計画立案に協力する。今までのところ，ほとんどの宇宙飛行士たちが政府のために働いている。人を宇宙に送る宇宙船を作ったのは⑤3か国だけだ。これらの国はアメリカ，ロシア，中国である。今までに宇宙に行ったことのある人は世界で600人を下回る。しかし多くの人が，宇宙では何が起きているのかを知りたがっている。

宇宙で暮らすことについて知れば知るほど，そこへ行くのが容易になっていく。まもなく，私たちは調査，仕事，さらには休暇のために訪問者を宇宙に連れて行く，新しい種類の宇宙パイロットが必要になるだろう。この仕事は宇宙飛行士の⑥それとは少し異なる。それは飛行機のパイロットのようだが，宇宙へ飛ぶパイロットだ！　大学で宇宙パイロットは多くの学科を学ぶことができる。彼らは工学，生物学を学ぶことができる。物理学やコンピュータサイエンスを学ぶこともできる。数学を学ぶこともできる。大学後，宇宙パイロットは経験を積む必要がある。宇宙に行く前に，彼らはジェット機を操縦する練習をする必要がある。少なくとも1,000時間は練習するべきだ。近年では，宇宙飛行士の訓練は3年⑦もかかる。⑧宇宙パイロットも同様にたくさんの訓練をする必要があるだろう。彼らは宇宙船の操縦方法を学ばなくてはならない。宇宙で緊急事態時に何をすべきかを学ばなくてはならない。スペースウォークの方法を学ばなくてはならない。地球上でどのようにしてスペースウォークの方法を学ぶことができるのか。彼らは大きなスーツを身に着け，プールの中で作業(または歩行)するのだ！　宇宙パイロットではない人々は，まもなく宇宙船の運航会社のチケットを買って宇宙へ飛ぶことができるようになるかもしれない。それは今日，外国へ飛行機で行くためにチケットを買う方法と同様になるかもしれない。宇宙船の運航会社は，宇宙船を操縦する宇宙パイロットが必要になる。もちろん，宇宙パイロットはパイロットの免許を持っている必要がある。彼らは勤務する宇宙船の運航会社で訓練を完了する必要があるだろう。宇宙パイロットとして働く前に宇宙飛行士として働く必要はない。しかし，もし彼らが宇宙飛行士が学校で学ぶのと同じ教科を学んでいれば，良いことだ。飛行経験のために，宇宙パイロットは航空会社か軍のパイロットとして働くかもしれない。宇宙パイロットは戦闘機のパイロットやテストパイロットとしても経験を積むことができる。戦闘機のパイロットは戦争中にジェット機を操縦する。テストパイロットは安全であることを確かめるために新しいジェット機を操縦する。

⑨宇宙旅行はもうすぐ，私たち皆にとって可能になる。いくつかの企業が近い将来に観光客を宇宙旅行に連れて行くよう準備している。ヴァージンギャラクティック社は世界初の宇宙船運航会社だ。彼らは人々に宇宙の美しいものを見てほしいと思っている。彼らはあらゆる年代の人々に宇宙を探索してほしいと思っている。彼らは観光客に体が浮く体験をしてほしいと思っている！　宇宙に行くチケットを買うのは非常にお金がかかる。チケット1枚が100,000ドル以上することもある！宇宙観光がとても人気になれば，価格は将来的に下がるだろう。ヴァージンギャラクティック社は数種類の宇宙船を使用することを計画している。観光客を宇宙に連れて行くことのできる宇宙船の1つは，スペースシップ・ツーだ。2名のパイロットがスペースシップ・ツーを操縦する。この宇宙船は2名のパイロットと6名の乗客を一緒に宇宙に連れて行くことができる。宇宙にいる間に安全であることが非常に重要だ。宇宙への観光客は宇宙に旅行に行く前に訓練をしなくてはならないだろ

う。彼らは宇宙船基地でその訓練をすることができる。宇宙船基地は宇宙船にとっての空港のようなものだ。宇宙への観光客は宇宙とはどのようなものかを宇宙船基地で見ることができる。彼らは重力について，そして宇宙で快適でいる方法について学ぶだろう。彼らは宇宙船基地で健康診断も行う。宇宙パイロットは宇宙観光客を教える必要もあるだろう。宇宙パイロットは宇宙船基地で宇宙旅行のために観光客を訓練することを手伝うことができる。彼らは，乗客が宇宙旅行のために基本的な緊急事態の対処法を学ぶことを助けるだろう。宇宙船を操縦することに加えて，宇宙パイロットは乗客にとってツアーガイドのようでもある。彼らは観光客が宇宙について抱くどんな質問にも対応するだろう。宇宙パイロットは乗客が宇宙に行くことに対してより快適に感じるよう手助けするだろう。多くの人々が宇宙へ行くことに興味を持っている。宇宙観光は将来おそらく大きなビジネスになるだろう。宇宙船運航会社は多くの宇宙パイロットが必要になるだろう。この仕事はあなたにとってワクワクしますか？　もしかしたらあなたは将来宇宙パイロットになれるかもしれない！

問1　10　第1段落第3文参照。銀河は星雲，惑星，星で構成されるので，1は誤り。

問2　11　第2段落第11，12文より4が適切。

問3　12　下線部③の直後の文より2が適切。

重要　問4　13　下線部④は第3文型〈主語＋動詞＋目的語〉で1が同じ。2は第2文型〈主語＋動詞＋補語〉，3は第4文型〈主語＋動詞＋間接目的語＋直接目的語〉，4は主語＋動詞の第1文型，5は第5文型〈主語＋動詞＋目的語＋補語〉。

問5　14　空所⑤の次の文より，アメリカ，ロシア，中国の3か国とわかる。

やや難　問6　15　下線部⑥を含む文は This job「この仕事(宇宙パイロットの仕事)」と「宇宙飛行士のそれ(仕事)」を比較した文である。よって that「それ」は the job である。

問7　16　as long as ～「～もの長い間」

問8　17　2が下線部⑧の9つ後ろの文の内容と一致する。

問9　18　下線部⑨を含む段落の第15文参照。宇宙への観光客は宇宙旅行をする前に訓練を行わなくてはならないので3は誤り。

重要　問10　19　4が最終段落の内容と一致する。

3　**(長文読解問題・物語文：語句解釈，語句補充・選択，内容吟味，内容一致)**

(長文)　人々は幸運の数字と不幸の数字があると信じている。13という数はイングランドやアメリカでは不幸で，アジアの国では数字の4が不幸だ。

チャイとサミーは昔からの友人だった。毎週チャイは宝くじをたくさん買った。彼はいつも大金獲得を願い，幸運の数字を求めていた。

チャイはゆっくりとコーヒー店に入り，ぜえぜえと息をした。彼の大きなおなかは最初にドアを通るものだった。彼はいつものテーブルを探して見回した。空席だった。①そのコーヒー店は近頃はたいてい同じ状況だった。彼はどすんと座り，コーヒー店の奥の背の低いインド人の男に頷いた。

「おい，サミー！　テータリック1つ，砂糖4杯で」と彼は呼びかけた。「いつもの？」とサミーが人当たりよく言った。

チャイの顔は赤く，呼吸は荒かった。サミーがやってきて友達の横に座った。

「チャイ！　今日はすごく暑いね。こんなに暑いとお客さんはあまり来ないよ」とサミーが言った。彼は首を振った。

「ねえ，サミー」とチャイが言った。「もし俺が4桁の宝くじで当選したら，郊外のエアコン付きの大きな家を買える，そしてそこに行って住むんだ！」

「そうか？　今日の宝くじを買ったのかい？」とサミーが言った。

「もちろんだ！　見たいか？」とチャイが言った。彼は巨体を苦労して動かし，後ろポケットからたくさんの宝くじの券を引っ張り出した。

「君はそんなものに②大金を使いすぎだよ！　ああ！　君のを1枚僕にくれないか？　君はいつもついているから」とサミーが笑った。

チャイはしばしば宝くじで当選していた。それは彼の運の良さかもしれないが，ほとんどすべてのお金を宝くじを買うことに費やしているからかもしれなかった。

「それはできないな，サミー。もし俺が自分の数字をあげてしまったら，運がなくなる」とチャイが言った。

「だから何？」とサミーが言った。「僕は君の親友だよね？　僕はいつも君にただでお茶をあげているよ」

「わかった，わかった」とチャイが言った。厨房係の少年がお茶のグラスを持ってきて，チャイは宝くじの券を片付けた。彼は暑くて少し怒りも感じ始めていた，なぜなら友達が自分を笑っているのが気に入らなかったからだ。

「君に1枚あげるよ。どうぞ！　4-4-4-4だ！　僕の誕生日だよ」とチャイはひそひそと言った。彼は小声で話した，なぜなら誰にも聞かれたくなかったし，息をするのが難しかったせいでもあった。

「ああ！」　サミーは口を開いたが，やめた。彼は「4」と「死」という単語が中国語でほとんど同じ音だと知っていたが，③彼は何も言わないことにした。

チャイは突然痛みで目を閉じた。彼は胸の周りに何かがあると感じ，それはどんどん強く締め付けた。頭の中で何かがガンガン音がして，目がおかしくなった。彼は吐き気がした。

「ああ，チャイ！　どうしたの？　大丈夫？　医者に連れて行こうか？」

「いや，必要ない。天気のせいだ…　家に帰って寝るよ。きっと良くなる」　チャイは立ち上がり，ぜいぜいと息をした。するとまた目を閉じ，倒れそうになった。彼の友達が彼の腕を④すばやくつかんだ。

「さあ。僕が君を家まで送るよ」

「大丈夫だ」とチャイがささやき声で言った。彼の頭は良くなった。彼は何とか店から出て狭い小道に入った，それは家への近道だった。家々からの汚水がその道の下を流れていて，そのにおいがひどかった。強烈な料理のにおいもして，それは店舗兼住宅の裏戸からただよっていた。

チャイはもっと速く歩こうとした。彼は7時より前に家に着かなくてはならなかった。

彼は歩き続けたが，右腕が動かなくなった。彼はそれを全く感じなくなってしまった。顔の片側も痛みだした。

「4，4，4，4」とチャイがささやいた。胸の痛みが突然非常に大きくなって，すさまじくなり，息を吸うことができず，目も見えなくなった。彼は地面に倒れ，彼の周りが暗闇に閉ざされた。どこかで子供が叫び，料理中の鍋が音を立て，警察の車のサイレンが鳴り響いた…

その晩7時に，4桁の宝くじの当選番号が発表された。サミーはイスに座り，テレビにくぎ付けとなり，彼の震える手はたった1枚の宝くじの券を握っていた。ゆっくりと彼の年老いた顔が笑顔になった，大きな喜びの笑顔に…

やや難　問1　20　下線部①の直前の2文参照。チャイがいつも使っているテーブルは空いていた。その店自体が最近同じ状況だった，ということは店の中が閑散としてどのテーブルも空いていたということである。

問2　21　money は数えられない名詞なので「たくさんの」というときは much を用いる。

問3　22　下線部③の直前の文参照。

問4　23　quickly「すばやく，さっと」

重要 問5 [24] 4(○) [25] 5(○) 1(×) サミーは店長，チャイは客である。 2(×) チャイは巨体だった。 3(×) チャイは宝くじが当たったらエアコン付きの家を買って住むつもりだった。

基本 **[4]** **(語句補充・選択：代名詞，進行形，接続詞)**

1 [26]「私は今，自分の辞書を使っているから彼のを使ってください」 his は所有代名詞で「彼のもの」を表す。ここでは his dictionary「彼の辞書」の意味。

2 [27]「あなたの自転車よりずっと大切なものは何ですか」 much は比較級を強める。

3 [28]「私がそこへ行った時，人々はサッカーの試合を見ていた」 過去進行形の文。主語 people は複数なのでbe動詞は were になる。

4 [29]「あなたが上手なサッカー選手であることを私に見せてください」 この that は「～ということ」を表す接続詞。

やや難 **[5]** **(語句整序：感嘆文，助動詞，構文，熟語，不定詞，接続詞)**

1 [30]・[31] What a cute cat this is!「これはなんてかわいい猫なんだろう！」 感嘆文〈What a ＋形容詞＋名詞＋主語＋動詞！〉「なんて～な－だろう」

2 [32]・[33] You have to make the room clean as soon (as possible.)「あなたはできるだけすぐに部屋をきれいにしなくてはならない」〈have to ＋動詞の原形〉「～しなくてはならない」〈make ＋目的語＋形容詞〉「～を…にする」 as soon as possible「できるだけすぐに」

3 [34]・[35] (To) send him the letter will mean that you (love him.)「彼にその手紙を送ることは，あなたが彼を愛していることを意味するだろう」 名詞的用法の不定詞句 To send him the letter「彼にその手紙を送ること」が主語の文。mean that ～「～ということを意味する」

4 [36]・[37] He wanted me to help him with his homework.「彼は私に自分の宿題をするのを手伝ってほしいと思った」〈want ＋人＋ to ＋動詞の原形〉「(人)に～してほしい」」〈help ＋人＋ with ～〉「(人)が～するのを手伝う」

[6] **(正誤問題：接続詞，構文，時制)**

1 [38]「これは飛んでいる蝶のように見える花のうちの1つだ」 主格の関係代名詞 which の先行詞は複数形の flowers なので，③を look に直す。

2 [39]「彼は明日私に彼の新しい自転車をくれないだろうと私は思う」 I'm afraid that ～「残念だが私は～だと思う」 ①を that に直す。

3 [40]「あなたが友達に言う必要のないことはたくさんあると覚えておきなさい」〈There are ＋複数名詞〉「～がある」 ②を are に直す。

4 [41]「私が帰宅した時，彼女は部屋で冷たい飲み物を探していた」 ①の時制を過去形 came にする。

[7] **(アクセント)**

1 [42] ③は第2音節，他は第1音節を強く読む。 2 [43] ②は第2音節，他は第1音節。

3 [44] ④は第3音節，他は第1音節。

[8] **(発音)**

1 [45] ③は [u]，他は [uː]。 2 [46] ④は [i]，他は [ai]。 3 [47] ①は [dʒ]，他は [g]。

★ワンポイントアドバイス★

[2]の宇宙，宇宙飛行士，宇宙パイロットに関する紹介文は非常にボリュームがあり，各トピックについて正確に内容を理解することが求められている。難度が高く，読解に相当時間がかかるため注意が必要である。

＜国語解答＞

一　1 ②　2 ⑤　3 ③　4 ④　5 ①　6 ②　7 ⑤　8 ①　9 ④
10 ⑤　11 ①　12 ⑤　13 ④　14 ②　15 ①　16 ⑤　17 ③
18 ②

二　19 ②　20 ⑤　21 ①　22 ①　23 ④　24 ②　25 ⑤　26 ③
27 ④　28 ②　29 ①　30 ③

三　31 ⑤　32 ②　33 ①　34 ②　35 ⑤　36 ①　37 ④　38 ③
39 ④　40 ①　41 ④　42 ②

○推定配点○

一　1～9・11・15・16　各2点×12　10・12～14・17・18　各3点×6
二　19～21・23・24・29・30　各2点×7　22・25～28　各3点×5
三　31～35・38・39　各2点×7　36・37・40～42　各3点×5　計100点

＜国語解説＞

一　(論説文一漢字，脱語補充，接続語，文脈把握，内容吟味，語句の意味，表現技法，要旨)

問1　(ア)「温」を使った熟語はほかに「温厚」「温泉」など。訓読みは「あたた(か)」「あたた(かい)」「あたた(まる)」「あたた(める)」。　(イ)「観」を使った熟語はほかに「傍観」「悲観」など。訓読みは「み(る)」。　(ウ)「端」を使った熟語はほかに「端的」「端末」など。訓読みは「は」「はし」「はた」。　(エ)「供」を使った熟語はほかに「供託」「供与」など。音読みはほかに「ク」。熟語は「供物」「供養」など。訓読みは「そな(える)」「とも」。　(オ)「講」を使った熟語はほかに「講師」「講堂」など。

問2　W　直前に「ものは計画され，修正され，実施されて世にかたちをなしてくる」とあり，続いて「広告やプロモーションが流通の後押しを受けて……たどり着く」としているので，重ねる意の「さらに」が入る。　X　直前の「確かに頼もしい勢いに見えるだろう」と，直後の「いつの間にか……鈍感になってしまった」は順当につながる内容といえるので，順接を表す「だから」が入る。　Y　直前に「家は休息の場でもあるのだ」とあるのに対し，直後では「……ある種の堕落をはらんではいまいか」としているので，逆接を表す「しかし」が入る。　Z　直後で「現在の生活様式にあったデザインの導入であるとか，新しい用い方の提案とか」と具体例を示しているので，例示を表す「たとえば」が入る。

問3　筆者の考えは次の段落に「……何もないという簡潔さこそ，高い精神性や豊かなイマジネーションを育むオン床であると，日本人はその歴史を通して達カンしたはずである」とあるので，⑤が適切。

問4　「目も当てられない」は，あまりにひどくて見るに堪えない，まともに見ていられない，という意味。

やや難　問5　直後に「両方の手にビスケットを持っていないと不安なのである。しかし冷静に判断するなら，両方の手に何も持っていない方が，生きていく上では便利である。……両の手がビスケットでいつも塞がれていては，そういうわけにもいかない」とあるので，⑤が適切。

問6　直前の「なくてもよいものたちを，よくぞここまで細かく取り揃えたものだとあきれる」を言い換えた表現なので，「なくてもよいものを蓄えるようになった」とする④が適切。

問7　後に「もったいないのは，捨てることではなく，廃棄を運命づけられた不毛なる生産が意図され，次々と実行されることではないか」「だから大量生産という状況についてもう少し批判的になった方がいい。無闇に生産量を誇ってはいけないのだ」とあるので，②が適切。

問8　F「エゴイスティック」は，利己的，自分中心的，という意味。　H「刹那」は，きわめて短い時間，瞬間，という意味。

やや難 問9 「風情を味わうこと」については，次の段落に「ものを用いる時に，そこに潜在する美を発揮させられる空間や背景がわずかにあるだけで，暮らしの喜びは必ず生まれてくる」と説明されているので，「余計な背景が作られてしまい……」とする③が適切。

問10　直前に「豪華さや所有の多寡ではなく，利用の深度が大事なのだ。よりよく使い込む場所がないと，ものは成就しない」と説明されているので，あてはまる例として②が適切。

二 （小説一語句の意味，文脈把握，内容吟味，情景・心情，品詞，脱語補充，四字熟語，文学史）

問1　（ア）「かまびすしい」は，やかましい，という意味なので②が適切。　（イ）直後の「七三郎を恐れているのではない」にかかるので，⑤の「無闇に」が適切。　（ウ）「たわいもない」には，思慮分別がなく幼い，という意味があるので①が適切。

問2　直後に「『……それに比ぶれば，七三郎どのの巴之丞は，都にて初めての狂言じゃ。……』とはやしたてた。」「動きやすい都の人心」とあるので①が適切。

問3　「なお」は，以前の状態がそのときも続いていることを意味する「副詞」。

問4　「前代未聞(ぜんだいみもん)」は，今までに聞いたこともないこと，という意味。

問5　同段落冒頭に「三ヶ津総芸頭という美称を，長い間享受して来た藤十郎は，自分の芸については，何ら不安もないとともに，十分な自信を持っていた」とあるので，⑤が適切。

やや難 問6　次の段落以降に「藤十郎の心に不安な空虚と不快な動揺とを植え付けたのは，七三郎との対抗などというよりも，もっと深いもっと本質的なある物であった」「彼は心のうちで，……自分の芸に対する不安を感じていた」「『またいつもながらの伊左衛門か，……もう幾度見たか，数え切れぬほどじゃ。』と，巷の評判は，藤十郎にとっては致命的な言葉であった」「彼の大敵は，彼自身の芸が行き詰っていることである」とあるので，③が適切。

問7　直前の「彼が，伊左衛門の紙衣姿になりさえすれば，見物はたわいもなく喝采した。少しでも客足が薄くなると，彼は定まって，伊左衛門に扮した」を言い換えており，直後には「多くの見物と喝采を保証するのであった」とあるので，④が適切。

問8　「無知な」とあるので，「よしあしがわからない」とする②が適切。「見物」については，後に「見物のたわいもない妄動」と表現されている。

問9　「腕をこまぬく」は，腕を組み合わせること。「手をこまぬく」は，何もせずに見ていること。

問10　菊池寛は，大正・昭和前期に活躍した小説家。大正12年に雑誌「文藝春秋」を創刊し，芥川龍之介賞・直木三十五賞を設立した。

三 （古文一語句の意味，旧国名，史実，口語訳，文脈把握，脱語補充，枕詞，漢詩，和歌，大意）

〈口語訳〉　天正のころ，伊勢の国司である具教公を武井の御所といった。民部少輔具時は国司の甥で，南伊勢の木作という所に住んでいた。この家来に柘植三郎左衛門，瀧川三郎兵衛という二人の侍がいる。武勇智謀ある者なので，時に名を(世に)とどろかせた。しかしながら，国司具教とその甥である民部少輔は，同じように奢りを極め，国民をむさぼり，国政は正しからざるために，行く末は危いと思い，柘植と瀧川は二人で心を合わせ，信長公に内通して，ついに伊勢国を信長公のものにし，国司を滅ぼした。ただちに褒賞を受け，出世して権力を手にし，威をふるった。そのころ，伊賀国に一揆が起こり，近郷のあぶれ者，武井の城の残党らが多く集まり，立てこもり，土民百姓を悩まし，国郡村里で略奪したので，信長公は，早くこれを攻めないと大きな難儀に及び，軍備に支障が出ると思い，軍兵を差し向けられたところ，城中は手ごわく，死者も出た中で，柘植と瀧川は二人とも討たれてしまった。これによって仲裁が入り，とうとう信長公に従うことになった。

その後一年ほど経って，信長公の家臣の菅谷九右衛門が，所用があって山田郡に行く道で，柘植と瀧川に行き会った。菅谷は，この二人はたしかに討ち死にしたと聞いたので，これは夢ではないかといぶかしみながら，向かい合って話すと，柘植は「久しぶりです。では，ここで酒を酌み交わしましょう」と言って，召し連れていた家来に申しつけて，小袖を一つ持たせて酒屋にやって，質物として酒を取り寄せ，むしろを借りて道端の草むらに敷かせ，柘植，瀧川，菅谷の三人で向かい合って杯を重ねた。瀧川が「昔，中国の諸葛長民という人は，劉毅が殺されたときに，劉毅のために軍兵を出し，乱を起こそうとしたが未だ決心がつかない。このように，貧しければ富貴を願う。富貴になれば必ず危険な目に遭う。その時，またもとの貧賤の身に戻りたいと思うけれども，これもまたかなわないことである。腰に十万貫の銭をつけて，鶴に乗って揚州に登るという。思うままになることはない。武士として生まれ，その名を後世に伝えるほどの手柄のない者は，必ず恥を残すことは昔から多くある。織田掃部はそれほどの勲功を残していないが，ついに日置大膳に命じて殺された。佐久間右衛門は，信長公の初期からの忠臣であったが，すぐに追放されて恥を受けた。歴々の功臣はこのようである。ましてそのほかの人たちの行く末はわからない」と言う。瀧川が「下妻筑後守は越前の朝倉に加担して，木目峠の城に籠ったが，朝倉方は討たれた後，平泉寺に隠れて行方をくらまし，醒梧発明の道人となって，

弓を引かずに逃れなければ，今宵の月をどうして見ることができたろうか

と詠んだのは，武士の名を埋もれさせて仏道に替えた（からである）。荒木摂津守の家人の小寺官兵衛は，主君の逆心をいさめかねて，髻を切って僧になった。

四十年来戦功を謀り
鉄冑着尽くして良弓をくじく
緇衣編衫人の識ることなし
独り妙経を誦して梵風を詢う

という詩を詠んで，世を逃れたのも尊いことである。この二人は，その身は逆心の主に仕えながら，よくわざわいを逃れたものである。これも智慮の深さではないか」と言う。柘植は笑って，「この輩は我等によって恥をかいたのではないか。その伊賀の一揆は，拙い謀であったろう」と言う。瀧川は，「いや，そのことは，今は言うべきではない。思えば口惜しいから，ただ酒を飲みましょう，菅谷殿」と言って，互いに杯を重ねた後，菅谷が二人に向かって，「お二人とも，日ごろは歌の道をたしなまれているのだから，今日の遊びに一首どうですか」と言う。「では」と言って考え，柘植三郎左衛門は

露霜と消えた後は，土の下以外に知る人もなし

と詠んだ。瀧川三郎兵衛は

埋もれぬ名は月影に，身は朽ちて訪れる人もない

と詠み，二人とも無性に涙を押しぬぐった。この様子を見た菅谷は心得がたく思われて，「いかにも日頃は武勇智謀を心にかけて，少しも弱さを見せない気性のお二人ですが，今の歌は哀傷深く，涙を流しているのも不思議なことです」と言うと，二人とも，さらに大きく息をついて，とぼけて，「酒はすでになくなったので，今日はこれまで」と言って座を立ち，暇乞いをして半町ほど行くと，連れていた家来たちも一緒に消え失せた。菅谷は大いに驚き，（二人が）伊賀で討ち死にしたことを思い出した。日は山の端に傾き，鳥は梢に帰る。人をやって酒を売る家に質物とした小袖を取り寄せて見ると，手に取るや否やぼろぼろに砕けて土ほこりのようになった。菅谷は急いで帰って，密かに僧を呼び，二人の弔いをした。

問1　（ア）「ばや」は，願望を意味する助詞。「ならばや」は，なりたい，という意味になるので，⑤が適切。　（イ）「そぞろ」には，何という理由もない，という意味のほかに，むやみやたら，

という意味があるので②が適切。（ウ）「嘯く」には，そらとぼける，平気なふりをする，という意味があるので，①が適切。

問2　現在の「三重県」の旧国名は，伊勢・志摩・伊賀。「奈良県」は大和。「兵庫県」は播磨・淡路。「滋賀県」は近江。「神奈川県」は相模。

問3　「賤ヶ岳の戦い」は，1583年，賤ケ岳で，羽柴秀吉が柴田勝家・佐久間盛政を破った戦いなので，織田信長とは直接関係がない。

問4　直前に「そのころ伊賀国に一揆起こり，近郷のあぶれ者，武井の城の余党ども多く集まり，要害を構へて楯こもり，土民百姓を悩まし国郡村里を掠めしかば，信長公，早くこれを攻めほさずば大いなる難儀に及び」とあるので，①が適切。

問5　直前に「柘植瀧川に行き合ひたり。菅谷思ひけるは，この二人は正しく討ち死にしたりしと聞きしに」と理由が示されているので，④が適切。

やや難　問6　前に「富貴になれば必ず危き事に遭ふ」とあるので，「富貴」を意味するものとして「鶴」が適切。

問7　「梓弓」は，直後の「引く」を導き出す枕詞。

問8　直前に「下妻筑後守は越前の朝倉に方人して，木目峠の城に籠りしを，朝倉討たれて後，平泉寺に隠れて跡をくらまし，醒梧発明の道人となりて」とあるので，「何とか生き延びられたからこそ今夜の月を見ることができた……出家遁世したことを喜ぶ」とある①が適切。

やや難　問9　後に「露霜と消えての後はそれかとも，草葉より外知る人もなし」「とあることから，「瀧川」はすでに亡くなっていることがわかる。直前の「『……その伊賀の一揆ばら，謀は拙かりし者を』」という言葉に「今またいふべきにあらず」と言っているので，④が適切。

問10　②は，本文最後に「菅谷大いに驚き，伊賀にて討ち死せし事をやうやう思ひ出だしたり。……人を遣はして酒売る家に質物とせし小袖を取り寄せて見れば，手に取るや等しくぼろぼろと砕けて土ほこりの如くなれり」とあることと合致する。

★ワンポイントアドバイス★

現代文の読解は，言い換え表現や指示内容をすばやく捉える練習をしておこう！
古文は，かなり長い文章を読みこなす力をつけておこう！

2023年度

★★★★★★★★★★★★★★★★★★★★★★★★★

入　試　問　題

2023年度

狭山ヶ丘高等学校入試問題

【数　学】（50分）　＜満点：100点＞

【注意】 コンパス，定規，分度器，電卓は使用しないのでしまって下さい。

$\boxed{1}$ 次の $\boxed{1}$ ～ $\boxed{13}$ に当てはまる数をマークしなさい。分数はもっとも簡単な形で答えなさい。

⑴ $\frac{3}{5}\times\left\{\left(\frac{5}{4}-\frac{1}{6}\right)+1\right\}-0.25=\boxed{1}$

⑵ $\frac{ax-3}{2}+\frac{3x+2}{4}$を通分して整理したところ$x-1$となった。このとき$a=\frac{\boxed{2}}{\boxed{3}}$である。

⑶ $(a^2b^3)^4\div(ab^4)^3=a^{\boxed{4}}$

⑷ $\left(\frac{2+\sqrt{6}}{\sqrt{2}}\right)^2-\sqrt{12}\times\sqrt{2}=\boxed{5}$

⑸ 直線$y=x+5$と直線$y=-3x+1$の交点の座標は（$-\boxed{6}$，$\boxed{7}$）である。

⑹ ２次方程式$x^2+ax-15=0$が$x=3$を解にもつとき，$a=\boxed{8}$であり，他の解は$-\boxed{9}$である。

⑺ 赤いサイコロ１個と青いサイコロ１個を同時に振るとき，出た目の差が４である確率は$\frac{\boxed{10}}{\boxed{11}}$である。

⑻ 税込価格200円の商品の，定価（10％の消費税を加算する前の価格）は，１$\boxed{12}\boxed{13}$円である。ただし，小数点以下は四捨五入して税込み価格としている。

$\boxed{2}$ あとの $\boxed{14}$ ～ $\boxed{26}$ に当てはまる数をマークしなさい。分数はもっとも簡単な形で答えなさい。

⑴ Ａさんが歩く速さは分速60ｍであり，小走りでは分速100ｍで進むとする。Ａさんは自宅から出発して，ちょうど２㎞先にある駅へ向かう。途中のコンビニまで歩いて行ったが，電車に間に合わなくなりそうだったのでコンビニから駅までは小走りで行った。自宅からコンビニまでの距離が900ｍであるとすると，Ａさんは自宅から駅までちょうど$\boxed{14}\boxed{15}$分後に到着したことになる。

⑵ 右図のように，正三角形ABCの３辺をそれぞれ３等分して，辺と平行な線を引き９分割した図形がある。このとき，辺上にある９個と内部に作られる点Ｏの10個の点を考える。

はじめ点Ａにある動点Ｐが１回の移動で隣の点へ移る。ただし，図の「上」の方の点には移動しないものとする。

３回の移動で辺BC上に到達する移動の経路は$\boxed{16}$通りあり，５回目の移動で初めて辺BC上に到達する移動の経路は$\boxed{17}\boxed{18}$通りある。

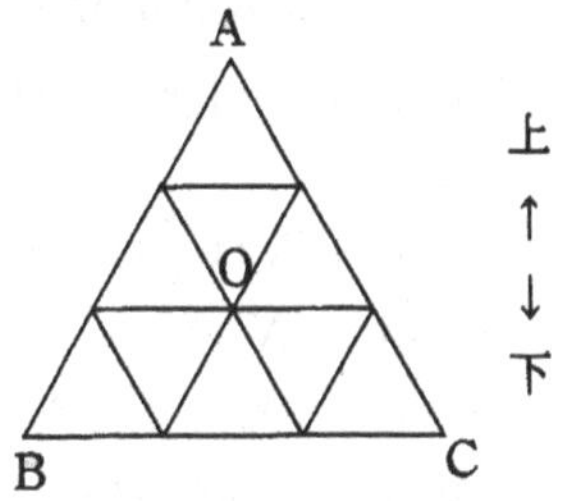

⑶　１辺の長さ３㎝の立方体ABCD－EFGHがある。

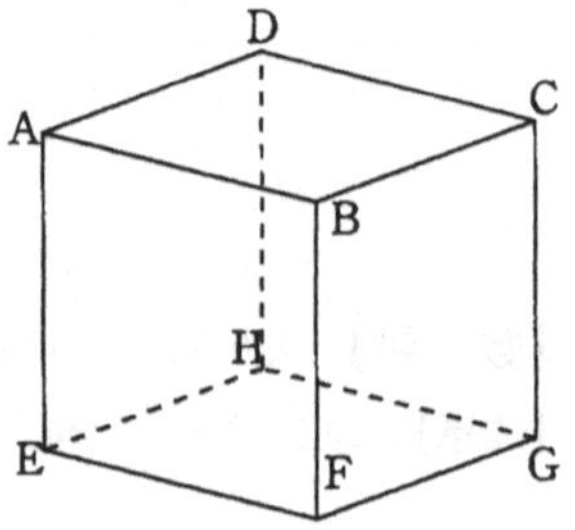

辺AB上にAL：LB＝１：２となる点L，辺BC上にBM：MC＝１：２となる点M，辺BF上にBN：NF＝２：１となる点Nをとる。

　このとき，四面体BLMNの体積は$\frac{\boxed{19}}{\boxed{20}}$㎤である。さらに，三角形LMNの面積が$\sqrt{\boxed{21}}$ ㎠であることから，点Bから三角形LMNに下した垂線の長さは$\frac{\sqrt{\boxed{21}}}{\boxed{22}}$㎝とわかる。同じ解答番号の欄が複数あるので注意すること。

⑷　50人に行った試験（100点満点）の結果をヒストグラムにしたものが下図である。

中央値（メジアン）は $\boxed{23}\boxed{24}$ である。

モードは $\boxed{25}\boxed{26}$ である。

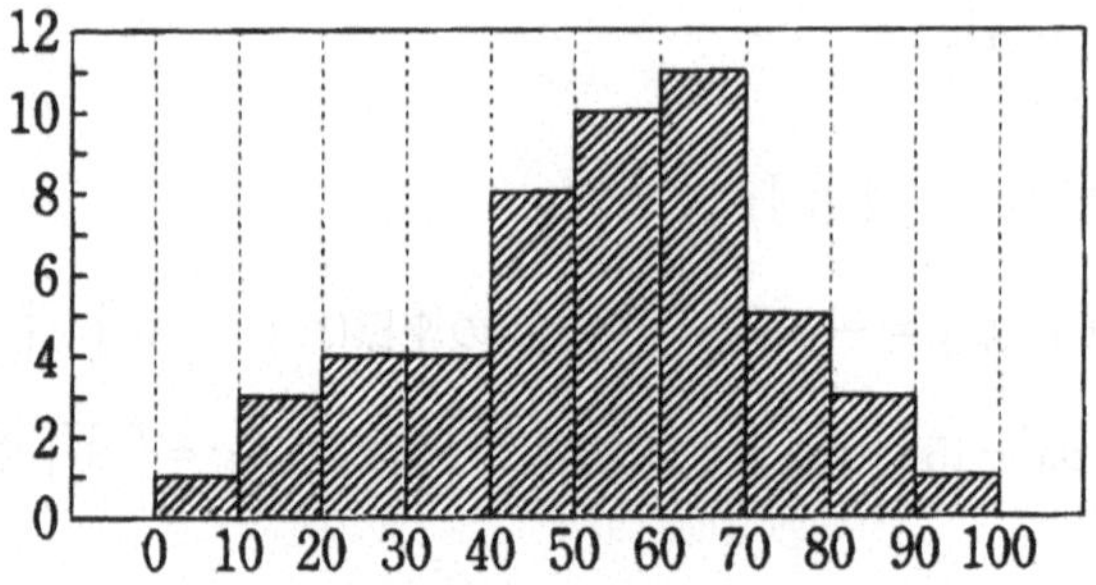

$\boxed{3}$　次の様に規則的に整数が並んでいる。

1，1，2，1，2，3，1，2，3，4，1，2，3，4，5，1，2，…

（１から１までの整数，1から２までの整数，1から３までの整数，…と続いている）

次の $\boxed{27}$ ～ $\boxed{33}$ に当てはまる数をマークしなさい。

⑴　初めて８が登場するのは左から $\boxed{27}\boxed{28}$ 番目である。

⑵　10回目の２が登場するのは左から $\boxed{29}\boxed{30}$ 番目である。

⑶　左から100番目の数は $\boxed{31}$ である。

⑷　左端の数から順に加えていって初めて100を超えるのは左から $\boxed{32}\boxed{33}$ 番目の数を加えたときである。

$\boxed{4}$　２桁の正の整数Mの十の位と一の位を入れ替えた整数をNとする。ただし，$M > N$である。後の $\boxed{34}$ ～ $\boxed{46}$ に当てはまる数をマークしなさい。同じ解答番号の欄が複数あるので注意すること。

⑴　$M + N$は $\boxed{34}\boxed{35}$ の倍数であり，$M - N$は $\boxed{36}$ の倍数である。

⑵　$M^2 - N^2$のとりうる奇数のうち最大のものは $\boxed{37}\boxed{38}\boxed{39}\boxed{40}$ である。

⑶　∠A＝90°である直角三角形ABCにおいて，

辺BCの長さがM㎝，辺ABの長さがN㎝，辺CAの長さがL㎝であるとする。

Lが整数になるときを考える。

M^2-N^2を $\boxed{34}\,\boxed{35}\times\boxed{36}$ で割った商が「$\boxed{41}\,\boxed{42}\times$(整数)^2」となっていればよい。
そのときのMを求めると，$M=\boxed{43}\,\boxed{44}$ であり，このとき，$L=\boxed{45}\,\boxed{46}$ である。

$\boxed{5}$ 図１のような辺ABの長さが２㎝である長方形ABCDの紙がある。点Ｅ，Ｆは辺BC上，点Mは辺AB上，点Gは辺AD上，点Nは辺DC上である。

最初にＡ，ＤがそれぞれＢ，Ｃと重なるようにMNで折り曲げ，折り目をつけて元の形に広げた。次に点Ｂが辺AD上にくるようにＡＥで折り曲げ，折り目をつけて元の形に広げた。このときの点Ｂの移動先はＧではなく，図には記していない。

次に，点Mが点Ｅと重なるようにFGで折り曲げた。これが図２である。Ａの移動先はＩ，Ｂの移動先はＨである。このとき，Ｇ，Ｃ，Ｉは一直線上にあった。さらに，GIで折り曲げた形が図３である。Ｄの移動先はＪである。

次の $\boxed{47}$ ～ $\boxed{63}$ に当てはまる数をマークしなさい。分数はもっとも簡単な形で答えなさい。

⑴　線分BMの長さは $\boxed{47}$ ㎝であり，また，線分BEの長さは $\boxed{48}$ ㎝である。

⑵　線分BFの長さは $\dfrac{\boxed{49}}{\boxed{50}}$ ㎝である。

また，$\angle$MFB$=t^\circ$とおくと，$\angle$MEB$=\dfrac{\boxed{51}}{\boxed{52}}t^\circ$，$\angle$FGA$=\left(\boxed{53}\,\boxed{54}-\dfrac{\boxed{55}}{\boxed{56}}t\right)^\circ$であり，線分AGの長さは $\dfrac{\boxed{57}}{\boxed{58}}$ ㎝である。

⑶　図３において，線分GJの長さは $\dfrac{\boxed{59}}{\boxed{60}}$ ㎝である。

また，HIとJCの交点をＫとするとき，四角形GJKIの面積は $\dfrac{\boxed{61}\,\boxed{62}\,\boxed{63}}{128}$ ㎠である。

必要ならば，斜線部の面積が $\dfrac{347}{128}$ ㎠であることを利用しなさい。

図１
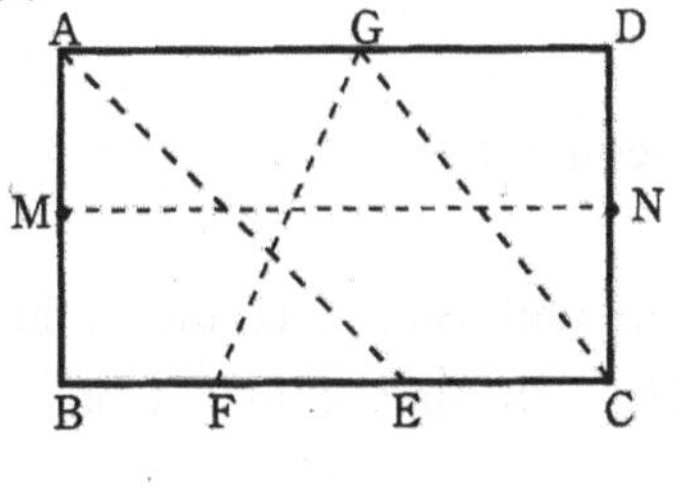

図２
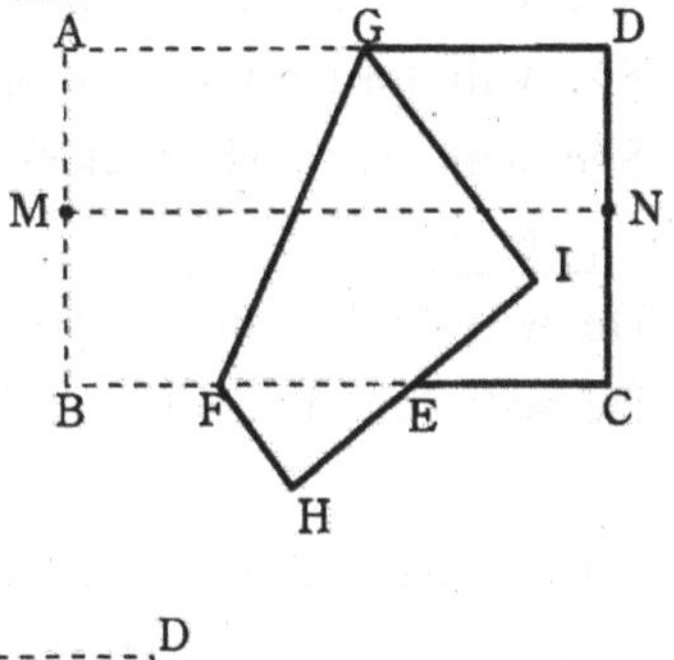

図３
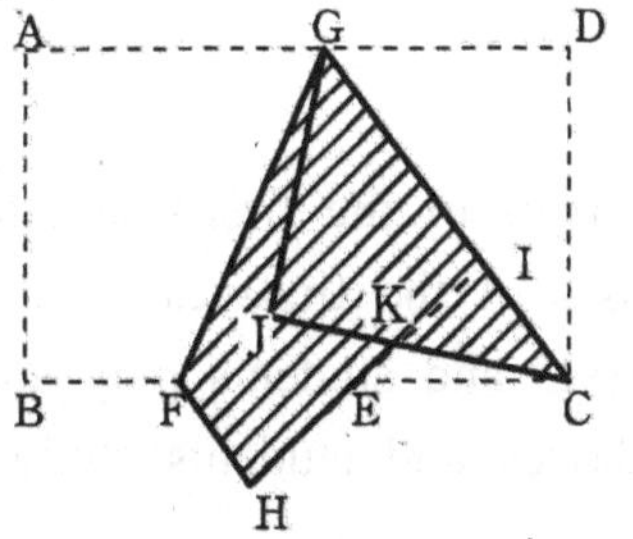

【英　語】（65分）　＜満点：100点＞

1 （リスニングテスト）このリスニングテストには問題Ａから問題Ｃまであります。英文はそれぞれ２度ずつ読まれます。放送中メモを取っても構いません。

問題Ａ　これから流れる対話を聞き，最後に続く受け答えとして最も適切なものを選び記号で答えなさい。

No. 1　[1]

1　I don’t know the station.　　2　I’m not a tourist.
3　I live here.　　4　I’m from France.

No. 2　[2]

1　I don’t have any blue hats.　　2　Do you know that man?
3　You didn’t watch TV yesterday, right?　　4　No way. He’s my brother.

No. 3　[3]

1　Oh, it was Thursday yesterday.
2　I don’t go to school on Saturday.
3　Why do you think it’s Saturday today?
4　Please wake up. You’ll be late.

問題Ｂ　これから流れる対話を聞き，そのあとの質問に対する答えとして最も適切なものを選び記号で答えなさい。

No. 1　[4]

1　One person is coming.　　2　Two people are coming.
3　Three people are coming.　　4　Four people are coming.

No. 2　[5]

1　She will go to a computer shop.
2　She will plug her computer in.
3　She will turn on her computer.
4　She will ask a shop clerk to check her computer.

No. 3　[6]

1　He will find it in his pocket.　　2　He will find it at the cafeteria.
3　He will find it at Tom’s house.　　4　He will find it in his bag.

問題Ｃ　これから流れる英文を聞き，質問に対する答えとして最も適切なものを選び記号で答えなさい。

No. 1　[7]

1　There are thirty classes of the first-year students.
2　There are ten classes of the first-year students.
3　There are P.E. classes and students play soccer matches.
4　There are math classes and students study with their classmates and other

students.

No. 2 [8]

1 You can see more than one hundred kinds of fish.
2 You cannot walk to the aquarium within five minutes.
3 You cannot enjoy a dolphin show in the morning.
4 You can see rare fish when you visit it.

No. 3 [9]

1 Rice, eggs and tomatoes are.
2 Sliced bread, cucumbers, and cheese are.
3 Ham, cucumbers, and sliced bread are.
4 Ham, eggs, and sliced bread are.

〈リスニングテスト放送台本〉

第１回推薦入試

１（リスニングテスト）このリスニングテストには問題Ａから問題Ｃまであります。英文はそれぞれ２度ずつ読まれます。放送中メモを取っても構いません。

問題Ａ　これから流れる対話を聞き，最後に続く受け答えとして最も適切なものを選び記号で答えなさい。

No. 1 ※Ａは女性，Ｂは男性

A : Excuse me, but could you tell me the way to the station?
B : Oh sorry, I'm a tourist.
A : OK. Thank you. Where are you from?
B :
Listen Again

No. 2 ※Ａは女性，Ｂは男性

A : Look! That man is a famous actor.
B : That man in the blue hat?
A : Yes. I saw him on TV yesterday.
B :
Listen Again

No. 3 ※Ａは女性，Ｂは男性

A : Tom, wake up! You'll be late for school.
B : Mom, it's Saturday today. I don't have to go to school.
A : It's Friday. You had a club activity yesterday.
B :
Listen Again

問題B　これから流れる対話を聞き，そのあとの質問に対する答えとして最も適切なものを選び記号で答えなさい。

No. 1　※Aは女性，Bは男性

A：You are coming to my birthday party today, aren't you?

B：Well, I wish I could, but I'm very sorry. I have a stomachache today.

A：Really? That's too bad. You should get some rest and relax.

B：Thanks. I hear Kumi and John are looking forward to the party.

A：Actually, Kumi called me just now and said she won't be able to come either. She caught a cold, too.

B：Oh, so is John going alone?

A：He said he'd come with two of his friends.

Question: How many people are coming to the woman's birthday party?

Listen Again

No. 2　※Aは女性，Bは男性

A：Something is wrong with this computer.

B：What's the matter?

A：I'm trying to turn it on but nothing happens.

B：Maybe you should go to a computer shop.

A：Wait! Oh, it's not plugged in!

B：You should do that first!

Question: What will the woman do after the conversation?

Listen Again

No. 3　※Aは男性，Bは女性

A：Oh my god! My smartphone has gone somewhere! I thought I put it in my pocket.

B：When did you use it last?

A：When I had lunch with Jane at the school cafeteria. I was talking about Tom's new house. I think that was the last time...No! I remember I put it in my new bag.

B：You should always put it in the same place.

Question: Where will the man find his smartphone?

Listen Again

問題C　これから流れる英文を聞き，質問に対する答えとして最も適切なものを選び，記号で答えなさい。

No. 1　※Ｉは女性

Hello. I'm Takako Mizuno. I am a first-year student at North West High School. My high school has more than three hundred first-year students. Each class has around thirty students, so there are ten classes. In P.E. classes, we have to play games with students in other classes. Last week, I played a soccer match with my classmates and students from other classes. We did our best to win the game. It was exciting.

Question: How many classes of the first-year students are there in Takako's high school?

Listen Again

No. 2

Do you know the South East Aquarium? It is very popular these days. I'll tell you about the aquarium. It has different kinds of fish from this area. The number is about seventy. You can also find some rare fish. In the morning and in the afternoon, we have a dolphin show. Many people wait for the show thirty minutes before it starts. In addition, it is close to the station and you can get there within five minutes on foot.

Question: What is true about the South East Aquarium?

Listen Again

No. 3

My friends taught me their favorite recipes. For example, Jimmy's fried rice is wonderful. You need only rice, eggs, bacon, salt and pepper. It takes only a few minutes to cook it. It is not as difficult as you think. I recommend it. Moreover, Miki's sandwich is also great. You need just sliced bread, ham, cucumbers, mayonnaise, and pepper. Ham is perfect with cucumber. I love it.

Question: What is necessary to make Miki's sandwich?

Listen Again

これでリスニングテストを終わります。以降の問題を解いて下さい。

2　次の英文を読み，後の設問に答えなさい。

In his first week of kindergarten, ①Charles Schulz already proved [②] a good artist he was. When the teacher gave the kids in the class paper and crayons, they all lay on the floor to draw. Charles drew a picture of a man shoveling* snow, with a palm tree in the background. It was a funny idea. But he wasn't satisfied with his picture. The shovel didn't look right, but he didn't know how to fix it.

Still, when his teacher saw his drawing, she told him, "Someday, Charles, you're going to be an artist."

When he was six, Charles had a dream to be a cartoonist. He would grow up and create one of the most popular comic strips* — *Peanuts*! Its characters are Charlie Brown, Snoopy, Lucy, Linus, Schroeder, Pigpen, Sally, Woodstock, Peppermint Patty, and more.

［ ③ ］ all his characters, Charlie Brown was most like Charles. Both were ordinary kids who didn't stand out in a crowd. Like Charlie Brown, Charles was sometimes quiet and shy.

Charles Schulz seemed like a relaxed and happy guy. Inside, however, he was often anxious and worried, even after he became rich and famous. But when he was drawing comics, he felt confident. He loved his job.

Millions of people, from children to adults, read *Peanuts*. Surprisingly, Charles wanted to name his comic strip something else!

Charles M. Schulz was born in Minneapolis, Minnesota, on November 26, 1922. His uncle soon nicknamed him ④Sparky after Spark Plug. Spark Plug was the horse in the popular Barney Google comic strip. All his life, Charles's friends and family would call him Sparky.

Sparky was an only child. He grew up in Saint Paul, a city right next to Minneapolis, with his mom, Dena, and his dad, Carl. Carl owned the Family Barbershop, and they lived nearby.

Sparky was proud of his dad and liked to stay at the barbershop. When Sparky's hair grew long, Carl would cut it. But if a customer came into the shop, Sparky had to move aside. He'd wait around with half a haircut till the customer left. That was embarrassing!

TVs weren't around then. Like most families, the Schulzes listened to radio programs. They had to imagine what all the characters in a series looked like and in their minds "see" the action.

Comics were super popular. Both grown-ups and kids loved them. People spent hours reading the funny papers. The comic strip pages in newspapers were called "the funny papers."

Sparky and his dad would read comics together and discuss them. "What will happen in next week's strips?" they'd wonder.

In elementary school, Sparky was a good student. He was so smart that he skipped half of the third and fifth grades. He always carried a pencil in his pocket and was great at copying comic characters like Popeye and Mickey Mouse. Other kids asked him [⑤] pictures in their notebooks. At home, he sometimes drew on the cardboard* that came inside his dad's shirts from the laundry because paper was expensive.

For his eleventh birthday, Sparky bought himself a book called *How to Draw Cartoons* by Clare Briggs. He kept practicing and learning.

Sparky often felt lonely without brothers or sisters. He'd go visit his friend Shermy, who lived around the corner. Sparky liked to listen to classical music played by Shermy's mom. On Saturday afternoons, the boys would go to movie theaters to see short films called serials.

On Sundays, the Schulzes sometimes visited Sparky's mom's family at their farm. His cousins were noisy, played rough, and sometimes made fun of him. He was a shy city boy. ⑥<u>Cows and other farm animals seemed scary.</u> He didn't enjoy the trips.

Minnesota had long snowy winters. Kids in Saint Paul would skate on ponds or on spots of ice that formed on sidewalks or streets. Sometimes Sparky's dad hosed down* their yard. The water would freeze into a skating rink perfect for ice hockey. Kids in the neighborhood liked to come over to skate at the Schulzes'.

Sparky enjoyed sports and often forgot his [⑦] in his desire to win. In spring and summer, he played baseball. One summer, something [⑧] happened. A playground supervisor* started a league for Sparky and his friends with four teams. They played two days a week. Sparky was not only chosen as a team manager, but also he played catcher and pitcher. Even though the games didn't start until 9:00 a.m., he used to arrive at 8:30 with the equipment. His dedication* [⑨]. His team won the season championship!

（出典：Joan Holub *Who Was Charles Schulz?* 改変）

（注） shovel 「～をシャベルですくう」 comic strip 「（新聞・雑誌の）続き漫画」
cardboard 「段ボール」 hose down 「～にホースで水をまく」 supervisor 「監督」
dedication 「献身」

問１ 下線部①に関する記述として適切でないものを次の中から選びなさい。 [10]

1 幼稚園の頃まだ自分が描く絵には満足していなかったが，どのようにしたら上手に描けるかがわからなかった。

2 先生から将来漫画家になるだろうと言われたが，漫画家にはなりたくないと答えた。

3 平凡な少年で，目立つ方ではなかったし，静かで恥ずかしがりの性格だった。

4 世界的に人気がある漫画を描き，裕福で有名になった後でも，不安に思ったり心配したりする性格は変わらなかった。

問２ [②] に入れるのに最も適切なものを次の中から選びなさい。 [11]

1 what　　2 how　　3 why　　4 when

問３　③ に入れるのに最も適切なものを次の中から選びなさい。　12

1　In　2　On　3　At　4　Of

問４　下線部④に関する記述として適切でないものを次の中から選びなさい。　13

1　ある有名な漫画に登場する馬にちなんで付けられたあだ名だった。

2　一人っ子で，父は家の近所の理髪店で働いていた。

3　髪が伸びたら父が切ってくれたが，お客さんが来たらお客さんが優先された。

4　父と一緒にテレビを観て，観たものについて二人でよく話した。

問５　⑤ に入れるのに最も適切なものを次の中から選びなさい。　14

1　make　2　to make　3　making　4　made

問６　下線部⑥の文と同じ文型の文を次の中から選びなさい。　15

1　Kumi dances well.　2　Kumi appears happy today.

3　Kumi carried the box to her new house.　4　Kumi made her son a doll.

5　Kumi called her cat Momo.

問７　⑦ に入れるのに最も適切なものを次の中から選びなさい。　16

1　richness　2　confidence　3　shyness　4　art

問８　⑧ に入れるのに最も適切なものを次の中から選びなさい。　17

1　excite　2　excites　3　exciting　4　excited

問９　⑨ に入れるのに最も適切なものを次の中から選びなさい。　18

1　paid off　2　got off　3　failed　4　fell

問10　本文の内容と合うものを次の中から１つ選びなさい。　19

1　Charles は，幼稚園にいた頃に雪をシャベルですくう男を上手に描けたので，将来漫画家になりたいという決意を固めた。

2　Charles は自身の仕事をこよなく愛しており，漫画を描いている時は自信を持つことができた。

3　Charles が描いた漫画のタイトルは Peanuts だが，Charles 自身が名付けたもので，満足のいくタイトルだった。

4　Charles は家でもよく絵を描いたが，父からもらった段ボールや紙に有名作品のキャラクターを描いた。

3　次の英文を読み，後の設問に答えなさい。

Tommy Grant is a taxi driver in London. He works for TOP TAXIS. One day ① Tommy's boss, Sam, telephones him. "Tommy," says Sam. "Can you be at The Ritz hotel at 9 o'clock?" "Yes," says Tommy, "but why?" Sam and his wife are having breakfast with their children, Billy and Katy. "Gloria Brash is in London," says Sam. "Gloria Brash!" says Tommy. "The film star! Where do you want me to drive her? "Not her," says Sam. "Him. Her 12-year-old son Dino wants to see London today. His mother's working." "There's a letter for you at The Ritz. There's £*50, too. That's for Dino." "£50 for one day in London!" says Tommy. "That's a lot of money." "I know," says Sam. "Be very nice to the boy, Tommy, and don't be late."

It is 8:45. Tommy is at The Ritz fifteen minutes early. He goes to the desk. "I'm from TOP TAXIS," he says. The woman behind the desk gives him the letter and the money. The letter says, 'It's Dino's first time in London. Please take him all these places: ②Buckingham Palace, ③Harrods and ④the British Museum.' "OK," thinks Tommy. "Now, is Dino here? I know I'm early, but..." He sees a boy in a chair. "Hello," he says. "Are you Dino?" "That's me," says the boy. "Are you the driver from TOP TAXIS?" "Yes," answers Tommy. The boy stands up. "OK," he says. "Let's go."

First, Tommy drives to Buckingham Palace. He stops the taxi. "What are you doing?" asks Dino. "I don't want to see this old place." Tommy looks at him. "But I..." Then he remembers Sam's words: 'Be very nice to the boy.' "OK, Dino," he says. "Where do you want to go?"

Five minutes later Tommy stops the taxi again. "Is this the place?" he asks. "That's right," answers Dino. "Can I have £20, please?" "But I don't think your mother..." "I want £20. Now!" Tommy gives Dino the money. Then he sits in the car and waits.

Three hours later, Dino comes back. "Now, are you hungry?" asks Tommy. "Yes, I am," answers Dino. "Very hungry." Tommy drives to Harrods. "There's a very good restaurant in this shop," he says. "I don't want to eat here!" says Dino. "I want to have lunch there." "Where?" asks Tommy. He looks across the road. Dino goes into the Big Burger Bar with another £20. He eats a mountain of food and drinks four milkshakes. Tommy eats his lunch in the taxi. "£20 for lunch!" he thinks. "I can buy a week's food with £20."

An hour later Dino comes out of the restaurant. "Be very nice to the boy," thinks Tommy. "Do you want to go to the British Museum now?" he asks. "OK," answers Dino. Tommy looks at him. "Yes?!" Tommy is very happy. He drives to the British Museum and gives Dino £10. "Thanks," says Dino. "Wait here." Then he goes into a cinema across the road from the museum.

At 4:15 Dino comes out of the cinema. Tommy is sitting in the car. He is very angry. "Where — do — you — want — to — go — now?" he asks. "Oh, back to The Ritz, I think," says Dino. "I'm tired and I want to have a bath before dinner." "Good," thinks Tommy.

At 4:30 Tommy stops in front of the hotel. "Here we are," he says. He opens the door for Dino. Then he sees a beautiful woman in a very expensive coat. She is walking out of The Ritz and she is looking at him. "I know that woman," thinks Tommy. Then he remembers. "Of course, it's Gloria Brash!" "Are you the man from TOP TAXIS?" asks Gloria. "Yes," says Tommy. "Come with me," says the film star. She walks back into the hotel. There, Tommy sees a boy sitting in a chair. He looks very sad. "This is Dino," she says. "But, but..." Tommy can't speak. "I am very angry," says Gloria. "But this can't be Dino!" says Tommy. "Young man, I know my son!" answers Gloria. "Now, where is my £50?" Tommy's face goes white. He looks out of the window. His taxi is there, but 'Dino' is not.

It is 5 o'clock in the afternoon. Tommy's boss, Sam, is at home. He and his wife are having a cup of tea. The door opens and their son, Billy, walks in. "Hello, Billy," says Sam. "Good day at school?" Billy looks very happy. "Yes, thanks," he says. "Very good."

（出典：Stephen Rabley *Dino's Day in London* 改変）

（注） £「ポンド（英国の通貨）」

問1　下線部①の電話の用件として最も適切なものを次の中から選びなさい。 [20]

1　自分は家族と朝食中だから，代わりにリッツホテルに行って欲しい。

2　自分は9時に遅刻してしまうから，代わりに手紙と50ポンドを届けて欲しい。

3　Gloria Brash のロンドン観光を手伝って欲しい。

4　Dino のロンドン観光を手伝って欲しい。

問2　下線部②で起こった出来事として最も適切なものを次の中から選びなさい。 [21]

1　バッキンガム宮殿に到着する前にタクシーは止まり，目的地が変更になった。

2　バッキンガム宮殿に到着したが，そこからさらに5分の所にタクシーで行った。

3　バッキンガム宮殿を見物しなかったが，Tommy はタクシーの外で Dino を待った。

4　バッキンガム宮殿を見物し，そこで Dino は20ポンドを使った。

問3　下線部③で起こった出来事として最も適切なものを次の中から選びなさい。 [22]

1　ハロッズの向かいにあるレストランで，Dino は20ポンドの昼食を食べた。

2　ハロッズの中にあるレストランで，Dino は20ポンドの昼食を食べた。

3　ハロッズの中で，Tommy は1週間分の食料を購入した。

4　ハロッズの中で，Tommy は20ポンドの昼食を食べた。

問4　下線部④で起こった出来事として最も適切なものを次の中から選びなさい。 [23]

1　大英博物館に行きたくないと Dino が言ったので，Tommy は嬉しかった。

2　大英博物館の見学の後，二人はリッツホテルに向かった。

3　大英博物館の向かいの映画館に，Dino は10ポンドを手に向かった。

4　大英博物館に，Dino は10ポンドを手に向かった。

問5　本文の内容と合うものを後の中から<u>2つ</u>選びなさい。 [24]・[25]

1　リッツホテルに12歳くらいの男の子が何人かいたため，Tommy は Dino がどの男の子なのかがわからなくなってしまった。

2　Tommy は Gloria Brash が誰なのかを知らなかったため，その息子の Dino がどの男の子なのかもわからなかった。

3　手紙に書かれていた場所には結局どこにも入らなかったので，それまでずっと親切だった Tommy も最終的には怒ってしまった。

4　Tommy が Dino だと思っていた男の子は実は Billy で，Tommy は電話の内容を聞いていた Billy の策略にまんまとはまってしまった。

5　Tommy が Dino だと思っていた男の子は実は Katy で，Tommy は電話の内容を聞いていた Katy の策略にまんまとはまってしまった。

4　次の各英文の □ に入る最も適切なものを次の中から選びなさい。

1　We cannot see any [26] near here.
　① fox'es　② fox's　③ foxes　④ foxs

2　He has many more books than [27].
　① me　② mine　③ myself　④ my

3　I think he [28] very young.
　① takes　② watches　③ sees　④ looks

4　She was really sad [29] the news.
　① heard　② hearing　③ hear　④ to hear

5　次の各英文の（　）内の語を適切に並べ替えたとき，（　）内で３番目と６番目にくるものを答えなさい。ただし，文頭にくる語（句）も小文字で示してある。

1　（ ① what　② is　③ shall　④ it　⑤ I　⑥ day　⑦ you　⑧ tell ） today?
　３番目は [30]・６番目は [31]

2　（① know　② me　③ you　④ where　⑤ let　⑥ go　⑦ could　⑧ to ）?
　３番目は [32]・６番目は [33]

3　My（ ① and　② plays　③ father　④ soccer　⑤ to　⑥ is　⑦ well-known ） everyone in the city.
　３番目は [34]・６番目は [35]

4　（ ① the　② been　③ since　④ have　⑤ for　⑥ this　⑦ waiting　⑧ women　⑨ I ） noon.
　３番目は [36]・６番目は [37]

6　次の英文で，文法的な誤りが含まれる下線部を選びなさい。

1　①If he ②were ③more rich than his father, he ④would not go to the country alone. [38]

2　①Did you and your father go ②to ③the store ④the last night? [39]

3　Let's go ①to the lake ②by car, ③won't ④we? [40]

4　①Were you surprised ②that the man ③ you were talking with ④were from France? [41]

7　各組の語の中で，最も強く発音する部分が他と異なるものをそれぞれ１つずつ選びなさい。

1　〔 ① nine-teen　② ef-fect　③ re-port　④ cer-tain 〕 [42]

2　〔 ① sen-tence　② pre-fer　③ re-peat　④ a-sleep 〕 [43]

3　〔 ① med-i-cine　② ac-ci-dent　③ to-geth-er　④ ca-len-der 〕 [44]

8　各組の語の中で，下線部の発音が他と異なるものをそれぞれ１つずつ選びなさい。

1 ［ ① comb　② come　③ dull　④ number ］ 45

2 ［ ① believe　② people　③ steal　④ leather ］ 46

3 ［ ① near　② bear　③ pair　④ rare ］ 47

① 私の死後に世に知られることだろう。

② 私の死後も世に知られるはずはない。

③ 私の死後も世に知られてはならない。

④ 私の死後に世に知られたのである。

⑤ 私の死後に世に知られる方がまだよい。

問11 本文に登場する「筒井順慶」は豊臣秀吉時代の武将であるが、秀吉の一代記となる作品について最も適当なものを次の①～⑤のうちから一つ選び、番号で答えなさい。解答番号は39。

① 『方丈記』　② 『太閤記』　③ 『西遊記』

④ 『太平記』　⑤ 『応永記』

① 葛西　② 鳥屋　③ 箸尾
④ 筒井　⑤ 玄蕃

問6　傍線部Ｄ「米野をばただ餌になれと残し置きけん」とあるが、このときの宮千代の心情の解釈として最も適当なものを次の①～⑤のうちから一つ選び、番号で答えなさい。解答番号は34。

① この宮千代を生贄として置き去りにしたのだろうかという自らの不遇を悲しむ気持ち。
② この宮千代を生贄《いけにえ》として置き去りにするはずはないと全面的に相手を信用しきった気持ち。
③ この宮千代を生贄として置き去りにすることは何か事情があったのだろうと相手の状況を察する気持ち。
④ この宮千代を生贄として置き去りにするのは天命によるものだと諦めて、無言のまま覚悟を決める気持ち。
⑤ この宮千代を生贄として置き去りにするのは武士として卑怯な振るまいだと相手の行動を恨む気持ち。

問7　傍線部Ｅ「とくとく送り返せよ」とあるが、箸尾がこのように言った理由として最も適当なものを次の①～⑤のうちから一つ選び、番号で答えなさい。解答番号は35。

① 人質を親のところに送り返せば、おそらく敵方も油断するはずだから、そこを一気に攻めれば良いということ。
② 愚かな子ほどかわいいとよく言われるので、人質を親のところに送り返して帰順を勧めるのが良いということ。
③ 愚かな者を人質にとっても状況が理解できず恐れることはないため、人質としての意義はないということ。
④ これほど賢い子を人質にとったら親の嘆きはどれほどかと思い、早く返した方がよいということ。
⑤ このまま絶食が続けば餓死して敵の怒りを招く恐れもあるため、人質を早く送り返して恩情を掛けた方がよいということ。

問8　空欄 Y に入る語句として最も適当なものを次の①～⑤のうちから一つ選び、番号で答えなさい。解答番号は36。

① ぞ　② なむ　③ や　④ か　⑤ こそ

問9　傍線部Ｆ「いと安からず思ひをりしに」とあるが、福寿丸がこのように思った理由として最も適当なものを次の①～⑤のうちから一つ選び、番号で答えなさい。解答番号は37。

① 自分も泳ぎが苦手だったのにもかかわらず溺れている者を助けることなど無理であったから。
② 宮千代が普段から自分の悪口を言っていたためこの機会に見捨てたのだが、世間からは薄情者と批判されたから。
③ 見張りの隙を見てどうにか逃げてきたのに宮千代を見捨てて逃げたことは武士にあるまじき行いと批判されるに至ったから。
④ 自分で泳げると言い張った宮千代が溺れたことを悲しんでいたにもかかわらず、世の中の人も同情してくれたから。
⑤ 宮千代には後で必ず助けに行くと約束を交わしていたにもかかわらず、世間の人は内情も知らないのにあることないこと噂をしていたから。

問10　傍線部Ｇ「なからん後の世に知られまし」の解釈として最も適当なものを次のページの①～⑤のうちから一つ選び、番号で答えなさい。解答番号は38。

命じ近きに在る、古遣戸《ふるやりど》をとり寄せて、福寿丸が死骸を乗せ、※7舁《かか》して己が陣に帰り、一書を副《そ》へて鳥屋へ送りぬ。鳥屋はわが児の死骸《しがい》を見て、気も暗《く》れ心も髣髴《ほうふつ》たるが、まづ彼の文を披《ひら》き見るに、しかしかのよしを記し

子を思ふ焼野の(ウ)きぎすほろほろと涙におちの鳥屋鳴らん

（中村経年『積翠閑話』による）

※1　天文永禄…室町時代の年号。一五三二～一五七〇。
※2　縲絏…罪人として牢獄にとらわれること。
※3　郊原…町はずれの野原のこと。
※4　諸拍…「もろあぶみ」のこと。鞍に付属し、鐙革で馬体の左右の外側につるされ、馬に乗り降りするときや乗馬中に騎手の足の重みを支え、馬上での騎手の動きを容易にするもの。
※5　体…ここでは死体のこと。
※6　僕…召使いのこと。
※7　舁して…担ぎ上げさせて。

問1　波線部(ア)～(ウ)の語句の意味として最も適当なものを次の各語群①～⑤のうちからそれぞれ一つずつ選び、番号で答えなさい。解答番号は27～29。

(ア)　やがて　27
①　いつのまにか　②　一斉に　③　すぐに
④　なぜか　⑤　意地悪く

(イ)　いささか　28
①　突然　②　あいにく　③　しっかりと
④　懐かしく　⑤　わずかに

(ウ)　きぎす　29
①　キジ　②　コオロギ　③　蛙
④　犬　⑤　猫

問2　傍線部Ａ「和州」とは「大和国」を意味するが、現在の都道府県ではどこに当たるか。最も適当なものを次の①～⑤のうちから一つ選び、番号で答えなさい。解答番号は30。
①　奈良県　②　東京都　③　和歌山県
④　滋賀県　⑤　神奈川県

問3　傍線部Ｂ「天晴なる功名せん」の解釈として最も適当なものを次の①～⑤のうちから一つ選び、番号で答えなさい。解答番号は31。
①　素晴らしい手柄など立てられるはずはない。
②　素晴らしい手柄など立てられるものだろうか。
③　素晴らしい手柄を立ててはならない。
④　素晴らしい手柄を立ててみせよう。
⑤　素晴らしい手柄を立ててほしい。

問4　傍線部Ｃ「かく」の指す内容として最も適当なものを次の①～⑤のうちから一つ選び、番号で答えなさい。解答番号は32。
①　福寿丸と宮千代が二人揃って脱獄してしまったこと。
②　福寿丸が一人で逃亡した後で宮千代を助けに来たこと。
③　福寿丸と宮千代が密かに敵勢を呼び寄せていたこと。
④　福寿丸が宮千代を残して一人で逃げ帰ったこと。
⑤　福寿丸が逃亡した後、宮千代は食事を取らなかったこと。

問5　空欄 X に入る語句として最も適当なものを次のページの①～⑤のうちから一つ選び、番号で答えなさい。解答番号は33。

三　次の文章を読んで、以下の問い（問1～11）に答えなさい。

※1天文永禄の頃にや。A和州高市《たかしの》郡越智《をち》の郷に越智《をち》玄蕃頭《げんばのかみ》橘利之《たちばなのとしゆき》と聞こえしは、筒井順慶が姪婿《めいむこ》にて、当時英名の聞こえあり。また同国箸尾《はしを》の城主箸尾宮内少輔藤原為春は、筒井順慶が妹婿にて、互ひに威権を争ひつつ、動《やや》もすれば闘諍《とうじやう》に及ぶ。あるとき両家戦ひしに、越智が家人鳥屋九郎左衛門が嫡子福寿丸と、米野次郎右衛門が二男宮千代と、ともに陣中に赴きて、少年ながら心雄々《こころをを》しく、B天晴《あつぱれ》なる功名せんとて、此処彼処《ここかしこ》馳せまはりしに、味方に後《おく》れ敵に囲まれ、図らず擒《とりこ》となりて二人とも、敵陣に曳《ひ》かれつつ、一族なる葛西《かさい》右衛門勝永これを預りけり。元来《もとより》少年のことなれば、番兵の忽《ゆる》がせなるに、福寿丸は折を得て、密《ひそか》にここを遁《のが》れつつ、難なく本陣へ逃げ帰れり。宮千代一個《ひとりのこ》遺されて、始めはCかくとも知らざりしが、これを聞きて大いに憂へ、筆と硯を乞ひうけて、一首の歌を書きて番兵に与へけり。番兵これを披《ひら》き見るに、

籠に入れし［X］は抜けてD米野《こめの》をばただ餌になれと残し置きけん

と、いとをかしく書きなしたれば、これを主人の葛西に見するに、葛西はいとど哀れに思ひ、主君箸尾にかくといへば箸尾は情深き者にてこれを熟々《つくづく》と打ち眺《なが》め、「宮千代いまだ十三歳、しかも※2縲絏《るいせつ》の中にありて、かく優なる志、天晴なる少年なり。人の親の子を思ふ、愚なるだに猶ほ慈しむ。況《いは》んやかかる秀才の児を擒《とりこ》にせられたる親の心はいかならん。想像《おもひやる》だにいたはしければ、Eとくとく送り返せよ」と、涙を浮めていひければ、葛西勝永も領承し、宮千代を馬に騎《の》せ、人を副《そ》へて父が許《もと》へ送り返したりければ、米野夫婦は死したる者の再び甦《よみがへ》りし心地して、歓ぶことかぎりなく、葛西が恩を謝しにけり。かくてこのこと世間に流布し、「福寿丸擒《とりこ》となり。その守りの怠るを見て、密に遁れ帰りたるは、実にも微笑挙動《いみじきふるまひ》なれど、ともに虜《とりこ》とせられたる、而《しか》も己《おのれ》より年も劣れる、宮千代を棄ておきしは、武士の義にそむけり。宮千代才ありて歌を詠じ、それを感じて敵方より、赦《ゆる》して返したれば［Y］不測《ふしぎ》の命を佐《たす》かりけれ。それ二人同船なし、その船暴《ふねにはか》に覆《くつがへ》る時、己水練を得たりとて、同僚を棄ておき、己のみ游《およ》ぎ帰《かへ》れる人あらば、これ義といはんか。不義《ふぎ》といはんか。福寿丸が挙動は、これに斉《ひと》しき所為《わざ》なり」と、譏《そし》る人さへ多ければ、(ア)やがて福寿丸が耳に入り、Fいと安からず思ひをりしに、またこの両家合戦のことあり、※3双方郊原《かうげん》に対陣《たゐじん》して、挑《いど》み戦ふこと数日なり。然るに越智の陣中より、美々しく鎧《よろひ》逞《たく》ましき馬に騎《の》りて馳せ出だすものあり。箸尾が陣なる葛西勝永、よき敵と見てければ、※4諸拍《もろかく》合はせて馳せ近づき、物をもいはず切りて蒐《かく》る。この方も望む所なりと、太刀抜き翳《かざ》して打ちつ撃れつ。暫時戦ひてありけるが、やがて双方太刀投げ捨て、馬を寄せ合はせて引組《ひつくん》だり。霎時《しばし》こそあれ鞍に屯《たま》らず、両馬が間に撞《だう》と落《お》ち、上を下へと揉み合ひしが、葛西の膂力《ちから》や増《まさ》りけん。つひに引き敷きて首掻き落とすに、余り手弱《たよわ》く覚えければ、冑《かぶと》を脱いでこれを見るに、十五六なる少年にて、眉のかかり鬢《びん》の匂ひ、その艶麗顔《うるはしきかんばせ》なる、(イ)いささか見覚えある心地すれば、※5体《むくろ》をうち返してよく見るに、鎧の引合《ひきあひ》に一枚《ひとひら》の、短冊を結び付けたり。

津の国の難波のことのよしあしはGなからん後の世に知られまし

と一種の歌の意を思ふに宮千代を措《お》きて逐電せしを、嘲る人のあるによりその辱《はぢ》を雪《きよ》めんとて、今日討ち死にと思ひ定めぬ。その善悪《よしあし》は亡《な》からん後に、世人定めよといへるなり。葛西はこれを見て落涙《らくるゐ》なし、「福寿丸にてありけるよな。いかなる因縁《いんねん》あればにか。人も多きに再びまで、吾が手に掛かるも不測《ふしぎ》なり」とて、やや悲嘆してありけるが、やがて※6僕に

問５　傍線部Ｄ「いつもより大きく音をたてる朝」とあるが、このように感じた沼田の心情として最も適当なものを次の①～⑤のうちから一つ選び、番号で答えなさい。解答番号は22。

① 助かるかどうか分からない手術を目前に控えて緊張している。
② 自分にできることはもう何もないと諦めている。
③ 普段から心配をかけている妻に更に心配をかけ申し訳なく思っている。
④ 病院では思うように執筆活動をすることができずいらだっている。
⑤ 住み慣れた自宅とは違う場所での寝泊まりにうんざりしている。

問６　傍線部Ｅ「妻は口ごもった」とあるが、それはなぜか。その説明として最も適当なものを次の①～⑤のうちから一つ選び、番号で答えなさい。解答番号は23。

① 九官鳥をかわいがっていた夫に自分は鳥が嫌いだと告げるのは気が引けたから。
② 自分の不手際で九官鳥を死なせてしまい夫に合わせる顔がないから。
③ 九官鳥が死んだことを伝えたら夫の具合が急変してしまうのではないかと心配したから。
④ 夫にとって大切な存在であった九官鳥の死を伝えることが心苦しかったから。
⑤ 目障りだった九官鳥が死んで清々した気持ちを夫に気づかれたくなかったから。

問７　傍線部Ｆ「手術した胸のなかから熱湯のようにこみあげた」とあるが、このときの沼田の心情として最も適当なものを次の①～⑤のうちから一つ選び、番号で答えなさい。解答番号は24。

① 時間がたつにつれ、手術が成功したことを実感して感慨深い気持ちに浸っている。
② 汚い鳥かごの様子を見て、九官鳥の世話を怠った妻に対する憤りを感じている。
③ 自分の悲痛な叫びを九官鳥が死をもって受け止めてくれたことに気がつき感動している。
④ 鳥かごに残された九官鳥の羽を見て、九官鳥の死を身にしみて感じている。
⑤ 最後まで自分に忠誠を誓っていた九官鳥の死を受け入れられず呆然としている。

問８　沼田にとって、犀鳥や九官鳥はどのような存在であるか。その説明として最も適当なものを次の①～⑤のうちから一つ選び、番号で答えなさい。解答番号は25。

① どんなときも沼田に的確なアドバイスをしてくれる存在。
② 妻や子供よりも長い時間を共に過ごし、体の一部のような存在。
③ 童話の執筆に息詰まると、美しい鳴き声で癒してくれる存在。
④ 沼田の体の異変に気がつき、素早く妻に知らせた命の恩人的存在。
⑤ 誰にも言えない心の内を打ち明けることができる存在。

問９　本文の作者である遠藤周作の作品として最も適当なものを次の①～⑤のうちから一つ選び、番号で答えなさい。解答番号は26。

① 『こころ』　② 『風立ちぬ』　③ 『人間失格』
④ 『沈黙』　⑤ 『羅生門』

※１　犀鳥…東南アジアの熱帯、亜熱帯に生息している大型の鳥。
※２　気胸療法…「気胸」とは肺に穴があき、胸痛や咳、息切れが生じる病気を指し、その治療法のこと。
※３　シュープ…病状が急速に悪化すること。
※４　気管支漏…気管支が元にもどらず拡張してしまう病気。
※５　ルオー…フランスの画家ジョルジェ・ルオー（一八七一～一九五八）のこと。

問１　波線部(ア)～(ウ)の本文中での意味として最も適当なものを次の各語群①～⑤のうちからそれぞれ一つずつ選び、番号で答えなさい。解答番号は16～18。

(ア)　言葉を濁した　16
①　嘘をついた　②　叱責した　③　曖昧に言った
④　賞賛した　⑤　責め立てた

(イ)　芝居じみていた　17
①　激高している様子　②　感情的になっている様子
③　動揺している様子　④　予断を許さない様子
⑤　いかにも大げさな様子

(ウ)　憂慮した　18
①　警戒した　②　助言した　③　優遇した
④　庇護した　⑤　許可した

問２　傍線部Ａ「彼女はいつになく陽気を装った声をかけた」とあるが、妻がこのような態度をとったのはなぜか。その理由として最も適当なものを次の①～⑤のうちから一つ選び、番号で答えなさい。解答番号は19。

①　自分が気落ちしていたら、夫が安心して治療に専念することができないと考えたから。
②　新薬のお陰で夫の体調も落ち着き、退院のめどが立ってきたから。
③　日に日に病状が悪化していく夫を見るのが辛く、現実逃避をしたいと思ったから。
④　医師から伝えられた余命宣告を夫に気づかれないように気を遣っていたから。
⑤　風呂敷の包みの中を見て、夫は喜んでくれると期待しているから。

問３　傍線部Ｂ「妻にうしろめたかった」とあるが、どのようなことに対してうしろめたく思っているのか。最も適当なものを次の①～⑤のうちから一つ選び、番号で答えなさい。解答番号は20。

①　思うように良い作品を書くことができず、妻に迷惑をかけていること。
②　自分が留守にしている間、家の全てを妻に任せっきりでいること。
③　これまで仕事を優先し、家庭を顧みてこなかったこと。
④　自分の心の内を話すのが、家族である妻でなく犀鳥のような動物であること。
⑤　あらゆる手を尽くしてもなかなか体調が回復しないこと。

問４　傍線部Ｃ「師走」とはもともと旧暦の何月を指していたものか。最も適当なものを次の①～⑤のうちから一つ選び、番号で答えなさい。解答番号は21。

①　一月　②　三月　③　六月　④　十月　⑤　十二月

が、麻酔からさめたのは翌日の朝で、鼻にはゴム管が入れられ、腕には点滴の針が刺しこまれていた。時々、看護婦が来て、まだ半覚醒の彼の血圧をはかり、モルヒネの注射をうった。すべて二度の手術と同じだった。

数日後、やっと息がつけるようになってから彼はつき添っている妻にたずねた。

「九官鳥は」

「………」

Eと妻は口ごもった。

「あなたの事で手がいっぱいで、病院の屋上においたまま忘れていたの。気がついて見に行ったら……もう死んでいた」

今更、妻を責めるわけにはいかなかった。死ぬか、生きるかの夫の看病に必死に専心するため、屋上においた九官鳥の面倒まで見きれなかったのだ。

「ごめんなさい」

沼田はうなずいたが、せめてその鳥籠だけは見たかった。

「鳥籠は」

と彼は妻の気持を傷つけないようにさりげなく、

「いつまでも放っておくと、看護婦に叱られる」

「夜に捨てておくわ」

「いや捨てるのは勿体《もったい》ない。あの鳥籠、気に入っていたんだ。治ったら、文鳥なんか飼えるかもしれない」

会話を続けると息苦しく、切開した胸の傷も痛んだ。彼は黙りこんだ。

夕方、妻は屋上に寄って鳥籠を病室に持ってきてくれた。

「そこに、おいて」

「汚ないわよ。何かに包むから」

「いや、そのままでいい」

妻が看護婦室に行き、病室に一人残されてから沼田はじっと鳥籠を見つめることができた。止り木にも底にも九官鳥の白褐色の糞がこびりついていた。その糞に黒い羽毛が二本くっついている。その羽毛を見ているうち、毎夜、彼の愚痴を、辛さを聴いてくれた鳥が死んだことを切実に感じた。突然、沼田はあの九官鳥に「どうすればいいんだろ」と叫んだ時の自分の声を思いだした。

（それで、あいつ……身がわりになってくれたのか）

確信に似た気持が、F手術した胸のなかから熱湯のようにこみあげた。彼自身の人生のなかで、犬や鳥やその他の生きものが、どんなに彼を支えてくれたかを感じた。

医者たちが(ウ)憂慮した経過は奇跡的といっていいぐらい良かった。一番、心配されていた気管支漏の検査もパスした時、

「好運だったですねえ」

と主治医は沼田と握手して言った。

「安心しました。今だから言いますがね」

「知っていました」と沼田はうなずいた。「五分五分の賭けだったんでしょう。危険率が高くて、先生たちも迷っておられたんでしょ」

「実は……沼田さんの心臓……手術台でしばらく停止したんですよ」

この時も沼田のまぶたには「は、は、は」と笑う九官鳥と本棚の上から彼を馬鹿にしたように見おろした犀鳥とが浮かんだ。

（遠藤周作『深い河《ディープ・リバー》』による）

れる。

「少しは気が晴れた？」と妻は得意げに言った。「久しぶりで嬉しそうな顔をして……」

面会時間の終了を告げるチャイムがなって、ふたたび荷物を持って病室を出ようとした妻は彼に片目をつぶってみせた。

籠のなかの二つの止り木を九官鳥は飽きもせず交互に往復していたが、一度も鳴かない。小鳥屋でもこの人間の言葉を真似る鳥にまだ「おはよう」も「こんにちは」も教えこんでいないようだった。

だが夕食をすませて、そろそろ就寝時間が近くなったころ、鳥籠のなかから「は、は、は」という奇妙な声がした。初めて鳴いたのである。「はは、はは」という声はこの鳥の性来のものではない。沼田はしばらく考えて、やっとそれが笑い声であることに気がついた。

たぶん人間の言葉をしゃべる別の九官鳥のそばにおかれたため、見物人の笑い声だけを憶えたのだろう。

真夜中、沼田は眼をさまし、ベッドの上から鳥籠にかぶせた風呂敷をそっととると、九官鳥は止り木に両脚をかけて、じっと沼田を見た。その眼は本棚にとまって、彼のペンの動きを見ている犀鳥と同じようだった。

「治るかなあ、肋膜は癒着して、今度、手術すれば」と沼田は妻にも語れないことを鳥に話しかけた。

「今度、手術すれば、出血が多い。医者はそれを怖れている。でも俺は寝たきりになるのは嫌だ。どんな事をしても手術をしたい。その気持、わかるだろう」

九官鳥は首を少し傾け、止り木から止り木に飛んだ。そして、

「は、は、は、は」

と人間の笑い声を真似た。

毎夜、彼はその九官鳥にだけ自分の悩みや後悔をうち明けた。ちょうど少年の頃、クロにだけ自分の孤独を訴えたように。

「女房には辛い思いをさせたくない。だからお前にだけうち明けるが……死ぬのはやっぱりこわい。生きて、もっといい童話を書きたかった」

「心配なのは、もし俺が死んだら、女房と子供とが、どのように生活するかだ。……どうすればいいんだろ」

どうすればいいんだろと言った時、沼田は自分の声の響きがあまり(イ)に芝居じみていたのに恥ずかしくなった。しかしそれは嘘偽りのない本心だった。

「は、は、は、は」

九官鳥は笑い声を出した。それは弱虫の彼を嘲笑するような笑いかたでもあり、励ますような笑い声でもあった。沼田は病室の灯を消し、人生のなかで本当に対話をしてきたのは、結局、犬や鳥とだけだったような気がした。神が何かわからなかったが、もし人間が本心で語るのが神とするならば、それは沼田にとって、その都度、クロだったり、犀鳥だったり、この九官鳥だった。

賭にも似た三度目の手術はC師走に行われた。病室のなかのスチームDがいつもより大きく音をたてる朝、麻酔をうたれた沼田を乗せたストレッチャーは、看護婦に押されて長い廊下を手術室に向った。（ここを戻る時）天井の無影灯をみながら沼田は思った。（生きているだろうか）

四時間にわたる手術後、彼はふたたび自分の病室に連れていかれた

をした揚句、肺炎で※3シューブを起した。回診にくる主治医も、週一回、若い医師たちを連れて現われる教授も何も口に出して言わなかったが、処置に困っていることは、当惑したようなその表情でわかった。

　沼田にしてみれば今後、十年も十五年も生きているだけで、何の活動もできぬ状態になるのは嫌だった。当時、手術に失敗した※4気管支漏《きかんしろう》の患者が生ける屍のような病床生活を送っているのを沼田たち患者はよく知っていた。

「思いきって、切ってください」

　と彼は主治医に哀願したが主治医は「ええ、考えてはいるのですが……」(ア)と言葉を濁した。医者たちは二回の手術で更に癒着した沼田の肋膜を剥がすことで、出血が多量になることを怖れていた。

　この頃、沼田は一人でよく病院の屋上にのぼり、西の夕焼けを見ながら、そんな自分の姿勢があの犀鳥とそっくりなことに気がついた。鳥籠から出されると犀鳥もまた書斎の窓から葡萄酒色の丹沢や大山の夕焼けを見つめていた。その気持が沼田にはやっと痛いほどはっきりわかる気がした。

　今頃、あの鳥、どうしているだろうかと思った。できればふたたびあの犀鳥と病室で夜を過したかった。彼はもう医者や看護婦や妻の前で元気を装うことに疲れ、昔と同じように心の通いあえる相手として人間ではなく犀鳥が欲しかったのだ。※5ルオーの描いたようなみじめで滑稽なピエロを……。

　しかし、そんな事は妻にはとても言えなかった。手のかかる子供の世話と家事の合間に病室を訪れてくれる妻に余計な負担をかけることはできなかった。

　だがある日、新聞を見ていた彼が渡り鳥の写真を妻に見せて何げなく呟いた。

「何処にいるんだろうな、あの犀鳥」

　その時、妻は黙っていたが、三、四日ほど経った時に大きな風呂敷をぶらさげて病室に現われた。

「はい、これ」

　ふしぎそうにその風呂敷包みを見る夫にA彼女はいつになく陽気を装った声をかけた。

「あけてごらんなさい」

　結び目をほどくと、木作りの四角い鳥籠のなかに黒くうるしを塗ったような九官鳥があわてて羽ばたきをした。

「君」

　と沼田は妻の優しさに感動した。

「犀鳥はもういないから、九官鳥で我慢してね」

「俺はね、別にそんな意味で言ったんじゃないんだ」

「いいのよ、欲しかったんでしょ。わたくしにもそのくらいわかるんだから」

　沼田はB妻にうしろめたかった。少年の頃から沼田は心の秘密をいつも人間にではなく犬や鳥にうちあけてきた。今度の場合も、度重なる手術の失敗で滅入った気持をあの犀鳥のような鳥に告白したい願望が心のどこかにあるのを、妻はいつの間にか見ぬいていた。

　しかし、その方がいいという気持も胸にある。どうにもならぬ悩みを妻に話しても彼女が苦しむだけだ。徒《いたず》らに彼女を辛くさせ、重荷を負わせるだけではないか。しかし相手が鳥ならば……沈黙して受け入れてく

問６　傍線部Ｄ「ＥＱ」とあるが、「ＥＱ」を構成する四つの要素に**含まれないもの**として最も適当なものを次の①～⑤のうちから一つ選び、番号で答えなさい。解答番号は[11]。

①　感情の独立　②　感情の識別　③　感情の利用
④　感情の理解　⑤　感情の調整

問７　傍線部Ｅ「ＩＱ（現在の知能テストで測られる知能）ではなくＥＱ（感情的知能）のほうがずっと重要」とあるが、その理由として最も適当なものを次の①～⑤のうちから一つ選び、番号で答えなさい。解答番号は[12]。

①　人間関係が複雑になった現代ではかつてのように頭が良いだけでは評価されず、優しさが重要になったから。
②　知能テストで測られる知能は知識と計算力を重視しており、その力は社会では役に立たないから。
③　テストで算出する頭の良さより自分や他人の感情を理解することのほうが実際の生活上、重要であるから。
④　ＩＱは対策を立てれば高い得点を獲得できるが、ＥＱは人柄の良さを見るためそもそも得点化されないから。
⑤　ＩＱは人との付き合い方を重要視せず、ＥＱは他人をどう敬うべきかを最重要視しているから。

問８　空欄 [Z] に入るものとして最も適当なものを次の①～⑤のうちから一つ選び、番号で答えなさい。解答番号は[13]。

①　他人と接する際の自分の内面を分析し、どうすれば人格的に向上できるかを見抜く能力
②　自分と他人の内面を理解し、その理解を対人関係における自分の行動のコントロールに使うことのできる能力
③　自分の内面を理解し、その理解を対人関係における他人の行動のコントロールに役立たせる能力
④　他人の動作や行動からその人物がどのような性格か見抜き、その人物に愛情をもって接する能力
⑤　自分の動作や行動から自分の弱点を見抜き、それを克服することで社会的成功をおさめる能力

問９　本文を二つの段落に分けた場合、後半が始まる箇所は[a]～[e]のいずれかである。最も適当なものを次の①～⑤のうちから一つ選び、番号で答えなさい。解答番号は[14]。

①　[a]　②　[b]　③　[c]　④　[d]　⑤　[e]

問10　本文を二つの段落に分けた場合、後半のテーマとなっているものは何か。最も適当なものを次の①～④のうちから一つ選び、番号で答えなさい。解答番号は[15]。

①　脳神経的基準と進化的基準　②　ガードナーによる七つの知能
③　自省的知能　④　パーソナルな知能

[二]　次の文章は遠藤周作『深い河《ディープ・リバー》』の一節である。童話作家である沼田は体調を崩し、入院することになり、飼っていた※1犀鳥《さいちょう》を手放すことになった。あとに続く本文を読み、以下の問い（問１～９）に答えなさい。

沼田は結局、一年どころか二年も入院した。この間にやっと開発されたばかりの抗生物質も効果をあげ、外科手術を行ったのだが、その手術も、昔の※2気胸療法をうけた沼田の肋膜《ろくまく》が癒着していたため、二度、失敗

(オ) ドウキ ５

① 機　② 記　③ 樹
④ 貴　⑤ 奇

問２ 傍線部Ａ「知能の多重性」とはどういったことか。最も適当なものを次の①～⑤のうちから一つ選び、番号で答えなさい。解答番号は６。

① 知能が知能指数であるＩＱと感情的知能であるＥＱとの二種類に分かれていること。
② 知能が頭の良さだけでなく人柄の良さにも影響を与えていること。
③ 知能が脳神経的な基準と進化的基準との両面から測定されるべきものであること。
④ 知能がいくつかの層に分かれ、その最上位に七種類の知能があるということ。
⑤ 知能が単一のまとまりでなくいくつかの質的にことなる知能に分かれていること。

問３ 傍線部Ｂ「独立したかたちで脳の中に存在していること」とはどういったことか。その説明として最も適当なものを次の①～⑤のうちから一つ選び、番号で答えなさい。解答番号は７。

① 特別な才能を有する人間は脳内の特定の部分が発達している場合が多いこと。
② ある知的活動をする場合、活動内容ごとに脳内にそれに対応した場所があること。
③ 日常生活から離れた特定の知的活動をするには、脳内の特定の場所を活性化する必要があること。
④ 脳の一部が損傷しても他の脳がその機能を引き受け、同じ機能を果たすことができること。
⑤ 脳は大脳や小脳、脳幹、間脳に分かれていて進化の過程でそれぞれ独自の発達を続けたこと。

問４ 空欄 Ｘ 、 Ｙ に入る語として適当なものを次の①～⑤のうちからそれぞれ一つずつ選び、番号で答えなさい。なお同じ番号を二度選んでも良い。解答番号は８～９。Ｘ は８、Ｙ は９。

① なるほど　② つまり　③ あるいは　④ しかし
⑤ ところで

問５ 傍線部Ｃ「進化的基準」とあるが、ガードナーが知能の独立性の基準として、「進化的基準」を考えたのはなぜか。その理由として最も適当なものを次の①～⑤のうちから一つ選び、番号で答えなさい。解答番号は10。

① 言語的知能が発達するためには喉の発達といった身体上の進化との関わりが深いから。
② 人類が進化するうえで多くの知能を相互に連携させることが最大の課題であったから。
③ 人類が他の生物と根本的に違うのは質的に異なる知能を複数有しているから。
④ その知能が発達したのは人類が生き残るためにその知能が無くては解決できない課題があったはずだから。
⑤ ある知能は進化の過程でもとの知能を上書きしたうえで身に着けていくものであるから。

ん。ダニエル・ゴールマン※2は『ＥＱ[D]——心の知能指数』（土屋京子訳、講談社、一九九六年）の中で、ガードナーの研究を引用しながら、自分や他人の心を理解することが、自分の感情をコントロールするための「感情的知能」の重要な側面だとしています。自分の内面的な心の動き、とくに感情や情動などについての適切な洞察をもつと同時に、他人の心の働きに対する共感能力をもち、それによって得られた洞察を感情や情動のコントロールに使うことのできる能力をゴールマンは感情的知能と呼び、社会的成功をおさめ幸せな生活を送るためには、[E]ＩＱ（現在の知能テストで測られる知能）ではなくＥＱ（感情的知能）のほうがずっと重要だという議論を展開しています。

[e] ガードナーによるもう一つのパーソナルな知能である対人的知能は、他の人たちの気質や気分やドウキ(オ)や意図、あるいは人格特性や、他の人たちが考えたり感じたりしていることに気づく能力、[Y]他人を理解する能力です。こういった能力が対人関係の中でうまく適応していくにあたって重要な意味をもってくることは、誰もがすぐに納得するでしょう。

ゴールマンのいう感情的知能は、ガードナーの自省的知能の部分だけに限られているわけではなく、対人的知能の部分まで含んだ概念です。つまりゴールマンは、ガードナーのように自省的知能と対人的知能を分けて考えるのではなく、それらがひとまとまりになっているのだと考えています。そしてゴールマンがとくに強調しているのは、他人に対する共感能力です。共感能力は他人との間に実りの大きい協力関係を形成して行くために大きな役割を果たしますが、その共感能力が育つためには、自分の感情を理解しコントロールできなくてはならないとゴールマンは指摘しています。

このように、ガードナーのいうパーソナルな知能と、ゴールマンのいう感情的知能の間には多少の違いはありますが、[Z]が、社会生活を送っていく上できわめて重要な役割を果たすという点については、二人の主張は一致しています。

（山岸俊男『安心社会から信頼社会へ』による）

※1　ガードナー…ハワード・ガードナー。一九四三〜。アメリカの心理学者。多重知能理論を提唱した。

※2　ダニエル・ゴールマン…一九四六〜。アメリカの心理学者。作家。

問1　傍線部(ア)〜(オ)のカタカナに相当する漢字として最も適当なものを、後の各語群①〜⑤のうちからそれぞれ一つずつ選び、番号で答えなさい。解答番号は[1]〜[5]。

(ア) ブイ [1]
① 意　② 位　③ 胃　④ 異　⑤ 威

(イ) カンテン [2]
① 感　② 観　③ 寒　④ 監　⑤ 幹

(ウ) ハアク [3]
① 把　② 覇　③ 波　④ 破　⑤ 派

(エ) シシン [4]
① 詩　② 市　③ 史　④ 指　⑤ 支

【国　語】（五〇分）〈満点：一〇〇点〉

一　次の文章を読んで、以下の問い（問1～10）に答えなさい。

ガードナー※1は、A知能の多重性を考えるにあたって、ある能力が独立の知能として判定されるためには、それがB独立したかたちで脳の中に存在していることを明らかにする必要があると考えました。たとえば脳の特定の(ア)ブイに損傷を受けた人が特定の能力だけを失うことがあれば、その能力は独立の知能として判定される可能性が大きくなります。［X］、特定の活動をしているときに脳のどの部分が活性化しているかをさまざまな装置を使って調べ、特定の知的活動が脳の特定の部分を活性化させている証拠が得られれば、その活動が他の活動とは独立した知能だと判定される可能性が大きくなります。ガードナーが知能の独立性の一つの基準として脳神経的基準を用いているのは、このような理由によります。

ガードナーが次にあげている基準はC進化的基準です。進化のプロセスを通して環境に対して適応的な心の働きが作られてきたという基本的な(イ)カンテンを受け入れれば、ある特定の知能が独立して存在していることを判定するための一つの基準として、その知能が解決するべき適応課題が環境の中に存在している（あるいは存在していた）かどうかが重要になります。たとえば言語的知能が他の知能と独立に存在していると判定するためには、言語が解決すべき適応課題が、人類の進化の歴史のなかで重要な課題として存在してきたことを論証しなければなりません。

［a］　ガードナーはこれらの脳神経的基準や進化的基準を使って、人間の知能は単一の能力なのではなく、七つの質的に異なる能力から成り立っている、つまり人間の知能には七つの相互に独立した知能があるという説を提出しています。もちろんガードナー自身、彼が指摘した七つの知能がすべてだと言っているわけではありません。研究が進めば知能の数は増えるかもしれないし減るかもしれません。また、知能の境界も変わってくるかもしれません。しかし脳神経的な証拠から見ても、知能を生み出してきた適応課題の種類という点から考えても、現在得られている証拠を検討する限りでは、ほぼ以下の七つの独立の知能を人類はもっているとガードナーは結論しています。

［b］　その七つの知能とは、言語的知能、論理／数学的知能、音楽的知能、空間的知能、身体運動的知能、そして二種類のパーソナルな知能です。パーソナルな知能というのは自分の心や他人の心を理解する能力です。ガードナーがパーソナルな知能を二つに分けているのは、自分の心を理解する能力と他人の心を理解する能力とが、ある程度独立な能力だと考えているからです。ここでは前者を自省的知能、そして後者を対人的知能と呼ぶことにします。

［c］　自省的知能は自分の内面、とりわけ感情や情動を適切に(ウ)ハアクし、意識化して、その結果を行動の(エ)シシンとしてうまく利用する能力です。このような自省的知能が社会的環境への適応に際して重要なことは、われわれのまわりによくいる「自分のことがまったくわかっていない」人が引き起こす問題を考えてみればよくわかります。好きな子に意地悪をして嫌われてしまう子供の例は、自省的知能が十分に発達していない人間が引き起こす問題のうちでも、最もかわいいものです。

［d］　もちろん自分の内面がよくわかっているだけでは不十分で、それが適応的な意味をもつためには、自分の内面についての洞察を、自分の感情を適切にコントロールするために使うことができなくてはなりませ

MEMO

大切なことはメモしておこうネ！

2023年度

狭山ヶ丘高等学校入試問題

【数　学】（50分）　＜満点：100点＞

【注意】 コンパス，定規，分度器，電卓は使用しないのでしまって下さい。

$\boxed{1}$ 次の $\boxed{1}$ ～ $\boxed{19}$ にあてはまる数をマークしなさい。分数はもっとも簡単な形で答えなさい。

⑴ $\left(-\frac{1}{2}\right)^3-\{(-1)^3\div 2\}^2$を計算すると，$-\frac{\boxed{1}}{\boxed{2}}$となる。

⑵ $\sqrt{400}-\sqrt{80}-2\sqrt{5}(2\sqrt{5}-1)$ を計算すると，$-\boxed{3}\sqrt{5}$となる。

⑶ $0.25x-0.5-\frac{3x-2}{5}$を計算すると，$-\frac{\boxed{4}x+\boxed{5}}{\boxed{6}0}$となる。

⑷ $3x(x-1)-36$を因数分解すると，$3(x-\boxed{7})(x+\boxed{8})$ となる。

⑸ 方程式 $x^2-6x+3=0$ の解は，$x=\boxed{9}\pm\sqrt{\boxed{10}}$ である。

⑹ 連立方程式 $\begin{cases}8x+7y=1\\7x+8y=1\end{cases}$ の解は，$x=y=\frac{1}{\boxed{11}\boxed{12}}$ である。

⑺ $(\sqrt{5}-1):2=2:(\sqrt{5}+1)$ である。
同様にして，$(\sqrt{2}+1):1=\boxed{13}:(\sqrt{2}-1)$ である。
これより，右図において△ABC∽△DEFであり，
AC＝３cm，BC＝$(\sqrt{2}+1)$cm，EF＝１cmであるとき，DF＝$(3\sqrt{\boxed{14}}-\boxed{15})$cmである。

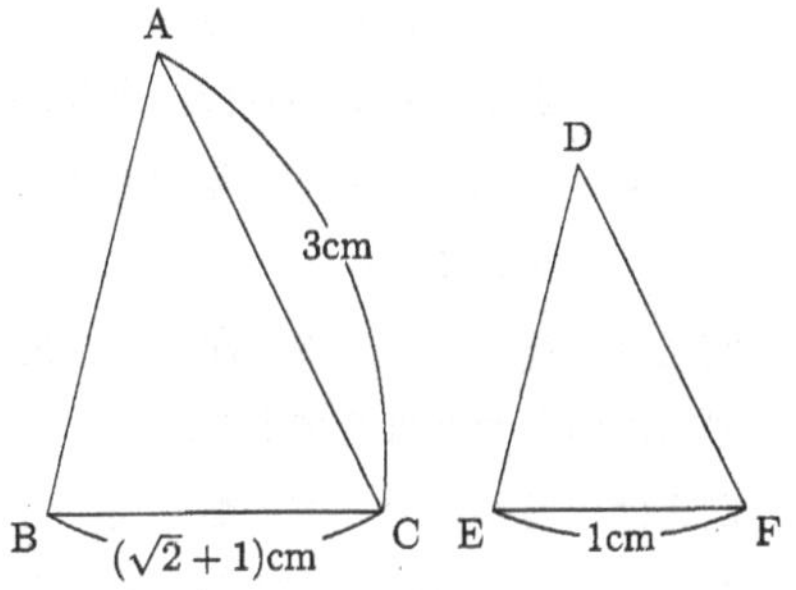

⑻ $a=1-\sqrt{2}-\sqrt{3}$であるとき，$(a+\sqrt{\boxed{16}})^2=(1-\sqrt{2})^2$である。
これより，$x^2+\boxed{17}\sqrt{\boxed{16}}x+\boxed{18}\sqrt{\boxed{19}}=0$の解のうちの１つは$x=1-\sqrt{2}-\sqrt{3}$である。
同じ解答番号の欄が複数あるため注意すること。

$\boxed{2}$ あとの $\boxed{20}$ ～ $\boxed{35}$ にあてはまる数をマークしなさい。

⑴ 右の表は，ある高校の職員80名の職員の年齢について，度数をまとめたものである。表の中の a，b，c はそれぞれ

$a=0.\boxed{20}$，$b=\boxed{21}\boxed{22}$，$c=1\boxed{23}$

である。（d の値は答える必要はありません。）
ただし，職員はすべて21歳以上であるものとする。

年齢	度数(人)	相対度数
21歳以上 30歳以下	28	0.35
31歳以上 40歳以下	16	a
41歳以上 50歳以下	b	0.25
51歳以上 60歳以下	c	d
60歳以上	4	0.05

⑵ 濃度が３％の食塩水Aと６％の食塩水Bを混ぜたら，５％の食塩水Cとなり，その重さは500ｇ

であった。食塩水Ｃの中に含まれる食塩の量が $\boxed{24}\,\boxed{25}$ ｇである。また，食塩水Ａに含まれる食塩の量は $\boxed{26}$ ｇである。

⑶　右図において４点Ａ，Ｂ，Ｃ，Ｄは半径が５㎝である円Ｏの周上の点であり，ABは円Ｏの直径，Ｅは線分AB，CDの交点であり，また$\overset{\frown}{\mathrm{AC}}：\overset{\frown}{\mathrm{CB}}＝２：３$である。このとき，$\overset{\frown}{\mathrm{BC}}$の長さは $\boxed{27}\,\pi$ ㎝であり，点Ｄの位置にかかわらず $x^\circ＝\angle \mathrm{CDA}＝\boxed{28}\,\boxed{29}^\circ$ である。

△ABDの面積が最も大きくなるように点Ｄをとると，$y^\circ＝\angle \mathrm{CEB}＝\boxed{30}\,\boxed{31}^\circ$ である。

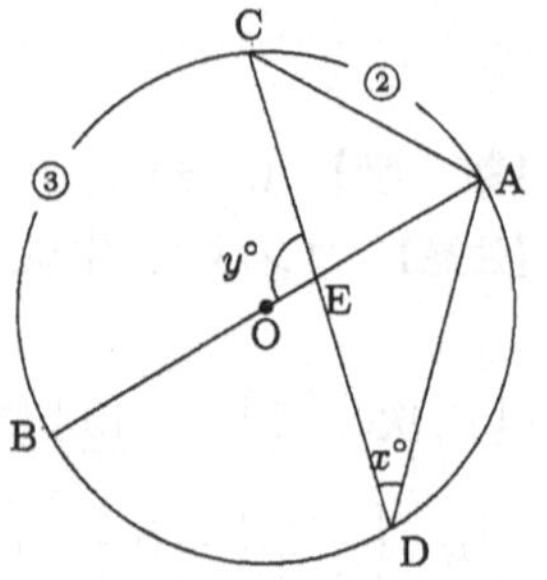

⑷　２次関数 $y＝2x^2$ において，x の変域が $-2 \leqq x \leqq \sqrt{3}$ であるとき，y の変域は $\boxed{32} \leqq y \leqq \boxed{33}$ である。また，２次関数 $y＝2x^2$ のグラフ上の２点Ａ，Ｂを通る直線の傾きが2，また点Ａと点Ｂの x 座標の差が３であるとき，点Ａと点Ｂの y 座標の差は $\boxed{34}$ であり，点Ａの x 座標の方が点Ｂの x 座標より小さいとすると，点Ａの x 座標は $-\boxed{35}$ である。

$\boxed{3}$　右図のように，３つのマスＡ，Ｂ，Ｃがあり，最初はＡのマスにコマをおく。１から４の数字が書かれた４枚のカードがあり，これらを１列に並べ，並べたカードによって以下のようなルールでコマを移動する。

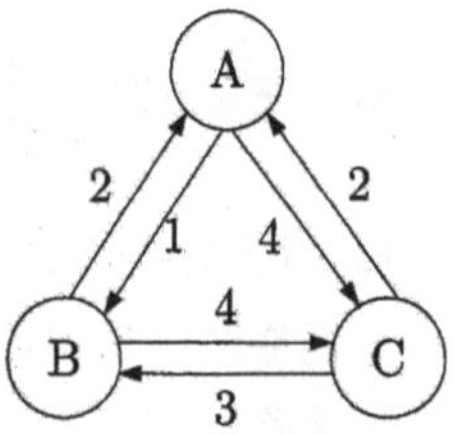

- コマがあるマスから引かれた矢印の横に書かれた数とカードの数が同じであればその矢印の先のマスに移動する。
- 並べたカードの順に移動をし，移動が出来なくなったらそこで止まる

例えば，並べたカードの順が 4，3，2，1 であれば，ＡのマスからＡ→Ｃ→Ｂ→Ａ→Ｂと移動し，最後にいたマスはＢである。

例えば，並べたカードの順が 1，3，2，4 であれば，最初は１のカードのためＡからＢに移動するが，次のカードの３が書かれた矢印がＢから引かれていないためＢで止まり，それ以降は移動できないので最後にいたマスはＢである。

次の $\boxed{36}$ ～ $\boxed{42}$ にあてはまる数をマークしなさい。ただし，分数はもっとも簡単な形で答えなさい。

⑴　４枚のカードの並べ方は $\boxed{36}\,\boxed{37}$ 通りある。

また，1，2，3，4の順に並べたとき，最後にいるマスは $\boxed{\quad 38 \quad}$ である。

$\boxed{38}$ にあてはまるものは，下のＡ群から選びその番号をマークしなさい。

⑵　Ａから一度も移動しない確率は $\dfrac{\boxed{39}}{\boxed{40}}$ である。

⑶　最後にいたマスが $\boxed{\quad 41 \quad}$ である確率が最も低く，最後にいた確率が最も高いマスの確率の $\dfrac{1}{\boxed{42}}$ 倍である。$\boxed{41}$ にあてはまるものは，下のＡ群から選びその番号をマークしなさい。

Ａ群（ $\boxed{38}$ ，$\boxed{41}$ の選択肢）
⓪ Ａ　　① Ｂ　　② Ｃ

$\boxed{4}$ 下図において，３点A，B，Cはともに２次関数 $y=-\frac{2}{3}x^2$ 上の点，点Dは y 軸上の点であり，四角形ABCDは平行四辺形である。直線BCと y 軸との交点をＥとし，また直線AOとBCの交点をＦとする。点Aの x 座標は正であり，線分ABは x 軸に平行である。また，点Cの y 座標は点Ｂの y 座標よりも小さいものとする。次の $\boxed{43}$ ～ $\boxed{57}$ にあてはまる数をマークしなさい。分数はもっとも簡単な形で答えなさい。

⑴　点Aの x 座標が３の場合

点Cの座標は（－$\boxed{43}$，－$\boxed{44}\,\boxed{45}$）である。

⑵　点Dの座標が $\left(0,\ -\frac{8}{3}\right)$ の場合

点Ｂの y 座標は $-\frac{\boxed{46}}{\boxed{47}}$ である。

⑶　点Ｂの x 座標と y 座標が同じ値である場合

点Ｂの x 座標は $-\frac{\boxed{48}}{\boxed{49}}$，点Ｅの y 座標は $\boxed{50}$，点Ｆの x 座標は $-\frac{\boxed{51}}{\boxed{52}}$ である。

また，△EFAは△BCGの面積の $\frac{\boxed{53}}{\boxed{54}}$ 倍である。

⑷　点Aの位置にかかわらず，AO：OFは一定であり，AO：OF＝ $\boxed{55}$ ：１である。また，点Ｆを通る２次関数 $y=ax^2$ も点Aの位置にかかわらず常に同じであり，$a=\frac{\boxed{56}}{\boxed{57}}$ である。

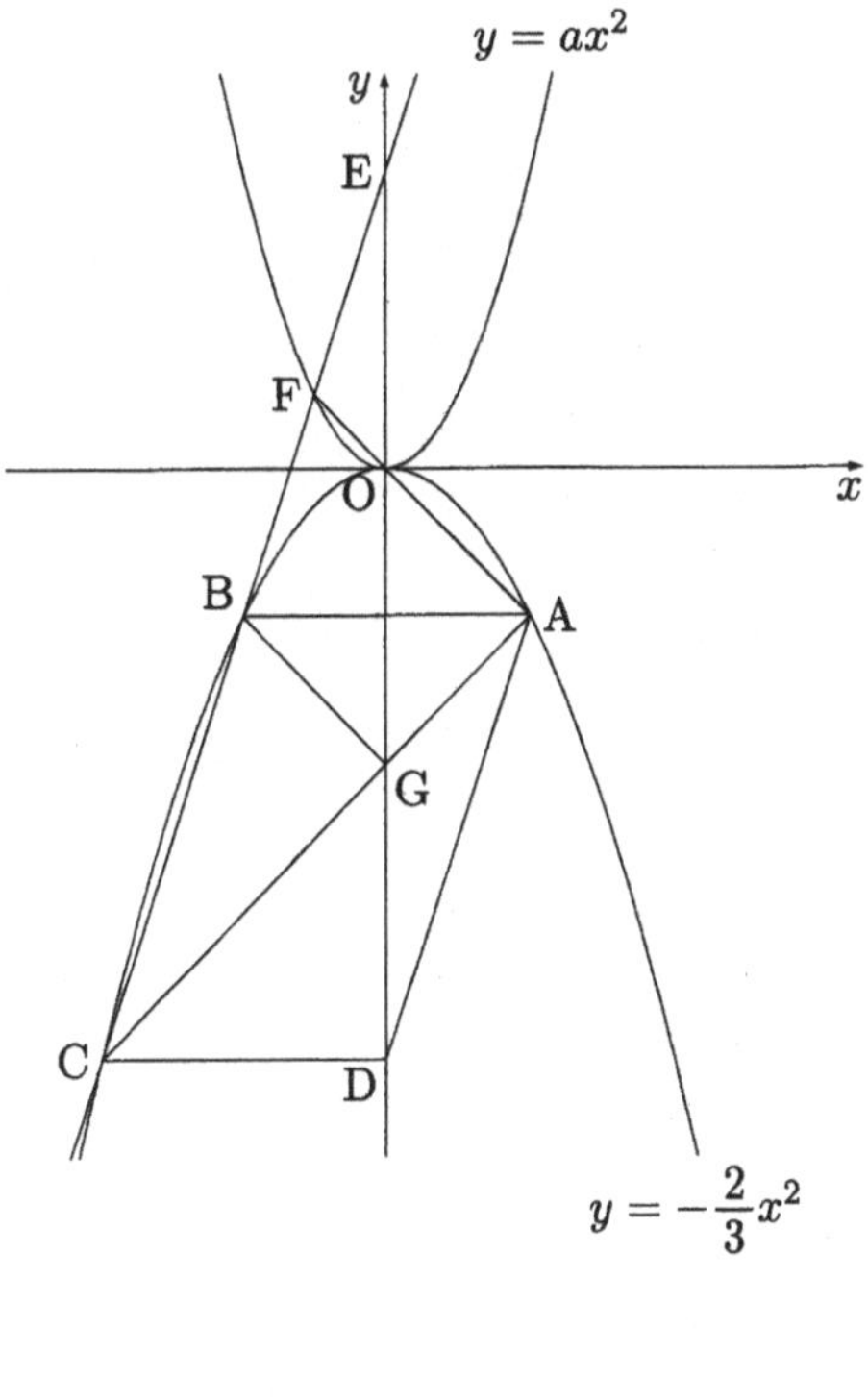

図

$\boxed{5}$ AC＝BCである△ABCがある。辺BC，CAをそれぞれ一辺とする直角二等辺三角形BCD，ACEを図のようにとり，辺AEとBDの交点をF，辺ACとBDの交点をG，辺AEとCDの交点をHとした。BG＝$\sqrt{2}$cm，CG＝$\sqrt{5}$cmとして，次の $\boxed{58}$ ～ $\boxed{66}$ にあてはまる数をマークしなさい。分数はもっとも簡単な形で答えなさい。

⑴　∠GBC＝45°に着目して，線分BG，CGの長さを利用して線分BCの長さを求めるとBC＝$\boxed{58}$ cmである。

⑵　EH＝$\sqrt{\boxed{59}}$cmである。

またDH＝$\left(\boxed{60}-\sqrt{\boxed{61}}\right)$cmであることから，DF＝$\dfrac{\boxed{62}\sqrt{\boxed{63}}-\boxed{64}\sqrt{10}}{2}$cmである。

⑶　点DからACに垂線をおろしその交点をＩとする。このとき，ＧＩ＝$\dfrac{\boxed{65}\sqrt{5}}{\boxed{66}}$cmである。

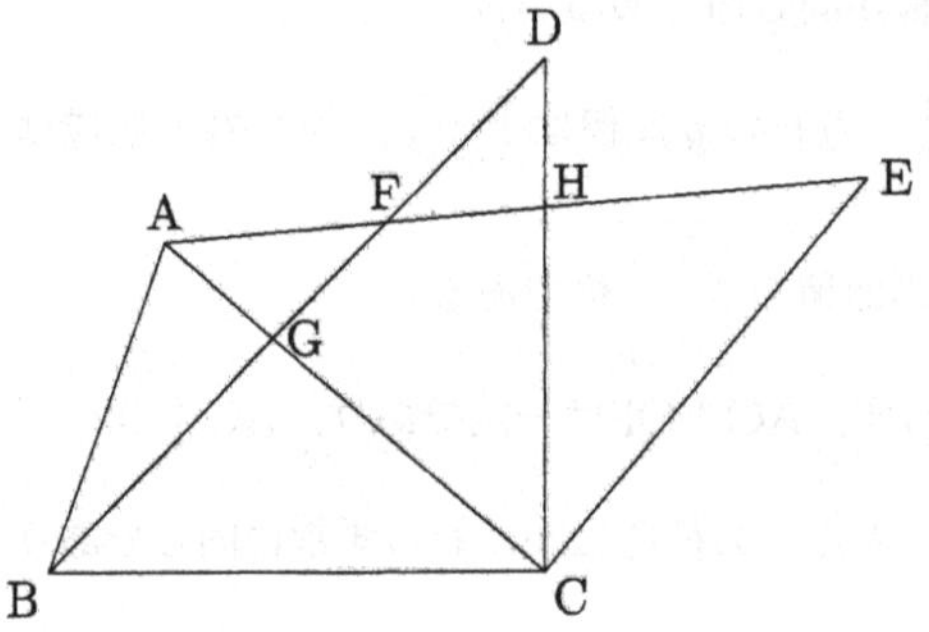

【英　語】（65分）　＜満点：100点＞

1　（リスニングテスト）このリスニングテストには問題Ａから問題Ｃまであります。英文はそれぞれ２度ずつ読まれます。放送中メモを取っても構いません。

問題Ａ　これから流れる対話を聞き，最後に続く受け答えとして最も適切なものを選び記号で答えなさい。

No. 1　1

1　I bought it in Japan.　　2　It's 1,800 yen.
3　That glass is cheap.　　4　About 200 ml.

No. 2　2

1　Do you know it's Wednesday today?
2　I've been at home, too.
3　Yes.　We are hungry.
4　How about eating lunch together?

No. 3　3

1　Do you want to have green tea?
2　I don't drink coffee or green tea.
3　Then, can I have some cold water?
4　Yes, please. I like hot tea very much.

問題Ｂ　これから流れる対話を聞き，そのあとの質問に対する答えとして最も適切なものを選び記号で答えなさい。

No. 1　4

1　They will come next Tuesday.　　2　They will come next Wednesday.
3　They will come next Thursday.　　4　They will come next Friday.

No. 2　5

1　To memorize a lot of words is.
2　To read a lot of books is.
3　To learn a lot about her mother tongue is.
4　To try to use it all the time is.

No. 3　6

1　She will stay at home.　　2　She will go hiking.
3　She will stay in bed.　　4　She will go to a library.

問題Ｃ　これから流れる英文を聞き，質問に対する答えとして最も適切なものを選び記号で答えなさい。

No. 1　7

1　Because he had to change trains at North Station.
2　Because he had to hurry to get to North Station by 1:00 p.m.

3 Because he had to wait for the Earth Line until it came.
4 Because he had to take the Sky Line but he missed it.

No. 2 [8]
1 Books about dangerous insects will be.
2 Books about the way to feed insects will be.
3 Books about popular insects in Japan will be.
4 Books about the way to take insects to other countries will be.

No. 3 [9]
1 Because she likes a Hawaiian dish and she has never eaten it before.
2 Because she bought a lot of frozen tuna at the Ocean Shopping Center.
3 Because she wants to make it for her husband and he likes fresh tuna.
4 Because she decided to make it again for her own birthday.

〈リスニングテスト放送台本〉
第３回推薦入試
１（リスニングテスト）このリスニングテストには問題Ａから問題Ｃまであります。英文はそれぞれ２度ずつ読まれます。放送中メモを取っても構いません。
問題Ａ　これから流れる対話を聞き，最後に続く受け答えとして最も適切なものを選び記号で答えなさい。

No. 1　※Ａは女性，Ｂは男性
A：This glass is very beautiful.
B：Yes. It's made in Japan and it's a little expensive.
A：I really want it. How much water can I put in it?
B：

Listen Again

No. 2　※Ａは女性，Ｂは男性
A：Ted, where are you? I've been waiting so long.
B：Hi Mary. I'm at home, but why?
A：Really? We have plans to have lunch together today!
B：

Listen Again

No. 3　※Ａは女性，Ｂは男性
A：Which do you want, tea or coffee?
B：Can I have green tea? I usually drink coffee or green tea.
A：I'm sorry. We don't have green tea. How about having hot coffee?
B：

Listen Again

問題Ｂ　これから流れる対話を聞き，そのあとの質問に対する答えとして最も適切なものを選び記号で答えなさい。

No. 1　※Ａは男性，Ｂは女性

Ａ：My parents are coining to stay at my house next week.

Ｂ：Our school festival is going to be held next Tuesday and Wednesday, so why don't you ask them to come?

Ａ：They will come next Thursday, so they won't be here then.

Ｂ：That's too bad but we'll have a school party on Friday night, so will you ask them to join us if they can?

Ａ：Sounds good! They'll be happy to hear that.

Question: When will the man's parents probably come to his school?

Listen Again

No. 2　※Ａは男性，Ｂは女性

Ａ：I hear you've learned to speak Japanese. How have you learned it?

Ｂ：I have memorized many words and read a lot of books.

Ａ：What is the most important thing?

Ｂ：I think it's important to try to use Japanese like your mother tongue. If you really want to master Japanese, try to speak it all the time.

Ａ：I see.

Question: What is the most important for the woman to master Japanese?

Listen Again

No. 3　※Ａは男性，Ｂは女性

Ａ:I hear Ken and Mary are going hiking next Sunday. I want to join them. What do you think?

Ｂ：I'm sure they won't say no. I hope it will be sunny that day.

Ａ：Why don't you come with us?

Ｂ：I wish I could. I have a lot to read at home for my studies.

Ａ：You can do that after coming back home, can't you?

Ｂ：I'll be so tired after hiking that it will be tough for me to read many difficult books. I might fall asleep before finishing my homework.

Question: What will the woman probably do next Sunday?

Listen Again

問題C　これから流れる英文を聞き，質問に対する答えとして最も適切なものを選び，記号で答えなさい。

No. 1

Hello. I'm Yusuke Miura. I'll tell you about my trouble. Two weeks ago, I had to get to North Station by one p.m. So, I took the Earth Line at West Station. It is the fourth stop from West Station but an accident happened. The Earth Line stopped completely. I changed trains at Center Station to the Sky Line. I ran in the station to catch the train. I took the Sky Line and arrived at North Station at one thirty p.m. I was so tired.

Question: Why was Yusuke so tired?

Listen Again

No. 2

Welcome to Mountain Bookstore. This month, we have a special event to introduce books about insects. We will show you picture books of insects, books about the way to keep insects at home, and books about endangered insects in the world. These books are popular around the world, so we will recommend them with confidence. In addition, if you buy two books, you can get a ten percent discount ticket. Please check it.

Question: what books will be introduced at the special book event?

Listen Again

No. 3 ※男性

My mother is going to visit the Ocean Shopping Center by car. She needs fresh tuna, an avocado, and soy sauce to make a Poke Bowl. It is a Hawaiian dish and she has tried it in Hawaii with my father. She never forgot the taste and she decided to make it again for my father's birthday. It is on January twentieth. She believes he will be happy because he likes fresh tuna.

Question: Why is the man's mother going to make a Poke Bowl?

Listen Again

これでリスニングテストを終わります。以降の問題を解いて下さい。

2 次の英文を読み，後の設問に答えなさい。

①Technology is all around us. We use it all the time. We use it from the time to wake up till the time to go to bed. Technology is in the clocks beside our beds. It is in the computers on our desks. Technology is in our toys and TVs. It is in our kitchens and bathrooms. We use it to listen to music. We use it to talk with friends on our smartphones. Technology is a part of all of these things. We even use technology when we sleep. There are machines that let us know how much we snore*! Look around you. There is a lot of technology.

Technology is not just in the things around us. ②People can wear technology, too. Some kids have lights in their shoes. Some people have exercise bracelets*. Some people have shirts that heat up and shirts that cool down. Look in stores. You can find all kinds of wearable* technology. There is technology in bracelets, watches, rings, and other accessories*. There is technology in gloves, socks, and hats. What technology do you wear? Where did all of these things come from? They came from the imaginations of wearable technology creators. However, ③these people are not so different from other people. Do you like computers? Do you like math? Do you like science? If so, you might be just like those who made wearable technology found in stores today. Have you heard of a kind of wearable technology called ④a smartwatch? These watches do more than just tell the time. They have games in them. They can play music. They are also phones. These wearable technology creations are very useful. The first smartwatches were made for adults, but now there are smartwatches for kids, too. It takes more than just knowing about science and computers to make wearable technology. Wearable technology creators have to think of new ideas connecting the things people do with the things they wear. Are you creative? Do you like fashion? Wearable technology creators are finding all kinds of ways to match technology and clothes. Imagine having a shirt with a special button on it. Push the button, and the shirt changes to a different color. Wearable technology creators also make [⑤] things to wear. Imagine toy wings that move just like butterfly wings. You cannot fly with them, but they are beautiful and fun to wear.

⑥Technology is always changing. It is always getting better. Soon, our shoes might make electricity for us as we walk. We can turn our energy from walking into power for our phones or watches. In the future, we will have more and more wearable technology, and it will be useful in many different areas of our lives.

Wearable technology is not just for business people or computer people. Technology that we can wear or easily carry all day will be useful for ⑦doctors and patients*. It will be useful for ⑧athletes and soldiers, too. Wearable technology will help doctors take care of people. Doctors will not need many big machines to find out what is wrong with a patient. For example, doctors will have special glasses that can tell them about a patient's health. The glasses will be able to do things such as take x-rays* and check how fast our heart is beating. This will make a doctor's visit easier for patients. More tests can be done by the doctor in his or her office. There will be no need for the doctor or the patient to travel to a big hospital for these kinds of tests. And wearable technology will help patients in other ways, too. They will have wearable technology to help them see, hear, and move better. Wearable technology will help them live better if they have a health problem. It will help people live better when they are old. Athletes will be able to jump higher and run faster with wearable technology. Their wearable technology will keep track of* how their bodies are doing while they exercise. This will help them train better. One day soon, soldiers may be able to fly with wearable wings. They may have clothing that can change to make them hard to see in the dark, in the woods, or in the snow. Technology in special things soldiers wear or carry can help protect them from weapons. Workers will have all kinds of wearable technology. Soon, offices which people work at will look very different. Things like keys, telephones, and computers will be antiques*. The jobs that all of these things do will be done by items people wear to the office. People will have technology in their fingernails. We will have contact lenses that give us directions. We will have computers in our earrings and shirt buttons. If we can think it, we can make it. All it takes is imagination and a good understanding of our technology today. Wearable technology is the future. And wearable technology creators will create the future. What [⑨] job!

（出典：Liana Robinson *Wearable Technology Creators* 改変）

（注） snore「いびきをかく」 bracelet「ブレスレット，腕輪」 wearable「着用可能な」
accessory「アクセサリー」 patient「患者」 x-ray「Ｘ線」
keep track of「～を見失わないようにする」
antique「アンティーク（古くからある価値のあるもの）」

問１ 下線部①に関する記述として適切でないものを次の中から選びなさい。 [10]

1 私たちは科学技術を起きてから寝るまで使っているが，眠っている間は使っていない。
2 ベッドの近くにある時計や机の上にあるコンピューターの中に科学技術は使われている。
3 科学技術は音楽を聴くときや友人とスマートフォンで通話するときに使われている。
4 科学技術がどれぐらいいびきをかいているのかを私たちに知らせてくれる。

問２ 下線部②に関する記述として最も適切なものを次の中から選びなさい。 [11]

1 科学技術は私たちの身の回りにはあるが，身につけることはできない。
2 科学技術によって温まったり冷えたりするシャツを着る人がいる。
3 着用可能な科学技術はブレスレットや腕時計や指輪のみである。
4 着用可能な科学技術を使ったものは多くの子どもたちの想像に由来している。

問３ 下線部③の文と同じ文型の文を次の中から選びなさい。 [12]

1 Yuki's uncle gave her a new toy yesterday.

2 The little girl kept her eyes closed.
3 Kota will buy a new bike this afternoon.
4 That dish tastes sweet.
5 Some people are talking in the cafe.

問４ 下線部④に関する記述として最も適切なものを次の中から選びなさい。 13
1 スマートウォッチは時刻を正確に伝えてくれることしかできない。
2 スマートウォッチは大人用にも子供用にも作られている。
3 スマートウォッチを作るためには時計のことに詳しくなければならない。
4 スマートウォッチを作る人には人々が身につけるものと人々がすることを結びつける考えはない。

問５ ⑤ に入れるのに最も適切なものを次の中から選びなさい。 14
1 light　2 heavy　3 fun　4 boring

問６ 下線部⑥に関する記述として適切でないものを次の中から選びなさい。 15
1 科学技術は絶えずより良くなろうとしている。
2 科学技術によって歩いているときに私たちの靴が電気を生み出すかもしれない。
3 科学技術によって歩くことが携帯電話や時計のエネルギーを生み出すかもしれない。
4 科学技術は将来私たちの生活のあらゆる部分を便利にしてくれるだろう。

問７ 下線部⑦に関する記述として適切でないものを次の中から選びなさい。 16
1 科学技術によって医者は人々を治療する手助けを得るだろう。
2 科学技術によって医者が患者を診察するときに大きな機械を使う必要がなくなるだろう。
3 科学技術によって医者は特別な眼鏡でＸ線を手軽に使えるようになるだろう。
4 科学技術によって医者は指先で患者の心拍数を測れるようになるだろう。

問８ 下線部⑧に関する記述として最も適切なものを次の中から選びなさい。 17
1 科学技術によって運動選手が年を取ったときに足が遅くなるのを防ぐことができる。
2 科学技術によって運動選手が運動をしている間の自分の状態を知ることができる。
3 科学技術によって兵士が着用可能なプロペラで空を飛ぶことができる。
4 科学技術によって兵士が森の中や雪の中で相手から見つけられやすい服装にできる。

問９ ⑨ に入れるのに最も適切なものを次の中から選びなさい。 18
1 an interesting　2 a strange　3 an expensive　4 a cheap

問10 本文中の内容と合うものを次の中から１つ選びなさい。 19
1 スマートフォンはブレスレットのように私たちの手首に着けて使うことができる。
2 スマートウォッチはもともと最先端のファッションとして作られた。
3 科学技術によって兵士は兵器から彼らを守る特別なものを身につけることになるだろう。
4 科学技術によって人々の想像力はより豊かなものになるだろう。

3 次の英文を読み，後の設問に答えなさい。

I was ①a very shy young man. I didn't like talking to other young men; I was afraid. "They'll laugh at me," I thought.

Women were worse. I never spoke to them; I was always afraid of them.

I try to help shy people now. I never laugh at them, because I remember that time. I was very unhappy then.

Then there was a war between my country and another country. I had to be a soldier. Me! I was always afraid, but I had to be a soldier! And it was very dangerous.

I was afraid. The other soldiers didn't talk about it, but they knew. "They're laughing at me," I thought. "They aren't afraid." I was wrong, but I didn't know that. I felt very bad.

One day, I was in the town. I had two days holiday, away from the other soldiers. I wasn't with friends; I didn't have any friends. I was very unhappy. I walked slowly past some shops.

An old man stood by the road. There weren't many cars on it. "Why doesn't he walk across the road?" I thought. "Is he [②]?"

I went near him, and then I saw his eyes. "Oh," I thought. "Now I know. He can't see! He wants to go across, but he can't go without help."

Other people walked quickly past him. They had to go to work, or to their homes. They didn't help him; they didn't have time.

But I had time — a lot of time. "I'm not doing anything," I thought. "Why can't I help him? I won't be afraid of him."

I took the old man's arm, and I helped him across the road.

"Thank you!" he said. His hand felt my coat. "This is a soldier's coat," he said. "Are you a soldier?"

"Yes."

Perhaps I said it in a sad voice. The old man put a hand in his jacket. He took something out and gave it to me.

"Take this," he said. "It will help you. Wear it, and you'll be all right. Nothing bad will happen to you."

He walked and I looked at the thing in my hand. It was ③<u>a small charm</u> — pretty, but strange.

"It's a girl's thing," I thought, and I put it in my coat.

The next day we went to war. I was afraid — very afraid — but I remembered the charm in my coat. "Perhaps the charm will help me," I thought, so I took it with me.

Suddenly I wasn't afraid. Why? I didn't know. Was it the charm? It was bad that day. Men died all round me. "Perhaps I'll die next," I thought. But I wasn't afraid!

Our leader was a brave man. He was in front of us, and we followed him. Suddenly he was down. He fell to the ground and didn't move. The other soldiers stopped. They were afraid.

I thought, "Perhaps our leader isn't dead. I'll go and see."

I went to him. The fighting was worse now, but I wasn't afraid. "I've got the charm with me", I thought. "I'll be all right."

I brought our leader back to a better place, and then I looked at him. He was very white and ill, but he wasn't dead. His eyes opened, and he smiled at me.

He spoke—not easily, but I heard him. "Go in front!" he said. "The men will follow you." The men followed me, and we fought well that day.

After that, I was fine. Later, I was a leader, too. The men were happy and followed me. People didn't laugh at me then.

"But is it right?" I thought. "I'm not very brave. It's only the charm."

I didn't tell people about the charm. I had friends for the first time and I was happy.

One day we had to take an important bridge. There were a lot of soldiers on it, and they had big guns. The country* was open, without any trees. It was very dangerous, and my men were afraid.

"We're going to die," they said.

"Listen," I told them. "I'll go first, and we'll run very [④] to the bridge. Don't be afraid. They can't kill us all. Follow me, and we'll take that bridge."

I put my hand in my coat. But the charm wasn't there!

"What am I going to do?" I thought. "I can't be brave without the charm."

I looked at the faces of my men. They weren't afraid now.

I thought, "My words have helped them. They aren't afraid now. They're waiting for me. They'll follow me everywhere. I'm their leader, and I can't be afraid."

I shouted: "Let's go!"

We ran. We got to the bridge. We lost some men, but we got there! And we took the bridge!

I will never forget that day. I learnt something then about brave men. Brave men are afraid, too. But that doesn't stop them.

（出典：Jan Carew *Lost Love and Other Stories* 改変）

（注） country 「土地」

問1 下線部①とあるが，その内容として最も適切なものを次の中から選びなさい。 [20]

1 他の若者と話すことが嫌いであった。

2 他の若者が笑っていることが好きだった。

3 女性たちと話すことのほうが他の若者と話すよりましだった。

4 女性たちと一緒にいるときに心配になることはなかった。

問2 [②] に入れるのに最も適切なものを次の中から選びなさい。 [21]

1 confident　　2 afraid　　3 rich　　4 mean

問3 下線部③とあるが，その内容として最も適切なものをあとの中から選びなさい。 [22]

1 その臆病な男はこのお守りを持っていると他の女性と話すことができるようになった。

2 その臆病な男はこのお守りを失くしてしまい，戦争のときに逃げることになった。

3　その臆病な男はこのお守りを持っていると心配ごとが薄れて，戦争のときにリーダーシップを発揮した。

4　その臆病な男はこのお守りを失くしてしまい，戦争のときに持っていなかった。

問４　[④] に入れるのに最も適切なものを次の中から選びなさい。　[23]

1　sadly　　2　happily　　3　slowly　　4　quickly

問５　本文の内容と合うものを次の中から２つ選びなさい。　[24]・[25]

1　戦争が危険なのでその臆病な男は戦争のときに兵士になることを断った。

2　道の側で立っていたお年寄りは耳が聞こえなかった。

3　その臆病な男は道の側で立っていたお年寄りを道の反対側に連れて行った。

4　その臆病な男は戦争のときに前方で倒れたリーダーを助け出した。

5　その臆病な男の勇敢な行動に周りの兵士たちはうんざりした。

4　次の各英文の [　] に入る最も適切なものを次の中から選びなさい。

1　Was [26] difficult for Ted to play the guitar?

①　it　　②　he　　③　that　　④　this

2　This is your pencil, isn't [27] ?

①　yours　②　it　③　this　④　you

3　The little boy [28] English over there isn't my brother.

①　spoken　②　speaks　③　spoke　④　speaking

4　Did he [29] the letter to his mother yesterday?

①　sent　②　sat　③　seat　④　send

5　次の各英文の（　）内の語を適切に並べ替えたとき，（　）内で３番目と６番目にくるものを答えなさい。ただし，文頭にくる語（句）も小文字で示してある。

1　（ ① and　② my　③ name　④ a　⑤ bird　⑥ bought　⑦ is　⑧ uncle　⑨ its ） cute.　３番目は [30]・６番目は [31]

2　（ ① a　② mother　③ beautiful　④ watch　⑤ what　⑥ has　⑦ your ）!　３番目は [32]・６番目は [33]

3　（ ① what　② you　③ me　④ to　⑤ taken　⑥ would　⑦ was　⑧ tell ） the house?　３番目は [34]・６番目は [35]

4　（ ① so　② not　③ thought　④ the　⑤ I　⑥ were　⑦ tall　⑧ as　⑨ men ）.　３番目は [36]・６番目は [37]

6　次の英文で，文法的な誤りが含まれる下線部を選びなさい。

1　I ① am sure ② that we have found ③ that the doll ④ that she was looking for.　[38]

2　I ① want to give ② the nice dress ③ for ④ her.　[39]

3　I was ① surprised at the big lion ② which was ③ sleeping ④ on front of me.　[40]

4　I ①thought there ②was ③a lot of waters ④in the blue glass.　[41]

7　各組の語の中で，最も強く発音する部分が他と異なるものをそれぞれ１つずつ選びなさい。

1 〔 ① weap-on　② main-tain　③ break-fast　④ en-gine 〕　[42]

2 〔 ① stom-ach　② ab-sent　③ class-mate　④ pol-lute 〕　[43]

3 〔 ① e-lev-enth　② yes-ter-day　③ ex-er-cise　④ pho-to-graph 〕　[44]

8　各組の語の中で，下線部の発音が他と異なるものをそれぞれ１つずつ選びなさい。

1 〔 ① gray　② laid　③ let　④ ate 〕　[45]

2 〔 ① cook　② woman　③ pull　④ shoulder 〕　[46]

3 〔 ① swum　② beside　③ rice　④ plays 〕　[47]

② 特にけがなどはしていない。
③ 猿の行方は見当がつかない。
④ 特別な理由は見当たらない。
⑤ 鉄砲の弾はここにあるよ。

問7 傍線部Ｅ「助けよ助けよ」とあるが、草浪が叫んだ理由として最も適当なものを次の①～⑤のうちから一つ選び、番号で答えなさい。解答番号は36。

① 狩人の正体は実は山賊であり、草浪を一度油断させながらその金品をねらって襲いかかってきたから。
② 狩人は猿に危害を加えた草浪に怒りを覚えて突然襲いかかってきたと思ったから。
③ 草浪は先ほど歌を詠んで友好的に別れた狩人が心変わりして襲ってきたと思ったから。
④ 草浪は狩人が先ほどの和歌によって愚弄されたことに気づいて襲いかかってきたと思ったから。
⑤ 草浪は狩人に襲われたという素振りをしてこの人里で同情を買い、無賃で宿泊しようと考えたから。

問8 空欄 Y に入る語句として最も適当なものを次の①～⑤のうちから一つ選び、番号で答えなさい。解答番号は37。

① なら　② なり　③ なる　④ なれ　⑤ なろ

問9 傍線部Ｆ「さること」の指す内容として最も適当なものを次の①～⑤のうちから一つ選び、番号で答えなさい。解答番号は38。

① 狩人が逃げ去った猿の行方をいつまでも知りたがっていたこと。
② 狩人が草浪に対して自らの和歌を披露したいと思っていたこと。
③ 狩人が草浪に猟銃を渡して弟子入りしたいと考えていること。
④ 狩人は草浪に山賊が出没していると忠告したかったこと。
⑤ 狩人は草浪の詠んだ和歌をもう一度教えてもらいたかったこと。

問10 草浪の心情の変化についての説明として最も適当なものを次の①～⑤のうちから一つ選び、番号で答えなさい。解答番号は39。

① 当初狩人からの追跡に恐れを覚えていた草浪は住民の数を頼みに、逆に狩人に詰め寄ろうとしていた。
② 当初は狩人からの追跡に恐怖心が募っていた草浪は住民の加勢を得てもなお狩人に恐れを抱かずにはいられなかった。
③ 当初狩人からの追跡にも無関心であった草浪は住民の説得により狩人に恐怖を覚えつつも平静を装っていた。
④ 当初狩人の追跡におかしさを覚えずにはいられなかった草浪は、住民を聴衆に得て狩人を笑わせようと滑稽な顔をした。
⑤ 当初狩人からの追跡に親しみを覚えた草浪は住民の公認を得て、改めて狩人を仲間として迎え入れようとしている。

問11 本文『猿著聞集』の書名のもととなった『古今著聞集』の成立時代と文学ジャンルについて最も適当なものを、次の①～⑤のうちからそれぞれ一つずつ選び、番号で答えなさい。解答番号は40～41。

【成立時代】 40
① 奈良時代　② 平安時代　③ 鎌倉時代
④ 江戸時代　⑤ 明治時代

【文学ジャンル】 41
① 物語　② 随筆　③ 説話　④ 史書　⑤ 軍記

て掛軸・額に仕立てること。

※5　あたら…惜しいことに。

※6　取うでて…取り出して。

問1　波線部(ア)〜(ウ)の語句の意味として最も適当なものを次の各語群①〜⑤のうちからそれぞれ一つずつ選び、番号で答えなさい。解答番号は28〜30。

(ア)　さうざうしき　28
① 複雑な　② 危険な　③ 快適な
④ 殺風景な　⑤ 物騒な

(イ)　そぞろに　29
① 無性に　② 一斉に　③ 非常に
④ 困難に　⑤ 急激に

(ウ)　よばふ　30
① 泣き叫ぶ　② よろめく　③ 呼び続ける
④ 弱りきる　⑤ 這いつくばる

問2　傍線部Ａ「丹波国」について黒豆で有名な丹波篠山市が置かれている現在の都道府県として最も適当なものを次の①〜⑤のうちから一つ選び、番号で答えなさい。解答番号は31。

① 栃木県　② 兵庫県　③ 埼玉県　④ 山形県
⑤ 福岡県

問3　傍線部Ｂ「人ならばもの問はましものを」の解釈として最も適当なものを次の①〜⑤のうちから一つ選び、番号で答えなさい。解答番号は32。

① もし人だったならば尋ねてみるまでもない
② 確かに人だったので尋ねてみようかと思う
③ もし人であったならば尋ねなかったのに
④ もし人であったならば尋ねたはずなのに
⑤ 確かに人だったので尋ねてみなかったのだ

問4　傍線部Ｃ「一人の狩人あへぎあへぎ走り来て」とあるが、この理由として最も適当なものを次の①〜⑤のうちから一つ選び、番号で答えなさい。解答番号は33。

① 狩人は道に迷ってしまい途方に暮れていたところ、たまたま通りかかった草浪の姿を見かけたから。
② 狩人は山賊をねらって撃ったつもりだったが、外れて猿に当たってしまったから。
③ 狩人は暴れ猿を追い出すつもりで威嚇して撃ったが、その場で草浪の姿を見かけたから。
④ 狩人は猿を脅すつもりで撃ってしまったが、本当に猿に命中してしまったと思ったから。
⑤ 狩人は猿を撃ったつもりだったが、誤って人に当たってしまったと思ってしまったから。

問5　空欄 X に入る語句として最も適当なものを次の①〜⑤のうちから一つ選び、番号で答えなさい。解答番号は34。

① このは　② このみ　③ こざる　④ こぐり
⑤ こぶし

問6　傍線部Ｄ「子細あらじ」の解釈として最も適当なものを後の①〜⑤のうちから一つ選び、番号で答えなさい。解答番号は35。

① 詳しいことはよくわからない。

② 唯一の手がかりであるベンチを見に来たということはそれだけ両親が見つからないことに焦っているのだと思う。

③ 左胸の痛みの原因は両親が行方不明ということだから、そのこととなると自然と体が反応しているんだと思う。

④ ベンチに座って息を吐き出す瞬間は洋行の中にあった言葉にできない感情も一緒に出せたんじゃないかな。

⑤ ベンチから見える川を泳ぐ産卵を終えた鮭に両親の姿を重ね合わせてこらえきれない様子だった。

⑥ ベンチに座った瞬間、幼い頃に戻っていて両親の呼び方も「お父ちゃん」と「お母ちゃん」だったね。

三 次の文章を読んで、以下の問い（問1～11）に答えなさい。

和泉の国に堺の金井草浪、常に旅に行くことを好みけり。ある時、A丹《たに》波《はの》国に行きけり。何とかしけん。道をたがへ、(ア)いとさうざうしき山のなからにぞ入りたる。とかくして、※1岨《そば》づたひゆけば、岩のはざまに一本の松のいと※2そびやぎたるがある。ここにてしばし立ちとどまり、四方を見かへるところに、松の梢に物の音す。何にかあらんと目をとめてよく見れば、大いなる猿の枝のまにまにつたひゆくにぞありける。「B人ならばもの問はましものを」と、ひとりごつ折から、たちまち鉄砲の声こだまに響きて、草浪が立てる後ろの松の小枝《さえだ》をうちをりける。こは山賊《やまだち》などのわざにこそありけめと、そぞろ恐ろしくなりて立ち退《の》かんとししところに、C一人の狩人あへぎあへぎ走り来て、草浪を見て驚き、「おのれ梢の猿をこそうちとめまく思ひつれ。ここに人のおはしつることはゆめばかりも知らざりき。さばれことはなかりきや」と問ひけるにぞ、「D子細あらじ」と答へたる。この時、猿はいづこへか逃げ去りけん。見えずなりにき。狩人は(イ)そぞろに※3ものししことをうちわびつつ帰らんとす。草浪とどめて路のほどを問ひければ、いとまめやかに教へけり。草浪喜びを述べつつ、別るるときたはぶれに、

狩人のねらひはそれて猿よりも X 一つを拾ひつるかな

と詠みければ、狩人もうち笑ひて別れけり。さばれ草浪はかれまた鉄炮もて後ろよりわれをうつこともこそありなめなど疑ひ思へば、やすき心もあらで、足とくも走りゆくところに、又後ろに物音して人はせ来《く》。何にかと見かへれば、かの狩人なり。草浪さてはかなはじとひたすらに逃げければ、狩人は声あげてひたぶる(ウ)よばふを、耳にもかけず走りければ、やうやくにして人里ある方に出でたり。草浪うれしくある家に走り入りで、「E助けよ助けよ」と叫びければ、ありあふ人々みな出で来。狩人もつづきて入り来にけり。草浪身がまへしてにらまへをれば、狩人は息つぎあへず、「先に詠まれたる歌を紙に書きてたまはるべし。※4表装《へうさう》して床にかけおかまく思ひつれば、さてこそかくはよばひまゐらせたん Y 」と言ひければ、Fさることとはつゆばかりも知らざりき。ただひたすら恐ろしくのみ思ひなして、※5あたら衣一つ汗に浸ししことよとて、はじめて心おちゐて、やがて短冊※6取うでて歌書きて取らせけり。人々をかしがりてみなうち笑ひてやまざりき。とある人の物語りし。

（八島定岡『猿著聞集』による）

※1 岨…山の急斜面。険しい場所。
※2 そびやぎたる…高くそびえている。
※3 ものしし…不快なこと。
※4 表装…書画の保存と鑑賞のために布・紙などで縁どりや裏打ちなどをし

② 星野さんから自分の知らない両親の話を聞くことができたということ。

③ 自分の気持ちは止まっていても季節は関係なく巡ってくるということ。

④ 手術をした左胸の痛みがなかなか消えずむしろ強くなってきているということ。

⑤ 申し込みをしたのにメモリアル・ベンチに両親が座ることはないということ。

問6 空欄 X に入る言葉として最も適当なものを次の①～⑤のうちから一つ選び、番号で答えなさい。解答番号は23。

① はやく帰ってきて　② また次の春で　③ ありがとう
④ おやすみなさい　⑤ 待っているよ

問7 傍線部Ｅ「うん、」とあるが、このうなずきに込められた洋行の心情として最も適当なものを次の①～⑤のうちから一つ選び、番号で答えなさい。解答番号は24。

① 震災が起きてからずっと心の奥にしまっていた両親への思いを星野さんに聞いてもらい、やっと前に進むことができると安堵している。

② 近年は両親と疎遠になっていたのが、両親が残したメモリアル・ベンチに座ることで離れていた心の距離を縮めるきっかけができたと喜んでいる。

③ 両親の死を受け入れることができず逃げるようにしてここにやってきたが、星野さんから両親の話を聞きこのままではいけないと自分を奮い立たせている。

④ 産卵を終えた鮭を見て、必死に生きようとする姿に励まされもう一度自分の病気とも向きあってみようと勇気を出そうとしている。

⑤ メモリアル・ベンチに座り、両親の面影をたどることで気持ちを整理することができ冬を越えてやってくる春を待ちたいという穏やかな気持ちになっている。

問8 傍線部Ｆ「虹がいくつものかけらになった」とあるが、ここで用いられている表現として最も適当なものを次の①～⑤のうちから一つ選び、番号で答えなさい。解答番号は25。

① 直喩　② 隠喩　③ 掛詞　④ 擬人法　⑤ 対句

問9 次は、本文について話し合った三人の生徒の会話である。空欄 Ⅰ・Ⅱ に入るものを次の①～⑥のうちからそれぞれ一つずつ選び、番号で答えなさい。解答番号は26～27。Ⅰ は26、Ⅱ は27。

生徒Ａ――洋行はなかなか両親が見つからないことに、どのように向き合ったら良いのか決めかねていたね。

生徒Ｂ――そんな時に届いたのが北海道Ｍ町からの手紙という訳だ。

生徒Ｃ――実際に両親が決めた場所に設置されたメモリアル・ベンチを見て洋行は、思い出と共に現実と向き合っているように感じたよ。

生徒Ｂ―― Ⅰ

生徒Ｃ――確かに。両親のことを考えるときに、手術をした左胸を触る動作をするのも印象的だったね。

生徒Ａ―― Ⅱ

① 左胸に影ができて手術したのも「運命」であり、両親が見つからないのも「運命」だと考えているから自然と動作にでているのではないかな。

(イ)　遡上　[17]

①　群れで一気に泳ぐこと
②　敵から必死に逃げていること
③　流れに身をまかせること
④　流れをさかのぼること
⑤　周囲を気にせず自由に泳ぐこと

(ウ)　たゆたっている　[18]

①　行く手を阻まれて右往左往している様子
②　周囲を気にせずゆったりと泳いでいる様子
③　子孫繁栄のために必死にもがいている様子
④　負傷して尾ひれを動かすのが億劫な様子
⑤　ゆらゆらと漂っている様子

問２　傍線部Ａ「……」に込められた星野さんの心情として最も適当なものを次の①～⑤のうちから一つ選び、番号で答えなさい。解答番号は[19]。

①　洋行の発言があまりにも小さい声だったので聞き取れず、なんと返事をしたら良いか分からず困っている。
②　洋行の寂しげな様子と発言に、改めて自分が送った手紙が洋行やその家族を傷つけてしまったと反省している。
③　洋行の「ちょっと後悔したんじゃないかなあ」という言葉に対して、その言葉の意図がつかめず不安に思っている。
④　洋行の発言があまりにも軽々しい様子であったため、このベンチを設置するまでの努力を侮辱されたと思って憤慨している。
⑤　洋行がわざと明るく振る舞っていることに気がつき、何もできない自分の無力さをひしひしと感じ言葉を詰まらせている。

問３　傍線部Ｂ「まぶたの裏がじわじわと熱くなってきた」とあるが、その理由として最も適当なものを次の①～⑤のうちから一つ選び、番号で答えなさい。解答番号は[20]。

①　自分の目でベンチを見て改めて両親がいないことを実感したから。
②　メッセージプレートの余白部分から、両親らしさを感じることができたから。
③　両親のこだわりが詰まったベンチを見ることができて満足していたから。
④　想像以上のベンチのできばえに妻や娘を連れてこなかったことを後悔していたから。
⑤　メッセージプレートの刻印が両親との思い出を蘇らせたから。

問４　傍線部Ｃ「変わることのないふるさと」とは鮭にとってどのようなふるさとか。その説明として最も適当なものを次の①～⑤のうちから一つ選び、番号で答えなさい。解答番号は[21]。

①　周囲の様子などが変わっても秋になると帰るべき場所。
②　川の規模は変わっても安心して余生を送ることができる場所。
③　数年の期間が空いても子育てに専念することができる場所。
④　住んでいる人は変わっても昔のままの風景を維持している場所。
⑤　自分が好きなときに気軽に帰ってくることができる場所。

問５　傍線部Ｄ「運命について思う」とあるが、ここでいう「運命」とはどのようなことを指しているか。その説明として最も適当なものを後の①～⑤のうちから一つ選び、番号で答えなさい。解答番号は[22]。

①　必死に探しているが両親の安否に関して手がかりもないということ。

て、まぶたを閉じた。

左胸をそっと撫《な》でる。

D運命について思う。

悲しみはある。ないと言えば嘘《うそ》になる。けれど、悔しさや無念や恨みだけは抱くまい、と自分に言い聞かせる。ひとはそのために、運命のせいにするという知恵を授かったのかもしれない。

冬が来て、また春がめぐって、桜が咲き、鮭の稚魚は海を目指して泳ぎだす。

春の次は夏だ。夏には、おじいちゃんになる。

秋には少し長い休みをとって、ふるさとに帰ろう。雑草が伸び放題になっているはずの我が家の土地の処分を、つまりは老いた自分とふるさととの関係を、ちゃんと考えなければならない。

冬が来る。※5肋間神経痛《ろっかんしんけいつう》は寒いとしんどいらしい。もっとつらい痛みも覚悟している。

運命だ、と目を開けずにつぶやいた。肋骨の下に痛みが走り、両手で胸を抱いた。体を横に向けて、ベンチの背に頬をこすりつけるようにして痛みを流した。メッセージプレートに頬が触れる。吹きさらしの冷たさが心地よかった。なにも刻んでいない余白のなめらかさは、残念ながら感じ取ることはできなかったけれど。

痛みの波が去ってから体を起こし、まっすぐ座り直して、冬を越えたあとに待つ春を、また思う。次の春も、また次の春も、おだやかな暖かい日がつづくといい。

そうだよね、と両親の顔を思い浮かべ、「親父」と「おふくろ」ではなく、子どもの頃のように両親を呼んだ。

お父ちゃん。

お母ちゃん。

もう一言、感謝でもお別れでもない言葉を探して、声に出して言った。

「　X　」

閉じたまぶたの隙間に温かいものがにじみ、虹の色に光った。

目を開けた。Eうん、と一度だけうなずいた。

太陽を見つめてまたたくと、F虹がいくつものかけらになった。

（重松清『また次の春へ』による）

※1　英里子や奈々…洋行の妻と娘のこと。

※2　左胸の影…五月にレントゲン検査で発見され、検査の結果手術をすることになった。

※3　堰堤…貯水、砂防などの目的で、川の流れや土砂をせき止めるためのコンクリートでできた堤防。

※4　洟…鼻水。

※5　肋間神経痛…肋骨の下を走る神経に何らかの原因で痛みが生じること。

問1　波線部(ア)～(ウ)の本文中の意味として最も適当なものを後の各語群①～⑤のうちからそれぞれ一つずつ選び、番号で答えなさい。解答番号は16～18。

(ア)　小春日和　16

①　晩秋から初冬にかけての穏やかな晴天
②　梅雨が明けた頃のからっとした快晴
③　冬の寒さが和らいだ暖かな春の日差し
④　日がだんだん短くなってきた秋の夕暮れ
⑤　冬の訪れを知らせるような雷雨

また来ます」と言った。

桜の咲く頃――という意味でもある。だが、両親は、もう一つの理由を星野さんに話していた。「この川、鮭が(イ)遡上《そじょう》するんです」

今年はもう遡上の季節は終わりかけているが、両親が訪れた去年の十月は、まさにシーズンのまっただ中だった。

「護岸工事をして水深が昔よりずっと浅くなっちゃったんですけど、それでも、がんばって上ってくるんです。体のほとんどが水面から出ても、浅瀬をビチャビチャ跳ねながら必死に上って、傷だらけになって※3堰《えん》堤《てい》をジャンプして越えていくんです」

両親もそれを見た。

ちょうどいまベンチが置いてある場所にたたずんで、星野さんが訝《いぶか》しく思うほど、じっと、しばらく身動きもせずに、ふるさとに帰ってきた鮭を見つめていた。

「春になると、今度は卵からかえった稚魚が川を下るんです。海に向かって泳いでいって、そのまま、もう何年も帰ってこないんですよね。今度ふるさとの川に帰ってくるときは、産卵して一生を終えるときで……」

星野さんは※4洟《はな》を啜《すす》り、大きく息をついてからつづけた。

「春になって、稚魚が海に向かう頃に、またここに来ます、っておっしゃってました。お父さんもお母さんも」

洋行は黙ってうなずいて、岸辺のぎりぎりまで歩いて川面《かわも》を覗き込んだ。

ふるさとの川にも鮭は上ってくる。時季になると、父親は近所のひとたちと一緒に、イクラ狙いの密漁を防ぐために河口を見回っていた。

今年の秋も、鮭は帰ってきただろう。変わり果ててしまったふるさとは、それでも、C変わることのないふるさとなのだろう。

「もう遡上はほとんど終わってますから、鮭はいないかもしれませんね」

そう言って、洋行の隣で川に目をやった星野さんは、「あ、ほら、あそこ」と少し上流のほうを指差した。「産卵を終えた鮭です」

全身が傷ついて白くなった鮭が、川底に沈んでいた。端のほうがちぎれた尾びれが、水の流れに(ウ)たゆたっている。陽射しを浴びせたせせらぎは、細かな光のかけらになった。その無数の光に包まれて、鮭は静かに眠る。

星野さんは「管理事務所にちょっと顔を出して来ます」と歩きだした。一人にしてくれた気づかいに感謝しながら、洋行は川底の鮭から目をそらすことなく、ただじっと見つめつづけた。

太陽に雲がかかって、水面の光のかけらが消えた。山のほうから風が吹きわたって、梢《こずえ》に残っていた桜の葉を何枚も散らした。

洋行は大きく吸い込んだ息を止め、左胸に手をあてて、両親のベンチの真ん中に座った。

洋行を真ん中に、両親が左右に立つ、そんな写真を子どもの頃に何枚も撮った。

左胸に手をあてたまま背もたれに体を預け、胸に溜《た》まっていた息をゆっくりと吐き出すと、自然と頬がゆるんだ。遊歩道に人影はなかったが、芝生の広場で、着ぶくれした幼い子どもがお母さんと遊んでいるのが見えた。川を背にしたほうが、不思議と川のせせらぎがよく聞こえる。

雲が切れた。また顔を覗かせた太陽を見上げ、まばゆさに目を細めこんなにもたくさんの遺体を目にしたのは、もちろん生まれて初めてだった。※1英里子や奈々は安置所へは決して行かせなかった。そのことだけは、たとえ他人からどう言われようとも、間違ってはいなかったぞ、と自分の判断を肯定したい。

最初の数日間は、両親に似た年格好の遺体が別人だとわかるたびに安《あん》堵《ど》のため息をついていたが、やがて、早く見つけてやりたい、身内のもとに連れ帰ってやりたい、という思いのほうが強くなってきた。

悲しみを受け止める覚悟はできていた。だが、その覚悟は、どこにも落ち着き先を見つけられないまま、胸の奥に漂いつづけるしかなかった。

※2左胸の影はそこから生まれてしまったのではないかと、ときどき真剣に思う。

両親のメモリアル・ベンチは、桜並木がつづく河畔の遊歩道にあった。おとな三人でゆったり、少し詰めれば四人でも座れそうな、大ぶりのベンチだった。

背もたれの真ん中に取り付けられたステンレスのメッセージプレートは、名前以外に四十字までのメッセージを入れられるサイズだった。だが、申し込み用紙にあったとおり、両親はローマ字表記の二人の名前しか入れていない。おかげで余白の部分が大きすぎて、なんだかひどく間が抜けていた。

「親父とおふくろは、このベンチに座ったんですか？」

星野さんは申し訳なさそうに首を横に振った。メモリアル・ベンチは申し込みがあってから製作に取りかかる。十二月頃にできあがったものの、雪の積もる時季に入ってしまったので、設置は春まで延期された。

「設置工事をしたのは三月二十日です」

「じゃあ、もう……」

遺体安置所をめぐっていた頃だ。

停電で薄暗い体育館の床に何百もの遺体が並んだ光景と、海水交じりの泥のにおいと、そして濃密に立ちこめていた死の気配としか呼びようのない湿り気が、よみがえる。

それを振り払いたくて、わざと軽く笑って言った。

「おふくろ、もしも実物のベンチを見たら、ちょっと後悔したんじゃないかなあ」

「A……気に入ってもらえなかった、ってことですか？」

「いえ、そうじゃなくて、こんなにプレートに余白があるんだったら、遠慮せずになにかメッセージを書いてもらえばよかった、って」

星野さんも、やだ、と笑った。

「親父もおふくろも、そういうところでヘンに遠慮しちゃう性格なんですよ」

まいっちゃうよなあ、と首をかしげながら、ぽっかりと空いたプレートの余白を見ていたら、Bまぶたの裏がじわじわと熱くなってきた。

(ア)小春日和《こはるびより》の午後だった。こんなにおだやかな晴れの日は今年最後かもしれませんね、と車の中で星野さんが言っていた。山のほうは先週冠雪《かんせつ》したらしい。桜の葉もほとんど散り落ちて、もうじき長い冬が来る。

あ、と星野さんが声をあげる。「思いだしました、いま言われて」

ベンチを置く場所を決めるために、星野さんの案内で河畔の遊歩道を歩いていた両親は、この遊歩道をとても気に入って、「春になったら必ずに誤答が多くなる。再び正答率が高くなるのは、物理学の教育の効果と考えられる。（　）内は被験者の人数。」との説明が付されている。次の①～⑤の図のうちから図４として最も適当なものを一つ選び、番号で答えなさい。解答番号は11。

①
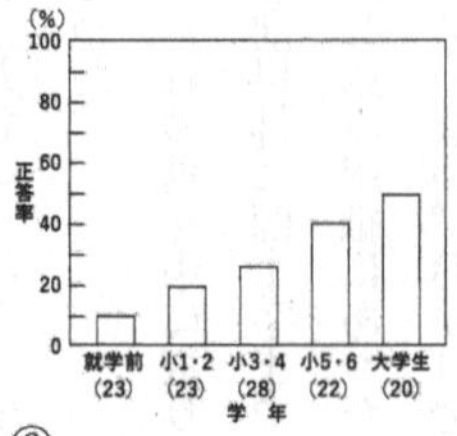

②
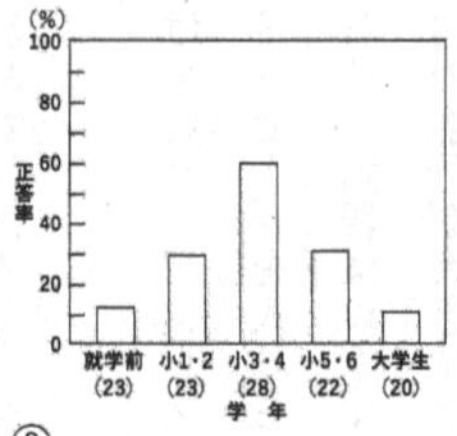

③
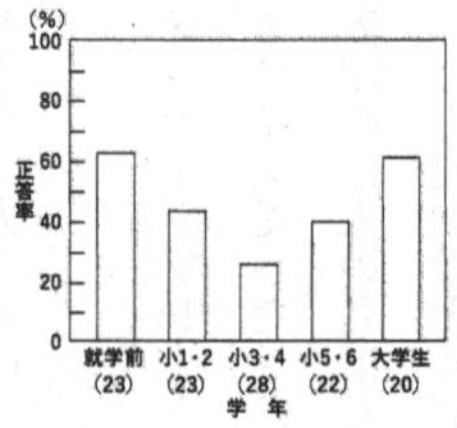

④
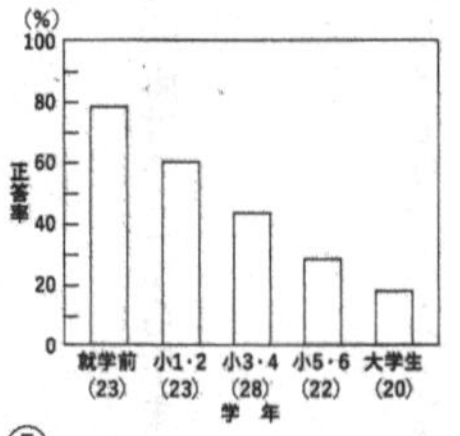

⑤
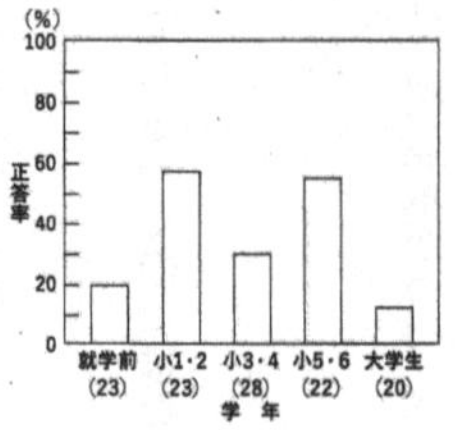

問８　空欄 X 、 Y に入る語として適当なものを次の①～⑤のうちからそれぞれ一つずつ選び、番号で答えなさい。なお、同じ番号を二度選んでも良い。解答番号は12～13。 X は12、 Y は13。

①　それから　②　たとえば　③　もしくは
④　なぜなら　⑤　しかし

問９　傍線部Ｇ「ステレオタイプ」と同じような意味を表す語として最も適当なものを次の①～⑤のうちから一つ選び、番号で答えなさい。解答番号は14。

①　レッテル　②　エチケット　③　アプローチ
④　ストレス　⑤　コントラスト

問10　本文の内容として最も適当なものを次の①～⑤のうちから一つ選び、番号で答えなさい。解答番号は15。

①　人間は他の動物と違って物事を直観で判断し、行動するということは少ない。
②　慣習や習慣と呼ばれるものも物理学から見ると意味がない場合が多い。
③　学校教育で学んだ物理学は日常生活とかけ離れており実用性がない。
④　素朴理論も多くの場合後には科学的に正しいことが証明される。
⑤　大人でも日常生活においては論理的な思考や科学的な知識に基づかない推論を簡単に口に出してしまう。

二　東京で暮らす洋行《ひろゆき》のもとに北海道のＭ町から両親宛の手紙が転送された。洋行の両親は東日本大震災で津波にのみ込まれ行方不明になっている。本文は、洋行の知らぬ間に両親が申し込んでいた北海道Ｍ町にあるメモリアル・ベンチを見に行く場面である。これを読んで、以下の問い（問１～９）に答えなさい。

三月から五月頃にかけて、洋行は遺体安置所をめぐりつづけた。数えきれないほどの遺体を目の当たりにして、それが両親のなきがらではないことを確かめて、また次の遺体へ目を移す。

どの遺体も泥で黒く汚れていた。腕や脚が不自然に折れ曲がったり、ちぎれていたりする遺体も多かった。

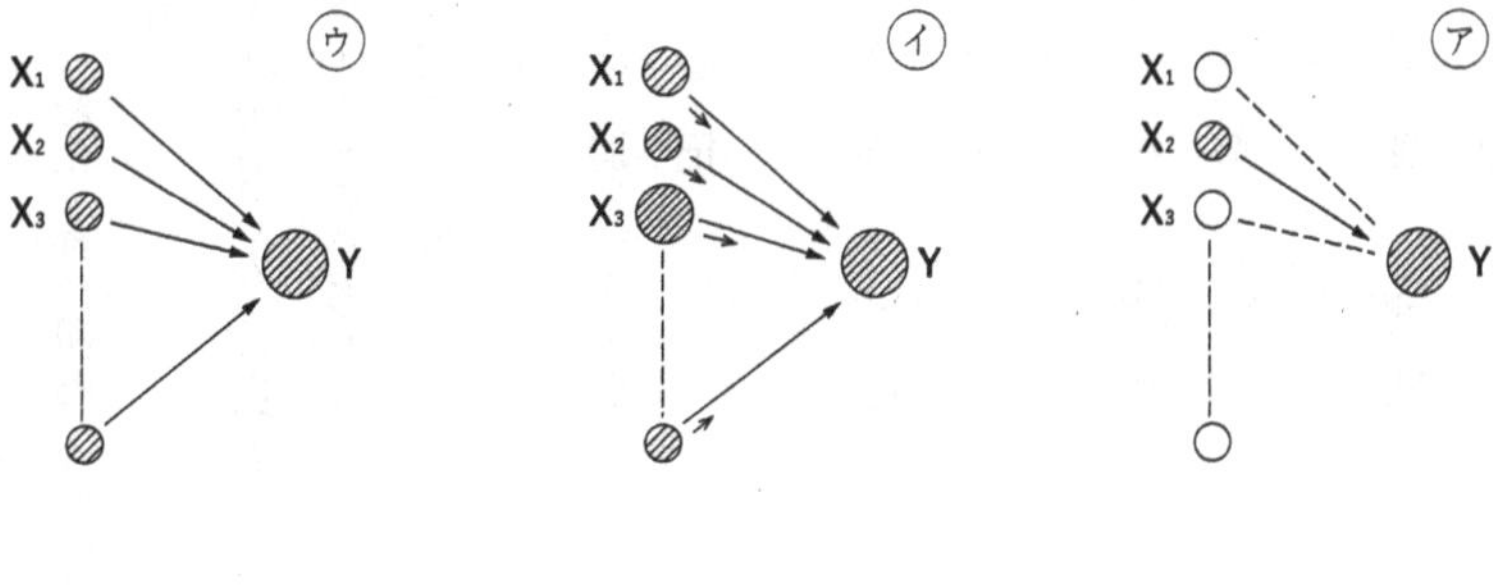

図１　さまざまなタイプの因果スキーマ

問４　傍線部Ｃ「多要因十分条件スキーマ」にあてはまる例として最も適当なものを次の①～⑤のうちから一つ選び、番号で答えなさい。解答番号は[8]。

① てるてる坊主をつるした翌日は晴天だった。
② 空港を飛び立った旅客機が十五分後、離陸した空港へ引き返した。
③ 自国開催のオリンピックで過去最多のメダルを目指す。
④ 一億円獲得を狙って一万円分宝くじを購入する。
⑤ ケガで休んでいた選手が復帰後、移籍したチームで活躍した。

問５　傍線部Ｄ「素朴理論」にあてはまる例として最も適当なものを次の①～⑤のうちから一つ選び、番号で答えなさい。解答番号は[9]。

① 太陽は毎日、地球上空を東から西へ猛烈な速度で移動する。
② 電球と電池を導線で結ぶと電流はプラス極から電球を経由してマイナス極へ流れる。
③ ミニトマトの苗を四月頃に植えると、七、八月頃に収穫できる。
④ 初詣には元旦の朝八時に地元の神社へ家族と一緒に足を運んでいる。
⑤ ビルの屋上から五キログラムの鉄球と十キログラムの鉄球を落下させても落下速度は変わらない。

問６　傍線部Ｅ「幼児には、むしろ直線軌道になるという予測が少なからず見られる」とあるが、その理由として最も適当なものを次の①～⑤のうちから一つ選び、番号で答えなさい。解答番号は[10]。

① 日常経験から導き出される科学的な推論ができないから。
② 幼児の直観は物理学の本質に近いものがあるから。
③ 年齢を重ねた人のほうが中途半端な物理の知識に惑わされるから。
④ 日常経験から作り上げる間違った推論をしないから。
⑤ 幼児は現代教育に毒される以前の力学を身につけているから。

問７　傍線部Ｆ「**図４**」とあるが、**図４**は「曲がったホースの問題の正答率」を示した図で、「幼児期にはむしろ正答率が高く、年齢ととも信念である。「イタリア人は陽気だ」とか「やせた人は神経質だ」とかいうように、おうおうにして過度の一般化を含んでいる。こうした信念が、未来のできごとの予測に使われるだけでなく、因果の推論に使われることは想像にかたくない。陽気にふるまっている人を見たときに、「ああ、彼はイタリア人だから」と原因帰属して、納得してしまうことになるのである。

（市川伸一『考えることの科学』による）

※１　ケリー……ハロルド・ケリー（一九二一～）。アメリカの社会心理学者。

※２　スキーマ……一般化された知識。人間の認知過程を説明する際に用いられる概念の一つ。

問１　傍線部(ア)～(オ)のカタカナに相当する漢字として最も適当なものを、次の各語群①～⑤のうちからそれぞれ一つずつ選び、番号で答えなさい。解答番号は1～5。

(ア)　キユウ　1
①　記　②　期　③　機
④　既　⑤　杞

(イ)　サイハイ　2
①　采　②　祭　③　際
④　最　⑤　採

(ウ)　コショウ　3
①　故　②　顧　③　呼
④　固　⑤　鼓

(エ)　ギンミ　4
①　未　②　身　③　味
④　実　⑤　見

(オ)　ジショウ　5
①　象　②　生　③　照
④　証　⑤　称

問２　傍線部Ａ「トップダウン的に理解する」とあるが、「トップダウン」と対になる概念に「ボトムアップ」がある。「ボトムアップ的に理解する」とはどうすることか。最も適当なものを次の①～⑤のうちから一つ選び、番号で答えなさい。解答番号は6。

①　人は愚かだという前提に立って物事を慎重に理解すること。
②　構成する要素の一つ一つを分析して、分析された特徴から理解すること。
③　事前に人間が持っている知識や経験などから全体像をイメージした上で理解すること。
④　自分の意見は持たず、雰囲気を察知して物事を理解すること。
⑤　一つ一つ努力を積み重ねていった結果、自分の能力を理解すること。

問３　傍線部Ｂ「**図１**」とあるが、その後のスキーマ(a)、(b)、(c)、それぞれにあてはまる次のページの図㋐、㋑、㋒の組み合わせとして最も適当なものを次の①～④のうちから一つ選び、番号で答えなさい。解答番号は7。

①　(a)㋐　(b)㋑　(c)㋒
②　(a)㋑　(b)㋐　(c)㋒
③　(a)㋒　(b)㋐　(c)㋑
④　(a)㋐　(b)㋒　(c)㋑

している人から眺めたときにも垂直に落ちると考えたり、図３（f）のように曲がったホースから飛び出た物体の軌跡が、実際は直線になるにもかかわらず、（g）のような渦巻き状になると考えてしまったりする。

この曲がったホースの問題でおもしろいのは、E幼児には、むしろ直線軌道になるという予測が少なからず見られることである。ところが、年長児になるにつれ、曲線軌道を予測することが圧倒的に多くなり、正答率が下がっていくのであるF（図４）。これはもちろん、そのような場面を観察したから生じたわけではない。観察すれば正答するはずなのである。むしろ、他の経験から抽出した何らかのルールを過度に一般化してしまうために生じるものと見ることができる。素朴物理学は、ニュートン力学以前の力学、すなわちアリストレテスの力学や、中世の力学に近い性質をもっているといわれている。［X］運動している物体は、その運動（直線運動とか円運動）を続けさせるような「運動力（impetus）を中に蓄えており、外からの力が加わらなくなると運動力を放出してしだいに静止すると考えていたりする。

素朴理論は、一定の範囲でそれなりにいろいろな（オ）ジショウを理解できる説明となっており、子どもが世界を構造的に認識するようになった現われともいえる。［Y］学校教育などを通じて科学的な知識体系を学んだ後も、根強く残るやっかいなしろものでもある。実際、大人でも直観的な判断を求められたときには、むしろ素朴理論に基づいた推論をしてしまうことが少なくない。科学的な知識のほうがすっかり忘れ去られ、素朴理論だけが信念として残ってしまうことは、大学生に中学理科程度の問題を出してみるとすぐわかる。また、社会心理学でよく話題になるのは、Gステレオタイプと呼ばれる人間の特性に関する類型的な素朴

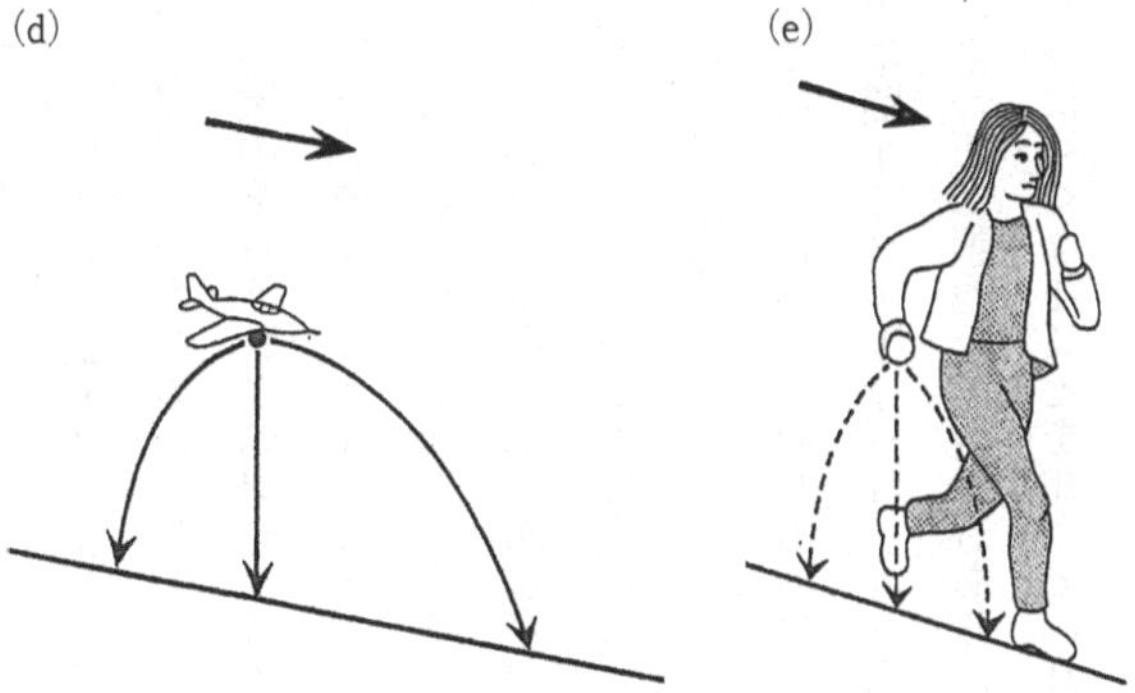

図２　物体が垂直に落ちるという信念．
(d) は動いている飛行機から落とした爆弾，(e) は走っている人が落としたボール．地上で静止している人から見ると軌跡は放物線になるはずだが，垂直に落ちるという解答が非常に多い．なかには，うしろに落ちるという被験者もいる．

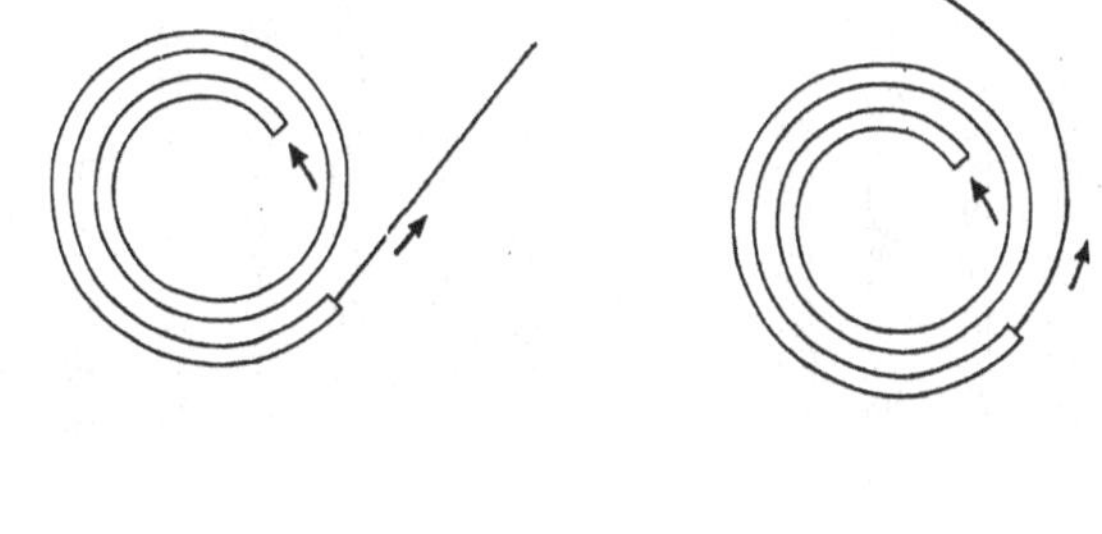

図３　曲がったホースから飛び出すボールの軌跡は？

【国　語】（五〇分）〈満点：一〇〇点〉

一 次の文章を読んで、以下の問い（問1～10）に答えなさい。

さて、何度も観察できないような状況では、人間は安易に原因を推測せずに保留するだろうか。どうも日常生活を見ていると、そんなことはなさそうだ。たった一度の経験からでも、私たちは因果的な説明をつくりあげて現象を解釈してしまうことがよくある。つまり(ア)キユウ知識に基づいて、いったいこの状況はどういう状況かを判断し、A トップダウン的に理解するというやり方をとる。

こうしたときに使われる因果に関する一般的な知識として、ケリー※1が提唱したのが因果スキーマ※2（casual schema）である。因果スキーマにはいくつかのタイプがある。もっとも単純なのは、「ある原因Xが生じたとき（そしてそのときのみ）、結果Yが生じる」というものだ。このときは、Yの原因をXに帰属させるしかない。しかし、B **図1**のように、もっと複雑な因果関係のありかたについても、私たちは知っている。たとえば「複数の要因X_1、X_2、……のすべてが満足されれば、ある結果Yが生じる」というような「多要因必要条件スキーマ」と名づけられたものを考えてみよう（**a**）。このスキーマがあてはまる例としては、非常に困難な達成課題を成し遂げるような場合がある。選手の才能や努力、監督の(イ)サイハイ、練習の環境など、さまざまな条件がそろわないと、全国高校野球で優勝はできないと考えられる。すると「母校が甲子園で優勝した」ということを聞いたときに、このスキーマが喚起されるならば、こうしたすべての条件が満たされていたのだろうと推測される。

「複数の要因X_1、X_2、…のうち、少なくともどれか一つが起きれば、ある結果Yが生じる」というようなものもあり、これは「C 多要因十分条件スキーマ」という（**b**）。結果Yが生じたときに、このスキーマが喚起されれば、どれかの要因が生じたということが推測される。さらに「複数の要因のそれぞれが効果を及ぼすが、確率的な変動を含んで結果が生じる」というようなスキーマもある（**c**）。入学試験に合格するなどというのは、これに属するといえそうだ。受験生の能力や努力、志望校の難易度というような要因もあるが、体調や出題といった不確定な要素も作用している。こうした場合には、何に帰属するかの個人差は大きいに違いない。（中略）

ところで、推論に使われるのは、右に述べたような一般的で抽象的な因果に関するスキーマだけではない。もっと領域固有的な知識や、（場合によっては誤った）信念もあるだろう。車のエンジンは温度が低いとかかりにくくなることを知っていれば、スキー場でかからなくなったときに、エンジンにお湯をかけるなどしてすぐに対処できる。エンジンがかからないという事態に、右に述べた「多要因十分条件スキーマ」をあてはめれば、エンジンの(ウ)コショウとか、バッテリーがあがったとか、いろいろの候補が考えられる。しかし、直接的な経験的知識がある場合には、いちいち因果スキーマが喚起して考えられる要因を(エ)ギンミしていくという推論方法はとりそうにない。

私たちが日常経験からつくりあげた素朴な信念は、D 素朴理論（naive theory）という体系をなしていることがある。物理を例にとれば、力と運動、熱、電流などについて人々が根強くもっている素朴理論があり、総称して素朴物理学（naive physics）と呼ばれる。たとえば、走っている人や飛んでいる飛行機から落とした物体が、**図2**のように地上で静止

2023年度

解　答　と　解　説

《2023年度の配点は解答欄に掲載してあります。》

＜数学解答＞

$\boxed{1}$ (1) $\boxed{1}$ 1　(2) $\boxed{2}$ 1　$\boxed{3}$ 2　(3) $\boxed{4}$ 5　(4) $\boxed{5}$ 5
(5) $\boxed{6}$ 1　$\boxed{7}$ 4　(6) $\boxed{8}$ 2　$\boxed{9}$ 5　(7) $\boxed{10}$ 1　$\boxed{11}$ 9
(8) $\boxed{12}$ 8　$\boxed{13}$ 2

$\boxed{2}$ (1) $\boxed{14}$ 2　$\boxed{15}$ 6　(2) $\boxed{16}$ 8　$\boxed{17}$ 3　$\boxed{18}$ 6
(3) $\boxed{19}$ 2　$\boxed{20}$ 3　$\boxed{21}$ 6　$\boxed{22}$ 3　(4) $\boxed{23}$ 5　$\boxed{24}$ 5　$\boxed{25}$ 6　$\boxed{26}$ 5

$\boxed{3}$ (1) $\boxed{27}$ 3　$\boxed{28}$ 6　(2) $\boxed{29}$ 5　$\boxed{30}$ 7　(3) $\boxed{31}$ 9　(4) $\boxed{32}$ 3　$\boxed{33}$ 4

$\boxed{4}$ (1) $\boxed{34}$ 1　$\boxed{35}$ 1　$\boxed{36}$ 9　(2) $\boxed{37}$ 7　$\boxed{38}$ 6　$\boxed{39}$ 2　$\boxed{40}$ 3
(3) $\boxed{41}$ 1　$\boxed{42}$ 1　$\boxed{43}$ 6　$\boxed{44}$ 5　$\boxed{45}$ 3　$\boxed{46}$ 3

$\boxed{5}$ (1) $\boxed{47}$ 1　$\boxed{48}$ 2　(2) $\boxed{49}$ 3　$\boxed{50}$ 4　$\boxed{51}$ 1　$\boxed{52}$ 2　$\boxed{53}$ 9　$\boxed{54}$ 0
$\boxed{55}$ 1　$\boxed{56}$ 2　$\boxed{57}$ 7　$\boxed{58}$ 4　(3) $\boxed{59}$ 3　$\boxed{60}$ 2　$\boxed{61}$ 1　$\boxed{62}$ 6
$\boxed{63}$ 5

○推定配点○

$\boxed{1}$ 各3点×8　$\boxed{2}$ 各3点×8　$\boxed{3}$ 各3点×4　$\boxed{4}$ 各3点×6　$\boxed{5}$ (1) 各2点×2
(2), (3) 各3点×6　計100点

＜数学解説＞

基本 $\boxed{1}$ (数・式の計算, 1次方程式, 平方根の計算, 1次関数, 2次方程式, 確率)

(1) $\frac{3}{5}\times\left\{\left(\frac{5}{4}-\frac{1}{6}\right)+1\right\}-0.25=\frac{3}{5}\times\left\{\left(\frac{15}{12}-\frac{2}{12}\right)+1\right\}-\frac{1}{4}=\frac{3}{5}\times\left(\frac{13}{12}+\frac{12}{12}\right)-\frac{1}{4}=\frac{3}{5}\times\frac{25}{12}-\frac{1}{4}=\frac{5}{4}-\frac{1}{4}=\frac{4}{4}=1$

(2) $\frac{ax-3}{2}+\frac{3x+2}{4}=\frac{2(ax-3)+3x+2}{4}=\frac{(2a+3)x-4}{4}$　$\frac{(2a+3)x-4}{4}=x-1$から, $(2a+3)x-4=4x-4$　$2a+3=4$　$2a=1$　$a=\frac{1}{2}$

(3) $(a^2b^3)^4\div(ab^4)^3=a^8b^{12}\div a^3b^{12}=a^5$

(4) $\left(\frac{2+\sqrt{6}}{\sqrt{2}}\right)^2-\sqrt{12}\times\sqrt{2}=\frac{4+4\sqrt{6}+6}{2}-2\sqrt{3}\times\sqrt{2}=2\sqrt{6}+5-2\sqrt{6}=5$

(5) $y=x+5$…①　$y=-3x+1$…②　①と②からyを消去すると, $x+5=-3x+1$　$4x=-4$　$x=-1$　①に$x=-1$を代入して, $y=-1+5=4$

(6) $x^2+ax-15=0$…①　①に$x=3$を代入して, $3^2+3a-15=0$　$3a=6$　$a=2$　①に$a=2$を代入して, $x^2+2x-15=0$　$(x+5)(x-3)=0$　$x=-5$, 3　よって, 他の解は-5

(7) 2個のサイコロの目の出かたは, 全部で, $6\times6=36$(通り)　そのうち, 出た目の差が4である場合は, (赤, 青)=(1, 5), (2, 6), (5, 1), (6, 2)の4通り　よって, 求める確率は, $\frac{4}{36}=$

$\frac{1}{9}$

(8)　求める定価をx円とすると，$1.1x=200$　　$x=200\div1.1=181.8\cdots$　　よって，182円

2 (方程式の応用問題，場合の数，空間図形の計量問題，統計)

(1)　コンビニから駅までの距離は，$2000-900=1100$　　よって，$\frac{900}{60}+\frac{1100}{100}=15+11=26$(分後)

重要 (2)　3回の移動で辺BCに到達する移動の経路は，$2\times2\times2=8$(通り)
各点を右の図のように定めると，1回目の移動でDに移った場合のD以降の移り先は，EDFB，EDFH，EDOH，EDOI，EOFB，EOFH，EOGI，EOGC，EGOH，EGOI，OFOH，OFOI，OGOH，OGOI，FOFB，FOFH，FOGI，FOGCの18通り　　1回目の移動でEに移った場合も同様にして18通り　　よって，$18+18=36$(通り)

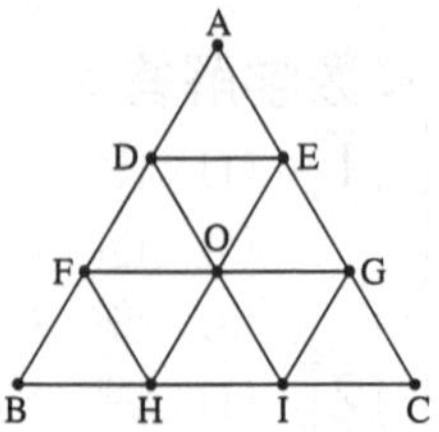

(3)　$BL=BN=3\times\frac{2}{3}=2$，$BM=3\times\frac{1}{3}=1$　　よって，四面体BLMNの体積は，$\frac{1}{3}\times\frac{1}{2}\times2\times1\times2=\frac{2}{3}$(cm³)　　$ML=MN=\sqrt{1^2+2^2}=\sqrt{5}$　　$LN=2\times\sqrt{2}=2\sqrt{2}$　　点MからLNへ垂線MIをひくと，$LI=\frac{2\sqrt{2}}{2}=\sqrt{2}$　　$MI=\sqrt{(\sqrt{5})^2-(\sqrt{2})^2}=\sqrt{3}$　　よって，$\triangle LMN=\frac{1}{2}\times2\sqrt{2}\times\sqrt{3}=\sqrt{6}$(cm²)
点Bから△LMNに下した垂線の長さを$h$cmとすると，$\frac{1}{3}\times\sqrt{6}\times h=\frac{2}{3}$　　$h=\frac{2}{3}\times\frac{3}{\sqrt{6}}=\frac{2}{\sqrt{6}}=\frac{2\sqrt{6}}{6}=\frac{\sqrt{6}}{3}$

基本 (4)　中央値は，点数の低い方から数えて25番目と26番目の平均だから，50点以上60点未満の階級の階級値になる。よって，$\frac{50+60}{2}=55$　　モードとは最も多い度数を示す値のことだから，60点以上70点未満の階級の階級値になる。よって，$\frac{60+70}{2}=65$

3 (規則性)

基本 (1)　$1+2+3+4+5+6+7+8=36$(番目)

(2)　$1+2+3+4+5+6+7+8+9+10+2=57$(番目)

(3)　1からnまでの整数の和は，$\frac{n(n+1)}{2}$で表せる。$n=13$のとき，$\frac{13\times14}{2}=91$　　$n=14$のとき，$\frac{14\times15}{2}=105$　　よって，100番目は14区間目の$100-91$(番目)の数になるから，9

重要 (4)　$1+3+6+10+15+21+28=84$から，7区間までの和は84　　$100-84=16$　　$1+2+3+4+5=15$から，8区間目の6番目の数で初めて100を超える。よって，$1+2+3+4+5+6+7+6=34$(番目)

4 (式の利用，三平方の定理)

基本 (1)　Mの十の位の数をx，一の位の数をyとすると，$M=10x+y$，$N=10y+x$　　$M+N=10x+y+10y+x=11x+11y=11(x+y)$　　よって，M+Nは11の倍数　　$M-N=10x+y-10y-x=9x-9y=9(x-y)$　　よって，M−Nは9の倍数

重要 (2)　$M^2-N^2=(M+N)(M-N)=11(x+y)\times9(x-y)=99(x^2-y^2)=99(x+y)(x-y)$　　$x>y$で，また$(x+y)$と$(x-y)$が両方奇数になる$(x,\ y)$で(x^2-y^2)が最大になる場合を考えると，$(x,\ y)=(9,\ 2)$　　よって，$99\times(9^2-2^2)=7623$

重要 (3)　三平方の定理から，$L^2+N^2=M^2$　　$L^2=M^2-N^2=11\times9\times(x^2-y^2)=11\times3^2\times(x^2-y^2)$　　M^2-N^2を11×9で割った商は(x^2-y^2)で，(x^2-y^2)が$11\times$(整数)^{2}となっていればLは整数になる。xとy

は1桁の整数だから，$x+y=11$，$x-y=1^2=1$を連立して解くと，$x=6$，$y=5$　よって，M=65
$L^2=11\times9\times11\times1=(11\times3)^2$　よって，L=33

5 (平面図形の計量問題―三平方の定理，角度，三角形の合同・相似，面積)

基本 (1) $BM=\frac{AB}{2}=\frac{2}{2}=1$(cm)　$\angle BAE=\frac{\angle BAD}{2}=\frac{90^\circ}{2}=45^\circ$　よって，△ABEは直角二等辺三角形になるから，BE=AB=2(cm)

(2) BF=$x$cmとすると，$FE=BE-BF=2-x$　HE=BM=1　△FHEにおいて三平方の定理を用いると，$x^2+1^2=(2-x)^2$　$x^2+1=4-4x+x^2$　$4x=3$　$x=\frac{3}{4}$　FE=FMから△FEMは二等辺三角形なので，△FEMの内角と外角の関係から，∠MEB×2=∠MFB　$\angle MEB=\frac{1}{2}t^\circ$
$\angle DGC=\angle GCE=\angle EFH=t^\circ$，$\angle FGA=\frac{180^\circ-\angle DGC}{2}=\frac{180^\circ-t^\circ}{2}=90^\circ-\frac{1}{2}t^\circ=\left(90-\frac{1}{2}t\right)^\circ$
△FEH≡△CEIから，$IC=HF=\frac{3}{4}$　△GDC∽△CIEから，GC：CE=DC：IE，GC：$\frac{5}{4}$=2：1，
$GC=\frac{5}{4}\times2=\frac{5}{2}$　$AG=IG=GC-IC=\frac{5}{2}-\frac{3}{4}=\frac{7}{4}$(cm)

重要 (3) $AD=BC=BE+EC=2+\frac{5}{4}=\frac{13}{4}$　$GJ=GD=AD-AG=\frac{13}{4}-\frac{7}{4}=\frac{6}{4}=\frac{3}{2}$(cm)　(四角形FHIG)=(四角形FBAG)$=\frac{1}{2}\times\left(\frac{3}{4}+\frac{7}{4}\right)\times2=\frac{5}{2}$　$\triangle CKI=\frac{347}{128}-\frac{5}{2}=\frac{347-320}{128}=\frac{27}{128}$
$\triangle GJC=\triangle GDC=\frac{1}{2}\times\frac{3}{2}\times2=\frac{3}{2}$　(四角形GJKI)$=\triangle GJC-\triangle CKI=\frac{3}{2}-\frac{27}{128}=\frac{192-27}{128}=\frac{165}{128}$
(cm^2)

★ワンポイントアドバイス★

4 (3)で，(整数)が2以上のときは，x，yが一桁の整数であることから，成り立たないことを確認しよう。

<英語解答>

1　1 4　2 4　3 1　4 3　5 2　6 4　7 2　8 4　9 3
2　10 2　11 1　12 4　13 4　14 2　15 2　16 3　17 3　18 1　19 2
3　20 4　21 2　22 1　23 3　24 3　25 4
4　26 ③　27 ①　28 ④　29 ④
5　30 ⑧　31 ⑥　32 ⑤　33 ④　34 ④　35 ⑦　36 ②　37 ①
6　38 ③　39 ④　40 ③　41 ④
7　42 ④　43 ①　44 ③
8　45 ①　46 ④　47 ①

○推定配点○
1～9・26～29・38～41　各2点×17　10～25　各3点×16　30～37　各3点×4(各完答)
42～47　各1点×6　計100点

＜英語解説＞

1 リスニングテスト解説省略。

2 (長文読解問題・伝記：内容吟味，語句補充・選択，前置詞，不定詞，文型，熟語，内容一致)

(全訳) 幼稚園の最初の週に，①チャールズ・シュルツは自分が②何と素晴らしい芸術家であるかを証明した。先生がクラスの子供たちに紙とクレヨンを渡すと，彼らは全員床に寝転がって絵を描いた。チャールズはシャベルで雪をすくっている男性の絵を描き，ヤシの木が背景にあった。それはおもしろいアイデアだった。しかし彼は自分の絵に満足しなかった。シャベルがきちんと見えなかったのだが，彼にはその修正の仕方がわからなかった。

それでも，先生は彼の絵を見て「チャールズ，あなたはいつか芸術家になるわ」と言った。

6歳の時，チャールズは漫画家になる夢を持った。彼は成長して最も人気のある続き漫画の1つである『ピーナッツ』を作り出すのだ！ そのキャラクターはチャーリー・ブラウン，スヌーピー，ルーシー，ライナス，シュローダー，ピッグペン，サリー，ウッドストック，ペパーミント・パティなどなど。

彼の全てのキャラクター③の中で，チャーリー・ブラウンが最もチャールズに似ていた。2人とも集団の中で目立たない普通の子供だった。チャーリー・ブラウンのように，チャールズは静かで恥ずかしがりのところがあった。

チャールズ・シュルツはのんきで機嫌のよい人物に見えた。しかし，彼は裕福で有名になった後でも，内心はたびたび不安で心配していた。しかし漫画を描いている時には彼は自信を持てた。彼は自分の仕事が大好きだった。

子供から大人まで，何百万もの人々が『ピーナッツ』を読む。驚くべきことに，チャールズは自分の漫画に別の名前を付けたかった。

チャールズ・M・シュルツは1922年11月26日，ミネソタのミネアポリスで生まれた。彼のおじはすぐに彼に，スパーク・プラグから④スパーキーというあだ名をつけた。スパーク・プラグは人気のあった続き漫画の『バーニー・グーグル』に出てくる馬だった。彼の生涯ずっと，チャールズの友人たちや家族は彼をスパーキーと呼んだ。

スパーキーは一人っ子だった。彼はミネアポリスの隣町のセントポールで，母のデナと父のカールと一緒に育った。カールは『ファミリー理髪店』のオーナーで，彼らはその近くに住んでいた。

スパーキーは父を誇りに思い，その理髪店で過ごすことが好きだった。スパーキーの髪の毛が伸びると，カールが切ってくれた。しかし客が店に来ると，スパーキーは脇に移動しなくてはならなかった。彼はその客が帰るまで，半分髪を切られた状態で待たなくてはならなかった。それは恥ずかしくていやだった！

その頃テレビはなかった。ほとんどの家庭のように，シュルツ家はラジオ番組を聴いた。彼らはシリーズに出てくる全てのキャラクターがどんな外見か想像し，心の中でその動きを見なくてはならなかった。

漫画は非常に人気があった。大人も子供も大好きだった。人々は何時間も「面白新聞」を読んだ。新聞に載っている続き漫画のページは「面白新聞」と呼ばれた。

スパーキーと父は一緒に漫画を読み，それについて話しあった。「来週の漫画ではどうなるか」と彼らはあれこれ考えた。

小学校でスパーキーは良い生徒だった。彼はとても頭が良かったので，3年生と5年生の半分を飛ばした。彼はいつもポケットに鉛筆を入れて持ち運び，ポパイやミッキーマウスのような漫画のキャラクターを真似するのが得意だった。他の生徒たちは彼に自分のノートに絵⑤を描くよう頼んだ。家で彼は時々，クリーニングから戻ってきた父のシャツに入っていた段ボール紙に絵を描いた，なぜなら紙は値段が高かったからだ。

11歳の誕生日に，スパーキーは自分でクレア・ブリッグズ著の『漫画の描き方』という本を買った。彼は練習し続け，学び続けた。

スパーキーは兄弟姉妹がいないので寂しく感じることが多かった。彼は，角を回ったところに住んでいた友達，シャーミーの家によく行った。スパーキーはシャーミーの母が演奏するクラシック音楽を聴くのが好きだった。土曜日の午後，少年たちは連続活劇と呼ばれた短編映画を見に映画館によく行った。

日曜日には，シュルツ家は時々，農場に住むスパーキーの母の家族を訪ねた。彼のいとこたちは騒がしく，乱暴に遊び，時には彼をからかった。彼は恥ずかしがりやの都会っ子だった。⑥牛や他の動物たちは恐ろしく見えた。彼はその旅行を楽しまなかった。

ミネソタは冬が長く雪が多かった。セントポールの子供たちは池の上や，歩道や道路の上にできた氷の上でよくスケートをした。スパーキーの父が裏庭に水を撒くこともあった。水は凍ってアイスホッケーに最適なスケートリンクになった。近所の子供たちはシュルツ家にスケートをしに来るのが好きだった。

スパーキーはスポーツを楽しみ，勝ちたいという気持ちの中で自分の⑦内気さを忘れた。春と夏，彼は野球をした。ある夏，⑧わくわくすることが起きた。遊び場の監督がスパーキーと友人たちを4つのチームに分けてリーグを始めた。彼らは週に2回プレーした。スパーキーはチームのマネージャーに選ばれただけでなく，キャッチャーとピッチャーとしてもプレーした。試合は午前9時まで始まらなかったが，彼は道具を持って8時30分には到着していた。彼の献身は⑨報われた。彼のチームがそのシーズンのチャンピオンになった！

問1　10　第1～5段落参照。2は本文の内容と異なる。

やや難　問2　11　what a good artist he was は「自分が何と優れた芸術家なのか」という意味。what は〈形容詞＋名詞〉を修飾し，「何と～な(名詞)」の意味になる。

問3　12　of all ～「全ての～の中で」

問4　13　第12段落参照。4は「テレビを見て」が誤り。一緒に漫画を読んで，内容を話し合った。

問5　14　〈ask ＋人＋ to ＋動詞の原形〉「(人)に～するように頼む」

重要　問6　15　下線部⑥は第2文型〈主語＋動詞＋補語〉で2が同じ。1は第1文型〈主語＋動詞〉，3は第3文型〈主語＋動詞＋目的語〉，4は第4文型〈主語＋動詞＋間接目的語＋直接目的語〉，5は第5文型〈主語＋動詞＋目的語＋補語〉。

重要　問7　16　forgot his shyness「自分の内気さを忘れた」とは，スポーツをする時は勝ちたいという気持ちが強かったため，内気な性格が抑えられて積極的に取り組んだ，という意味である。

問8　17　exciting は，「もの」や「事柄」について，「わくわくさせるような」を表す形容詞。

やや難　問9　18　pay off「(努力が)実を結ぶ，報われる」

やや難　問10　19　2が第5段落最後の2文の内容と一致する。

3　(長文読解問題・物語文：内容吟味，内容一致)

(長文)　トミー・グラントはロンドンのタクシー運転手だ。彼はトップ・タクシー社で働いている。ある日，①トミーの上司のサムが彼に電話をかけてくる。「トミー，9時にリッツホテルに行けるか？」とサムが言う。トミーは「はい」と言う。「でもどうしてですか？」 サムと彼の妻は，子供のビリーとケイティと一緒に朝食を食べている。「グロリア・ブラッシュがロンドンにいる」とサムが言う。「グロリア・ブラッシュ！」とトミーが言う。「映画スターだ！　私は彼女をどこに連れて行けばいいですか？」「彼女じゃない」とトムが言う。「彼だ。彼女の12歳の息子のディノが今日，ロンドンを見たがっている。彼の母親は仕事中だ」「リッツに君宛の手紙がある。50ポンドもある。それはディノのものだ」「ロンドンで1日に50ポンド！」とトミーが言う。「大金だ」「そうだな」とサムが言う。「その子にとてもやさしくしろよ，トミー，そして遅刻するな」

8時45分。トミーは15分前にリッツにいる。彼は受付に行く。「私はトップ・タクシーから参りました」と彼が言う。受付の女性は彼に手紙とお金を渡す。手紙には「今回は，ディノの初めてのロンドンです。彼をこれらの場所すべてに連れて行ってください。②バッキンガム宮殿，③ハロッズ，④大英博物館」と書かれていた。「了解」とトミーは思う。「さて，ディノはここにいるのか？　私は早く来たが…」　彼はイスに座っている少年を見かける。「やあ」と彼は言う。「君はディノかい？」「そう，僕だよ」とその少年が言う。「あなたはトップ・タクシーの運転手？」「そうだよ」とトミーが答える。少年が立ち上がる。「わかった」と彼が言う。「行こう」

最初にトミーは車でバッキンガム宮殿に行く。彼はタクシーを停車させる。「何をしているの」とディノが尋ねる。「僕はこんな古いところを見たくない」　トミーは彼を見つめる。「でも私は…」その時，彼はサムの言葉を思い出す。「その子にとてもやさしくしろ」「わかった，ディノ」と彼が言う。「君はどこに行きたい？」

5分後，トミーは再びタクシーを停車させる。「ここがその場所かい？」と彼が尋ねる。「そうだよ」とディノが答える。「20ポンドもらえない？」「でも私は君のお母さんが…」「20ポンドちょうだい。今すぐ！」　トミーはディノにお金を渡す。そして彼は車に座って待つ。

3時間後，ディノが戻ってくる。「さて，君はお腹が空いている？」とトミーが尋ねる。「うん」とディノが答える。「ペコペコだよ」　トミーは車でハロッズに行く。「この店にはすごくいいレストランがあるんだよ」と彼が言う。「ここで食べたくない！」とディノが言う。「あっちで昼食を食べたい」「どこで？」とトミーが尋ねる。彼は道路の向こう側を見る。ディノはまた20ポンドを持ってビッグ・バーガー・バーに入っていく。彼は大量の食べ物を食べ，ミルクシェイクを4杯飲む。トミーはタクシーの中で昼食を食べる。「昼食に20ポンドも！」と彼は思う。「私なら20ポンドで1週間分の食材を買えるよ」

1時間後，ディノはレストランから出てくる。「あの子にすごくやさしくしろ」とトミーは思う。「さあ，大英博物館に行きたいかい？」と彼は尋ねる。「いいよ」とディノが答える。トミーは彼を見つめる。「いいって？！」　トミーはとても喜ぶ。彼は大英博物館まで運転し，ディノに10ポンドを渡す。「ありがとう」とディノが言う。「ここで待ってて」　それから彼は博物館の向かいにある映画館に入る。

4時15分，ディノが映画館から出てくる。トミーは車の中で座っている。彼はとても腹が立っている。「こ，ん，ど，は，ど，こ，へ，い，き，た，い？」と彼は尋ねる。「ああ，リッツに戻ってよ」とディノが言う。「僕は疲れた，夕食の前にお風呂に入りたい」「よかった」とトミーは思う。

4時30分，トミーはホテルの前で停車する。「着いたよ」と彼は言う。彼はディノのためにドアを開ける。その時，彼は非常に高そうなコートを着た美しい女性を見かける。彼女はリッツから出てきて，彼のことを見ている。「私はあの女性を知っているぞ」とトミーは思う。そして彼は思い出す。「やっぱり，グロリア・ブラッシュだ！」「あなたはトップ・タクシーの方？」とグロリアが尋ねる。「はい」とトミーが言う。「私と一緒に来て」とその映画スターが言う。彼女はホテルの中に戻る。そこでトミーはイスに座っている少年を見る。彼はとても悲しそうだ。「これがディノよ」と彼女が言う。「でも，でも…」　トミーは話すことができない。「私は非常に怒っています」とグロリアが言う。「でも，この子がディノのはずがない！」とトミーが言う。「ねえ，私は自分の息子がわかりますよ！」とグロリア言う。「さあ，私の50ポンドはどこ？」　トミーの顔が真っ青になる。彼は窓から外を見る。彼のタクシーはあるが，「ディノ」はいない。

午後5時だ。トミーの上司のサムは家にいる。彼と妻はお茶を飲んでいる。ドアが開いて，息子のビリーが入ってくる。「やあ，ビリー」とサムが言う。「学校で良い一日だった？」 ビリーはとてもうれしそうだ。「うん，ありがとう」と彼は言う。「すごく良かったよ」

問1 [20] 第1段落参照。サムはトミーに，グロリア・ブラッシュの息子のディノをロンドン観光に連れて行くよう言った。サムはトミーに「自分の代わりに行ってほしい」とは言っていないので，1は不適切。

問2 [21] 第3，4段落参照。バッキンガム宮殿に着いたが，ディノはそこを見たがらず，そこからタクシーで5分のところに移動した。

問3 [22] 第5段落参照。トミーはディノをハロッズに連れて行ったが，ディノはハロッズ内のレストランで食事をしたがらず，道路の反対側にあるバーガー店で20ポンドの昼食を食べた。

問4 [23] 第6段落参照。大英博物館に到着すると，ディノは博物館の向かいの映画館に行ってしまった。

重要 問5 [24] 3（○） [25] 4（○） 1（×）「男の子が何人かいた」とは書かれていない。 2（×） トミーはグロリア・ブラッシュを知っていた。 5（×） 最終段落参照。トミーがディノだと思っていた男の子は，サムの息子ビリーだった。ビリーは朝，父のサムとトミーが電話で話している内容を聞いて，ディノに成りすました。

基本 **[4]（語句補充・選択：比較，代名詞，不定詞）**

1 [26]「ここではキツネは見ることができません」 fox「キツネ」の複数形は foxes となる。

2 [27]「彼は私よりも多くの本を持っている」 主格の He「彼は」と「私は」を比較する文なので，正式には主格 I を用いるが，口語では me が用いられることが多い。

3 [28]「彼はとても若く見えると思う」〈look ＋形容詞〉「～に見える」

4 [29]「彼女はその知らせを聞いてとても悲しかった」 感情を表す形容詞の後に続く不定詞は「～して」と感情の原因・理由を表す。

重要 **[5]（語句整序：助動詞，間接疑問，不定詞，熟語，現在完了，進行形）**

1 [30]・[31] Shall I tell you what day it is (today?)「今日は何曜日か，私があなたに教えましょうか」 Shall I ～?「～しましょうか」 What day is it today?「今日は何曜日ですか」を間接疑問〈疑問詞＋主語＋動詞〉にして，what day it is today とする。

2 [32]・[33] Could you let me know where to go?「私にどこへ行くべきか知らせてくれませんか」 Could you ～?「～してくれませんか」〈let ＋人＋動詞の原形〉「（人）に～させる」〈where to ＋動詞の原形〉「どこへ～するべきか」

3 [34]・[35] (My) father plays soccer and is well-known to (everyone in the city.)「私の父はサッカーをプレーしていて，街の全員によく知られている」 be known to ～「～に知られている」

4 [36]・[37] I have been waiting for the women since this (noon.)「私は今日の正午からその女性たちをずっと待っている」 動作の継続を表す，現在完了進行形の文。

[6]（正誤問題：仮定法，比較，冠詞，付加疑問，助動詞）

1 [38]「もし彼が自分の父親より裕福だったら，その国に1人では行かないだろう」 現在の事実に反する仮定を述べる，仮定法過去の文。〈If ＋主語＋動詞の過去形～，主語＋助動詞の過去形＋動詞の原形…〉の構文となる。if節中の動詞がbe動詞の場合，主語が3人称単数でも were となるので，②は正しい。③は誤りで rich の比較級は richer。

2 [39]「あなたとお父さんは昨晩その店に行きましたか」「昨晩」は last night となり the が不要。

3 [40]「車で湖に行きましょう」 Let's ～ の文の付加疑問は shall we? となる。

4　41　「あなたは，あなたが一緒に話していた男性がフランス出身ということに驚きましたか」
④のbe動詞に対応する主語は the man なので，were ではなく was が正しい。

7　(アクセント)

1　42　④は第1音節，他は第2音節を強く読む。　2　43　①は第1音節，他は第2音節。
3　44　③は第2音節，他は第1音節。

8　(発音)

1　45　①は [ou]，他は [ʌ]。　2　46　④は [e]，他は [i:]。　3　47　①は [iər]，他は [ɛər]。

★ワンポイントアドバイス★

3の物語文は平易な文章だが，文章中に会話が多く，誰の言葉かわかりにくいので注意が必要。

<国語解答>

一　1 ②　2 ②　3 ①　4 ④　5 ①　6 ⑤　7 ②　8 ③　9 ②
10 ④　11 ①　12 ③　13 ②　14 ③　15 ④

二　16 ③　17 ⑤　18 ①　19 ⑤　20 ④　21 ⑤　22 ①　23 ④
24 ③　25 ⑤　26 ④

三　27 ③　28 ⑤　29 ①　30 ①　31 ④　32 ④　33 ②　34 ①
35 ④　36 ⑤　37 ③　38 ①　39 ②

○推定配点○

一　1～5・8・9　各2点×7　10・12　各4点×2　他　各3点×6
二　16～18・21・26　各2点×5　他　各3点×6
三　27～30・33・36・39　各2点×7　他　各3点×6　計100点

<国語解説>

一　(論説文―漢字の読み書き，文脈把握，内容吟味，脱文・脱語補充，接続語，段落構成，要旨)

問1　(ア)「位」を使った熟語はほかに「順位」「方位」など。訓読みは「くらい」。
(イ)「観」を使った熟語はほかに「観察」「観測」など。訓読みは「み(る)」。
(ウ)「把」を使った熟語はほかに「把持」。「把っ手(とって)」という読み方もある。
(エ)「指」を使った熟語はほかに「指摘」「指標」など。訓読みは「さ(す)」「ゆび」。
(オ)「機」を使った熟語はほかに「契機」「臨機」など。訓読みは「はた」。

問2　ガードナーの「知能の多重性」については，「ガードナーは……」で始まる段落に「ガードナーは……人間の知能は単一の知能なのではなく，七つの相互に独立した知能があるという説を提出しています」と説明されているので⑤が適切。

問3　直後に「たとえば脳の特定のブイに損傷を受けた人が特定の能力だけを失うことがあれば，その能力は独立の知能として判定される可能性が大きくなります」「特定の活動をしているときに脳のどの部分が活性化しているかを……調べ，特定の知的活動が脳の特定の部分を活性化させている証拠が得られれば，その活動が他の活動とは独立した知能だと判定される可能性が大きくなります」と説明されているので②が適切。

問4　X　直前の「その能力は独立の知能として判定される可能性が高くなります」と後の「その活動が他の活動とは独立した知能だと判定される可能性が大きくなります」は，対比・選択の関係になるので，対比・選択を表す「あるいは」が入る。　Y　直前の「他の人たちが考えたり感じたりしていることに気づく能力」を，直後で「他人を理解する能力」と言い換えているので，言い換え・説明を表す「つまり」が入る。

やや難　問5　直後に「ある特定の知能が独立して存在していることを判定するための一つの基準として，その知能が解決するべき適応課題が環境の中に存在している……かどうかが重要」とあるので，「その知能が無くては解決できない課題があったはずだから」とする④が適切。

問6　直後で「感情的知能」と言い換えられており，「自分や他人の心を理解すること」「自分の感情をコントロール」「感情や情動などについての適切な洞察」「他人の心の働きに対する共感能力」「洞察を感情や情動のコントロールに使うことのできる能力」と説明されているので，「感情の独立」はあてはまらない。

問7　「EQ」の重要性については，次の段落に「こういった能力が対人関係の中でうまく適応していくにあたって重要な意味をもってくる」と述べられているので③が適切。

やや難　問8　直前に「パーソナルな知能」「感情知能」とあり，これより前に，「パーソナルな知能」については「他人を理解する能力」，「感情的知能」については「他人に対する共感能力」「共感能力が育つためには，自分の感情を理解しコントロールできなくてはならない」と説明されているので，これらの内容を含む②が入る。

やや難　問9　本文冒頭に「知能の多重性」とあり，[a]で「七つの資的に異なる能力から成り立っている」とし，[b]では，その「七つの知能」を，「言語的知能，論理／数学的知能，音楽的知能，空間的知能，身体運動的知能，そして二種類のパーソナルな知能」と分類している。[c]以降で，「二種類のパーソナルな知能」に特化して説明しているので，[a]・[b]を前半部分(第一段落)，[c]・[d]・[e]を後半部分(第二段落)とするのが適切。

問10　[c]以降で，「二種類のパーソナルな知能」である「自省的知能」「対人的知能」について詳しく説明しているので，後半のテーマとしては，⑤の「パーソナルな知能」が適切。

二　(小説一語句の意味，情景・心情，文脈把握，内容吟味，旧暦，大意，文学史)

問1　(ア)　直前の「『ええ，考えてはいるのですが……』」と，はっきり言わない様子を指すので，③の「曖昧に言った」が適切。「言葉を濁す」は，はっきり言わず曖昧なままにする，という意味。　(イ)　「芝居じみる」は，まるで芝居のよう，という意味なので，「大げさな様子」とする⑤が適切。　(ウ)　「憂慮」は，悪い状態になることを予想して思い悩む，という意味なので，①の「警戒した」が適切。

問2　この後，「妻」の言葉に「『いいのよ，欲しかったんでしょ。……わかるんだから』」とあるので，「夫は喜んでくれると期待しているから」とする⑤が適切。

問3　直後に「少年の頃から沼田は心の秘密をいつも人間ではなく犬や鳥にうちあけてきた。今度の場合も……滅入った気持ちをあの犀鳥のような鳥に告白したい願望が心のどこかにあるのを，妻はいつの間にか見ぬいていた」とあるので④が適切。

問4　旧暦は，一月は「睦月(むつき)」，二月は「如月(きさらぎ)」，三月は「弥生(やよい)」，四月は「卯月(うづき)」，五月は「皐月(さつき)」，六月は「水無月(みなづき)」，七月は「文月(ふづき・ふみづき)」，八月は「葉月(はづき)」，九月は「長月(ながつき)」，十月は「神無月(かんなづき)」，十一月は「霜月(しもつき)」，十二月は「師走(しわす)」。

問5　直後に「麻酔をうたれた沼田を乗せたストレッチャーは……手術室に向かった」とあることから，これから手術が行われることがわかるので，「手術を目前に控えて緊張している」とする

①が適切。

やや難 問6 「『九官鳥は』」という夫の問いかけに対する沈黙である。直後に「『……もう死んでいた』」とあるので④が適切。死なせてしまったことが心苦しくて口ごもったのである。

問7 直前に「(それであいつ……身がわりになってくれたのか)」とあり，直後には「彼自身の人生のなかで，犬や鳥やその他の生きものが，どんなに彼を支えてくれたかを感じた」とあるので③が適切。

問8 「犀鳥や九官鳥」については，「少年の頃から沼田は心の秘密をいつも人間にではなく犬や鳥にうちあけてきた」「沼田は……人生のなかで本当に対話してきたのは，結局，犬や鳥とだけだったような気がした」とあるので⑤が適切。

問9 遠藤周作の作品は，『深い河』『沈黙』のほか『白い人』『海と毒薬』など。『こころ』は夏目漱石，『風立ちぬ』は堀辰雄，『人間失格』は太宰治，『羅生門』は芥川龍之介の作品。

三 **(古文一語句の意味，旧国名，口語訳，文脈把握，内容吟味，指示語，脱語補充，文学史)**

〈口語訳〉 天文永禄の頃だったであろうか。大和国高市郡越智の郷の住人，越智玄蕃頭橘利之は筒井順慶の姪婿で，当時有名であった。また，同国の箸尾の城主箸尾宮内少輔藤原為春は筒井順慶の妹婿で，互いに権威を争いつつ，ややもすれば争いに及んだ。ある時，両家が戦い，越智の家人鳥屋九郎左衛門の子である福寿丸と米野次郎右衛門の次男である宮千代とが共に陣中に赴き，少年ながらも勇ましく素晴らしい手柄を立てて見せようと思い，ここかしこ動き回っていたところ，味方に遅れをとり敵に囲まれ，図らずも人質にとられてしまい，二人とも敵陣に引かれ，一族の葛西右衛門勝永が彼らを預かった。もとより少年のことであるから，番兵が怠っている間に福寿丸は折を見て密かにここをぬけ出し，難なく本陣へ逃げ帰った。宮千代は一人残されて，初めはこういうこととは知らなかったが，これを聞いて大いに嘆き悲しみ，筆と硯を求めて，一首の歌を詠んで番兵に渡した。番兵がこれを開いてみると，

籠に入れた鳥(鳥屋)は逃げて米(米野)をただ餌になれとばかりに残して行ったのだろう

と，たいそう見事に書いたので，これを主人の葛西に見せると，葛西はたいそう哀れに思い，主君の箸尾に状況を説明すると，箸尾は情け深い人であるから，この歌をつくづくと眺め，「宮千代はまだ十三歳，しかも罪人として牢獄の中にいて，このような優れた志をもっているとは，立派な少年である。人の親が子を思う気持ちは，愚かな子であればなお愛情をかける。ましてこのような秀才の子が人質にされた親の心はいかほどのものであろう。思いやるだけで気の毒なので，早々に送り返しなさい」と，涙を浮かべて言ったので，葛西勝永も了承し，宮千代を馬に乗せて従者を付けて父のもとへ送り返した。米野夫妻は死んだ子が再びよみがえったような気がして大いに喜び，葛西に感謝した。そして，このことは世間に流布し「福寿丸は人質となった。その守りが怠るのを見て，密かに逃げ帰ったのは，実にいみじきふるまいだが，ともに人質にされていて，しかも自分よりも年下の宮千代を棄て置いたのは，武士の道にそむく(行いである)。宮千代は才能があって歌を詠み，それに感心した敵方から許されて帰されたから命が助かった。それは，二人で船に乗っていて，その船が急に転覆した時に，自分は水泳の心得があるからといって，同僚を棄て置いて，自分だけが泳いで帰った人がいれば，これを道理というだろうか。(むしろ)人としての道にはずれた行いというのではないだろうか。福寿丸のしたことは，これに等しき行いである」と，そしる人も多いので，すぐに福寿丸の耳に入り，穏やかでない思いをしていたところ，また，この両家は合戦の仲でもあるので，双方が野原に対陣して，戦いは数日に及んだ。すると，越智の陣中から美しく飾った馬に乗って馬を走らせる者が現れた。箸尾の陣である葛西勝永は，よい相手だと見て，諸鐙を合わせて馬に乗って近づき，物も言わず切りかかる。こちらも，望むところだと言わんばかりに太刀を抜きかざして，打ちつ撃たれつした。しばらく戦っていたが，やがて双方とも刀を投げ捨てて，

馬を寄せ合わせて組み合った。少し経つと鞍に留まることができず，両方の馬の間にどうと落ち，上を下へともみ合っていたが，葛西の力が勝っていたのだろう，ついに組み敷いて首を討ち落したが，あまりにか弱く思えたので，兜を脱がせて顔を見ると，十五，六歳の少年で，眉のかたち，鬢の匂い，美しい顔立ち，わずかに見覚えがある気がしたので，体を返してよく見ると，鎧の引合に一枚の短冊を結びつけている。

津の国の難波の出来事の善し悪しは私の死後に世に知られるだろう

とある。一首の歌の意味を考えると，宮千代を置いて逐電したことを嘲る人があり，その雪辱を果たそうと，今日討ち死にしようと思い定めたのであろう。その善し悪しは，死んだ後に世間の人が決めよというのである。葛西はこれを見て涙を落とし，「福寿丸であるよな，どんな因縁なのだろう。人もたくさんいるのに，二度までも私の手にかかったとは不思議なことである」と言って少しの間悲嘆していたが，すぐに召し使いに命じて，近くにある古遣戸を持って来させて，福寿丸の死骸を乗せて，担ぎ上げさせて自分たちの陣へ帰り，手紙を添えて鳥屋へ送った。鳥屋は我が子の死骸を見て，心を乱しぼんやりしていたが，何はともあれ手紙を開いて見ると，しかじかのいきさつが記され(次の歌が添えられていた)

荒野の雉がほろほろと鳴くように子を思う親はほろほろと涙を落として泣くのだろう

問1　(ア)「やがて」には，そのまま，すぐに，即座に，などの意味がある。　(イ)「いささか」には，ほんのわずか，一時的に，という意味がある。　(ウ)「きぎす」は，雉(きじ)の古称。

問2　「大和国」は，現在の奈良県。東京都は「武蔵国」，和歌山県は「紀伊国」，滋賀県は「近江国」，神奈川県は「相模国」という。

問3　文末の「ん(む)」は，「～しよう」という意志を意味するので，「手柄を立ててみせよう」とする④が適切。

問4　直前の「福寿丸は折を得て，密にここを遁れつつ……帰りけり」を指すので④が適切。

問5　直前の「福寿丸は……逃げ帰りけり」という内容を受けており，「福寿丸」は，前に「鳥屋九郎左衛門が嫡子福寿丸」とあるので，Xには「鳥屋」が入る。

やや難　問6　直前に「これを聞きて大いに憂へ」とあることから，宮千代の落胆が読み取れるので，「自らの不遇を悲しむ気持ち」とする①が適切。

問7　「とく(疾く)」は，すぐに，早く，という意味なので，早く送り帰せ，という意味になる。直前に「況やかかる秀才の児を擒にせられたる親の心はいかならん」とあるので，「これほど賢い子を人質にとったら親の嘆きはどれほどかと思い」とある④が適切。

問8　文末が「けれ」と已然形なので，係り結びの法則により係助詞の「こそ」が入る。

問9　直前に「『福寿丸擒となり。その守りの怠るを見て，密に遁れ帰りたるは，実にも微笑挙動なれど，ともに虜とせられたる，而も己より年も劣れる，宮千代を棄ておきしは武士の義にそむけり。……福寿丸が挙動は，これに斉しき所為なり』と譏る人さへ多ければ，福寿丸が耳に入り」とある。福寿丸の行いを謗る声が福寿丸の耳に入ったことにより，穏やかではいられなくなった，とする文脈なので③が適切。

問10　文末の「まし」は，～だろう，という推量を意味するので①が適切。

問11　「太閤」は，摂政，太政大臣の敬称で，特に豊臣秀吉を指す。『太閤記』は，豊臣秀吉の一代記の総称。

★ワンポイントアドバイス★

論説文は，やや難しい内容の文章に読み慣れ，時間内に読みこなす読解力を身につけよう！　古文は，基礎知識を固め，注釈を参照しながら長文を読みこなす力をつけよう！

2023年度

解　答　と　解　説

《2023年度の配点は解答欄に掲載してあります。》

＜数学解答＞

[1] (1) [1] 3　[2] 8　(2) [3] 2　(3) [4] 7　[5] 2　[6] 2
(4) [7] 4　[8] 3　(5) [9] 3　[10] 6　(6) [11] 1　[12] 5
(7) [13] 1　[14] 2　[15] 3　(8) [16] 3　[17] 2　[18] 2　[19] 2

[2] (1) [20] 2　[21] 2　[22] 0　[23] 2　(2) [24] 2　[25] 5　[26] 5
(3) [27] 3　[28] 3　[29] 6　[30] 9　[31] 9
(4) [32] 0　[33] 8　[34] 6　[35] 1

[3] (1) [36] 2　[37] 4　[38] 0　(2) [39] 1　[40] 2　(3) [41] 2　[42] 8

[4] (1) [43] 6　[44] 2　[45] 4　(2) [46] 2　[47] 3　(3) [48] 3　[49] 2
[50] 3　[51] 3　[52] 4　[53] 3　[54] 4　(4) [55] 2　[56] 4　[57] 3

[5] (1) [58] 3　(2) [59] 2　[60] 3　[61] 5　[62] 9　[63] 2　[64] 3
(3) [65] 2　[66] 5

○推定配点○

[1] (1)～(6)　各3点×6　(7)，(8)　各2点×4　[2] (1)　各2点×3　(2)　2点，3点
(3)　2点，2点，3点　(4)　各2点×3　[3] (1)　各2点×2　(2)，(3)　各3点×3
[4] 各3点×8　[5] (1)　3点　(2)　2点，2点，3点　(3)　3点　計100点

＜数学解説＞

基本 **[1]** (数・式の計算，平方根の計算，因数分解，2次方程式，連立方程式，三角形の相似)

(1) $\left(-\frac{1}{2}\right)^3-\{(-1)^3\div 2\}^2=-\frac{1}{8}-\left(-\frac{1}{2}\right)^2=-\frac{1}{8}-\frac{1}{4}=-\frac{1}{8}-\frac{2}{8}=-\frac{3}{8}$

(2) $\sqrt{400}-\sqrt{80}-2\sqrt{5}(2\sqrt{5}-1)=20-4\sqrt{5}-20+2\sqrt{5}=-2\sqrt{5}$

(3) $0.25x-0.5-\frac{3x-2}{5}=\frac{1}{4}x-\frac{1}{2}-\frac{3x-2}{5}=\frac{5x-10-4(3x-2)}{20}=\frac{5x-10-12x+8}{20}=\frac{-7x-2}{20}=-\frac{7x+2}{20}$

(4) $3x(x-1)-36=3x^2-3x-36=3(x^2-x-12)=3(x-4)(x+3)$

(5) $x^2-6x+3=0$　二次方程式の解の公式から，$x=\frac{-(-6)\pm\sqrt{(-6)^2-4\times1\times3}}{2\times1}=\frac{6\pm\sqrt{24}}{2}=\frac{6\pm2\sqrt{6}}{2}=3\pm\sqrt{6}$

(6) $8x+7y=1$…①　$7x+8y=1$…②　①×8－②×7から，$15x=1$　$x=\frac{1}{15}$　①に$x=\frac{1}{15}$を代入して，$8\times\frac{1}{15}+7y=1$　$7y=1-\frac{8}{15}=\frac{7}{15}$　$y=\frac{1}{15}$

(7) $(\sqrt{2}+1):1=x:(\sqrt{2}-1)$　$x=(\sqrt{2}+1)(\sqrt{2}-1)=2-1=1$　よって，$(\sqrt{2}+1):1=1:(\sqrt{2}-1)$　△ABC∽△DEFより，BC：EF＝AC：DF　$(\sqrt{2}+1):1=3:\mathrm{DF}$　$(\sqrt{2}+1):$

$1=1:(\sqrt{2}-1)$から，$3:\mathrm{DF}=1:(\sqrt{2}-1)$　$\mathrm{DF}=3(\sqrt{2}-1)=3\sqrt{2}-3$(cm)

(8)　$1-\sqrt{2}-\sqrt{3}+x=1-\sqrt{2}$から，$x=\sqrt{3}$　よって，$(a+\sqrt{3})^2=(1-\sqrt{2})^2$　$a^2+2\sqrt{3}a+3=1-2\sqrt{2}+2$　$a^2+2\sqrt{3}a+2\sqrt{2}=0$　よって，$x^2+2\sqrt{3}x+2\sqrt{2}=0$の解のうちの1つは$x=1-\sqrt{2}-\sqrt{3}$である。

2　(統計，方程式の応用問題，円の性質，角度，2乗に比例する関数)

基本　(1)　$a=\frac{16}{80}=0.2$，$\frac{b}{80}=0.25$から，$b=0.25\times80=20$，$c=80-(28+16+20+4)=12$

(2)　$500\times\frac{5}{100}=25$から，食塩水Cに含まれる食塩の量は25g　食塩水Aの量をxg，食塩水Bの量をygとすると，食塩水の量の関係から，$x+y=500$…①　食塩の量の関係から，$x\times\frac{3}{100}+y\times\frac{6}{100}=25$　$3x+6y=2500$…②　①×6－②から，$3x=500$　$x=\frac{500}{3}$　よって，食塩水Aに含まれる食塩の量は，$\frac{500}{3}\times\frac{3}{100}=5$(g)

(3)　$\angle\mathrm{BOC}=180^\circ\times\frac{3}{5}=108^\circ$　$\overset{\frown}{\mathrm{BC}}=2\pi\times5\times\frac{108}{360}=3\pi$(cm)　$\angle\mathrm{AOC}=180^\circ-108^\circ=72^\circ$

円周角の定理から，$x^\circ=\angle\mathrm{CDA}=72^\circ\div2=36^\circ$　OD⊥ABのとき，△ABDの面積は最も大きくなる。よって，△ABDは直角二等辺三角形だから，$\angle\mathrm{EAD}=45^\circ$　△AEDの内角の和から，$\angle\mathrm{AED}=180^\circ-(36^\circ+45^\circ)=99^\circ$　よって，$y^\circ=\angle\mathrm{CEB}=\angle\mathrm{AED}=99^\circ$

(4)　$y=2x^2$…①　xの変域に0を含んでいるから，$x=0$のとき，①は最小値$y=0$をとる。$2>\sqrt{3}$から，$x=-2$のとき①は最大値をとり，$y=2\times(-2)^2=8$　よって，$0\leqq y\leqq8$

(yの増加量)＝(変化の割合)×(xの増加量)から，点Aと点Bのy座標の差は，$2\times3=6$　点Aのx座標をaとすると，A$(a,\ 2a^2)$，B$(a+3,\ 2(a+3)^2)$　$2(a+3)^2-2a^2=6$から，$2a^2+12a+18-2a^2=6$　$12a=-12$　$a=-1$

3　(場合の数，確率)

基本　(1)　4枚のカードの並べ方は，$4\times3\times2\times1=24$(通り)　1，2，3，4の順に並べたとき，A→B→Aで，ここで止まるのでA

(2)　最初のカードが2か3のとき，Aから一度も移動できないので，求める確率は，$\frac{2}{4}=\frac{1}{2}$

重要　(3)　(2)から，最初のカードが2か3になるとき，最後にいたマスはAであるから，$2\times3\times2\times1=12$(通り)　その他の12通りを調べると，最後にいたマスがAである場合は，(1，2，3，4)，(1，4，2，3)，(1，4，3，2)，(4，2，3，1)の4通り　最後にいたマスがBである場合は，(1，2，4，3)，(1，3，2，4)，(1，3，4，2)，(4，2，1，3)，(4，3，1，2)，(4，3，2，1)の6通り　最後にいたマスがCである場合は，(4，1，2，3)，(4，1，3，2)の2通り　よって，最後にいたマスがCである確率が最も低く，最後にいたマスがAである場合が，$12+4=16$(通り)で最も多い。よって，最後にいたマスがCである確率は，Aにいた確率の$\frac{2}{16}=\frac{1}{8}$倍である。

4　(図形と関数・グラフの融合問題)

基本　(1)　$y=-\frac{2}{3}x^2$…①　①に$x=3$を代入して，$y=-\frac{2}{3}\times3^2=-6$　よって，A$(3,\ -6)$　点Bはy軸に関して点Aと対称な点だから，B$(-3,\ -6)$　$\mathrm{AB}=3-(-3)=6$　$\mathrm{CD}=\mathrm{AB}=6$から，点Cの$x$座標は$-6$　①に$x=-6$を代入して，$y=-\frac{2}{3}\times(-6)^2=-24$　よって，C$(-6,\ -24)$

(2)　①に$y=-\frac{8}{3}$を代入して，$-\frac{8}{3}=-\frac{2}{3}x^2$　$x^2=-\frac{8}{3}\times\left(-\frac{3}{2}\right)=4$　$x<0$から，$x=-2$　よって，$\mathrm{C}\left(-2,\ -\frac{8}{3}\right)$　AB＝CD＝2　$\frac{2}{2}=1$から，点Bのx座標は-1　①に$x=-1$を代入して，$y=-\frac{2}{3}\times(-1)^2=-\frac{2}{3}$　よって，点Bのy座標は$-\frac{2}{3}$

重要　(3)　点Bのx座標をbとすると，$b=-\frac{2}{3}b^2$　$3b=-2b^2$　$2b^2+3b=0$　$b(2b+3)=0$　$b\neq0$から，$2b+3=0$　$2b=-3$　$b=-\frac{3}{2}$　$\mathrm{B}\left(-\frac{3}{2},\ -\frac{3}{2}\right)$　$\mathrm{A}\left(\frac{3}{2},\ -\frac{3}{2}\right)$　CD＝BA＝$\frac{3}{2}-\left(-\frac{3}{2}\right)=3$から，点Cの$x$座標は$-3$　①に$x=-3$を代入して，$y=-\frac{2}{3}\times(-3)^2=-6$　よって，C$(-3,\ -6)$　直線BCの傾きは，$\left\{-\frac{3}{2}-(-6)\right\}\div\left\{-\frac{3}{2}-(-3)\right\}=\frac{9}{2}\div\frac{3}{2}=\frac{9}{2}\times\frac{2}{3}=3$　直線BCの式を$y=3x+e$として，点Cの座標を代入すると，$-6=3\times(-3)+e$　$e=3$　よって，直線BCの式は，$y=3x+3$…②　したがって，点Eのy座標は3　直線AOの式は，$-\frac{3}{2}\div\frac{3}{2}=-1$から，$y=-x$…③　②と③から$y$を消去すると，$3x+3=-x$　$4x=-3$　$x=-\frac{3}{4}$　よって，点Fのx座標は$-\frac{3}{4}$　EF：BC＝$\left\{0-\left(-\frac{3}{4}\right)\right\}:\left\{-\frac{3}{2}-(-3)\right\}=\frac{3}{4}:\frac{3}{2}=1:2$　△EFAと△BCGのEF，BCを底辺としたときの高さの比は，AC：GC＝$\left\{\frac{3}{2}-(-3)\right\}:-(-3)=\frac{9}{2}:3=9:6=3:2$　よって，△EFA：△BCG＝$1\times3:2\times2=3:4$　したがって，△EFAは△BCGの面積の$\frac{3}{4}$倍

重要　(4)　点Aの座標を$\left(p,\ -\frac{2}{3}p^2\right)$とすると，$\mathrm{B}\left(-p,\ -\frac{2}{3}p^2\right)$，$\mathrm{C}\left(-2p,\ -\frac{8}{3}p^2\right)$　$-\frac{2}{3}p^2\div p=-\frac{2}{3}p$から，直線AOの式は，$y=-\frac{2}{3}px$…④　直線BCの傾きは，$\left\{-\frac{2}{3}p^2-\left(-\frac{8}{3}p^2\right)\right\}\div\{-p-(-2p)\}=2p^2\div p=2p$　直線BCの式を$y=2px+e$として点Bの座標を代入すると，$-\frac{2}{3}p^2=2p\times(-p)+e$　$e=-\frac{2}{3}p^2+2p^2=\frac{4}{3}p^2$　よって，直線BCの式は，$y=2px+\frac{4}{3}p^2$…⑤　④と⑤からyを消去すると，$-\frac{2}{3}px=2px+\frac{4}{3}p^2$　$\frac{8}{3}px=-\frac{4}{3}p^2$　$x=-\frac{4p^2}{3}\times\frac{3}{8p}=-\frac{1}{2}p$　よって，点Fのx座標は$-\frac{1}{2}p$　したがって，AO：OF＝$p:\frac{1}{2}p=2:1$　⑤に$x=-\frac{1}{2}p$を代入して，$y=2p\times\left(-\frac{1}{2}p\right)+\frac{4}{3}p^2=-p^2+\frac{4}{3}p^2=\frac{1}{3}p^2$　よって，$\mathrm{F}\left(-\frac{1}{2}p,\ \frac{1}{3}p^2\right)$　$y=ax^2$に点Fの座標を代入して，$\frac{1}{3}p^2=a\times\left(-\frac{1}{2}p\right)^2$　$a=\frac{p^2}{3}\times\frac{4}{p^2}=\frac{4}{3}$

5　**（平面図形の計量問題―三平方の定理，三角形の合同・相似）**

(1)　点CからBDへ垂線CKをひき，GK＝xとおくと，∠GBC＝45°から，△BCKは直角二等辺三角形になるので，CK＝BK＝BG＋BK＝$\sqrt{2}+x$　△CGKにおいて三平方の定理を用いると，$(\sqrt{2}+x)^2+x^2=(\sqrt{5})^2$　$2+2\sqrt{2}x+x^2+x^2=5$　$2x^2+2\sqrt{2}x-3=0$

$x=\frac{-2\sqrt{2}\pm\sqrt{(2\sqrt{2})^2-4\times2\times(-3)}}{2\times2}=\frac{-2\sqrt{2}\pm\sqrt{32}}{4}=\frac{-2\sqrt{2}\pm4\sqrt{2}}{4}=\frac{-\sqrt{2}\pm2\sqrt{2}}{2}$　$x>0$から，

$x=\frac{-\sqrt{2}+2\sqrt{2}}{2}=\frac{\sqrt{2}}{2}$　CK＝BK＝$\sqrt{2}+\frac{\sqrt{2}}{2}=\frac{3\sqrt{2}}{2}$　よって，BC＝$\frac{3\sqrt{2}}{2}\times\sqrt{2}=3$(cm)

(2)　△BCGと△ECHにおいて，BC＝EC＝3，∠GBC＝∠HEC＝45°，∠GCB＝90°－∠GCD＝∠ECH　よって，一辺とその両端の角がそれぞれ等しいので，△BCG≡△ECH　したがって，EH＝BG＝$\sqrt{2}$(cm)　DH＝DC－HC＝3－GC＝3－$\sqrt{5}$(cm)　二組の角がそれぞれ等しいことから，△DFH∽△ECH　DF：EC＝DH：EH　DF：3＝(3－$\sqrt{5}$)：$\sqrt{2}$　DF＝$\frac{3(3-\sqrt{5})}{\sqrt{2}}=\frac{3\sqrt{2}(3-\sqrt{5})}{2}=\frac{9\sqrt{2}-3\sqrt{10}}{2}$(cm)

重要　(3)　DG＝BD－BG＝$3\sqrt{2}-\sqrt{2}=2\sqrt{2}$　GI＝yとおくと，IC＝GC－GI＝$\sqrt{5}-y$　△DGIと△DCIにおいて三平方の定理を用いると，DI^2の関係から$(2\sqrt{2})^2-y^2=3^2-(\sqrt{5}-y)^2$　$8-y^2=9-5+2\sqrt{5}y-y^2$　$2\sqrt{5}y=4$　$y=\frac{4}{2\sqrt{5}}=\frac{2}{\sqrt{5}}=\frac{2\sqrt{5}}{5}$

★ワンポイントアドバイス★

[4] (3)の三角形の面積比を求める問題は，底辺と高さの比はx座標の差で求められることを利用しよう。

＜英語解答＞

1	[1] 4	[2] 1	[3] 3	[4] 4	[5] 4	[6] 1	[7] 2	[8] 2	[9] 3
2	[10] 1	[11] 2	[12] 4	[13] 2	[14] 3	[15] 4	[16] 4	[17] 2	[18] 1
	[19] 3								
3	[20] 1	[21] 2	[22] 3	[23] 4	[24] 3	[25] 4			
4	[26] ①	[27] ②	[28] ④	[29] ④					
5	[30] ⑥	[31] ①	[32] ③	[33] ②	[34] ⑧	[35] ⑦	[36] ⑥	[37] ⑦	
6	[38] ③	[39] ③	[40] ④	[41] ③					
7	[42] ②	[43] ④	[44] ①						
8	[45] ③	[46] ④	[47] ④						

○推定配点○

[1]～[9]・[26]～[29]・[38]～[41]　各2点×17　[10]～[25]　各3点×16　[30]～[37]　各3点×4(各完答)
[42]～[47]　各1点×6　計100点

＜英語解説＞

1　リスニングテスト解説省略。

2　(長文読解問題・論説文：内容吟味，文型，語句補充・選択，感嘆文，内容一致)

(全訳)　①科学技術は私たちの周りにたくさんある。私たちはそれを常に使う。私たちはそれを起きる時から寝る時まで使う。科学技術はベッドの横の時計の中にある。机の上のコンピュータの中にもある。科学技術はおもちゃの中やテレビの中にある。キッチンやふろ場にもある。私たちは音楽を聴くためにそれを使う。私たちはスマートフォンで友人と話すためにそれを使う。科学技術はこれらのものの一部だ。私たちは寝ている時でさえも科学技術を使う。私たちがどのくらいいびきをかくか教えてくれる機械もある！　周りを見てみよう。たくさんの科学技術がある。

技術は私たちの身の回りの物の中にあるだけではない。②人々は科学技術を身に着けることもできる。靴の中にライトが入っている子供もいる。エクササイズ・ブレスレットを身に着ける人もいる。暖かくなるシャツや冷たくなるシャツを持っている人もいる。店をのぞいてみよう。あらゆる種類の着用可能な科学技術がある。腕輪，腕時計，指輪，その他アクセサリーに科学技術が入っている。手袋，靴下，帽子に科学技術が入っている。あなたはどのような科学技術を身に着けるのか。これらは全てどこから来たのか。それらは着用可能な科学技術のクリエイターたちの想像から生まれた。しかし，③このような人々は他の人々とそれほど違ってはいない。あなたはコンピュータが好きですか。数学が好きですか。科学が好きですか。もしそうなら，あなたは現在，店にある着用可能な技術を作り出した人々と同じかもしれない。あなたは④スマートウォッチと呼ばれる着用可能な科学技術を聞いたことがあるだろうか。これらの腕時計は時間を教えるだけでなく，それ以上のことをする。それらの中にはゲームが入っている。それらは音楽を再生できる。それらは電話でもある。このような着用可能な科学技術の商品はとても便利だ。最初のスマートウォッチは大人用に作られたが，今は子供用のスマートウォッチもある。着用可能な科学技術を作るには，科学やコンピュータについて知るだけでなく，さらに多くが必要だ。着用可能な科学技術のクリエイターたちは，人がすることと人が着用するものを結びつける，新しいアイデアを考えなくてはならない。あなたはものを作り出すのが得意だろうか。ファッションが好きだろうか。着用可能な科学技術のクリエイターたちは，科学技術と洋服を合わせるあらゆる種類の方法を探している。特別なボタンが付いているシャツを想像してみよう。ボタンを押すとシャツが違う色に変化する。着用可能な科学技術のクリエイターたちは，身に着けて⑤楽しいものも作る。蝶の羽のように動く羽を想像してみよう。それで飛ぶことはできないが，それらは美しく，着て楽しい。

⑥科学技術は常に変化している。それは常に良くなっていく。近いうちに私たちの靴は，歩いている時に電力を作るようになるかもしれない。私たちは歩くことから得たエネルギーを電話や腕時計の電力に変えることができる。将来，私たちはますます多くの着用可能な科学技術を持ち，それは私たちの生活の様々な分野で役に立つだろう。

着用可能な科学技術はビジネスマンやコンピュータ関係者のためだけでなない。身に着けたり，簡単に一日中持ち運べる技術は⑦医師や患者にも便利だろう。⑧アスリートや兵士にも役立つだろう。着用可能な科学技術は医師が人々の世話をするのに役立つ。医師は患者の悪い所を見つけるのに，たくさんの大型機器を必要としなくなるだろう。例えば，医師は患者の健康について教える特別な眼鏡を持つだろう。その眼鏡はX線写真を撮ったり，脈の速さを確認したりできる。これは患者にとって，医師に診てもらうことを簡単にする。医師が自分の診察室でできる検査が増える。このような種類の検査を受けるために，医師や患者が大きな病院まで足を運ぶ必要がなくなるだろう。また，着用可能な科学技術は別の方法でも患者の役に立つ。彼らは，より良く見る，聞く，動くのに役立つ着用可能な科学技術を手に入れるだろう。着用可能な科学技術は，患者に健康問題がある場合，より良く生活するのに役立つ。それは人が年を取った時により良く生活するのにも役立つ。アスリートは着用可能な科学技術を使い，さらに高く飛び，さらに速く走ることができるだろう。彼らの着用可能な科学技術は，彼らがエクササイズをしている間，体の状態を記録するだろう。これは彼らがより良くトレーニングするのに役立つ。いつか，兵士は着用可能な翼を付けて飛べるようになるだろう。彼らは，暗闇，森の中，雪の中で見えにくくするために変化する洋服を手に入れるかもしれない。兵士が身に着けたり持ち運んだりする特別なものに入っている科学技術は，武器から身を守るのに役立つ。労働者たちもあらゆる種類の着用可能な科学技術を持つだろう。まもなく，人々が働くオフィスも非常に違って見えるだろう。鍵，電話，コンピュータのようなものは骨董品になる。これらのものが行っていた仕事は人がオフィスに着て行くものによって行われるだろう。人々は指の爪にも科学秘術を持つだろう。私たちは方向を教えてくれるコンタクトレンズを持つだろう。イヤリングやシャツのボタンにもコンピュータが入っているだろう。私たちはそれを思いつくことができるなら，作ることもできるのだ。必要なものは想像力と私たちの現在の科学技術についてよく理解することだけだ。着用可能な科学技術は未来である。そして着用可能な科学技術のクリエイターは未来を作る。何と⑨おもしろい仕事だろう！

問1　[10]　第1段落最後から4番目の文参照。私たちは眠っている時も科学技術を使っている。

問2　[11]　2が下線部②の3つ後の文の内容と一致する。

重要　問3　[12]　下線部③は第2文型〈主語＋動詞＋補語〉で4が同じ。1は第4文型〈主語＋動詞＋間接目的語＋直接目的語〉，2は第5文型〈主語＋動詞＋目的語＋補語〉，3は第3文型〈主語＋動詞＋目的語〉，5は第1文型〈主語＋動詞〉。

問4　[13]　2が下線部④の6つ後の文の内容と一致する。

重要　問5　[14]　fun「楽しい」　空所⑤の2つ後の文に fun to wear とあるのに着目する。

やや難　問6　[15]　下線部⑥を含む段落の最終文参照。「私たちの生活の様々な部分で役立つだろう」とあり，「あらゆる部分を便利にしてくれる」わけではない。

問7　[16]　下線部⑦の5つ後の文参照。特別な眼鏡で患者の心拍数を測れるようになる，とあるので4は誤り。

重要　問8　[17]　2が下線部⑧の13番目の後ろの文の内容と一致する。

問9　[18]　文脈から interesting「興味深い，おもしろい」が適切。〈What a ＋形容詞＋名詞！〉「何て…な(名詞)だろう！」

やや難　問10　[19]　3が最終段落の最後から12番目の文の内容と一致する。

[3]　(長文読解問題・物語文：内容吟味，語句補充・選択，内容一致)

(全訳)　私は①とても内気な若者だった。私は他の若者と話すのが好きではなかった。怖かったのだ。「彼らは私を笑うだろう」と私は思った。

女性たちはもっとだめだった。私は決して女性たちに話しかけなかった。私はいつも女性たちを恐れていた。

私は今，内気な人々の役に立とうとしている。私は彼らを決して笑わない，なぜなら私は当時を覚えているからだ。私はその当時，とてもつらかった。

当時，私の国と別の国との間に戦争があった。私は兵士にならなくてはならなかった。この私が！　私はいつも怖がっていたが，兵士にならなくてはならなかった！　そしてそれは非常に危険だった。

私は怖かった。他の兵士たちはそのことについて言わなかったけれども，彼らは知っていた。「彼らは私を笑っている」と私は思った。「彼らは怖がっていないんだ」　私は間違っていたが，自分でそれがわからなかった。私はとてもいやな気分だった。

ある日，私は町にいた。私は2日間の休暇があり，他の兵士たちから離れた。私は友達と一緒ではなかった。私には友達が1人もいなかったのだ。私はとてもつらかった。私はゆっくりといくつかの店を通り過ぎた。

1人の老人が道路横に立っていた。路上に車は多くなかった。「どうして彼は道路を渡らないのか」と私は思った。「彼は②怖がっているのだろうか」

私は彼に近寄り，そして彼の目を見た。「ああ」と私は思った。「今，わかった。彼は目が見えない！　彼は道路を渡りたいのに，助けがないと進めないんだ」

他の人々は足早に彼を通り過ぎて行った。彼らは仕事に行ったり，家に帰ったりしなくてはならなかった。彼らは彼を助けなかった。彼らは時間がなかった。

でも私には時間があった。たくさんの時間が。「私は今，何もしていない」と私は思った。「なぜ私は彼を助けられないんだ。私は彼が怖くないぞ」

私は彼の腕を取り，彼が道路を渡るのを手伝った。

「ありがとう！」と彼は言った。彼の手が私の上着に触れた。「これは軍服ですね」と彼が言った。「あなたは兵隊さんですか」

「はい」

私はおそらく，悲しい声でそう言った。その老人は自分の上着に手を入れた。彼は何かを取り出し，私にくれた。

「これをもらってください」と彼は言った。「あなたの役に立つでしょう。身に着けてください，そうすればあなたは無事です。あなたには悪いことが起きません」

彼は歩いていき，私は手の中のものを見た。それは③小さなお守りだった。かわいかったが，変わっていた。

「これは女の子用だ」と私は思い，自分の上着に入れた。

翌日，私たちは戦争に行った。私は怖かった，非常に怖かった，しかし上着の中のお守りを思い出した。「あのお守りが私を助けてくれるかもしれない」と私は思い，それを持っていった。

突然，私は怖くなかった。なぜか？　自分でもわからない。それはお守りのせいか？

その日はひどかった。私の周りで男たちが死んだ。「もしかしたら，次は自分が死ぬ」と私は思った。しかし私は怖くなかった！

私たちのリーダーは勇敢な男だった。彼は私たちの前にいて，私たちは彼に従った。突然，彼は倒れた。彼は地面に倒れ，動かなかった。他の兵士たちは立ち止まった。彼らは怖がっていた。

私は思った。「リーダーは死んでいないかもしれない。私が見に行こう」

私は彼のところへ行った。戦闘は今や悪化していたが，私は怖くなかった。「私はお守りを持っているんだぞ」と私は思った。「私はきっと大丈夫だ」

私はリーダーを少しましな場所に連れ戻し，彼を見た。彼は真っ青で具合が悪かったが，死んではいなかった。彼は目を開け，私に微笑んだ。

彼は話した。やっとのことだったが，私は聞き取った。「前に行け！」と彼は言った。「兵士たちはお前に従う」　兵士たちは私に従い，私たちはその日よく戦った。

その後，私は元気になった。その後私はリーダーにもなった。兵士たちは喜んで私に従った。人々は私を笑わなかった。

「しかしこれでいいのか？」と私は思った。「私はあまり勇敢ではない。お守りのおかげなんだ」

私はあのお守りについて人に話さなかった。私は初めて友人ができてうれしかった。

ある日，私たちは重要な橋を奪わなくてはならなかった。その上には大勢の兵士がいて，大きな銃を持っていた。その土地は開けていて，木が1本もなかった。非常に危険であり，部下の兵士たちは怖がっていた。

「我々は死んでしまいます」と彼らは言った。

「聞け」と私は言った。「まず私が行く，そして我々は橋まで非常に④速く走るぞ。恐れるな。我々全員は殺せない。私についてこい，そうすれば我々はあの橋を奪う」

私は上着に手を入れた。だが，あのお守りがなかった！

「どうしよう？」と私は思った。「私はあのお守りがなければ勇敢になれない」

私は部下たちの顔を見た。彼らは今や怖がっていなかった。

私は思った。「私の言葉が彼らを助けている。彼らはもう怖がっていない。彼らは私を待っている。彼らはどこへでも私についてくる。私は彼らのリーダーだ，私は怖がることなどできない」

私は「行こう！」と叫んだ。

私たちは走った。私たちは橋に到着した。私たちは何人かを失ったが，そこにたどり着いた！そして橋を奪った！

私はその日を決して忘れない。私はその時，勇敢な男についてあることを学んだ。勇敢な男も怖い。しかしそれが彼らを引き留めることはない。

問1　20　下線部①の直後の文参照。筆者は内気で，他の若者と話すことが嫌いだった。

重要　問2　21　主人公は老人を見て，怖くて道路を渡れないのだろうか，と思った。この主人公自身が臆病で afraid という単語が何度も出てくることもポイントである。

問3　22　男は，老人からもらったお守りが自分を助けてくれると思い，怖気づかずに戦った。

問4　23　戦闘中なので run very quickly「非常に速く走る」が適切。

重要　問5　24　3(○)　25　4(○)　1(×)「兵士になることを断った」とは書かれていない。2(×)「耳が聞こえなかった」のではなく目が見えなかった。　5(×)「うんざりした」の部分が誤り。

基本　4　(語句補充・選択：代名詞，付加疑問，分詞，単語)

1　26「テッドにとってギターを弾くことは難しかったか」〈It is ＋形容詞＋ for ＋人＋ to ＋動詞の原形〉「(人)にとって～することは…だ」

2　27「これはあなたの鉛筆ですよね？」　肯定には否定の付加疑問が付く。主語は代名詞に変えるので，this を it とする。

3　28「向こうで英語を話している幼い男の子は私の弟ではない」　形容詞的用法の現在分詞句 speaking English over there が boy を後ろから修飾する。

4　29「彼は昨日母親に手紙を出しましたか」　send「～を送る」　一般動詞の過去形の疑問文は〈Did ＋主語＋動詞の原形～？〉の形になる。

重要　5　(語句整序：代名詞，感嘆文，助動詞，間接疑問，受動態，比較)

1　30・31　My uncle bought a bird and its name is (cute.)「私のおじは鳥を1羽買った，そしてその名前はかわいい」　its は「その」を表す所有格の代名詞。

2　32・33　What a beautiful watch your mother has!「あなたのお母さんは何て美しい腕時計を持っているのでしょう！」　感嘆文〈What a ＋形容詞＋名詞＋主語＋動詞〉「何て～な(名詞)でしょう！」

3　34・35　Would you tell me what was taken to (the house?)「何がその家に持ち込まれたか，私に教えてくれませんか」　Would you ～?「～してくれませんか」　what was taken to the house は what が主語の受動態で，「何がその家に持ち込まれたか」という意味。

4　36・37　The men were not so tall as I thought.「その男性たちは私が思ったほど背が高くなかった」〈not so ＋形容詞＋ as ～〉「～ほど…ではない」

6　(正誤問題：前置詞，熟語，名詞)

1　38「私たちは彼女が探していた人形を見つけたと私は確信している」　③の that は誤り。この位置に that は不必要。②の that は接続詞(省略可能)。 I am sure that ～「～ということを確信している」　④の that は目的格の関係代名詞(省略可能)。

2　39「私はその素敵なドレスを彼女にあげたい」〈give ＋もの＋ to ＋人〉「(もの)を(人)にあげる」　③を to に直す。

3　40「私は私の目の前で眠っている大きなライオンに驚いた」　in front of ～「～の前で」

4　41「私はその青いグラスにたくさんの水が入っていると思った」　water は数えられない名詞なので複数形にはならない。

7 (アクセント)

1　42　②は第2音節，他は第1音節を強く読む。　2　43　④は第2音節，他は第1音節。
3　44　①は第2音節，他は第1音節。

8 (発音)

1　45　③は［e］，他は［ei］。　2　46　④は［ou］，他は［u］。　3　47　④は［z］，他は［s］。

★ワンポイントアドバイス★

5の語句整序問題は，日本語が与えられていないため難度が高い。正解の英文も文意がややわかりにくい。

＜国語解答＞

一　1 ④　2 ①　3 ①　4 ③　5 ①　6 ②　7 ③　8 ②　9 ①
10 ④　11 ③　12 ②　13 ⑤　14 ①　15 ⑤

二　16 ①　17 ④　18 ⑤　19 ③　20 ②　21 ①　22 ①　23 ④
24 ⑤　25 ②　26 ④　27 ①

三　28 ④　29 ①　30 ③　31 ②　32 ④　33 ⑤　34 ②　35 ②
36 ③　37 ④　38 ⑤　39 ①　40 ③　41 ③

○推定配点○

一　1～5・12～14　各2点×8　他　各3点×7
二　16～18・23・25～27　各2点×7　他　各3点×5
三　28～31・34・37・40・41　各2点×8　他　各3点×6　計100点

＜国語解説＞

一 (論説文―漢字，文脈把握，内容吟味，語句の意味，脱語補充，接続語，図の読み取り，要旨)

問1　(ア)「既」を使った熟語はほかに「既視感」「既存」など。訓読みは「すで(に)」。(イ)「采」を使った熟語はほかに「喝采」など。訓読みは「と(る)」。　(ウ)「故」を使った熟語はほかに「故意」「故郷」など。訓読みは「ゆえ」。　(エ)「味」を使った熟語はほかに「甘味」「賞味」など。訓読みは「あじ」。　(オ)「象」を使った熟語はほかに「象形文字」「象徴」など。音読みはほかに「ゾウ」。訓読みは「かたど(る)」。

問2　「トップダウン」については，直前に「キユウ知識に基づいて，いったいこの状況はどういう状況かを判断」と説明されているので，これとは逆の理解のしかたにあてはまるものとしては，「分析された特徴から理解する」とする②が適切。

やや難　問3　「図1」について，(a)は「『複数の要因X_1，X_2，……のすべてが満足されれば，ある結果Yが生じる』」と説明されているので㋒があてはまる。(b)は「『複数の要因X_1，X_2，……のうち，少なくともどれか一つが起きれば，ある結果Yが生じる』と説明されているので㋐があてはまる。(c)は「複数の要因のそれぞれが効果を及ぼすが，確率的な変動を含んで結果が生じる」と説明されているので㋑があてはまる。

問4　直後に「結果Yが生じたときに，このスキーマが喚起されれば，どれかの要因が生じたということが推測される」と説明されているので，ある特定の要因が推測される②が適切。他は，要因と結果の関係が定かではない。

問5　直前に「私たちが日常経験からつくりあげた素朴な信念」と説明されている。日常的な実感に基づく例としては，自分の目に見えるものにあてはまる①が適切。

問6　直後に「ところが年長児になるにつれ，……正答率が下がっていくのである」「他の経験から抽出した何らかのルールを過度に一般化してしまうために生じるものと見ることができる」と説明されているので④が適切。

問7　「幼児にはむしろ正答率が高い」「再び正答率が高くなるのは，物理学の教育の成果」にあてはまるのは，「就学前」と「大学生」の正答率が高くなっている③。

問8　X　前に「素朴物理学」とあり，直後で「運動している物体は……」と具体例が示されているので，例示を表す「たとえば」が入る。　Y　直前に「子どもが世界を構造的に認識するようになった現れともいえる」とあるのに対し，直後には「根強く残るやっかいなしろものでもある」と別の視点を示しているので，逆接を表す「しかし」が入る。

問9　「ステレオタイプ」は，決まりきった形式・方法，紋切り型，という意味。意味が似ているのは，一方的な評価，という意味の「レッテル」。

問10　⑤は「素朴理論は……」で始まる段落に「大人でも直観的な判断を求められたときには，むしろ素朴理論に基づいた推論をしてしまうことが少なくない」とあることと合致する。

二　**(小説一語句の意味，情景・心情，文脈把握，内容吟味，脱語補充，表現技法，大意)**

問1　(ア)「小春日和」は，晩秋から冬の初めころの，のどかで暖かい日のこと。
(イ)「遡上」は，流れをさかのぼって行くこと。「遡」の訓読みは「さかのぼ(る)」。
(ウ)「たゆたう」は，ゆらゆらと動いて定まらない，ただよう，という意味。

問2　直前に「『……ちょっと後悔したんじゃないかなあ』」とあり，直後で「『気に入ってもらえなかった，ってことですか？』」と言っているので，「不安に思っている」とする③が適切。「後悔」という言葉が引っかかっているのである。

問3　直前に「ぽっかりと空いたプレートを見ていたら」とあり，その前には「こんなにプレートに余白があるんだったら，遠慮せずになにかメッセージを書いてもらえばよかった」「『親父もおふくろも，そういうところでヘンに遠慮しちゃう性格なんですよ』」とある。自分たちのプレートにメッセージを入れることにも遠慮してしまうことに，両親らしさを見たような気がして涙ぐみそうになっているので②が適切。

問4　直前に「今年の秋も，鮭は帰ってきただろう」とある。毎年同じ場所に帰ってくることを「変わることのないふるさと」と表現しているので，「帰るべき場所」とする①が適切。

やや難　問5　直後に「悔しさや無念や恨みだけは抱くまい，と自分に言い聞かせる。ひとはそのために，運命のせいにするという知恵を授かったのかもしれない」とある。本文冒頭に「三月から五月にかけて，洋行は遺体安置所をめぐりつづけた。……それが両親のなきがらではないことを確かめて，また次の遺体へと目を移す」「悲しみを受けとめる覚悟はできていた。だが，その覚悟は，どこにも落ち着き先を見つけられないまま……」とあることから，ここでいう「悔しさや無念や恨み」「運命のせいにする」は，両親の行方がわからないままであることを指すとわかるので「両親の安否に関して手がかりもない」とする①が適切。

やや難　問6　直前に「もう一言，感謝でもお別れでもない言葉を探して」とあるので，日常的な普通の言葉に最も適しているものとして「おやすみなさい」が入る。

問7　直前に「両親の顔を思い浮かべ，『親父』『おふくろ』ではなく，子どもの頃のように両親を呼んだ」「閉じたまぶたの隙間に温かいものがにじみ，虹の色に光った」とあることから，子どもの頃のような素直な気持ちになって涙ぐんでいることがわかるので，「穏やかな気持ちになっている」とする⑤が適切。

問8　直前に「閉じたまぶたの隙間に温かいものがにじみ，虹の色に光った」とあることから，「虹がいくつものかけらになった」は，涙がこぼれ落ちたことのたとえであるとわかる。比喩であることを示す「ような」といった語を使わずにたとえているので「隠喩」が適切。

問9　Ⅰ　直前の「生徒C」の意見に対する発言で，直後で「生徒C」は「確かに」と肯定しているので，「生徒C」の「思い出と共に現実に向き合っている」と重なる④が適切。

Ⅱ　直前の「生徒C」の発言に「手術をした左胸を触る動作をするのも印象的」とあり，これを受けているので，「左胸」について「自然と動作にでているのでは」とある①が適切。

三　(古文一語句の意味，旧国名，口語訳，文脈把握，脱語補充，和歌，係り結び，大意，文学史)

〈口語訳〉　和泉の国に，堺に住む金井草浪という者がおり，常に旅に行くことを好んだ。ある時，丹波国に行った。どうしたことか，道を間違え，たいそう殺風景な山の中に入ってしまった。そうして，急斜面づたいに行くと，岩の間にたいそう高くそびえ立つ一本の松の木がある。ここでしばらく立ちどまり，四方を見回していると，松の梢で物音がする。何だろうと目をとめてよく見ると，木の枝の間をつたい行く大きな猿がいた。「もし人であったならば(道を)尋ねたはずなのに」と独り言を言っていると，突然，鉄砲の音が響いて，草浪が立っている後ろの松の小枝を撃ち折った。これは山賊などのしわざではないかと，そら恐ろしくなって立ち退こうとしたところに，一人の狩人が息を切らして走って来て，草浪を見て驚き，「自分は(松の木の)梢にいた猿を撃ちとめようと思った。ここに人がいるとは夢にも思わなかった。何はともあれ，何ともありませんか」と尋ねると(草浪は)「特にけがなどはしていない」と答えた。この時，猿はどこかへ逃げて去ったのだろう。(姿は)見えなかった。狩人はただひたすら，不快なことをしたと詫びて，帰ろうとする。草浪は(狩人を)引き止めて道を尋ねると，とても丁寧に教えた，草浪は喜びを述べ，別れる時に冗談半分に

狩人のねらいは逸れて，猿ではなく木の実(この身)一つを拾ったことだ

と詠むと，狩人も笑って別れた。しかし，草浪は，彼はまた鉄砲で後ろから私を撃つこともあるのではないかと疑いを覚えて，安心できず，足早に走って行くと，また後ろから物音がして，人がやって来る。何だろうと思って振り返ると，あの狩人である。草浪は，さては(鉄砲で撃たれては)かなわないとひたすら逃げると，狩人は声を上げて呼び続けるので，聞かないで走り続けると，ようやく人里に出た。草浪は喜んである家に走って入り，「助けてください，助けてください」と叫んだので，そこにいた人は皆出て来た。(すると)狩人も続いて入ってきた。草浪は身構えて，にらみつけると，狩人は息を切らして「先ほど詠まれた歌を紙に書いていただきたい。表装して床の間に掛けておきたいと思ったので，あのように呼んだのです」と言った。そうとは露知らず，ただひたすら恐ろしく思って，惜しいことに着物を一枚，汗に濡らしてしまった，と，初めて心が落ち着いて，すぐに短冊を取り出して歌を描いて渡した。人々はおもしろがって，みな笑いがとまらなかった，とある人が語ったという。

問1　(ア)　直後に「山のなかに入りぬ」とあることから，道を間違えて淋しい山の中へ来てしまった，という意味だと考えられるので④が適切。「さうざうし」には，「騒々しい(＝さわがしい)」という意味のほかに，張り合いがなく物足りない，という意味がある。

(イ)　直後の「ものしことをうちわび」という様子にあてはまるものとしては，ただひたすら，という意味の①が適切。「そぞろ」には，むやみに，わけもなく，という意味がある。

(ウ)　「よばふ(呼ばふ)」は，何度も呼ぶ，呼び続ける，という意味。

問2　「丹波国」は現在の兵庫県。栃木県は「下野国」，埼玉県は「武蔵国」，山形県は「羽前国」，福岡県は「筑前国」「筑後国」。

問3　「～ば」は「～ならば」という意味，「～ものを」は「～のになあ」という意味なので，「尋ね

たはずなのに」とする④が適切。

問4　直後の狩人の言葉に「『おのれ梢の猿をこそうちとめまく思ひつれ。ここに人のおはしつることはゆめばかりも知らざりき。さばれことなかりきや』」とあるので⑤が適切。草浪を撃ってしまったのではないかと案じて走って来たのである。

やや難　問5　草浪に弾が当たることもなく無事であったことを「この身を拾う」として，「このみ(木の実)」に「この身」を掛けて詠んでいるのである。

問6　直前の「『ことはなかりきや(何もなかったですか)』」という問いかけに対する答えなので②が適切。「子細」には，詳しい事情，差し支え，などの意味がある。

問7　前に「狩人もうち笑ひて別れけり」「さばれ草浪はかれまた鉄砲もて後ろよりわれをうつこともこそありなめなど疑ひ思へば，……足とくも走りゆく」とあるので③が適切。

問8　前に係助詞「こそ」があるので，係り結びの法則により，文末は已然形の「なれ」が入る。

問9　直前の「『先に詠まれたる歌を紙に書きてたまはるべし。……さてこそかくはよばひまゐらせ』」という内容を指すので⑤が適切。

やや難　問10　草浪の様子は，「かれまた鉄砲もて後ろよりわれをうつこともこそありなめなど疑ひ思へば」「さてはかなはじとひたすらに逃げければ」「うれしくある家に走り入り」「狩人もつづきて入り来にけり。草浪身がまへしてにらまへをれば」と変化しているので①が適切。

問11　『古今著聞集』は鎌倉時代に成立した説話集で，編者は橘成季。約700話の世俗説話が年代順に収められている。

★ワンポイントアドバイス★

論説文は，やや難しい内容のものにも読み慣れておこう！
古文は，注釈を参照しながら長文を口語訳できる力をつけておこう！

2022年度

★★★★★★★★★★★★★★★★★★★★★★★★

入　試　問　題

2022
年
度

2022年度

狭山ヶ丘高等学校入試問題

【数　学】（50分）〈満点：100点〉

【注意】 コンパス，定規，分度器，電卓は使用しないのでしまって下さい。

$\boxed{1}$　次の$\boxed{1}$～$\boxed{17}$にあてはまる数をマークしなさい。

(1)　$-3^2+(-4)^2-(-5)\times(-6)=-\boxed{1}\boxed{2}$

(2)　$x=5$，$y=\frac{2}{3}$のとき，$\frac{3(x+2y)}{3}-\frac{2x-y}{2}$の値は$\frac{\boxed{3}}{\boxed{4}}$である。

(3)　連立方程式$\begin{cases}2x-3y=1\\3x+y=7\end{cases}$の解は，$x=\boxed{5}$，$y=\boxed{6}$である。

(4)　$\frac{4(\sqrt{2}+\sqrt{3})}{\sqrt{2}}\times\sqrt{0.75}$を計算すると，$\boxed{7}\sqrt{2}+\boxed{8}\sqrt{3}$となる。

(5)　大小2つのさいころを同時に投げるとき，出た目の数の和が9になる確率は$\frac{\boxed{9}}{\boxed{10}}$である。

(6)　2次方程式$x^2-ax+12=0$が$x=3$を解に持つとき，$a=\boxed{11}$であり，もう一つの解は$x=\boxed{12}$である。

(7)　関数$y=-2x^2$について，xの変域が$-2\leqq x\leqq -1$であるとき，yの変域は$-\boxed{13}\leqq y\leqq -\boxed{14}$である。

(8)　$\left(1-\frac{1}{2^2}\right)\left(1-\frac{1}{3^2}\right)\left(1-\frac{1}{4^2}\right)\left(1-\frac{1}{5^2}\right)\left(1-\frac{1}{6^2}\right)=\frac{\boxed{15}}{\boxed{16}\boxed{17}}$である。

$\boxed{2}$　次の$\boxed{18}$～$\boxed{35}$にあてはまる数をマークしなさい。

(1)　2つの相似な球の体積の比が27：64のとき，その相似比は$\boxed{18}$：$\boxed{19}$である。ただし，比は最も簡単な整数で答えよ。

(2)　次の選択肢のうち，yがxに比例するものは$\boxed{20}$，yがxに反比例するものは$\boxed{21}$，yがxの関数でないものは$\boxed{22}$である。

選択肢

①　100ページの本を読んでいるとき，残りのページ数xと読んだページ数yの関係。

②　半径x cmの球の表面積y cm^2という関係。

③　歯数40の歯車Aと歯数50の歯車Bがかみあっているとき，歯車Aの回転数xと歯車Bの回転数yの関係。

④　分速y mの速さでx分歩き，1 km進んだときのxとyの関係。

⑤　正の整数yに対して，その約数の個数xという関係。

(3) 右図のA，B，C，Dは円周上の点であり，BDは直径，$\angle ACB=37^\circ$，$\overset{\frown}{BC}:\overset{\frown}{CD}=3:2$である。$\angle DBA=x^\circ$，$\angle BAC=y^\circ$とすると，$x=\boxed{23}\boxed{24}$，$y=\boxed{25}\boxed{26}$である。

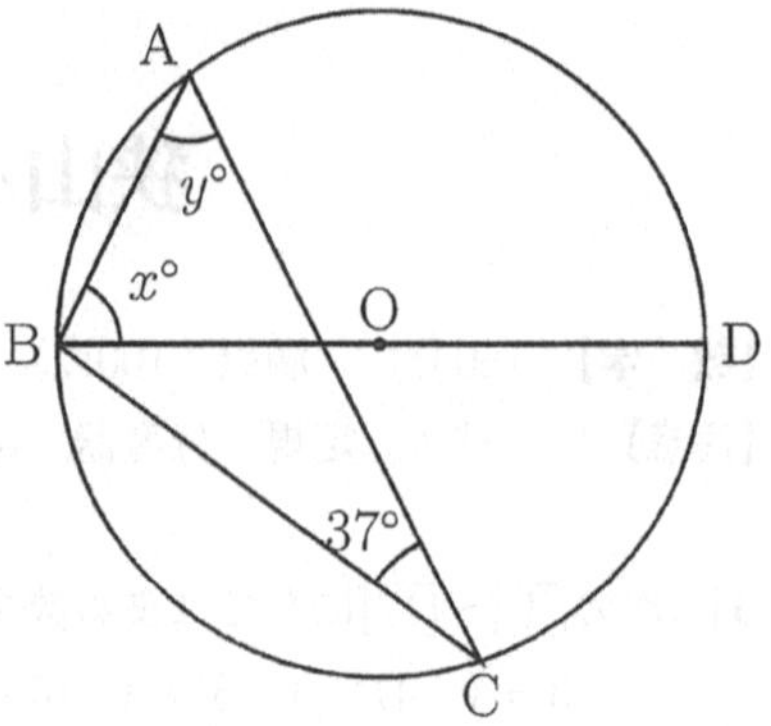

(4) $AB=3$ cm，$AC=4$ cmであるような直角三角形ABCを考える。線分ACを△ABCを含む平面内で頂点Bのまわりに1回転したとき，通過する部分の面積は$\boxed{27}\boxed{28}\pi\ \text{cm}^2$である。また，線分BCを直線ACを軸として空間内で1回転したとき，通過する部分の面積は$\boxed{29}\boxed{30}\pi\ \text{cm}^2$である。

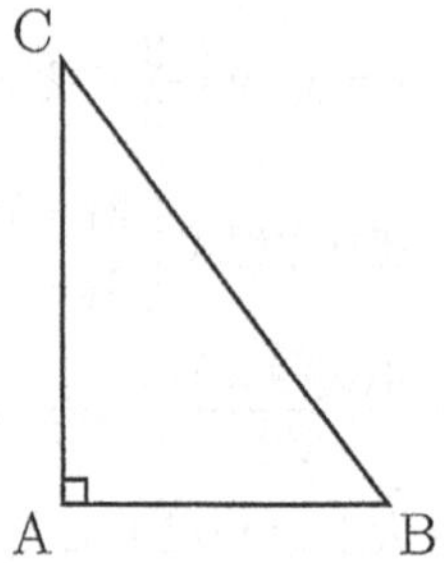

(5) 2022を素因数分解すると，$2022=2\times3\times\boxed{31}\boxed{32}\boxed{33}$となる。この$\boxed{31}\boxed{32}\boxed{33}$という整数は$\boxed{34}^4+\boxed{35}^4$と表すことができる。ただし，$\boxed{34}<\boxed{35}$とする。

$\boxed{3}$ 濃度10%の食塩水が100 g入っている容器Aと，5%の食塩水が100 g入っている容器Bがある。これらの食塩水に，次の操作を行う。

操作　容器Aからx gの食塩水を取り出し，空の容器Cに入れる。その後，容器Bからx gの食塩水を取り出し，空の容器Dに入れる。容器Cに入っていた食塩水を全て容器Bに，容器Dに入っていた食塩水を全て容器Aに移し，よくかき混ぜる。

次の$\boxed{36}$～$\boxed{44}$にあてはまる数をマークしなさい。

(1) 操作を行う前，容器Aに入っている食塩の量は$\boxed{36}\boxed{37}$ g，容器Bに入っている食塩の量は$\boxed{38}$ gである。

(2) 操作を1回行った後，容器Aに入っている食塩の量は$\left(\boxed{39}\boxed{40}-\dfrac{x}{\boxed{41}\boxed{42}}\right)$gである。操作を2回行った後，容器Aの食塩水の濃度が7.6%となるとき，$x=\boxed{43}\boxed{44}$である。ただし，$x<50$とする。

$\boxed{4}$ 次の$\boxed{45}$～$\boxed{58}$にあてはまる数をマークしなさい。

関数$y=2x^2$のグラフC_1と関数$y=-x^2$のグラフC_2がある。また，点A(1, 0)をとる。点Aを通る傾き$\dfrac{1}{2}$の直線lの方程式は$y=\dfrac{1}{2}x-\dfrac{\boxed{45}}{\boxed{46}}$であるから，$C_2$と$l$の交点のうち，$x$座標が小さいものをBとすると，その座標は$B(-\boxed{47},\ -\boxed{48})$であり，$AB=\sqrt{\boxed{49}}$である。

C_1上の点$D\left(-\dfrac{1}{2},\ \dfrac{1}{2}\right)$に対し，$BD=\dfrac{\sqrt{10}}{\boxed{50}}$であるから，$\angle ABD=\boxed{51}\boxed{52}^\circ$とわかる。また，

△ABDの面積は$\dfrac{\boxed{53}}{\boxed{54}}$であることから，△PABの面積が1となるような点Pを直線lの上側にとると，点Pは直線$y=\dfrac{\boxed{55}}{\boxed{56}}x+\dfrac{\boxed{57}}{\boxed{58}}$をえがく。

$\boxed{5}$　一辺の長さが12 cmである正三角形ABCの内部に点Pをとり，辺AC，CB，BAに関して点Pと対称な点Q，R，Sをそれぞれとり，またPQとACの交点をH，PRとBCの交点をI，PSとABの交点をJとする。次の$\boxed{59}$～$\boxed{71}$にあてはまる数をマークしなさい。

(1)　△ABCの面積は$\boxed{59}\boxed{60}\sqrt{\boxed{61}}$ cm^{2}である。

(2)　Pの位置にかかわらず∠SAQの角の大きさは1$\boxed{62}\boxed{63}$°であり，AQ＝$2\sqrt{a}$ cmであるとき，△SAQの面積は$\sqrt{\boxed{64}}\,a$ cm^{2}となる。

(3)　AH＝8 cm，PH＝$2\sqrt{3}$ cm，PI＝$\sqrt{3}$ cmであるとき，CI＝$\boxed{65}$ cm，BS＝$\boxed{66}\sqrt{\boxed{67}\boxed{68}}$ cm，AJ＝$\boxed{69}$ cmであり，また，△SQRの面積は$\boxed{70}\boxed{71}\sqrt{\boxed{64}}$ cm^{3}である。$\boxed{64}$には同じ数字が入るので注意すること。

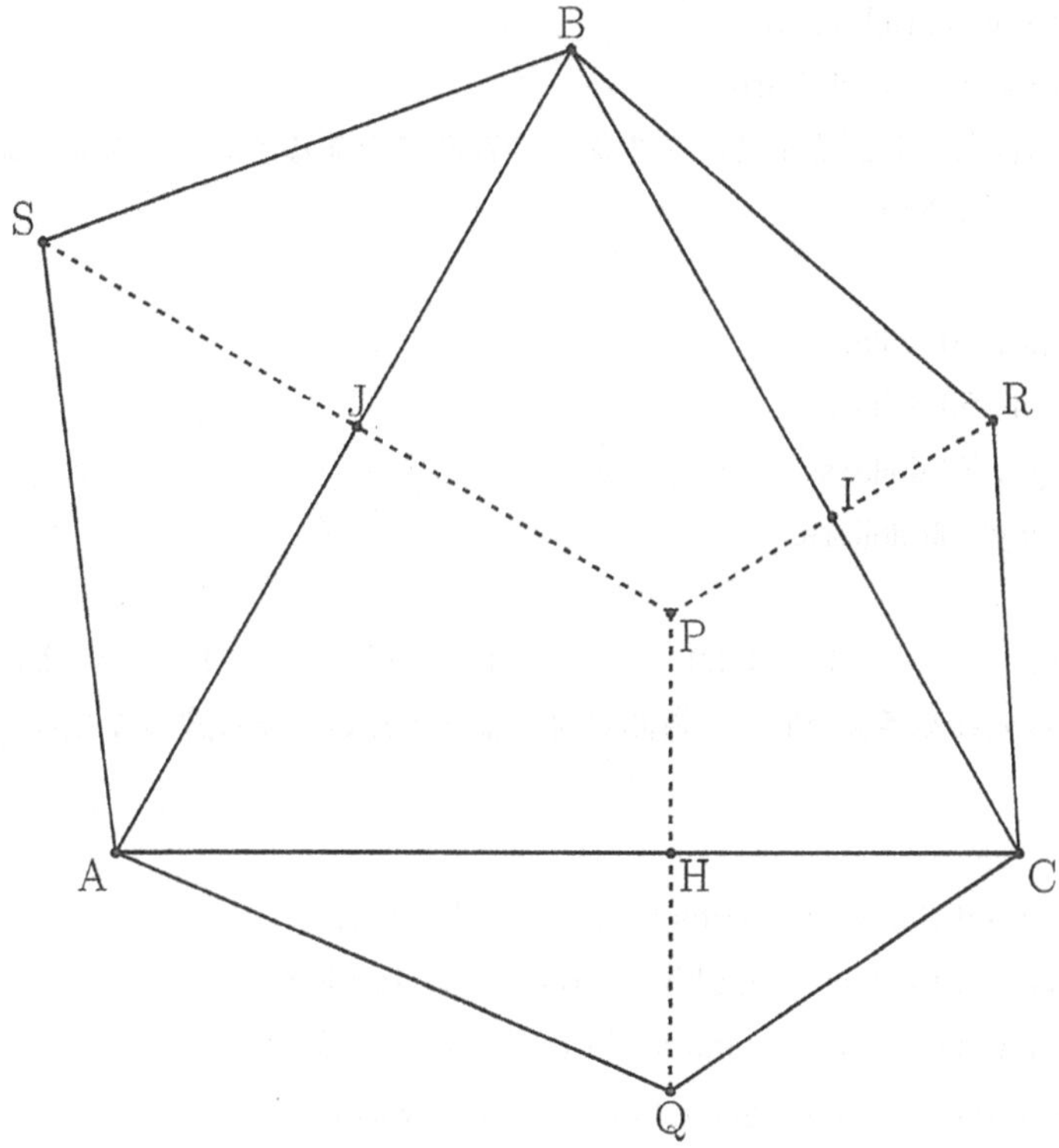

【英　語】（65分）〈満点：100点〉

1　（リスニングテスト）このリスニングテストには問題Ａから問題Ｃまであります。英文はそれぞれ２度ずつ読まれます。放送中メモを取っても構いません。

問題Ａ　これから流れる対話を聞き，最後に続く受け答えとして最も適切なものを選び，記号で答えなさい。

No. 1　[1]

1　The movie will start at 2 p.m.

2　This is about 700 yen.

3　I have several minutes.

4　It's not good for your health.

No. 2　[2]

1　Where did you go?

2　I have enough troubles.

3　I want to be as rich as you.

4　Oh, you have to work hard.

問題Ｂ　これから流れる対話を聞き，そのあとの質問に対する答えとして最も適切なものを選び，記号で答えなさい。

No. 1　[3]

1　He will pay 20 dollars.

2　He will pay 50 dollars.

3　He will pay 80 dollars.

4　He will pay 100 dollars.

No. 2　[4]

1　It is 1113.　　2　It is 1130.　　3　It is 1213.　　4　It is 1230.

問題Ｃ　これから流れる英文を聞き，質問に対する答えとして最も適切なものを選び，記号で答えなさい。

No. 1　[5]

1　They planted thirty pumpkins in the school garden.

2　They planted thirteen pumpkins in the school garden.

3　They planted seventeen potatoes in the school garden.

4　They planted sixteen eggplants in the school garden.

No. 2　[6]

1　I can play catch with them on the grass.

2　I can walk and run with them on the grass.

3　I can play with them in the training ground.

4　I can play baseball with them without asking the staff.

〈リスニングテスト放送台本〉

第１回推薦入試

１（リスニングテスト）このリスニングテストには問題Ａから問題Ｃまであります。英文はそれぞれ2度ずつ読まれます。放送中メモを取っても構いません。

問題Ａ　これから流れる対話を聞き，最後に続く受け答えとして最も適切なものを選び，記号で答えなさい。

No. 1

A：Why are you eating so fast?

B：I want to go and see a movie in the afternoon.

A：I see. How much time do you have for eating?

B：

Listen Again

No. 2

A：I want to do something exciting.

B：How about going abroad? Traveling is exciting, isn't it?

A：Well, it's very nice if I have enough money.

B：

Listen Again

問題Ｂ　これから流れる対話を聞き，そのあとの質問に対する答えとして最も適切なものを選び，記号で答えなさい。

No. 1　*※Aは女性，Bは男性*

A：May I help you?

B：How much is this shirt?

A：Fifty dollars. But if you buy two, we can give you a 20% discount.

B：Then, I'll get this blue one and that red one.

Question：How much will the man pay?

Listen Again

No. 2

A：May I use your bike?

B：Of course. The lock number is my birthday.

A：Thanks. Is that November 13th?

B：No. December. Don't you remember that?

Question：What is the correct lock number?

Listen Again

問題Ｃ　これから流れる英文を聞き，質問に対する答えとして最も適切なものを選び，記号で答えなさい。

No. 1

Hello. I'm Saki Maruyama. I am a first year student at North High School. There are thirty students in my class. Yesterday we had a science class. My classmates and I dug some holes and planted some vegetables. We planted seventeen potatoes, sixteen egg plants, and thirteen pumpkins. We gave some water to them. We enjoyed planting vegetables in our school garden.

Question：How many pumpkins did Saki and her classmates plant?

Listen Again

No. 2

Here you are. This is a map of West Park. You can see a lot of interesting spots on this map. You can walk and run in the training ground. You can play with your dogs there, but you must not go on the grass with them. Next to the training ground, this is the baseball field. You can play catch with your friends and play a game with others. Before you play baseball here, you need to ask the staff when you can use the field. Have fun!

Question：What can you do with your dogs in West Park?

Listen Again

これでリスニングテストを終わります。次のページ以降の問題を解いて下さい。

2　次の英文を読み，後の設問に答えなさい。

[①] February 26, 2012, seventeen-year-old ②Trayvon Martin left his father's girlfriend's home, in a gated community in Sanford, Florida, to get a quick snack. He bought a bag of Skittles and an Arizona Iced Tea. After Trayvon threw his gray hoodie over his head to protect himself from the rain, he walked home.

As Trayvon made his way back into his quiet community, a man named ③George Zimmerman watched him from his car and reached for his cell phone. Over the last several years, George called the police many times to report people in his neighborhood. However, every "suspicious*" person George reported was a Black male.

"We've had some break-ins* in my neighborhood," George told the police. "And there's a real suspicious guy. This guy looks like he's bad or he's on drugs or something."

The police officer asked George questions as his car door was opening. "Are you following him?" she asked. "We don't need you to do that."

George answered, "Okay."

But he left his car and continued following Trayvon on foot. At the corner, George began to attack the teenager, and a fight began. Moments later, shots rang out, and seventeen-year-old Trayvon Martin fell to the concrete sidewalk, only seventy yards from his destination.

④Trayvon Martin was a teenager who loved video games and fixing things. He liked trying new things like snowboarding and visiting New York City to see a Broadway play. He had dreams of becoming a pilot someday. Instead, Trayvon was gunned down before he even had the opportunity to attend his high-school prom*. And the man who killed him was still free to walk around his gated community, and patrolling for more "suspicious people."

Disappointment ran through the Black community. In the United States, there is ⑤a history of treating Black lives like they don't matter*. Many people who commit* crimes against Black people are not punished for their actions. Fifty-seven years before Trayvon Martin's death, two white men in Mississippi killed fourteen-year-old Emmett Till after a white woman accused* him of flirting* with her. Emmett's killers were found not guilty*. Twenty-one years before Trayvon's death, in Los Angeles, a Korean convenience-store owner shot fifteen-year-old Latasha Harlins to death after accusing her of stealing a bottle of orange juice. A California jury* decided that Latasha's killer was guilty, but a judge only sentenced* the shop owner to five years of probation*.

The Black community demanded justice for Trayvon so strongly that his death made national news. The police finally arrested George Zimmerman, but he said it was self-defense, and in 2013, he was found not guilty of murdering Trayvon.

The evening after the George Zimmerman verdict*, community organizer Alicia Garza posted a letter to Black people on Facebook. She wrote, "I continue to be surprised about how [⑥] Black lives matter." Alicia asked everyone in her community to stop giving up on Black life.

Then she ended her post by saying, "I love you. I love us. Our lives matter." Later, Alicia's friend, Patrisse Cullors, changed the last [⑦] words into the now famous hashtag：#BlackLives Matter.

Later Alicia and Patrisse met Opal Tometi at a leadership training program for Black organizing. The three women kept in touch over social media. The Black Lives Matter movement began with three friends who wanted change. But the movement wouldn't be successful soon. They started [⑧] － but placed big importance on working together.

As the #BlackLivesMatter hashtag became famous on social media, some people began pushing back against the organization. They said the Black Lives Matter movement excluded other groups. #BlackLivesMatter didn't mean that Black people didn't care about other races. Activists were simply calling attention to the fact that in the United States - and around the world - people forgot that Black lives mattered, too. ⑨The Black Lives Matter movement set a mission. It was to help the world remember.

For Alicia, Patrisse, Opal, and every person involved in the Black Lives Matter movement, changing Black people's way of seeing the world and themselves is one big way to free themselves from white supremacy* and oppression*. The Black Lives Matter movement will continue to work on changing Black people's situation.

（出典：Lakita Wilson *What Is Black Lives Matter?* 改変）

（注） suspicious 「疑わしい」　break-in 「不法侵入」
prom 「高校の卒業記念ダンスパーティー」　matter 「重要だ，大切だ」
commit 「～を犯す」　accuse ～ of… 「…の理由で～を告発する」
flirt 「うわきをする」　guilty 「有罪の」　jury 「陪審員団」
sentence ～ to… 「～に…の刑を処する」　probation 「執行猶予(刑をすぐに行わないこと)」
verdict 「評決」　supremacy 「優位」　oppression 「圧迫」

問1　[①] に入れるのに最も適切なものを次の中から選びなさい。[7]

1　In　　2　On　　3　At　　4　During

問2　事件当日の下線部②に関する記述として適切でないものを次の中から選びなさい。[8]

1　父の恋人の家を出て，おやつを購入した。

2　雨が降っていたので，頭に灰色のフードを被っていた。

3　携帯電話を手にしながら，家へ歩いていた。
4　襲われてけんかが始まり，銃で撃たれた。

問3　下線部③に関する記述として適切でないものを次の中から選びなさい。[9]
1　疑わしい人がいることを，これまでに何度も警察に通報したことがあった。
2　薬物を使用していたため，誤った情報を警察に通報してしまった。
3　警察の忠告を無視して，疑わしい男性を徒歩で追跡した。
4　後に逮捕されたが，正当防衛を主張して無罪になった。

問4　事件前の下線部④に関する記述として最も適切なものを次の中から選びなさい。[10]
1　テレビゲームをするのが大好きだった。
2　物を修理するのはあまり好きではなかった。
3　スノーボードや演劇を観ることは好きではなかった。
4　高校の卒業記念ダンスパーティーに参加したことがあった。

問5　下線部⑤に関する記述として最も適切なものを次の中から選びなさい。[11]
1　今から57年前に2人の白人男性が14歳の黒人男性を殺害したが，その2人の白人男性は無罪になった。
2　1955年に2人の白人男性が14歳の黒人男性を殺害したが，その2人の白人男性は有罪になった。
3　今から21年前にある韓国人が15歳の黒人女性を銃殺したが，その韓国人は執行猶予5年になった。
4　1991年にある韓国人が15歳の黒人女性を銃殺したが，その韓国人は執行猶予5年になった。

問6　[⑥]に入れるのに最も適切なものを次の中から選びなさい。[12]
1　a small　　2　small　　3　a little　　4　little

問7　[⑦]に入れるのに最も適切なものを次の中から選びなさい。[13]
1　two　　2　three　　3　six　　4　nine

問8　[⑧]に入れるのに最も適切なものを次の中から選びなさい。[14]
1　high　　2　short　　3　big　　4　small

問9　下線部⑨の文と同じ文型の文を次の中から選びなさい。[15]
1　Tom sings very well.　　2　Tom looks happy today.
3　Tom took me to a big park.　　4　Tom gave me a golden ring.
5　Tom named his dog Taro.

問10　本文の内容と合うものを次の中から1つ選びなさい。[16]
1　アメリカ合衆国の歴史において黒人に対する差別や迫害はあったものの，2012年の事件が起きるまでBlack Lives Matter運動が起こることはなかった。
2　Trayvon MartinはGeorge Zimmermanに対して先にけんかを仕掛けたことが理由で，George Zimmermanの正当防衛が認められた。
3　Black Lives Matter運動を始めたのは3人の女性であるが，ネットを通じての連絡よりも実際に会って話し合うことを通じて運動の盛り上げ方を考えた。
4　Black Lives Matter運動は他の人種の人々の命よりも黒人の命を重く取り扱うことを目指しており，運動を始めた3人の女性もそれを望んでいる。

3 次の英文を読み，後の設問に答えなさい。

On the last day before Christmas, I hurried to the department store to buy the gifts I didn't manage to buy earlier. When I saw all the people there, I thought "①<u>This is going to take forever</u>. There's always too much to do at Christmas time. It's difficult to find a place to park the car. All the stores are crowded and I have to wait in line forever to pay for my things. I wish I could just go to sleep and wake up when Christmas is over."

While looking at toys for my kids, I noticed a small boy pressing a doll against his chest. He kept touching the doll's hair and looking sad. I didn't have time to worry about him, so I carried on with my shopping.

When I went back to the toy section, the little boy was still holding the doll. Finally, I walked over to him and asked why he wanted the doll so much. He said, "My little sister Kelly loved this doll and wanted it for Christmas. She was [②] that Santa Claus would take it to her." I replied that maybe Santa Claus would bring it to her after all, and not to worry. But he said sadly, "③<u>No, Santa Claus can't take it to her.</u>"

His eyes were so sad as he said, "Kelly is gone. Daddy says that Mommy is also going soon, so I thought that she could take the doll with her." My heart nearly stopped. The boy looked up at me and said, "I told Daddy to tell Mommy not to go yet. I want her to wait until I get back from the store." Then he showed me a very nice picture of himself laughing and said, "I also want Mommy to take this picture with her because I don't want her to forget me. But, the store clerk says I don't have enough money to buy this." Then he looked at the doll again.

I quickly reached for my wallet and took out a few bills. I said, "Let's check again. Maybe you do have enough money." I added some of my money to his while he was not seeing and we counted it. There was enough for the doll, and even some extra. He said, "I have enough!" Then he looked at me and added, "I also wanted to have enough money to buy a white rose for my Mommy, and now ④<u>I can</u>! You know, my Mommy loves white roses."

Two days after I met the little boy, I read in the newspaper that a drunk driver hit a car carrying a young woman and a little girl. The little girl died right away, and the mother passed away a few days later. I thought they must surely be the little boy's mother and sister. And, the newspaper said the mother's funeral* would be held the next day. I couldn't stop myself from buying a lot of white roses and going to the funeral home. The body of the young woman was lying there.

When I arrived at the funeral home, the young woman was holding a beautiful white rose in her hand, and the picture of the little boy and the doll were placed on her chest. The little boy was sitting in the front row*, crying and crying. He seemed so sad. It broke my heart.

I left the place. I felt that my life was changed forever.

（出典：Miho Harada *The Doll and the White Rose* 改変）

（注） funeral 「葬式」　row 「列」

問1　私が下線部①のように考えた理由として適切でないものを次の中から選びなさい。 17

1　クリスマスの時期にはやらなければならないことがあまりにも多いから。
2　車を停める場所を見つけられなかったから。
3　あらゆる店が多数の買い物客で混雑しているから。
4　会計を済ませるために長時間並んで待たなければならないから。

問2　② に入れるのに最も適切なものを次の中から選びなさい。 18

1　sure not　　2　not sure　　3　sure so　　4　so sure

問3　小さな男の子が下線部③と言ったのはなぜか。最も適切なものを次の中から選びなさい。 19

1　妹は死んでしまっていて現在天国にいるから。
2　サンタクロースは妹が欲しがっている人形がどれかわからないと思ったから。
3　小さな男の子と妹は現在離れ離れで暮らしているから。
4　サンタクロースは人形を買うのに十分なお金を持っていないと思ったから。

問4　下線部④に関して，小さな男の子は何をすることができると言ったか。最も適切なものを次の中から選びなさい。 20

1　ママに白いバラを一本買うこと
2　ママに白いバラをたくさん買うこと
3　妹に人形を一体買うこと
4　妹に写真を一枚渡すこと

問5　本文の内容と合うものを次の中から2つ選びなさい。 21 ・ 22

1　私は小さな男の子が人形を胸に抱きかかえているのを一目見た瞬間に小さな男の子に歩み寄って話しかけた。
2　小さな男の子は妹がクリスマス前に死んだことを知っていたが，母が死ぬとは思っていなかった。
3　小さな男の子の話を聞いた私は，気づかれないようにしながら男の子の所持金にお金を足してあげた。
4　小さな男の子に会った二日後の新聞記事には，飲酒運転による交通事故で若い女性と小さな女の子が死亡したと書かれていた。
5　私は葬儀場に行き，若い女性と小さな女の子の遺体に白いバラの花束をお供えすることができた。

4 次の各英文の[　　]に入る最も適切なものを次の中から選びなさい。

1 [23] there a fox and a cat in that large box?

① Is　② To see　③ Find　④ Were

2 Is it a good thing [24] able to run fast?

① to be　② be　③ is　④ was

3 The man [25] threw a ball to me didn't know anything about it.

① who　② what　③ why　④ didn't

4 Please tell me why [26] standing over there.

① he did　② do they　③ she was　④ are you

5 次の各英文の（　　）内の語を適切に並べ替えたとき，（　　）内で3番目と6番目にくるものを答えなさい。ただし，文頭にくる語(句)も小文字で示してある。

1 I (① than ② father ③ much ④ me ⑤ his ⑥ thought ⑦ was ⑧ older).

3番目は[27]・6番目は[28]

2 (① has ② you ③ it ④ that ⑤ do ⑥ in ⑦ been ⑧ know ⑨ snowing) country?

3番目は[29]・6番目は[30]

3 (① brother ② very ③ studying ④ go ⑤ his ⑥ was ⑦ to ⑧ hard) to college.

3番目は[31]・6番目は[32]

4 (① playing ② is ③ chess ④ room ⑤ boy ⑥ that ⑦ his ⑧ in) Tom.

3番目は[33]・6番目は[34]

6 次の英文で，文法的な誤りが含まれる下線部を選びなさい。

1 I don't think ①that ②running boy is ③two centimeter ④taller than me. [35]

2 He ①wasn't able to ②get there because she didn't ③have ④some maps. [36]

3 She ①has ②already made her room ③clean, ④doesn't she? [37]

4 ①Not only ②him but also ③she was very ④interesting at the meeting. [38]

7 各組の語の中で，最も強く発音する部分が他と異なるものをそれぞれ1つずつ選びなさい。

1 〔 ① sand-wich　② sub-urb　③ main-tain　④ weap-on 〕 [39]

2 〔 ① grand-fa-ther　② med-i-cine　③ pres-i-dent　④ im-por-tant 〕 [40]

3 〔 ① cam-er-a　② an-y-thing　③ a-part-ment　④ beau-ti-ful 〕 [41]

8 各組の語の中で，下線部の発音が他と異なるものをそれぞれ1つずつ選びなさい。

1 〔 ① heart　② hers　③ burn　④ thirsty 〕 [42]

2 〔 ① milk　② dinner　③ will　④ sign 〕 [43]

3 〔 ① theme　② thought　③ though　④ through 〕 [44]

① これをかついで下りるべきか。
② これをかついできっと下りよう。
③ これをかついで下りるしか助かる方法がない。
④ これをかついで下りることに何の意味があるのか。
⑤ これをかついで下りることは不可能だ。

問５ 傍線部Ｃ「かるげに」の品詞として最も適当なものを次の①～⑤のうちから一つ選び、番号で答えなさい。解答番号は［36］。

① 名詞　② 動詞　③ 形容詞
④ 形容動詞　⑤ 助動詞

問６ 傍線部Ｄ「こたへなくて」・Ｅ「いと悲しく」の動作主として最も適当なものを次の①～⑤のうちからそれぞれ一つずつ選び、番号で答えなさい。解答番号はＤは［37］、Ｅは［38］。

① 大蔵　② 友達　③ 親
④ 箱　⑤ 作者

問７ 本文の内容として**適当でないもの**を次の①～⑤のうちから一つ選び、番号で答えなさい。解答番号は［39］。

① 大蔵はどうすることも出来ず、箱にしがみついているしかなかった。
② 神が恐ろしく山で修行している僧たちでさえも、申の時刻を過ぎると山から下りてくる。
③ 大蔵は印をつけるのではなく、箱を持って帰ろうとした。
④ 大蔵は夜が明けてやっと地上に投げ出された。
⑤ 友人たちは大蔵が神に殺されてしまうことを恐れて、必死に引き留めた。

らば上《かみ》の社《やしろ》にとて、木《こ》むらが中を、落葉踏み分け、ふみはらかしてのぼるのぼる。十八丁[※5]とぞ聞きし。ここに来て何のしるしをかおかんとて、見巡るに、ぬさたいまつる箱の大きなるが有り。「B是《これ》かづきて下りなん」とて、C重きをかるげに打ちかづきてんとするに、此の箱ゆらめき出でて、手足おひ、大蔵を安々と引き提げ、空にかけり上る。ここにて心よわり、「ゆるせよ」、「助けよ」と(ウ)おらべど、Dこたへなくて飛びかけり行くほどに、波の音のおどろおどろしきを聞き、Eいと悲しく、ここに打ちはめられやするとて、今は箱をつよくとらへてたのみたり。夜漸《やうや》く明けぬ。神は箱を地に投げおきてかへりたり。

（『春雨物語』による）

※１　申の時…現在の午後三～五時。
※２　午時…現在の正午頃。
※３　渠…三人称。あいつ。大蔵のこと。
※４　御堂…寺院、また仏像を安置した堂。
※５　十八丁…約一九六二メートル。「丁」は距離の単位である。

問１　波線部(ア)～(ウ)の語句の意味として最も適当なものを次の①～⑤のうちからそれぞれ一つずつ選び、番号で答えなさい。解答番号は30～32。

(ア)　行ふ　30
①　喧嘩
②　仏道修行
③　葬儀
④　学業
⑤　結婚

(イ)　いとはやし　31
①　見違えるほど速くなった
②　一般的な速さだ
③　たいそう速い
④　全く速くない
⑤　たいして速くない

(ウ)　おらべど　32
①　喚《わめ》いたけれども
②　質問をすると
③　だまそうとしたが
④　激怒して
⑤　賞賛したので

問２　傍線部Ａ「それ」とはどのようなことを指しているか。最も適当なものを次の①～⑤のうちから一つ選び、番号で答えなさい。解答番号は33。
①　山の麓に降りて行き、新しい酒を持ってくること。
②　僧たちと一緒に御堂に籠もり、仏道修行に励むこと。
③　自分のことを馬鹿にしていた者たちに復讐すること。
④　これまで犯してきた罪を全て懺悔《ざんげ》すること。
⑤　恐ろしい神がいる山に登り、印を置いてくること。

問３　空欄 X に入る語として最も適当なものを次の①～⑤のうちから一つ選び、番号で答えなさい。解答番号は34。
①　ぞ　②　なむ　③　や　④　こそ　⑤　か

問４　傍線部Ｂ「是かづきて下りなん」の解釈として最も適当なものを次の①～⑤のうちから一つ選び、番号で答えなさい。解答番号は35。

最も適当なものを次の①～⑤のうちから一つ選び、番号で答えなさい。解答番号は26。
① ネコはだれしも全体主義者である。
② ネコは徹底した個人主義者である。
③ ネコは民主主義を重んじる。
④ ネコは専制主義を重んじる。
⑤ ネコは皆、成果主義者である。

問９　次に示すのは本文を読んだ後、六人の生徒が本文の内容について意見を述べている場面である。本文の説明として適当なものを、次の①～⑥の中から二つ選び、番号で答えなさい。解答の順序は問はない。解答番号は27・28。
① 生徒Ａ――スミレは人間にペットとして飼われることに嫌悪感を抱いているね。ココアはそんなことはないけど。
② 生徒Ｂ――ココアは女主人が薄情な男主人に依存していることを愚かなことだと思っているね。
③ 生徒Ｃ――女主人はスミレよりココアのほうをかわいがっているね。男主人はスミレだけをかわいがっている。
④ 生徒Ｄ――ネコたちは世界について知ることでネコという種族が人間に依存しないで暮らす方法を探しているんだね。
⑤ 生徒Ｅ――ネコたちは自然にお互いの愛情を表現できるけど、主人たちはそれが上手にできないからどんどん孤独が深まるってことだね。
⑥ 生徒Ｆ――ネコたちはヒトが互いに争いながらあくせくと文明を築いてきたことを馬鹿にしているね。

問10　この作品は夏目漱石の小説『吾輩は猫である』の影響のもとに執筆された作品である。次の①～⑤のうちから夏目漱石の作品を一つ選び、番号で答えなさい。解答番号は29。
① 『それから』　② 『城の崎にて』　③ 『舞姫』
④ 『鼻』　⑤ 『人間失格』

三　次の文章を読んで、以下の問い（問１～７）に答えなさい。

むかし今をしらず。伯耆《はうき》の国大智大権現《だいごんげん》の御山《おやま》は、恐しき神のすみて、夜はもとより、昼も申《さる》※1の時過ぎては、寺僧《じそう》だにくだるべきは下り、(ア)行ふべくはおこなひ明《あか》すとなん聞ゆ。麓《ふもと》の里に、夜毎わかきあぶれ者等集り、酒のみ、博奕《ばくち》打ちて争ひ遊ぶ宿あり。けふは雨降りて、野山のかせぎゆるされ、※2午時《うまのとき》よりあつまり来て、跡無《あとな》きかたり言《ごと》してたのしがる中に、腕だてして、口とき男あり。憎しとて、「おのれは強き事いへど、お山に夜のぼり、しるし置きて帰れ。さらずば、力ありとも心は臆したり」とて、あまたが中に恥《はづ》かしむ。「Aそれ何事かは。こよひのぼりて、正しくしるしおきてかへらむ」とて、酒のみ物くひみちて、小雨なれば蓑笠《みのかさ》かづきて、ただ今出でゆく。友達が中に、老いて心有るは、「無やくの争ひ也。渠《かれ》※3必ず神に引きさき捨てられん」と、眉をひそめていへど、追い止めむともさらにせず。

此の大蔵と云ふは、(イ)足もいとはやし。まだ日高きに、御堂※4のあたりにゆきて、見巡《みめぐ》るほどに、日やや傾きて、物凄《すさま》しく風吹きたち、檜原《ひはら》杉むらさやさやと鳴りとよむ。暮れはてて人なきにほこり、「此のあたり何事もなし。山の僧の驚《おどろ》かすに X あれ」とて、雨晴れたれば、みの笠投げやり、火切り出してたばこのむ。いと暗う成りて、さ

② ネコにとって大事な今という時間を、人間が軽視して生きているから。

③ ネコは自分の食事だけを重視し、人間は明日の人類全体の食事を重視しているから。

④ ネコは日常、楽をすることを大事にするが、人間は我慢することを大事にするから。

⑤ 人間は仕事が忙しいことに誇りを持っているが、それは無能の証であるから。

問3 傍線部Ｂ「空を駆ける黄金の弓」とあるが、ここで使われている比喩表現を何と言うか。最も適当なものを次の①～⑤のうちから一つ選び、番号で答えなさい。解答番号は21。

① 換喩　② 直喩　③ 暗喩

④ 枕詞　⑤ 掛詞

問4 傍線部Ｃ「ヒト」とあるが、人間をカタカナで「ヒト」と表現したのはなぜか。その理由として最も適当なものを次の①～⑤のうちから一つ選び、番号で答えなさい。解答番号は22。

① ネコはイヌと違って人間にへつらう気がないことを示すため。

② ネコはイヌと比べて人間への愛情が低いことを示すため。

③ ネコは人類の文明がいずれ滅びると考えていることを示すため。

④ ネコが飼い主を他の生き物と違う特別な存在と考えていることを示すため。

⑤ ネコが人間を生き物としてイヌやネコと同列に考えていることを示すため。

問5 空欄 X に当てはまるものとして最も適当なものを次の①～⑤のうちから一つ選び、番号で答えなさい。解答番号は23。

① ヒトらしい道徳的な台詞だった

② ヒトらしい愚かな台詞だった

③ ヒトらしい的を射た台詞だった

④ ヒトらしからぬ愚かな台詞だった

⑤ ヒトらしからぬ的を射た台詞だった

問6 傍線部Ｄ「さあ、お仕事しましょう」とあるが、この言葉の背景にあるネコたちの気持ちとして最も適当なものを次の①～⑤のうちから一つ選び、番号で答えなさい。解答番号は24。

① 無意味だと分かっていながら、自分たちが夫婦の会話のきっかけになればよいという気持ち。

② 関係が冷え切った夫婦に、家族としてどうにか夫婦間の愛情を取り戻させようという気持ち。

③ 愚かな飼い主とはいえ、愛玩動物としてできるだけかわいがってもらいたいという気持ち。

④ 夫婦の膝に乗り、夫婦を観察してなぜ関係が冷え切っているのか知りたいという気持ち。

⑤ 養ってくれている主人たちに「かわいいネコ」としての責務を果たそうという気持ち。

問7 本文でココアが話し手となっている会話表現（鍵かっこでくくられた箇所）はいくつあるか。最も適当なものを次の①～⑤のうちから一つ選び、番号で答えなさい。解答番号は25。

① 3　② 4　③ 5　④ 6　⑤ 7

問8 この作品において作者はネコをどういう存在と考えているか。

当だった。この夫婦は悪い人たちではない。けれど、おたがいに対する思いやりを表現することができないのだ。なぜ、関係が冷え切っているのか、二匹にはわからなかった。念話ができないせいかもしれない。心が読めないのは不便なことだった。

テレビのスポーツニュースが終わると、女主人はいった。

「明日早いから寝るね」

おやすみはいわない。いつもの夜の挨拶だった。

「ああ」

男主人もおやすみはいわない。缶ビールをのみながら、野球のナイトゲームのダイジェストを見ている。リビングをでていく妻の背中も見なかった。スミレの念話が届く。

「今夜のおつとめもおしまい」

スミレがひざから跳びおりると、男主人がいった。

「いっちゃうのかにゃん、チュミちゃんは冷たいにゃん」

ココアもさっと身を翻《ひるがえ》して、階段にむかった。スミレにいう。

「ヒト族がつかうネコ語だけは、慣れることができないわね。ああ寒気がする」

「ほんとに。なあにあの『にゃん』って。馬鹿じゃないの」

二匹は寄り添って、踊り場の窓から夜の街を見つめた。肩を寄り添わせる。孤独の対処法はそれだけでいいのだが、ふたりの主人がそれに気づくことは残された時間ではもうないように思えた。

（石田衣良『ココアとスミレ』による）

問１　波線部(ア)～(ウ)の本文中での意味として最も適当なものを後の各語群①～⑤のうちからそれぞれ一つずつ選び、番号で答えなさい。解答番号は17～19。

(ア)　疎密　17
① 真ん中に集まること
② 見えないけれど存在すること
③ 逃げていくことと探すこと
④ 幅広いことと狭苦しいこと
⑤ まばらなことと細かいこと

(イ)　便宜　18
① 特別なはからい
② 高額な給与
③ ありふれたもてなし
④ わずかばかりの配慮
⑤ 深い思いやり

(ウ)　味気ない　19
① 粗雑であらっぽい
② 感じやすく涙もろい
③ 面白みがなくつまらない
④ 不憫で哀しい
⑤ 優柔不断で気難しい

問２　傍線部Ａ「人間たちって、ほんとうに不思議ね」とあるが、なぜネコにとって人間が不思議であるのか。その理由として最も適当なものを次の①～⑤のうちから一つ選び、番号で答えなさい。解答番号は20。

① 人間は未来の出来事を予測するが、その予測はほぼ実現した試しがないから。

（中略）

この家の女主人が帰ってきたのは、暗くなって一時間ほどたってからだった。ヒトの年齢はネコにはよくわからないが、三十年以上は生きているらしい。二足歩行のこの大型の生きものはたいへんな長命種族だ。

「ただいま、ココア、スミレ。今ごはんにするからね」

女主人が帰宅して最初にするのは、二匹の夕食の世話だった。といってもシニア用のドライフードを皿にだし、缶のツナを半分ずつその横にのせるだけである。さして食欲はなかったが、ココアとスミレは礼儀として女主人のまえで軽く食事をした。背中を撫でられながらゆっくりと味わう夕食は悪くないものだ。半分ほど残しておくのは、夜中に空腹になってからたべる分だった。

「あなたたちはいいわねえ。たべて、寝て、お散歩して、またたべて。心配ごとなんてぜんぜんないんでしょうね」

［　X　］。心配はないが、この世界は驚異的な謎《なぞ》に満ちている。一生をかけて考え続けてもわからない世界の謎をひとつかふたつ、自分で納得できる解答を得て、この世を去る。それが真に高等な生物の課題であるとは、ヒトには理解できないようだった。

「まったくうちの人ときたら。今夜もまた終電。結婚って、こんなに(ウ)味気ないものだったのかな。さあ、ごはんにしましょう」

女主人はため息をついて、ふたり分の夕食をつくった。金目鯛《きんめだい》の焼き魚と根菜たっぷりのみそ汁と小松菜の煮びたし。音を消したテレビニュースを見ながら、ひとりで済ませる。すこしもおいしそうではなかった。スミレは定番の階段のうえにいき夜空を眺めていたが、ココアは女主人が心配になり、テーブルのしたで女主人の足に身体をこすりつけてやった。

「生きものはみなひとりで生まれて、ひとりで死んでいく。それはヒト族が好むロマンチックな愛情でも乗り越えられない壁なんだよ」

この女主人は好ましい性格をしていた。ネコ族の常識を教えてやりたかった。女主人は風呂にはいった。ひと缶だけビールをのんだ。そのあいだずっと音を消したテレビを眺めていた。ヒト族はなぜこれほど孤独に弱いのだろうか。シャワーの音がきこえるあいだ、テレビが誰もいないリビングルームにさまざまな色と光を散らすのを、ココアは観察していた。

男主人が帰ってきたのは、真夜中の三十分まえだった。

「ただいま」

帰宅の挨拶はあるが、あとは無言。

「ごはん、たべてないよね」

疲れた顔で女主人は動きだした。皿と茶碗をもって、電子レンジにむかう。男主人からの返事はない。ふたりが顔をあわせるのはここから真夜中までの三十分間だけだった。生活のリズムがずれているのだ。夕食があたたまると、スミレがいつの間にかやってきた。念話が送られてくる。

D「さあ、お仕事しましょう」

ココアは女主人に抱かれ、スミレは男主人のひざに跳びのった。会話のまったくない三十分をなんとか耐えられるようにする。それが二匹のネコの毎日の労働だった。ココアは妻の担当で、スミレが夫の担り一歳年下の後輩猫・スミレが念話でこたえる。こちらはメスの三毛で、目は明るい茶色。

「ええ、あんなふうにいそがしい、いそがしいって、馬鹿《ばか》みたい。なぜ、人間たちは明日の予定表ばかり見ているのかしら」

　スミレは肉球のあいだをなめ、前足の表をなめた。濡《ぬ》れた毛を頭に撫《な》でつけ、髪を整えている。最近はあごの横の毛先をすこし立たせるのがお気に入りのヘアスタイルだ。

「それはほんとうの意味で、今という時間を生きられないからじゃないかな。やってくるかどうかわからない明日の心配をして、もうやり直すことのできない昨日のことを悔やんでいる。今を豊かに生きられない。それが人間という気の毒な生きものよ」

　遅い午後の陽ざしが心地よかった。この階段は夏は温室のように暑くてつかえないのだ。真夏を除くスリーシーズンは二匹の快適なサンルームである。スミレは首を傾《かし》げて肩の毛をなめた。太陽光にあたったせいで、すこし酸《す》っぱく香ばしいビタミンCの味がする。

「そうだよね、人間という生きものは時間の感覚がおかしいから、あんなふうに何百年もまえのことにこだわったり、未来が怖くて人類滅亡なんて騒いだりするんだよ。気の毒に」

　ココアとスミレはゆったりとくつろいで、傾いていく遅い午後の太陽を眺めた。人間ならほんの数秒しか、みつめていられないだろう。太陽の軌跡に気づくこともないのだ。B空を駆ける黄金の弓。ネコの瞳《ひとみ》は剃刀《かみそり》のように細くなって、あの軌跡を観測することができる。

　初夏の空を太陽が刻々と移動し、雲が駆けていくのを、二匹のネコは気がつけば三十分ほど見つめていた。それはたいへん満足いくもので、ココアとスミレはもうその日の仕事は十分だと思ったものだ。

　ココアは立ちあがるとひと伸びして、階段をおりていった。浴室のまえにおいてあるエサの皿を見にいく。シニアネコ用のドライフードと缶のフードがならべておかれていた。生のほうをすこしたべて、ゆっくりと水をのんだ。水をとりかえ、食事を用意し、人間たちは今日もよくやっている。といっても、そのようにネコにサービスできるのは、ネコの側がそれを許しているからで、深い意味などないのだ。

　ネコ族は誇り高いので、日常的なサービスの(イ)便宜《べんぎ》を受けたからといって、イヌ族のようにCヒトという生きものに忠誠を誓うことはなかった。それよりも無私のサービスを提供させることで、ヒトの道徳心の向上の手助けをしているくらいのつもりである。ネコがいなければ、ヒトのような愚かな生きものはモノを造り、金を稼ぎ、互いに争いあうことしかできない低レベルの文明以外に生みだすことはないだろう。無私のサービスや単に「かわいいネコ」を愛《め》でるという無条件の喜びがなければ、ヒトの多くが明日にも絶望し、数千年続くヒト文明が滅んでもおかしくはない。

　遠く離れた、階段の踊り場からスミレの念話がきこえてきた。

「あなたのひとり言はすこしおおき過ぎる。人類の文明が滅んでも、わたしたちはまったく困らないと思うけど。誇りをもたないイヌのように生活のすべてをヒトに依存してはいないのだから」

　ココアも念話を返した。

「そうね。イヌは自分たちで獲物を探すこともできない。ヒトからエサをもらわなければ、ひと月と生きてはいけないでしょう。わたしたちのように自然のなかでトリやネズミを狩ることもできない」

【資料】

特定電子メールの送信の適正化等に関する法律（抄）

●特定電子メール…営利を目的とする団体や個人が、広告や宣伝を行うためのメールのこと。

第二章特定電子メールの送信の適正化のための措置等

（特定電子メールの送信の制限）

第三条　送信者は、次に掲げる者以外の者に対し、特定電子メールの送信をしてはならない。

一　あらかじめ、特定電子メールの送信をするように求める旨又は送信をすることに同意する旨を送信者に対し通知した者

二　前号に掲げるもののほか、自己の電子メールアドレスを送信者又は送信委託者に対し通知した者

三　前二号に掲げるもののほか、当該特定電子メールを手段とする広告又は宣伝に係る営業を営む者と取引関係にある者

四　前三号に掲げるもののほか、自己の電子メールアドレスを公表している団体又は個人（個人にあっては、営業を営む者に限る。）

２　前項第一号の通知を受けた者は、特定電子メールの送信をするように求めがあったこと又は送信をすることに同意があったことを証する記録を保存しなければならない。

３　送信者は、第一項各号に掲げる者から特定電子メールの送信をしないように求める旨（一定の事項に係る特定電子メールの送信をしないように求める場合にあっては、その旨）の通知を受けたときは、その通知に示された意思に反して、特定電子メールの送信をしてはならない。ただし、電子メールの受信をする者の意思に基づき広告又は宣伝以外の行為を主たる目的として送信される電子メールにおいて広告又は宣伝が付随的に行われる場合その他のこれに類する場合は、この限りでない。

⑤　広告・宣伝メールの送信に同意しなかった相手でも、それ以外の用件を伝えるメールに広告や宣伝を付することは可能である。

二　次の文章は、「石田衣良《いら》の小説『ココアとスミレ』の一節である。これを読んで、以下の問い（問１～10）に答えなさい。

「わたしたちネコ族と違って…」

階段のうえのほうから先住猫・ココアの声がした。メスのサバトラで、目の色はグリーンだ。声といっても人間のように声帯を振るわせ、空気中に(ア)疎密《そみつ》な音の波を放出するような無様な方法ではない。ネコの会話は精神波を直接相手の脳に送り届ける念話がメインだ。

A「人間たちって、ほんとうに不思議ね」

屋上にあがる日当たりのいい階段のステップ三段したで、ココアよ

① 電話はかけ手が優位な暴力的なメディアであるが、メールは相手の都合を無視して気兼ねなく送信することができるから。

② ケータイの普及により「用件」のハードルは失われており、相手を煩わせることなく気軽に連絡しその内容も記録することができるから。

③ 同じ情報を一斉に配信し、それを記録でき受け手も宛先を見ればその情報が共有されているかどうかわかりやすく、電話と比べると相手との時間を占有せずに済むから。

④ 電話には必ず出なければいけないという暴力性があったが、メールには自分の都合のよい時に見ればよいが記録をとるという点でまだまだ不十分な部分があるから。

⑤ メールは「伝える相手」を増やす力があり送受信の記録も容易に残しやすいが、災害時には途中で情報が変わっていく可能性もあるから。

問６ 傍線部Ｄ「うわさは短命化しやすいのかもしれない」とあるが、なぜか。その説明として最も適当なものを次の①～⑤のうちから一つ選び、番号で答えなさい。解答番号は15。

① 東日本大震災のときに送信されたメールには、チェーンメール独特の表現があり、ネット社会のマナーの浸透によって拡散が抑止されたから。

② 似た情報が矢継ぎ早に現れることでその信憑性に疑義が生じるなど、うわさが広がると同時にそのうわさに疑問を持つ人たちも多数現れ、チェックされて真実が速く示されるから。

③ みんなが言っていることが「うわさ」の信憑性につながるのだが、メールでのうわさは誰がどのくらい言っているかわからないので信じられないから。

④ 当事者による否定だけでは「うわさ」が消えることにはならず、マスメディアによる報道によって真実が明らかにされなければならないから。

⑤ 善意によって転送されるので、だれも疑うことなく真実として受け止めてしまい「うわさ」ではなく「本当のこと」になってしまうから。

問７ 波線部「メールの利用によってうわさが拡散するスピードが上がった」とあるが、メールの利便性から悪質な迷惑メールというものも社会問題化している。**【資料】**に示したものは、迷惑メールを防止するために定められた法律の一部である。この**【資料】**から読み取れるものとして、**適当でないもの**を次の①～⑤のうちから一つ選び、番号で答えなさい。解答番号は16。

① 事前に広告・宣伝を目的とした内容のメールを受信することに同意した人に送信することは可能である。

② 広告・宣伝を目的とした内容のメールは、相手の同意がなくとも送信者の氏名等が表記されていれば送信することが可能である。

③ 自身のメールアドレスを広く一般に公表している個人に対しては同意がなくても、広告・宣伝を目的としたメールを送信することが可能である。

④ 広告・宣伝メールとの取引関係がある人に対しては同意を得なくてもメールを送信することが可能である。

(ア) タズねて　1
① 訪　② 質　③ 喚　④ 詰　⑤ 尋

(イ) メズラしく　2
① 朕　② 賃　③ 陳　④ 沈　⑤ 珍

(ウ) 変ヨウ　3
① 容　② 擁　③ 養　④ 様　⑤ 要

(エ) シュウ囲　4
① 集　② 週　③ 周　④ 州　⑤ 衆

(オ) 検ショウ　5
① 勝　② 賞　③ 証　④ 正　⑤ 症

問2　空欄 a ～ d に入る語として最も適当なものを次の①～⑥のうちからそれぞれ一つずつ選び、番号で答えなさい。なお、同じ番号を二度使っても良い。解答番号は a は 6 、 b は 7 、 c は 8 、 d は 9 。

① ただし　② まず　③ なぜなら
④ しかし　⑤ そして　⑥ たとえば

問3　傍線部Ａ「**表１**」の内容をもとにして、空欄 X ・ Y ・ Z に入る語句を次の①～⑥のうちからそれぞれ一つずつ選び、番号で答えなさい。なお、同じ番号は**二度使ってはならない**。解答番号は X は 10 、 Y は 11 、 Z は 12 。

① 仕事シーン　② 増加　③ 減少
④ プライベートでの利用　⑤ 仕事での利用
⑥ 趣味・娯楽シーン

問4　傍線部Ｂ「メールの非同期性」とあるが、それは何か。その説明として最も適当なものを次の①～⑤のうちから一つ選び、番号で答えなさい。解答番号は 13 。

① 相手の時間を奪うことなく都合の良いときに確認できる一方、返信しなくてはいけないという強迫観念を引き起こすような暴力的なメディアにもなり得るということ。
② 相手と都合を合わせずに連絡できるメリットがあるが、誹謗中傷などを送ることができる暴力的なものだということ。
③ メールは相手を煩わせたくない時に多用されており、重要な用件で使われることは絶対にないということ。
④ 潜在的な「伝える相手」を拡大させているメールは、相手の気持ちに配慮することなく自分の都合の良いことを伝えることができるということ。
⑤ やり取りする者同士の時間を一致させる必要がないため、用件のハードルが下がりメールでの連絡は非常に増加しているということ。

問5　傍線部Ｃ「小中学校では従来の電話連絡網に加え、学校からのメールによる一斉配信システムを導入するところが増えている」とあるが、それはなぜか。その説明として最も適当なものを次の①～⑤のうちから一つ選び、番号で答えなさい。解答番号は 14 。

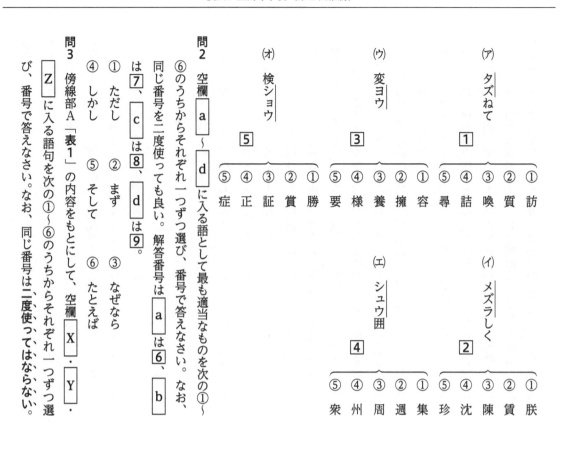

な被害状況と並んで、東京圏で盛んにテレビに映っていたのが、精油所の火災の様子であり、「火災により有害物質が降る」という内容は、多くの人にとって「ありそうな話」と感じられるものであったからだ。筆者の(エ)シュウ囲で聞いた範囲でも、普段はあまりやりとりのない人からこのうわさについてのメールを受け取った人や複数の人からこのメールを受け取った人が少なくなかった。

[d]、このメールを受け取った人すべてが、うわさを広げたのではない。文面に「なるべく多くの人に伝えてください」というチェーンメール特有の文がついていることや多くの友人から短時間に似たような、しかし、細部の異なる文面のメールが届いたことなどから、このうわさがチェーンメールになっていることに気がついた人も多かった。「チェーンメールは転送しない」といったネット社会のマナーの浸透が、ある程度うわさ拡散を食い止めたと言える。

また、口頭で伝えられる場合、違う人から同じ話を何度か聞くと、「みんなが言っている」と考えられ、うわさの信憑性を増すこととなるのだが、似てはいるが細部の異なる文面のメールが短時間に届くとなると逆効果となる。似たようなメールのうち、どれが正しいのか、この情報の発信元は医師会なのか、消防なのかなどと、少し冷静にメールを見ることができる。

さらに、ツイッターでは、早くからその「根拠」を求めるつぶやきも発せられ、検(オ)ショウ作業を行う人も現れた。コスモ石油の公式ページや自治体の発表、マスメディアの情報という「根拠」を確認した上で、うわさが虚偽の情報であるとして拡散を止めようとするつぶやきが増加していくことで、ツイッターでのうわさはメールより早く収束に向かったのである。爆発的に広まることで、うわさはそれを信じる人だけでなく、疑問を持つ人にも多く出会うのだ。

（中略）

メールの利用によってうわさが拡散するスピードが上がったと言われるが、早く広まるがゆえに早く収束する。内容が文章として残るメールは、口伝えで広がるうわさより情報を批判的に検討しやすいこともあって、Dうわさは短命化しやすいのかもしれない。

（松田美佐『うわさとは何か』による）

※設問の都合で、一部表記を変更したところがある。

※1　ポケベルことページングサービス…ポケットに入る小型の携帯用無線受信端末、およびそれを利用した電文サービス。無線呼出しサービスあるいはページングサービスともいう。携帯者のポケットベルが鳴り、呼出しを行った電話番号が表示され、携帯者は、公衆電話などで表示された連絡先に電話をすれば、用件の内容を知ることができるシステムであった。呼出しに電子メールを用いて短い電文を送ることもできた。

※2　輻輳…電話やデータ通信といった通信が同時に集中してしまい（通常通りに処理できなくなり）通信困難に陥る状況。

※3　チェーンメール…受信者に対して他者への転送を促すメール。特に巧妙な文面を用いて受信者に不特定多数への転送を促すメールのこと。

問1　傍線部(ア)～(オ)のカタカナに相当する漢字として最も適当なものを次の各語群①～⑤のうちからそれぞれ一つずつ選び、番号で答えなさい。解答番号は[1]～[5]。

から読み取り、メール「内容」の解釈に利用できる。二人だけの場で語られたことなのか、それとも同席する人が他にもいるのか、といった違いと似ているが、口頭で交わされる話と異なり、「内容」とともに共有された「形式」――いつ、誰から誰宛に出されたものなのか――もまた記録に残る。

このような特徴を持つメールは、内容や目的、状況に応じて、対面のコミュニケーションや通話などと使い分けられている。

（中略）

以上のようなメールの特徴を踏まえ、メールで広がるうわさについて三つの角度から考えたい。第一に気軽なうわさ、第二に記録性とうわさ、第三にメディア・ミックス化するうわさである。

［ b ］、気軽なうわさである。わざわざ電話で伝えるほどではない「ちょっとした話題」が転送され広まるのは、メールが電話以上に「気楽な用件」を拡大させたからだ。［ c ］、タレントが○日にロケに来るといううわさや、テレビ番組の企画でチェーンメール※3実験を行っているとのうわさなどが広まり、騒ぎとなったことがある。もちろん、メールを転送した人のなかには、そのタレントや番組の企画に関心を持った人もいるだろうし、相手が関心を持つにちがいないと転送した人もいるであろう。しかし、それほど自分が関心を持っていなくても、また、相手が関心を持つかどうかわからなくても、ちょっとした話題やネタとして気軽に転送できるのはメールだからである。

タレントやスポーツ選手などの有名人が来店したことを、店員がブログやツイッターに書き込み、問題となったケースがいくつかあるが、たまたま街で有名人に出くわしたことを友だちにメールで報告したり、撮った写真を転送したりすることは、そのこと自体のよし悪しとは別に、ありふれたことになっている。

かつてであれば、このような話は直接会ったときに友だちに話すような「ちょっとした話題」であり、電話でわざわざ伝えるほどのことではない。しかし、メールでならその場で報告し、有名人に偶然出くわしたという「ちょっとしたうれしい気持ち」をその場で共有してもらえる。あるいは、ロケをやっているところに出くわし、近所に住む友だちにメールを送る。重要ではないが、日常生活のなかでの「ちょっとした非日常への招待」をメールで送るのである。

いずれも、特定の相手に必ず知らせようというのではなく、複数の相手に送り、「関心を持つ人がいればよい」程度で送られるのであり、メールの気楽さが生み出すコミュニケーションのありようだ。「いま、ロケをやっている」が「○日にロケに来る」までは、うわさの(ウ)変ヨウとしてはそう遠くない。

ほかにも、都市伝説のようなオチのついた話や幸せになるという画像など、気楽に転送でき、相手にさほど迷惑をかけるわけでもないようなものもメールで広まっている。

（中略）

記録性と善意について、もう一つの事例から考えることにしよう。東日本大震災時に首都圏を中心に広まった「有害物質を含んだ雨が降る」といううわさは地震当日の夕方に生まれ、翌日にかけて爆発的に広がったが、多くの人はこれを「事実」、あるいは「ありそうな話」だとして、「友達に知らせてあげよう」と善意から転送した。

というのも、当日、東北地方太平洋側での地震や大津波による甚大や記号を用いて、文章や言葉、絵など視覚的な情報を送り合う。ここでは、口伝えでのうわさとの違いを考える上で影響の大きい二つの特徴を挙げておきたい。

それは、文字メディアであるがゆえの非同期性と記録性である。後者には加えて、複製が容易であり、同じものを一斉に多数に送付できるというデジタル情報が持つ特徴も重要である。

まず、B メールの非同期性についてであるが、これは、コミュニケーションする者同士が時間を共有しないことを指す。

電話はしばしば暴力的なメディアと言われてきた。電話をかける人は自分がつながりたい相手とのコミュニケーションを自分が好きなときに始めることができるが、かかってきた人はどんなときでも応答しなければならない。電話はかけ手が優位なメディアであり、「こちらの都合を考えずにかかってくる」とは電話嫌いがよく挙げる理由である。

このような特徴を持つ電話と比べると、メールはコミュニケーションをする者同士が時間を共有する必要がない。こちらが都合のよいときにメールを送っておけば、相手も自分の都合に合わせて読み、返事をすることが可能である。

（中略）

基本的にはメールはそのときに相手を煩わせるほどではないが伝えたいことを伝えるのに用いられるのであり、通話よりメールが増えている理由の一つはここにある。ケータイの普及によって下がった「用件」のハードルは、メールによってさらに下がり、より「気軽な用件」での連絡をメールは増加させている。メールで電話をかけてもよいかを(ア)タズねてから、電話で直接話すといった使い方も(イ)メズラしくない。

（中略）

次に、記録性である。対面や電話での会話は録音をしない限り、そのまま残ることはない。［ａ］、文字情報を送り合うメールの場合、基本的に送り合ったメッセージが相互の手元に残る。メッセージの中身だけではなく、それがいつ誰から誰に送られたものなのか、という伝達経路についての記録も残る。さらに、メールはデジタル情報であるがゆえに複製が容易である。多くの人に同じものを送付したり、送られてきたメッセージを転送したりするのも簡単で日常的に行われている。

このようにメールの特徴を捉えると、多くの人に効率よく情報を伝えるには対面や電話よりメールが適していることがわかる。東日本大震災以降、C 小中学校では従来の電話連絡網に加え、学校からのメールによる一斉配信システムを導入するところが増えている。災害後などの非常時には電話が輻輳《ふくそう》※2し、つながりにくくなるという問題点を別にしても、伝達に時間がかかり、途中で情報が歪《ゆが》むことを考えるとあまり複雑な情報を流せない電話連絡網に対し、同じ情報を一斉に多くの人に届けることができ、しかもそれが保存されるメールの利点は大きいからだ。

また、同じ情報をメンバーが共有していることをお互いに知っていることも重要である。自分宛に来たメールの宛先に他の人のアドレスもあれば、その人も同じ情報を共有していることがわかる。仕事上のメールであっても、プライベートなメールであっても、その情報は自分だけに宛てられたものなのか、それとも他の人とも共有されているものなのか、メールの「内容」だけでなく、宛先記録という「形式」

【国 語】（五〇分）〈満点：一〇〇点〉

[一] 次の文章を読んで、以下の問い（問1～7）に答えなさい。

ケータイは普及が進むにつれ、通話よりメールのほうがよく利用されるようになってきている。

ケータイで文字メッセージサービスが始まったのは一九九六年四月のことだ。当時若年層を中心にポケベル[※1]とページングサービスが流行していたことを受けて、ケータイ単体で文字のやりとりができるようなサービスが導入されたのである。翌一九九七年には電子メール（インターネット経由のメール）サービスが始まり、若年層を先頭に、二〇〇〇年代前半には幅広い年齢層に利用が広がっていった。

（中略）

[A]表1は、先に引用した東京大学大学院情報学環の「日本人の情報行動」調査の二〇〇五年と一〇年のデータを比較するものである。ケータイからのメールは［X］が中心である一方、パソコンからのメールは「［Y］」での利用のほうが多いことがわかる。また、二〇〇五年と一〇年を比較すると、「通話」より「メール」や「サイト」の利用時間の［Z］幅が大きいことも見て取ることができる。

では、メールというメディアの「メッセージ」はどこにあるのか。通話は声を用いて、直接話をすることであるのに対し、メールは文字

表1　1日あたりの通話・メール利用時間（分）

2005年

情報メディア行動		全体シーン 利用時間（分／日）	仕事シーン 利用時間（分／日）	その他シーン 利用時間（分／日）
電話	通話をする（携帯電話）	7.83	2.89	4.97
	通話をする（固定電話）	11.71	5.65	5.56
メール	メールを読む書く（携帯電話）	15.65	2.57	12.68
	メールを読む書く（パソコン）	11.65	6.69	4.95
インターネット	チャット機能やメッセンジャーを使う（パソコン）	1.79	0.17	1.50
	サイトを見る（携帯電話）	1.36	0.22	1.06
	サイトを見る（パソコン）	10.32	2.20	7.91
	サイトに書き込む（携帯電話）	0.14	0.02	0.09
	サイトに書き込む（パソコン）	0.96	0.09	0.88

2010年

情報メディア行動		全体シーン 利用時間（分／日）	仕事シーン 利用時間（分／日）	その他シーン 利用時間（分／日）
電話	通話をする（携帯電話）	8.60	3.33	5.21
	通話をする（固定電話）	10.25	6.58	3.65
メール	メールを読む書く（携帯電話）	20.55	3.28	17.01
	メールを読む書く（パソコン）	19.73	11.62	8.01
インターネット	チャット機能やメッセンジャーを使う（パソコン）	0.70	0.15	0.55
	サイトを見る（携帯電話）	9.47	0.81	8.37
	サイトを見る（パソコン）	18.64	4.64	13.94
	サイトに書き込む（携帯電話）	1.55	0.41	1.13
	サイトに書き込む（パソコン）	1.43	0.47	0.97

注記：なお、「仕事シーン」とは「仕事」での利用、「その他シーン」とは「身じたく・家事・子どもや家族の世話」、「飲食」、「移動」、「買い物をする」、「趣味・娯楽・休息・その他」での利用をまとめたものである。

出典：総務省情報通信国際戦略局情報通信経済室　2011『ICTインフラの進展が国民のライフスタイルや社会環境等に及ぼした影響と相互関係に関する調査報告書』http://www.soumu.go.jp/johotsusintokei/linkdata/h23_06_houkoku.pdf

MEMO

大切なことはメモしておこうネ！

2022年度

狭山ヶ丘高等学校入試問題

【数　学】（50分）〈満点：100点〉

【注意】 コンパス，定規，分度器，電卓は使用しないのでしまって下さい。

$\boxed{1}$ 次の$\boxed{1}$～$\boxed{16}$にあてはまる数をマークしなさい。

(1) $-2\left(\frac{1}{28}-\frac{3}{7}\div(-0.25)\right)$を計算すると，$-\frac{\boxed{1}}{2}$となる。

(2) $1-\frac{x+1}{2}-\frac{x-1}{6}$を計算すると，$\frac{-\boxed{2}x+\boxed{3}}{3}$となる。

(3) $\left(-\frac{2}{3}a^2b^3\right)^2\div\left(-\frac{8}{3}ab^2\right)$を計算すると，$-\frac{a^{\boxed{4}}b^{\boxed{5}}}{6}$となる。

(4) $x^2:(x+1)=3:1$を満たす数xは，$x=\frac{3\pm\sqrt{\boxed{7}\boxed{8}}}{2}$である。

(5) $(x+1)(x+3)-15$ を因数分解すると，$(x+\boxed{9})(x-\boxed{10})$ となる。

(6) $(\sqrt{3}-\sqrt{6})^2-(2\sqrt{\boxed{11}}-1)^2$ を計算すると，$-\boxed{12}\sqrt{2}$ となる。

(7) $2x+2y=x+4y=12$ を満たす数x，yは，$x=\boxed{13}$，$y=\boxed{14}$ である。

(8) $x=\sqrt{3}+1$，$y=\sqrt{3}-1$ のとき，$xy=\boxed{15}$ であり，$x^2y+xy^2=\boxed{16}\sqrt{3}$ である。

$\boxed{2}$ 次の$\boxed{17}$～$\boxed{35}$にあてはまる数をマークしなさい。

(1) 半径が3 cmの球の体積と，底面が正方形で高さが4π cmである四角すいの体積が等しいとき，四角すいの底面の正方形の一辺の長さは$\boxed{17}\sqrt{\boxed{18}}$ cmである。

(2) a，b，c，dはすべて2以上の整数であり，どの2数をとっても1以外の公約数をもたない。以下の①～⑦の計算結果で，⓪と等しい数となるのは，$\boxed{19}$と$\boxed{20}$である。（順不同）

⓪ $a\div b\times c\div d$　① $a\times b\div c\times d$　② $a\div(b\times c)\div d$　③ $a\div(b\times c\times d)$

④ $a\div b\div(c\div d)$　⑤ $a\div(b\div c\times d)$　⑥ $a\div(b\div d\div c)$　⑦ $a\times(c\div d)\div b$

(3) カードが3枚あり，1枚には表と裏にそれぞれ1と6が，別の1枚には表と裏にそれぞれ2と5が，別の1枚には表と裏にそれぞれ3と4が書かれている。最初は，右図のように表が1，2，3であるように1列に並べる。コインを3回振り，1回目に振ったコインが裏の場合は左から1枚目のカードをひっくり返す。表の場合はそのままにする。2回目，3回目もコインが裏の場合は左からそれぞれ2枚目，3枚目のカードをひっくり返す。表の場合はそのままにする。このとき，表になったカードに書かれた3枚の数をこの順に3桁の数としてみるときに，これが6の倍数である確率は$\frac{\boxed{21}}{\boxed{22}}$である。

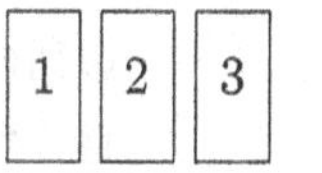

(4) A君は歩く速さは分速50 mであり，走る速さは時速15 kmである。走る速さは分速になおすと，分速$\boxed{23}\boxed{24}$0 mである。

A君は家を出て750 m離れた学校に向かって歩きはじめたが，途中のP地点で忘れ物に気づき

走って家に戻った。忘れ物を取った後に再び学校に向かってＰ地点までは**走り**，そこからは**歩いて**学校に向かったところ，予定より７分遅れて学校に着いた。家に戻って忘れ物を探し家を出るまでの時間は５分である。このとき，家からＰ地点までは$0.\boxed{25}\,\boxed{26}$ kmである。

(5)　$216=2^{\boxed{27}}\times 3^{\boxed{28}}$である。

また，$(2^2\times 3)\times(\boxed{29}\times 3^{\boxed{30}})=216$であるから，$2^2\times 3=12$も$\boxed{29}\times 3^{\boxed{30}}=\boxed{31}\,\boxed{32}$も216の約数である。同じ解答番号が複数あるので注意すること。

216の正の約数の和$1+2+3+4+6+\cdots+216=600$であることを利用して，216の正の約数の逆数の和を考えると

$$\frac{1}{1}+\frac{1}{2}+\frac{1}{3}+\frac{1}{4}+\frac{1}{6}+\cdots+\frac{1}{216}=\frac{\boxed{33}\,\boxed{34}}{\boxed{35}}$$

となる。

$\boxed{3}$　ある大教室への机の配置を考えてみる。次の$\boxed{36}$～$\boxed{48}$にあてはまる数をマークしなさい。

(1)　感染症対策のため，横○列縦△個にそろえた机の配置（次ページの図の⑤のような状態）から，以下の２つのルールで席を抜くことにした。

> Ⅰ．「左から奇数番目の列は前から偶数番目の机を，偶数番目の列は前から奇数番目の机を抜く。」
>
> または
>
> 「左から奇数番目の列は前から奇数番目の机を，偶数番目の列は前から偶数番目の机を抜く。」
>
> Ⅱ．抜いた後，左から偶数番目の列と奇数番目の列の机の個数の差が１となるようにする。

このように机を抜き，①～④のように，どの机も前後左右に机がない状態となるようにした。例えば，①は横８列，縦15個にそろえた状態から，「左から奇数番目の列は前から偶数番目の机を抜き」つまり左から１番目，３番目，５番目，…の列からは前から２番目，４番目，６番目，…の机を抜き，「左から偶数番目の列は前から奇数番目の机を抜く」つまり左から２番目，４番目，６番目，…の列からは前から１番目，３番目，５番目，…の机を抜いた形である。②は横８列，縦15個にそろえた状態から，「左から奇数番目の列は前から奇数番目の机を抜き，左から偶数番目の列は前から偶数番目の机を抜く」操作を行った形である。①は抜いた後の奇数番目の列の机は８個，偶数番目の列の机は７個であるから差は１となっており，②も左から奇数番目の列の机が７個，偶数番目の列の机が８個で，やはり差が１であり，上記のⅡを満たす。

さて，このような感染症対策の机の配置を，列数と１列の最大の机の数で「横○列縦最大△個」と呼ぶことにする。①と②は「横８列，縦最大８個」，③と④はどちらも「横９列，縦最大８個」である。

「横８列，縦最大８個」のとき，いずれの机の配置でも必要な机の個数は全部で$\boxed{36}\,\boxed{37}$個であり，「横11列，縦最大10個」のとき，必要な机の個数は全部で$\boxed{38}\,\boxed{39}\,\boxed{40}$個または$\boxed{38}\,\boxed{39}\,\boxed{41}$個である。

（$\boxed{38}\,\boxed{39}\,\boxed{40}<\boxed{38}\,\boxed{39}\,\boxed{41}$となるように答えること。
同じ解答番号の欄が複数あるので注意すること。）

机の個数が全部で138個のとき，横12列ならば，縦最大[42][43]個である。

① (横8列, 縦最大8個)

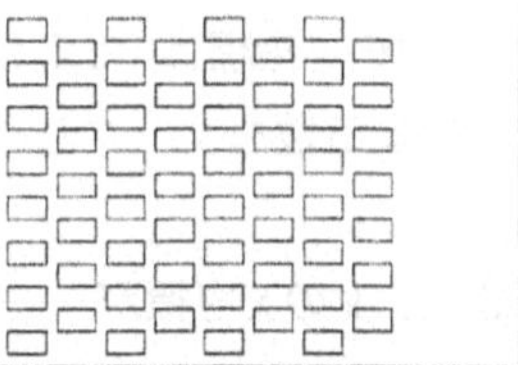

② (横8列, 縦最大8個)

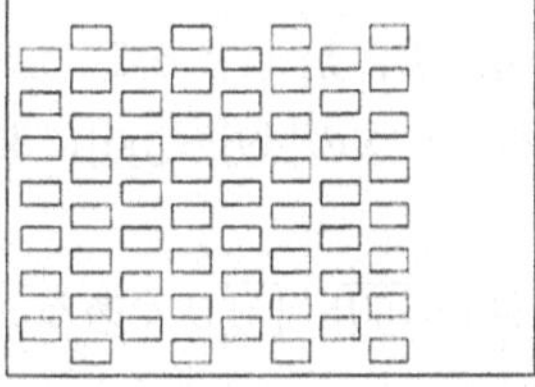

③ (横9列, 縦最大8個)

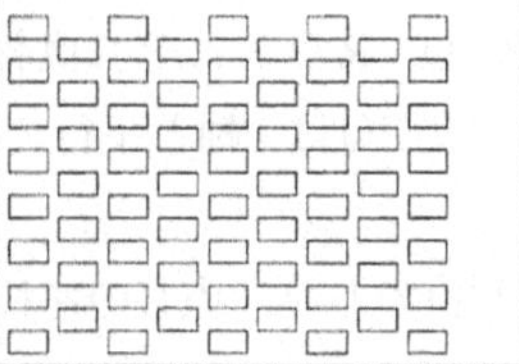

④ (横9列, 縦最大8個)

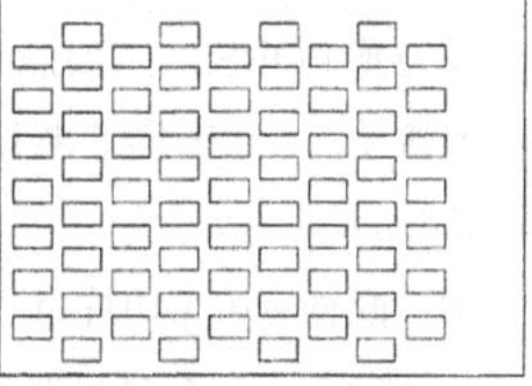

(2) 感染症対策が不要になれば，以下のルールの席の形にする。

Ⅰ．各列の机の個数は1種類または2種類
Ⅱ．2種類の場合，その差は3以下
Ⅲ．同じ机の個数の列はすべて隣り合う

各列の机の個数が1種類とは，すべての列が同じ個数であるため，⑤のような配置をいう。

各列の机の個数が2種類の場合の例が⑥～⑧である。
⑥は1列の個数が13と15の2種類であり，その差は15－13＝2で3以下であり上記のⅡに適する。また，15個の列と13個の列がすべて隣り合っているため，上記のⅢに適する。⑦，⑧も同様に条件を満たしていることが分かる。
さて，この配置を以下のように呼ぶことにする。

どの列の机の個数も同じ場合，例えば⑤を「横8列，縦15個」と呼ぶ。

1列あたりの机の個数が異なる場合は，例えば⑥～⑧をすべて「横8列，縦最大15個」と呼ぶ。ただし「横8列，縦最大15個」に⑤は含めない。

「横8列，縦最大15個」のとき，必要な机の個数の最小値は[44][45]個である。

「横11列，縦最大15個」で机の個数が全部で145個であるとき，1列あたりの個数は15個と[46][47]個の2種類あり，1列あたりの個数が15個の列は[48]列ある。

⑤ (横8列, 縦15個)

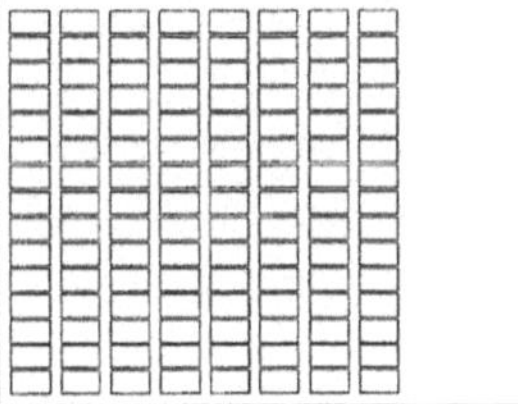

⑥ (横8列, 縦最大15個)

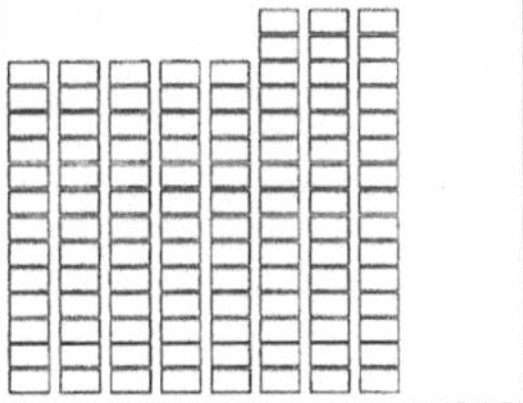

⑦ (横8列, 縦最大15個)

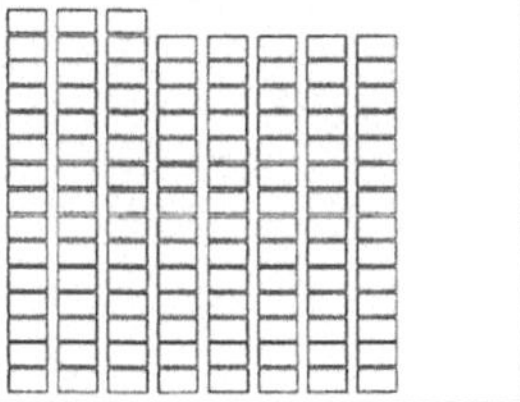

⑧ (横8列, 縦最大15個)

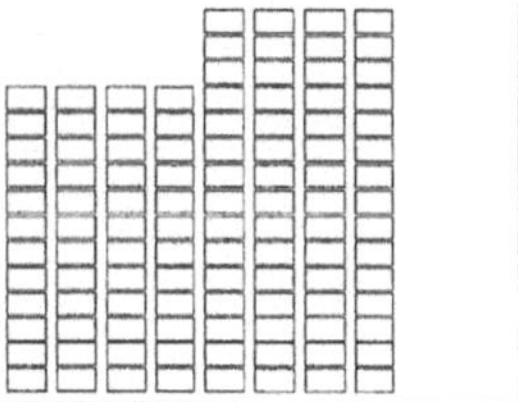

$\boxed{4}$ 右図のように，3直線ℓ，m，nと長方形PQRSがある。直線ℓは原点を通り，mとA(2, 2)で交わる。直線mはx軸と(4, 0)で交わり，また直線nとBで交わる。直線nは傾きが-3であり，直線ℓと点Cで交わり，点Cのy座標は-1である。

長方形PQRSは，頂点P，Q，Rがそれぞれ直線n，ℓ，m上である。また，Pのx座標は-2より大きく，-1未満であり，辺PQはx軸と平行である。次の$\boxed{49}$～$\boxed{56}$にあてはまる数をマークしなさい。

(1) 直線nのy切片は$-\boxed{49}$であり，点Bの座標は$(-\boxed{50}, \boxed{51})$である。また，Pの$x$座標が$-\dfrac{5}{3}$であるならばSの$y$座標は$\boxed{52}$である。

(2) 辺SPの長さが3となる場合，Pのx座標は$-\dfrac{\boxed{53}}{\boxed{54}}$である。

(3) 点Bを通り，長方形PQRSの面積を2等分する直線が，△ABCの面積も2等分する場合，Pのx座標は$-\dfrac{\boxed{55}}{\boxed{56}}$である。

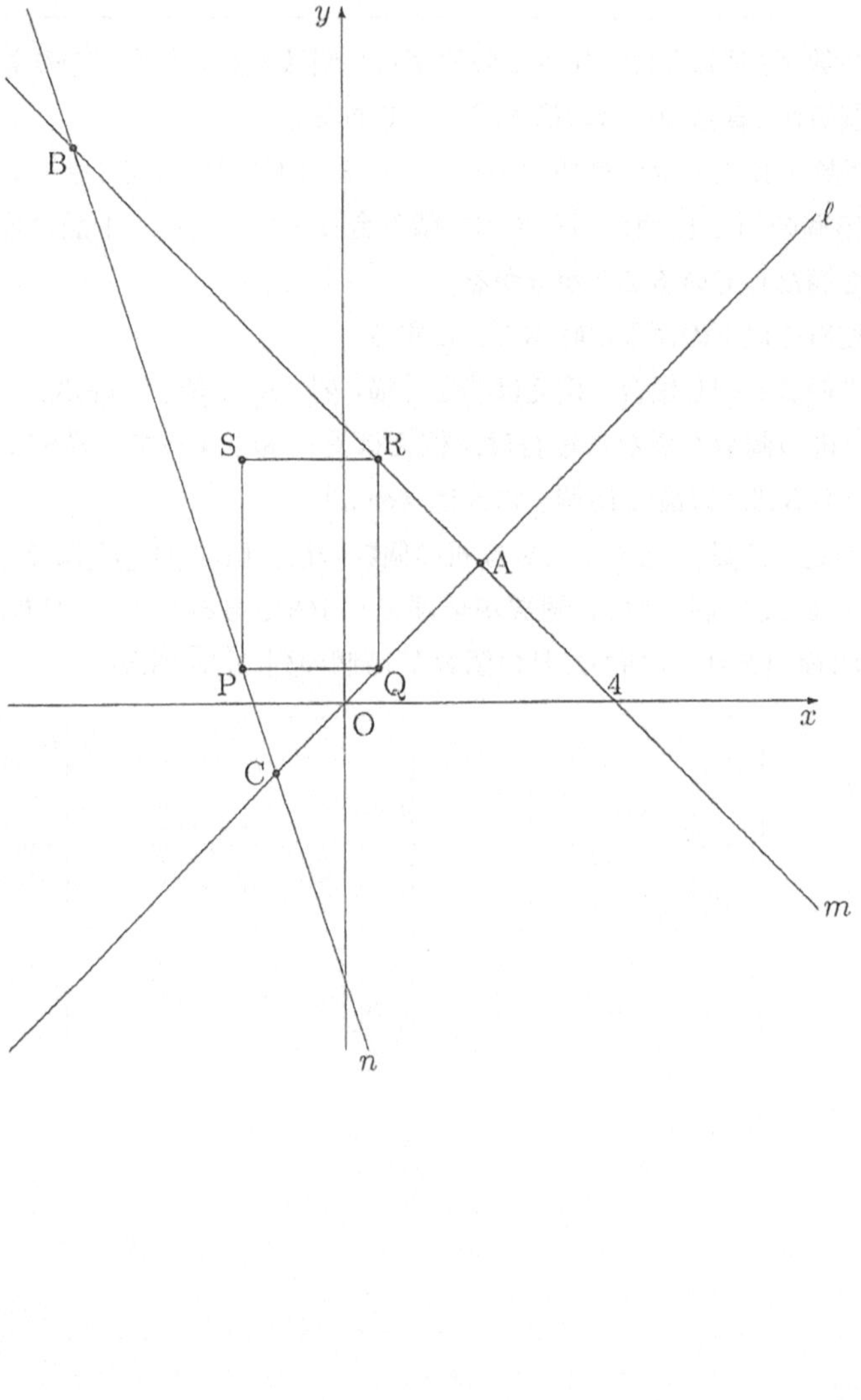

$\boxed{5}$ 長さ4 cmの線分ABを直径とする円C_1，点Aを中心とする半径5 cmの円C_2がある。点BにおけるC_1の接線と，円C_2の交点を図のようにそれぞれC，Dとし，直線ACと円C_1，C_2の交点のうち，A，Cと異なるものをそれぞれE，Fとする。次の$\boxed{57}$～$\boxed{72}$にあてはまる数をマークしなさい。

(1) BC＝$\boxed{57}$ cm，DF＝$\boxed{58}$ cmである。また，BE＝$\dfrac{\boxed{59}\,\boxed{60}}{\boxed{61}}$ cmである。

(2) 3点B，C，Eを通る円をC_3とし，2円C_2とC_3の交点のうちC以外の点をG，直線BGと円C_1の交点のうちB以外の点をHとすると，GE：EH＝$\boxed{62}$：$\boxed{63}$，AH：BG＝$\boxed{64}$：$\boxed{65}$である。

(3) 直線GBと円C_2の交点のうちG以外の点をIとする。∠IGC＝$\boxed{66}\,\boxed{67}$°であり，IA＝$\boxed{68}$ cmである。

また，AH＝$\dfrac{\boxed{69}\,\boxed{70}\sqrt{\boxed{71}\,\boxed{72}}}{\boxed{71}\,\boxed{72}}$ cmである。

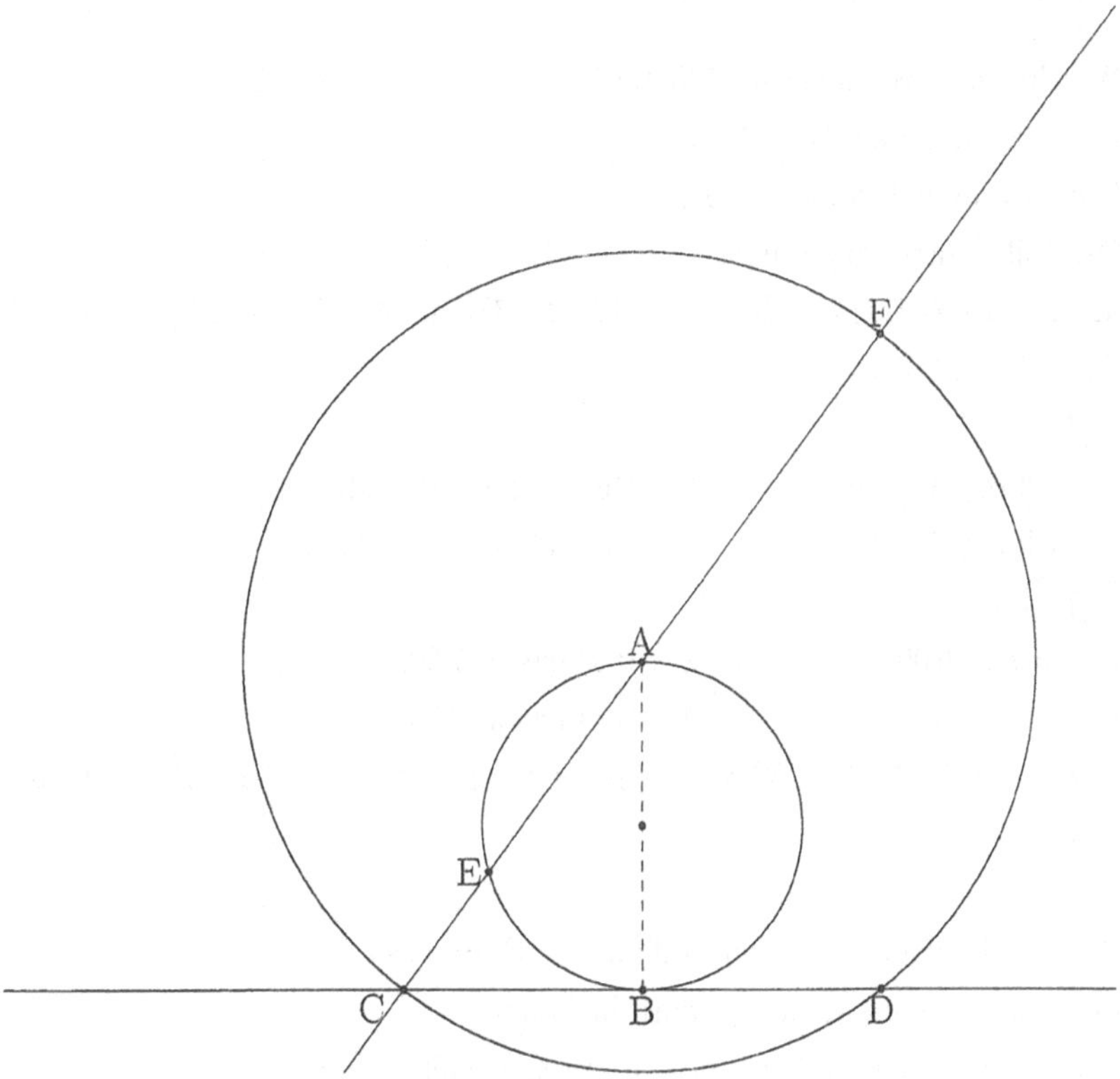

【英　語】（65分）〈満点：100点〉

1 （リスニングテスト）このリスニングテストには問題Aから問題Cまであります。英文はそれぞれ2度ずつ読まれます。放送中メモを取っても構いません。

問題A　これから流れる対話を聞き，最後に続く受け答えとして最も適切なものを選び，記号で答えなさい。

No. 1 [1]

1 Because I am going to see him now.
2 Do you know the doctor?
3 Yes. I was in the hospital for three days.
4 I went to see him too late in the evening.

No. 2 [2]

1 We should cook Italian food faster.
2 Italy has many kinds of dishes.
3 I think they will come at noon.
4 OK, I like Italy very much.

問題B　これから流れる対話を聞き，そのあとの質問に対する答えとして最も適切なものを選び，記号で答えなさい。

No. 1 [3]

1 He will pay 11 cents.　　2 He will pay 70 cents.
3 He will pay 7 dollars.　　4 He will pay 10 dollars.

No. 2 [4]

1 It starts at 6:00.　　2 It starts at 7:30.
3 It starts at 8:00.　　4 It starts at 9:30.

問題C　これから流れる英文を聞き，質問に対する答えとして最も適切なものを選び，記号で答えなさい。

No. 1 [5]

1 Because he wants to watch judo in the Olympics.
2 Because he wants to study math in Japan.
3 Because he wants to learn how to write e-mails in Japanese.
4 Because he wants to practice judo with Japanese students.

No. 2 [6]

1 Some people leave their garbage near the river.
2 Many people come and have a BBQ near the river.
3 Many people swim in the river and destroy the environment.
4 Some people swim in the river and others fish along the river.

〈リスニングテスト放送台本〉

第3回推薦入試

1（リスニングテスト）このリスニングテストには問題Ａから問題Ｃまであります。英文はそれぞれ2度ずつ読まれます。放送中メモを取っても構いません。

問題Ａ　これから流れる対話を聞き，最後に続く受け答えとして最も適切なものを選び，記号で答えなさい。

No. 1

A：Are you OK? You saw a doctor yesterday, right?

B：Yes, I did, but he told me to see him again today.

A：Why? Was there a problem?

B：

Listen Again

No. 2

A：What should we cook for the party?

B：Mmm, how about Italian food?

A：Some of the guests don't like pasta.

B：

Listen Again

問題Ｂ　これから流れる対話を聞き，そのあとの質問に対する答えとして最も適切なものを選び，記号で答えなさい。

No. 1　*※Ａは女性，Ｂは男性*

A：May I help you?

B：How much is this apple?

A：70 cents. But if you buy ten, you can get one more for free.

B：I see. I'll buy ten.

Question：How much will the man pay?

Listen Again

No. 2

A：I don't want to miss the new TV drama. I have to go.

B：So early?

A：It takes one and a half hours to get home. If I don't take the eight o'clock train, I will miss the beginning.

B：Then, you'd better hurry.

Question：What time does the new TV drama start?

Listen Again

問題Ｃ　これから流れる英文を聞き，質問に対する答えとして最も適切なものを選び，記号で答えなさい。

No. 1

Tommy is my best friend and sometimes we exchange e-mails. He lives in Australia and studies

Japanese. He wants to visit Japan in the future. He is interested in judo because he watched it in the Olympics last year. He wants to visit a *dojo* and practice judo with Japanese students. He also wants to visit *Budokan*, because it is one of the most famous buildings for judo. I'll take him there when he comes to Japan.

Question：Why does Tommy want to visit Japan?

Listen Again

No. 2

The East River is a famous river in my town. It is calm and clean. Some people swim in the river and others have a BBQ by the river. But when they come and have a BBQ, people who visit this river sometimes throw away their garbage near it. I think they should take their garbage home after they enjoy themselves. We have to keep the river clean.

Question：What is the problem of the East River?

Listen Again

これでリスニングテストを終わります。次のページ以降の問題を解いて下さい。

2 次の英文を読み，後の設問に答えなさい。

①Milka Duno is from Caracas, Venezuela. She is an engineer with degrees* from universities in Venezuela and Spain. Her education was important to her family and she only started to race* at twenty-four years old.

Schoolwork was always important to Milka and she was a very good student. She started school in 1976, at four years old. After a short time, her teacher called her "the best student."

"I loved to read," Milka says. "On vacation, my bag was always heavy with books."

After school, she went to university in Caracas. Then she went to the University of Madrid. By 1996, she had four degrees. ②She was an engineer, too.

To many Venezuelans, engineering was a man's job. But for Milka, all jobs were open to all people. She was an engineer because she loved cars.

"I liked to look at their engines," Milka says. "And I always wanted to drive and race cars. One of my role models was the Finnish* racing champion Mika Hakkinen. I wanted his success."

A racing teacher was important but there were not many good teachers in Caracas.

③"*I was my teacher*," Milka says. "But I was not always a good student." She remembers, and smiles. Sometimes, young Milka went up and down the roads near her house in her mother's car. But she didn't ask her mother first!

After university, Milka was a very good driver. She had a car from her mother and father, and she was very happy. One day, ④she and some friends went to a race circuit and she raced cars for the first time. For Milka, that day was very important. It was the start of a new life.

"I loved the noise of the engines," Milka says. "And I loved to drive quickly."

She started to race and she did very well. In 1996, ⑤she raced in the important Venezuelan GT Championship. This was for sports cars. There were a lot of very good male drivers in the race but Milka finished second.

Her mother and father were not very happy about this. But Milka was now an engineer.

"With no success in racing, there is always a job in engineering for me," she said.

After this, her mother and father did not stop their daughter from racing. But Milka did not want to stay in Venezuela.

"There are no good racing school here," she said. "The United States is the place for me." In 1999, she said goodbye to her family and went to the Skip Barber Racing School in the United States. Her teacher for that year was Chris Mitchum. ⑥In 2000, she was in her first race in the United States. She was twenty-eight years old. Success did not come in that race but it came later in the year. She raced in the Ferrari Challenge for small sports cars and she won. She was the first female winner of that race.

For three years she was in a lot of important races and she did very well. But there were no wins in those years. Her first [⑦] win came in 2004. She was the first female winner of the Homestead-Miami Speedway race.

Two years later, her best race was the 24 Hours of Daytona. This is a very difficult race for thirty or forty sports cars. Teams of drivers do not stop racing for twenty-four hours, and many cannot finish. Milka and her team came in at number eight.

A lot of big race car teams wanted Milka. In 2007, she was one of the SAMAX Motorsport team's best drivers. In that year's 24 Hours of Daytona race she finished second. This was the [⑧] finish for a female driver in that race.

"Milka is a very good driver," people said. "But can she move up to the Indy races and win?" Her first Indy races were not successful. She had engine problems and some of the male drivers were unhappy with her.

"She's slow," they said. "One of us is going to hit her car one day."

"Are the Indy races right for Milka?" people asked.

Then, in the Chicagoland Speedway race, she finished at number fifteen of forty drivers.

In 2008, Milka was a driver with the Dreyer and Reinbold Racing Team. She raced very well but again there were engine problems with some of her cars. For the second time, her best race was the Chicagoland Speedway. She finished at number fourteen.

"Sometimes, the best things in life come late," Milka says. Racing is not the only important thing in Milka's life. In 2008 she was in the movie *Speed Racer*. "Speed" is a young racing driver. He wants to win an important race. In the movie, ⑨Milka plays a driver in the same race.

Milka loves her racing and her movie work.

（出典：Rod Smith *Speed Queens* 改変）

（注） degree 「学位」　race 「競走する，(車など)を競走させる」　Finnish 「フィンランド人の」

問1 下線部①に関する記述として適切でないものを次の中から選びなさい。 [7]

1 ミルカはベネズエラ出身でベネズエラとスペインの大学でエンジニアの学位を取得した。

2 ミルカは4歳から学校に通い，先生から認められる成績優秀な生徒であった。

3 ミルカは家族から学校に通うときに支援されなかったが，なんとか学校に通った。

4 ミルカは読書をすることを好み，休日はたいてい彼女の鞄は多くの本で大変重かった。

問２　下線部②に関する記述として最も適切なものを次の中から選びなさい。 8

1　ミルカは1976年までに４つの学位を取ってエンジニアになった。

2　ミルカは車のことがとても好きで，車のエンジンを見ることが好きだった。

3　ミルカがアメリカに行ったのは，ベネズエラでは男性しかエンジニアになれなかったからだ。

4　ミルカを除き，ベネズエラ人の多くは人生の模範をミカ・ハッキネンとしていた。

問３　下線部③に関する記述として最も適切なものを次の中から選びなさい。 9

1　ミルカは今までの人生で１度も誰かから教わることがなかった。

2　ミルカは周りにあまり良い先生がおらず，自分で学ばなければならなかった。

3　ミルカは両親と仲良くできず，困ったときでさえ何も尋ねることができなかった。

4　ミルカはミカ・ハッキネンに指導してもらうことをお願いしたが，断られた。

問４　下線部④の文と同じ文型の文を次の中から選びなさい。 10

1　Miki's father bought her a new doll last night.

2　The young boy left his umbrella on the train.

3　Daisuke rides on his bike in the park.

4　Your idea made me happy.

5　Jacob's car is new and red.

問５　下線部⑤に関する記述として適切でないものを次の中から選びなさい。 11

1　ミルカはたくさんの男性の運転手のいる中でとても良い成績を残した。

2　ミルカがスポーツカーのレースで勝つことを両親はうれしく思わなかった。

3　ミルカはレースで勝てないことを考えて，運転手をやめてエンジニアになった。

4　ミルカの両親はミルカがレースに出ることを止めなかった。

問６　下線部⑥の年にミルカにあった出来事を次の中から選びなさい。 12

1　ミルカは両親のいるベネズエラを去り，アメリカに渡った。

2　ミルカはアメリカの学校で先生のクリス・ミッチャムに出会った。

3　ミルカはアメリカでの最初のレースで初めて優勝することができた。

4　ミルカはフェラーリチャレンジで初めて女性で優勝することができた。

問７　⑦ に入れるのに最も適切なものを次の中から選びなさい。 13

1　small　　2　big　　3　short　　4　long

問８　⑧ に入れるのに最も適切なものを次の中から選びなさい。 14

1　better　　2　worse　　3　best　　4　worst

問９　下線部⑨とあるが，一致するレースを次の中から選びなさい。 15

1　the Venezuelan GT Championship race

2　the Ferrari Challenge race

3　the Homestead-Miami Speedway race

4　the Chicagoland Speedway race

問10　本文の内容と合うものを次の中から１つ選びなさい。 16

1　ミルカは22歳のときにマドリードにある大学を卒業した。

2　ミルカは28歳のときにアメリカで初めてレースに出た。

3　ミルカは32歳のときに24時間耐久レースで２位になることができた。

4　ミルカは38歳のときに映画に運転手として出演することができた。

3　次の英文を読み，後の設問に答えなさい。

A long time ago in Vietnam, there was a good king. He only had one daughter, so he brought a poor boy into his house. He let the boy become his son. Many years later, the boy became a wise and kind young man. The king decided he would be the perfect husband for his daughter. So the two got married and had children. The king was happy because his kingdom would continue even after he died.

But there were some bad people in the kingdom, and they did not think a poor boy should become a king. They started to say bad things about the young man to the king. "He has no respect for you, my king."

The king didn't listen at first, but they kept talking." I heard that he will kill you to become a king. He also said that he was greater than you."

The king wondered, "Are the people right?" ①So finally, the king sent the young man, his daughter and their children to an island far away. "If he really is great, they will live."

The king was sad because he thought they would all die.

The young man and his family started a new life on the island. It was a very difficult life. They [②] to make their own house and find food to eat.

One day, the young man saw some yellow sea birds which were eating black seeds on the beach. "I don't know what kind of seeds they are, but a seed is a seed. I will plant them for my family."

Soon, vines* grew from the seeds, then flowers, then big round fruits. "I have never seen a fruit like this. It is green on the outside but red inside. I wonder how it tastes." And the young man ate the fruit. He surprisingly thought, "it is delicious!" His whole family loved this fruit and decided to call it watermelon.

They started to sell watermelon to sailors* [③] by the island. "This is delicious! I want to trade some of my spices for your watermelons!" Soon more sailors came to the island to get watermelons.

The family now had a comfortable life, but they missed their country. So one day, the young man wrote his name on many watermelons and put them into the sea. They floated away*, and one watermelon reached the king.

The king saw the young man's name and said, "They are alive!" The king tasted this new fruit and felt so proud of his son. ④He knew now that he really was great and smart. So the king brought the young man's family back to the kingdom, and they lived happily ever after.

（出典：Daniel Stewart *Folklore from Around the World* 改変）

（注）　vine「つる植物」　sailor「船乗り」　float away「流れていく」

問1　下線部①とあるが，その理由として最も適切なものを次の中から選びなさい。［ 17 ］

1　王様は息子と王女に結婚祝いを与えたかったから。

2　王様は息子に王様になってほしくなかったから。

3　王様は息子が優れているかどうか試そうとしたから。

4　王様は息子と王女に島で平和に暮らしてほしかったから。

問２　[②] に入れるのに最も適切なものを次の中から選びなさい。[18]

1　have　2　has　3　having　4　had

問３　[③] に入れるのに最も適切なものを次の中から選びなさい。[19]

1　pass　2　passes　3　passing　4　past

問４　下線部④とあるが，その理由として最も適切なものを次の中から選びなさい。[20]

1　王様の息子が島で生き残り，おいしい果物を作っていることを王様が知ったから。

2　王様の息子が手紙を王様に送り，彼の家族が生きていることを王様に伝えることができたから。

3　王様の息子が島で長い間生き残ることができたが，王様に一切連絡をすることがなかったから。

4　王様の息子が海で船乗りに助けられ，彼の家族と別に生活していると連絡してきたから。

問５　本文の内容と合うものを次の中から2つ選びなさい。[21]・[22]

1　王様には3人の娘がいて，彼は1人の貧しい男の子を連れてきて自分の息子にした。

2　王様は1人の貧しい男の子に娘の結婚相手になってほしいと思っていた。

3　悪い人たちは王様に娘の結婚相手は素晴らしいと何度も伝えた。

4　黄色の海鳥が大きな丸い果物を食べていたが，王様の息子はそれがおいしいと思わなかった。

5　王様の息子はスイカを育て，それを船乗りに売っていた。

[4]　次の各英文の[　]に入る最も適切なものを次の中から選びなさい。

1　My hair is very short, but yours [23] long.

① have　② has　③ are　④ is

2　I didn't have anything [24].

① cold drink to　② to drink cold　③ cold to drink　④ to cold drink

3　She has lived in Saitama [25] about four years.

① in　② since　③ ago　④ for

4　She [26] better go to the hospital in the evening.

① have　② has　③ had　④ has had

[5]　次の各英文の（　　）内の語を適切に並べ替えたとき，（　　）内で3番目と6番目にくるものを答えなさい。ただし，文頭にくる語(句)も小文字で示してある。

1　Tell (① to　② the　③ me　④ fast　⑤ how　⑥ catch　⑦ cat　⑧ running).

3番目は[27]・6番目は[28]

2　(① surprised　② teacher　③ at　④ was　⑤ who　⑥ you　⑦ the) is Mr. Smith.

3番目は[29]・6番目は[30]

3　(① take　② she　③ to　④ many　⑤ does　⑥ care　⑦ have　⑧ of) dangerous cats?

3番目は[31]・6番目は[32]

4　(① my　② want　③ help　④ brother　⑤ room　⑥ clean　⑦ I　⑧ the　⑨ to).

3番目は[33]・6番目は[34]

6 次の英文で，文法的な誤りが含まれる下線部を選びなさい。

1 I know ①that no other ②classmates ③is as tall ④as me. 35

2 Did Tom and Bob run ①so fast ②that you ③cannot ④catch them? 36

3 I ①am taught French ②by two women, and both ③is very kind ④to me. 37

4 ①Don't you ②know when he ③will come ④to home tonight? 38

7 各組の語の中で，最も強く発音する部分が他と異なるものをそれぞれ1つずつ選びなさい。

1 〔 ① foot-ball　② moun-tain　③ noth-ing　④ a-gainst 〕 39

2 〔 ① Sep-tem-ber　② pho-to-graph　③ yes-ter-day　④ sud-den-ly 〕 40

3 〔 ① prob-a-bly　② gov-ern-ment　③ mu-si-cian　④ dif-fer-ent 〕 41

8 各組の語の中で，下線部の発音が他と異なるものをそれぞれ1つずつ選びなさい。

1 〔 ① slept　② believe　③ technique　④ fifteen 〕 42

2 〔 ① tail　② plant　③ able　④ taken 〕 43

3 〔 ① passion　② nation　③ fashion　④ question 〕 44

⑤ いつ取り組んでも心もとなかった。

問3 傍線部Ｂ「近江」とは現在の何県にあたるか、最も適当なものを次の①～⑤のうちから一つ選び、番号で答えなさい。解答番号は38。

① 福島県　② 茨城県　③ 島根県
④ 滋賀県　⑤ 鳥取県

問4 傍線部Ｃ「無念におもふうちに」とあるが、大仏はどのようなことを「無念」に思っているのか。その説明として最も適当なものを次の①～⑤のうちから一つ選び、番号で答えなさい。解答番号は39。

① 体格に合う家がなく、住む場所がなかなか決まらないこと。
② 気が小さく、仔牛でさえも怖くて捕まえることができないこと。
③ 体は大きいが、力がなく周囲から笑いものになっていること。
④ 周囲の期待に応えたい気持ちが、空回りして迷惑をかけていること。
⑤ 修行をするのに適した場所がなく、思うように力がだせないこと。

問5 傍線部Ｄ「けれ」とあるがこの助動詞の意味として最も適当なものを次の①～⑤のうちから一つ選び、番号で答えなさい。解答番号は40。

① 完了　② 過去　③ 詠嘆
④ 打消　⑤ 推量

問6 X に入る語として最も適当なものを次の①～⑤のうちから一つ選び、番号で答えなさい。解答番号は41。

① ける　② けら　③ けり
④ けれ　⑤ けよ

問7 傍線部Ｅ「洛中・洛外」とあるがこれは何か。最も適当なものを次の①～⑤のうちから一つ選び、番号で答えなさい。解答番号は42。

① 天界と地上のこと。
② 格闘場の内側と外側のこと。
③ 城の中とその外側のこと。
④ 日本の国内と海外のこと。
⑤ 京の都の内側と外側のこと。

問8 本文は『西鶴諸国ばなし』である。この作品と同じ時代に成立した作品として最も適当なものを次の①～⑤のうちから一つ選び、番号で答えなさい。解答番号は43。

① 『枕草子』　② 『竹取物語』　③ 『古事記』
④ 『奥の細道』　⑤ 『方丈記』

大仏《おおぼとけ》一代、C無念におもふうちに、男子ひとり、※9まうけぬるに、(ウ)おとなしくなる事をまちかね、はや取《とり》立《だ》ちの時分より、六尺三寸の棒を持ちならはせ、三歳《さい》の時は、はや一斗の米をあぐる。それより段々仕込み、八歳《さい》の春の頃《ころ》、手なれし牛の、子をうみけるに、荒神《くわうじん》の宮めぐりもすぎて、やうやう牛の子もかたまり、我と草村《くさむら》にかけまはるをとらへて、はじめてかたげさせけるに、何《なに》の子細《しさい》もなくD持ちければ、毎日三度づつかたげしに、次第に牛は車引くほどになれども、そもそもより持ちつづけぬれば、九歳時《どき》もとらへて、中差しにするを、見る人興を覚ましぬ。

後《のち》に親仁《おやぢ》にはかはり、E洛中《らくちゆう》・洛外《らくぐわい》の大力《だいぢから》、十五歳《さい》より鳥羽《とば》の小仏《こぼとけ》とぞ名乗《なの》り X 。

（井原西鶴『西鶴諸国ばなし』による）

※1　柄杓の曲づくし…柄杓を使ってする曲芸。
※2　面妖…不思議だ。
※3　三間…約五・五メートル。
※4　天目…茶碗の一種。
※5　練磨…学問や技芸など、修行を重ねて身につけること。
※6　烏帽子付けの鞠…庭で鞠を蹴りあげる貴族の遊び。
※7　達者事…力仕事のこと。
※8　中差し…頭上に持ちあげる。
※9　まうけぬる…生まれた。

問1　波線部(ア)～(ウ)の語の意味として最も適当なものを次の①～⑤のうちから一つずつ選び、番号で答えなさい。解答番号は 34 ～ 36 。

(ア)　どよめば　34
①　噂話をして
②　大声で言うと
③　動揺して
④　恐れおののいて
⑤　はやし立てて

(イ)　あまたなり　35
①　ごくわずかであった
②　稀少であった
③　一般的であった
④　数多くいた
⑤　目立っていた

(ウ)　おとなしくなる事を　36
①　眠るのを
②　落ち着くのを
③　反省するのを
④　口を出さなくなるのを
⑤　成長するのを

問2　傍線部Ａ「幾度にてもあぶなからず」の解釈として最も適当なものを次の①～⑤のうちから一つ選び、番号で答えなさい。解答番号は 37 。

①　何度やっても失敗しなかった。
②　度々挑戦しやっと成功した。
③　回数を重ねて安定するようになった。
④　機会がなく練習できなかった。

①

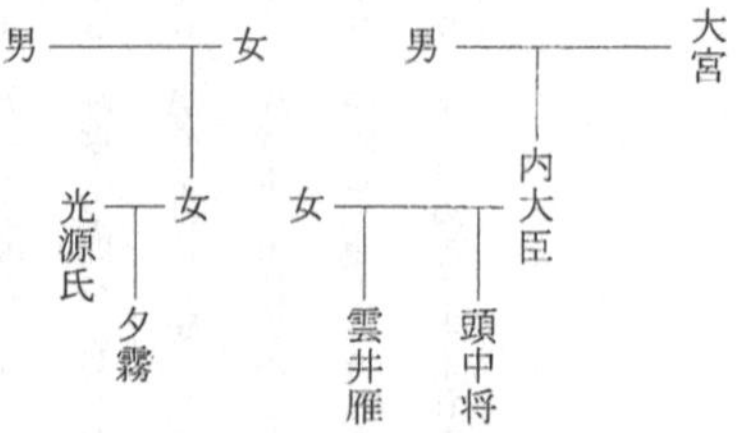

②

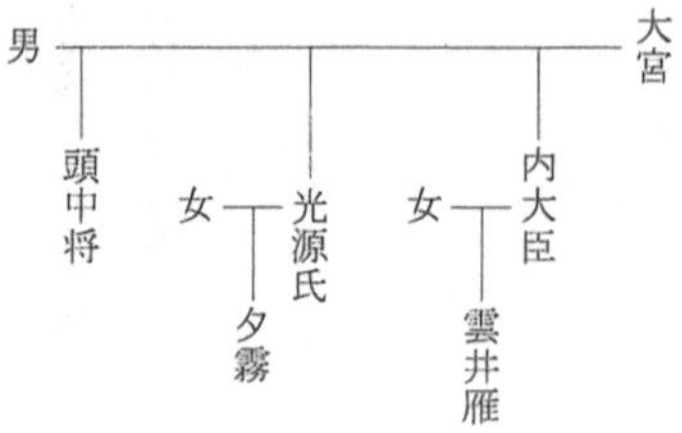

③

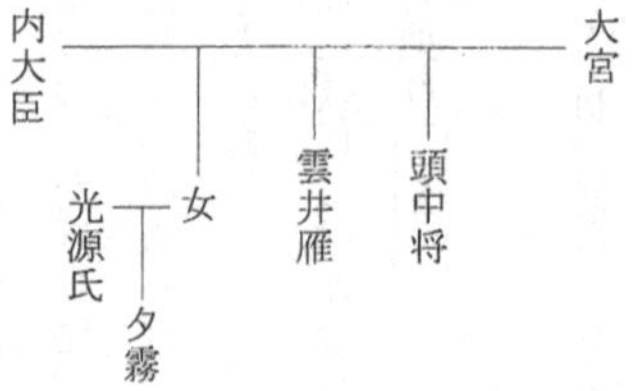

④

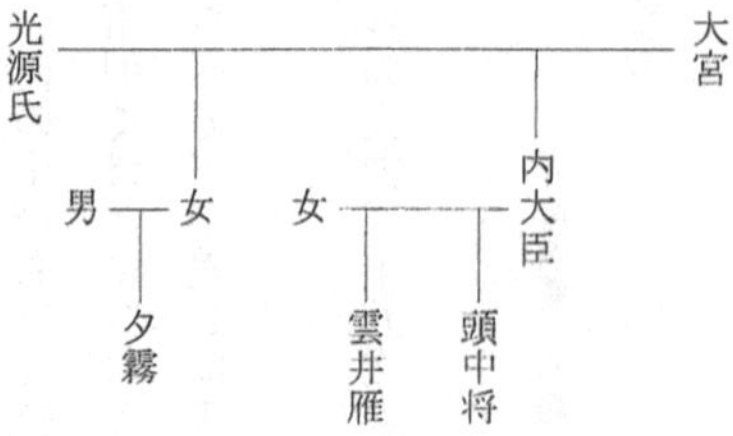

⑤

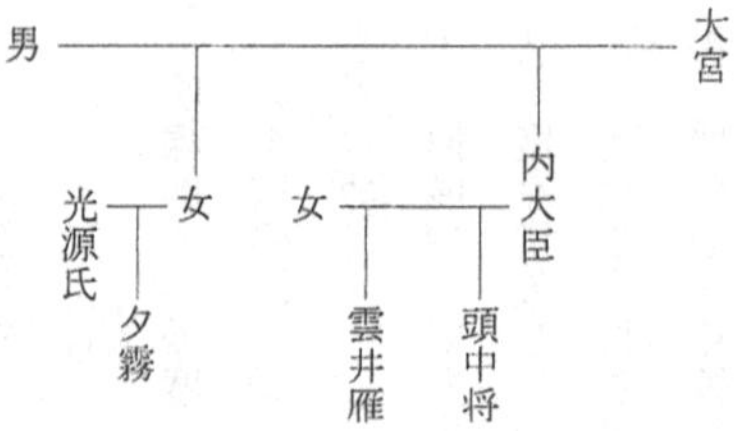

三　次の文章を読んで、以下の問い（問1～8）に答えなさい。

長崎《ながさき》半左衛門が、※1柄杓《ひしやく》の曲づくしを、※2面妖《めいよ》とおもへば、京の樵木町《こりきまち》に、若い者ども集まりて、たばね木《ぎ》、山のごとくつみかさね、下よりは※3三間《げん》高し。上より、「茶が呑《の》みたい」(ア)とどよめば、※4天目《てんもく》に入れながらなぐる。すこしもこぼさず取る事、A幾度《いくたび》にてもあぶなからず。またB近江《おうみ》の湖にて、白髭《しらひげ》の岩飛び、吉野《よしの》の滝おとし、これ皆※5練磨《れんま》なり。飛鳥井《あすかゐ》殿《どの》の、※6烏帽子付《えぼしづ》けの鞠《まり》を見て、油売一升はかりて、銭の穴より、雫《しづく》も外《ほか》へもらさず、通しけるとなり。「たとへば、無筆なる者、将棋《しやうぎ》の駒《こま》書くに同じ」と、巧者《こうしや》なる人の申し伝へし。

その頃、下鳥羽《しもとば》の車使《くるまつか》ひに大仏《おおぼとけ》の孫七とて、その生れつき、千人《せんにん》にもすぐれて、都がよひに、東寺《とうじ》あたりの小家へはいる事を、あたまつかへて、迷惑す。されどもすこしも力なくて、※7達者事《たつしやごと》に、ひけをとる事たびたびなり。一斗《と》のおもめ、片手にてはあがらず、世間の笑ひものぞかし。この里の若者、一石《こく》二斗《と》を、※8中差《ちゆうざ》しにする者(イ)あまたなり。

ものを次の①～⑤のうちから一つ選び、番号で答えなさい。解答番号は29。

① 長年もめたせいで結婚が遅れてしまったのが残念である。
② 主君が愛情を持って接すれば、家臣も忠義を持って答えるものだ。
③ 人間の心の裏側は分からないが、自分自身を頼りにしよう。
④ お互い腹を割って話せば、こんなつらい目に合わなくて済んだのに。
⑤ あなたが心を開いてくれるなら、私もあなたを大事にしよう。

問7 次に掲げるのは、本文について話し合った三人の生徒の会話である。空欄 X ・空欄 Y に入るものを次の①～⑥のうちからそれぞれ一つずつ選び、番号で答えなさい。解答番号は X は30、 Y は31。

生徒A――内大臣はそもそもは夕霧と雲井雁の結婚に反対だったようだね。
生徒B――大宮が仲介に入ってまとめようとしたけどうまくいかなかったらしい。
生徒C――源氏は夕霧を軽く扱った内大臣に立腹していたようだね。
生徒A――でも結局内大臣が折れて結婚を認めたけど、何でかな。
生徒B――やはり子供の時からかわいがってきた夕霧への愛情があったからだろうね。
生徒C―― X
生徒A――内大臣は歌で和解の気持ちを表現しているね。
生徒B―― Y
生徒C――夕霧の一途さが、とうとう結婚に結びついたね。

① 夕霧は歌で「いくかへり霞けき春」と涙を流す春が何度もあったといってるね。
② 内大臣は権力者の源氏に配慮して結婚を許可したんだよ。
③ けれども夕霧は内大臣の仕打ちに腹が立っていたようだね。
④ 夕霧は歌で「花のひもとく」と将来の立身出世をアピールしているね。
⑤ それに加えて、夕霧は真面目で将来の出世も期待できるからでもあるよね。
⑥ 確かに内大臣は夕霧の歌人としての才能に惚れ込んでいるようだね。

問8 この作品は古典作品である『源氏物語』を現代語訳また、翻案した作品である。次の①～⑤のうちから『源氏物語』の成立した時代として最も適当なものを次の①～⑤のうちから一つ選び、番号で答えなさい。解答番号は32。

① 奈良　② 平安　③ 鎌倉
④ 室町　⑤ 江戸

問9 本文における人物関係図として最も適当なものを次の①～⑤のうちから一つ選び、番号で答えなさい。解答番号は33。

(オ) たしなみ 24
① 裕福な者の義務
② 失敗から得た教訓
③ 普段の心掛け
④ 学んだ知識
⑤ 訓練した技術

(カ) 放縦 25
① 意欲がなく何もしないこと
② 身内を優遇すること
③ 規律がなくわがままなこと
④ 粗暴で荒々しいこと
⑤ 無計画で粗雑であること

問3　傍線部Ａ「慇懃な態度で用心している」とあるが、夕霧がそうする理由として最も適当なものを次の①～⑤のうちから一つ選び、番号で答えなさい。解答番号は 26。

① 一族が集まっている中で、仲たがいしている内大臣とひと悶着起こさないように気を遣っているから。
② 内大臣に、雲井雁と夕霧との恋愛関係を認めてもらうため、頑張ってご機嫌を取ろうと思っているから。
③ 内大臣に、雲井雁と夕霧との恋愛関係を否定されたため、反抗的な態度を取ろうと思っているから。
④ 内大臣に、雲井雁と夕霧とが恋愛関係にあることを知られてはならないと思っているから。
⑤ 雲井雁と夕霧とが恋愛関係にあることについて、内大臣が立腹していると思っているから。

問4　傍線部Ｂ「郷愁にも似た思い」とあるが、この説明として最も適当なものを次の①～⑤のうちから一つ選び、番号で答えなさい。解答番号は 27。

① 昔からかわいがってきた夕霧を裏切ったことについて反省するような思い。
② 幼い頃から夕霧をかわいがってきたその年月について懐かしむような思い。
③ 亡き大宮を中心に一族が仲良く暮らしていた田舎に帰りたいような思い。
④ 人間の命のはかなさに思いを馳せ、仲直り出来ないことに焦るような思い。
⑤ 自分の若いころの恋愛を思い出し、若者のさわやかな恋愛に憧れるような思い。

問5　傍線部Ｃ「雲井雁を主上か東宮に納れよう」とあるが、この説明として最も適当なものを次の①～⑤のうちから一つ選び、番号で答えなさい。解答番号は 28。

① 仏様への信仰心を示すため、娘を清水寺や東寺に預けること。
② 神仏への信仰心を示すため、娘を石清水八幡宮や法隆寺に預けること。
③ 自分の権力基盤の強化のため、娘を天皇か皇太子の妻にすること。
④ 自分の権力基盤の強化のため、娘を大臣か参議の妻にすること。
⑤ 自分の権力基盤の強化のため、娘を女帝か中宮にすること。

問6　傍線部Ｄ「歌のこころ」とあるが、その内容として最も適当なと歌を口ずさんだ。

内大臣の心は、これではっきり、夕霧にもわかった。

慶《よ》きことが、のびのびになりましたなあ、待ちましたぞ、今日の喜びの日を。しかし結婚が延びたのも、もとはといえば、こちらのせい、怨《うら》みますまい、あなたを。

そういう意味の歌だからである。

夕霧は盃を持ち、形ばかり拝舞《はいぶ》した。そのさまは好もしいものだった。

この盃は、花嫁の父から婿への盃である。

夕霧も歌で返す。

〈いくかへり露けき春をすぐしきて　花のひもとく折にあふらん〉

やっとお許しがでましたか。この喜びにあうまで、幾春、辛《つら》い思いを過ごしたことやら。

（田辺聖子『新源氏物語』による）

※１　六條院…光源氏の屋敷。
※２　傲岸…いばっていて、人に頭をさげないこと。
※３　とつおいつ…ああすればよいかこうすればよいかと迷うさま。
※４　むきつけ…無遠慮なこと。
※５　二藍…色の名前。明るく渋い青紫色のこと。
※６　ゆかしく…しとやかで気品がある。

問１　波線部(ア)「上達部」、(ウ)「紛糾」、(エ)「権高」の本文中での読みとして最も適当なものを後の各語群①～⑤のうちからそれぞれ一つずつ選び、番号で答えなさい。解答番号は20～22。

(ア)　上達部　20
①　じょうたつぶ
②　うえたちぶ
③　うえたちめ
④　かんだちめ
⑤　かんたつふ

(ウ)　紛糾　21
①　ぷんきょう
②　ぶんきょう
③　ふんきゅう
④　ふっきょう
⑤　ふっきゅう

(エ)　権高　22
①　ごんのだか
②　ごんたか
③　げんごう
④　けんこう
⑤　けんだか

問２　波線部(イ)「気が置ける」、(オ)「たしなみ」、(カ)「放縦」の本文中での意味として最も適当なものを後の各語群①～⑤のうちからそれぞれ一つずつ選び、番号で答えなさい。解答番号は23～25。

(イ)　気が置ける　23
①　遠慮する
②　腹が立っている
③　敬意を払う
④　気兼ねなく接する
⑤　嫌悪する

源氏はそういったが、息子の衣裳《いしょう》に目をとめて、

「その直衣《のうし》は色が濃すぎて安っぽくみえる。非参議や役のない若者には※5二藍《ふたあい》もよいものだが、そなたは参議で中将なのだから、今日はことに身づくろいして、もう少しよいものを着てゆくがよい」

源氏は自身の衣裳の中から、ことに立派な直衣に、下襲《したがさね》の美々しいのをとりそろえ、夕霧の供の者に持たせた。

青年は自分の部屋で念入りに身づくろいした。果して、今夜の宴で首尾よくいって、恋人に再会できるかどうか――青年の手は緊張と期待で震えている。

夕霧の中将は入念に身づくろいしてたそがれもすぎたころ、先方が待ちかねている中を、内大臣邸に着いた。

主《あるじ》がわの公達《きんだち》、頭の中将をはじめ七、八人がうちつれて出迎える。みな美しい貴公子たちだが、夕霧はきわだってすぐれた風采にみえた。

内大臣は、鄭重《ていちょう》に夕霧をもてなすよう、指図していた。冠をつけて座に出ようとして、北の方や、若い女房たちにいった。

「のぞいてごらん。じつにいい青年だ。年がいくにつれ立派になってゆく人だ。態度がおちついて重厚なところは、父君の源氏の大臣《おとど》よりすぐれているかもしれんな。父君の方は愛嬌《あいきょう》があって皆に好かれたが、少し軟派で、実務の面では、やや(カ)放縦に流れた。しかしこの人は真面目《まじめ》で学才もあり、気立ても男らしい。世間の評判もいいよ」

内大臣は、身なりをととのえ、礼をつくして夕霧と会った。かたい挨拶《あいさつ》はかたちばかりにして、すぐ、くだけた会話になった。

「春の花は美しいが、みな、すぐ散ってしまうのが惜しいね。そこへ来ると藤は、ややおくれて咲くのが※6ゆかしくていいものだ」

と内大臣は藤にみとれながらいう。

月は昇ったが、おぼろにあたりは霞んでいる。盃《さかずき》がめぐり、管絃のあそびがはじまった。

内大臣は空酔《そらよ》いして、しきりに夕霧に盃を強いた。

「いえ、私はもう……」

青年は困って辞退していた。

「そういわずに。あなたは天下の秀才だから、長老を大切にすることも心得ていられよう。いつまでも昔のことにこだわらずに、ひとつ、私の年齢《とし》に免じて許してほしいものだ」

内大臣は酔いにかこつけて、長年のしこりを吐き出してしまいたいようであった。

「許すとはとんでもない。私は、亡き母上や祖母上の代りと思って、伯父上にお仕えしておりますものを。ゆきちがいがあったとすれば、私の至らぬためです」

と青年は心から伯父に詫《わ》びた。彼はいまは伯父の好意を信じてもいい気になっていた。

内大臣も、快さそうであった。

〈春日さす藤のうら葉の　うらとけて　君し思はばわれも頼まん〉

と古い歌をゆるゆると朗誦《ろうしょう》する。たがいに心とけたこの場にふさわしい、いい歌である。

そのD歌のこころに添うごとく、頭の中将が紫の色濃い藤の花房を折って、客の盃に添えた。夕霧は酒をつがれて、困っている。

内大臣は、

〈紫にかごとはかけん藤の花　まつより過ぎてうれたけれども〉

内大臣はあの法会の日以来、意地も折れて、夕霧と和解する、よき折もがな、と思いつづけていた。

四月はじめであった。庭先の藤の花が面白く咲き乱れ、例年より色濃く美しいと人々は賞美して、このまま見過ごすのも残念など、管絃の遊びを催すことになった。

内大臣のもくろみは、夕霧を招くことにあった。

雲井雁と結婚してもよい、いや、結婚して下され、と正面切って話し合うような、はしたない※4むきつけなことはできない。花の宴にかこつけ、何ごとも優雅に自然に、なだらかにたのしく、ことをはこばなければならぬ。

教養ある貴族の(オ)たしなみとして。

内大臣は、長男の頭《とう》の中将を使者にたてた。

「いつぞやの花かげの対面は、あわただしくて名残《なご》り惜しく思われました。今日、おひまがあればお越し下さい」

という口上に添えて手紙がある。

〈わが宿の藤のいろ濃きたそがれに　尋ねやは来ぬ　春の名残を〉

歌の通りに美事《みごと》な色の藤の花房の一枝に、文《ふみ》はつけてあった。

夕霧は胸がとどろいた。この歌は、

（大君来ませ、婿にせん）

という意味ではないか。

（ゆるす。雲井雁をゆるす。そなたは今夜からわが家の婿君。美々《びび》しくみやびやかに、威を張って来られよ）

という意味ではないか。

夕霧はどきどきしながら、とりあえず礼をいって歌を返した。

〈なかなかに　折りや惑《まど》はん藤の花　たそがれ時のたどたどしくは〉

（伯父上のお考えを、それと推量してもよいのでしょうか？　迷っています。ほんとにおゆるし頂けるのか、そうでないのか、途方にくれます）

という意味がこめられてある。

「珍しいご招待だから上《あが》ってしまった。君、この歌がおかしいようだったら、直してくれないか」

と夕霧は、頭の中将にいった。

「とんでもない、痛み入るよ。……お供をさせて頂こう、このますぐ」

頭の中将はうながしたが、

「いや、気の張る随身《ずいじん》はおことわりだよ」

といって夕霧は頭の中将を帰した。

夕霧は父の前に、内大臣の手紙を持っていって、話した。

「どう思われます？」

「うむ。何か考えていられるのだろうな。先方から折れて出られたとなれば、これでまあ、亡き大宮への不孝の罪も消えようというものだ。大宮が仲介の労をとられようとしたのに、先方は一向、おきき入れなかったのだからな」

源氏も、こと内大臣に対しては、傲岸な態度を崩さない。

「そうではないでしょう。案外、下ごころもなく、藤の花を賞《め》でる宴会かもしれません」

夕霧はわざとそう言ったが、胸がとどろいている証拠に、頰《ほお》を赤く染めていた。

「何にせよ、わざわざの使者だ、早く出かけた方がよい」

二　次の文章は、田辺聖子の小説『新源氏物語』の一節である。今は亡き大宮の命日にあたり、一族が寺にお参りする場面である。これを読んで、以下の問い（問１～９）に答えなさい。

内大臣は子息あまたひきつれて威勢もあたりを払うばかり、(ア)上達部もたくさん参り集《つど》うたが、その中でも夕霧の中将はぬきんでた風采《ふうさい》と挙措《きよそ》である。りりしくて、しかも猛《たけ》からず、おちついていて美しい貴公子だった。

夕霧は内大臣に対しては(イ)気が置けるとみえて、A慇懃《いんぎん》な態度で用心している。それを、内大臣はことさら目をとどめて見ていた。

御布施《おふせ》など、※1六條院からも出された。夕霧は、やさしかった祖母宮の御供養なので、ことに心をつくしてつとめた。

夕方、みんなが帰りかけるころであった。

花は散り乱れ、夕霞《ゆうがすみ》がおぼろにたちこめる物なつかしい春の夕べ、内大臣は心そそられて思わず立ちつくしている。

夕霧も、春の夕のあわれにさそわれたか、

「雨模様だ」

と人々が言い騒いでいるのも耳に入らず、空をながめてうっとりしていた。内大臣はそれをみると、（かつてないことだが）心うごかされ、何かしら、B郷愁にも似た思いで、夕霧に対する愛情がこみあげてきた。

思えば雲井雁《くもいのかり》の事件の前は、内大臣はこの甥《おい》をよく可愛がり、甥もまた伯父《おじ》になついていた。早く母を失った甥を、内大臣はふびんに思い、息子のように目をかけたものだった。

雲井雁とあやまちを起こしたからといって、甥をにくむのは、行き過ぎではなかったろうか？　亡き大宮がいわれたように、雲井雁と結婚させるとしたら、夕霧くらいよくできた婿はあるまい。C自分が雲井雁を主上《かみ》か東宮《とうぐう》に納《い》れようと思ったばかりに、ことは(ウ)紛糾し、反目《はんもく》と誤解がいりみだれてしまったのだ……。

内大臣はおぼえず知らず、夕霧のほうへ、笑みをふくんで歩み寄っていた。

「今日はご苦労だったね、中将」

と夕霧の袖《そで》を引いて話しかけた。

「なぜそう、よそよそしくする。今日の法会《ほうえ》の縁を思うだけでも、もっとうちとけて親しくしてほしいものだ。もうおい先も長くない年寄りの私に、つれなくするとは恨めしいではないか……」

「は。いやべつに、私は」

と青年はかたくなっていた。

「亡きおばあさまも、伯父上をたよりにさせて頂くようにとご遺言《ゆいごん》がありましたが、……どうも伯父上のご機嫌《きげん》を損じた様子なので、恐縮してご遠慮申上げておりました」

折から雨風がはげしくなり、人々はいそいで散ってしまったが、夕霧は伯父の言葉をしきりに考えていた。

なぜ急に伯父は親しみをみせて、寄ってきたのか。何か、意図があるのか。

もしや雲井雁を、自分にゆるそうというのか。いや、まさかあの※2傲《ごう》岸《がん》で(エ)権高な伯父が。

青年は※3とつおいつ考えて、寝もやらずその夜は明かしてしまったのである。

⑤　「親」と「自分」が別の存在として対峙しているという理解ができていないから。

問7　空欄［X］・［Y］に入る適語を次の①～⑤のうちからそれぞれ一つ選び、番号で答えなさい。解答番号は［X］は［15］、［Y］は［16］。

①　客体　②　相対　③　主体
④　絶対　⑤　存在

問8　傍線部Ｄ「物のひとつとしての身体は『わたしの身体』になる」とは、どういうことか。その説明として最も適当なものを次の①～⑤のうちから一つ選び、番号で答えなさい。解答番号は［17］。

①　道具の使用に限定されない身体の運動のこと。
②　ある特定の行為の〈式〉が定着し身体において反復不可能になること。
③　「わたし」と「物」との区別がなされないということ。
④　習慣の獲得ということ。
⑤　とくに意識もしないで自分の思いのままにすべてを操れること。

問9　傍線部Ｅ「ひとは使っている気でいてじつは道具に使われていることになかなか気づかないのである」とは、どういうことか。その説明として最も適当なものを次の①～⑤のうちから一つ選び、番号で答えなさい。解答番号は［18］。

①　道具を使うことは異なる構造を受け容れることで自己を拡げていくということ。
②　道具を使うことは道具の特性を理解することであり、その特性を知りすぎることで翻弄させられることもあるということ。
③　道具を使うことは道具に支配されることであり、自己のなかに異なる構造を受け入れることで自己が変質するということ。
④　道具を使うことは愉しさも怖さもある非常にリスクのある行為で、それは異なる構造を自己に受け容れることで〈わたし〉が変えられる不安があるということ。
⑤　道具を使うことは自分たちが気付いている以上に深い関係があるが、意識的ではない私たちは絶対にそのことに気が付かないということ。

問10　次はこの文章を読んだ生徒たちの会話である。文章の内容を踏まえて、この会話中の空欄に入る最も適当なものをあとの①～⑤のうちから一つ選び、番号で答えなさい。解答番号は［19］。

生徒Ａ――筆者は、自身の息子の例を用いて「握る」という行為がどのように成立するかを説明しているね。
生徒Ｂ――そうだね。「握る」という行為は、「摑む」という行為の試行錯誤によって可能になっていくと述べているね。
生徒Ｃ――その試行錯誤のなかで、摑もうとしている指と、摑む対象である「物」が分離していることを理解していくんだね。
生徒Ａ――そのように［　　　］していくことが、「つかふ」ということなんだね。

①　ある〈式〉を更新しながら構造を統制
②　使用していく過程で〈わたし〉が変容
③　異なる構造を受け入れることで能力を開花
④　〈わたし〉のふるまいや活動の構造を固定化
⑤　「習う」ことで考えようと

① つまり　② たとえば　③ まず
④ しかし　⑤ ところで　⑥ むしろ

問３ 波線部Ｐ「イニシアティヴ」、Ｑ「混沌」とあるが、それぞれを言い換えたものとして最も適当なものを次の①～⑤のうちから一つずつ選び、番号で答えなさい。解答番号はＰは10、Ｑは11。

Ｐ「イニシアティヴ」
① 領有権　② 占有権　③ 主導権
④ 独占権　⑤ 既得権

Ｑ「混沌」
① カオス　② アウラ　③ コード
④ ジレンマ　⑤ トポス

問４ 傍線部Ａ「『使用』を、『自由である』ことと何かを『意のままにできる』こととの観念連鎖のなかにはめ込まない」とあるが、どういうことか。その説明として最も適当なものを次の①～⑤のうちから一つ選び、番号で答えなさい。解答番号は12。

① 「つかふ」ということは、支配や統御を象徴する出来事だということ。
② 「つかふ」ということは、使う者と使われる物という分離が前提として含まれているということ。
③ 「つかふ」ということは、使用と被使用の二項対立のように見えるが、能力を拡張していくことで道具なども自己の一部になっていくということ。
④ 「つかふ」ということは、何かを道具や手段として使用するに先立って、まず身体を使って「使う」能力そのものを獲得するプロセスがあるということ。
⑤ 「つかふ」ということは、まず手に取り摑まねばならないが、乳児はなかなかそれができず物事をイメージすることができないということ。

問５ 傍線部Ｂ「非対称の力関係」とあるが、どういう関係のことか。その説明として最も適当なものを次の①～⑤のうちから一つ選び、番号で答えなさい。解答番号は13。

① 使う側と利用する側が「人馬一体」となっている関係。
② 異質な存在が一つに溶け合うような関係。
③ 使う側に独占する力があり、使う者と使われる物が分離している関係。
④ 使う側に超越的な力があり、使う者と使われる物が分離している関係。
⑤ 使う側が優位であり、使う者と使われる物が分離している関係。

問６ 傍線部Ｃ「この時期にはだから『いない、いない、ばあ』といった遊びにきゃっきゃっと歓ぶ」とあるが、それはなぜか。その説明として**適当でないもの**を次の①～⑤のうちから一つ選び、番号で答えなさい。解答番号は14。

① どのようなものが目の前に現れても、混在していると認識しているから。
② 主体と客体という隔たりが生じているから。
③ 「親」と「ハンカチ」が混沌のなかで同一化しているから。
④ 「じぶん」とそれ以外のものが分離した状態になっていると認識していないから。

している。Eひとは使っている気でいてじつは道具に使われていることになかなか気づかないのである。携帯電話やスマートフォンひとつとっても、使っているのか使われているのか、さだかでないときのほうがきっと多い。ここに何かを使うことの愉しさも怖さもある。使う者の自己変容ということである。使うものと使われるものとのあいだには、気づかれている以上に深い交わりがあるということである。

このことを裏書きしているようにおもわれるのは、習慣を表わす語である。日本語で習慣が身につくことを表わす語に、「慣らふ」がある。「慣らふ」は、ものごとをくりかえしおこなっているあいだにそれが「第二の自然」になること、つまりは「馴《な》る」ことであるとともに、「倣ふ」ないしは「習ふ」——「習う」はもちろん「学ぶ」（「真《ま》似《ね》ぶ」）ことでもある——こと、つまり、「慣らふ」べきものを(オ)モ倣することでもある。

（鷲田清一『つかふ　～使用論ノート～』による）

※1　遡行…流れをさかのぼって行くこと。

問１　傍線部(ア)～(オ)のカタカナに相当する漢字として最も適当なものを次の各語群①～⑤のうちからそれぞれ一つずつ選び、番号で答えなさい。解答番号は［1］～［5］。

(ア)　コク々　［1］
①告　②酷　③黒　④国　⑤刻

(イ)　チらかっている　［2］
①産　②散　③酸　④参　⑤讃

(ウ)　ナン儀　［3］
①難　②何　③軟　④南　⑤娚

(エ)　根ゲン的　［4］
①厳　②減　③源　④限　⑤言

(オ)　モ倣　［5］
①模　②藻　③喪　④毛　⑤茂

問２　空欄［a］～［d］に入る語として最も適当なものを次の①～⑥のうちからそれぞれ一つずつ選び、番号で答えなさい。なお、同じ番号を二度使ってもよい。解答番号は［a］は［6］、［b］は［7］、［c］は［8］、［d］は［9］。

〈式〉としてあるということである。

これを別の言葉でいいかえると、使うということは、道具の使用に限定されるものではないということである。道具の使用は、それを使う者と使われる物との分離を前提としている。しかしそういう分離が生まれる前提として、さらに別の、より根(エ)ゲン的な使用の次元があるということである。

ある特定の行為の〈式〉の定着とその転移、それを別の言葉でいえば、習慣の獲得ということになる。習慣の獲得とは、身体の新しい用法を身につけるということだ。杖の使い方、包丁の使い方、楽器の弾き方・吹き方、自転車の乗り方、自動車の運転の仕方を習得し、それをとくに意識することもなくあたりまえのようにできるようになるということだ。たとえば、クルマの運転を習いはじめたばかりの頃は、ハンドルの感触、スイッチの位置、ペダルの操作などにばかり気を取られ、クルマの前方の状況にまでじゅうぶんに注意がゆかない。しかしそれらの操作に習熟してゆくにつれて、意識は道路の状況に向かい、操作じたいは意識の陰に隠れ、いわば自動的になされるようになる。そのうち道路状況の把握にも慣れ、鼻唄でも歌いながら、同乗者とおしゃべりもしながら、運転できるようになる〈式〉はこうしてどんどん更新されてゆく……。とくに意識しないでもからだが勝手に動くようになること、これが習慣の獲得ということなのだ。

この過程で、同時にもうひとつ別の更新が起こる。それは意識の切っ先が道具の表面もしくは先端へと移行するということである。杖を使い慣れてくると、地面を探る感覚の先端は指と杖とが接触する面から杖の先端へと移行する。新しい靴を履きはじめたときは足と靴底との接触面に意識が集中しているのに、靴が足になじんでくると意識の切っ先が靴底、つまりは靴が地面に接する面へと延びてゆくように、である。楽器を弾くときは指と楽器とが接するところから楽譜のほうへ意識は向かうようになる。運転しているときも、意識は身体と自動車の装備との接触面から、自動車の先端部へと、さらに前方へと拡張してゆく。狭い道に入り込みそうになっても、ちょうど歩いているときにそこが通り抜けられるか瞬時にわかるように、クルマがそこを通り抜けられるか、それまた瞬時にわかるようになる。道具を使う〈わたし〉は、その意識のなかに、その活動のなかに、道具を呑み込み、併合してゆくのである。いいかえると、〈わたし〉はそれまでできなかったことができるようになる、つまりその能力を拡張してゆくのである。

ここで注意を要するのは、能力を拡張してゆくこの過程が、同時に、道具の特性が〈わたし〉のなかに流れ込んでくる逆向きの過程でもあるということだ。道具を使うことは道具の構造と交わり、それになじんでゆくということであり、そのなかで〈わたし〉のふるまいや活動の構造も否応《いやおう》もなく変換されてゆく。使用とは、使用者がみずからの構造を物に押しつける、つまりそれを統制下に置くということではなく、異なる構造を受け容れることで逆に自己を拡げてゆくということなのである。道具を呑み込んでゆく過程は、道具に呑み込まれてゆく過程でもあるということなのだ。そしてこれが知らぬまに人の「第二の自然」（second nature）となっている。

こういうことが道具使用のあらゆる場面で起こるにもかかわらず、ひとは使用においてみずからが明確なイニシアティヴをもっと勘違い

こうに、「じぶん」はこちらに、別の存在として対峙《たいじ》しているという理解が生まれる。「主体」と「客体」という隔たりが生まれるのである。

　そもそも哺乳瓶をいじっているあいだにも、おなじような出来事が起こる。はじめは、じぶんの指先が視野に現われても、それをじぶんの指先などとはおもわない。きっといろいろなものといっしょに、ごたまぜになって現象しているだけである。そういう混沌のなかで、両手の指先がときおり触れあうなかで、じぶんがいま見ているものと触れているものが同一のものであるとの了解が生まれ、そこから※1遡行《そこう》的に指も「じぶんの指」として理解されると同時に、摑もうとしている哺乳瓶がじぶんとは異なる「物」としてあることが了解されてゆく。現われる「物」と、現われに立ち会っている「じぶん」とが隔たり、分離しはじめるわけだ。そうしてはじめて、「わたし」が「哺乳瓶」を摑み、支えているという意識が生まれる。「わたし」がそれを持つ X であり、哺乳瓶は「わたし」に持たれる Y であるという、「使用」の前提となる事態が生まれるのである。

　これは、何かを道具や手段として使用するに先立って、まずは身体を使って「使う」能力そのものを獲得するプロセスがあることを示している。『贈与論』で有名なマルセル・モースに倣っていえば、道具を用いる技法に先立って、それが可能となる前提として、まずは「身体の技法」(techniques du corps) があるということである。

　これはたしかに「身体の使用」(l'usage du corps) ではあるのだが、しかし道具としてのそれの使用なのではない。それを言うなら、 b 「摑む」という行為の〈式〉を身につけるとでも言うべきであろう。手を使って物を摑むということができるようになると、摑むということは身体のあらゆる部位に浸透していって、脚で摑むことも脇で摑むこともできるようになる。行為のある〈式《スキーム》〉が一般化すると言ってもいいし、それが身体の各部位に転移すると言ってもいい。

　わかりやすい例をひとつ。書くという行為である。

　鉛筆を持って字を書くという行為は、思いのほか(ウ)ナン儀なものである。そういう行為をあたりまえのようにできるようになるには相当な時間を要する。 c 、いったん字を書くという行為に習熟したら、あとは身体のどこでもそれをすることができる。鉛筆で字を書くには、鉛筆を持つ指、それを書くということにふさわしく動かすための手首や肘の用い方、そして姿勢まで巻き込んだ身体使用の〈式〉、 d はスタイルが定着することが必要である。そしていったん、そういうスタイルが「鉛筆で書く」という行為として定着すれば、それはすぐに身体のあらゆる部位に転移してゆく。たとえばこれまでいちども練習していないのに、黒板にチョークで、鉛筆で字を書くに際していちども使わなかった、つまり練習すらしなかった肘や肩の関節を動かして、書くことができる。求められれば、砂場で足でおなじ字を書くこともできるし、腰の動きでその字形をなぞることすらできる。

　こうした〈式〉もしくはスタイルは、いったん身体のどこかに定着すれば、他のいずれの身体部位においても反復可能なものとなる。そういう意味で「一般的」なものである。そういう行為のさまざまな「一般式」を束ねたものとしてわたしたちの身体はある。いや、D物のひとつとしての身体は「わたしの身体」になる。身体（body）は〈物体〉（body）のひとつ――body としての身体の了解はすでにそれを対象として自己から隔てたところに成り立つ――である前に、まずは

【国　語】（五〇分）〈満点：一〇〇点〉

一　次の文章を読んで、以下の問い（問1～10）に答えなさい。

「使用」の孕《はら》む問題性が際立ったかたちで浮上する場面として、これまで他者の使用という場面にばかり注目してきたが、使用・利用といえば、［ａ］は道具としての物の使用、家畜の使用がある。資源の利用がある。物は使い込むことで、家畜は使いこなすことで、馴染《なじ》んでくる。使い込むなかでそれを知りつくすところまでくると、これを自在に扱えるようになる。とくに構えることなくつきあえるようになる。漆器《しっき》は使えば使うほど艶《つや》が出る。茶碗もそれを使うたびに、服や靴なら着、履くたびごとに、手に、体に、しっくりと馴染んでくる。鏝《こて》光りという言葉にあるような鈍い輝きが射《さ》してきもする。「人馬一体」という言葉にあるように、もとはといえば異質な存在が一つに溶けあうような境地もある。

そこで次に、A「使用」を、「自由である」ことと何かを「意のままにできる」こととの観念連鎖のなかにはめ込まないよう気をつけながら、「つかふ」ということの豊饒《ほうじょう》さをあらためて濃《こま》やかに描きだしてみたい。「つかふ」は、支配や統御の徴《しるし》ではなく、むしろ強さと弱さとが(ア)コク々とめくれ返る、人のいのちの運動をもっともよく徴しづける出来事だとおもうからである。

人が物を、別の人を使う。それもみずからの意志するものの実現のために、その道具として、手段として、利用する。このように、使う側にPイニシアティヴのあるのが、使うといういとなみである。ということは、「使用」には、使う者と使われる物ないしは人の分離ということが前提として含まれる。そう、B非対称の力関係がそこには厳然としてあるようにおもわれる。

何かある物を道具として使うためには、それをまず手にとり、摑《つか》まねばならない。この摑むという動作は、握るという能力が備わってはじめて可能となると考えられやすい。握る能力がなくてどうして摑めるか、というふうにである。しかし、そもそも握るという能力はどのようにして獲得されたのかと考えてみると、握力とそれにもとづく使用という事態が、それまでの、摑むという行動の試行錯誤のなかで可能となったことがわかる。

（中略）

乳児は未《いま》だ何かを使う「主体」ではない。乳児の感覚はQ混沌《こんとん》とした現象のなかに埋もれている。(イ)チらかっている。同一の「物」なるものをまだ知らないし、それを摑む「じぶん」というものの意識もない。Cこの時期にはだから「いない、いない、ばあ」といった遊びにきゃっきゃっと歓ぶ。子どもの前から親が急に消える。突然、（ハンカチの、という理解もなしに）白い幕が現われる。が、次の瞬間にはまた親が戻ってくる。ハンカチの向こうに、現われたり隠れたりする「親」がいるということが未だ理解できずに、出現と消滅の交替に翻弄されるのだ。そんなことをくり返しているうち、やがて「親」は現われたり消えたりするのではなく、いまは見えないけれどもほんとうはハンカチの向こうにずっといて、ハンカチの陰に隠れたり、ぬっと現われたりするだけのことだということを学んでゆく。「親」は消失したのではないのだ。そうなるともう、「いない、いない、ばあ」はちっとも怖くなくなる。遊びは終わる。遊びは終わって、「親」は向

2022年度

解答と解説

《2022年度の配点は解答欄に掲載してあります。》

＜数学解答＞

1	(1)	1	2	2	3	(2)	3	5	4	3	(3)	5	2	6	1				
	(4)	7	3	8	2	(5)	9	1	10	9	(6)	11	7	12	4				
	(7)	13	8	14	2	(8)	15	7	16	1		17	2						
2	(1)	18	3	19	4	(2)	20	3	21	4		22	5						
	(3)	23	5	24	3		25	5	26	4	(4)	27	1	28	6	29	1	30	5
	(5)	31	3	32	3		33	7	34	3		35	4						
3	(1)	36	1	37	0		38	5											
	(2)	39	1	40	0		41	2	42	0		43	4	44	0				
4	45	1	46	2	47	1	48	1	49	5	50	2	51	4	52	5	53	5	
	54	4	55	1	56	2	57	1	58	2									
5	(1)	59	3	60	6		61	3	(2)	62	2	63	0	64	3				
	(3)	65	5	66	2		67	1	68	3	69	7	70	3	71	3			

○推定配点○

1　各3点×8　　2　(2)　各1点×3　　他　各3点×7　　3　各3点×4

4　45 46・50　各2点×2　　他　各3点×5　　5　各3点×7　　　計100点

＜数学解説＞

基本 **1** (数の計算，式の値，連立方程式，平方根の計算，確率，2次方程式，関数の変域)

(1)　$-3^2+(-4)^2-(-5)\times(-6)=-9+16-30=16-39=-23$

(2)　$\frac{3(x+2y)}{3}-\frac{2x-y}{2}=\frac{2\times3(x+2y)-3(2x-y)}{6}=\frac{6x+12y-6x+3y}{6}=\frac{15y}{6}=\frac{5y}{2}=\frac{5}{2}\times\frac{2}{3}=\frac{5}{3}$

(3)　$2x-3y=1$…①　　$3x+y=7$…②　　①＋②×3から，$11x=22$　　$x=2$　　これを②に代入して，$3\times2+y=7$　　$y=7-6=1$

(4)　$\sqrt{0.75}=\sqrt{\frac{3}{4}}=\frac{\sqrt{3}}{2}$　　$\frac{4(\sqrt{2}+\sqrt{3})}{\sqrt{2}}\times\sqrt{0.75}=\frac{4(\sqrt{2}+\sqrt{3})}{\sqrt{2}}\times\frac{\sqrt{3}}{2}=\frac{2\sqrt{3}(\sqrt{2}+\sqrt{3})}{\sqrt{2}}=\frac{2\sqrt{6}+6}{\sqrt{2}}=\frac{6\sqrt{2}}{2}+2\sqrt{3}=3\sqrt{2}+2\sqrt{3}$

(5)　大小2つのさいころの目の出方は全部で，$6\times6=36$(通り)　　そのうち，出た目の数の和が9になるのは，(3，6)，(4，5)，(5，4)，(6，3)の4通り　　よって，求める確率は，$\frac{4}{36}=\frac{1}{9}$

(6)　$x^2-ax+12=0$に$x=3$を代入すると，$9-3a+12=0$　　$3a=21$　　$a=7$　　$x^2-7x+12=0$　$(x-3)(x-4)=0$　　$x=3$，4　　よって，もう一つの解は，$x=4$

(7)　$y=-2x^2$…①　　①に$x=-2$，-1を代入すると，$y=-2\times(-2)^2=-8$，$y=-2\times(-1)^2=-2$　　xの変域が0をまたがらないので，$-8\leqq y\leqq-2$

(8)　$\left(1-\frac{1}{2^2}\right)\left(1-\frac{1}{3^2}\right)\left(1-\frac{1}{4^2}\right)\left(1-\frac{1}{5^2}\right)\left(1-\frac{1}{6^2}\right)=\frac{3}{4}\times\frac{8}{9}\times\frac{15}{16}\times\frac{24}{25}\times\frac{35}{36}=\frac{7}{12}$

2　**(相似比，関数，角度，面積，素因数分解)**

(1)　相似比が$a:b$の立体の体積比は$a^3:b^3$だから，$27:64=3^3:4^3$より，3：4

(2)　①　$y=100-x$　　②　$y=4\pi x^2$　　③　$40x=50y$から，$y=\frac{4}{5}x$　　④　$xy=1$から，$y=\frac{1}{x}$

⑤　xの値を決めてもyの値が一つに決まらない。よって，yがxに比例するものは③，反比例するものは④，yがxの関数でないものは⑤

(3)　補助線ADを引くと，BDは直径だから，$\angle BAD=90°$　　円周角の定理から，$\angle ADB=37°$

$\triangle ABD$の内角の和の関係から，$\angle DBA=180°-(90°+37°)=53°$　　$\angle BOC=180°\times\frac{3}{5}=108°$

円周角の定理から，$\angle BAC=\frac{108°}{2}=54°$

(4)　$\triangle ABC$において三平方の定理を用いると，$BC=\sqrt{3^2+4^2}=\sqrt{25}=5$　　線分ACを$\triangle ABC$を含む平面内で頂点Bのまわりに1回転したとき，通過する部分の面積は，半径BCの円の面積から半径BAの円の面積をひいたものになるから，$\pi\times5^2-\pi\times3^2=16\pi\,(cm^2)$　　線分BCを直線ACを軸として空間内で1回転したとき，通過する部分の面積は，底面が半径ABの円で高さがCAの円すいの側面積になるから，$\pi\times5^2\times\frac{3}{5}=15\pi\,(cm^2)$

(5)　$2022=2\times3\times337$　　$1^4=1$，$2^4=16$，$3^4=81$，$4^4=256$，$5^4=625$から，$337=3^4+4^4$

3　**(食塩水の濃度に関する応用問題)**

基本　(1)　操作前に，容器A，Bに入っている食塩の量は$100\times\frac{10}{100}=10\,(g)$，$100\times\frac{5}{100}=5\,(g)$

重要　(2)　操作を1回行った後，容器Aに入っている食塩の量は，$10-x\times\frac{10}{100}+x\times\frac{5}{100}=10-\frac{x}{10}+\frac{x}{20}=10-\frac{x}{20}\,(g)$　　操作を2回行った後，容器Aの食塩水の濃度が7.6%となることから，$\left(10-\frac{x}{20}-x\times\frac{10-\frac{x}{20}}{100}+x\times\frac{5+\frac{x}{20}}{100}\right)\div100\times100=7.6$　　$10-\frac{x}{20}-x\times\frac{10-\frac{x}{20}}{100}+x\times\frac{5+\frac{x}{20}}{100}=7.6$　　両辺を100倍して，$1000-5x-10x+\frac{x^2}{20}+5x+\frac{x^2}{20}=760$　　$\frac{x^2}{10}-10x+240=0$　　$x^2-100x+2400=0$

$(x-40)(x-60)=0$　　$x<50$から，$x=40$

重要　**4**　**(図形と関数・グラフの融合問題)**

$y=2x^2$…①　　$y=-x^2$…②　　$y=\frac{1}{2}x+a$に点Aの座標を代入すると，$0=\frac{1}{2}\times1+a$　　$a=-\frac{1}{2}$

よって，直線ℓの方程式は，$y=\frac{1}{2}x-\frac{1}{2}$…③　　②と③から$y$を消去すると，$-x^2=\frac{1}{2}x-\frac{1}{2}$

$-2x^2=x-1$　　$2x^2+x-1=0$　　$(2x-1)(x+1)=0$　　$x=\frac{1}{2}$，-1　　$x=-1$を②に代入して，

$y=-(-1)^2=-1$　　よって，B$(-1,\ -1)$　　$AB=\sqrt{\{1-(-1)\}^2+\{0-(-1)\}^2}=\sqrt{5}$

$BD=\sqrt{\left\{-\frac{1}{2}-(-1)\right\}^2+\left\{\frac{1}{2}-(-1)\right\}^2}=\sqrt{\frac{10}{4}}=\frac{\sqrt{10}}{2}$　　$AD=\sqrt{\left\{1-\left(-\frac{1}{2}\right)\right\}^2+\left(\frac{1}{2}\right)^2}=\sqrt{\frac{10}{4}}=\frac{\sqrt{10}}{2}$

$AD:BD:AB=\frac{\sqrt{10}}{2}:\frac{\sqrt{10}}{2}:\sqrt{5}=\sqrt{10}:\sqrt{10}:2\sqrt{5}=\sqrt{2}:\sqrt{2}:2$から，$\triangle ABD$は直角二等辺三角形になるから，$\angle ABD=45°$　　$\triangle ABD=\frac{1}{2}\times\frac{\sqrt{10}}{2}\times\frac{\sqrt{10}}{2}=\frac{5}{4}$　　点Dを通り直線ℓに平行な直線と

y軸との交点をEとすると，△ABE＝△ABD　$y=\frac{1}{2}x+e$に点Dの座標を代入すると，$\frac{1}{2}=\frac{1}{2}\times\left(-\frac{1}{2}\right)+e$　$e=\frac{3}{4}$　$\mathrm{E}\left(0,\ \frac{3}{4}\right)$　直線ℓとy軸との交点をFとすると，$\mathrm{F}\left(0,\ -\frac{1}{2}\right)$　$\mathrm{EF}=\frac{3}{4}-\left(-\frac{1}{2}\right)=\frac{5}{4}$　△ABDと△PABの共通な辺ABを底辺とすると高さの比は面積の比と等しくなるから，高さの比は，$\frac{5}{4}:1=5:4$　$\frac{5}{4}\times\frac{4}{5}=1$，$-\frac{1}{2}+1=\frac{1}{2}$より，点Pがえがく直線の切片は$\frac{1}{2}$になるので，求める直線の式は，$y=\frac{1}{2}x+\frac{1}{2}$

5 (平面図形の計量問題一面積，角度，三角形の合同，三平方の定理)

基本 (1)　$\triangle\mathrm{ABC}=\frac{1}{2}\times12\times12\times\frac{\sqrt{3}}{2}=36\sqrt{3}(\mathrm{cm}^2)$

(2)　△SAJ≡△PAJから，∠SAJ＝∠PAJ，同様に∠PAH＝∠QAH　∠SAQ＝2∠PAJ＋2∠PAH＝2(∠PAJ＋∠PAH)＝2×60°＝120°　AS＝AP＝AQ　点AからSQへ垂線AKを引くと，△AQKは∠QAK＝60°の直角三角形になるから，$\mathrm{AK}=\frac{2\sqrt{a}}{2}=\sqrt{a}$，$\mathrm{QS}=2\mathrm{QK}=2\times\sqrt{3a}=2\sqrt{3a}$　よって，$\triangle\mathrm{SAQ}=\frac{1}{2}\times2\sqrt{3a}\times\sqrt{a}=\sqrt{3}a(\mathrm{cm}^2)$

重要 (3)　CH＝12－8＝4　$\mathrm{CP}=\sqrt{4^2+(2\sqrt{3})^2}=\sqrt{28}$　$\mathrm{CI}=\sqrt{(\sqrt{28})^2-(\sqrt{3})^2}=\sqrt{25}=5(\mathrm{cm})$　BI＝12－5＝7　$\mathrm{BS}=\mathrm{BP}=\sqrt{7^2+(\sqrt{3})^2}=\sqrt{52}=2\sqrt{13}(\mathrm{cm})$　$\mathrm{AS}=\mathrm{AP}=\sqrt{8^2+(2\sqrt{3})^2}=\sqrt{76}$　AJ＝xとおくと，BJ＝12－x　SJ^2から，$\mathrm{AS}^2-\mathrm{AJ}^2=\mathrm{BS}^2-\mathrm{BJ}^2$　$76-x^2=52-(12-x)^2$　$76-x^2=52-144+24x-x^2$　$24x=168$　$x=7$　よって，AJ＝7cm　$\mathrm{AQ}=\mathrm{AS}=\sqrt{76}=2\sqrt{19}$　(2)より，$\triangle\mathrm{SAQ}=19\sqrt{3}$　同様に，$\mathrm{BS}=2\sqrt{13}$から，$\triangle\mathrm{RBS}=\sqrt{3}\times13=13\sqrt{3}$，$\mathrm{CR}=\mathrm{CP}=2\sqrt{7}$から，$\triangle\mathrm{QCR}=\sqrt{3}\times7=7\sqrt{3}$　よって，$\triangle\mathrm{SQR}=2\triangle\mathrm{ABC}-\triangle\mathrm{SAQ}-\triangle\mathrm{RBS}-\triangle\mathrm{QCR}=2\times36\sqrt{3}-19\sqrt{3}-13\sqrt{3}-7\sqrt{3}=33\sqrt{3}(\mathrm{cm})$

★ワンポイントアドバイス★

5(3)の注意書きに64に同じ数字が入るとあることから，(2)を利用することを考えよう。

<英語解答>

1	[1] 3	[2] 4	[3] 3	[4] 3	[5] 2	[6] 3			
2	[7] 2	[8] 3	[9] 2	[10] 1	[11] 4	[12] 4	[13] 2	[14] 4	[15] 3
	[16] 1								
3	[17] 2	[18] 4	[19] 1	[20] 1	[21] 3	[22] 4			
4	[23] 4	[24] 1	[25] 1	[26] 3					
5	[27] 2	[28] 8	[29] 8	[30] 7	[31] 6	[32] 8	[33] 1	[34] 7	
6	[35] 3	[36] 4	[37] 4	[38] 2					
7	[39] 3	[40] 4	[41] 3						
8	[42] 1	[43] 4	[44] 3						

○推定配点○
1～6・23～26・35～44　各2点×20　　7～22　各3点×16　　27～34　各3点×4(各完答)
計100点

＜英語解説＞

1 リスニングテスト解説省略。

2 **(長文読解問題・紹介文：語句補充・選択，前置詞，内容吟味，文型，内容一致)**

（大意） 2012年2月26日，17歳の②トレイヴォン・マーティンは父親の恋人の家を出て，軽食を買いに行った。雨から守るために灰色のフードをかぶり，家に向かって歩いた。③ジョージ・ツィマーマンという男が車から彼を目撃し，携帯電話に手を伸ばした。数年にわたり，ジョージは何度も警察に電話をかけていた。ジョージが報告する「疑わしい」男は黒人男性だけだった。ジョージは警察に「近所に不法侵入があり，疑わしい男がいます。この男は薬物を使用しているように見えます。」と言った。警察は「あなたは彼を追っているのですか？　その必要はありません。」と言ったが，彼は車から出て，徒歩でトレイヴォンを追い続けた。角のところでジョージはそのティーンエージャーを攻撃し，けんかが始まった。その後，銃声が鳴って，17歳のトレイヴォン・マーティンは倒れた。④トレイヴォン・マーティンはテレビゲームと物を修理するのが大好きだった。スノーボードに挑戦したりブロードウェイを見るためにニューヨークに行ったりした。トレイヴォンは高校の卒業記念ダンスパーティーに出席する機会を得ることなく銃殺された。黒人社会には落胆が走った。アメリカには⑤黒人の命を大切ではないように扱う歴史がある。トレイヴォン・マーティンの死の57年前，ミシシッピの2人の白人男性が14歳のエメット・ティルを殺し，有罪にならなかった。トレイヴォンの死の21年前，ロサンゼルスで韓国人のコンビニ店主が15歳のラターシャ・ハーリンズを銃殺し，執行猶予5年の刑に処されただけだった。警察はジョージ・ツィマーマンを逮捕したが，彼は正当防衛だと言い，2013年，トレイヴォン殺害の件で有罪にならなかった。判決が出た晩，アリシア・ゴルザはフェイスブックに黒人あての手紙を投稿した。「私は黒人の命がどれほど重要視され⑥ないかということに驚き続けている。私はあなたたちを愛している。私は私たちを愛している。私たちの命は大切だ」と書いた。後に，アリシアの友人パトリッセ・カラーズは最後の⑦3単語を変えて，それが今や有名なハッシュタグ #BlackLivesMatter(黒人の命は大切だ)になった。後に，アリシアとパトリッセは黒人組織のためのリーダートレーニングプログラムでオパール・トメティに会い，その3人の女性たちはソーシャルメディアで連絡を取り続けた。彼女たちは⑧小規模なことから始めたが，一緒に取り組むことを非常に重要視した。#BlackLivesMatter のハッシュタグが有名になるにつれ，その組織に反発する人々が出てきた。彼らは，BlackLives Matter運動は他のグループを除外していると言ったが，#BlackLivesMatter は黒人が他の人種を配慮していないという意味ではない。活動家たちは，黒人の命も大切だという事実に注意を促しているだけだ。⑨BlackLivesMatter運動は1つの使命を打ち立てた。それは世界に思い出させることだ。

問1　7　〈on ＋日付〉「～に」

問2　8　3「携帯電話を手にしながら」の部分が誤り。携帯電話を手に取ったのはツィマーマン。

やや難　問3　9　2が誤り。ジョージ・ツィマーマンは，トレイヴォン・マーティンについて警察に通報した時に，「この男(＝トレイヴォン)は薬物を使用しているように見える」と言った。

問4　10　下線部④を含む段落参照。

やや難　問5　11　下線部⑤を含む段落より，4が正しい。1は「今から57年前」が誤り。「トレイヴォンの死の57年前」が正しい。2は「有罪になった」が誤り。有罪にならなかった。3は「今から21年前」が誤り。「トレイヴォンの死の21年前」が正しい。

やや難 問6 12 little は「ほとんど～ない」と否定の意味を表し，how little は「どれほど～ないか」という意味。動詞 matter は「重要である」という意味なので，「黒人の命はどれほど重要でないか」となる。

問7 13 投稿の最後の Our lives matter. という3つの単語を BlackLivesMatter に変えた。

問8 14 start small「小規模なことから始める」 この small と直後の big が対になっている。

重要 問9 15 下線部⑨は第3文型〈主語＋動詞＋目的語〉で3が同じ。1は第1文型〈主語＋動詞〉，2は第2文型〈主語＋動詞＋補語〉，4は第4文型〈主語＋動詞＋間接目的語＋直接目的語〉，5は第5文型〈主語＋動詞＋目的語＋補語〉。

やや難 問10 16 2012年にトレイヴォン・マーティン事件が起きたことを受けて，BlackLivesMatter運動が始まった。よって1が正しい。

3 (長文読解問題・物語文：内容吟味，語句補充・選択，語句解釈，内容一致)

(大意) クリスマスの前日，私は事前に買うことのできなかったプレゼントを買うためにデパートへ急いだ。そこにいる人たちを見て，私は思った。「①これは永遠に時間がかかる。クリスマスの時期にはやることがたくさんありすぎる。車を停車する場所を見つけるのは難しい。すべての店が混んでいて，支払いのためにずっと列に並ばなくてはならない。」 自分の子供たちのためにおもちゃを探している時，私は小さな男の子が人形を胸に押し当てているのに気付いたが，自分の買い物を続けた。私がおもちゃ売り場に戻ると，その男の子はまだその人形を持っていた。とうとう私はどうしてそんなにその人形がほしいの，と尋ねた。彼は「妹のケリーがそれをクリスマスにほしがっていたんだ。彼女はサンタさんがきっと持ってきてくれると②信じていた。」と言った。私が心配しないで，と言うと彼は悲しそうに「③いいや，サンタさんはそれを彼女のところに持っていけないんだ。ケリーは死んでしまった。パパが言うには，ママももうすぐ死んでしまう。だからママがその人形を持って行ってくれると，僕は思ったんだ。僕が店から戻るまで，ママに待っていてほしいな。」と言った。彼は私に，笑っている彼自身の写真を見せ，「ママにこの写真も持って行ってほしい，僕のことを忘れないでほしいから。でもお店の人が，これを買うにはお金が足りないって言うんだ。」と言った。私は「もう1回確認しましょう，十分なお金があるかもしれないわ。」と言い，彼が見ていない時に私のお金を彼のお金に足して，数えた。人形には十分なお金があり，さらにもう少しあった。彼は「僕はママに白いバラを1本買うお金もほしかった，今，僕は④できるよ！ ママは白いバラが大好きなんだ。」と言った。その少年に会った2日後，私は新聞で飲酒運転のドライバーが若い女性と幼い女の子を乗せた車に衝突したと読んだ。女の子は即死，母親は数日後に亡くなった。彼女たちはあの少年の母と妹に違いないと私は思った。私は白いバラをたくさん買い，葬儀場に行った。若い女性の遺体が美しい白いバラ1本を手に持ち，胸には少年の写真とあの人形が置かれていた。あの少年は最前列に座り，ずっと泣いていた。私は胸が痛み，その場所を離れた。

やや難 問1 17 直後の3文参照。「駐車する場所を見つけるのが難しい」とあるが2「見つけられなかった」とは書かれていない。

問2 18 be sure that ～「～ということを確信している」 ここでは so を sure の前に置いて意味を強めている。

問3 19 直後の文に Kelly is gone. とある。be gone は「いなくなる，死ぬ」という意味。

重要 問4 20 直前の部分参照。I can buy a white rose for my Mommy という意味である。

重要 問5 21 3(○) 22 4(○) 1は「一目見た瞬間に」が誤り。2は「母が死ぬとは思っていなかった」が誤り。5(×) 「白いバラをたくさん買って葬儀場に行った」と書かれているが，「お供えした」とは書かれていない。また「女の子の遺体」に関する記述もない。

基本 **4** (語句補充・選択:構文,不定詞,関係代名詞,間接疑問,進行形)

1 23 「あの大きな箱にはキツネとネコがいましたか」〈There were +複数名詞〉「~がいた」

2 24 「速く走れることは良いことですか」 名詞的用法の不定詞「~すること」

3 25 「私に向かってボールを投げた男はそれについて何も知らなかった」 空所の直後が動詞なので,主格の関係代名詞 who を入れる。

4 26 「なぜ彼女が向こうに立っていたのか教えてください」 間接疑問〈疑問詞+主語+動詞〉

重要 **5** (語句整序:比較,現在完了,進行形,不定詞,分詞)

1 27・28 (I) thought his father was much older than me. 「私は彼の父親は私よりもずっと年上だと思った」 much は比較級を強めて「ずっと~」の意味。

2 29・30 Do you know it has been snowing in that (country?) 「あなたはあの国で雪がずっと降っていることを知っていますか」 it has been snowing は継続を表す現在完了進行形で,「ずっと雪が降っている」という意味。It は天気・気候・温度を表す文の主語になる。

3 31・32 His brother was studying very hard to go (to college.) 「彼の兄は大学に行くためにとても一生懸命勉強していた」 過去進行形の文。to go は目的を表す副詞的用法の不定詞。

4 33・34 That boy playing chess in his room is (Tom.) 「彼の部屋でチェスをしている少年はトムだ」 形容詞的用法の現在分詞句 playing chess in his room が boy を後ろから修飾する。

6 (正誤問題:付加疑問,代名詞)

1 35 「私は,あの走っている少年が私より2センチ背が高いとは思わない」 3を two centimeters に直す。

2 36 「彼女は地図を1つも持っていなかったので,彼はそこに到着できなかった」 4を any maps に直す。否定文中で any は「全く(ない)」の意味になる。

3 37 「彼女はすでに自分の部屋をきれいにしたでしょう?」 現在完了の文なので,付加疑問は does ではなく has を用いる。肯定文には否定の付加疑問を付けるので,4を hasn't に直す。

4 38 「彼だけでなく彼女もその集会でとてもおもしろかった」 2を主格の he に直す。

7 (アクセント)

1 39 3は第2音節,他は第1音節を強く読む。 2 40 4は第2音節,他は第1音節。

3 41 3は第2音節,他は第1音節。

8 (発音)

1 42 1は[ɑːr],他は[əːr]。 2 43 4は[ai],他は[i]。 3 44 3は[ð],他は[θ]。

★ワンポイントアドバイス★

2はBlackLivesMatter運動(黒人に対する暴力や人種差別の撤廃を訴える運動)についての文章。文章前半は,BlackLivesMatter運動が起きるきっかけになった事件について,後半はBlackLivesMatter運動の経緯と意義について述べている。

＜国語解答＞

一　1 ⑤　2 ⑤　3 ①　4 ③　5 ③　6 ④　7 ②　8 ⑥　9 ①
10 ④　11 ①　12 ②　13 ⑤　14 ③　15 ②　16 ②

二　17 ⑤　18 ①　19 ③　20 ②　21 ③　22 ⑤　23 ②　24 ⑤
25 ④　26 ②　27 ⑤　28 ⑥　29 ①

三　30 ②　31 ③　32 ①　33 ⑤　34 ④　35 ②　36 ④　37 ④
38 ①　39 ⑤

○推定配点○

一　1～12　各2点×12　13～16　各4点×4

二　17～19・21・29　各2点×5　23・25～28　各3点×5　20・22・24　各4点×3

三　30～32・34・36～38　各2点×7　33・35・39　各3点×3　計100点

＜国語解説＞

一 **(論説文・資料読み取り―漢字の読み書き，脱語補充，接続語，文脈把握，内容吟味，要旨)**

問1　(ア)「尋」の音読みは「ジン」。熟語は「尋常」「尋問」など。　(イ)「珍」の音読みは「チン」。熟語は「珍奇」「珍妙」など。　(ウ)「容」を使った熟語はほかに「寛容」「許容」など。(エ)「周」を使った熟語はほかに「周辺」「円周」など。訓読みは「まわ(り)」。　(オ)「証」を使った熟語はほかに「証明」「保証」など。訓読みは「あかし」。

問2　a　直前に「～残ることはない」とあるのに対し，直後には「～手元に残る」とあるので，逆接を表す「しかし」が入る。　b　直前に「第一に気軽なうわさ，第二に……第三に……」とあり，第一の「気軽なうわさ」を取り上げて説明しているので，「まず」が入る。　c　直後で「タレントが○日にロケに来るといううわさや……」と具体例を示しているので，例示を表す「たとえば」が入る。　d　直前に「……複数の人からこのメールを受け取った人が少なくなかった」とあり，直後で「このメールを受け取った人すべてが，うわさを広げたのではない」としているので，条件や例外を付け加えることを表す「ただし」が入る。

問3　X　表1を見ると，「ケータイからのメール」の利用時間は，「仕事シーン」よりも「その他のシーン」の方が長いことがわかるので，「プライベートでの利用(が中心である)」となる。
Y　「パソコンからのメール」については，「仕事シーン」の方が「その他シーン」よりも長いことがわかるので，「『仕事シーン』(での利用のほうが多いことがわかる)」となる。　Z　2005年と2010年の数値を比較すると，「携帯電話」「パソコン」ともに，サイト利用の時間が大幅に増えていることが読み取れるので，「増加(幅が大きい)」となる。

問4　直後に「これは，コミュニケーションする者同士が時間を共有しないことを指す」とあり，「このような……」で始まる段落には「こちらが都合のよい時にメールを送っておけば，相手も自分の都合に合わせて読み，返事をすることが可能である」と説明されている。さらに「基本的にはメールはそのときに……用いられるのであり，通話よりメールが増えている理由の一つはここにある」とあるので，これらの内容と合致する⑤が適切。

問5　後に「同じ情報を一斉に多くの人に届けることができ，しかもそれが保存されるメールの利点は大きいからだ」と理由が述べられている。さらに「また，同じ情報をメンバーが共有していることをお互いが知っていることも重要である。……その情報は自分だけに宛てられたものなのか，それとも他の人とも共有されているものなのか……メール『内容』の解釈に利用できる」と説明されているので，これらの内容と合致する③が適切。

問6　直前に「早く広まるがゆえに早く収束する。内容が文章として残るメールは，口伝えで広がるうわさより情報を批判的に検討しやすいこともあって」と理由が示されている。「さらに……」で始まる段落には「『根拠』を確認した上で，うわさが虚偽の情報であるとして拡散を止めようとするつぶやきも増加していくことで，ツイッターでのうわさはメールより早く収束に向かったのである。……にも多く出会うのだ」と説明されているので②が適切。

やや難　問7　第三条に「送信者は，次に掲げる者以外に対し，特定電子メールの送信をしてはならない」とあり，「一　あらかじめ，特定電子メールの送信をするよう求める旨又は送信することに同意する旨を送信者に対し通知した者」とあるので，②は適切でない。

二　(小説―語句の意味，文脈把握，内容吟味，情景・心情，脱文補充，大意，文学史)

問1　(ア)「疎密」は，密度があらいことと，こまかいこと，という意味なので⑤が適切。
(イ)「便宜」は，使用したり利用したりするうえで都合がよいこと，という意味なので，①が適切。　(ウ)「味気ない」は，物事にあじわいが感じられずつまらない，おもしろみがない，という意味なので③が適切。

問2　「ココア」の言葉に「『ええ，……。なぜ，人間たちは明日の予定表ばかり見ているのかしら』」とあり，続いて，「スミレ」は，「『それは本当の意味で，今という時間を生きられないからじゃないかな。……。今を豊かに生きられない。それが人間という気の毒な生きものよ』」とあるので，「今という時間を。人間が軽視しているから」とする②が適切。

問3　「空を駆ける黄金の弓」は，直前の「太陽の軌跡」のたとえ。「まるで」「ような」といった，たとえであることを示す語を用いずにたとえているので，「暗喩」が適切。たとえであることを示す語を用いる修辞法は「直喩」。「枕詞」「掛詞」は，主に和歌に用いられる修辞法で，ある言葉を導き出す五音の言葉を「枕詞」，一つの語に複数の意味を持たせる技法を「掛詞」という。

やや難　問4　「ネコ」「イヌ」「ヒト」と，カタカナ表記になっていることに着目する。「ネコ」「イヌ」「ヒト」を同じように見ていることがわかるので，「同列に考えている」とする⑤が適切。

問5　直後に「心配はないが，この世界は驚異に満ちている。一生をかけて考え続けてもわからない世界の謎をひとつかふたつ，自分で納得できる解答を得て，この世を去る。それが真に高等な生物の課題であるとは，ヒトには理解できないようだった」とあるので②が適切。「愚かな」ヒトには，「高等な生物」であるネコのことはわからない，というのである。

問6　直後に「ココアは女主人に抱かれ，スミレは男主人のひざに跳びのった。会話のまったくない三十分をなんとか耐えられるようにする。それが二匹のネコの今日の労働だった」とあるので，⑤の「『かわいいネコ』としての責務を果たそうという気持ち」が適切。

やや難　問7　ココアの会話表現にあてはまるのは，「『わたしたちネコ族と違って―』」「『人間たちって，ほんとうに不思議ね』」「『それは本当の意味で……気の毒な生き物よ』」「『そうね。……狩ることも出来ない』」「『生きものはみなひとりで生まれて……壁なんだよ』」「『ヒト族がつかうネコ語だけは，……寒気がする』」の6つ。

やや難　問8　「ネコ」については，「ネコ族は誇り高いので，日常的な便宜を受けたからといって，イヌ族のようにヒトという生きものに忠誠を誓うことはなかった」とある。ヒトに忠誠を誓ったりしない，という姿勢なので，②の「徹底した個人主義」が適切。

問9　⑤は，「ココアは……」で始まる段落に「この夫婦は悪い人たちではない。けれど，おたがいに対する思いやりを表現することができないのだ。なぜ，関係が冷え切っているのか，二匹にはわからなかった」とあることと合致する。⑥は，スミレの会話表現に「『人間という生きものは時間の感覚がおかしいから，あんなふうに何百年もまえのことにこだわったり，未来が怖くて人類滅亡なんて騒いだりするんだよ。気の毒に』」とあり，人間を憐れんでいることと合致する。

①の「嫌悪感」，②の「男主人に依存している」，④は「人間に依存しないで暮らす方法を探している」は本文からは読み取れないので適切でない。③は「スミレよりココアのほうを」「スミレだけを」が適切でない。

問10　夏目漱石の作品はほかに『坊ちゃん』『三四郎』『門』『明暗』など。『城の崎にて』は志賀直哉，『舞姫』は森鷗外，『鼻』は芥川龍之介，『人間失格』は太宰治の作品。

三　**(古文―語句の意味，指示語，脱語補充，係り結び，口語訳，品詞，動作主，大意)**

〈口語訳〉　昔のことで今はわからない。伯耆の国の大智大権現の御山は，恐ろしい神が住んでいて，夜だけでなく，昼も三時を過ぎると，寺の僧でさえ(山を)下る者は下り，修行者は行いを終わらせるという。ふもとの里に，毎夜，若い無法者たちが集まり，酒を飲み，博打を打って遊ぶ宿があった。今日は雨が降って野山の仕事がなく，正午から集まって，意味のない話をして楽しむ中で，腕力が強く口の上手い男がいた。(その男のことが)憎いと思って，「おまえは強いということだから，お山に夜登り，印を置いて帰ってこい。そうでなければ，力は強くても心は弱いということだ」と，大勢の中で侮辱する。「それは何でもないことだ。今夜登って，たしかに印を置いて帰ろう」と言って，酒を飲み，物を食べて，小雨が降っていたので蓑傘を被って，すぐに出て行く。友達の中の，年老いて思いやりのある者は，「無駄な争いだ。あいつはきっと，神に引き裂かれて捨てられるだろう」と，眉をひそめて言うが，それ以上引き止めることはしない。

この大蔵という男は，足もたいそう速かった。まだ日の高い時刻に御堂のあたりに行き，周りを見巡らしていると，日がやや傾き，風がものすごく吹き，桧原杉の群れがさやさやと鳴り響く。日も暮れ果てて人もないので得意になって，「このあたりには何もない。(きっと)山の僧が驚かすのだろう」と思っていると，雨が晴れたので蓑傘も投げ捨て，火をつけてたばこを吸う。たいそう暗くなって，では山の上の社に行こうと，木立の中を，落ち葉を踏み分け，踏み散らかして上って行く。十八丁だという。ここに来て，何か印を置こうと見巡らすと，幣を差し上げる大きな箱がある。「これをかついできっと下りよう」と，重い箱を軽々とかつごうとすると，この箱がゆらめき出して，手足が生え，大蔵を安々と引き上げて，空にかけ上る。(大蔵は)ここで心が弱くなり，「許してください」「助けてください」とわめいたけれども，(箱は)答えずに飛んで行き，(大蔵は)おどろおどろしい波の音を聞き，たいそう悲しくなり，ここに閉じ込められると思って，箱にしがみついていた。夜はようやく明けた。神は箱を地に投げ置いて帰った。

問1　(ア)「行ひ」には，仏道の修業，という意味がある。　(イ)「いと」は，たいそう，という意味。「足」とあるので，走るのがとても速い，という意味になる。　(ウ)「おらぶ」は，大声で泣き叫ぶ，という意味。

問2　直前の「お山に夜のぼり，しるし置きて帰れ」を指すので⑤が適切。

問3　直後が「あれ」と已然形になっているので，係り結びの法則により，已然形で結ばれる係助詞の「こそ」が入る。

問4　文末の「なん(なむ)」は，意志の強調を意味するので，「下りよう」とする②が適切。

問5　「かるげに」は，終止形が「かるげなり」となる形容動詞の連用形。

問6　D　直前に「『助けよ』とおらべど」とある。箱に引き上げられた大蔵がわめいても答えない，という文脈なので動作主は「箱」。　E　直後に「……今は箱をつよくとらへてたのみたり」とあるので，動作主は，箱にしがみついている「大蔵」。

問7　⑤は，本文に「友達が中に，老いて心有るは，『無やくの争ひ也。……』と，眉をひそめていへど，追い止めむともさらにせず」とあることと合致しない。

★ワンポイントアドバイス★

現代文は，さまざまな文章に触れ，指示内容や言い換え表現をすばやく捉える力をつけよう！　古文は，長めの文章に慣れ，口語訳して大意をとらえる力をつけよう！

2022年度

解　答　と　解　説

《2022年度の配点は解答欄に掲載してあります。》

＜数学解答＞

[1]　(1)　[1] 7　(2)　[2] 2　[3] 2　(3)　[4] 3　[5] 4　[6] 6
(4)　[7] 2　[8] 1　(5)　[9] 6　[10] 2　(6)　[11] 2　[12] 2
(7)　[13] 4　[14] 2　(8)　[15] 2　[16] 4

[2]　(1)　[17] 3　[18] 3　(2)　[19] 5　[20] 7　(3)　[21] 1　[22] 4
(4)　[23] 2　[24] 5　[25] 2　[26] 5　(5)　[27] 3　[28] 3　[29] 2　[30] 2
[31] 1　[32] 8　[33] 2　[34] 5　[35] 9

[3]　(1)　[36] 6　[37] 0　[38] 1　[39] 0　[40] 4　[41] 5　[42] 1　[43] 2
(2)　[44] 9　[45] 9　[46] 1　[47] 3　[48] 1

[4]　(1)　[49] 4　[50] 4　[51] 8　[52] 3　(2)　[53] 3　[54] 2
(3)　[55] 8　[56] 5

[5]　(1)　[57] 3　[58] 8　[59] 1　[60] 2　[61] 5
(2)　[62] 3　[63] 4　[64] 4　[65] 3
(3)　[66] 9　[67] 0　[68] 5　[69] 1　[70] 2　[71] 7　[72] 3

○推定配点○

[1]　各3点×8　[2]　(1)，(3)　各3点×2　(2)，(4)　各2点×4
(5)　[27][28]・[29][30]・[31][32]　各1点×3　[33]～[35]　3点　[3]　各3点×7　[4]　(1)　各2点×3
(2)　4点　(3)　5点　[5]　(1)　各2点×3　(2)　各3点×2　(3)　[66][67]・[68]　各2点×2
[69]～[72]　4点　計100点

＜数学解説＞

基本　[1]　**(数・式の計算，比例式，因数分解，平方根の計算，連立方程式，式の値)**

(1)　$-2\left\{\frac{1}{28}-\frac{3}{7}\div(-0.25)\right\}=-2\left\{\frac{1}{28}-\frac{3}{7}\times(-4)\right\}=-2\left(\frac{1}{28}+\frac{12}{7}\right)=-2\left(\frac{1}{28}+\frac{48}{28}\right)=-2\times\frac{49}{28}=-\frac{49}{14}=-\frac{7}{2}$

(2)　$1-\frac{x+1}{2}-\frac{x-1}{6}=\frac{6-3(x+1)-(x-1)}{6}=\frac{6-3x-3-x+1}{6}=\frac{-4x+4}{6}=\frac{-2x+2}{3}$

(3)　$\left(-\frac{2}{3}a^2b^3\right)^2\div\left(-\frac{8}{3}ab^2\right)=\frac{4a^4b^6}{9}\times\left(-\frac{3}{8ab^2}\right)=-\frac{a^3b^4}{6}$

(4)　$x^2:(x+1)=3:1$　$x^2=3x+3$　$x^2-3x-3=0$　二次方程式の解の公式から，$x=\frac{-(-3)\pm\sqrt{(-3)^2-4\times1\times(-3)}}{2\times1}=\frac{3\pm\sqrt{21}}{2}$

(5)　$(x+1)(x+3)-15=x^2+4x+3-15=x^2+4x-12=(x+6)(x-2)$

(6)　$(\sqrt{3}-\sqrt{6})^2-(2\sqrt{a}-1)^2=3-2\sqrt{18}+6-(4a-4\sqrt{a}+1)=3-6\sqrt{2}+6-4a+4\sqrt{a}-1=4\sqrt{a}-6\sqrt{2}+8-4a$　$4\sqrt{a}-6\sqrt{2}=-b\sqrt{2}$，$8-4a=0$　$4a=8$　$a=2$　$4\sqrt{2}-6\sqrt{2}=-2\sqrt{2}$か

ら，$b=2$

(7)　$2x+2y=12$　$x+y=6$…①　$x+4y=12$…②　②－①から，$3y=6$　$y=2$　これを①に代入して，$x+2=6$　$x=4$

(8)　$xy=(\sqrt{3}+1)(\sqrt{3}-1)=3-1=2$　$x^2y+xy^2=xy(x+y)=2(\sqrt{3}+1+\sqrt{3}-1)=2\times2\sqrt{3}=4\sqrt{3}$

2 (体積，文字式，確率，1次方程式の応用問題，数の性質)

(1)　四角すいの底面の正方形の一辺の長さを$x$cmとすると，$\frac{1}{3}\times x^2\times4\pi=\frac{4}{3}\pi\times3^3$　$x^2=27$　$x>0$から，$x=\sqrt{27}=3\sqrt{3}$(cm)

(2)　⓪　$a\div b\times c\div d=\frac{ac}{bd}$　①　$a\times b\div c\times d=\frac{abd}{c}$　②　$a\div(b\times c)\div d=\frac{a}{bcd}$

③　$a\div(b\times c\times d)=\frac{a}{bcd}$　④　$a\div b\div(c\div d)=\frac{a}{b}\div\frac{c}{d}=\frac{a}{b}\times\frac{d}{c}=\frac{ad}{bc}$

⑤　$a\div(b\div c\times d)=a\div\frac{bd}{c}=a\times\frac{c}{bd}=\frac{ac}{bd}$　⑥　$a\div(b\div d\div c)=a\div\left(\frac{b}{dc}\right)=a\times\frac{dc}{b}=\frac{adc}{b}$

⑦　$a\times(c\div d)\div b=a\times\frac{c}{d}\times\frac{1}{b}=\frac{ac}{bd}$　よって，⓪と等しくなるのは，⑤と⑦

(3)　できる3桁の数は，123，124，153，154，623，624，653，654の8通り　そのうち，6の倍数である場合は，624と654の2通り　よって，求める確率は，$\frac{2}{8}=\frac{1}{4}$

(4)　時速15kmは，分速$\frac{15000}{60}=250$(m)　家からP地点までの距離をxmとすると，$250\times(7-5)=2x$　$x=250$　250m＝0.25km

重要　(5)　$216=2^3\times3^3$　$(2^2\times3)\times(2\times3^2)=216$　$2\times3^2=18$　$\frac{1}{1}+\frac{1}{2}+\frac{1}{3}+\frac{1}{4}+\frac{1}{6}+\cdots+\frac{1}{216}=\frac{216}{216}+\frac{108}{216}+\frac{72}{216}+\frac{54}{216}+\frac{36}{216}+\cdots+\frac{1}{216}=\frac{216+108+72+54+36+\cdots+1}{216}=\frac{600}{216}=\frac{25}{9}$

3 (規則性)

基本　(1)　「横8列，縦最大8個」のとき，奇数番目と偶数番目の縦は4列ずつあるから，必要な机の個数は，$8\times4+7\times4=60$(個)　「横11列，縦最大10個」のとき，縦9個が6列，縦10個が5列ある場合は，$9\times6+10\times5=104$(個)，縦9個が5列，縦10個が6列ある場合は，$9\times5+10\times6=105$(個)　横12列のとき，奇数番目と偶数番目の縦は6列ずつあるから，縦最大をxとすると，$6(x-1)+6x=138$から，$12x=144$，$x=12$(個)

重要　(2)　「横8列，縦最大15個」のとき，必要な机の個数が最小になるのは，縦12個が7列，縦15個が1列ある場合だから，$12\times7+15\times1=99$(個)　「横11列，縦最大15個」のとき，縦15個をx列，他の種類の個数を$15-a$とすると，$15x+(15-a)(11-x)=145$　$15x+165-15x-11a+ax=145$　$a(11-x)=20$　xは1以上10以下の整数だから，$a=1$，$a=3$のときは成り立たない。$a=2$のとき，$11-x=10$　$x=1$　$15-2=13$から，1列あたりの個数は15個と13個の2種類があり，1列あたりの個数が15個の列は1列

4 (図形と関数・グラフの融合問題)

(1)　直線ℓの式は原点とA(2，2)を通ることから，$y=x$…①　点Cは直線ℓ上の点でy座標が-1だから，C$(-1,\ -1)$　直線nの式を$y=-3x+a$として点Cの座標を代入すると，$-1=-3\times(-1)+a$　$a=-4$　よって，直線nの式は$y=-3x-4$…②　直線mの式を$y=bx+c$として，(2，2)，(4，0)を代入すると，$2=2b+c$…③　$0=4b+c$…④　④－③から，$-2=2b$

$b=-1$　これを④に代入して，$0=4\times(-1)+c$　$c=4$　よって，直線mの式は，$y=-x+4$…⑤　②と⑤からyを消去すると，$-3x-4=-x+4$　$2x=-8$　$x=-4$　これを⑤に代入して，$y=-(-4)+4=8$　よって，B$(-4,\ 8)$　②に$x=-\frac{5}{3}$を代入すると，$y=-3\times\left(-\frac{5}{3}\right)-4=1$　よって，P$\left(-\frac{5}{3},\ 1\right)$，Q$(1,\ 1)$　⑤に$x=1$を代入して，$y=-1+4=3$　R$(1,\ 3)$　よって，Sのy座標はRのy座標と等しいので3

(2)　Q$(q,\ q)$とすると，R$(q,\ -q+4)$　SP＝RQ$=-q+4-q=4-2q$　$4-2q=3$から，$2q=1$　$q=\frac{1}{2}$　②に$y=\frac{1}{2}$を代入して，$\frac{1}{2}=-3x-4$　$3x=-\frac{9}{2}$　$x=-\frac{3}{2}$　よって，Pのx座標は$-\frac{3}{2}$

重要　(3)　ACの中点をDとすると，$\frac{2-1}{2}=\frac{1}{2}$から，D$\left(\frac{1}{2},\ \frac{1}{2}\right)$　点Bを通り△ABCの面積を2等分する直線は点Dを通る。直線BDの式を$y=dx+e$として点B，Dの座標を代入すると，$8=-4d+e$，$\frac{1}{2}=\frac{1}{2}d+e$　この2式を連立して解くと，$d=-\frac{5}{3}$，$e=\frac{4}{3}$　よって，直線BDの式は，$y=-\frac{5}{3}x+\frac{4}{3}$…⑥　Q$(q,\ q)$とすると，R$(q,\ -q+4)$　②の$y=q$を代入すると，$q=-3x-4$　$3x=-q-4$　$x=\frac{-q-4}{3}$　P$\left(\frac{-q-4}{3},\ q\right)$　PRの中点をTとすると，$\left(q+\frac{-q-4}{3}\right)\times\frac{1}{2}=\frac{q-2}{3}$，$\frac{q-q+4}{2}=2$から，T$\left(\frac{q-2}{3},\ 2\right)$　Tが⑥を通るとき，⑥は長方形PQRSを二等分するから，Tを⑥に代入して，$2=-\frac{5}{3}\times\frac{q-2}{3}+\frac{4}{3}$　$\frac{5q-10}{9}=-\frac{2}{3}$　$5q-10=-\frac{2}{3}\times9=-6$　$5q=4$　$q=\frac{4}{5}$　$\left(-\frac{4}{5}-4\right)\div3=-\frac{24}{5}\times\frac{1}{3}=-\frac{8}{5}$から，Pの$x$座標は$-\frac{8}{5}$

5　**(平面図形の計量問題―三平方の定理，円の性質，三角形の相似，角度)**

基本　(1)　∠ABC＝90°より，△ABCにおいて三平方の定理を用いると，BC$=\sqrt{5^2-4^2}=\sqrt{9}=3$　同様にして，BD＝3　CD＝3×2＝6　CFは円C_2の直径だから，∠FDC＝90°　△FCDにおいて三平方の定理を用いると，DF$=\sqrt{10^2-6^2}=\sqrt{64}=8$　ABは円C_1の直径だから，∠AEB＝90°　2組の角がそれぞれ等しいことから，△ABC∽△AEB　相似比は，AC：AB＝5：4　BE＝CB$\times\frac{4}{5}=3\times\frac{4}{5}=\frac{12}{5}$

重要　(2)　AE$=4\times\frac{4}{5}=\frac{16}{5}$　CE$=5-\frac{16}{5}=\frac{9}{5}$　EB$=\sqrt{3^2-\left(\frac{9}{5}\right)^2}=\sqrt{\frac{144}{25}}=\frac{12}{5}$　△ECBと△EGHにおいて，円周角の定理から，∠ECB＝∠EGB＝∠EGH…①　接線と弦のつくる角の定理から，∠EBC＝∠EHB＝∠EHG…②　①と②から，2組の角がそれぞれ等しいので，△ECB∽△EGH　GE：EH＝CE：EB$=\frac{9}{5}:\frac{12}{5}=3:4$　△AHBと△BGCにおいて，∠AHB＝90°　四角形ECGBは円に内接するから，∠BGC＝180°－∠BEC＝90°　よって，∠AHB＝∠BGC…③　∠HAB＝∠HAE－∠BAE＝∠EBG－∠EBC＝∠GBC…④　③と④から，2組の角がそれぞれ等しいので，△AHB∽△BGC　よって，AH：BG＝AB：BC＝4：3

重要　(3)　四角形ECGBは円C_3に内接するから，∠IGC＝∠BGC＝∠AEB＝90°　よって，ICは円C_2の直径になるから，IはFと重なるので，IA＝FA＝5cm　△IBDにおいて，IB$=\sqrt{8^2+3^2}=\sqrt{73}$　四角形AEBHは円C_1に内接するから，∠IHA＝∠AEB＝90°　2組の角が等しいことから，△IAH∽

△IBE　AH：BE＝IA：IB　AH：$\frac{12}{5}$＝5：$\sqrt{73}$　AH＝$\frac{12}{\sqrt{73}}=\frac{12\sqrt{73}}{73}$(cm)

★ワンポイントアドバイス★

[5]は，直径に対する円周角と円に内接する四角形の定理から直角になる角に印をつけて考えよう。

＜英語解答＞

1	[1] 4	[2] 2	[3] 3	[4] 4	[5] 4	[6] 1			
2	[7] 3	[8] 2	[9] 2	[10] 3	[11] 3	[12] 4	[13] 2	[14] 3	[15] 4
	[16] 2								
3	[17] 3	[18] 4	[19] 3	[20] 1	[21] 2	[22] 5			
4	[23] 4	[24] 3	[25] 4	[26] 3					
5	[27] 1	[28] 7	[29] 5	[30] 3	[31] 7	[32] 6	[33] 9	[34] 4	
6	[35] 2	[36] 3	[37] 3	[38] 4					
7	[39] 4	[40] 1	[41] 3						
8	[42] 1	[43] 2	[44] 4						

○推定配点○

[1]～[6]・[23]～[26]・[35]～[44]　各2点×20　[7]～[22]　各3点×16　[27]～[34]　各3点×4(各完答)

計100点

＜英語解説＞

1　リスニングテスト解説省略。

2　**(長文読解問題・紹介文：内容吟味，語句解釈，文型，語句補充・選択，内容一致)**

(大意)　①ミルカ・ドゥーノはベネズエラのカラカス出身だ。彼女はベネズエラとスペインの大学の学位を持つエンジニアだ。彼女の教育は家族にとって大切なことであり，彼女は24歳でレースを始めた。彼女は1976年に4歳で入学し，先生に「最高の生徒」と呼ばれた。読書が大好きで休暇の時は，かばんが本で重かった。彼女はカラカスの大学に行き，その後マドリッド大学に行った。1996年までに学位を4つ取得し，②彼女はエンジニアでもあった。多くのベネズエラ人にとって工学は男性の仕事だった。ミルカは車が大好きだったのでエンジニアになった。「私はエンジンを見るのが好きで，カーレースがしたいとずっと思っていました。私の模範はフィンランドのレーシングチャンピオンであるミカ・ハッキネンでした。」 カラカスには良いレース講師がいなかった。③「私が自分の先生でした。」 大学後のある日，④彼女と友人たちはレースサーキットに行き，彼女は初めてレースをした。それが新しい人生の始まりだった。彼女はレースを開始し，1996年，⑤彼女はベネズエラのGTチャンピオンシップでレースした。たくさんの優れた男性ドライバーがいたが，彼女は2位だった。彼女の父母はこれをあまり喜ばなかったが，娘がレースに出るのを止めなかった。1999年，彼女は家族に別れを言い，アメリカのレーシングスクールに行った。⑥2000年，彼女はアメリカでの最初のレースに出た。28歳だった。そのレースでは成功しなかったが，その年のフェラーリチャレンジで優勝した。次の3年間は勝利がなかった。彼女の最初の⑦大きな勝利は2004年，ホームステッド・マイアミ・スピードウェイレースで女性で初めて優勝した。2年後，彼女のベストのレースは，デイトナ24時間レースだった。ミルカと彼女のチームは8位だった。2007年のデイトナ24時間レースでは2位で，これはそのレースにおける女性ドライバーの⑧最高の順位だった。人々は「彼女はさらに上のインディレースに移って勝てるのか。」と言った。彼女の最初のインディレースはうまく行かなかった。男性ドライバーたちは「彼女は遅い」と言った。そしてシカゴランド・スピードウェイ・レースでは，40人中15位だった。2008年，2回目のベストレースもシカゴランド・スピードウェイで，14位だった。2008年に彼女は映画『スピード・レーサー』に出た。その映画で，⑨ミルカは同じレースのドライバーを演じた。

問1 [7] 3は本文に記述がない。教育熱心な家庭で，彼女自身も成績優秀だった。

問2 [8] 2が正しい。下線部②の3つ後の文と4つ後の文を参照。

問3 [9] 下線部③の直前の文参照。良い先生がいなかったため，自分で自分を教えたということ。

重要 問4 [10] 下線部④は第1文型〈主語＋動詞〉で，3が同じ。1は第4文型〈主語＋動詞＋間接目的語＋直接目的語〉，2は第3文型〈主語＋動詞＋目的語〉，4は第5文型〈主語＋動詞＋目的語＋補語〉，5は第2文型〈主語＋動詞＋補語〉。

問5 [11] 3は本文に記述がない。本文中の “With no success in racing, there is always a job in engineering for me,” は「レースで成功しなくても，私には工学の仕事が常にある」という意味。この文を間違って解釈したのが3である。

問6 [12] 下線部⑥を含む段落の最後の3文より，4が適切。

問7 [13] 直後に the first female winner「初の女性優勝者」とあることから big win「大勝利」が適切。

問8 [14] 空所⑧の直前の文に finished second「2位でフィニッシュした」とある。よって the best finish for a female driver「女性ドライバーにとって最高の順位」が適切。

問9 [15] 下線部⑨を含む段落の前の段落で述べられている，the Chicagoland Speedway が適切。

やや難 問10 [16] 下線部⑥を含む文とその次の文より，2が適切。

[3] (長文読解問題・物語文：内容吟味，語句補充・選択，助動詞，分詞，内容一致)

(大意) 昔，ベトナムに良い王がいた。彼は娘が1人しかいなかったので貧しい少年を息子にした。その少年は賢く優しい若者になり，王は彼が娘の完璧な夫になるだろうと思った。そして2人は結婚した。しかし王国にいた悪い人たちは，王にその若者の悪口を言い始めた。最初，王は耳を傾けなかったが，彼らは言い続けた。①そしてついに王はその若者と自分の娘，彼らの子供たちを遠くの島に送った。「もし彼が本当に優れているなら，彼らは生きるだろう。」 若者とその家族は新しい生活を島で始めた。大変困難な生活だった。彼らは家を作り，食べ物を見つけ②なくてはならなかった。ある日若者は黄色の海鳥が種を食べているのを見て，その種をまいた。すぐにつるが生え，花が咲き，大きな丸い実ができた。「こんな果物は見たことがない。外は緑で中は赤い。」それはとてもおいしく，家族みんながその果物を大好きになり，それをスイカと呼ぶことにした。彼らは島を③通りすぎる船乗りたちにスイカを売り始めた。その家族は快適な生活を送るようになったが，国を恋しく思った。そこである日，若者はたくさんのスイカに自分の名前を書き，海に入れた。それらは流されて1つが王に届いた。王は若者の名前を見て「彼らは生きている！」と言い，この新しい果物の味見をして，自分の息子を誇らしく思った。④彼は，彼が本当に素晴らしくて賢いとわかった。そこで王は若者の家族を王国に連れ戻し，彼らはその後幸せに暮らした。

問1 [17] 下線部①の直後の文参照。王は息子の悪口を聞かされたため，息子を試した。

問2 [18] 〈had to ＋動詞の原形〉「～しなくてはならなかった」

問3 [19] 形容詞的用法の現在分詞句 passing by the island「その島を通りすぎている」が sailors

を後ろから修飾する。pass by ～「～を通り過ぎる」

重要 問4 [20] 若者(王の息子)がスイカに自分の名前を書き，そのスイカが王に届いたことで，王は息子が島で生き残り，おいしい果物を作っていると知った。

重要 問5 [21] 2(○) 第1段落の内容と一致する。 [22] 5(○) 空所③を含む段落の内容と一致する。

基本 **4** (語句補充・選択：代名詞，不定詞，前置詞，助動詞)

1 [23] 「私の髪はとても短いがあなたのは長い」 yours「あなたのもの」は your hair のこと。

2 [24] 「私は冷たい飲み物を持っていなかった」 something cold to drink「何か冷たい飲み物」否定文では something を anything にして anything cold to drink となる。

3 [25] 「彼女は約4年間埼玉に住んでいる」 for ～ は期間を表す。

4 [26] 「彼女は晩に病院に行ったほうがいい」〈had better ＋動詞の原形〉「～したほうがいい」

5 (語句整序：不定詞，分詞，関係代名詞，熟語)

1 [27]・[28] (Tell) me how to catch the cat running fast.「その速く走っている猫を捕まえる方法を教えてください」〈how to ＋動詞の原形〉「～する方法」 running fast は cat を後ろから修飾する，形容詞的用法の現在分詞句。

2 [29]・[30] The teacher who was surprised at you (is Mr. Smith.) 「あなたに驚いた先生はスミス先生だ」 who は主格の関係代名詞。who was surprised at you が teacher を後ろから修飾する。be surprised at ～「～に驚く」

3 [31]・[32] Does she have to take care of many (dangerous cats?) 「彼女はたくさんの危険な猫の世話をしなくてはいけないのですか」〈have to ＋動詞の原形〉「～しなければならない」 take care of ～「～の世話をする」

4 [33]・[34] I want to help my brother clean the room.「私は弟が部屋を掃除するのを手伝いたい」〈want to ＋動詞の原形〉「～したい」〈help ＋人＋動詞の原形〉「(人)が～するのを手伝う」

重要 **6** (正誤問題：比較，時制)

1 [35] 「私は，私ほど背が高い同級生は他にいないと知っている」 2を 単数の classmate に直す。〈no other ＋単数名詞＋ as … as ～〉「～ほど…な(名詞)は他にない」

2 [36] 「トムとボブは，あなたが彼らを捕まえられなかったほど速く走ったのですか」 文全体の時制が過去なので，3は過去形 couldn't とする。

3 [37] 「私は2人の女性にフランス語を習っている，そして両名とも私にとても親切だ」 3を are に直す。主語 both「二人とも，両方とも」は複数なのでbe動詞は are となる。

4 [38] 「今晩彼がいつ帰宅するか，あなたは知らないのですか」 come home「帰宅する」 to は不要なので，4を home に直す。

7 (アクセント)

1 [39] 4は第2音節，他は第1音節を強く読む。 2 [40] 1は第2音節，他は第1音節。

3 [41] 3は第2音節，他は第1音節。

8 (発音)

1 [42] 1は [e]，他は [i:]。 2 [43] 2は [æ]，他は [ei]。 3 [44] 4は [tʃ]，他は[ʃ]。

★ワンポイントアドバイス★

[2]はミルカ・ドゥーノというベネズエラの女性レーシングドライバーについての紹介文。人物を紹介する文章では，何歳の時に何をしたか，を正確に把握することが最も重要である。

<国語解答>

一　1 ⑤　2 ②　3 ①　4 ③　5 ①　6 ③　7 ⑥　8 ④　9 ①
10 ③　11 ①　12 ③　13 ⑤　14 ②　15 ③　16 ①　17 ④
18 ①　19 ②

二　20 ④　21 ③　22 ⑤　23 ①　24 ③　25 ③　26 ⑤　27 ②
28 ③　29 ⑤　30 ⑤　31 ①　32 ②　33 ⑤

三　34 ②　35 ④　36 ⑤　37 ①　38 ④　39 ③　40 ②　41 ①
42 ⑤　43 ④

○推定配点○

一　1～11・15・16　各2点×13　12～14・17～19　各3点×6
二　20～25・32　各2点×7　26～31・33　各3点×7
三　34～38・40～43　各2点×9　39　3点　計100点

<国語解説>

一　(論説文―漢字，脱語補充，接続語，語句の意味，文脈把握，内容吟味，要旨)

問1　(ア)「刻」を使った熟語はほかに「時刻」「刻印」など。訓読みは「きざ(む)」。
(イ)「散」の訓読みは「ち(らかす)」「ち(らかる)」「ち(らす)」「ち(る)」。音読みは「サン」。熟語は「散逸」「散在」など。(ウ)「難」を使った熟語はほかに「難関」「難色」など。訓読みは「むずか(しい)」「かた(い)」。(エ)「源」を使った熟語はほかに「起源」「資源」など。訓読みは「みなもと」。(オ)「模」を使った熟語はほかに「模擬」「模型」など。音読みはほかに「ボ」。熟語は「規模」。

やや難　問2　a　冒頭に「『使用』の孕《はら》む問題性」と問題提起があり，直前に「使用・利用といえば」とあるので，第一に，という意味の「まず」が入る。次の段落の冒頭に「そこで次に」と続いていることにも着目する。　b　直前に「それをいうなら」とあるので，どちらかといえば，という意味の「むしろ」が入る。使用ではなく，どちらかといえば，「摑《つか》む」という行為の〈式〉を身につけているとでもいうべき，とする文脈である。　c　直前に「あたりまえのようにできるようになるには相当な時間を要する」とあるが，直後には「……あとは身体のどこでもそれをすることができる」とあるので，逆接を表す「しかし」が入る。　d　直前の「姿勢まで巻き込んだ身体使用の〈式〉」とあり，直後で「スタイルが定着すること」と言い換えて説明しているので，言い換えを表す「つまり」が入る。

問3　P「イニシアティヴ」は，主導権，という意味。「イニシアティヴを取る」などと使われる。
Q　混沌，無秩序，宇宙の秩序形成以前の無秩序の状態を「カオス」という。

やや難　問4「人が物を……」で始まる段落に「『使用』には，使う者と使われる物ないしは人の分離ということが含まれる。そう，非対称の力関係がそこには厳然としてあるようにおもわれる」とあり，「ここで注意を……」で始まる段落には「使用とは，使用者がみずからの構造を物に押し付ける，つまりそれを統制下に置くということではなく，異なる構造を受け容れることで逆に自己を拡げて行くということなのである」と説明されているので③が適切。

問5　直前に「人が物を，別の人を使う。……その道具として，手段として，利用する。このように使う側にイニシアティヴがあるのが，使うといういとなみである。……『使用』には，使う者と使われる物ないしは人の分離ということが前提として含まれる」と説明されている。使う者と使われる物(者)の力関係を「非対称」としているので，⑤が適切。①の「人馬一体」，②の「一つに溶ける」，③の「独占する力」，④の「超越的な力」は「非対称」にあてはまらない。

問6　直前に「乳児は未だ何かを使う『主体』ではない。乳児の感覚は混沌とした現象の中に埋もれている。……同一の「物」なるものをまだ知らないし，それを摑む「じぶん」という意識もない」と説明されているので，「主体と客体という隔たりが生じている」とする②はあてはまらない。乳児には「主体」「客体」というという意識が未だない，と説明されていることをおさえる。

問7　何かを使う側を「主体」，使われる側を「客体」というので，直前に「持つ」とあるXには「主体」，直前に「持たれる」とあるYには「客体」が入る。

やや難　問8　直後に「身体(body)は〈物体〉(body)のひとつ……である前に，まずは一つの〈式〉として「ある特定の行為の〈式〉の定着とその転移，それを別の言葉でいえば，習慣の獲得ということになる」と説明されているので④が適切。

問9　直後に「携帯電話やスマートフォンひとつとっても，使っているのか使われているのか，さだかでないときのほうがきっと多い。……使う者の自己変容ということである」と説明されているので，「構造を受け容れることで自己を拡げていく」とする①が適切。②の「知りすぎることで翻弄させられる」，③の「道具に支配される」，④の「〈わたし〉が変えられる不安がある」，⑤の「絶対にそのことに気が付かない」は合致しない。

問10　直前の「摑もうとしている指と，摑む対象である『物』が分離していることを理解していく」という内容を「そのようにして～」と説明しているので②が適切。本文には「使う者の自己変容」と表現されている。

二　**(小説一漢字の読み，語句の意味，文脈把握，内容吟味，情景・心情，脱語補充，大意，文学史)**

問1　(ア)「上達部(かんだちめ)」は，大臣・大納言・中納言・参議および三位以上の上級役人のこと。　(ウ)「紛糾(ふんきゅう)」は，事態，議論などが複雑にもつれてまとまらないこと。
(エ)「権高(けんだか)」は，気位が高く，相手を見下すような態度のこと。

問2　(イ)「気が置けない」は，緊張したり遠慮したりする必要がなく打ち解けられる，という意味なので，「気が置ける」は，緊張したり遠慮したりする必要がある，という意味になる。
(オ)「たしなみ」は，言動に対する普段の心がけ，という意味。　(カ)「放縦(ほうじゅう)」は，勝手気ままなこと。

問3　直前に「内大臣に対しては」とある。夕霧と内大臣の関係については，「雲井雁とあやまちを起こしたからといって，甥をにくむのは，行き過ぎではなかったろうか？　亡き大宮がいわれたように，雲井雁と結婚させるとしたら，夕霧くらいよくできた婿はあるまい」とあることから，内大臣は，娘の雲井雁と夕霧との関係をよく思っていないことがわかるので，⑤が適切。

問4　直後に「夕霧に対する愛情」とあり，「思えば，雲井雁の事件の前は，内大臣はこの甥をよく可愛がり，甥もまた伯父になついていた。……息子のように目をかけたものだった」とあるので，「幼い頃から夕霧をかわいがってきた」とある②が適切。

問5　「主上」は天皇，「東宮」は皇太子の敬称。娘である雲井雁を天皇あるいは皇太子に嫁がせたいと思っていたのである。

問6　直前に示された内大臣が朗誦した歌に「うらとけて，君し思はばわれも頼まん」というもので，「たがいに心とけたこの場にふさわしい，いい歌である」とあるので，⑤が適切。

やや難　問7　X　夕霧について内大臣は「『……じつにいい青年だ。年がいくにつれて立派になってゆく人だ。態度がおちついて重厚なところは，父君の源氏の大臣よりすぐれているかもしれんな。……この人は真面目で学才もあり，気立ても男らしい。世間の評判もいいよ』」と評しているので，Xには⑤が入る。内大臣はかつて甥の夕霧を可愛がっていた，というだけでなく，将来性も見込んで婿にふさわしいと考えているのである。　Y　直後の「生徒C」の発言に「夕霧の一途さ」とあることに着目する。夕霧の「一途さ」は，本文最後に示された夕霧の歌からうかがえる。歌の解釈として「やっとお許しがでましたか。この喜びにあうまで，幾春，辛い思いを過ごしたことやら」とあるので，Yには①が入る。

問8 『源氏物語』は，「平安時代」中期に成立した紫式部による長編物語。

やや難 問9 「夕霧」については「父君の源氏の大臣」とあり，内大臣に対して「伯父上」と言っている。「内大臣は長男の頭中将を使者に立てた」「雲井雁とあやまちを起こしたからといって，甥をにくむのは行き過ぎではなかったろうか」とあるので，頭中将と雲井雁は内大臣の子，夕霧は源氏の子，内大臣と夕霧は伯父と甥の関係だとわかるので⑤が適切。

三 (古文―語句の意味，口語訳，旧国名，文脈把握，品詞・用法，係り結び，文学史)

〈口語訳〉 長崎半左エ門が柄杓の曲芸を不思議だと思ったので，京の樵木町に若い者たちが集まって，木束を山のように積み重ね，約3.3メートルの高さにした。上から「茶が飲みたい」と大声で言うと，天目に入れて投げる。少しもこぼさずに取ることを，何度やっても失敗しなかった。また，近江の湖での白髭の岩飛び，吉野の滝おとし，これらは皆，錬磨である。飛鳥井殿の烏帽子付けの鞠を見ていると，油売りが油を一升量って，銭の穴から雫をもらさず通すようだという。「たとえば，読み書きのできない者が将棋の駒に文字を書くのと同じである」と，巧者は申し伝える。

その頃，下鳥羽の車使いに大仏の孫七といって，生まれつき千人に一人のすぐれた体格で，都に通うのに，東寺あたりの小家に入るのに頭がつかえて大変であった。けれども少しも力がなくて，力仕事で引けを取ることがたびたびあった。一斗の重さは片手では上がらず，世間の笑い者であっただろう。この里の若者は，一石二斗の重さを頭上に持ち上げる者が数多くいた。

大仏が家長でいる間，無念に思っていると，男の子が一人生まれたので，成長するのを待たずに，早々と，やっと立てるような頃から，六尺三寸の棒を持ち習わせ，三歳の時には，早くも一升の米を持ち上げた。それから少しずつ仕込み，八歳の頃になると，飼っていた牛が子を産み，荒神の宮巡りも過ぎて，ようやく牛の子も大きくなり，一緒に草むらを駆け回るのを捕まえて，初めて担がせたところ，何事もなく持ち上げたので，毎日三度ずつ担ぐと，しまいには牛は車を引くほど大きくなったが，いつも持ち上げていたので，九歳のときに頭上に持ち上げたが，見た人はもう興味を持たなかった。

後に父親に代わって，十五歳の時より，洛中・洛外の大力，鳥羽の小仏と名乗ったということだ。

問1 (ア) 「どよむ(とよむ)」には，声を上げて騒ぐ，という意味があるので②が適切。

(イ) 「あまた」は「数多」と書き，数多く，大勢，という意味があるので④が適切。

(ウ) 「おとなし(大人し)」には，大人らしい，という意味があるので⑤が適切。

問2 「幾度(いくたび)」は，何度，という意味。「あぶなからず」は，あぶなくなかった，という意味なので，「何度やっても失敗しなかった」とする①が適切。

問3 「近江(おうみ)」は，現在の滋賀県。福島県は「磐城(いわき)・岩代(いわしろ)」，茨城県は「常陸(ひたち)」，島根県は「石見(いわみ)・出雲(いずも)」，鳥取県は「因幡(いなば)・伯耆(ほうき)」。

問4 直前に「その生まれつき，千人にもすぐれて，……あたまつかへて迷惑す。されどもすこしも力なくて，……。一斗のおもめ，片手にてはあがらず，世間の笑ひものぞかし」とある。すぐれた体格でありながら力がなく，重いものを持ち上げられず笑われていた，とあるので③が適切。

問5 「持ちければ」と，助詞の「ば」に接続しているので，「持った(ので)」と過去を意味する。

問6 前に係助詞「ぞ」があるので，係り結びの法則により，文末は連体形「ける」で結ばれる。

問7 「洛」は，都，特に京都を意味するので，「洛中」は都の中，「洛外」は都の外のこと。

問8 『西鶴諸国ばなし』は，江戸時代初期に成立した井原西鶴による読本。『枕草子』は，平安時代中期に成立した清少納言による随筆。『竹取物語』は，平安時代前期に成立した作り物語で作者未詳。『奥の細道』は，江戸時代初期に成立した松尾芭蕉による俳諧紀行文。『方丈記』は，鎌倉時代初期に成立した鴨長明による随筆。

★ワンポイントアドバイス★

現代文は，さまざまな文章にあたり，やや難しい内容の文章にも読み慣れておこう！　漢字・語句・文法・文学史など知識事項の出題が多いので，確実に得点できる力をつけよう！

2021年度

★★★★★★★★★★★★★★★★★★★★★★★★

入　試　問　題

2021年度

狭山ヶ丘高等学校入試問題

【数　学】（50分）〈満点：100点〉

【注意】 コンパス，定規，分度器，電卓は使用しないのでしまって下さい。

$\boxed{1}$　次の$\boxed{1}$～$\boxed{18}$にあてはまる数をマークしなさい。

(1)　$\dfrac{11}{6}\div(0.375\times0.5)$を計算すると，$\dfrac{\boxed{1}\,\boxed{2}}{\boxed{3}}$である。

(2)　連立方程式$\begin{cases}4x-5y=3\\2y=x+3\end{cases}$の解は，$x=\boxed{4}$，$y=\boxed{5}$である。

(3)　方程式$(x+2)^2=5$の解は$x=-\boxed{6}\pm\sqrt{\boxed{7}}$である。

(4)　$(-2)^3\div0.4\div(-0.02)^2\div(-200^2)$を計算すると，$\dfrac{\boxed{8}}{\boxed{9}}$である。

(5)　$\dfrac{6}{\sqrt{18}}-(\sqrt{2}-2)^2$を計算すると，$-\boxed{10}+\boxed{11}\sqrt{\boxed{12}}$である。

(6)　$x=\sqrt{2}$，$y=6$のとき，$x^2+2\left\{\dfrac{(2x-y)^2}{6}-\dfrac{2x(x-y)}{3}\right\}$の値は$\boxed{13}\,\boxed{14}$である。

(7)　税抜価格750円の弁当をコンビニで購入する際，持ち帰りの場合に適用される消費税は8％であるが，店内で飲食すると「外食」の扱いとなり，10％の消費税が適用される，このとき，持ち帰るときと店内で飲食するときで，支払う金額の差は$\boxed{15}\,\boxed{16}$円である。

(8)　2つの関数$y=ax^2$と$y=4x$について，xの値が-1から3まで変化するときの変化の割合がいずれもbであるとき，$a=\boxed{17}$，$b=\boxed{18}$である。

$\boxed{2}$　次の$\boxed{19}$～$\boxed{33}$にあてはまる数をマークしなさい。

(1)　ある正の数から1を引いて2乗した値は，2を足してから4倍した値と等しくなる。その正の数は$\boxed{19}$である。

(2)　図のxの値は$\boxed{20}\,\boxed{21}$°である。

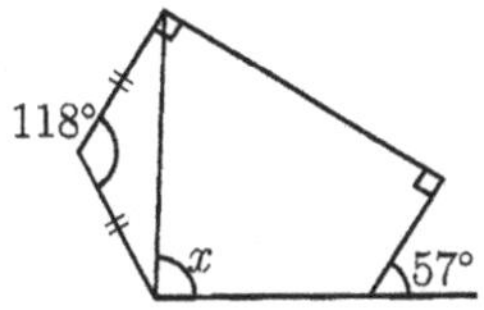

(3)　図の直角三角形を，直線ℓを軸として1回転させてできる回転体の体積は$\dfrac{\boxed{22}}{\boxed{23}}\pi\ \mathrm{cm}^3$である。

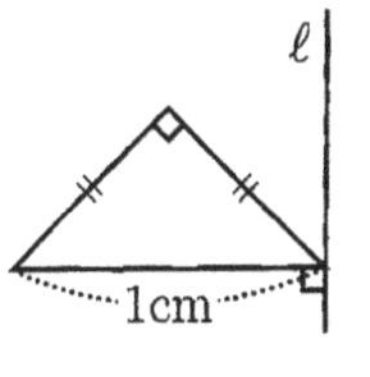

(4) 次のア～オのうち，常に正しいもの全ての組み合わせは$\boxed{24}$である。$\boxed{24}$に当てはまるものを，以下の選択肢から選んで答えよ。

ア．$a>0$，$b<0$のとき，$a+b>0$，$ab<0$

イ．$a>0$，$b<0$のとき，$ab>0$，$ab^2>0$

ウ．$a>0$，$b<0$のとき，$ab<0$，$a^2b<0$

エ．連続する2つの自然数の和は奇数，積は偶数。

オ．連続する2つの奇数の和は4の倍数，積は奇数。

選択肢

⓪ ウ，エ	① イ，オ	② ウ，オ	③ ア，ウ，オ
④ イ，エ，オ	⑤ イ，ウ，エ	⑥ ア，エ，オ	⑦ ウ，エ，オ

(5) A$(-1,\ 3)$とする。y軸が∠AOBの二等分線となるように，放物線$y=2x^2$上に点Bをとる。このとき，直線OBの式は$y=\boxed{25}x$であり，点Bの座標は$\left(\dfrac{\boxed{26}}{\boxed{27}},\ \dfrac{\boxed{28}}{\boxed{29}}\right)$である。

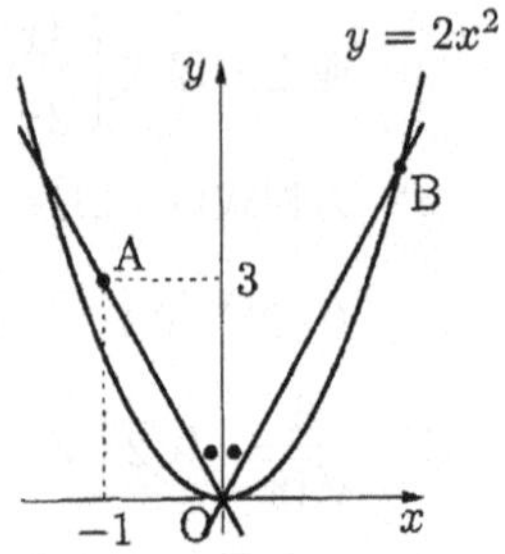

(6) 下図のように，○と×を並べていく。このとき，10回目に新たに並ぶ×の数は$\boxed{30}\boxed{31}$個である。○の総数が1513個になるのは$\boxed{32}\boxed{33}$回目の操作の直後である。

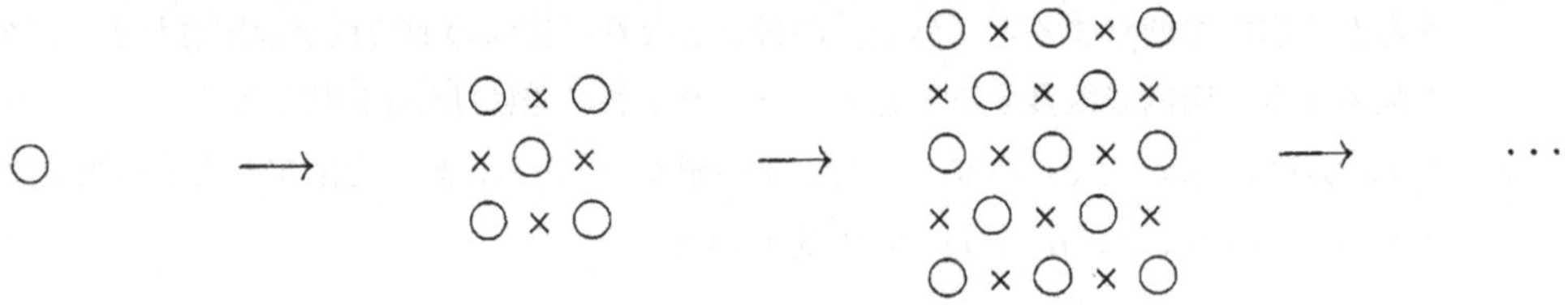

1回目　　2回目　　3回目

$\boxed{3}$ 図のように，関数$y=ax^2$のグラフと直線が2点A，Bで交わっている。ただし，A$(-2,\ 2)$であり，点Bのx座標は正，y座標が18である。次の$\boxed{34}$～$\boxed{41}$にあてはまる数をマークしなさい。

(1) aの値は$\dfrac{\boxed{34}}{\boxed{35}}$であり，直線ABの式は$y=\boxed{36}x+\boxed{37}$である。

(2) 原点を通り，△OABの面積を二等分する直線の式は$y=\boxed{38}x$である。

(3) 直線ABに平行で，△OABの面積を二等分する直線の式は$y=\boxed{39}x+\boxed{40}\sqrt{\boxed{41}}$である。

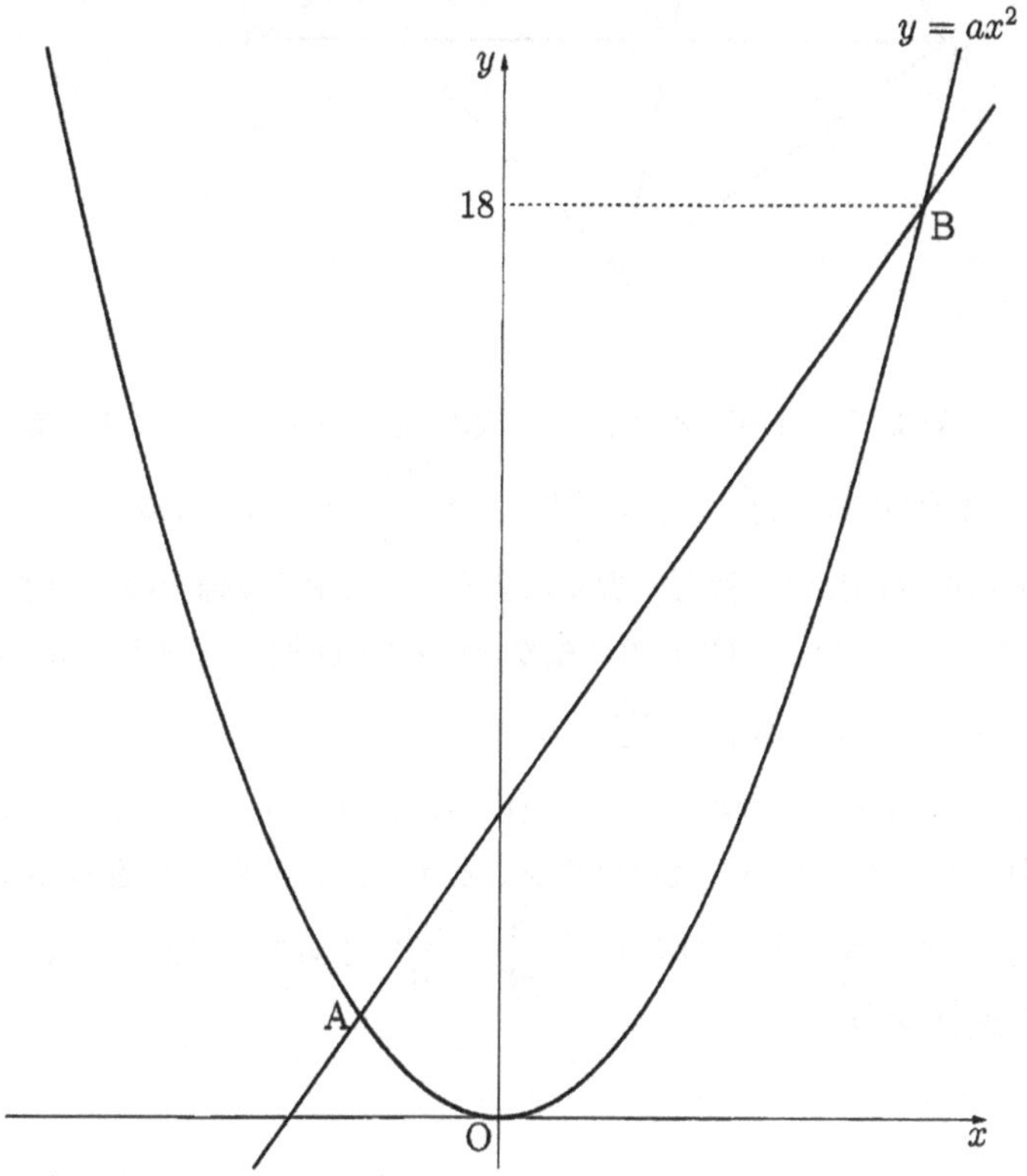

$\boxed{4}$ 次のページの図のようなAB＝2 cm，AC＝3 cmである平行四辺形ABCDにおいて，∠BACの二等分線と，点Bを通り，ACに平行な直線との交点をEとする。AEとBCの交点をP，ACとDEの交点をQとする。次の$\boxed{42}$～$\boxed{51}$にあてはまる数をマークしなさい。

(1) ∠BAP＝$\boxed{\quad 42 \quad}$＝$\boxed{\quad 43 \quad}$であり，BE＝$\boxed{44}$cmである。

$\boxed{\quad 42 \quad}$，$\boxed{\quad 43 \quad}$にあてはまるものを下から選び番号をマークしなさい。ただし，$\boxed{\quad 42 \quad}$に入る番号は，$\boxed{\quad 43 \quad}$に入るものよりも小さいものとします。

⓪ ∠ABC　① ∠ADE　② ∠AEB　③ ∠AED　④ ∠APB

⑤ ∠CAD　⑥ ∠CAE　⑦ ∠CBE　⑧ ∠CQD

(2) △APCと△EPBの面積の比は$\boxed{45}$：$\boxed{46}$であり，△EPBの面積は平行四辺形ABCDの面積の$\dfrac{\boxed{47}}{\boxed{48}\boxed{49}}$倍である。

(3) AQ：QC＝$\boxed{50}$：$\boxed{51}$である。

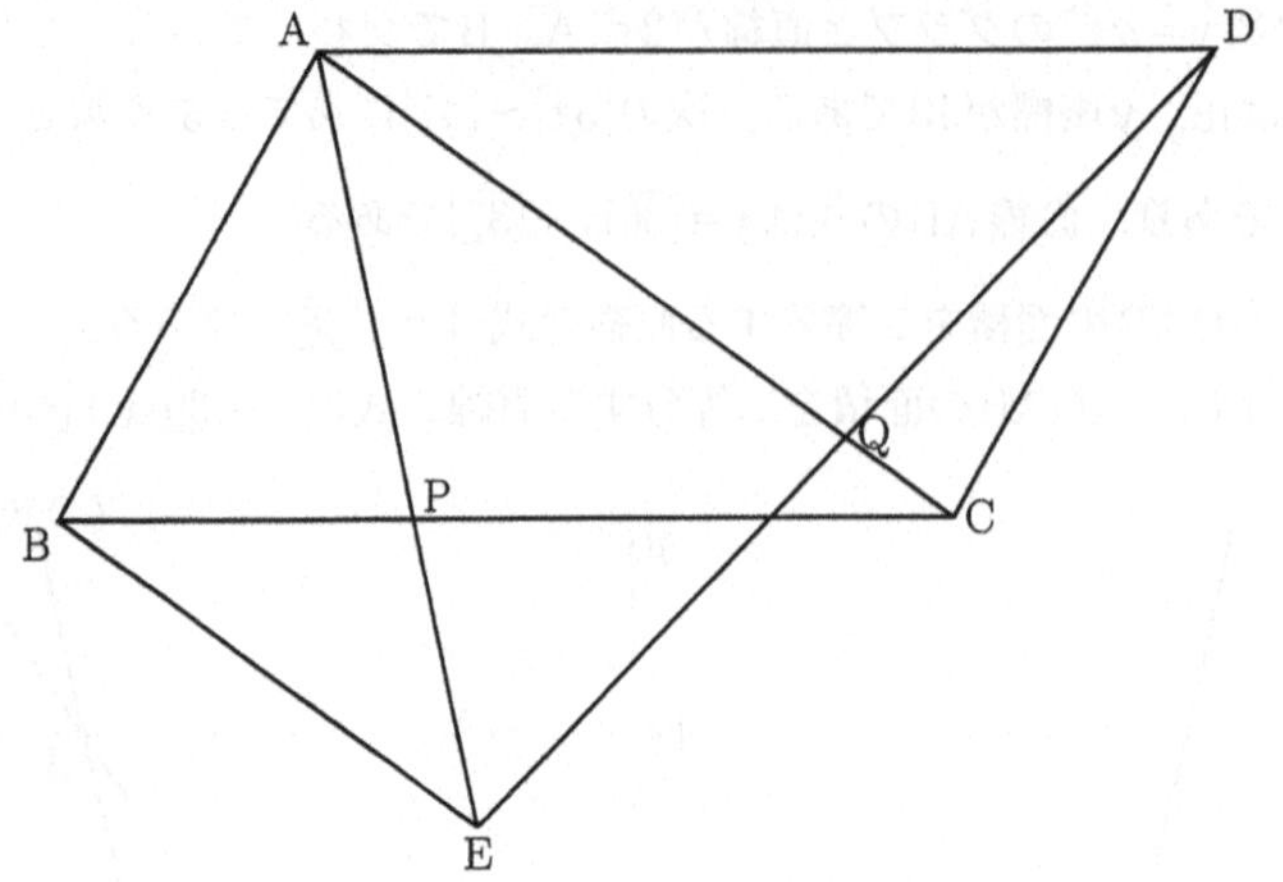

5 図のように，２点 A(3, 5)，B(6, 8) がある。次の $\boxed{52}$ ～ $\boxed{63}$ にあてはまる数をマークしなさい。

(1) 点 A を通り，線分 OB に平行な直線の式は，$y=\dfrac{\boxed{52}}{\boxed{53}}x+\boxed{54}$ である。

(2) △OPB の面積が△OAB の面積と一致するように，点 P を y 軸上の正の部分にとると，その y 座標は $\boxed{55}$ となる。また，△OQB の面積が△OAB の面積と一致するように，点 Q を x 軸上の正の部分にとると，その x 座標は $\dfrac{\boxed{56}}{\boxed{57}}$ である。

(3) (2)の点 Q と点 A を対角線の両端とする平行四辺形 ACQD を考える。ただし，頂点 C，D は直線 OB 上にあり，そのうち原点に近いほうを C とする。この平行四辺形 ACQD の面積が△OAB の面積と一致するとき，点 C の座標は $\left(\dfrac{\boxed{58}}{\boxed{59}},\ \dfrac{\boxed{60}}{\boxed{61}}\right)$ である。また，△ACQ と△ACP の面積の比は，$\boxed{62}$：$\boxed{63}$ である。

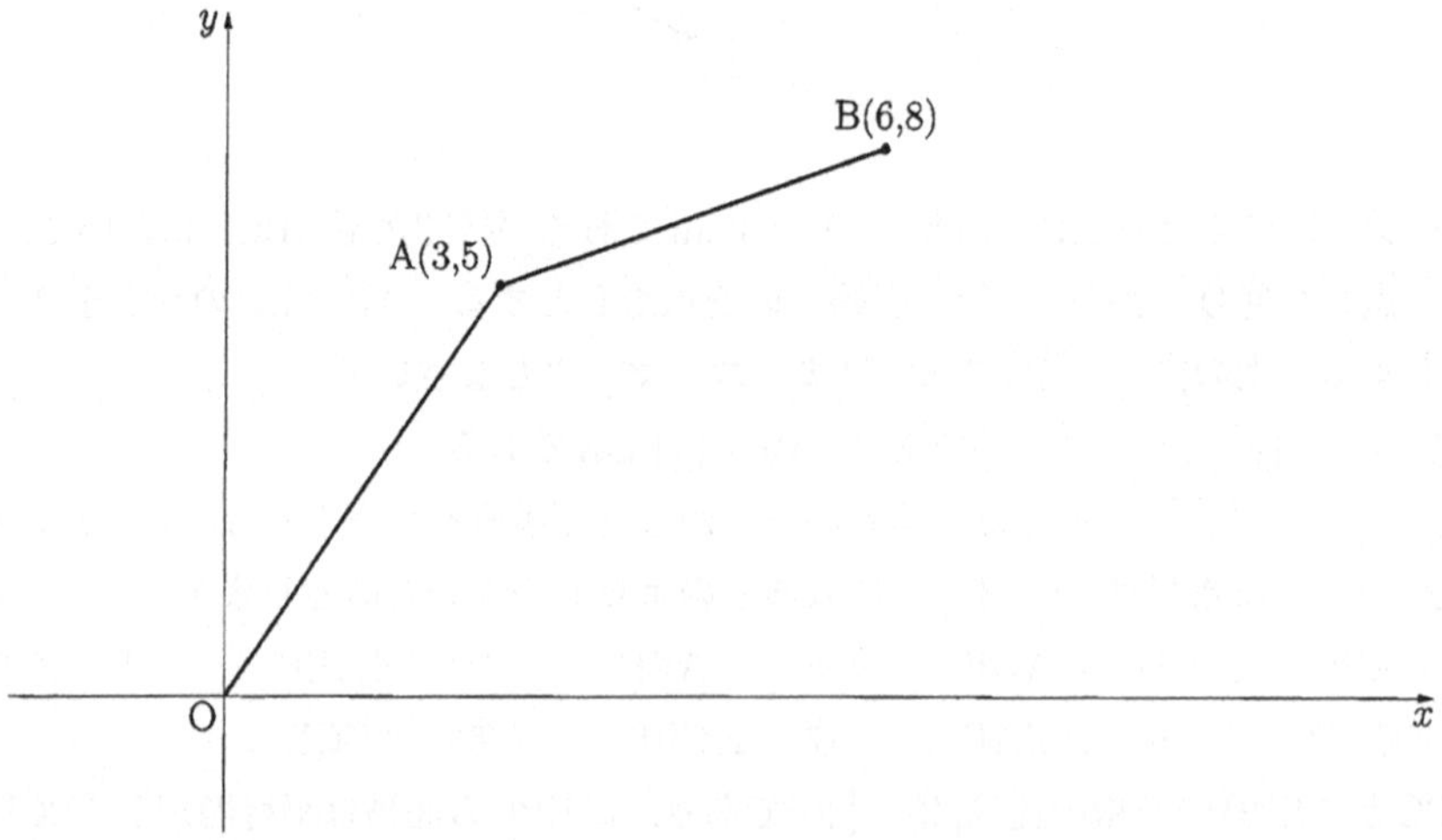

【英　語】（65分）〈満点：100点〉

1 （リスニングテスト）このリスニングテストには問題Aから問題Cまであります。英文はそれぞれ2度ずつ読まれます。放送中メモを取っても構いません。

問題A　これから流れる対話を聞き，最後に続く受け答えとして最も適切なものを選び記号で答えなさい。

No. 1　[1]

1　I want to help you.

2　Thank you, I will.

3　Because I have to study harder.

4　No problem.

No. 2　[2]

1　Thanks. I was not tired at all.

2　It's difficult to choose "right" or "left."

3　You're kidding. I just watched a soccer game on TV.

4　You should go to a hospital tomorrow.

問題B　これから流れる対話を聞き，そのあとの質問に対する答えとして最も適切なものを選び記号で答えなさい。

No. 1　[3]

1　She will get there at 18:10.　　2　She will get there at 18:45.

3　She will get there at 19:00.　　4　She will get there at 19:15.

No. 2　[4]

1　The man will buy 46 chocolates.

2　The man will buy 26 chocolates.

3　The man will buy 16 chocolates.

4　The man will buy 6 chocolates.

問題C　これから流れる英文を聞き，質問に対する答えとして最も適切なものを選び記号で答えなさい。

No. 1　[5]

1　He practices soccer even before breakfast.

2　His father is very good at soccer dribbling.

3　His school's soccer team has training even after dinner.

4　He thinks he plays soccer too much every day.

No. 2　[6]

1　The Arctic ocean has a lot of garbage because the Arctic has many people living there.

2　German researchers have found that the garbage in the Arctic ocean increased so much.

3　Fish don't try to eat plastic bags, but other animals may try to eat them.

4　We shouldn't eat fish because the number of fish is decreasing in the Arctic ocean.

〈リスニングテスト放送台本〉

このリスニングテストには問題Ａから問題Ｃまであります。英文はそれぞれ2度ずつ読まれます。放送中メモを取っても構いません。

問題Ａ　これから流れる対話を聞き，最後に続く受け答えとして最も適切なものを選び記号で答えなさい。

No.1

Ａ：Why do you have a big bag? It's really big!

Ｂ：Yeah, it's very heavy. I have a lot of textbooks in it.

Ａ：Do you want me to help you?

No.2

Ａ：You look very tired. Are you OK?

Ｂ：There was a big match yesterday. I was too excited and got tired.

Ａ：Oh, you played really hard in the match, right?

問題Ｂ　これから流れる対話を聞き，そのあとの質問に対する答えとして最も適切なものを選び記号で答えなさい。

No.1

Ａ：Hello, this is Kumi speaking. I will get to your home early.

Ｂ：What time? Our party is going to start at seven p.m.

Ａ：Maybe, fifteen minutes early.

Ｂ：OK. No problem. See you then.

Question：What time will the woman arrive at the man's home?

No.2

Ａ：These chocolates are good. I'll buy 30.

Ｂ：No way! 10 is enough!

Ａ：I see... But maybe Tom and John will want some...

Ｂ：OK. Then you can buy 6 more.

Question：How many chocolates will the man buy?

問題Ｃ　これから流れる英文を聞き，質問に対する答えとして最も適切なものを選び記号で答えなさい。

No.1

Hello. I'm Sam. I like playing soccer, so I'm going to talk about soccer and me. I wake up early to practice dribbling with my father. After that, I take a shower, have breakfast, and go to school. I'm on my school's soccer team, so I take part in practice every day. I take part in the local soccer club training after dinner, three times a week. It's hard but I'm happy that I can play soccer so much!

Question：Which is true about Sam?

No.2

There are very few people living in the Arctic. However, some German researchers have found a lot of garbage in the Arctic ocean. They say that there is twenty times more garbage than ten years ago. Ocean garbage is dangerous. Fish and other animals can die. For example, they may not be able to breathe if they eat plastic bags. Ocean garbage is dangerous for us, too. We might eat

fish with pieces of plastic in it.
Question：Which is true about the garbage in the Arctic ocean?
これでリスニングテストを終わります。

2 次の英文を読み，後の設問に答えなさい。

All over the world, sailors* are famous for telling stories. Some of these stories are not true. One of the most famous sailors, Sinbad the Sailor, tells the stories of his adventures at sea in ①the book *Arabian Nights*. At the beginning of each adventure, Sinbad is bored with life at home and decides to go on a sea journey. In each story, he loses his ship – usually in a storm – and the sea carries him to a strange and wonderful land. There are many dangers for him. But he is never afraid. He kills the monsters, finds bags of gold, and sails home in a new ship as a rich man.

Stories about sea adventures are [②] all over the world. People always thought that rich future was waiting for them somewhere across the oceans. Some hoped to be lucky, like Sinbad, and find bags of gold waiting for them on an unknown island. Others used their ships to attack villages. They arrived early in the morning or late at night, and then killed, burned, and stole. ③The Vikings did this a thousand years ago. Their long, narrow boats – called longships – were better and faster than any other boat. For two hundred years, the North Atlantic belonged to them. Nobody could stop them. You could not ask them to go away; you had to pay them to go away – with lots of gold.

This is because the Vikings were [④] too. They had other ships. Those ships were bigger and wider, and the Vikings used them to travel to some countries. They went to these countries to trade, to buy and sell. They sold wood and fish, and bought silver and glass – but they also bought and sold people. These people were slaves* – they belonged to and worked for others for no money. The Vikings were not the first people to trade in slaves, and they were not the last. But ⑤they taught the rest of the world an important lesson: ships were the future. To be rich and important, countries needed good, strong, fast ships.

International trade – a trade between different countries – was much easier with ships. For hundreds of years, a lot of the trade between Asia and Europe had to go over the land. [⑥] in 1498, a Portuguese sailor, Vasco da Gama, sailed around the south of Africa for the first time. He arrived in the Indian Ocean and opened the eastern sea road to Asia. Six years before this, Christopher Columbus tried to find the western sea road to Asia. He did not get to the Pacific Ocean, because there was land in the way, but he was one of the first Europeans to visit America. The first person to find the western sea road into the Pacific was another Portuguese sailor, Ferdinand Magellan. In 1522, his ship Victoria was the first ship to sail all the way around the world. International trade was ready to begin.

Today, people make international business journey in airplanes, but ships are more important than ever for moving things around the world. Modern ships carry things in large metal boxes called ⑦containers. Each container is about six meters long – and they say that one container can hold 48,000 bananas! The largest container ship in the world, the Emma Maersk, is about 400 meters long and can carry 11,000 containers – that is 528 million bananas!

Because of modern ships, international trade is faster and better. Is it the same for the fishing business? Modern fishing ships are very good at finding and catching fish, but perhaps they are too good. In 1497, John Cabot found Newfoundland. When he arrived at the sea near the coast of Newfoundland, the water was full of fish. It was like ⑧ . For hundreds of years after this, fishermen came to the place to catch fish. But in 1992, the fishing stopped. There were not enough fish.

The story of Newfoundland is an important lesson for us. It is ⑨－a to think that there is no end to the gold waiting for us. It is ⑨－b to think that there is no end to the fish in the sea.

（出典：Barnaby Newbolt *Oceans* 改変）

（注） sailors 「船乗り」　slaves 「奴隷」

問1　下線部①に関する記述として適切なものを次の中から選びなさい。 7

1　それぞれの冒険は主人公が故郷での生活が退屈になり船旅に出ることから始まる。
2　船旅の途中で，主人公は毎回嵐によって自分の船を失うことになる。
3　主人公はなんとか目的地にたどり着くが，そこは奇妙で不思議な場所である。
4　冒険の最後には，毎回主人公が裕福な男から新しい船を奪って故郷に帰る。

問2　② に入れるのに最も適切なものを次の中から選びなさい。 8

1　dangerous　　2　the same　　3　lucky　　4　surprise

問3　下線部③に関する記述として適切なものを次の中から選びなさい。 9

1　朝早くか夜遅くに，村人に気づかれないように盗みを働いていた。
2　非常に速く動くことのできる細長い形の船に乗っていた。
3　およそ200年の間，世界中の海は彼らのものであった。
4　彼らに去ってもらうためにいくらお金を払っても無駄であった。

問4　④ に入れるのに最も適切なものを次の中から選びなさい。 10

1　sailors　　2　slaves　　3　ship makers　　4　business people

問5　下線部⑤の文と同じ文型の文を次の中から選びなさい。 11

1　Bob loves dogs very much.
2　Bob always looks happy.
3　Bob gave Sue a present yesterday.
4　Bob calls his dog Charlie.

問6　⑥ に入れるのに最も適切なものを次の中から選びなさい。 12

1　For example　　2　In fact　　3　But　　4　Moreover

問7　下線部⑦に関する記述として最も適切なものを次の中から選びなさい。 13

1　古くから船で運ぶものを入れるために使われてきた歴史がある。
2　6メートルほどの長さがあり，たいていはバナナを入れるのに使われる。
3　世界で一番長いものは400メートルほどの長さがある。
4　11,000個あれば，バナナを5億本以上も入れることができる。

問8　⑧ に入れるのに最も適切なものを次の中から選びなさい。 14

1　catching fish　　2　finding gold　　3　catching slaves　　4　finding ships

問９ ⑨－a ⑨－b に共通して入れるのに最も適切なものを次の中から選びなさい。 15

1 important　2 true　3 better　4 wrong

問10 本文の内容と合うものを次の中から選びなさい。 16

1 SinbadやVikingはArabian Nightsという本に登場する有名な船乗りであり，物語の語り手でもある。

2 ヨーロッパからアジアへの航路が開かれたのは，ヨーロッパ人が初めてアメリカを訪れた時よりも後のことである。

3 今日，外国への出張において航空機がよく使われることによって船の重要性が低くなってきたことは大きな問題となっている。

4 Emma Maerskに乗ったJohn Cabotが魚を捕り続けた話は，私たちにとって重要な教訓が含まれている。

3 次の英文を読み，後の設問に答えなさい。

Joanna Jimbuku is a nurse. She lives and works in north Australia. Her boss is Bob Mills – a Flying Doctor. He and Joanna go everywhere in The Bluebird, Bob's plane. One morning in August, Joanna answers the phone. It is from a mother in Woomara. She says her eighteen-month-year-old baby is really sick.

Five minutes later, Joanna and Bob are in The Bluebird. "Woomara's near your town, isn't it?" says Bob. "Yes, that's right." Joanna smiles. "It's a very small place." She looks out of the window.

Down the ground, eight or nine people are waiting for the Flying Doctor. They take him and Joanna to a small house. The mother – Jane – is inside it. Bob looks at the little girl for twenty minutes. Then he says, "I'm sorry, but Mary is very, very ill. It's her heart. She must go to a hospital in Sydney." "Sydney!" says Jane.

"Yes." Bob puts his hand on ①the woman's arm. "But it's OK – you can go with her." Jane looks sad. "How? I have six other children. I can't just leave them."

Suddenly, Joanna has an idea. "Why don't I go to Sydney with Mary? After all, I'm on holiday for two weeks after today." "Good idea," says Bob.

Twenty-four hours later, Joanna arrives in Sydney for the first time. Two nurses are waiting at the airport. They drive her and Mary very fast to a big hospital. A doctor is waiting there. "Hello," he says. "My name's Paul Griffin." Joanna smiles at him.

Joanna goes to the hospital every day. She sits beside Mary's bed, and she sometimes helps the nurses. For three days, ② happens.

Then on the fourth day, Joanna is reading a book in Mary's room. Suddenly, she hears a noise. "What's that?" she thinks. Then, she hears it again: "Mama!" She stands up and walks to Mary's bed. "Mary, it's you! You're sitting up. You're talking."

Later that day, Joanna telephones Bob Mills. "Yes – that's right. Mary's going to be OK," she says with a big smile. "I can bring her home next week."

Next day at the hospital, Paul sees ③Sister Clark. "One of my girls is going to leave the hospital next week and we need someone new," she says. "What about Joanna Jimbuku? She's a very good nurse. Do you think she wants a job here?"

"Me!?" says Joanna that evening. She looks at Paul. "Why not?" he says. "After all, Sister Clark's right... you're a very good nurse." Joanna is quiet.

The next day, Joanna goes for a long walk. She watches the people in the streets. She looks at all the shops, museums and theaters, too. "④Sydney's great," she thinks. "It's very beautiful, and there's a lot to see and do."

Across the street, there is a shop window. Joanna turns and looks in it. She can see a big painting of some red hills. "Wait a minute," she thinks. "I know that place. It s near Woomara." Several minutes later, a man comes out of the shop. "Are you OK," he asks. Joanna smiles. "Yes, I'm fine. Really – I'm fine." Her eyes are filled with tears.

Two days later, Bob and Joanna are in Woomara. Bob gets into The Bluebird, and Joanna is with him. She waves to Jane and Mary. Bob starts the plane and pushes his hat back. "Listen – thanks for everything, Joanna," he says. "In Sydney, I mean. It's a beautiful city, isn't it?" "Yes," Joanna says. "But it's good to be home."

（出典：Stephen Rabley *Between Two worlds* 改変）

問1　下線部①の示す人物として最も適切なものを次の中から選びなさい。 17

1　Joanna　　2　Jane　　3　Mary　　4　Sister Clark

問2　 ② に入れるのに最も適切なものを次の中から選びなさい。 18

1　something　　2　anything　　3　everything　　4　nothing

問3　下線部③に関する記述として最も適切なものを次の中から選びなさい。 19

1　Joannaと共にシドニーの病院に来て，毎日Maryのベッドのそばに座って看病をしていた。
2　Joannaの熱心な働きのおかげでMaryは故郷に帰ることができるのだということをPaulに伝えた。
3　看護師の一人が辞めようとしているため，PaulにJoannaを新しい看護師として雇うことを提案した。
4　Maryが故郷に帰るのに付いていく看護師は，新人のJoannaが良いのではないかということをPaulに提案した。

問4　下線部④とあるが，そのように思った理由として最も適切なものを次の中から選びなさい。 20

1　一生懸命働いていることをほめてくれる同僚ばかりの職場だったから。
2　人が多く活気にあふれていて，長時間散歩をしても飽きない場所だったから。
3　とても美しい場所で，見るものやすることがたくさんあったから。
4　以前からあこがれていた場所に，とうとう来ることができたから。

問5　本文の内容と合うものを次の中から2つ選びなさい。 21 ・ 22

1　JoannaはMaryとシドニーの病院へ行ったが，Maryが回復した後，シドニーに留まることを考えたものの，最終的には故郷に戻ることにした。
2　JoannaがMaryとシドニーの病院へ行った時，PaulからMaryの病は絶望的だと言われたが，Joannaがあきらめず看病した結果，Maryは奇跡的に回復した。
3　JoannaはBobと共にMaryをシドニーの病院へ連れて行ったが，Maryが回復した後，JoannaもBobも町で絵画を見たことで早く故郷に戻りたくなった。
4　Maryをシドニーの病院に連れていくことになった時，母親のJaneは他の子供を置いては行けないと言ったため，Joannaは休暇を利用してMaryについて行った。

5　Maryがシドニーから帰ってきた時，BobとJoannaは二人ともMaryとJaneに手を振りながらThe Bluebirdに乗り込んだ。

4　次の各英文の[　]に入る最も適切なものを次の中から選びなさい。

1　How long [23] you waited for him?
　① have　② were　③ did　④ are

2　[24] we go to the dance party next Friday?
　① Did　② Let's　③ Let　④ Shall

3　She sometimes [25] to the movie theater.
　① to go　② going　③ go　④ goes

4　Tom is the tallest boy [26] the three.
　① on　② in　③ of　④ at

5　次の各英文の（　）内の語を適切に並べ替えたとき，（　）内で3番目と6番目にくるものを答えなさい。ただし，文頭にくる語(句)も小文字で示してある。

1　I（① so　② have　③ borrowed　④ didn't　⑤ pens　⑥ his　⑦ any　⑧ I）.
　3番目は[27]・6番目は[28]

2　（① hot　② you　③ anything　④ drink　⑤ do　⑥ with　⑦ have　⑧ to）you?
　3番目は[29]・6番目は[30]

3　（① that　② a　③ cat　④ thought　⑤ was　⑥ very　⑦ I　⑧ big　⑨ it）.
　3番目は[31]・6番目は[32]

4　（① hotter and　② to　③ when　④ getting　⑤ went　⑥ it　⑦ hotter　⑧ was　⑨ I）bed.
　3番目は[33]・6番目は[34]

6　次の英文で，文法的な誤りが含まれる下線部を選びなさい。

1　This ①is the fish ②be brought ③by my younger brother ④in his car.　[35]

2　①What country ②is you going ③to visit ④during the next vacation?　[36]

3　①Please ask her ②buy ③that new bike ④for me.　[37]

4　①Who ②did this beautiful ③picture drawn ④by?　[38]

7　各組の語の中で，最も強く発音する部分が他と異なるものをそれぞれ1つずつ選びなさい。

1　〔① mu-sic　② sim-ple　③ with-out　④ an-gry〕　[39]

2　〔① pres-i-dent　② en-gi-neer　③ res-tau-rant　④ vol-ley-ball〕　[40]

3　〔① sev-en-teen　② cap-i-tal　③ grand-fa-ther　④ news-pa-per〕　[41]

8　各組の語の中で，下線部の発音が他と異なるものをそれぞれ1つずつ選びなさい。

1　〔① spring　② tired　③ bring　④ skin〕　[42]

2　〔① eight　② baby　③ bed　④ dangerous〕　[43]

3　〔① sure　② society　③ works　④ saving〕　[44]

⑤　義経について根も葉もない噂が世間に広まり、周囲から誤解されていたから。

問９　空欄 Y に当てはまる語句として最も適当なものを次の①～⑤のうちから一つ選び、番号で答えなさい。解答番号は39。

①　花　②　冬　③　氷　④　墨　⑤　雨

問10　傍線部Ｇ「その悪しき所をすて、よき所をとる」と同義の四字熟語として最も適当なものを次の①～⑤のうちから一つ選び、番号で答えなさい。解答番号は40。

①　呉越同舟　②　金城湯池　③　取捨選択
④　朝三暮四　⑤　首鼠両端

問11　本文の筆者は他者の見解についてどのように対処すべきであると述べているか。その解釈として最も適当なものを、次の①～⑤のうちから一つ選び、番号で答えなさい。解答番号は41。

①　誰かが人をほめたりけなしたりした場合には、できる限り参考にした方がよい。
②　誰かが人をほめたりけなしたりした場合には、必ず反論を試みた方がよい。
③　誰かが人をほめたりけなしたりした場合には、まず欠点を注視した方がよい。
④　誰かが人をほめたりけなしたりした場合には、常にその状況を考えるべきである。
⑤　誰かが人をほめたりけなしたりした場合には、即座に席を立ち去った方がよい。

④　まして一人はほめて一人はそしることなどは考えられない。
⑤　まして一人はほめて一人はそしることに疑問の余地が残る。

問3　二つの空欄 X に当てはまる語句として最も適当なものを次の①～⑤のうちから一つ選び、番号で答えなさい。解答番号は 33 。

①　ぞ　②　なむ　③　や　④　か　⑤　こそ

問4　傍線部Ｂ「信濃の国」の現在の都道府県名として最も適当なものを次の①～⑤のうちから一つ選び、番号で答えなさい。解答番号は 34 。

①　栃木　②　奈良　③　埼玉
④　長野　⑤　福井

問5　傍線部Ｃ「真宗」とは「浄土真宗」のことであるが、この宗派の開祖として最も適当な人物を次の①～⑤のうちから一つ選び、番号で答えなさい。解答番号は 35 。

①　法然　②　親鸞　③　西行
④　行基　⑤　栄西

問6　傍線部Ｄ「いかでか公論あるべき」とあるが、この箇所において筆者はどのように考えているか。その理由として最も適当なものを次の①～⑤のうちから一つ選び、番号で答えなさい。解答番号は 36 。

①　そもそも天下に公論などというものはなく、批評する者の中でもその価値観は自ずと異なっているから。
②　批評する者だけが天下の公論を知っているが、批評される者にとってはそこにまで思い至ることは少ないから。
③　批評する者は天下の公論によってはいるものの、必ずしも批評される側の立場に寄り添って考えることはないから。
④　価値観は人それぞれ違うものであるが、たいていは批評を受けるたびに天下の公論を身につけていくようになるから。
⑤　批評する者は天下の公論を振りかざしているつもりだが、その偽善的な態度は周囲の者から既に見破られているから。

問7　傍線部Ｅ「一人はつかれて遠しといはん」の解釈として最も適当なものを次の①～⑤のうちから一つ選び、番号で答えなさい。解答番号は 37 。

①　一人は疲れても遠いと言うはずはない。
②　一人は疲れても遠いと言うだろうか、いや言わない。
③　一人は疲れて遠いと言うことだろう。
④　一人は疲れて遠いと言ってほしい。
⑤　一人は疲れても遠いと言うことができない。

問8　傍線部Ｆ「いはれなきにあらず」の理由として最も適当なものを次の①～⑤のうちから一つ選び、番号で答えなさい。解答番号は 38 。

①　平家滅亡における義経の戦術があまりに手際がよく、兄頼朝から非常に警戒されていたから。
②　義経の風貌が世間で評判となるほど美しく、兄頼朝からの無用な嫉妬を買っていたから。
③　義経の身勝手な振るまいには大将としての資質に欠けるところが見られたから。
④　そもそも義経の武将としての業績にはほとんど評価できるところがなかったから。

すめ奉《たてまつ》り、再び(ウ)たえたる源氏をおこし、兄頼朝を天下の武将と仰《あを》がしめたり」といふ。又義経に不満人《みたざる》は、「なるほどこの人戦争一通りは自由を得たる人ながら、平氏を亡《ほろ》ぼし恣《ほしいまま》に※4忠盛の女《むすめ》をいれ、梶原景時《かぢはらかげとき》と詮《せん》なき口論、大将たらん人のしわざに似ず。※5腰越《こしごへ》より追《お》ひかへされしも、Fいはれなきにあらず。然《しか》るを都に逃げのぼり、頼朝追討の院宣《いんせん》を申しうけ、※6芳野山にてはひとりの静《しづか》に別れかね、児女子《じじょし》の涙を絞られし」など、一人の義経、よしと思ふ人の論と、悪ししとおもふ人の論は、まことに雪と Y なるべし。Gその悪しき所をすて、よき所をとる。これ人を用ゆるの道なり。その悪しきをば悪ししとし、よきをばよきとする、これ公《おほやけ》の論なり。またその分々の相応についていふことあり。鼠を甚《はなは》だ大なりといふとも、牛の小さきには及ばじ。蛇を甚だ短しといふとも、蚯蚓《みみず》よりは長かるべし。今日人をよしといひて誉むるも、悪しといひて毀るも、その場その場を考ふべし。

（三浦梅園『梅園叢書』による）

※1　侠士…男としての面目が立つように振る舞うこと。強きをくじき、弱きを助け、命を捨てても信義を重んじること。また、そのような人。侠客。

※2　院…寺院のこと。ここでは鞍馬寺などのことを指すか。

※3　宸襟…天子の心のこと。ここでは後白河法皇の心を指す。

※4　忠盛の女…正しくは清盛の娘建礼門院徳子のことか。

※5　腰越より追ひかへされしも…元暦二（一一八五）年、源平合戦で活躍した源義経が兄頼朝と不和により相模国腰越（現在の神奈川県鎌倉市）で心情をつづった書状を送ったが、追い返された故事を指す。

※6　芳野山にては…芳（吉）野山は現在の奈良県吉野郡にある山稜の総称。ここでは義経が愛妾静御前と別れた逸話を指す。

問1　波線部(ア)～(ウ)の語句の意味として最も適当なものをそれぞれ次の各語群①～⑤のうちから一つずつ選び、番号で答えなさい。解答番号は 29 ～ 31 。

(ア)　こぞりて　29

①　こっそりと
②　大げさに
③　一斉に
④　一時的に
⑤　不思議と

(イ)　おはしまさざりけり　30

①　気づかれなかった
②　勝負にならなかった
③　思われていなかった
④　いらっしゃらなかった
⑤　おっしゃらなかった

(ウ)　たえたる　31

①　華麗なる
②　衰微した
③　苦悩した
④　忍耐強い
⑤　強靱なる

問2　傍線部Ａ「況んや一人は誉め、一人は毀るをや」の解釈として最も適当なものを次の①～⑤のうちから一つ選び、番号で答えなさい。解答番号は 32 。

①　まして一人はほめて一人はそしることなどは非常識である。
②　まして一人はほめて一人はそしる理由はいつも全く同じである。
③　まして一人はほめて一人はそしる場合にも同様のことが言える。

問8　空欄 Z に共通して当てはまる語句として最も適切なものを次の①～⑤のうちから一つ選び、番号で答えなさい。解答番号は 26 。

①　雅文体　　②　口語体　　③　文語体
④　漢文訓読体　　⑤　四六駢儷体

問9　本文の語りの特徴の説明として**適当でないもの**を次の①～⑤のうちから一つ選び、番号で答えなさい。解答番号は 27 。

①　「この野郎、歩いて帰りやがれ。そう思って」のように、「康平」の心内語がたびたび地の文の中で語られる。
②　擬音語や擬態語、比喩などは一貫して用いておらず、「康平」という個人の歴史を語るような簡潔な文体である。
③　一貫して「康平」の視点に寄り添って語られており、「康平」の一人称的な語りになっている。
④　本文の結びの部分で、それまでの語りが、現在の「康平」が書棚を見つめながら過去を回想する構成になっていたことが分かる。
⑤　「嬉しいことだったようで」など、「父」の心情については「康平」の視点から推察するように語られ、詳しく明示はされない。

問10　本文中にある『渋江抽斎』は森鷗外の作品である。この人物の作品として最も適当なものを次の①～⑤のうちから一つ選び、番号で答えなさい。解答番号は 28 。

①　『たけくらべ』　②　『細雪』　③　『それから』
④　『青年』　⑤　『斜陽』

三　次の文章を読んで、以下の問い（問1～11）に答えなさい。

毀誉《きよ》は人の大節《たいせつ》なり。然《しか》りといへども世(ア)こぞりて誉《ほ》むるもかならず察すべし。人こぞりて毀《そし》るも必ず察すべし。A況《いは》んや一人は誉め、一人は毀るをや。たとへば、訟事《うたへごと》あらんに、両方理なりと思へばこそ、互に言ひ募《つの》りてやまざるものなり。これを奉行の裁かんに、兎角《とかく》ひとりは勝ち一人は負くべし。勝ちたる人は奉行を誉め、負けたる人は毀ることなり。又悪しき人なりとも、それにともなふ人は、これをよしと思へば X 交はるなれ。我がよしと思ふをば誉め、我が悪しと思ふをば毀る習ひなれば、その毀誉によりてその人の善悪も分《わか》ちがたし。おなじ一盃の酒ながら、上戸《じやうご》は酔《ゑ》ひておもしろきものなりといひ、下戸《げこ》は酔ひて苦しきものなりといふ、まして人伝《ひとづて》などに聞かんことは覚束なきことなり。（中略）B信濃の国園原《そのはら》といへる所に木あり。遠くより見れば帚《ははき》の形の如《ごと》し。よつてこれを帚木《ははきぎ》といふ。されど近づきてみれば帚に似たる所もなく打ち繁れりとかや。誠に遠くより見聞くと、親しく見聞くは、多くはこの帚木の類《たぐひ》なるべし。凡《およ》そ人の物を批判するも、吾好む所を X 誉むるものなれ。侠士《おとこだて》※1に歌詠む人の評判させ、日蓮宗にC真宗の評判させんに、Dいかでか公論あるべき。同じ道を二人して行かむに、一人は健やかにしてこの道近しといひ、E一人はつかれて遠しといはん。これ道に違ひあるにあらず、心に違ひあればなり。たとへば義経のことを論じて、義経をよしと思ふ人のいはんには、「この人誠に幼きより常人《ただうと》にては(イ)おはしまさざりけり。ともに天を戴《いただ》かざる讎《あだ》を報ぜんと、夜々院※2を出でて剣をうち、遥かに秀衡が人となりを見立て、これより飛鳥《とぶとり》も落つるばかりの勢ひの平家を二三年のうちに攻めほろぼし、亡父《なきちち》の恥辱《ちじょく》をすすぎ、法皇《ほうわう》の宸襟《しんきん》※3をや挟んでくる「カンちゃん」にはかける言葉がなかったから。

④　「カンちゃん」の言葉は図星であり、そこで初めて自身の浅薄さに気づくとともに自分に対して腹が立ったから。

⑤　怒りを通り越して「カンちゃん」を恨む気持ちが芽生え、もはや言葉を交わす気にもなれなかったから。

問４　空欄 X に当てはまる語句として最も適当なものを、次の①～⑤のうちから一つ選び、番号で答えなさい。解答番号は 22 。

①　手　②　口　③　気　④　骨　⑤　血

問５　傍線部Ｃ「次はなにを読めとは言わなかった」とあるが、その理由の説明として最も適当なものを次の①～⑤のうちから一つ選び、番号で答えなさい。解答番号は 23 。

①　「康平」の読みたいものが分からなくなっていたから。

②　何を言っても「康平」は助言を受け入れなさそうだから。

③　思いつく限りの作品を教えてしまったから。

④　次に読むべき本は必然的に歴史に関するものになると考えたから。

⑤　自らの意欲と興味に任せる方が学びを得ると考えたから。

問６　空欄 Y に当てはまる語句として最も適当なものを次の①～⑤のうちから一つ選び、番号で答えなさい。解答番号は 24 。

①　雲　②　霧　③　風　④　空　③　砂

問７　傍線部Ｄ「俺のよりもうまい中華そばが、ここから生まれるぜ」とあるがこれはどういう意味か。「父」の発言の真意を説明したものとして最も適当なものを次の①～⑤のうちから一つ選び、番号で答えなさい。解答番号は 25 。

①　「康平」が乱読を続けていけば、いずれ料理の知識が書かれた書物に出会い、よりおいしい中華そばを作る手立てを得るであろうということ。

②　本を読み、保管するために本業ではない大工仕事までこなしてしまった「康平」の姿勢が、中華そばを作る際にも活きてくるであろうということ。

③　自らの外側にある知識を求め続ける姿勢が、ひいては中華そばを作りなど様々な局面で良い影響を及ぼすのではないかということ。

④　中華そばには関係のない読書に熱を上げ、本業をおろそかにする「康平」に対して皮肉を言うことで釘を刺そうとしている。

⑤　自分よりもおいしい中華そばが作れると励ますことで、今は読書に向いている熱意を、再び本業へと向けさせようとしている。

瀬さんだ、と康平は思った。

（宮本輝『灯台からの響き』による）

※1　アルゴリズム…問題を解決するための方法・手順のこと。

※2　マメタン…英単語帳の一種。

問1　波線部(ア)〜(ウ)の本文中での意味として最も適当なものを次の各語群①〜⑤のうちから一つずつ選び、番号で答えなさい。解答番号は17〜19。

(ア)　愚にもつかない　17

①　すぐれた
②　似つかわしくない
③　粗雑な
④　くだらない
⑤　難しい

(イ)　粛然と　18

①　つつしんで
②　静粛に
③　大人っぽく
④　自然と
⑤　驚いたように

(ウ)　耽溺　19

①　時間を費やすこと
②　お金を使うこと
③　夢中になること
④　精通すること
⑤　大切に思うこと

問2　傍線部A「突然、カンちゃんは言ったのだ」とあるがこの時の「カンちゃん」の言葉を、「康平」はどのように受け止めているか。その説明として最も適当なものを次の①〜⑤のうちから一つ選び、番号で答えなさい。解答番号は20。

①　疲れている「カンちゃん」に気が遣えず、つまらない話ばかりする自分に対する怒りだと受け止めている。
②　親しい間柄だからこそ、会えなくなる前にあえて厳しく戒め、助言をしてくれたと考えている。
③　「カンちゃん」が自分自身に言い聞かせているのだと分かりながら、どこかで自分のことのように感じている。
④　見て見ぬふりをしていたコンプレックスをあらためて自覚するよう促してくれたのだと考えている。
⑤　高校を中退したこともあり教養や知識がない自分に同情しつつ、どこかで小馬鹿にしていると感じている。

問3　傍線部B「そう言い返したかったが、康平はひとことも言葉を口にしないまま」とあるが、なぜ言い返さなかったのか。その理由として最も適当なものを次の①〜⑤のうちから一つ選び、番号で答えなさい。解答番号は21。

①　「カンちゃん」からの言葉に腹立たしさを覚える一方で、その指摘はどこか的を射ているような気がしたから。
②　手厳しい言葉は、実は「カンちゃん」自身に言い聞かせている言葉であり、自分に向けられたものではないと分かっていたから。
③　確固とした考えがあって決めたことについてあれこれと口を

清瀬五郎という常連客であることも知っていたくせに、長いあいだ、知らぬふりをつづけた。

それ以後、康平の読書量はさらに増えつづけて、手当たり次第の乱読の時期を迎えたが、つねに『渋江抽斎』と『夜明け前』からは離れなかった。読書に疲れると、いつもこの二作に戻っていった。

康平が二十七歳のとき、本の置き場に困るようになり、「まきの」の二階を自分用に使わせてくれと父に頼んだ。

「本てのは重いからなぁ、床が抜けないか？」

と言ったが、物置として使っていた二階が息子の読書用の部屋に変わることは、父にとっては嬉しいことだったようで、すぐに許してくれた。

すでに百冊以上になっていた康平の蔵書は「まきの」の二階に移されて、康平が大工仕事をして壁に取り付けた書架に整然と並んだとき、父は、腕組みをしながらそれを眺め、

D「俺のよりもうまい中華そばが、ここから生まれるぜ」

と言った。

「うちの中華そばは父ちゃんので完成してるよ」

お世辞でなく、康平はそう思っていたのだ。

「冗談じゃない。どんな料理にも、完成された味なんてないさ。『まきの』の中華そばのスープには、なにか一味足りないんだ。ひょっとしたら一味多いのかもしれないけど、俺はそれがなんなのか、どうしてもわからねえ。思いつくものを足したり引いたりしてきたが、その一味が出せないんだよ」

五十四歳の父は、書架に並んだ本のなかから、いちばん背表紙が汚れている文庫本を出して、

「これか？　お前がもう何回も読んだってのは」

と言って『渋江抽斎』をひらいた。

「息子がそこまで入れ揚げた本を俺も読んでみるか」

「難しくて退屈になったら飛ばして読んだらいいよ」

と康平は言った。

「生意気なこと言いやがって。ちゃんと完読してやるさ」

しかし四日後の早朝、厨房を掃除し、裸足になって換気扇の羽根をタオルで磨いている康平の顔の前に『渋江抽斎』を突き出し、

「俺には読めねえ。ギブアップだ」

と父は言って苦笑いを向けた。

「確かに日本語なんだけどな、俺にはその日本語の意味がわからねえ。これはZじゃあないよなぁ」

「いや、Zだよ。だけど鷗外の文体でのZだから、いまはほとんど使わない語句とか用語だらけの部分もあるんだ」

「お前、よく読めたなぁ」

「そのために漢和辞典と国語辞典を買ったよ。フリガナのついてない漢字がたくさんあったし、読めても意味のわからない言葉も多かったしね」

康平はそのころ月に五万円の給料を貰っていたが、ほとんどは本代に消えたのだ。康平が頼んだわけではないのに、父は翌月から七万円に上げてくれた。

「いつのまにか八百数十冊だ」

と康平は父の苦笑いを思い浮かべながらつぶやいた。

元はといえば、カンちゃんだ。そして、俺の恩師は常連客だった清

清瀬五郎という名の老人はそのとき、六十五歳だった。

清瀬が次にやって来たとき、康平は、本を読みたいのだが、なにを読めばいいのかわからないと言った。でも、ちゃんとした本を読みたい、と。

清瀬は焼酎のお湯割りを口に含み、それからポケットのメモ用紙を出して、「モンテ・クリスト伯　アレクサンドル・デュマ」と書いた。

「ただ難しいだけじゃしょうがない。書物はおもしろくないとね。まずこれから文学の世界に入ろう。これを読了したら次に読む本を教えるよ」

と清瀬は言った。

商店街の本屋になかったので、休みの日に都心に出て、康平は『モンテ・クリスト伯』の文庫本を買った。読み終わるのに十日かかった。

清瀬が次に読めと勧めたのはユゴーの『レ・ミゼラブル』で、その次は森鷗外の『渋江抽斎』だった。

「これは史伝だけど、ぼくは鷗外の最高傑作だと思ってるんだ。これを読了できたら、康平くんの心のなかに数千人の人間の歴史が生まれてるよ」

康平は必ず読み切りますと約束して、また都心の大型書店に行き、『渋江抽斎』を手に入れた。

そのときすでに康平のなかには読書という下地ができていて、古典や名作の凄さが多少はわかるようになっていたが、自分では気づかなかった。

『渋江抽斎』にはてこずった。実在した渋江抽斎という江戸時代の学者の周りにいた人々の履歴や、どうでもよさそうなエピソードや、その係累のそれぞれの個性や特技などが事細かく描かれていて、退屈で、おもしろくもなんともなくて、何回その文庫本を放り出そうとしたかしれない。

だが、最後の数ページにさしかかったとき、康平は、ひとりの人間が生まれてから死ぬまでには、これほど多くの他者の無償の愛情や労苦や運命までもが関わっているのかと(イ)粛然と身を正すようになっていた。

「そうか、それを感じたか。よし、あとは自分が本屋に行って、読みたいと思った本を読んだらいいよ」

と清瀬は言い、C次はなにを読めとは言わなかった。

『渋江抽斎』の影響で、康平は歴史に興味を持ち始めていた。

作者が想像力で創り上げた架空の人物よりも、実際にこの世を生きた実在の人物のほうがはるかに魅力があるという気がしたのだ。

康平はまず、歴史そのものを知らなくてはならないと考えた。

だが、歴史といっても Y を摑むほどに多岐にわたるし、英単語を覚えるための※2マメタンのようにAからZまでを暗記すればいいというわけではない。

康平は、次にトルストイの『戦争と平和』を読み、ゴーゴリの『外套』も読み、ロシアの歴史に関する本を数冊買ってロシア革命について学んだ。読んでいるうちに数冊では足りなくなり、十数冊の歴史書が並んだ。

その次はフランス革命について学んだあと、再び『渋江抽斎』を読み、江戸期から明治・大正に及ぶ期間の歴史書に(ウ)耽溺した。島崎藤村の『夜明け前』はそのころに読んだのだ。

父は、康平の突然の読書熱に気づいていたし、その最初の指南役が

二　次の文章を読み、以下の問い（問1～10）に答えなさい。

その日、カンちゃんは出張帰りで疲れていたのか、あまり気乗りしないようだったが、いつものように二百球打つと、レストランでビールを飲んだ。どんな話をしていたのか康平は忘れたが、A突然、カンちゃんは言ったのだ。

「お前と話してるとおもしろくなくて、腹がたってくるんだ。康平、お前の話がなぜおもしくないか教えてやろうか。お前が知ってるのはラーメンのことだけなんだ。じゃあ、職人と呼ばれる職業の人間はみんなおもしろくないのか。そうじゃないよ。牧野康平という人間がおもしろくないんだ。それはなぁ、お前に『雑学』ってものが身についてないからさ。大学ってところはなぁ、専門の学問を学ぶよりも、もっと重要なことが身につくところなんだ。諧謔《かいぎゃく》、ユーモア、議論用語、※1アルゴリズム……。それらを簡単に言うと『雑学』だ。女の話から、なぜか進化論へと話は移って、ゲノムの話になり、昆虫の生態へと移り、いつのまにかカルタゴの滅亡とローマ帝国の政治っていう歴史学に変わってる。どれも(ア)愚にもつかない幼稚な話だよ。でも、それによって各人が読んだり聞いたりして得た『雑学』の程度の差が露呈するんだ。康平、お前にはその雑学がまったくないんだ」

康平は屈辱で顔が真っ赤になり、

「俺は高校中退だからな」

としか言い返せなかった。

「高校を中退したのはお前の勝手だろう。家が貧乏で仕方なく働くしかなかったってわけじゃないだろう」

この野郎、歩いて帰りやがれ。そう思って車のキーを持って立ち上がると、カンちゃんは言った。

「康平、とにかく本を読むんだ。小説、評論、詩、名論文、歴史書、数学、科学、建築学、生物学、地政学に関する書物。なんでもいいんだ。雑学を詰め込むんだ。活字だらけの書物を読め。優れた書物を読みつづける以外に人間が成長する方法はないぞ」

もしかしたら、カンちゃんは自分に言い聞かせているのではないだろうかと康平は思った。

えらそうに言うな。俺が高校も卒業しなかったから小馬鹿にしてやがる。俺には俺の考えがあって「まきの」の跡を継ごうと思ったんだ。

Bそう言い返したかったが、康平はひとことも言葉を口にしないまま、その夜はカンちゃんを車の助手席に乗せて家まで送った。

俺には俺の考えがあってだと？

どんな考えなんだ。ただ学校に行きたくなかっただけではないか。

カンちゃんへの腹立ちは、そのうち強い恨みに変わっていきかけたが、日を置かずにカンちゃんが大阪に転勤になると知ったとき、あの日にはもうそれが内定していたのだなと悟って、康平はこんどは自分に腹がたってきた。

カンちゃんが大阪に行ってしまって一か月ほどたって、五年くらい前から「まきの」を週に二、三回訪れる老人がかつては高校の数学の教師であったことを知った。

（中略）

「きみは［X］惜しみしないな。若いのに立派だな」

人に褒められたことのない康平は嬉しくて、チャーシュウを切りながら珍しく言葉を交わしているうちに、老人の来歴を知ったのだ。

で答えなさい。解答番号は14。

① 「セカイ系」という言葉の「新しさ」を立証する評論が発表され、多くの論者が議論に参加し異例の活況をみせたことで「セカイ系」をめぐる議論が多くなり結果として今でも決着がついていないから。

② 「セカイ系」という言葉が徐々に修正され拡張していったことでその意味を掘り下げようとする人々が増加し、その意味についての議論が非常に活発になり他のジャンルなどに進出するようになったから。

③ 「セカイ系」という言葉の定義が拡張されたことと、「セカイ系」は古い想像力であり自分だけでも生き残ろうという新しい想像力が交錯することがゼロ年代であったという議論が登場したから。

④ 「セカイ系」は「世界をコントロールしようという意思」と「成長という観念への拒絶の意志」というふたつの要素を重視しており、こうした新しい定義は美術の世界にまで拡張していったから。

⑤ 「セカイ系」という言葉は元来の意味から拡張されていき他の分野にまで広がっていったと同時に、「セカイ系」を分析していくことで議論が活発化され、プロレスのように議論が混乱していったから。

問9 傍線部Ｅ「俎上に載せた」とはどういう意味か。最も適当なものを次の①～⑤のうちから一つ選び、番号で答えなさい。解答番号は15。

① 批判の対象として、攻撃すること。

② 問題としてとりあげ、論じること。

③ 至上の価値があるものとして祭りあげること。

④ 検討すべき事項として、批判すること。

⑤ 喧嘩の根拠としてとりあげること。

問10 傍線部Ｆ「セカイ系の『新しさ』を逆説的に立証し、論壇や文壇などの新たな舞台で展開する素地を整えた」とはどういうことか。その説明として最も適当なものを次の①～⑤のうちから一つ選び、番号で答えなさい。解答番号は16。

① 『ゼロ年代の想像力』はゼロ年代を代表する批評家を批判することで、「セカイ系」をめぐる議論を意図的に活性化させたということ。

② 『ゼロ年代の想像力』は内容には十分でないところもあるものの、「セカイ系」がもつ新しさに言及できているということ。

③ 『ゼロ年代の想像力』はこれまで論じられてきた内容と逆のことを表明することで、議論の盛り上がりを呼び起こしたということ。

④ 『ゼロ年代の想像力』はセカイ系を批判することで、逆にセカイ系をめぐる議論の下地を別の地点に置き換えてしまったということ。

⑤ 『ゼロ年代の想像力』はこれまで論じられてきた見解に意図的に異を唱えることで、「セカイ系」にはまだ議論する余地が残っていることを示したということ。

問３　傍線部Ａ「それ」とはどういうことか。その説明として最も適当なものを次の①～⑤のうちから一つ選び、番号で答えなさい。解答番号は[9]。

①　サブカルチャーの文脈で多用される「セカイ系」という小さな日常を扱った世界観のこと。

②　「ぼく」と「きみ」の日常と終末のような非日常が中間項を持たずに意識されている世界観のこと。

③　「ぼく」と「きみ」にのみ着目した中間項のない、限りなく小さな世界観のこと。

④　「ぼく」と「きみ」の二者関係によって成り立つ日常と大きな非日常とが対立する世界観のこと。

⑤　サブカルチャーの文脈で多用される「セカイ系」という日常と非日常を掛け合わせた世界観のこと。

問４　空欄[甲]に当てはまる語句として最も適当なものを次の①～⑤のうちから一つ選び、番号で答えなさい。解答番号は[10]。

①　鷗外　②　龍之介　③　直哉

④　鏡花　⑤　漱石

問５　空欄[乙]に当てはまる語句として最も適当なものを次の①～⑤のうちから一つ選び、番号で答えなさい。解答番号は[11]。

①　『人間失格』　②　『暗夜行路』　③　『金色夜叉』

④　『安愚楽鍋』　⑤　『田舎教師』

問６　傍線部Ｂ「そうした特徴を備えた『エヴァ』以前の先行作品がセカイ系にくくられることはほとんどなく、『エヴァ』がセカイ系の起源であるとの前提は揺るがない」とあるが、それはなぜか。その理由として最も適当なものを次の①～⑤のうちから一つ選び、番号で答えなさい。解答番号は[12]。

①　『エヴァ』が発表当時の現実と共通するところが多く、結果として社会に与えた影響が大きかったから。

②　『エヴァ』より前に発表された作品には、それを見たり読んだりしていた人々が見ていた現実は描かれていなかったから。

③　『エヴァ』には非常に新しい要素が多く盛り込まれており、社会の中で熱狂的に受け入れられたから。

④　『エヴァ』の影響を独自に消化した作品が多く出現したことで、『エヴァ』が唯一の存在となったから。

⑤　『エヴァ』の精巧なメカニックデザインが熱狂的なファンを生み出したことで、この作品を中心に語られるようになったから。

問７　傍線部Ｃ「漢字の『世界』をアえてカナの『セカイ』と表記する」のは、それはなぜか。その理由として最も適当なものを次の①～⑤のうちから一つ選び、番号で答えなさい。解答番号は[13]。

①　漢字では理解できないから。

②　現実とかけはなれているようなものだから。

③　対人行動が苦手な人が好むものであったから。

④　社会的にさげすまされていたから。

⑤　憎しみの対象であったから。

問８　傍線部Ｄ「既にゼロ年代を終えた現在でも、セカイ系をめぐる議論は相変わらず盛んである」とあるが、それはなぜか。その理由として最も適当なものを次の①～⑤のうちから一つ選び、番号択には強い恣意性を指摘することもできる。しかし、それらの決して少なくない欠点にもかかわらず、同書は多大な反響を獲得し、ゼロ年代の終盤に現れたもっとも重要な批評的達成のひとつとみなされている。それはやはり、同書がゼロ年代を代表する批評家にしてセカイ系の擁護者として認知されていた東浩紀を仮想敵として定め、自らのセカイ系批判を新しい世代の論客による東浩紀批判としても成立させるという明確な戦略を持っていたからだ。宇野の目論見の正しさは、当の東が宇野の批判に対して正面切って応答し、また他の論者も数多く論戦に加わるなど、[Z]「論壇プロレス」が異例の活況を呈したことによって証明された。その意味では、『ゼロ年代の想像力』の最大の貢献は、Fセカイ系の「新しさ」を逆説的に立証し、論壇や文壇などの新たな舞台で展開する素地を整えたことにあるのかもしれない。

（暮沢剛巳『キャラクター文化入門』による）

※1　ゼロ年代…二〇〇〇年以降の流行文化や社会風俗、またその時代そのもののこと。
※2　マトリックス…（そのものの）母体。
※3　フォロワー…その活動を追っている者のこと。
※4　リソース…資源。
※5　アッパー系…社交的で積極的な性格というネットスラング。
※6　バズワード…人に関心を持ってもらうため、もっともらしい説明が付けられた専門用語のこと。
※7　ドッグイヤー…IT業界の技術進化の早さを、犬の成長が人と比べて速いことに例えた俗語。
※8　アクチュアリティ…現実性。

問1　傍線部(ア)～(オ)のカタカナに相当する漢字として最も適当なものを次の各語群①～⑤のうちからそれぞれ一つずつ選び、番号で答えなさい。解答番号[1]～[5]。

(ア)　ツイ随　[1]　①追　②対　③堆　④遂　⑤終

(イ)　アえて　[2]　①逢　②飽　③敢　④会　⑤和

(ウ)　トウ乗　[3]　①登　②搭　③当　④棟　⑤党

(エ)　カッ期的　[4]　①客　②画　③覚　④格　⑤角

(オ)　陳プ　[5]　①不　②負　③付　④夫　⑤腐

問2　空欄[X]～[Z]に当てはまる語句として最も適当なものを次の①～⑤のうちからそれぞれ一つずつ選び、番号で答えなさい。解答番号は[X]が[6]、[Y]が[7]、[Z]が[8]。

①　すなわち　②　いわゆる　③　また
④　例えば　⑤　だが

とはいえ、流行り廃りは世の常であり、[※7]ドッグイヤーともいわれる昨今、そのサイクルは極めて速い。代表作と目される作品の登場した時期がゼロ年代初頭に集中していることからもわかるように、時代の潮目が変わったゼロ年代の半ば以降は、「セカイ系はもう古い」というフレーズがしきりに囁かれるようになった。確かに、ゼロ年代前半の盛期に比べて先述の定義に即したタイプの作品が、ジャンルを問わず明らかに減少していることは事実であるし、その限りでは流行現象としてのセカイ系の退潮に疑いの余地はない。

しかし、D既にゼロ年代を終えた現在でも、セカイ系をめぐる議論は相変わらず盛んである。しかも、多くの論者は過去形の話題を歴史として相対化しているというよりも、現在進行形のホットな話題に積極的に介入しているように見受けられる。古い古いと言われつつも、セカイ系はいまだ[※8]アクチュアリティを失っていないのだ。

ではなぜ、一見(オ)陳プで荒唐無稽な想像力に立脚したセカイ系は、短期間の流行にとどまることなく、ドッグイヤーの渦中にあっていまだに多くの人々の関心の対象であり続けているのだろうか。私の考えるところ、それには主にふたつの理由が挙げられる。

ひとつはセカイ系の定義が、当初のそれから徐々に修正・拡張されていったことである。例えば、セカイ系を初めて批評のE組上に載せたとされる笠井潔は、セカイ系について「セカイ系における（略）セカイは、現実的な日常空間でも妄想的な戦闘空間でもない。前者に属する無力な少年と後者に属する陰惨化した戦闘美少女が接触し、キミとボクの恋愛空間が生じる第三の領域がセカイなのだ」と述べ、「方法的に社会領域を消去した物語」として肯定的に位置づけているし、また元永柾木は「世界をコントロールしようという意志」と「成長という観念への拒絶の意志」というふたつの要素を重視している。これらの立場は、批評家であると同時にミステリーやシナリオの実作者でもある彼らが自らの創作理論として導入したものなのだが、これらの新しい定義は、従来はほぼＳＦやジュブナイルものに限られていたセカイ系の対象領域をミステリーや伝奇ものなどの他のジャンルへと大きく押し広げることになった。特に活気づいたのがライトノベルであり、『エヴァ』に次ぐ大ヒットを記録した『涼宮ハルヒの憂鬱』をはじめ多くの話題作が生まれたことは記憶に新しい。またさすがに牽強付会な印象を免れないとはいえ、美術評論家の黒瀬陽平が椹木野衣の『日本・現代・美術』を美術評論におけるセカイ系の試みとして位置づけようとしたことなども、定義の拡張の一例と言えるかもしれない。

そしてもうひとつが、宇野常寛の『ゼロ年代の想像力』という挑発的なセカイ系批判の登場である。二〇〇七年に「ＳＦマガジン」誌上で連載が開始され、翌年に単行本として出版された同書の反響は絶大で、近年の論壇ではもっとも大きな出来事のひとつに数えられる。同書における宇野の議論は明快で、セカイ系は引きこもりのような「古い想像力」に由来する時代遅れの産物であり、それに対して、他者を蹴落としてでも自分だけは生き残ろうとするサヴァイヴ感を基調とする決断主義を「新しい想像力」の産物として位置づけ、ゼロ年代のカルチャーマップを両者の交錯する場として描き出してみせた。既に述べたように、セカイ系はもう古いという議論は同書以前から既に為されていたし、セカイ系の定義の修正や拡張に対する目配りも十分ではない。またセカイ系と決断主義の事例として挙げられている作品の選わらず、しばしばエヴァへの(ウ)トウ乗を拒否して自問自答を繰り返すし、綾波は一貫して寡黙で、容易に他者には胸襟を開かない。アッパー系[※5]で饒舌なアスカでさえも、心の奥底には深い孤独を抱えていて、それが終盤の精神崩壊へと繋がっていく。もちろん、「ひとり語り」は『エヴァ』の専売でも何でもない。甲の『こころ』や太宰の乙を例に出すまでもなく、多くの文学作品にひとり語りの激しい場面やキャラクターは登場するし、ジャンルを問わず多くの先行作品にもひとり語りは発見されるだろう。孤独な少年や少女のひとり語りという様態それ自体は昔からよくあるもので、決して新しくもなければ珍しくもないのだ。

にもかかわらず、B そうした特徴を備えた『エヴァ』以前の先行作品がセカイ系にくくられることはほとんどなく、『エヴァ』がセカイ系の起源であるとの前提は揺るがない。これはすなわち、セカイ系という言葉が「ひとり語りの激しい」部分のみならず、同時代の現実とも対応していた終末論的な舞台設定、精巧なメカデザイン、「萌え」と直結するキャラクターデザイン等々、『エヴァ』という(エ)カッ期的な作品の持つ様々な要素と深くシンクロしていたことを意味している。

『エヴァ』のインパクトは極めて大きく、テレビシリーズが放映を終了し、二本の劇場用映画が公開を終えた後も熱狂はさめる気配がなかった。多くのフォロワーが生まれたのは当然だが、多くの亜流に混じって、その影響を独自に消化した作品も散見されるようになった。X既出の『ほしのこえ』であり『最終兵器彼女』であり『イリヤの空　UFOの夏』などである。アニメ映画、マンガ、ライトノベルといった具合に、これらの三作品は発表されたメディアの形態も違えば、恋愛観をはじめとする登場人物の性格付けや舞台設定や作品を見終えた（読了した）後の感覚もそれぞれかなり異なっている。だが多くのファンは、そうした細かな違いよりもこれらの作品に発見される共通点、すなわち物語の主人公である「ぼく」と、「ぼく」が思いを寄せるヒロイン「きみ」の二者関係によって成り立つ小さな日常と、正体も意図もわからない敵との際限の無い闘いを通じて、「世界の終わり」「この世の終わり」といったスケールの大きな非日常とが、「家族」「学校」「職場」「地域」「国家」といった中間項を排除することによって成立している世界観に注目した。『エヴァ』の熱狂から数年を経過したゼロ年代の初頭に出現したこれらの作品は、セカイ系という言葉によってくくられるようになったのである。

C 漢字の「世界」をアえてカナの「セカイ」と開いて表記するこの言葉には、侮蔑的なニュアンスが抜きがたくこびりついている。実際、セカイ系は当初明らかに蔑称として用いられることが多かった。いわく、設定が単純で非現実的すぎる、展開の速すぎるジェットコースター悲劇のようだ、省略が多すぎてキャラクターの細やかな機微が描かれていない、所詮は対人行動が苦手な引きこもりの想像力に過ぎない、等々。Y、この一見単純で稚拙な世界観が現代の日本社会においてある種の切迫したリアリティをもって受け止められたことは『エヴァ』の記録的な大ヒットが証明するとおりである。『エヴァ』を起源として生まれた、もともとはネット上[※6]のバズワードに過ぎなかったはずのこの言葉は、いつしかオタク系文化を語る上で欠かせないキー概念となり、さらには文学、映画、演劇、音楽等、当初の枠組みを越えて文化の各ジャンルにまで影響を及ぼすようになったのである。

【国　語】（五〇分）〈満点：一〇〇点〉

一　次の文章を読んで、以下の問い（問1〜10）に答えなさい。

　セカイ系が[※1]ゼロ年代のサブカルチャー批評の文脈でもっとも多くの関心を集めた問題系のひとつであることに大方の異論はないであろう。キャラクター論である本書でも、当然のことながらその問題系を無視することはできず、そのために一章というヴォリュームを費やすことになった。

　既に再三再四各方面で言及されていることであるので今さらという気もするが、まずはセカイ系の基本的なアウトラインを確認しておこう。セカイ系とは、主にゼロ年代の前半に、マンガ、アニメ、ライトノベル、美少女ゲームといったコンテンツ全般を通じて、多くの作品に共有されていたテーマや物語の[※2]マトリックスを名指すために用いられるようになった言葉である。Aそれは以下に述べるような世界観を的確に言い表していたため、短期間のうちに爆発的に広まることとなった。すなわち、物語の主人公である「ぼく」と、「ぼく」が思いを寄せるヒロイン「きみ」の二者関係によって成り立つ小さな日常と、正体も意図もわからない敵との際限の無い闘いを通じて、「世界の終わり」「この世の終わり」といったスケールの大きな非日常とが、「家族」「学校」「職場」「地域」「国家」といった中間項を排除することによって成立している世界観である。新海誠のアニメ映画『ほしのこえ』（二〇〇二年）、高橋しんのマンガ『最終兵器彼女』（二〇〇〇〜〇一年）、秋山瑞人のライトノベル『イリヤの空　ＵＦＯの夏』（二〇〇一〜〇三年）など、ほぼ同時期に発表された各々媒体の異なる作品に共通するこの世界観は、ゼロ年代の文化シーンにある種のアクセントを加えることになったのである。

　このセカイ系という言葉は主にネットを介して急速に広まったため、その起源はどうにも特定しがたい。かくいう私自身、セカイ系という言葉に初めて接したのがいつ・どこであったかなどまったく思い出せない。ただ、セカイ系という概念の基点が『新世紀エヴァンゲリオン』（以下で『エヴァ』）であったという了解は広く共有されている。詳細は後に触れるが、一九九五年に放映されたこのＳＦロボットアニメの反響は極めて大きく、その商業的成功はその後のカルチャーシーンを大きく書き換えてしまう力を持っていた。またその成功に(ア)ツイ随しようとする多くの[※3]フォロワーの出現は後に「ポスト・エヴァンゲリオン症候群」とも名指されることになったのである。

　ここで興味深い仮説を紹介しておこう。今しがたセカイ系の起源は特定しがたいと書いたばかりだが、(イ)アえてそれを試みた論者がいる。ライターの前島賢がその人で、彼はウェブサイト「ぷるにえブックマーク」の作者ぷるにえ氏が二〇〇二年十月三十一日に行った「セカイ系って結局何なのよ」という書き込みが最初の事例ではないかと主張しているのだ。まずはその書き込みを紹介しておこう。

（中略）

　この書き込みがセカイ系を名指した最初の例であるという見解には、ネットで異説も指摘されるなど、正確かどうかは判断しかねる。『エヴァ』がセカイ系的想像力の[※4]リソースであるという前提が既にこの時期に確立されていたことは実感できる。『エヴァ』は確かに「ひとり語りの激しい」作品である。シンジはパイロットであるにもかか

2021年度

狭山ヶ丘高等学校入試問題

【数　学】（50分）〈満点：100点〉

【注意】 コンパス，定規，分度器，電卓は使用しないのでしまって下さい。

$\boxed{1}$　次の$\boxed{1}$～$\boxed{20}$にあてはまる数をマークしなさい。

(1)　$\left(-\dfrac{1}{2}+\dfrac{1}{3}\right)^2 \div \dfrac{1}{4} \times \dfrac{1}{5}$ を計算すると，$\dfrac{\boxed{1}}{\boxed{2}\,\boxed{3}}$ である。

(2)　$\dfrac{x+1}{2}-\dfrac{x}{5}-\dfrac{3x-1}{10}$ を計算すると，$\dfrac{\boxed{4}}{\boxed{5}}$ である。

(3)　$\sqrt{8}(2-\sqrt{2})(2+\sqrt{2})$ を計算すると，$\boxed{6}\sqrt{\boxed{7}}$ である。

(4)　$a=-\dfrac{3}{2}$ のとき，$(3a^2+a-1)+(a^2-4a)$ の値は $\dfrac{\boxed{8}\,\boxed{9}}{\boxed{10}}$ である。

(5)　方程式 $x^2-5x-m=0$ の解の1つが -2 のとき，m の値は $\boxed{11}\,\boxed{12}$ となり，もう一つの解は $x=\boxed{13}$ である。

(6)　連立方程式 $\begin{cases} x:(y-1)=1:2 \\ 4x-3y=11 \end{cases}$ の解は $x=-\boxed{14}$，$y=-\boxed{15}\,\boxed{16}$ である。

(7)　$(-2a^2b^{\boxed{17}})^2 \div \dfrac{1}{2}a^3b^4=\boxed{18}ab^2$ である。

(8)　方程式 $(x-2)(2x+3)-(3x-4)=0$ の解は $x=\boxed{19}\pm\sqrt{\boxed{20}}$ である。

$\boxed{2}$　次の$\boxed{21}$～$\boxed{33}$にあてはまる数をマークしなさい。

(1)　1個120円のリンゴと1個150円の梨を合わせて10個買ったところ，合計金額が1320円となった。このとき買ったリンゴは$\boxed{21}$個である。

(2)　AD∥BC，AD＝6 cm，BC＝10 cmである図のような台形ABCDにおいて，辺ABの中点をE，辺DCの中点をFとする。このとき，EFの長さは$\boxed{22}$cmである。

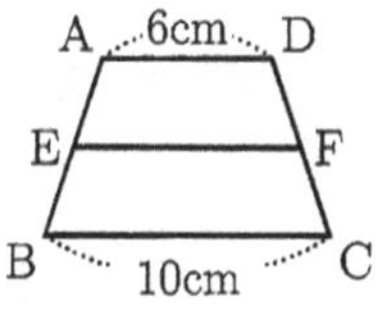

(3)　右の図において，2直線 l，m は平行であり，△ABCは正三角形である。このとき，$\angle x$ の大きさは $\boxed{23}\,\boxed{24}^\circ$ である。

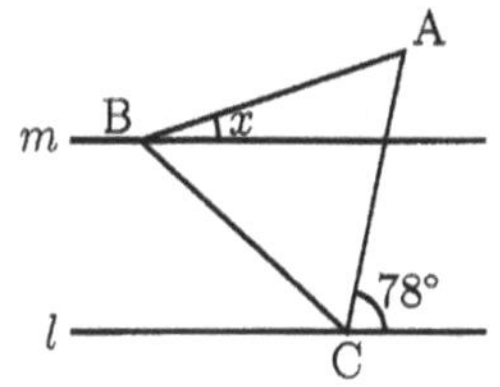

⑷　右図のように，直線$y=-3x+5$のグラフ上の点Pからx軸，y軸それぞれに垂線PQ，PRを引いたところ，四角形OQPRが正方形となった。このとき，点Pのx座標は$\frac{\boxed{25}}{\boxed{26}}$である。ただし，点Pの$x$座標，$y$座標はともに正である。

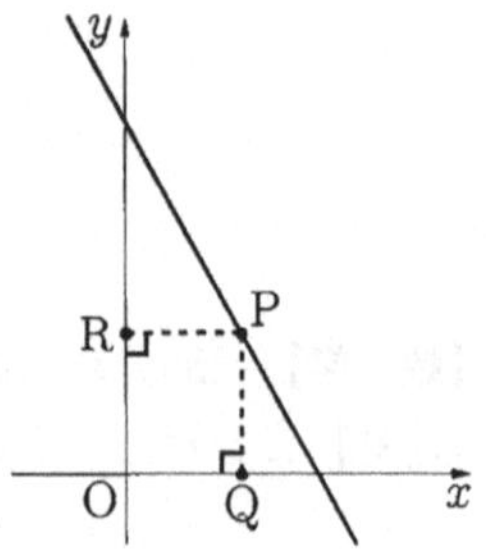

⑸　$A=1\times2\times3\times\cdots\times10$は$A=2^{\boxed{27}}3^{\boxed{28}}5^{\boxed{29}}7$と素因数分解できる。よって，$\sqrt{\frac{An}{11}}$が整数となるような自然数$n$のうち，最も小さいものは$\boxed{30}\,\boxed{31}$である。また，$A$の百の位の数字は$\boxed{32}$である。

⑹　右図のように，3×3のマス目がある。9個のマスの中には，1～9の数字を1つずつ入れる。ただし，同じ数字は2度使えないものとする。このとき，丸数字は隣り合うマスに入る2つの数字の和を表している。中央のマスに入る数字は$\boxed{33}$である。

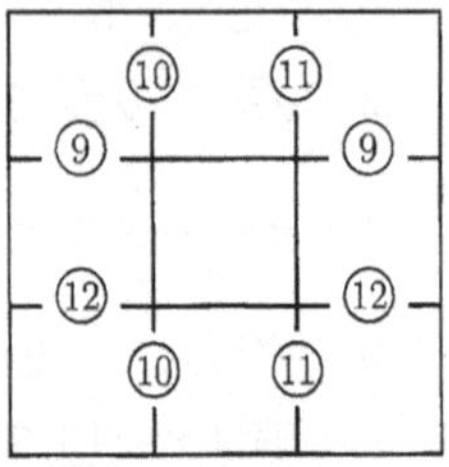

$\boxed{3}$　図のように，面積が6 cm^{2}の正六角形がある。はじめ，2点P，Qは頂点A上にあるとする。さいころを2回投げ，1回目に出た目の数だけ点Pを，2回目に出た目の数だけ点Qを，それぞれ反時計まわりに移動し，3点A，P，Qを結んでできる図形について考える。次の$\boxed{34}$～$\boxed{40}$にあてはまる数をマークしなさい。

⑴　3点A，P，Qのつくる図形が正三角形となる確率は$\frac{\boxed{34}}{\boxed{35}\,\boxed{36}}$である。

⑵　3点A，P，Qのつくる図形が三角形とならない確率は$\frac{\boxed{37}}{\boxed{38}}$である。

⑶　3点A，P，Qのつくる図形が面積1 cm^{2}の三角形となる確率は$\frac{\boxed{39}}{\boxed{40}}$である。

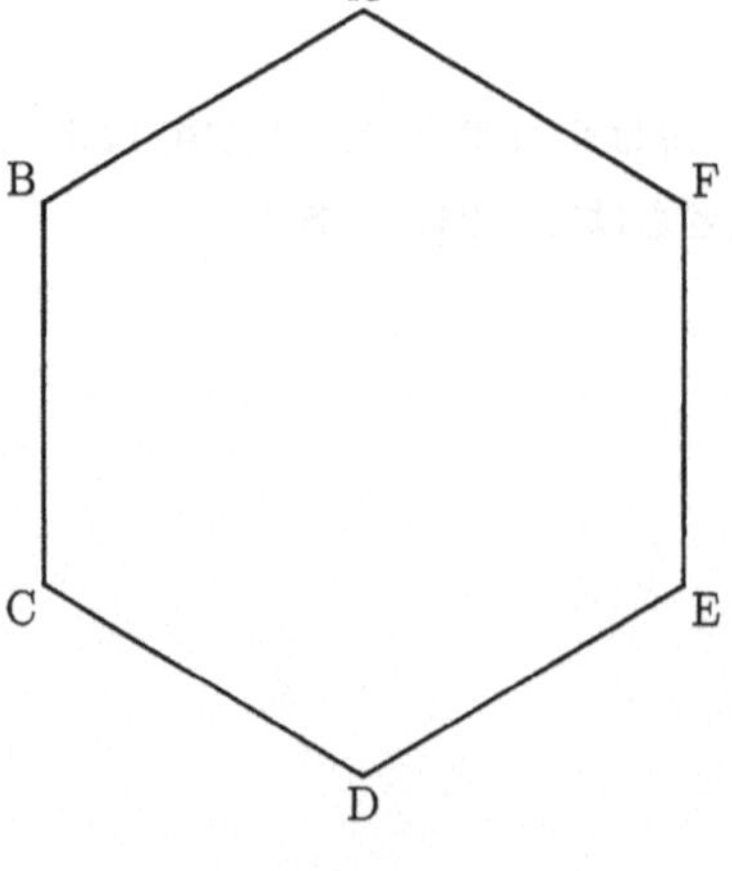

$\boxed{4}$ 図のように，直線$y=x\,(x\geqq 0)$のグラフと放物線$y=\dfrac{1}{2}x^2$…①と$y=\dfrac{1}{4}x^2$…②のグラフの交点をそれぞれA，Bとし，直線$y=-\dfrac{1}{2}x\,(x\leqq 0)$のグラフと放物線①，②の交点をそれぞれC，Dとする。次の$\boxed{41}$～$\boxed{54}$にあてはまる数をマークしなさい。

(1) 点A，Cの座標はA$\left(\boxed{41},\ \boxed{42}\right)$，C$\left(-\boxed{43},\ \dfrac{\boxed{44}}{\boxed{45}}\right)$である。また，直線ACの式は$y=\dfrac{\boxed{46}}{\boxed{47}}x+\boxed{48}$である。

(2) △ACDと△ABDの面積の比は$\boxed{49}:\boxed{50}$である。

(3) 四角形ABDCの面積は，$\dfrac{\boxed{51}}{\boxed{52}}$となる。また，その面積を2等分し，点(2, 0)を通る直線の傾きは$-\dfrac{\boxed{53}}{\boxed{54}}$である。

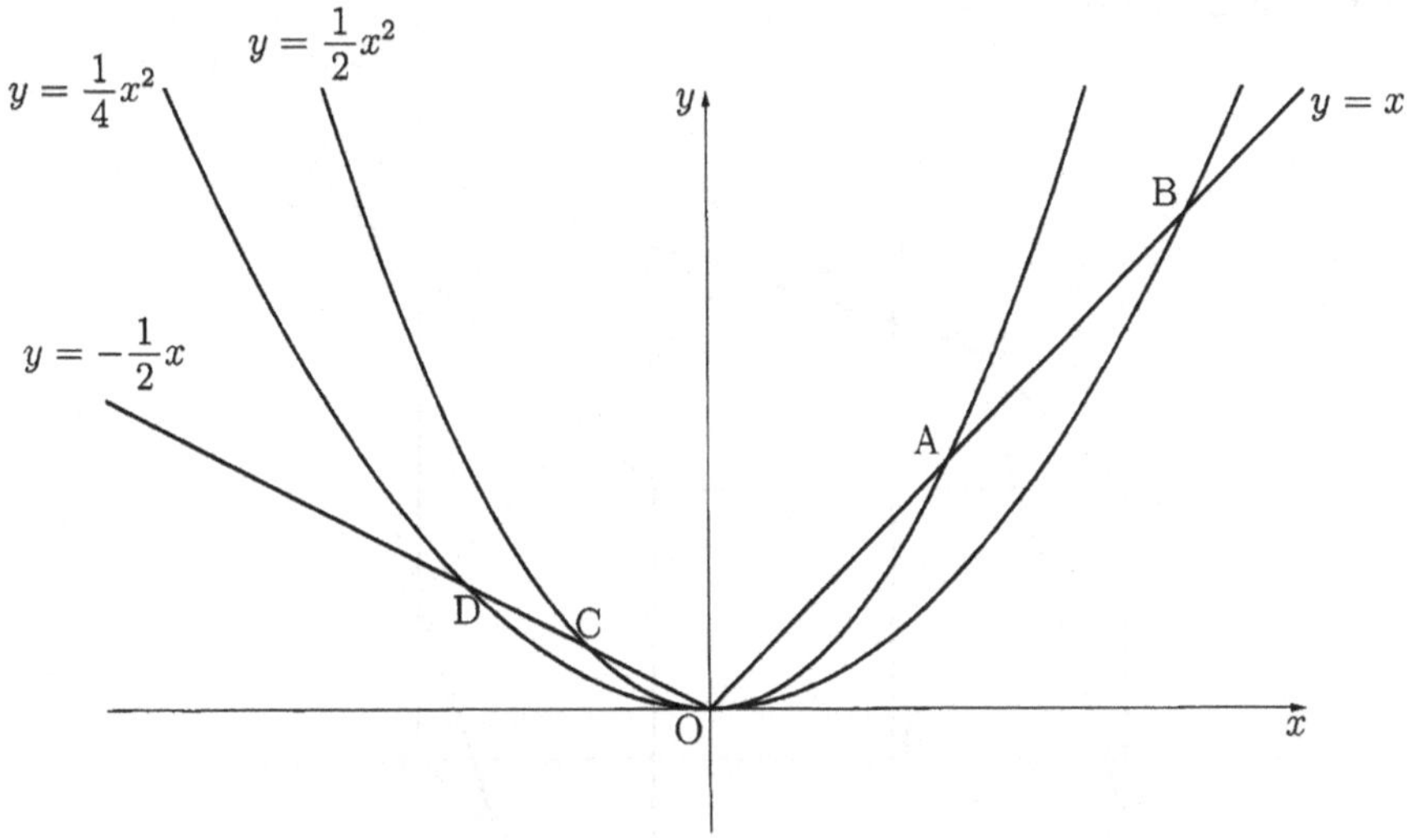

$\boxed{5}$ 図のように，1辺の長さが6 cmの立方体ABCD－EFGHがある。この立方体を平面で切ったときの立体の体積を考える。次の$\boxed{55}$～$\boxed{66}$にあてはまる数をマークしなさい。

(1) 辺EA，EF，GF，GC，DC，DAをそれぞれ1：2に分ける点をP，Q，R，S，T，Uとする。これら6点を通る平面で立方体を切ったときの図が下に与えられている。3直線BC，UT，RSは1点で交わる。その交点をIとしたとき，BC：CI＝$\boxed{55}$：$\boxed{56}$が成り立つ。

(2) (1)の立体において，頂点Bをふくむほうの立体の体積は$\dfrac{\boxed{57}\boxed{58}\boxed{59}}{\boxed{60}}$ cm^3であり，六角形PQRSTUを底面とし，Bを頂点とする六角錐の体積は$\dfrac{\boxed{61}\boxed{62}\boxed{63}}{\boxed{64}}$ cm^3である。

(3) 辺EF，FGの中点をそれぞれM，Nとする。3点D，M，Nをふくむ平面で立方体を切ったとき（図の立体とは違うので注意），平面と辺AEの交点をVとする。このとき，
AV：VE＝$\boxed{65}$：$\boxed{66}$が成り立つ。

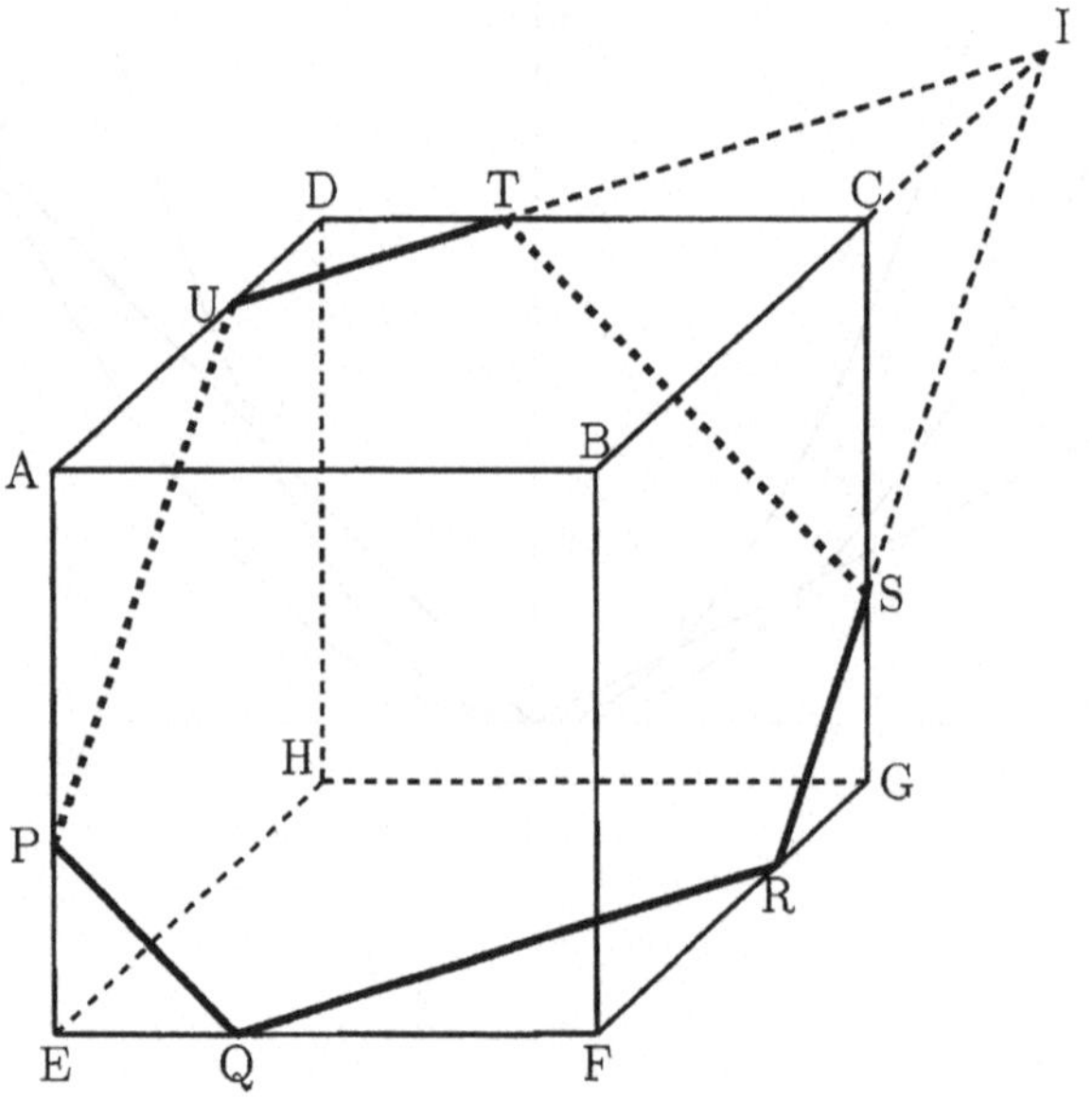

【英　語】（65分）〈満点：100点〉

1 （リスニングテスト）このリスニングテストには問題Ａから問題Ｃまであります。英文はそれぞれ2度ずつ読まれます。放送中メモを取っても構いません。

問題Ａ　これから流れる対話を聞き，最後に続く受け答えとして最も適切なものを選び記号で答えなさい。

No. 1　［1］

1　I will go to France by plane.
2　I've been there twice.
3　Italy is a beautiful country.
4　I'm going to fly there.

No. 2　［2］

1　It's difficult for me to be a movie star.
2　I don't know anything about stars.
3　I got interested when I went to my father's hometown.
4　You can't find any stars in this season.

問題Ｂ　これから流れる対話を聞き，そのあとの質問に対する答えとして最も適切なものを選び記号で答えなさい。

No. 1　［3］

1　He went to bed at 22:00.
2　He went to bed at 23:00.
3　He went to bed at 24:00.
4　He went to bed at 1:00.

No. 2　［4］

1　They need 80 postcards.　　2　They need 90 postcards.
3　They need 100 postcards.　　4　They need 110 postcards.

問題Ｃ　これから流れる英文を聞き，質問に対する答えとして最も適切なものを選び記号で答えなさい。

No. 1　［5］

1　She was taught many English words by Kota.
2　She couldn't understand Kota's English very well at first.
3　She wanted to be able to speak English like Kota.
4　She studied English for the first time in Canada.

No. 2　［6］

1　He cannot go to school because of money problems.
2　He gave up taking classes, but he is practicing making a robot inside his house.
3　His teachers and classmates are able to talk with him on the phone.
4　His teacher asks him questions, and he answers them through his robot.

〈リスニングテスト放送台本〉

このリスニングテストには問題Ａから問題Ｃまであります。英文はそれぞれ2度ずつ読まれます。放送中メモを取っても構いません。

問題Ａ　これから流れる対話を聞き，最後に続く受け答えとして最も適切なものを選び記号で答えなさい。

No.1

A：Do you have any plans for this summer? Last year, you went to France, right?

B：I have a very big plan! A trip to Italy!

A：Wow, that's great! How will you go there?

No.2

A：Look at that star! It's very beautiful.

B：That is a very famous star in this season.

A：I didn't know you knew a lot about stars.

問題Ｂ　これから流れる対話を聞き，そのあとの質問に対する答えとして最も適切なものを選び記号で答えなさい。

No.1

A：Good morning. I'm so sleepy.

B：Did you stay up late?

A：No, but today I had to get up at 4. So I slept for only 5 hours.

B：Wow. Then you should go to bed earlier tonight.

Question：What time did the man go to bed last night?

No.2

A：Well, how many postcards do we need?

B：I want 30, and Dad wants 50.

A：And I need 20.

B：Oh, I almost forgot! I must buy 10 for Mom, too.

Question：How many postcards do they need in total?

問題Ｃ　これから流れる英文を聞き，質問に対する答えとして最も適切なものを選び記号で答えなさい。

No.1

Hi, I'm Maiko. I went to Canada last year to study English. I joined a local language school for a month. One of the students there was Japanese. His name was Kota, and he was in Canada for two years. He taught me many things in English. His English was really good. I thought that I wanted to be a good English speaker like him someday. Now I study English harder than before I went to Canada.

Question：Which is true about Maiko?

No.2

Chris is a junior high school student. He has a serious problem with his back, and cannot go to school. But he doesn't give up. Now he is able to take classes by using a robot. Chris uses his robot inside his house. Chris's teachers and classmates are able to see his face on the screen of the robot.

During the class, his teacher can ask him questions and he can answer them like the other students.

Question：Which is true about Chris?

これでリスニングテストを終わります。

2 次の英文を読み，後の設問に答えなさい。

[①] August 20, 2018, a Monday morning in Stockholm, Sweden, a girl in a blue hoodie* and yellow raincoat was on her bike and rode from her home to the Swedish parliament* building. Her name was ②Greta Thunberg. She was fifteen years old, and she was skipping school.

Was she doing it for fun?

No. Just the opposite. She had a very serious purpose. She was going to the building to protest* a worst climate problem. A few months before, a newspaper ran an essay written by her about her fears for the environment. "I want to feel safe," she wrote. "How can I feel safe when I know we are in the worst climate problem in human history?" So, she decided to take action.

Greta brought a hundred flyers* to give to people. She also had a wooden sign. Her father helped her make it. ③It was painted white and in large black letters, the message in Swedish read: "School Strike* for Climate." Her strike meant that, in protest, she decided not to go to school.

This was the first day of her strike. Greta sat against a wall of the parliament building. She wanted other young people to join her. But nobody did.

All day long, people passed by her. Nobody took a flyer. The next day, however, there she was. Back at the same spot. But no one joined her.

Like so many teenagers born in the twenty-first century, Greta understood the power of [④]. She posted a photo of herself holding her sign on Instagram and Twitter. She called a few Swedish newspapers to tell them about her strike to call attention to climate change. Then, a couple of local papers sent reporters.

After that, Greta's strike started to grow. More and more young people joined Greta at the parliament building. Like her, they wanted the Swedish government to take action by passing laws helping stop global warming. The planet needed to be saved. It was Greta's belief that adults were the problem. They weren't doing necessary things to save the planet. Young people wanted them to see that.

Here, let's see the beginning of Greta's story.

Greta seemed to have everything wanted by a child. She had loving and creative parents. Her mother, Malena Ernman, was a well-known opera singer. Her father, Svante, was a writer and actor. Her little sister, Beata, was three years younger and respected Greta. And then there was Moses, Greta's golden retriever.

Greta's parents always taught Grata and Beata to be responsible about the environment. They turned off lights when they didn't need to be on. They didn't waste water. They often rode bikes [⑤] taking their car. And when electric cars started to be sold, they bought ⑥one.

Greta was sensitive*, smart, and serious. Greta liked horses, dogs, ballet, and learning to play the piano. She often read books. And she was a deep thinker. She sometimes seemed more like an adult than a kid.

Then, when she was eight, something happened in school, and that changed Greta's life.

Her class watched a film about global warming. From that film, Greta learned that ice caps at the North and South Poles* were melting. This was dangerous for polar bears* living near there. It surprised everyone in the class to learn about this. But after the film was over, the other children were able to go on with the rest of their days. Not Greta. She could only think about the polar bears. If global warming was the problem, why was no one stopping it?

⑦Greta's worrying grew worse and worse. [⑧] the time of her eleventh birthday, she could only think about global warming. She stopped eating. She stopped playing the piano. She stopped going to school. She even stopped talking. For hours, she just sat with Moses and touched him.

Malena and Svante tried everything to make Greta eat more. But nothing worked. ⑨Greta lost more than twenty pounds. Svante described* this time as "the worst nightmare for a parent." His child was suffering, and he wasn't able to help her!

（出典：Jill Leonard *Who Is Greta Thunberg?* 改変）

（注） hoodie 「フード付きの服」 parliament 「議会」 protest 「～に抗議する」
flyers 「ビラ」 Strike 「ストライキ」 sensitive 「感受性が鋭い」
ice caps at the North and South Poles 「北極と南極の氷原」
polar bears 「ホッキョクグマ」 describe ～ as… 「～を…だと述べる」

問１ [①] に入れるのに最も適切なものを次の中から選びなさい。 [7]

1 In　　2 On　　3 At　　4 During

問２ 下線部②に関する記述として適切でないものを次の中から選びなさい。 [8]

1 青色のフード付きの服と黄色のレインコートを着ていた。
2 自転車で議会の建物に向かっていた。
3 単なる楽しみで学校をサボっていた。
4 環境問題に関心が強かった。

問３ 下線部③の指すものとして最も適切なものを次の中から選びなさい。 [9]

1 新聞　　2 ビラ　　3 看板　　4 手紙

問４ [④] に入れるのに最も適切なものを次の中から選びなさい。 [10]

1 TV　　2 radio　　3 strikes　　4 social media

問５ [⑤] に入れるのに最も適切なものを次の中から選びなさい。 [11]

1 instead of　　2 because of　　3 in addition to　　4 in front of

問６ 下線部⑥の指すものとして最も適切なものを次の中から選びなさい。 [12]

1 a light　　2 an electric car　　3 water　　4 a bike

問７ 下線部⑦の文と同じ文型の文を次の中から選びなさい。 [13]

1 Tom goes to school by train.
2 This flower smells nice.
3 She put the book on the table.
4 My mother chose me a shirt and a tie.

5 He kept it a secret.

問８ [⑧] に入れるのに最も適切なものを次の中から選びなさい。[14]

1 By　2 For　3 Since　4 From

問９ Gretaが下線部⑨のようになったのはなぜか，最も適切なものを次の中から選びなさい。[15]

1 授業で見た映画をきっかけに，熊を食べてはいけないと思ったから。
2 授業で映画を見た後，クラスの友人と一切遊ばなくなったから。
3 授業で見た映画で学んだ環境問題の研究に，日々懸命に励んだから。
4 授業で見た映画で学んだ環境問題のことばかりを考えて，食事をやめたから。

問10 本文の内容と合うものを次の中から選びなさい。[16]

1 Gretaは15歳の時に初めて抗議活動を行ったが，誰の力も借りずに全て自分の力だけで活動を行った。
2 Gretaが抗議活動を行う数か月前に彼女のエッセイがある新聞紙に掲載されたおかげで，彼女の抗議活動に多くの若者が加わった。
3 InstagramやTwitterを利用するだけでなく，地元の新聞社にも連絡を取ることで，Gretaの抗議活動は盛り上がった。
4 Gretaが普段通りの生活を送ることができなくなった時，Gretaの両親は彼女を救うために何もしようとしなかった。

[3] 次の英文を読み，後の設問に答えなさい。

One Friday, when I was walking home from high school, I saw the new kid, ①Kyle. It looked like he was carrying all of his books. I thought to myself, "Why would anyone take home all their books on a Friday? He must be a real nerd*." I went back to thinking about my own weekend plans: football with my friends, then later a party.

I walked on. Then some kids were running toward Kyle, and ran into him. They knocked the books out of his arms and tripped* him so he landed in the ground. His glasses went flying, and landed in the grass about 10 feet away. He looked up so sadly. He was almost crying.

So I went over and helped him pick up his books, and handed him his glasses. "Those boys are so bad," I told him. Kyle started to smile and said, "Hey thanks!" I could see I really cheered him up. Kyle moved to the area a few weeks earlier, and those boys did the same thing to him almost every day. "But they won't be doing it again!" he said angrily. "Forget them Kyle," I said, and invited him to play football on [②] with me and my friends. He said yes.

It was a great weekend with Kyle and my friends, and as we got to know him more, we all liked him more. Monday morning came, and there was Kyle with all his books again. "Sorry, you didn't get much time to look at all those books," I joked. He just laughed and handed me half of them to carry.

Kyle and I became best friends, and over the next four years although he never took all his books home on weekends, he found a lot of time to study. We became seniors*, so he was planning to be a doctor, while I was going to study for business on a football scholarship*. A lot of things changed [③] our time at high school, but especially for Kyle. Each year, one student is chosen by the teachers to make a speech at the high school leaving ceremony. This year they chose Kyle.

As he started his speech, he cleared his throat*, and began, "This is a time of year for thanking all the people helping us make it through* high school — our parents, our teachers, our sisters and brothers, but mostly our friends. I am here to tell all of you that being a friend to someone is the best gift given by you. I am going to tell you a story."

I could not believe my ears as Kyle began to tell everyone the story of the first day of us. He was planning to kill himself that weekend! He took all the books from his locker because he didn't want his mom to do it later. Then, once more, those boys attacked him. "But, I was saved. My friend saved me."

I heard the gasp* in the crowd as this ordinary, yet now popular, boy told us all about his weakest moment. "If you remember one thing," Kyle continued, "remember that we all have the power to change people's lives. On that unhappy day, my friend might be able to keep walking but he chose to help me. And that changed everything. We all have the [④] to make other people happy or sad, not just for a minute but for a lifetime."

（出典：Miho Harada *The Story of Kyle*　改変）

（注）　nerd 「ガリ勉屋」　trip 「～を転ばせる」　seniors 「最上級生」
scholarship 「奨学金」　cleared his throat 「せき払いをした」
make it through 「～を何とかやり遂げる」　gasp 「はっと息をのかこと」

問１　下線部①に関する記述として最も適切なものを次の中から選びなさい。[17]

1　毎日，教科書などの本を全て家に持ち帰っていた。
2　毎週末，友人と一緒にサッカーをするのが習慣だった。
3　教科書などの本を両腕に抱えており，眼鏡をかけていた。
4　急いで走っていたら，別の少年たちに偶然ぶつかってしまった。

問２　[②]に入れるのに最も適切なものを次の中から選びなさい。[18]

1　Friday　　2　Saturday　　3　Monday　　4　Tuesday

問３　[③]に入れるのに最も適切なものを次の中から選びなさい。[19]

1　during　　2　while　　3　for　　4　on

問４　[④]に入れるのに最も適切なものを次の中から選びなさい。[20]

1　time　　2　story　　3　friend　　4　power

問５　本文の内容と合うものを次の中から2つ選びなさい。[21]・[22]

1　私がKyleと初めて会った日，Kyleが自殺を考えていたことに私は一目見ただけで気付いたので，Kyleを助けることに決めた。
2　私がKyleを助けた後二人は親友になり，協力して教科書などの本を全て家に持ち帰ったり，わざとぶつかってくる少年たちに立ち向かったりした。
3　Kyleは多大な時間を勉強に費やして医師になることを目指しており，私はフットボールの奨学金をもらってビジネスを学ぼうとしていた。
4　Kyleが教科書などの本を全て家に持ち帰っていたのは，家でたくさん読書しようとしていたからではなく，自殺した後に母の手をわずらわせないためだった。

5　Kyleが高校の卒業式でスピーチを行った際，聴衆の中には驚いたり，幸せな気持ちになったり，悲しい気持ちになったりする人がいた。

4　次の各英文の□に入る最も適切なものを次の中から選びなさい。

1　I can see some [23] on that green roof.
　① leaf　② leafs　② leave　④ leaves

2　The girl ran so fast in the sports festival [24] she became the leader.
　① that　② those　③ to　④ too

3　Who [25] the room every morning?
　① clean　② cleans　③ cleaning　④ have clean

4　How [26] water do you have in your glass?
　① long　② many　③ much　④ often

5　次の各英文の(　　)内の語を並べ替えたとき，(　　)内で３番目と６番目にくるものを答えなさい。ただし，文頭にくる語(句)も小文字で示してある。

1　(① was　② good　③ invite　④ it　⑤ to　⑥ a　⑦ very　⑧ idea) him here.
３番目は [27] ・６番目は [28]

2　(① the　② yesterday　③ sick　④ has　⑤ been　⑥ since　⑦ dog)?
３番目は [29] ・６番目は [30]

3　(① going　② are　③ play　④ what　⑤ sport　⑥ you　⑦ to) tomorrow?
３番目は [31] ・６番目は [32]

4　He (① lot　② by　③ of　④ was　⑤ until　⑥ people　⑦ he　⑧ loved　⑨ a) died.
３番目は [33] ・６番目は [34]

6　次の英文で，文法的な誤りが含まれる下線部を選びなさい。。

1　I have ①a small dog ②in my house and ③it's tail ④is very short. [35]

2　I ①think ②this cat is ③prettiest ④in my town. [36]

3　He ①would like ②to eat ③as much as she ④is. [37]

4　①Which ②is the language ③use the ④most in that country? [38]

7　各組の語の中で，最も強く発音する部分が他と異なるものをそれぞれ1つずつ選びなさい。

1　〔 ① mes-sage　② in-vite　③ ab-sent　④ vil-lage 〕 [39]

2　〔 ① po-si-tion　② Aus-tral-ia　③ ex-er-cise　④ un-hap-py 〕 [40]

3　〔 ① cen-ti-me-ter　② nec-es-sar-y　③ in-ter-est-ed　④ com-mu-ni-cate 〕 [41]

8　各組の語の中で，下線部の発音が他と異なるものをそれぞれ1つずつ選びなさい。

1　〔 ① caught　② fall　③ boat　④ all 〕 [42]

2　〔 ① cool　② wool　③ pool　④ noon 〕 [43]

3　〔 ① school　② technique　③ headache　④ machine 〕 [44]

② 本当に大納言さまが美仲の歌をほめるという事実があったのでしょうか。
③ 当時の初瀬路には本当に山時鳥しか鳴いていなかったのでしょうか。
④ 本当にその歌は美仲自身が詠んだものだったのでしょうか。
⑤ 本当に当時の大納言さまの体調はすぐれていらっしゃったのでしょうか。

問８ 傍線部Ｆ『万葉集』の関連の深い歌人として最も適当なものを次の①～⑤のうちから一つ選び、番号で答えなさい。解答番号は38。

① 小野小町　② 松尾芭蕉　③ 紀貫之
④ 柿本人麻呂　⑤ 藤原定家

問９ 二つの空欄 Y に共通して当てはまる語句として最も適当なものを次の①～⑤のうちから一つ選び、番号で答えなさい。解答番号は39。

① ぞ　② なむ　③ や　④ か　⑤ こそ

問10 傍線部Ｇ「の」と文法的に同じ用法として最も適当なものを次の①～⑤のうちから一つ選び、番号で答えなさい。解答番号は40。

① 嵐吹く三室の山のもみぢ葉は龍田の川の錦なりけり
② 春過ぎて夏来にけらし白妙の衣ほすてふ天の香具山
③ 嘆きつつひとり寝る夜の明くる間はいかに久しきものとかは知る
④ 小倉山峰の紅葉葉《もみぢば》心あらば今ひとたびのみゆき待たなむ
⑤ いにしへの奈良の都の八重桜けふ九重ににほひぬるかな

問11 傍線部Ｈ「東満もをかしさをこらへて家に帰りけるとぞ」とあるが、その理由として最も適当なものを次の①～⑤のうちから一つ選び、番号で答えなさい。解答番号は41。

① 東満の指摘を受けた美仲は自身の歌語の誤りをなかなか認めようとはしなかったが、その際に少しばかり見せたとぼけた様子が非常におかしかったから。
② 東満の指摘を受けた大納言は自身の評価が間違っていたことをすぐには認めなかったが、その後発表した和歌中に自らの過失を諧謔的に詠み込む手法に風流心を感じていたから。
③ 東満の指摘を受けた雑掌が、美仲に対する評価は大納言自身によるものではなく、美仲の弟子たちの虚言に過ぎないと答えてすぐに奥に引っ込んでしまったから。
④ 東満の指摘を受けても美仲の弟子たちが師の評価を高めるべく躍起となり、あちらこちらで師の和歌に関する功績を吹聴してまわっていたから。
⑤ 東満の指摘を受けた大納言はその意見に賛同したため、結果的に今回の適切な判断を下した東満自身の評価にもつながることになったから。

問２　傍線部Ａ「山時鳥」が表す季節として最も適当なものを次の①～⑤のうちから一つ選び、番号で答えなさい。解答番号は32。

①　春　②　夏　③　秋　④　冬　⑤　雑

問３　傍線部Ｂ「今の世にかくばかりの歌よみ出だすべき人またあるべしとも覚えず」とあるが、Ｗの和歌の説明として最も適当なものを次の①～⑤のうちから一つ選び、番号で答えなさい。解答番号は33。

①　「隠口」が初瀬の枕詞であることを踏まえており、山時鳥が姿を消した理由まで巧みに歌に詠み込んでいる。

②　「隠口」が初瀬の枕詞であることを踏まえたうえに、その名称に山時鳥の鳴き声を掛けて歌に詠み込んでいる。

③　「隠口」が初瀬の枕詞であることを踏まえつつ、山時鳥の鳴き声のほか何も聞こえない静寂な様子まで歌に詠み込んでいる。

④　「隠口」が初瀬の枕詞であることに踏まえながらも、山時鳥に投影して詠み手自身の孤独で高潔な心情まで歌に詠み込んでいる。

⑤　「隠口」が初瀬の枕詞であることを踏まえたばかりでなく、山時鳥がまだ山中に籠《こ》もっている意味に掛けて歌に詠み込んでいる。

問４　二つの空欄 Ｘ に共通して当てはまる語句として最も適当なものを次の①～⑤のうちから一つ選び、番号で答えなさい。解答番号は34。

①　初瀬路　②　初音　③　稲荷山
④　隠口　⑤　時鳥

問５　傍線部Ｃ「誰かは点つかん」の解釈として最も適当なものを次の①～⑤のうちから一つ選び、番号で答えなさい。解答番号は35。

①　誰が点数をつけないことがあろうか。

②　誰が欠点と非難することがあろうか。

③　誰が点検を怠らないことがあろうか。

④　誰が汚点を残さないことがあろうか。

⑤　誰が要点を示さないことがあろうか。

問６　傍線部Ｄ「しかじかのよし」の説明として最も適当なものを次の①～⑤のうちから一つ選び、番号で答えなさい。解答番号は36。

①　大納言のところで評価された歌は、実のところ山時鳥を直接見ないで詠んだものであったこと。

②　大納言から提示されたお題で詠んだ山時鳥の歌が評価されて世間の人々の口にまでのぼっていたこと。

③　大納言に見せた歌が評価されたばかりでなく、歌にちなんだあだ名まで頂戴していたこと。

④　大納言に見せた歌題が待宵の侍従のものと趣向が似通っているとの指摘を受けていたこと。

⑤　大納言に見せて評価された歌は、実のところ内心ではそのできばえにあまり自信がなかったこと。

問７　傍線部Ｅ「誠にさる事や侍りし」の解釈として最も適当なものを次の①～⑤のうちから一つ選び、番号で答えなさい。解答番号は37。

①　本当に美仲が大納言さまの屋敷を突然立ち寄ることなどあったのでしょうか。

歌よみて、いたく殿の御褒詞に預《あづか》り侍《はべ》りしよし。E誠にさる事々侍りし。おのれも物の心知りそめし程より、歌の事に深く心を寄せ侍るが、『こもりく』といふ詞は、古く『古事記』『日本紀』※9F『万葉集』にわたりて、皆泊瀬の枕詞にて侍るを、その枕詞をかく秀句に言ひかくるのみならず、五言にのみいふべき詞を、上にまだの二言をそへて七言の句に用ひ侍る事、古歌に絶えて例《ためし》なき事に侍り。いかでこの歌をほめさせ給ひて、(ウ)おほけなく［X］の美仲などいふあざ名つけとはのたまはせしならん。こはさだめて、辻大路の浮きたる語り言に［Y］は侍らめ。G殿のたまはせしならば、歌の事地に落ちたりとや申し侍らん。いと嘆かはしくこそ。この疑ひうけたまはり、※10はるけたくて、ことさらにまで来侍りしなり」と申しければ、雑掌も答へにさしつまりて、「いかでさる事侍らん。そは美仲が弟子どもなどが、おのが師の歌をかがやかさんとて、殿の御名をかりて、浮きたる事をかまへ出でたるに［Y］侍りけめ」とて、そこそこにして奥つ方へはひ入りて、またと出でざりければ、H東満もをかしさをこらへて家に帰りけるとぞ。

（清水浜臣『泊筆話』による）

※1　享保元文…江戸中期の年号である「享保」と「元文」のこと。一七一六～一七四一。
※2　復古の志…和学に対する志。
※3　初瀬…現在の奈良県桜井市あたりの地名。後出の「泊瀬」も同じ。
※4　何がし大納言殿…当時の堂上歌人である武者小路実陰のことか。
※5　待宵の侍従、物かはの蔵人、伏柴の加賀、沖石の讃岐…それぞれ代表歌がその呼び名に込められた歌人のことを指す。
※6　稲荷山…京都にある伏見稲荷大社のこと。
※7　羽倉東満…江戸中期の国学者荷田春満《かだのあづままろ》のこと。
※8　雑掌…公家の家司のこと。
※9　『日本紀』…『日本書紀』のこと。
※10　はるけたくて…疑いを晴らしたくて

問1　波線部(ア)～(ウ)の語句の意味として最も適当なものをそれぞれ次の各語群①～⑤のうちからそれぞれ一つずつ選び、番号で答えなさい。解答番号は［29］～［31］。

(ア)　いささか　［29］
①　いつまでも
②　やはり
③　非常に
④　自然と
⑤　わずかに

(イ)　をこがましき　［30］
①　ばかばかしい
②　難解な
③　あどけない
④　気の毒な
⑤　お節介な

(ウ)　おほけなく　［31］
①　すばらしいことに
②　分不相応にも
③　人知れず
④　このように
⑤　いつの間にか

問８　傍線部Ｅ「もう、だいじょうぶかもしれない」とあるが、ここでの「灯」の心情の説明として最も適当なものを次の①～⑤のうちから一つ選び、番号で答えなさい。解答番号は26。

①　「俺」の温かさに触れたことで、心の傷が完全に癒えたわけではないものの、それに囚われずに生きていこうと決意している。

②　「俺」の温かさと幸福を感じ、過去の辛い出来事を乗り越えることができた実感と安心感を覚えている。

③　「俺」が「灯」を気遣って遊園地に連れてきてくれたことを察し、これ以上「透」を心配させないために本心を偽っている。

④　「俺」と自分が同じようにパンについて考えていたことが面白おかしく感じられ、辛い過去を忘れることができている。

⑤　幸せの象徴であるメリーゴーランドとそれを造る「俺」の温かさに触れ、自身の幸福な現状にようやく気づき、今からでも人生をやり直そうと決意している。

問９　本文の語りや表現の特徴の説明として**適当でないもの**を次の①～⑤のうちから一つ選び、番号で答えなさい。解答番号は27。

①　一貫して「俺」の視点から語られており、「灯」の心中については詳しく語られない。

②　本文中の会話はすべて直接話法で語られており、心情の動きが分かりやすく描かれている

③　作中では食べ物が大きな意味を持っており、色の表現にも食べ物に関する語彙が多く用いられている。

④　比喩表現を豊富に用いており、直喩法や擬人法などが各所に効果的にちりばめられている。

⑤　擬音語や擬態語を多く用いることで、事物や人の動きに臨場感を持たせている。

問10　本文の作者である「彩瀬まる」は、直木賞の受賞候補者になったことがある。直木賞と同じく菊池寛によって創設された文学賞に芥川賞があるが、芥川龍之介の作品として最も適当なものを次の①～⑤のうちから一つ選び、番号で答えなさい。解答番号は28。

①　『お伽草紙』　②　『山椒魚』　③　『蜘蛛の糸』

④　『たけくらべ』　⑤　『刺青』

三　次の文章を読んで、以下の問い（問１～11）に答えなさい。

※1享保元文の頃、柳瀬美仲といふ歌よみありけり。(ア)いささか復古※2の志もありけるとぞ。ある時の歌に

Ｗ　※3初瀬路や初音《はつね》きかまく尋ねてもまだ隠口《こもりく》の山時鳥《やまほととぎす》Ａ

といふ歌をよみて、おのれもいみじうよみ得たりと思ひて、日頃親しう物学び聞こえまゐらする何がし※4大納言殿の御許《おんもと》に参りて、この歌見せ奉《たてまつ》るに、いとめでてくつがへらせ給《たま》ひて、Ｂ「今の世にかくばかりの歌よみ出だすべき人またあるべしとも覚えず。かのいにしへの待宵《まつよひ》※5の侍従、物かはの蔵人、伏柴《ふししば》の加賀、沖石《おきのいし》の讃岐《さぬき》などがためしに効《なら》ひて、今より［Ｘ］の美仲とあざなつくとも、Ｃ誰かは点つかん」とほめ給はせしかば、美仲身に余るうれしさに、帰るすなはち、知れる限りの人々にも、Ｄしかじかのよし語り聞かせてほこりけるを、※6稲荷山の神職羽《は》※7倉東満《くらあづままろ》このよしを聞きて、(イ)をこがましき事と思ひつつ、やがて大納言殿の御許に参りて、※8雑掌某とかいへるに逢ひて申しけるやうは、「伝へうけたまはるに、このごろ美仲が歌に、『まだこもりくの』といふ

うちから一つ選び、番号で答えなさい。解答番号は[21]。

① 「灯」の話に身が入らず、意識が外へと向いている様子を表している。

② 「灯」の幼さや煮え切らない様子に耐えきれず、話を聞く気もなくなっている。

③ 「俺」の心中のざわつきを表す情景描写である。

④ 軽やかに響く電車の音が重苦しい空気と対比され、滑稽さを醸し出している。

⑤ 二人の間の緊迫感と部屋の静けさを際立たせている。

問４ 傍線部Ｂ「少しおびえた目をしてこちらを見返した」とあるが、この時の灯の心情の説明として最も適当なものを次の①～⑤のうちから一つ選び、番号で答えなさい。解答番号は[22]。

① 過去のトラウマが蘇ってしまい、不安定な状態になっている。

② 「俺」が何を言っているのか分からず恐怖を覚えている。

③ パンを食べても良いのかが分からず不安になっている。

④ 嫌われたくないという一心で、すがるような思いでいる。

⑤ 試そうとしている「俺」の意図を察し、混乱している。

問５ 傍線部Ｃ「俺は、これを、かなしい食べものだって思う」とあるが、なぜ「かなしい」のか。その理由として最も適当なものを次の①～⑤のうちから一つ選び、番号で答えなさい。解答番号は[23]。

① 誰かに作ってもらわないと食べられないものであり、「灯」自身の力では幸せになれないことが分かってしまうから。

② 安心感を得る食べ物であるが、それは幸福感ではなく、辛かった過去が前提になっているから。

③ 「灯」にとって作った「俺」のことは関係なく、あくまでも過去の出来事と「徹夫」の優しさを味わう食べ物だから。

④ 小さな頃の温かな記憶に浸るための食べ物だが、それは今の辛い現実から目を背けているにすぎないから。

⑤ 現在の「俺」との生活の幸福を味わうように見えるが、「灯」は辛かった過去を思い出して比較をすることでしかそれを感じ取れないから。

問６ 傍線部Ｄ「そうしなよ、とうながす」とあるが、この時の透の心情の説明として最も適当なものを次の①～⑤のうちから一つ選び、番号で答えなさい。解答番号は[24]。

① 冷凍するという行動の意図は分かっているが、強く言っても変わることはないと諦めかけている。

② 冷凍保存するのはやめてほしいと考えているが、あえて突き放して勝手にさせることで成長を促そうとしている。

③ 夜中に食べ過ぎるのは良くないが、今だけは「灯」に甘えさせてやろうと考えている。

④ 食べたい気持ちも理解できるが、これ以上食べるのは精神的にも良くないのでやめさせようとしている。

⑤ 冷凍することの反復は望ましくないと思いつつ、無理はさせずに優しく支えていこうとしている。

問７ 空欄[Ｙ]に当てはまる語句として最も適当なものを次の①～⑤のうちから一つ選び、番号で答えなさい。解答番号は[25]。

① 頭　② 目　③ 肘　④ 膝　⑤ 眉

夢の旅路は終わった。楽しかった、と息を切らせる灯の頬が染まっている。汗ばんで火照《ほて》った手を引いて台座から降りれば、背後で次の回のメロディが響き始めた。

　帰りはスーパーに立ち寄って食材を買い込む予定になっている。車へ戻り、卵あったっけ、葱《ねぎ》買わなきゃ、とそれぞれに冷蔵庫の中身を思い出して口にする最中に、俺は常備している冷凍枝豆がそろそろ切れることを思い出した。あとあれ、と言いかけたところで、一息早く灯が「パン」と呟いた。

E「もう、だいじょうぶかもしれない」

　顔を向けると、彼女は笑っていた。持ち上げられた口角がほんの一瞬、ふるりとひくつく。それに、気づかないふりをして頷いた。

「そうか」

「代わりに、さっきのメリーゴーランドみたいなパンが食べたい」

「すごい無茶ぶりだな！　苺《いちご》とか入れればいいのか？」

「スーパーで一緒に考えて」

　分かった、と頷いて車のエンジンをかけた。アクセルを踏み、それまでの景色を置いていく。夢の馬のいなきが、遠くで聞こえたような気がした。

（彩瀬まる「かなしい食べもの」による）

※１　不二家…老舗の洋菓子店。

※２　タータンチェック…多色の糸で織った、格子状の織物。

※３　ホワイトベッセル…競走馬の名前。

問１　波線部(ア)～(ウ)の本文中での意味として最も適当なものを次の各語群①～⑤のうちからそれぞれ一つずつ選び、番号で答えなさい。解答番号は[17]～[19]。

(ア)　したたかに　[17]
① ひどく
② 少し
③ なんとなく
④ 気分よく
⑤ 皆そろって

(イ)　定型句　[18]
① あいまいな表現
② その場しのぎの言葉
③ 意味のない言葉
④ 決まり文句
⑤ 格式高い言葉遣い

(ウ)　反芻　[19]
① 繰り返し味わう
② 振り返って反省する
③ 嫌な記憶を抑圧する
④ 他のものにも見出す
⑤ 受け入れない

問２　二つの空欄[X]に共通して当てはまる語句として最も適当なものを次の①～⑤のうちから一つ選び、番号で答えなさい。解答番号は[20]。

①　大　　②　本　　③　一　　④　唯　　⑤　祖

問３　傍線部A「遠くで電車の音が聞こえる」という表現はどのような効果を持つか。その説明として最も適当なものを次の①～⑤のとうながすと、残った五つを冷凍した。

　寝床に戻り、羽布団を肩へ引き上げる。こんど俺、メリーゴーランドを作るかもしれない、と告げると、灯は目を丸くして「いいなあ」と月が光るように微笑んだ。その顔を見ながら、やっぱり作るならこういうものの方がいい、と思う。

（中略）

　地方の老舗遊園地から「もう十年以上前に撤去したメリーゴーランドを昨今のレトロブームに乗って再設置したい」という注文が入ったのはゴールデンウィークが明けて間もない日のことだった。なんとか新設工事を取りたいと奮闘していた社長がコネをたぐって手に入れた案件だ。かつてのメリーゴーランドの外観写真を参考にしつつ、遊園地のオーナーが口にした「うちはどうせ、ラブラブのカップルとかこないから。子どもやジジババにウケのいい、あんまり派手じゃなく、洗練されているわけでもなく、子どもの頃、誕生日によく食べた不二《ふじ》[※1]家《や》のイチゴのショートケーキみたいな、なつかしいの作ってよ。回転もゆっくりめでね」という要望を軸に企画を練った。

　単純でなつかしいもの、親しいもの、子どもとお年寄りが気軽に手をつないで乗れるもの。呪文のように唱えてスタッフで［Y］を突き合わせる。木馬や外観のデザイン、回転の構造、馬が跳ねるタイミングや、昼夜で照明をどう変えるか。お年寄りが歩きやすいよう床に段差を作らないこと。細かな決定事項を積み重ねて、この世にないものへ近づけてゆく。

　半年後、完成したメリーゴーランドに俺は灯を連れて行った。紅葉《もみじ》[※2]がちょうど見頃を迎えた、肌寒い日だった。灯は肩にウール製のタータンチェックのストールを巻いていた。

　赤や緑の鞍をつけた馬たちが、いつか音楽の授業で聴いたことがあるようなクラシックに合わせて走り出す。完成したばかりということもあって、メリーゴーランドの周りには親子連れの列ができていた。そばのベンチに並んで腰かけ、しばらくのあいだ美しい馬と、それにまたがる客の笑顔が回るのを黙って眺めた。電飾が輝きを強め、白馬の背中が乳色に光る。誰だって馬が本物でないことは分かっている。それでも、照れまじりの微笑は花畑のようだ。

「乗ってみない？」

　うながすと、紙コップのココアをすすっていた灯はむずがゆそうに口元を動かした。

「照れちゃう」

「俺なんか動作確認で百回以上乗ったけど、何回乗ってもけっこう楽しかったよ」

　飲み終えたコップをくず入れに放り、灯の冷えた手を取って列へ並ぶ。十五分ほどで順番が回り、灯は少し迷って桃色の鞍がついた白馬を、俺はその隣の栗毛の馬を選んでまたがった。

「その白いの、製造の奴らに[※3]ホワイトベッセルって呼ばれてた」

「ええ、なにそれ」

「競馬好きなやつがいるんだ」

「やっと乗ったんだから、夢を壊さないでよ！」

　彼女が噴き出すように笑って間もなく、流れ始めたメロディに馬たちは息を吹き返す。

　目玉焼きを一枚、丁寧に焼くぐらいの時間をかけて、きらびやかな灯は膝の先へ目を落としたまま続けた。

「テッちゃんはまだ大学生で、だから、私を支えきれなくなったんだと思う。初めはかわいそうだって言って、そばで話を聞いたり、ごはんを作ってくれたり、お母さんから携帯にかかってくる電話を代わりにとってくれたりした。けどだんだん、お金だけ置いて、あまり部屋に帰ってこなくなった」

A遠くで電車の音が聞こえる。車庫へと向かっているのだろうか。静寂を刻むように、かたんことん、かたんことん、と高く歌う。

「テッちゃんはその頃、パン屋でバイトしてた。たまに帰ってくると、ごめんなって謝りながらあのパンをたくさん焼いてくれた。初めて泊めてもらった日、私が自宅でパンが焼けるって事を珍しがって、喜んだから」

食べてるとなんだか安心するの、と灯は続けた。

「足が、しっかりと地面に着く感じ。世の中ってこういうものだって、ちゃんと思い出せて、なにかいやなことがあってもあんまり悲しくないの」

「冷凍した?」

「え?」

「その頃も、パンを」

灯は不思議そうに首を傾《かし》げ、した、と一つ頷《うなず》いた。

古い傷をこねて安堵するのは、彼女の母親と同じ癖なのだろうか。もっとも痛かった瞬間を(ウ)反芻し続け、忘れない。忘れられないのかもしれない。頭の中で戦いが終わらない。灯の実家で感じた汚水の臭いが鼻先をよぎる。いやで、いたたまれなくて、仕方がなかった臭い。

少し考えさせてくれ、と言って、俺はソファから立ち上がった。

（中略）

焼いている最中に灯が目を覚ました。下着を身につけ、ふらふらしながらトイレへ立ち、用を済ませてから不思議そうに電気のついた台所と、ソファに座る俺を交互に見つめる。俺は雑誌を閉じ、灯に声をかけた。

「パン、もうすぐ焼けるから。食べたかったら食べて」

灯は答えず、かかしのようにしばらく立ったままでいた。やがて動きだし、橙色《だいだいいろ》の光を放つオーブンレンジの中を覗き、また少しぼうっとしてから俺の隣にすとんと腰を下ろす。

焼き上がりを告げるビープ音が響き、ソファを立った。機械の扉を開けば、ほどよく焦げたチーズの香りがあふれる。小皿にのせて、焼きたてを灯へ差しだした。灯はパンの皿を両手で受け取り、B少しおびえた目をしてこちらを見返した。

「俺は、分かってやれないけど、食って、少しでも楽になるなら、こんなのいくらだって作ってやる」

灯の指がパンをつかんだ。口へと運び、大きく齧《かじ》りとる。生地からあふれた湯気が彼女の頬をつつむ。俺はそれを見たまま続けた。

「Cそれでも俺は、これを、かなしい食べものだって思う。だからいつか灯が、どん底だけを信じるんでなく、他の、もっと幸せなものに確かさを感じて、このパンを食わずにやっていける日がくればいいって、願うよ」

頷く灯の鼻先からぼろぼろと水の玉がこぼれた。彼女はパンをお代わりした。三つのパンを口に詰め終えて俺の顔を仰ぐ。Dそうしなよ、分の意識を表現することでもあるのに遊び感覚で着くずす人たちに呆れているということ。

問10　本文の主旨に合致するものとして**適当でないもの**を次の①～⑤のうちから一つ選び、番号で答えなさい。解答番号は［16］。

①　思春期前の子どもたちはおとなのイメージに合わせて着せ替えられる存在だ。

②　服を着くずすのは自分の行為が制限されていることへの激しい怒りなのだ。

③　様々な「着崩し」を通して社会と自分の接点を見いだしつつ自己を確立していくのだ。

④　着くずすという行為はどこまでやれば社会から批判されるかを調べる試みだ。

⑤　「等身大」の服装を若者が嫌うのはそれが虚構であることへの抵抗なのだ。

［二］　次の文章は、彩瀬まるの小説「かなしい食べもの」の一節である。透《とおる》は恋人の灯《あかり》に頼まれ、「枝豆とチーズのパン」をよく焼く。灯はそれを好んで食べるが、毎回一つだけ食べては残りを冷凍保存するのだった。そんな二人はある正月に灯の実家を訪ねた。灯や親族のことを聞かされる中で、徹夫という親戚が、灯に枝豆とチーズのパンを昔作ってやっていたことを知る。本文は、二人が灯の実家を出る場面から始まる。これを読んで、以下の問い（問1～10）に答えなさい。

(ア)したたかに酔った夜更け、来年もよろしく、と挨拶を交わしてタクシーを呼び、灯《あかり》の実家を出た。終電に揺られ、お互いを支え合うようにして自宅のマンションに帰ったのは午前一時過ぎだった。二人とも疲れ果て、風呂も入らずにしばらくの間、ソファに腰かけてぼうっとしていた。

「もう、パン、作らない」

放り出すように言うと、灯はうつむいた姿勢のまま、だらだらと涙をこぼした。

「そんなこと言わないで」

「いやだよ。誰かの代わりにされるのはまっぴらだ。［X］家［X］元の徹夫くんに作ってもらえばいいだろう」

「あれがなきゃ死んじゃう」

死などと軽々と持ち出す灯の幼さに苛立って口を閉じる。灯は細い呼吸を繰り返し、ぽつりぽつりと続けた。

「透くんが、きらいそうな場所に連れて行って、ごめんなさい。一人で行きたくなかったの」

「俺が嫌がるって分かってて連れて行ったのか」

「だって、家族になるかもしれないから」

「家族」

家族とはなんだろう。生きて溜めた汚泥を分けあうことが義務なのか。俺には灯の言葉には芯がなく、ただの(イ)定型句をなにも考えずになぞっているように感じられた。

「あのパンは、なんなの」

沈黙は長かった。灯の下唇に歯のあとが残った。

「子どもの頃、テッちゃんに作ってもらった」

「それは聞いた。実家を出ていた時期があったって」

⑤　おとながイメージする子どもの概念に合わせて制服を作るということ。

問5　傍線部Ｃ「変形の学生服というのがたぶん最初のファッションであるはずだ」とあるが、なぜ変形する必要があるか。その理由として最も適当なものを次の①～⑤のうちから一つ選び、番号で答えなさい。解答番号は11。

①　制服は自由に選択できず、勝手に着くずすことで主体性を獲得しようとするから。

②　思春期は他人の眼に映る自分を否定する時期であり、自由の抑制の象徴である制服を攻撃するから。

③　他人に対する意識がファッションを意識させるが、好みのファッションに出会えないので制服に憎悪の感情を抱くから。

④　制服を自分で選ぶことはできないという屈辱感が、思春期の自分には許容できず制服を破壊して鬱憤を晴らすから。

⑤　自己についてのおとなの勝手なイメージの押し付けから逃れようとして、制服を破壊し固定観念から逃れようとするから。

問6　傍線部Ｄ「ファッションの光線」とは何か。その説明として最も適当なものを次の①～⑤のうちから一つ選び、番号で答えなさい。解答番号は12。

①　制度に対する若者の甘えた反抗心。

②　自分の心に対して偽りを持つ気持ち。

③　社会制度を守らせようとする視線。

④　自分の着ている衣服に向けられる他者の視線。

⑤　衣服に対する自由を許さない他者の視線。

問7　傍線部Ｅ「マジョリティ」の意味として最も適当なものを次の①～⑤のうちから一つ選び、番号で答えなさい。解答番号は13。

①　個性派　②　少数派　③　反対派

④　独特派　⑤　多数派

問8　空欄［Ｉ］に当てはまる語句として最も適当なものを次の①～⑤のうちから一つ選び、番号で答えなさい。解答番号は14。

①　主体的　②　抽象的　③　客観的

④　具体的　⑤　一般的

問9　傍線部Ｆ「眺めが『だるく』なっている」とあるが、それはどういうことか。その説明として最も適当なものを次の①～⑤のうちから一つ選び、番号で答えなさい。解答番号は15。

①　これ以上崩したらもう服ではないというぎりぎりの服を作っているつもりなのに、それをさらに着くずされることに嫌悪感を抱いているということ。

②　若いときには大人の着ているものを破壊しているにもかかわらず、就職すると常識の中に入る態度に自分の作った服を嘲笑されたように感じているということ。

③　服を選ぶということは社会において自我を表出することであるのに、それすら理解せずに着崩す人々が多いことにやるせなさを感じているということ。

④　時代を象徴する服装を熟知しそれをぎりぎりまで崩すという秀逸のデザインをしているのに、それを着崩すという行為に憤怒しているということ。

⑤　服には生活を選ぶという意味があり、これは社会に対する自

※1　つんつるてん…衣服の丈が短くて、足が出ているさま。
※2　グランジ…一九九〇年代を代表するグランジ・ファッションのことでオーバーサイズの服を着ることなどを指す。

問1　傍線部(ア)～(オ)のカタカナに相当する漢字として最も適当なものを次の各語群①～⑤のうちからそれぞれ一つずつ選び、番号で答えなさい。解答番号は[1]～[5]。

(ア)　物ソウ　[1]　①操　②荘　③騒　④巣　⑤想

(イ)　錯ゴ　[2]　①誤　②語　③御　④娯　⑤梧

(ウ)　屈セツ　[3]　①説　②節　③折　④接　⑤摂

(エ)　類ケイ　[4]　①敬　②計　③景　④携　⑤型

(オ)　ケン命　[5]　①健　②剣　③賢　④懸　⑤堅

問2　空欄[X]～[Z]に当てはまる語句として最も適当なものを次の①～⑤のうちからそれぞれ一つずつ選び、番号で答えなさい。解答番号は[X]が[6]、[Y]が[7]、[Z]が[8]。

①　だから　②　また　③　ところが
④　例えば　⑤　ところで

問3　傍線部A「ひとは、いつ、服を着はじめるのだろうか」とあるが、筆者はこれをどのように考えているか。その説明として最も適当なものを次の①～⑤のうちから一つ選び、番号で答えなさい。解答番号は[9]。

①　生まれてから少し時間が経ったとき。
②　「おとな」という意識が芽生えたとき。
③　他者から見られるということを意識したとき。
④　異性から見られるということを意識したとき。
⑤　ファッションの愉しみに気づいたとき。

問4　傍線部B「子どもたちは〈子ども〉という制服を着せられる」とは、どういうことか。その説明として最も適当なものを次の①～⑤のうちから一つ選び、番号で答えなさい。解答番号は[10]。

①　おとなたちが抱く子どものイメージを反映させているということ。
②　おとなの意識をなぞっているだけで子どもは学校の決まりを守っているだけということ。
③　おとなたちが自分たちの趣向に合わせた制服を好き好きに着せているということ。
④　おとなが定めたルールに基づいた制服を着用するということ。

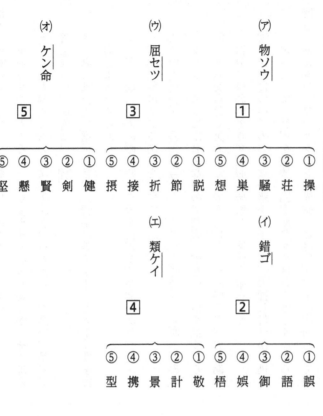

能の古いことばに「非風」（正しくない型）というのがあるが、ぼくの見るところ、山本耀司さんは、服のもっともベーシックな基本ともっともトリッキーな「非風」とを身体の表面で危うく交錯させると絶品のデザイナーだ。言ってみれば、時代の制服をちゃんと知っていて、しかもそれをぎりぎりのところまで崩していくという感じの仕事を、先端でつづけてきたひとだ。

もっとも、山本さん自身は、これを崩したらもう服ではないというぎりぎりの服を作っているつもりなのに、十代のひとにはじぶんの服がオーソドックスと映り、それをさらに着くずす。そうするとじぶんの服はもう雑巾になってしまうと、かつて、じぶんの服の受け入れられ方にとまどいをもっておられた時期もあったらしい。

その山本さんの仕事ぶりを撮った映画がある（次頁写真はその一コマ）。ヴィム・ヴェンダースの『都市とモードのビデオノート』という映画だ。そのなかで、山本さんが若いスタッフに、無言で、慈しむような眼で、パタン図の描きかた、生地の切りかたを教えるシーンを、ぼくはとっても気に入っている。実際の山本さんもそのとおりだったが、ハイライトをくゆらせながら、笑みをたやさずに、しかも噛みしめるように、じぶんに密着しすぎないように、ていねいにていねいに話されるその言葉のなかに、テレビでは放映されなかったけれど、どうしても記録しておきたい言葉がいくつかあった。

《若いときっていうのは、大人の着ているものを「崩す」「バランスを変える」「わざとだらしなくする」ことから、服を着はじめます。学生時代まではそういうふうに反抗していて、そして就職となると常識のなかに入る……。

でも、そうでしょうか。

一着の服を選ぶってことは生活を選ぶことだから、実はたいへんなことなのに、学生時代は、あれは遊びだったんですか、みたいなクエスチョン・マークがどうしてもつくんです。そうなると、子どもの遊びのために一生ケン（オ）命作ってられないよという心境になることもある。

一着の服装をするということは、社会に対する自分の意識を表現することですから、これくらいに髪切って、分けて、こういうシャツ着て、ネクタイつけて、スーツを着てってなれば、あの時代のあの選択をやめたんだな、残念ですね、と言うしかない。社会にそういう考え方があるということと、そういう考え方のなかにずっといるという、この事実が、闘う相手としてはあまりにもリアルすぎて、あるいは大きすぎて、まいったなあ、というかんじです。

Z 一方で背広は、服装に関してあまり訓練されていない人のためにはひじょうによくできた服装です。だれが着てもみっともなくならない。ですから、どうしてもプラス、マイナス両方のセリフが出てきてしまう。そんななかで、結局二十年やっても何も変えられなかったじゃないか、という思いが去りません……》

山本さんは、たぶんこれまで、顔だちでもプロポーションでもなくて、身ごなし、彼のいう「からだのさばき」というものをとくにたいせつにしながら、女たち、男たちのそのさばきを陰から支えたい、「おっ、この服は自分を待っていたな」と思わせる服を作りたい、そんな心意気で服を作ってきた。服をもっとも愛しているその山本さんが、いま、とってもやりきれない気分でいるのは、ちょっと悲しい。

（鷲田清一『ちぐはぐな身体』による）

は抵抗のための抵抗としてなされるのではない。じぶんがだれかを確認したいという、ぎりぎりの行為、のっぴきならない行為としておこなわれるのだ。言うまでもなく、この過程はいつもそういうこととして自覚されているわけではない。ぼくらはファッションの冒険、（それがかっこよすぎるとしたら）試行錯(イ)ゴをとおして、じぶんがだれか確定できないまま、じぶんの表面を、そういう社会的な意味の制度的な枠組とすり合わせつづけてきたのだ。その意味で、ファッションという、このからだの表面で起こるゲームは、社会の生きた皮膚なのであって、そこに各人がそれぞれ〈わたし〉になっていくプロセスが露出しているのだ。

　こうしてわざとみすぼらしいかっこうをしたり、わざとだぶだぶの服を着たり、わざときたならしい服を着たりというふうに、ぼくらは型をくずしてしまうのだけれども、ぼくらの意識はしかしなかなか一筋縄ではいかないもので、つっぱりながらも、むきになるのはみっともないと感じ、そういう照れが、逆にますます見かけのだらしなさ、いかがわしさをじぶんで煽ったりもする。Dファッションの光線はけっこう屈(ウ)セツしているのだ。

　そういうくずしをやるととたんに「不良」なんていわれたりするけれど、ぼくらが気にくわないのは、たぶん「等身大」ということだ。つつましすぎるからでも、みみっちいからでもない。「等身大」という観念に嘘を見抜いてしまうからだ。「等身大」と言っても、そもそもどれがじぶんのほんとうのサイズなのか、よくわからない。「等身大」というのはEマジョリティが共通に考えていることくらいの意味しかないような気がする。で、ぼくらは、ちょうど贈り物の中身を箱を揺さぶって確かめるように、服を着替えてじぶんのイメージを揺さぶり、じぶんがだれか確かめようとするのだ。若いときに、わざとサイズのあっていないだぶだぶの服、あるいはつんつるてん※1の服を好んで着るのも、じぶんがじぶんに一致していないという感覚にぴったりくるからだろう。

　[X]、先日、あるテレビ番組のために、ファッション・デザイナーの山本耀司さんを訪ねる機会があった。山本さんはヨウジヤマモトとかワイズというブランドの服を作っているひとだ。彼が作る服というのは、この社会のどんな人間類(エ)ケイをも思い浮かべさせない、つまりサラリーマンらしくも芸術家らしくもなく、ジャーナリストらしくも学生らしくもないし、老人らしくも若者らしくもない、いってみれば具体的なイメージがとっさにつかみにくい、というか、そのどれにもなりきることを拒むような、[I]な服だ。そういうしかたで、山本さんはこれまで、流行の人間イメージを振りまいては季節ごとにそれを取り替えるモードという制度との共犯関係に入ることを、一貫して拒否してきた。山本さんの言葉でいえば、「いかがわしい」ぎりぎりの服を作ってきた。そしていわゆるバブル崩壊後、「モードのゲームはもういい。それよりも……」という論理が、山本さんらによる「モードの解体」を暗に支持しはじめたように見える。[Y]、街を見ても、※2グランジと呼ばれるよれよれの重ね着があふれかえっている。アンチ・モードがモードの最先端となっているかのようだ。

　が、そういう時代に、F山本さんは深く傷ついている。なんでもいいというふうなかんじで、眺めが「だるく」なっていると、静かに窓のほうに目をやる。

【国　語】〈五〇分〉〈満点：一〇〇点〉

一　次の文章を読んで、以下の問い（問1～10）に答えなさい。

Aひとは、いつ、服を着はじめるのだろうか。生まれてすぐではない。生まれてすぐ、ひとは布でくるまれる。でも、それはじぶんで服を着ることとはちがう。じぶんが他人の眼にどんなふうに映っているか？――そういうことを意識しだしたとき、つまり他人の視線にまで想像力がおよびだしたとき、ぼくらははじめて服を選んで着る。ファッションのはじまりだ。「思春期」とおとなたちが呼ぶころである。子供服もすごくファッショナブルになってきたなどとおとなたちは言うが、そんなことはあまり意味がない。あれは（子どもについての）おとなの意識をなぞっているだけであって、「思春期」前の子どもたちはそのための着せ替え人形でしかない。B子どもたちは〈子ども〉という制服を着せられるのであって、ファッションの愉しみはこの場合、着るがわにはない。

だから、服を着るというのは、与えられた服をわざと、ちぐはぐに、だらしなく着くずすことからはじまるしかない。ぼくらの国では、C変形の学生服というのがたぶん最初のファッションであるはずだ。

でも、どうして変形ということからファッションははじまるんだろう。じぶんがどういう存在なのか、ぼくらはそれが知りたくてもすぐにはわからない。あいつとぼくはどうちがうのか、なぜあいつにはああいうことができて、ぼくにはできないのか、なぜあいつはスイスイものをくぐりぬけていくのにぼくにはそれができないのか、なぜあいつは何でもおもしろそうにやっているのにぼくには無理なのか、なぜあいつがもててぼくはだれにも声をかけられないのか。それがよくわからない。わからないままに、何かおもしろくない、気にくわない、うまくいかない……そういう気分だけははっきりある。だれのせい？　それがわからない。気にくわない相手も理由もわからないけれど、おもしろくないという気分だけははっきりしている。

そういうやりきれない気分、ちょっと大げさにいえば時代への違和、時代から掃きだされているようなやりきれない気分が、理由がわからないまま、気分に、動作に、からだの表面に出てしまうのだ。

これを、自分のしたいこと、してほしいことがよくわからなくて駄々をこねる子どもにたとえたのは、仏文学者の多田道太郎さんである。もう七十歳を超えていらっしゃるのに、こころにいっぱい産ぶ毛の生えているひとだ。その多田さんが、若者のつっぱったファッションをさして、あれは「泣いている」のだと言っている。「若い女性が奇抜ともいえるファッションで街を歩く。あれは、泣いているのだと思う。泣くかわりに、泣くにひとしい非合理的主張をしている」というのだ。「深い闇のなかにあったものが、反訳をもとめて浮かびあがるその場所」が、社会の生きた皮膚としてのファッションだというわけだ。

先ほど「制度と寝る服」などという物(ア)ソウないいかたをしたけれど、たいていの服というのは個人のイメージについての社会的な規範（行動様式、性別、性格、モラルなど）を縫いつけている。その着心地がわるくて、ぼくらはそれを勝手に着くずしてゆく。どこまでやれば他人が注目してくれるか、どこまでやれば社会の側からの厳しい抵抗にあうか、などといったことをからだで確認していくのだ。が、それ

MEMO

大切なことはメモしておこうネ！

2021年度

解　答　と　解　説

《2021年度の配点は解答欄に掲載してあります。》

＜数学解答＞

$\boxed{1}$　(1)　$\boxed{1}$ 8　$\boxed{2}$ 8　$\boxed{3}$ 9　(2)　$\boxed{4}$ 7　$\boxed{5}$ 5　(3)　$\boxed{6}$ 2　$\boxed{7}$ 5
(4)　$\boxed{8}$ 5　$\boxed{9}$ 4　(5)　$\boxed{10}$ 6　$\boxed{11}$ 5　$\boxed{12}$ 2　(6)　$\boxed{13}$ 1　$\boxed{14}$ 4
(7)　$\boxed{15}$ 1　$\boxed{16}$ 5　(8)　$\boxed{17}$ 2　$\boxed{18}$ 4

$\boxed{2}$　(1)　$\boxed{19}$ 7　(2)　$\boxed{20}$ 8　$\boxed{21}$ 8　(3)　$\boxed{22}$ 1　$\boxed{23}$ 4　(4)　$\boxed{24}$ 7
(5)　$\boxed{25}$ 3　$\boxed{26}$ 3　$\boxed{27}$ 2　$\boxed{28}$ 9　$\boxed{29}$ 2
(6)　$\boxed{30}$ 3　$\boxed{31}$ 6　$\boxed{32}$ 2　$\boxed{33}$ 8

$\boxed{3}$　(1)　$\boxed{34}$ 1　$\boxed{35}$ 2　$\boxed{36}$ 2　$\boxed{37}$ 6　(2)　$\boxed{38}$ 5
(3)　$\boxed{39}$ 2　$\boxed{40}$ 3　$\boxed{41}$ 2

$\boxed{4}$　(1)　$\boxed{42}$ 2　$\boxed{43}$ 6　$\boxed{44}$ 2　(2)　$\boxed{45}$ 9　$\boxed{46}$ 4　$\boxed{47}$ 2　$\boxed{48}$ 1　$\boxed{49}$ 5
(3)　$\boxed{50}$ 5　$\boxed{51}$ 1

$\boxed{5}$　(1)　$\boxed{52}$ 4　$\boxed{53}$ 3　$\boxed{54}$ 1　(2)　$\boxed{55}$ 1　$\boxed{56}$ 3　$\boxed{57}$ 4
(3)　$\boxed{58}$ 3　$\boxed{59}$ 8　$\boxed{60}$ 1　$\boxed{61}$ 2　$\boxed{62}$ 1　$\boxed{63}$ 1

○推定配点○

$\boxed{1}$　各3点×8　$\boxed{2}$　(1)～(4)　各4点×4　(5)・(6)　各3点×4
$\boxed{3}$　(1)　各3点×2　(2)・(3)　各4点×2　$\boxed{4}$　(1)　各2点×3　(2)　各3点×2
(3)　4点　$\boxed{5}$　(1)　4点　(2)　各3点×2　(3)　各4点×2　計100点

＜数学解説＞

基本　$\boxed{1}$　**(数の計算，連立方程式，2次方程式，指数の計算，平方根の計算，式の値，消費税の問題，変化の割合)**

(1)　$\frac{11}{6}\div(0.375\times0.5)=\frac{11}{6}\div\left(\frac{375}{1000}\times\frac{1}{2}\right)=\frac{11}{6}\div\frac{3}{16}=\frac{11}{6}\times\frac{16}{3}=\frac{88}{9}$

(2)　$4x-5y=3$…①　$2y=x+3$　$-x+2y=3$…②　①＋②×4から，$3y=15$　$y=5$　これを②に代入して，$-x+2\times5=3$　$x=7$

(3)　$(x+2)^2=5$　$x+2=\pm\sqrt{5}$　$x=-2\pm\sqrt{5}$

(4)　$(-2)^3\div0.4\div(-0.02)^2\div(-200^2)=(-8)\times\frac{10}{4}\times\frac{100}{2}\times\frac{100}{2}\times\left(-\frac{1}{200}\times\frac{1}{200}\right)=\frac{5}{4}$

(5)　$\frac{6}{\sqrt{18}}-(\sqrt{2}-2)^2=\frac{6}{3\sqrt{2}}-(2-4\sqrt{2}+4)=\sqrt{2}-6+4\sqrt{2}=-6+5\sqrt{2}$

(6)　$x^2+2\left\{\frac{(2x-y)^2}{6}-\frac{2x(x-y)}{3}\right\}=x^2+2\times\frac{4x^2-4xy+y^2-4x^2+4xy}{6}=x^2+\frac{y^2}{3}=(\sqrt{2})^2+\frac{6^2}{3}=2+12=14$

(7)　$750\times1.1-750\times1.08=750\times(1.1-1.08)=750\times0.02=15$(円)

(8)　$y=4x$の変化の割合は4だから，$\frac{a\times3^2-a\times(-1)^2}{3-(-1)}=4$　$\frac{8a}{4}=4$　$2a=4$　$a=2$　$b=4$

2 (2次方程式の応用問題，角度，回転体の体積，数の性質，関数，規則性)

(1) ある正の数をxとすると，$(x-1)^2=4(x+2)$　$x^2-2x+1=4x+8$　$x^2-6x-7=0$　$(x+1)(x-7)=0$　$x>0$から，$x=7$

(2) 二等辺三角形の底角は，$180°-\frac{118°}{2}=31°$　四角形の内角の和の関係から，$\angle x=360°-\{(90°-31°)+90°+(180°-57°)\}=360°-(59°+90°+123°)=360°-272°=88°$

(3) 求める体積は，底面の円の半径が1cmで高さが1の円錐の体積から，底面の半径が$\frac{1}{2}$cmで高さが$\frac{1}{2}$の円錐の体積を2つ分引いたものになるから，$\frac{1}{3}\times\pi\times1^2\times1-\frac{1}{3}\times\pi\times\left(\frac{1}{2}\right)^2\times\frac{1}{2}\times2=\frac{1}{3}\pi-\frac{1}{12}\pi=\left(\frac{4}{12}-\frac{1}{12}\right)\pi=\frac{3}{12}\pi=\frac{1}{4}\pi\ (\mathrm{cm}^3)$

(4) アは，$a=1$，$b=-2$のとき，$a+b<0$になるので正しくない。イは$a>0$，$b<0$のとき，$ab<0$となるので正しくない。ウ，エ，オは正しい。

(5) $y=2x^2$…①　直線OBは，(1，3)を通るので，直線OBの式は，$y=3x$…②　①と②からyを消去すると，$2x^2=3x$　$2x^2-3x=0$　$x(2x-3)=0$　$x=0,\ \frac{3}{2}$　$x=\frac{3}{2}$を②に代入して，$y=3\times\frac{3}{2}=\frac{9}{2}$　よって，$\mathrm{B}\left(\frac{3}{2},\ \frac{9}{2}\right)$

重要 (6) n回目に新たに並ぶ×の数は，$4(n-1)$個だから，10回目に新たに並ぶ×の数は，$4\times(10-1)=36$(個)　n回目の○と×の総数は，$(2n-1)^2$個　○の数は×の数より1個多いから，n回目の○の数は，$\frac{(2n-1)^2+1}{2}$(個)　$\frac{(2n-1)^2+1}{2}=1513$から，$(2n-1)^2+1=3026$　$(2n-1)^2=3025$　$2n-1>0$から，$2n-1=55$　$2n=56$　$n=28$

3 (図形と関数・グラフの融合問題)

基本 (1) $y=ax^2$に点Aの座標を代入すると，$2=a\times(-2)^2$　$4a=2$　$a=\frac{2}{4}=\frac{1}{2}$　$y=\frac{1}{2}x^2$に$y=18$を代入すると，$18=\frac{1}{2}x^2$　$x=36$　$x>0$から，$x=6$　よって，B(6，18)　$\frac{18-2}{6-(-2)}=\frac{16}{8}=2$から，直線ABの傾きは2　直線ABの式を$y=2x+b$として点Aの座標を代入すると，$2=2\times(-2)+b$　$b=6$　したがって，直線ABの式は，$y=2x+6$

(2) 線分ABの中点をCとすると，$\frac{-2+6}{2}=2$，$\frac{2+18}{2}=10$から，C(2，10)　原点を通り，△OABの面積を二等分する直線は点Cを通るから，$\frac{10}{2}=5$から，$y=5x$

重要 (3) 直線ABに平行で，△OABの面積を二等分する直線とOA，OBとの交点をそれぞれD，Eとすると，△ODE∽△OABで，面積比は，△ODE：△OAB＝1：2だから，相似比は，$\sqrt{1}:\sqrt{2}=1:\sqrt{2}$　よって，直線DEの切片は$\frac{6}{\sqrt{2}}=\frac{6\sqrt{2}}{2}=3\sqrt{2}$　AB//DEから，傾きは2なので，求める直線の式は，$y=2x+3\sqrt{2}$

4 (平面図形の計量問題―角度，三角形の相似，角の二等分線の定理，平行線と線分の比の定理)

(1) 仮定から，∠BAP＝∠CAE　平行線の錯角から，∠CAE＝∠AEB　よって，∠BAE＝∠AEBだから，△BAEは二等辺三角形になるので，BE＝BA＝2cm

(2) 2角がそれぞれ等しいことから，△APC∽△EPB　相似比は，AC：EB＝3：2　よって，面積比は，$3^2:2^2=9:4$　BP：PC＝2：3　よって，$\triangle EPB=\frac{4}{9}\triangle APC=\frac{4}{9}\times\frac{3}{5}\triangle ABC=\frac{4}{15}\times\frac{1}{2}$(平行四辺形ABCD)＝$\frac{2}{15}$(平行四辺形ABCD)　したがって，$\frac{2}{15}$倍

重要　(3)　BCとEDの交点をRとすると，PR：AD＝EP：EA＝2：(2＋3)＝2：5　AD＝BCから，BC：PR＝5：2…①　BC：PC＝(3＋2)：3＝5：3…②　①と②から，BC：RC＝5：(3−2)＝5：1　よって，AQ：QC＝AD：RC＝BC：RC＝5：1

5　(図形と関数・グラフの融合問題)

基本　(1)　直線OBの式は，$\frac{8}{6}=\frac{4}{3}$から，$y=\frac{4}{3}x$　求める直線の式を$y=\frac{4}{3}x+b$として点Aの座標を代入すると，$5=\frac{4}{3}\times3+b$　$b=1$　よって，$y=\frac{4}{3}x+1$

(2)　(1)で求めた直線とy軸との交点をPとすると，△OPB＝△OABとなるから，点Pのy座標は1　$\triangle OAB=\triangle OPB=\frac{1}{2}\times1\times6=3$　点Qのx座標をqとすると，$\triangle OQB=\frac{1}{2}\times q\times8=4q$　$4q=3$から，$q=\frac{3}{4}$

やや難　(3)　AQの中点をRとすると，$\left(3+\frac{3}{4}\right)\div2=\frac{15}{8}$，$(5+0)\div2=\frac{5}{2}$から，$R\left(\frac{15}{8},\ \frac{5}{2}\right)$　(平行四辺形ACQD)＝2△ACD，2△ACD＝△OABから，$CD=\frac{BO}{2}$　よって，点Cのx座標は，$\frac{15}{8}-6\div2\div2=\frac{15}{8}-\frac{3}{2}=\frac{15}{8}-\frac{12}{8}=\frac{3}{8}$　$y=\frac{4}{3}\times\frac{3}{8}=\frac{1}{2}$から，$C\left(\frac{3}{8},\ \frac{1}{2}\right)$　$\triangle ACQ=\frac{\triangle OAB}{2}=\frac{3}{2}$　$\triangle ACP=\triangle APO=\frac{1}{2}\times1\times3=\frac{3}{2}$　よって，$\triangle ACQ:\triangle ACP=\frac{3}{2}:\frac{3}{2}=1:1$

★ワンポイントアドバイス★

3(3)は，傾きはわかっているので，三角形の面積比から相似比を求めて，切片の計算をしよう。

＜英語解答＞

1　1 ④　2 ③　3 ②　4 ③　5 ①　6 ②
2　7 ①　8 ②　9 ②　10 ④　11 ③　12 ③　13 ④　14 ②　15 ④　16 ②
3　17 ②　18 ④　19 ③　20 ③　21 ①　22 ④
4　23 ①　24 ④　25 ④　26 ③
5　27 ⑦　28 ⑧　29 ⑦　30 ⑧　31 ①　32 ②　33 ④　34 ③
6　35 ②　36 ②　37 ②　38 ②
7　39 ③　40 ②　41 ①
8　42 ②　43 ③　44 ①

○推定配点○

1～6・23～26・35～44　各2点×20　7～22　各3点×16　27～34　各3点×4(各完答)
計100点

＜英語解説＞

1　リスニングテスト解説省略。

2　**(長文読解問題・歴史：内容吟味，語句補充・選択，文型，内容一致)**

(全訳)　世界中で船乗りたちは物語を語ることで有名である。これらの物語には真実ではないものもある。最も有名な船乗りの1人である，船乗りシンドバッドは①アラビアンナイトという本の中で，海での冒険談を語る。それぞれの冒険の始まりでは，シンドバットは家での生活に飽き，海の旅に出ることにする。それぞれの話の中で，彼は船を失う。たいていは嵐の中で。そして海に流されて奇妙で素晴らしい土地に着く。彼には多くの危険がある。しかし彼は決して恐れない。彼は怪物を殺し，金が入った袋を見つけ，金持ちの男として新しい船で家に戻る。

海の冒険に関する物語は世界中で②同じだ。人々は常に，豊かな未来が海の向こうのどこかで自分たちを待っている，と考えた。シンドバッドのように運に恵まれて，見知らぬ島で自分を待っている金の入った袋を見つけることを望む者もいた。船を使って村を襲う者もいた。彼らは朝早くか夜遅くにやってきて，殺人，放火，盗みをした。③バイキングは1000年前にこれをした。彼らの長くて細い船はロングシップと呼ばれたが，他のどの船より優れていて速かった。200年間，北大西洋は彼らのものだった。誰も彼らを止めることができなかった。彼らに出て行ってくれと頼むことはできなかった。大金を払って出て行ってもらうしかなかったのだ。

これはバイキングが④商人でもあったからだ。彼らは別の船も持っていた。それらの船はより大きく，幅も広くて，バイキングたちはそれらを使っていくつかの国に行った。彼らは貿易をするため，つまり売買をするためにこれらの国々へ行った。彼らは木材や魚を売り，銀やガラスを買った。しかし彼らは人の売買もした。これらの人々は奴隷だった。彼らは人に所有され無給で働いた。バイキングは奴隷貿易をした最初の人々ではなかったが，最後の人々でもなかった。しかし⑤彼らは世界の他の人々に重要なことを教えた。船こそが未来だということを。裕福かつ有力になるには，国は優れた頑丈で速い船が必要だったのだ。

国際貿易，つまり外国との貿易は船を使ってずっと容易になった。数百年間もアジアとヨーロッパの間の貿易の多くは陸路で行われなくてはならなかった。⑥しかし，1498年，ポルトガルの船乗りであるバスコ・ダ・ガマが初めて，アフリカの南岸を回って航海した。彼はインド洋に到達し，アジアへの東航路を開いた。この6年前，クリストファー・コロンブスがアジアへの西航路を発見しようとした。彼は太平洋に至らなかった，なぜなら途中に陸地があったからだ，しかし彼はアメリカに到達した最初のヨーロッパ人の1人になった。太平洋への西航路を発見した最初の人物は，別のポルトガルの船乗り，フェルディナンド・マゼランだった。1522年，彼の船のビクトリア号は世界一周をした最初の船となった。国際貿易が始まる準備が整った。

今日，人は飛行機で海外出張をするが，世界中の物流にとって，船がますます重要である。現代の船は⑦コンテナと呼ばれる大きな金属の箱に物を入れて運ぶ。各コンテナは長さがおよそ6メートルで，1つのコンテナに48,000本のバナナが入ると言われている！　世界最大のコンテナ船のエマ・マースクは長さがおよそ400メートルで，11,000のコンテナ，つまり5億2800万本のバナナを運ぶことができる！

現代の船のおかげで国際貿易はさらに速く良くなった。これは漁業も同じだろうか。現代の漁船は魚を見つけ捕獲するのが非常に上手だが，上手すぎるのかもしれない。1497年，ジョン・コボットがニューファンドランドを発見した。彼がニューファンドランドの海岸近くの海に着いた時，海は魚でいっぱいだった。それは⑧金を見つけるようなものだった。この後，数百年間，漁師たちが魚を捕獲するためにこの場所に来た。しかし1992年に漁業が停止した。魚が十分ではなくなったのだ。

ニューファンドランドの話は私たちにとって重要な教訓だ。私たちが来るのを待っている金貨は際限なくある，と考えることは⑨-a間違っている。海の魚が際限なくある，と考えることは⑨-b間違っている。

問1　7　下線部①の直後の文より，①が適切。②は「毎回嵐によって」の部分が誤り。本文には「たいてい嵐の中で」とあるので，「毎回」とは言えない。

問2　8　the same「同じ」

問3　9　下線部③の直後の文より，②が適切。③は「世界中の海」の部分が誤り。本文には「北大西洋は彼らのものだった」とある。

問4　10　空所④を含む段落にはバイキングが貿易をしていたことが書かれているので，④ business people「商売人」が適切。

重要　問5　11　下線部⑤は第4文型〈主語＋目的語＋間接目的語＋直接目的語〉で，③が同じ。①は第3文型〈主語＋動詞＋目的語〉，②は第2文型〈主語＋動詞＋補語〉，④は第5文型〈主語＋動詞＋目的語＋補語〉。

問6　12　空所⑥の前には陸路で貿易が行われていたことが書かれており，空所⑥の後ろには海路が開かれていったことが書かれていることから，逆接の接続詞 But「しかし」が適切。

問7　13　下線部⑦を含む段落の最終文より，④が適切。③は「コンテナ」ではなく，コンテナを運ぶ「コンテナ船」についての記述である。

やや難　問8　14　魚の多い海域を見つけることは，金を見つけるのと同様に，大金を稼ぐことができる。

やや難　問9　15　wrong「間違っている」 There is no end to ～「～に終わりはない，～は際限なく(ずっと)ある」

問10　16　空所⑥を含む段落より，②が本文の内容と一致する。

3　(長文読解問題・物語文：内容吟味，語句補充・選択，語句解釈，内容一致)

(全訳)　ジョアンナ・ジンブクは看護師だ。彼女はオーストラリア北部に住み，働いている。彼女の上司はボブ・ミルズで，フライング・ドクター(空飛ぶ医師)だ。彼とジョアンナはボブの飛行機のブルーバード号に乗ってどこへでも行く。8月のある朝，ジョアンナは電話に出る。それはウーマラ在住の1人の母親からだ。彼女は，自分の18か月の赤ちゃんが非常に具合が悪い，と言う。

5分後，ジョアンナとボブはブルーバード号に乗っている。「ウーマラは君の町の近くだね？」とボブが言う。「ええ，そうです」とジョアンナがほほ笑む。「そこはとても小さな集落です」 彼女は窓の外を見る。

地上に降りると，8，9人がフライング・ドクターを待っている。彼らは彼とジョアンナを小さな家に連れて行く。その母親，ジェーンが中にいる。ボブは小さな女の子を20分間診察する。そして彼は言う。「お気の毒ですが，メアリーは非常に具合が悪いです。心臓です。シドニーの病院に行かなくてはなりません」「シドニーですって！」とジェーンが言う。

「はい」とボブは手を①その女性の腕に置く。「でも大丈夫です。あなたも一緒に行けます」 ジェーンは悲しそうな様子だ。「どうやって？　私は他に子供が6人います。彼らを置いていくことはできません」

突然，ジョアンナに考えが浮かぶ。「私がメアリーと一緒にシドニーに行くのはどうでしょう？　というのも，私は今日の後，2週間は休暇ですから」「名案だね」とボブが言う。

24時間後，ジョアンナはシドニーに初めて到着する。2人の看護師が空港で待っている。彼らは彼女とメアリーを車に乗せ，すごい速さで大病院に連れて行く。1人の医師がそこで待っている。「こんにちは」と彼が言う。「私の名前はポール・グリフィンです」 ジョアンナは彼にほほ笑む。

ジョアンナは毎日病院に通う。彼女はメアリーのベッドの隣に座り，時には看護師たちの手伝いをする。3日間，②何も起こらない。

すると4日目，ジョアンナはメアリーの部屋で本を読んでいる。突然彼女に物音が聞こえる。「あれは何かしら」と彼女は考える。その時，彼女は再び物音を耳にする。「ママ！」 彼女は立ち上がり，メアリーのベッドへ行く。「メアリー，あなただったのね！ あなたは起き上がっているのね。おしゃべりもしているわね」

その日，後ほど，ジョアンナはボブ・ミルズに電話する。「はい，そうです。メアリーは大丈夫になりますよ」と彼女は満面の笑みで言う。「私は来週，彼女を連れて帰れます」

翌日病院で，ポールは③看護師長と会う。「来週，うちの看護師の1人が病院を辞めることになっていて，誰か新しい人が必要なんです」と彼女は言う。「ジョアンナ・ジンブクはどうでしょう？ 彼女は非常に良い看護師です。彼女がここでの仕事を望むとあなたは思いますか」

「私が？」とその晩ジョアンナが言う。彼女はポールを見つめる。「なぜだめなんだい？」と彼が言う。「やはり看護師長は正しい。君はとても良い看護師だ」 ジョアンナは黙り込む。

翌日，ジョアンナは長い散歩に出かける。彼女は通りの人々を眺める。彼女は全ての店，博物館，劇場も見る。「④シドニーはすごいわ」と彼女は思う。「とても美しいし，見るものもすることもたくさんある」

通りの向こう側に，お店のウインドーがある。ジョアンナは向きを変え，その中を覗き込む。赤い丘の大きな絵が見える。「ちょっと待って」と彼女は考える。「私はあの場所を知っている。ウーマラの近くよ」 数分後，1人の男性が店から出てくる。「大丈夫ですか」と彼が尋ねる。ジョアンナはほほ笑む。「はい，大丈夫です。本当に，大丈夫です」 彼女の目は涙でいっぱいだ。

2日後，ボブとジョアンナはウーマラにいる。ボブはブルーバード号に乗り込み，ジョアンナも一緒だ。彼女はジェーンとメアリーに手を振る。ボブは飛行機を発進させ，帽子を後ろにぐっとそらせる。「ねえ，何もかもありがとう，ジョアンナ」と彼が言う。「シドニーで。美しい都市だろう？」「はい」とジョアンナは言う。「でも地元にいるのがいいです」

問1 [17] 全訳参照。赤ちゃん(メアリー)の母親である，ジェーンを指す。

重要 問2 [18] nothing「何も～ない」

やや難 問3 [19] 直後の文参照。One of my girls「私の女の子たちの1人」とは「病院の看護師の1人」を意味する。看護師の1人が辞めることになっているので，ジョアンナを「新しい看護師」として雇うのはどうか，とポールに提案している。

問4 [20] 直後のジョアンナの言葉より，③が適切。

重要 問5 [21] ①(○) ジョアンナはシドニーの病院で働くことを提案され，シドニーは良いところだと思ったが，故郷の近くを描いた絵を見たことにより，故郷に戻ることにした。 [22] ④(○) ジョアンナは自ら，休暇を利用してメアリーに付き添い，シドニーに行くことを申し出た。

基本 **4** (語句補充・選択：現在完了，助動詞，時制，比較，前置詞)

1 [23] 「どのくらいあなたは彼を待っていますか」 継続を表す現在完了の文。

2 [24] 「今度の金曜日，ダンスパーティーに行きませんか」 Shall we ～?「～しませんか」

3 [25] 「彼女は時々映画館に行く」 現在の習慣を表す文は現在形にする。

4 [26] 「トムは3人の中で最も背が高い少年だ」〈最上級＋ of ～〉「～の中で最も…」

重要 **5** (語句整序：接続詞，不定詞，進行形，比較)

1 [27]・[28] (I) didn't have any pens so I borrowed his. 「私はペンを1本も持っていなかったので彼のものを借りた」〈not any ＋複数名詞〉「1つも～ない」 his「彼のもの」

2 [29]・[30] Do you have anything hot to drink with (you?) 「あなたは何か温かい飲み物を持っていますか」 anything hot to drink「何か温かい飲み物」

3　31・32　I thought that it was a very big cat.「私はそれがとても大きな猫に思えた」

4　33・34　It was getting hotter and hotter when I went to (bed.)「私が寝る時，どんどん暑くなっていった」 It は天気・気候・温度を表す文の主語になる。〈be getting ＋比較級＋ and ＋比較級〉「どんどん～になっていく」

6 (正誤問題：分詞，不定詞，受動態)

1　35「これは私の弟によって車の中に運び込まれた魚だ」 ②の be が不要。brought 以下が fish を後ろから修飾する。

2　36「あなたは次の休暇中にどこの国を訪問するつもりですか」 主語が you なので②を are に直す。

3　37「私にあの新しい自転車を買ってくれるよう，彼女に頼んでください」 ②を to buy に直す。〈ask ＋人＋ to ＋動詞の原形〉「(人)に～するように頼む」

4　38「この美しい絵は誰によって描かれたのですか」 主語は this beautiful picture で，受動態の疑問文。②を was に直す。

7 (アクセント)

1　39　③は第2音節，他は第1音節を強く読む。　2　40　②は第3音節，他は第1音節。

3　41　①は第3音節，他は第1音節。

8 (発音)

1　42　②は[ai]，他は[i]。　2　43　③は[e]，他は[ei]。　3　44　①は[ʃ]，他は[s]。

★ワンポイントアドバイス★

2は航海の歴史に関する文章で，英文の構造は平易だが内容が複雑であり，丁寧な読み取りが要求される。

＜国語解答＞

一　1 ①　2 ③　3 ②　4 ②　5 ⑤　6 ④　7 ⑤　8 ②　9 ②
10 ⑤　11 ①　12 ①　13 ④　14 ③　15 ②　16 ⑤

二　17 ④　18 ①　19 ③　20 ②　21 ①　22 ④　23 ⑤　24 ①
25 ③　26 ②　27 ③　28 ④

三　29 ③　30 ④　31 ②　32 ③　33 ⑤　34 ④　35 ②　36 ①
37 ③　38 ③　39 ④　40 ③　41 ④

○推定配点○

一　1～5　各1点×5　6・7・10・11・15　各2点×5　8・9・12～14・15　各4点×6

二　17～19・22・24・28　各2点×6　20・21・23・25～27　各3点×6

三　29～31・33～35・39・40　各2点×8　32・36～38・41　各3点×5　計100点

＜国語解説＞

一 (論説文一漢字，脱語補充，接続語，指示語，文学史，文脈把握，内容吟味，語句の意味)

問1 (ア) 「追随(ついずい)」は，人の後ろからついて行くこと，人のしたことや意見を真似ること。「追」を使った熟語はほかに「追従」「追悼」など。訓読みは「お(う)」。 (イ) 「敢」の音読みは「カン」。熟語は「敢闘」「勇敢」など。 (ウ) 「搭乗(とうじょう)」は，飛行機や船・車両に乗り込むこと。「搭」を使った熟語はほかに「搭載」。 (エ) 「画期的(かっきてき)」は，新しい時代を作り出すほど意味があること。「画」を使った熟語はほかに「画一的」「画策」など。音読みはほかに「ガ」。熟語は「画像」「画面」など。 (オ) 「陳腐」は，ありふれていること。「腐」を使った熟語はほかに「腐心」「腐敗」など。訓読みは「くさ(らす)」「くさ(る)」「くさ(れる)」。

問2 X 直前に「その影響を独自に消化した作品」とあり，直後に「『ほしのこえ』であり……」と具体例が列挙されているので，例示を表す「例えば」が入る。 Y 直前に「侮蔑的なニュアンスが抜きがたくこびりついている」「『セカイ系』は明らかに蔑称として用いられることが多かった」とあるのに対し，直後には「当初の枠組みを越えて文化のジャンルにまで影響を及ぼすようになったのである」と述べられているので，逆接を表す「だが」が入る。 Z 直前の「他の論者も数多く論戦に加わる」という内容を直後で「論壇プロレス」と言い換えているので，世に言われている，という意味の「いわゆる」が入る。

やや難 問3 直前に「言葉」とあり，「セカイ系」という「言葉」を「それ」と言い換える文脈である。「セカイ系」については，「すなわち，物語の主人公である『ぼく』と，『ぼく』が思いを寄せるヒロイン『きみ』の二者関係によって成り立つ小さな日常と，……『世界の終わり』『この世の終わり』といったスケールの大きな非日常とが，……中間項を排除することによって成立する世界観である」と説明されているので②が適切。「小さな日常」と「大きな非日常」とが中間項を排除して成立する，とあるので，「小さな日常」のみを示している①・③はあてはまらない。④は「対立する」，⑤は「掛け合わせた」が適切でない。

問4 直後の『こころ』の作者は夏目漱石。作品はほかに『坊ちゃん』『吾輩は猫である』など。

問5 太宰治の作品は『人間失格』のほかに『斜陽』『津軽』など。『暗夜行路』は志賀直哉，『金色夜叉』は尾崎紅葉，『安愚楽鍋』は仮名垣魯文，『田舎教師』は田山花袋の作品。

問6 直後に「同時代の現実とも対応していた終末論的な舞台設定，精巧なメカデザイン，……等々，『エヴァ』というカッ期的な作品の持つ様々な要素と深くシンクロしていたことを意味している」と説明されているので①が適切。

問7 直後に「侮蔑的なニュアンスが抜きがたくこびりついている。実際，セカイ系は当初明らかに蔑称として用いられることが多かった」と説明されているので，④が適切。

やや難 問8 その理由については，後に「ひとつはセカイ系の定義が，当初のそれから徐々に修正・拡張されていったことである」「そしてもうひとつが，宇野常寛の『ゼロ年代の想像力』という挑発的なセカイ系批判の登場である。……を『新しい想像力』の産物として位置づけ，ゼロ年代のカルチャーマップを両者の交差する場として描き出してみせた」と説明されているので，この2点に言及している③が適切。

問9 「俎上」は，まな板の上，という意味。「俎上に載せる」は，ある物事や人物を取り上げて自由に論じること，という意味なので，②が適切。

やや難 問10 前に「セカイ系の擁護者の東浩紀」「セカイ系批判の宇野常寛」とあり，「自らのセカイ系批判を新しい世代の論客による東浩紀批判を新しい世代の論客による東浩紀批判としても成立させるという明確な戦略を持っていた」「宇野の目論見の正しさは，当の東が宇野の批判に対して正面切って応答し，また他の論者も数多く論戦に加わるなど，……異例の活況を呈したことによって証明された」と説明されているので⑤が適切。

二 **(小説―語句の意味，情景・心情，文脈把握，内容吟味，脱語補充，慣用句，要旨，文学史)**

問1 (ア) 「愚にもつかない」は，ばかばかしくて話にならない，という意味なので④が適切。(イ) 直後の「身を正す」という様子なので，①が適切。「粛然(しゅくぜん)」は，心をひきしめ，かしこまっている様子。 (ウ) 「耽溺(たんでき)」は，ふけり，おぼれる，という意味なので，③の「夢中になる」が適切。

やや難 問2 この時の「康平」の心情は後に，「カンちゃんへの腹立ちは，そのうち強い恨みに変わっていきかけたが，……康平はこんどは自分に腹がたってきた」と表現されている。カンちゃんへの恨みではなく，自分に助言してくれたカンちゃんの気持ちに気づけなかった自分を責めているので，「親しい間柄だからこそ……助言してくれた」とする②が適切。

問3 直後に「俺には俺の考えがあってだと？」「どんな考えなんだ。ただ学校に行きたくなかっただけではないか」とあるので①が適切。

問4 「骨惜しみしない」は，苦労を嫌がらずに，すべきことをする，という意味。

問5 直前の「『そうか，それを感じたか。……読みたいと思った本読んだらいいよ』」という言葉から感じられる心情としては⑤が適切。

問6 「雲を摑む」は，漠然としていてつかみどころがない，という意味。歴史を学ぶために，まずどこから手を付ければよいのか見当がつかない，という状態である。

問7 前に「父は，康平の突然の読書熱に気づいていたし，……」「物置として使っていた二階が息子の読書用の部屋に変わることは，父にとっては嬉しいことだったようで……」とあることから，父は康平の読書熱を好意的に受け止めていることがわかるので③が適切。

問8 「『確かに日本語なんだけどな，俺にはその日本語の意味がわからねえ』」とあることから，「わかりやすい日本語」を意味する語が入るとわかるので，「口語体」が適切。「口語」には，話し言葉，話し言葉をもとにした書き言葉，という意味がある。

問9 本文は「康平」と三人称で表現されているので，「一人称的な語り」とある③は不適切。

問10 森鷗外の作品はほかに『舞姫』『雁』など。『たけくらべ』の作者は樋口一葉。『細雪』の作者は谷崎潤一郎。『それから』の作者は夏目漱石。『斜陽』の作者は太宰治。

三 **(古文―語句の意味，係り結び，口語訳，文脈把握，文学史，旧地名，脱語補充，四字熟語)**

〈口語訳〉 そしることとほめることは人にとって重要なことである。そうではあるが世の中の人が一斉にほめる時は必ずよく考えなければならない。(また，)人が一斉にそしるときも必ずよく考えなければいけない。まして一人はほめて一人はそしる場合も同様のことが言える。たとえば，訴訟があったときには，両方とも理にかなっていると思うからこそ，互いに言い合ってやまないのである。これを奉行が裁こうとすれば，いずれにせよ一人は勝ち一人は負けるのである。勝った人は奉行を誉め，負けた人はそしることとなる。また，悪い人でも，一緒にいる人は，よいと思うから付き合っているのである。自分がよいと思う人を誉め，自分が悪いと思う人をそしるものであるから，その毀誉によってその人の善悪が分かるものではない。同じ一杯の酒でも，上戸は酔ってよいものだと言い，下戸は酔って苦しいものだと言う。ましてや人から聞いたことは頼りないものである。(中略)信濃の国の園原という所に木があった。遠くから見ると箒(ほうき)の形に似ている。したがってこれを帚木(ははきぎ)と言う。しかし近づいて見ると箒に似ているところもなく繁っているという。ほんとうに，遠くから見聞きすることと近くで見聞きすることは，この帚木のようなものである。だいたい人が物事を批判するのも，自分が好むものを誉めるものである。侠士に歌人の評判をさせ，日蓮宗に真宗の評判をさせて，どうして公論などあろうか。同じ道を二人で行こうとしても，一人は健脚でこの道は近いと言い，(もう)一人は疲れて遠いと言うだろう。これは，道に違いがあるのではなく，心に違いがあるからである。たとえば義経のことを論じて，義経を好もしく思う人は「この人は本当に幼少期より普通の人ではいらっしゃらなかった。ともに天下を取るために，夜ごとに寺院を出て剣を抜き，はるか遠くの秀衡に見立て，この後，飛ぶ鳥を落とす勢いの平氏を二・三年のうちに攻め亡ぼし，亡き父の汚名をそそぎ，後白河法皇の御心を安らかにし，再び一度は衰微した源氏を興し，兄の頼朝を天下の武将と仰がせた」と言う。また，義経に不満を持つ人は，「たしかにこの人は，戦の一通りを成功させた人であるが，平氏を亡ぼし，勝手気ままに忠盛の娘を手に入れ，梶原景時とむだな口論(をするなど)，大将となる人のすることではない。腰越より追い返されたのも理由あってのことである。そして，都に逃げ上り，頼朝追討ちの院宣を申し受けて，吉野山では静と別れかね，女子供の涙をさそった」(と言う)など，義経一人のことでも，よいと思う人の言うことと，悪いと思う人の言うことは，ほんとうに雪と墨のごとくである。その悪いところを捨てて，よいところをとる，これは人を使う時の考え方である。その悪い所を悪いとし，よいところをよしとする，これは公の論である。また分に応じて言うこともある。鼠がたいそう大きいといっても小さい牛には及ばない。蛇をたいそう短いといってもミミズよりは長いだろう。今，人を誉めるのもそしるのもその場に応じて考えなくてはいけない。

問1 (ア)「こぞりて」は，残らずそろって，一人残らずみんなで，という意味なので，「一斉に」が適切。 (イ)「おはす」は，いらっしゃる，という意味。「ざり」と打ち消しているので，「いらっしゃらなかった」となる。 (ウ)「たえたる(絶えたる)」には，続いていたものがぷっつり切れる，滅びる，という意味があるので，「衰微する」が適切。

問2 「いはんや～をや」の形で，「ましてや，なおさらである」という意味になるので，「同様のことが言える」とする③が適切。

問3 文末が「なれ」と已然形になっているので，係り結びの法則により係助詞「こそ」が入る。

問4 現在の①「栃木県」は「下野」，②「奈良県」は「大和」，③「埼玉県」は「武蔵」，④「長野県」は「信濃」，⑤「福井県」は「越前」。

やや難 問5 「浄土真宗」の開祖は「親鸞」。①「法然」は「浄土宗」の開祖。③「西行」は『新古今和歌集』を代表する歌人。④「行基」は奈良時代の僧。⑤「栄西」は「臨済宗」の開祖。

問6 「いかでか」は，「どうして～だろうか，いやない」と反語の意を表し，「公論などあるだろうか，(公論などない)」となるので，①が適切。

問7 文末の「ん」は，「～だろう」と，推量を表すので「言うことだろう」とする③が適切。

問8 「いはれなき」は，理由のないことではない，という意味。「大将たらん人のしわざに似ず」とあり，「平氏を亡ぼし恣に忠盛の……詮なき口論」と，あるので③が適切。

問9 直前に「よしと思ふ人の論と，悪しと思ふ人の論は」とある。正反対の様子を表現していると考えられるので，「雪(＝白)」に対するものとして，「黒」を表す「墨」が入る。

問10 「取捨選択(しゅしゃせんたく)」は，よいものと悪いものを分ける，必要なものを選んで残し，不必要なものを捨てる，という意味。

問11 筆者の見解は，本文最後に「今日人をよしといひて誉めるも，悪しといひて毀るも，その場その場を考ふべし」と述べられているので，この内容と合致する④が適切。

★ワンポイントアドバイス★

現代文は，本文を精読し，文脈を追いながら丁寧に解答する練習を重ねよう！
古文は，基礎知識を蓄え，長めの文章を口語訳できる力をつけておこう！

2021年度

解　答　と　解　説

《2021年度の配点は解答欄に掲載してあります。》

＜数学解答＞

[1] (1) [1] 1　[2] 4　[3] 5　(2) [4] 3　[5] 5　(3) [6] 4　[7] 2
(4) [8] 2　[9] 5　[10] 2　(5) [11] 1　[12] 4　[13] 7
(6) [14] 7　[15] 1　[16] 3　(7) [17] 3　[18] 8　(8) [19] 1　[20] 2

[2] (1) [21] 6　(2) [22] 8　(3) [23] 1　[24] 8　(4) [25] 5　[26] 4
(5) [27] 8　[28] 4　[29] 2　[30] 7　[31] 7　[32] 8　(6) [33] 3

[3] (1) [34] 1　[35] 1　[36] 8　(2) [37] 4　[38] 9　(3) [39] 1　[40] 6

[4] (1) [41] 2　[42] 2　[43] 1　[44] 1　[45] 2　[46] 1　[47] 2　[48] 1
(2) [49] 1　[50] 2　(3) [51] 9　[52] 2　[53] 3　[54] 2

[5] (1) [55] 3　[56] 2　(2) [57] 4　[58] 0　[59] 4　[60] 3　[61] 2　[62] 6
[63] 0　[64] 3　(3) [65] 2　[66] 1

○推定配点○

[1] 各3点×8　[2] (1)～(4) 各4点×4　(5) 各2点×3　(6) 4点　[3] 各4点×3
[4] (1) 各3点×3　(2)・(3) 各4点×3　[5] (1)・(2) 各4点×3　(3) 5点
計100点

＜数学解説＞

基本 [1] (数・式の計算，平方根の計算，式の値，二次方程式，連立方程式)

(1) $\left(-\frac{1}{2}+\frac{1}{3}\right)^2\div\frac{1}{4}\times\frac{1}{5}=\left(-\frac{3}{6}+\frac{2}{6}\right)^2\times4\times\frac{1}{5}=\left(-\frac{1}{6}\right)^2\times4\times\frac{1}{5}=\frac{1}{36}\times4\times\frac{1}{5}=\frac{1}{45}$

(2) $\frac{x+1}{2}-\frac{x}{5}-\frac{3x-1}{10}=\frac{5(x+1)-2x-(3x-1)}{10}=\frac{5x+5-2x-3x+1}{10}=\frac{6}{10}=\frac{3}{5}$

(3) $\sqrt{8}(2-\sqrt{2})(2+\sqrt{2})=2\sqrt{2}\{2^2-(\sqrt{2})^2\}=2\sqrt{2}(4-2)=2\sqrt{2}\times2=4\sqrt{2}$

(4) $(3a^2+a-1)+(a^2-4a)=4a^2-3a-1=4\times\left(-\frac{3}{2}\right)^2-3\times\left(-\frac{3}{2}\right)-1=4\times\frac{9}{4}+\frac{9}{2}-1=\frac{18}{2}+\frac{9}{2}-\frac{2}{2}=\frac{25}{2}$

(5) $x^2-5x-m=0$に$x=-2$を代入すると，$(-2)^2-5\times(-2)-m=0$　$m=14$　$x^2-5x-14=0$　$(x+2)(x-7)=0$　$x=-2,\ 7$　よって，もう一つの解は，7

(6) $x:(y-1)=1:2$から，$2x=y-1$　$2x-y=-1$…①　$4x-3y=11$…②　①×2－②から，$y=-13$　これを①に代入して，$2x-(-13)=-1$　$2x=-14$　$x=-7$

(7) $b^2\times b^4=b^6=(b^3)^2$より，[17]は，3　$(-2)^2\times2=8$より，[18]は，8

(8) $(x-2)(2x+3)-(3x-4)=0$　$2x^2+3x-4x-6-3x+4=0$　$2x^2-4x-2=0$　$x^2-2x-1=0$　二次方程式の解の公式から，$x=\frac{-(-2)\pm\sqrt{(-2)^2-4\times1\times(-1)}}{2\times1}=\frac{2\pm\sqrt{8}}{2}=\frac{2\pm2\sqrt{2}}{2}=1\pm\sqrt{2}$

2 (1次方程式，平面図形の計量問題，図形と関数・グラフの融合問題，平方根，マス目の問題)

(1)　買ったリンゴの個数をx個とすると，買った梨の個数は，$10-x$(個)　代金の関係から，方程式を立てると，$120x+150(10-x)=1320$　$120x+1500-150x=1320$　$30x=180$　$x=6$(個)

(2)　補助線BDを引きEFとの交点をGとすると，中点連結の定理から，$\mathrm{EG}=\frac{1}{2}\mathrm{AD}=\frac{1}{2}\times6=3$，$\mathrm{GF}=\frac{1}{2}\mathrm{BC}=\frac{1}{2}\times10=5$　よって，$\mathrm{EF}=\mathrm{EG}+\mathrm{GF}=3+5=8$

(3)　$180^\circ-(60^\circ+78^\circ)=42^\circ$　$\angle x=60^\circ-42^\circ=18^\circ$

(4)　PQ＝RPより，点Pのx座標をpとすると，y座標もpとなる。$y=-3x+5$にP$(p,\ p)$を代入して，$p=-3p+5$　$4p=5$　$p=\frac{5}{4}$

(5)　$\mathrm{A}=1\times2\times3\times4\times5\times6\times7\times8\times9\times10=1\times2\times3\times2^2\times5\times2\times3\times7\times2^3\times3^2\times2\times5=2^8\times3^4\times5^2\times7$　よって，$\sqrt{\frac{\mathrm{A}n}{11}}=\sqrt{\frac{(2^4\times3^2\times5)^2\times7n}{11}}$から，$n=7\times11=77$　$\mathrm{A}=2^6\times3^4\times7\times(2\times5)^2=64\times81\times7\times100$から，Aの百の位の数字は，$4\times1\times7=28$より，8

(6)　$1+2+3+4+5+6+7+8+9=45$　求める中央の数字は，$45-\frac{9+12+10+11+12+9+11+10}{2}=45-\frac{84}{2}=45-42=3$

3 (図形と確率の融合問題)

基本　(1)　2回のさいころの目の出方は全部で，$6\times6=36$(通り)　そのうち，3点A，P，Qのつくる図形が正三角形となる場合は，(2，4)，(4，2)の2通り　よって，求める確率は，$\frac{2}{36}=\frac{1}{18}$

(2)　3点A，P，Qのつくる図形が三角形とならない場合は，(1，1)，(1，6)，(2，2)，(2，6)，(3，3)，(3，6)，(4，4)，(4，6)，(5，5)，(5，6)，(6，1)，(6，2)，(6，3)，(6，4)，(6，5)，(6，6)の16通り　よって，求める確率は，$\frac{16}{36}=\frac{4}{9}$

重要　(3)　ADとCFの交点をOとすると，△OABの面積は，$6\div6=1$　△APQが△OABと同じ面積になる場合は，(1，2)，(1，5)，(2，1)，(4，5)，(5，1)，(5，4)の6通り　よって，求める確率は，$\frac{6}{36}=\frac{1}{6}$

4 (図形と関数・グラフの融合問題)

(1)　$y=x$…③　①と③からyを消去すると，$\frac{1}{2}x^2=x$　$x^2=2x$　$x^2-2x=0$　$x(x-2)=0$　$x=0,\ 2$　$x=2$を③に代入して，$y=2$　よって，A(2，2)　$y=-\frac{1}{2}x$…④　①と④からyを消去すると，$\frac{1}{2}x^2=-\frac{1}{2}x$　$x^2=-x$　$x^2+x=0$　$x(x+1)=0$　$x=0,\ -1$　④に$x=-1$を代入して，$y=-\frac{1}{2}\times(-1)=\frac{1}{2}$　よって，$\mathrm{C}\left(-1,\ \frac{1}{2}\right)$　直線ACの傾きは，$\left(2-\frac{1}{2}\right)\div\{2-(-1)\}=\frac{3}{2}\div3=\frac{1}{2}$　直線ACの式を$y=\frac{1}{2}x+b$として点Aの座標を代入すると，$2=\frac{1}{2}\times2+b$　$b=2-1=1$　よって，直線ACの式は，$y=\frac{1}{2}x+1$

(2)　②と③からyを消去すると，$\frac{1}{4}x^2=x$　$x^2=4x$　$x^2-4x=0$　$x(x-4)=0$　$x=0,\ 4$

よって，B(4, 4)　②と④からyを消去すると，$\frac{1}{4}x^2=-\frac{1}{2}x$　$x^2=-2x$　$x^2+2x=0$　$x(x+2)=0$　$x=0,\ -2$　④に$x=-2$を代入して，$y=-\frac{1}{2}\times(-2)=1$　よって，D(−2, 1)　直線BDの傾きは，$\frac{4-1}{4-(-2)}=\frac{3}{6}=\frac{1}{2}$　傾きが等しいことから，AC//BD　△ACDと△ABDのAC，BDを底辺とみると高さは等しくなるので，△ACD：△ABD＝AC：BD＝{2−(−1)}：{4−(−2)}＝3：6＝1：2

重要　(3)　直線BDの式を$y=\frac{1}{2}x+d$として点Bの座標を代入すると，$4=\frac{1}{2}\times4+d$　$d=4-2=2$　直線AC，直線BDとy軸との交点をそれぞれE，Fとすると，E(0, 1)，F(0, 2)　FE＝2−1＝1　よって，(四角形ABDC)＝△ACD＋△ABD＝△ACF＋△EBD＝$\frac{1}{2}\times1\times(2+1)+\frac{1}{2}\times1\times(4+2)=\frac{3}{2}+3=\frac{9}{2}$　線分ACの中点をMとすると，$\frac{2+(-1)}{2}=\frac{1}{2}$，$\left(2+\frac{1}{2}\right)\div2=\frac{5}{4}$から，$M\left(\frac{1}{2},\ \frac{5}{4}\right)$　線分BDの中点をNとすると，$\frac{4+(-2)}{2}=1$，$\frac{4+1}{2}=\frac{5}{2}$から，$N\left(1,\ \frac{5}{2}\right)$　線分MNの中点をGとすると，$\left(\frac{1}{2}+1\right)\div2=\frac{3}{4}$，$\left(\frac{5}{4}+\frac{5}{2}\right)\div2=\frac{15}{8}$から，$G\left(\frac{3}{4},\ \frac{15}{8}\right)$　点Gを通る直線は，四角形ABDCの面積を二等分するから，求める傾きは，$\left(0-\frac{15}{8}\right)\div\left(2-\frac{3}{4}\right)=-\frac{15}{8}\div\frac{5}{4}=-\frac{15}{8}\times\frac{4}{5}=-\frac{3}{2}$

5 （空間図形の計量問題―切断，体積，平行線と線分の比の定理）

基本　(1)　平行線と線分の比の定理から，CI：RG＝CS：SQ　CI：2＝2：1　CI＝4　よって，BC：CI＝6：4＝3：2

やや難　(2)　BC：BI＝3：(3＋2)＝3：5　6：BI＝3：5　BI＝10　同様にして，3直線BA，TU，QPの交点をJ，3直線BF，PQ，SRの交点をKとすると，BJ＝10，BK＝10　点Bをふくむ方の立体の体積は，三角錐K－BIJの体積から，三角錐I－CST，三角錐J－AUPと三角錐K－FRQの体積の和をひいたものになるから，$\frac{1}{3}\times\frac{1}{2}\times10\times10\times10-\frac{1}{3}\times\frac{1}{2}\times4\times4\times4\times3=\frac{500}{3}-32=\frac{500}{3}-\frac{96}{3}=\frac{404}{3}$ (cm^3)　六角形PQRSTUを底面とし，Bと頂点とする六角錐の体積は，点Bをふくむ方の立体の体積から，三角錐B－AUP，三角錐B－FQRと三角錐B－CTSの体積の和をひいたものになるから，$\frac{404}{3}-\frac{1}{3}\times\frac{1}{2}\times4\times4\times6\times3=\frac{404}{3}-48=\frac{404}{3}-\frac{144}{3}=\frac{260}{3}$ (cm^3)

重要　(3)　直線NMとHEの交点をLとすると，EL：FN＝EM：FM　EL：3＝1：1　EL＝3　VE：DH＝EL：HL＝3：(6＋3)＝3：9＝1：3　VE：AE＝1：3　よって，AV：VE＝(3−1)：1＝2：1

★ワンポイントアドバイス★

5のような空間図形の問題は，辺を延長して考える。(1)が(2)，(3)の解法のヒントになっていることに気づこう。

＜英語解答＞

1　1 ④　2 ③　3 ②　4 ④　5 ③　6 ④

2　7 ②　8 ③　9 ③　10 ④　11 ①　12 ②　13 ②　14 ①　15 ④　16 ③

3　17 ③　18 ②　19 ①　20 ④　21 ③　22 ④

4　23 ④　24 ①　25 ②　26 ③

5　27 ⑥　28 ⑧　29 ⑦　30 ⑥　31 ②　32 ⑦　33 ②　34 ③

6　35 ③　36 ③　37 ④　38 ③

7　39 ②　40 ③　41 ④

8　42 ③　43 ②　44 ④

○推定配点○

1～6・23～26・35～44　各2点×20　7～22　各3点×16　27～34　各3点×4(各完答)

計100点

＜英語解説＞

1　リスニングテスト解説省略。

2　**(長文読解問題・紹介文：語句補充・選択，前置詞，内容吟味，指示語，熟語，文型，内容一致)**

(全訳)　2018年8月20日，スウェーデン，ストックホルムの月曜日の朝，青いパーカと黄色のレインコートを着た少女が自転車に乗り，自宅からスウェーデン議会の建物へ行った。彼女の名前は②グレタ・トゥーンベリだった。彼女は15歳で彼女は学校を休んでいた。

彼女はそれを単なる楽しみのためにやっていたのか。

違う。その正反対だ。彼女には非常に真剣な目的があった。彼女は最悪の気候問題に抗議するため，その建物に行くところだった。数か月前，新聞は彼女によって書かれた環境への危惧に関するエッセイを掲載した。「私は安心したい」と彼女は書いた。「私たちが人類史上最悪の気候問題の渦中にいることを知っているのに，どうして安心できますか」　そこで彼女は行動を起こすことにした。

グレタは人々に配るためにビラを100枚持ってきた。彼女は木製の看板も持っていた。彼女の父親は，彼女がそれを作るのを手伝った。③それは白く塗られ，大きな黒い文字でスウェーデン語のメッセージが書かれていた。「気候のための学校ストライキ」　彼女のストライキは，抗議するために学校に行かないことにした，という意味だった。

これは彼女のストライキの初日だった。グレタは議会の建物の壁に寄りかかって座った。彼女は他の若者たちにも参加してほしいと思った。しかし誰も参加しなかった。

1日中，人々が彼女の横を通りすぎた。誰もビラを受け取らなかった。しかし翌日も彼女はそこにいた。同じ場所に戻ってきた。しかし誰も彼女のもとに加わらなかった。

21世紀に生まれた多くのティーンエージャーと同じように，グレタも④ソーシャルメディアの力を理解していた。彼女は看板を掲げた自分自身の写真をインスタグラムやツイッターに載せた。彼女はいくつかのスウェーデンの新聞社に電話をかけ，気候変動に注意を集めるための自分のストライキについて彼らに話した。すると2，3の地元紙が記者を送ってきた。

その後，グレタのストライキは大きくなっていった。議会の建物の場所でグレタに加わる若者がどんどん増えて行った。彼女のように，彼らはスウェーデン政府に行動を起こし，地球温暖化を止めることに役立つ法案を成立させてほしいと思った。地球は助けを必要としている。大人が問題なのだ，というのがグレタの信念だった。彼らは地球を救うために必要なことをしていなかった。若者たちは彼らにそれを自覚してほしかった。

ここで，グレタの物語の始まりを見てみよう。

グレタは子供が望むものを全て持っているように見えた。彼女には愛情深く創造的な両親がいた。彼女の母，マレーナ・エルンマンは有名なオペラ歌手だった。彼女の父，スヴァンテは作家であり俳優だった。彼女の妹，ベアータは3歳年下でグレタのことを尊敬していた。そしてモーゼスという，グレタのゴールデン・レトリーバーもいた。

グレタの両親はいつも，グレタとベアータに環境に責任を持つよう教えた。彼らは電気がついている必要のない時には電気を消した。彼らは水を無駄にしなかった。彼らは車を使う⑤代わりに，よく自転車に乗った。そして電気自動車が売られるようになると，彼らは⑥それを買った。

グレタは感受性が鋭く，頭が良く，まじめだった。グレタは馬，犬，バレエ，ピアノを習うことが好きだった。彼女はよく本を読んだ。そして彼女は深く考える性格だった。彼女は時々，子供よりも大人のように見えた。

そして彼女が8歳の時，学校であることが起こり，それがグレタの人生を変えた。

彼女のクラスは地球温暖化についての映画を見た。その映画から，グレタは北極と南極の氷原が溶けだしていることを知った。これはそこの近くに住んでいるホッキョクグマにとって危険なことだった。これについて学ぶことで，クラスのみんなが驚いた。しかしその映画が終わると，他の子供たちはその日の残りの時間を続けていくことができた。グレタはできなかった。彼女はホッキョクグマのことしか考えられなかった。地球温暖化が問題ならば，なぜ誰もそれを止めようとしていないのか。

⑦グレタの心配はどんどんひどくなっていった。11歳の誕生日⑧までには，彼女は地球温暖化しか考えられなくなっていた。彼女は食べることをやめた。彼女はピアノを弾くことをやめた。彼女は学校へ行くことをやめた。彼女は話すことさえやめた。何時間も彼女はただモーゼスと一緒に座り，彼を触っていた。

マレーナとスヴァンテはグレタにもっと食べさせるため，あらゆることを試した。でもどれもうまくいかなかった。⑨グレタは20ポンド以上やせた。スヴァンテはこの時のことを，「親にとっての最悪の悪夢」と述べた。自分の子供が苦しんでいるのに，彼は彼女を助けることができなかったのだ！

問1　7　〈on ＋日付〉「～に」

重要　問2　8　下線部②の2文後の Was she doing it for fun?「彼女はそれ(学校を休むこと)を単なる楽しみのためにしていたのか」に対し，No. Just the opposite.「違う。正反対だ」とある。

問3　9　下線部③の2つ前の文の a wooden sign「木製の看板」を指す。

問4　10　空所④の次の文に Instagram and Twitter とあることから④ social media が適切。

問5　11　instead of ～ing「～する代わりに」

問6　12　one は前に出た名詞の繰り返しを避けるために用いられる代名詞で，ここでは an electric car を指す。

重要　問7　13　下線部⑦は第2文型〈主語＋動詞＋補語〉で②が同じ。①は第1文型〈主語＋動詞〉，③は第3文型〈主語＋動詞＋目的語〉，④は第4文型〈主語＋目的語＋間接目的語＋直接目的語〉，⑤は第5文型〈主語＋動詞＋目的語＋補語〉。

問8　14　by ～「～までには」

問9　15　下線部⑦を含む段落に，グレタが地球温暖化のことばかり考えて，食べることをやめてしまったと書かれている。

重要 問10 [16] 空所④を含む段落より，③が本文の内容と一致する。

[3] (長文読解問題・物語文：内容吟味，語句補充・選択，前置詞，内容一致)

(全訳) ある金曜日，高校から歩いて帰宅する途中に，僕は新入生の①カイルを見かけた。彼は教科書を全て持ち運んでいるようだった。僕は内心，「どうして金曜日に教科書を全部持ち帰るんだ？ 彼は本物のがり勉に違いない」と思った。僕は自分の週末の計画に思考を戻した。友達たちとフットボールをして，その後はパーティーだ。

僕は歩き続けた。すると何人かがカイルに向かって走っていき，彼にぶつかった。彼らは彼の腕から教科書を落とし，彼を転ばせた，そして彼は地面に倒れた。彼の眼鏡は飛んでいき，10フィートほど離れた草むらに落ちた。彼はとても悲しそうに見上げた。彼は泣きだしそうだった。

そこで僕は近づき，彼が教科書を拾うのを手伝い，彼に眼鏡を渡した。「あいつらは本当にひどい」と僕は言った。カイルはようやくほほ笑み，「ああ，ありがとう！」と言った。僕は彼を本当に元気づけたのだとわかった。カイルは数週間前にこの地域に引っ越してきて，あの少年たちはほとんど毎日同じことを彼に対してやっていた。「でもあいつらにはまた同じことをさせないぞ！」と彼は怒って言った。「あいつらのことは忘れろよ，カイル」と僕は言い，②土曜日に僕や僕の友達たちとフットボールをしようと誘った。彼は「うん」と言った。

カイルと僕の友達たちと一緒に過ごして，それは素晴らしい週末だった，そして僕たちは彼をよく知れば知るほど，みんな彼のことがもっと好きになった。月曜の朝が来て，カイルはまた全ての教科書を持って現れた。「ごめん，君は教科書全部を見る時間があまりなかったね」と僕は冗談を言った。彼はただ笑って，僕に教科書の半分を渡して運ばせた。

カイルと僕は親友になった，そしてその後4年間，彼は週末に教科書を全て持ち帰ることは一度もなかったが，時間を見つけて非常に勉強した。僕たちは最上級生になり，彼は医師になろうと計画していて，僕はフットボールの奨学金でビジネスを勉強するつもりだった。僕たちの高校での時間の③間に，多くのことが変わったが，特に変わったのはカイルにとってだ。毎年，1人の生徒が先生たちに選ばれ，高校の卒業式でスピーチをする。今年，彼らはカイルを選んだ。

彼はスピーチを始める時，せき払いをして始めた。「今こそ，僕たちが高校を卒業するのに力を貸してくれた全ての人々に感謝する時です。両親，先生方，兄弟姉妹，しかし一番は友人たちです。僕はここであなたたち全員に言いたい。誰かにとって友達であることは，あなたが与えられる最高のプレゼントです。これから僕は，あなたたちにある話をします」

カイルが皆に，僕たちの最初の日の話をし始めた時，僕は自分の耳が信じられなかった。彼はあの時の週末に自殺しようとしていたのだ！ 彼はロッカーから全ての教科書を取り出した，なぜなら後で母親にそうさせたくなかったからだ。そして，またもや，あの少年たちが彼を攻撃した。「でも僕は救われました。友達が僕を救ってくれたのです」

この普通の，しかし今は人気者になった少年が自分の最も弱い瞬間について話す時，僕は聴衆がはっと息を飲むのを聞いた。「1つ覚えていただけるならば」とカイルが続けた。「僕たちは皆，他者の人生を変える力を持っているということを覚えておいてください。あの不幸な日，僕の友達は歩き続けることもできたかもしれませんが，彼は僕を助けることを選びました。そしてそれが全てを変えたのです。僕たちは皆，ほんの短時間だけでなく，ずっと一生，他の人を幸せにしたり悲しませたりする④力を持っているのです」

問1 [17] 第1，2段落の内容より，③が適切。

問2 [18] 第1段落最終文参照。筆者は週末に友人たちとフットボールをすることになっていた。よって Saturday「土曜日」が適切。

問3 [19] during は「～の間に」を表す前置詞。前置詞なので後ろには名詞が続く。while「～が…している間に」と混同しやすいが，while は接続詞なので後ろには〈主語＋動詞〉が続く。

重要 問4 [20] 空所④の3つ前の文に we all have the power とあることに着目する。

重要 問5 [21] ③(○) 第5段落第1，2文の内容と一致する。 [22] ④(○) 最後から2番目の段落の第2，3文の内容と一致する。

基本 [4] (語句補充・選択：名詞，接続詞，時制，疑問詞)

1 [23] 「あの緑色の屋根の上に葉が何枚か見える」 leaf「葉」の複数形は leaves となる。

2 [24] 「その少女は体育祭で非常に速く走ったのでリーダーになった」 so … that ～「とても…なので～」

3 [25] 「誰が毎朝その部屋を掃除しますか」 疑問詞 who が主語の疑問文。Who は単数扱いなので現在形の文では動詞に -s を付ける。

4 [26] 「あなたのグラスの中にはどのくらいの水がありますか」 water は数えられない名詞なので，その量を尋ねる時は How much を用いる。

[5] (語句整序：不定詞，現在完了，疑問詞，時制，受動態，接続詞)

1 [27]・[28] It was a very good idea to invite (him here.) 「彼をここに招くのは非常に名案だった」 形式主語構文 It is … to ～「～することは…」

2 [29]・[30] Has the dog been sick since yesterday? 「その犬は昨日から具合が悪いのですか」 継続を表す現在完了の疑問文。

3 [31]・[32] What sport are you going to play (tomorrow?) 「あなたは明日どんなスポーツをするつもりですか」 〈what ＋名詞〉「どんな～」 〈be going to ＋動詞の原形〉「～するつもりだ

4 [33]・[34] (He) was loved by a lot of people until he (died.) 「彼は死ぬまで多くの人々に愛された」 受動態〈be動詞＋過去分詞〉の文。until ～「～が…するまでずっと」

重要 [6] (正誤問題：代名詞，比較，分詞)

1 [35] 「私は家で小さな犬を飼っていて，そのしっぽは非常に短い」 ③の it's を its に直す。its「その～」

2 [36] 「私はこの猫が私の町内で最もかわいいと思う」 ③は最上級なので the を付けて the prettiest とする。

3 [37] 「彼は彼女と同じくらいたくさん食べたがっている」 ④を does に直す。この does は eats の代わりとして用いられており，「彼女が食べるのと同じくらい」を表す。

4 [38] 「あの国で最も用いられている言語はどれですか」 ③を used に直す。形容詞的用法の過去分詞句 used the most in that country「あの国で最も用いられている」が language を後ろから修飾する。

[7] (アクセント)

1 [39] ②は第2音節，他は第1音節を強く読む。 2 [40] ③は第1音節，他は第2音節。

3 [41] ④は第2音節，他は第1音節。

[8] (発音)

1 [42] ③は[ou]，他は[ɔː]。 2 [43] ②は[u]，他は[uː]。 3 [44] ④は[ʃ]，他は[k]。

★ワンポイントアドバイス★

[2]は環境活動家グレタ・トゥーンベリについて紹介する文章。世界的に注目されている人物なので予備知識があると読みやすいだろう。

＜国語解答＞

一　1 ③　2 ①　3 ③　4 ⑤　5 ④　6 ⑤　7 ②　8 ③　9 ③
10 ①　11 ①　12 ④　13 ⑤　14 ②　15 ③　16 ②

二　17 ①　18 ④　19 ①　20 ②　21 ⑤　22 ③　23 ②　24 ⑤
25 ④　26 ①　27 ②　28 ③

三　29 ⑤　30 ①　31 ②　32 ②　33 ⑤　34 ④　35 ②　36 ③
37 ②　38 ④　39 ⑤　40 ③　41 ③

○推定配点○

一　1～5　各1点×5　6～8・13・14　各2点×5　他　各4点×6

二　17～20・25・28　各2点×6　他　各3点×6

三　29～31・32・34・38～40　各2点×8　他　各3点×5　計100点

＜国語解説＞

一　(論説文―漢字，脱語補充，接続語，文脈把握，内容吟味，語句の意味，要旨)

問1　(ア)「騒」を使った熟語はほかに「騒然」「騒動」など。訓読みは「さわ(ぐ)」。
(イ)「誤」を使った熟語はほかに「誤認」「誤報」など。訓読みは「あやま(る)」。
(ウ)「折」を使った熟語はほかに「骨折」「曲折」など。訓読みは「おり」「お(る)」「お(れる)」。
(エ)「型」を使った熟語はほかに「典型」「模型」など。訓読みは「かた」。　(オ)「懸」を使った熟語はほかに「懸案」「懸垂」など。音読みはほかに「ケ」。熟語は「懸念」など。訓読みは「か(かる)」「か(ける)」。

問2　X　直後で「先日，……山本耀司さんを訪ねる機会があった」と新たな話題を示しているので，転換を表す「ところで」が入る。　Y　直前の「『モードの解体』を暗に支持しはじめたように見える」と，直後の「街を見ても，グランジと呼ばれるよれよれの服があふれかえっている」を並べているので，並立を表す「また」が入る。　Z　直後に「一方で……」と，直前の内容を受けて別の視点を示しているので，逆接を表す「ところが」が入る。

問3　直後に「じぶんが他人の眼にどんなふうに映っているか？――そういうことを意識しだしたとき，……ぼくらははじめて服を選んで着る」と説明されているので③適切。

問4　直前に「(子どもについての)おとなの意識をなぞっているだけであって，『思春期』前の子どもたちはそのための着せ替え人形でしかない」と説明されているので，①が適切。

問5　直前に「子どもたちは〈子ども〉という制服を着せられるのであって，ファッションの愉しみはこの場合，着る側にはない。」「だから，服を着るというのは，与えられた服をわざと，ちぐはぐに，だらしなく着くずすことからはじまるしかない」と説明されているので，①が適切。②は「自分を否定」，③は「憎悪を抱く」，④は「破壊して鬱憤を晴らす」，⑤は「制服を破壊」が適切でない。

やや難　問6　直前に「つっぱりながらも，むきになるのはみっともないと感じ，そういう照れが，逆にますます見かけのだらしなさ，いかがわしさを煽ったりもする」とある。照れを隠したり，煽ったりするのは他者の視線に対してなので，④が適切。

問7　「マジョリティ」は，大多数，多数派，という意味。対義語は「マイノリティ」。

問8　直前の「具体的なイメージがとっさにつかみにくい。……」を言い換えているので，「具体的」の対義語である「抽象的」が入る。

やや難　問9　直前に「なんでもいいというふうなかんじ」とあり，同様のことは「これを崩したらもう服ではないというぎりぎりの服を作っているつもりなのに，十代のひとにはじぶんの服がオーソドックスと映り，それをさらに着くずす。そうすると自分の服はもう雑巾になってしまう」とあるので，③が適切。①の「嫌悪感」，②の「嘲笑」，④の「憤怒」，⑤の「呆れている」は適切でない。

問10　②は，「先ほど」で始まる段落に「たいていの服というのは個人のイメージについての社会的な規範……を縫いつけている。その着心地がわるくて，ぼくらはそれを勝手に着くずしていく」と述べられていることと合致しない。

二　**(小説―語句の意味，脱語補充，情景・心情，文脈把握，慣用句，表現，大意，文学史)**

問1　(ア)「したたかに」は，程度のはなはだしい様子，ひどく，という意味。　(イ)「定型」は，詩歌などの決まった型，という意味で，「定型句」は，決まり文句，という意味。
(ウ)「反芻」は，繰り返し考え味わうこと。

問2　「本家本元(ほんけほんもと)」は，物事の発端となった出来事や人物のこと。

問3　直後に「静寂を刻むように，……」とある。黙り込んだ二人の間にある静寂を「電車の音」が際立たせているので，⑤が適切。

やや難　問4　前に「『パン，もうすぐ焼けるから，食べたかったら食べて』」「灯は答えず，かかしのように立ったままでいた」とある。「食べて」と言われても食べていいものかどうか迷っているのである。さらに，そのパンをのせた小皿を渡され，どうしていいのかわからず「少しおびえた目」になっているので，③が適切。①の「トラウマ」，②の「恐怖」，④の「嫌われたくない」，⑤の「混乱」は本文からは読み取れないので適切でない。

やや難　問5　前に「食べているとなんだか安心するの」「『足が，しっかりと地面に着く感じ。……なんかいやなことがあってもあんまり悲しくないの』」とあり，直後には「だからいつか灯が，どん底だけを信じるんでなく，他の，もっと幸せなものに確かさを感じて，このパンを食わずにやっていける日がくればいいって，願うよ」とあるので，②が適切。

問6　直後に「冷凍した」とあることから，冷凍することを促しているとわかるので⑤が適切。

問7　「膝を突き合わせる」は，相手とじっくり話し合う，という意味。

問8　直前に「俺は常備している冷凍枝豆がそろそろ切れることを思い出した。あとあれ，と言いかけたところで」とあることから，「枝豆とチーズのパン」がなくても「『もう，だいじょうぶかもしれない』」と言っていると考えられるので，①が適切。

やや難　問9　②は「すべて直接話法で語られており」という部分が合致しない。本文には「食べているとなんだか安心するの，と灯は続けた」というような間接話法も用いられている。

問10　芥川龍之介作品は『蜘蛛の糸』のほかに『羅生門』『トロッコ』など。『お御伽紙』は太宰治，『山椒魚』は井伏鱒二，『たけくらべ』は樋口一葉，『刺青』は谷崎潤一郎の作品。

三　**(古文―和歌，語句の意味，季語，口語訳，脱語補充，指示語，文学史，品詞・用法，大意)**

〈口語訳〉　享保元文の頃に，柳瀬美仲という歌詠みがいた。わずかに和学に対する志もあったそうだ。ある時，

　初瀬路に初音を聞こうと訪ねたが，山時鳥はまだ山中にこもっているのだなあ

という歌を詠んで，自分自身もよく詠めたと思って，平生から学問をよくするという何某の大納言のところへ参上し，この歌をお見せしたところ，たいそうほめて下さり，「今の世にこのようなすばらしい歌詠みはもう出ないだろう。かの古き世の待宵の侍従，ものかはの蔵人，伏柴の加賀，沖石の讃岐などの例をまねて，これから，隠口の美仲というあだ名をつけても，誰が欠点と非難することがあろうか」とほめなさったので，美仲は嬉しさの余り，帰るとすぐに，知る限りの人々に，こうこうこういうことがあったと話して聞かせ自慢したところ，伏見稲荷大社の神職の羽倉東満がこ

れを聞いて，ばかばかしいことだと思いながら，すぐに大納言殿の元へ参上して，雑掌の某に会って，「伝え聞いたところによりますと，最近，美仲が『まだこもりくの』という歌を詠んで，たいそう殿のお褒めに預かったということです。本当にそのようなことがあったのでしょうか。私も物事の情趣を学び始めたころより，歌には深く心を寄せていますが，『こもりく』という詞は，古くは『古事記』『日本書紀』『万葉集』にわたって，みな初瀬の枕詞であるものを，その枕詞を，秀句に言い掛けるだけでなく，五言でのみ言うべき詞を，上にさらに二言を付けて七言の句にして用いることは，古歌にはけっしてないことです。どうしてこの歌をほめなさって，分不相応にも，隠口の美仲などというあだ名をつけたのでしょうか。これはきっと，辻大路の虚言でしょう。殿がおっしゃったというのであれば，歌のことは地に落ちたと申しましょう。たいそう嘆かわしいことです。この疑いを晴らすために，わざわざやって来たのです」と申すと，雑掌も答えに詰まって，「どうしてそのようなことがあろうか。それは美仲の弟子たちが，自分たちの師匠の歌を世に知れ渡らそうとして，殿の御名を借りて，虚言をめぐらしたのでしょう」と言って，そそくさと奥の方に入って，二度と出てこなかったので，東満もおかしさをこらえて家に帰ったということだ。

問1　(ア)「いささか」は，ちょっと，わずかばかり，という意味。　(イ)「をこがまし」は，ばかげている，愚かに見える，という意味。　(ウ)「おほけなし」は，厚かましい，分不相応だ，似つかわしくない，という意味。

問2　「時鳥(ほととぎす)」は，古くから夏の鳥として，詩歌にも多く詠まれている。

問3　①の「姿を消した理由まで」，②の「鳴き声を掛けて」，③の「静寂な様子まで」，④の「孤独で高潔な心情」はあてはまらない。「まだ隠口の山時鳥」と，山時鳥がまだ山の中にこもっていることを読み込んでいるので⑤が適切。

問4　「『こもりく』という詞は」と，特に「隠口」を取り上げているので，「隠口(の美仲)」とするのが適切。秀歌を詠んだ古代の歌人にならってあだ名をつけたというのである。

問5　「点」には，批評，評価という意味があり，「点つく」で，非難をする，という意味になるので，「欠点と非難する」とある②が適切。

問6　「しかしか」が指すのは，直前の「大納言殿の御許に参りて，この歌見せ奉るに，……『今の世にかくばかりの歌よみ出だすべき人またあるべしとも覚えず。……とあざなつくとも誰かは点つかん』とほめ給はせ」という内容なので，③が適切。

問7　直前の「このごろ美仲が……いたく殿の御褒詞に預り侍りしよし」を「さる事」としているので，②が適切。

問8　①の「小野小町」は『古今和歌集』の代表的な歌人で，「六歌仙」に数えられる。②の「松尾芭蕉」は江戸時代の俳人で，『奥の細道』の作者。③の「紀貫之」は『古今和歌集』の撰者の一人で「仮名序」を記した。また『土佐日記』の作者とされる。④の「柿本人麻呂」は『万葉集』の代表的な歌人の一人。⑤の「藤原定家」は『新古今和歌集』の撰者の一人。

問9　Xは，「～らめ」「～けめ」と已然形で終止しているので，係り結びの法則により，係助詞「こそ」が入る。

問10　「殿の」の「の」は，主語であることを示す用法で，「が」に置き換えることが出来る。①②④⑤は，連体修飾語であることを示す用法。③は主語であることを示す用法。

問11　直前に「そは，美仲が弟子どもなどが……浮きたる事をかまへ出でたるに……」とあるので，③が適切。雑掌の言葉を聞き，東満は気が済んで家へ帰ったのである。

★ワンポイントアドバイス★

現代文は，本文を精読して文脈を丁寧に追う練習をしよう！
古文は，長めの文章を口語訳して大意をとらえる力をつけておこう！

MEMO

大切なことはメモしておこうネ！

解答用紙集

○月×日 △曜日　天気（合格日和）

◆ご利用のみなさまへ

＊解答用紙の公表を行っていない学校につきましては、弊社の責任において、解答用紙を制作いたしました。

＊編集上の理由により一部縮小掲載した解答用紙がございます。

＊編集上の理由により一部実物と異なる形式の解答用紙がございます。

人間の最も偉大な力とは、その一番の弱点を克服したところから生まれてくるものである。　――カール・ヒルティ――

東京学参株式会社

狭山ヶ丘高等学校（第3回推薦）　2024年度

◇数学◇

※141％に拡大していただくと，解答欄は実物大になります。

設　問　番　号　1　～　50

設問	1	2	3	4	5	6	7	8	9	10	11	12	13	14	15	16	17	18	19	20	21	22	23	24	25	26	27	28	29	30	31	32	33	34	35	36	37	38	39	40	41	42	43	44	45	46	47	48	49	50
解答欄	0	0	0	0	0	0	0	0	0	0	0	0	0	0	0	0	0	0	0	0	0	0	0	0	0	0	0	0	0	0	0	0	0	0	0	0	0	0	0	0	0	0	0	0	0	0	0	0	0	0
	1	1	1	1	1	1	1	1	1	1	1	1	1	1	1	1	1	1	1	1	1	1	1	1	1	1	1	1	1	1	1	1	1	1	1	1	1	1	1	1	1	1	1	1	1	1	1	1	1	1
	2	2	2	2	2	2	2	2	2	2	2	2	2	2	2	2	2	2	2	2	2	2	2	2	2	2	2	2	2	2	2	2	2	2	2	2	2	2	2	2	2	2	2	2	2	2	2	2	2	2
	3	3	3	3	3	3	3	3	3	3	3	3	3	3	3	3	3	3	3	3	3	3	3	3	3	3	3	3	3	3	3	3	3	3	3	3	3	3	3	3	3	3	3	3	3	3	3	3	3	3
	4	4	4	4	4	4	4	4	4	4	4	4	4	4	4	4	4	4	4	4	4	4	4	4	4	4	4	4	4	4	4	4	4	4	4	4	4	4	4	4	4	4	4	4	4	4	4	4	4	4
	5	5	5	5	5	5	5	5	5	5	5	5	5	5	5	5	5	5	5	5	5	5	5	5	5	5	5	5	5	5	5	5	5	5	5	5	5	5	5	5	5	5	5	5	5	5	5	5	5	5
	6	6	6	6	6	6	6	6	6	6	6	6	6	6	6	6	6	6	6	6	6	6	6	6	6	6	6	6	6	6	6	6	6	6	6	6	6	6	6	6	6	6	6	6	6	6	6	6	6	6
	7	7	7	7	7	7	7	7	7	7	7	7	7	7	7	7	7	7	7	7	7	7	7	7	7	7	7	7	7	7	7	7	7	7	7	7	7	7	7	7	7	7	7	7	7	7	7	7	7	7
	8	8	8	8	8	8	8	8	8	8	8	8	8	8	8	8	8	8	8	8	8	8	8	8	8	8	8	8	8	8	8	8	8	8	8	8	8	8	8	8	8	8	8	8	8	8	8	8	8	8
	9	9	9	9	9	9	9	9	9	9	9	9	9	9	9	9	9	9	9	9	9	9	9	9	9	9	9	9	9	9	9	9	9	9	9	9	9	9	9	9	9	9	9	9	9	9	9	9	9	9

設　問　番　号　51　～　100

設問	51	52	53	54	55	56	57	58	59	60	61	62	63	64	65	66	67	68	69	70	71	72	73	74	75	76	77	78	79	80	81	82	83	84	85	86	87	88	89	90	91	92	93	94	95	96	97	98	99	100
解答欄	0	0	0	0	0	0	0	0	0	0	0	0	0	0	0	0	0	0	0	0	0	0	0	0	0	0	0	0	0	0	0	0	0	0	0	0	0	0	0	0	0	0	0	0	0	0	0	0	0	0
	1	1	1	1	1	1	1	1	1	1	1	1	1	1	1	1	1	1	1	1	1	1	1	1	1	1	1	1	1	1	1	1	1	1	1	1	1	1	1	1	1	1	1	1	1	1	1	1	1	1
	2	2	2	2	2	2	2	2	2	2	2	2	2	2	2	2	2	2	2	2	2	2	2	2	2	2	2	2	2	2	2	2	2	2	2	2	2	2	2	2	2	2	2	2	2	2	2	2	2	2
	3	3	3	3	3	3	3	3	3	3	3	3	3	3	3	3	3	3	3	3	3	3	3	3	3	3	3	3	3	3	3	3	3	3	3	3	3	3	3	3	3	3	3	3	3	3	3	3	3	3
	4	4	4	4	4	4	4	4	4	4	4	4	4	4	4	4	4	4	4	4	4	4	4	4	4	4	4	4	4	4	4	4	4	4	4	4	4	4	4	4	4	4	4	4	4	4	4	4	4	4
	5	5	5	5	5	5	5	5	5	5	5	5	5	5	5	5	5	5	5	5	5	5	5	5	5	5	5	5	5	5	5	5	5	5	5	5	5	5	5	5	5	5	5	5	5	5	5	5	5	5
	6	6	6	6	6	6	6	6	6	6	6	6	6	6	6	6	6	6	6	6	6	6	6	6	6	6	6	6	6	6	6	6	6	6	6	6	6	6	6	6	6	6	6	6	6	6	6	6	6	6
	7	7	7	7	7	7	7	7	7	7	7	7	7	7	7	7	7	7	7	7	7	7	7	7	7	7	7	7	7	7	7	7	7	7	7	7	7	7	7	7	7	7	7	7	7	7	7	7	7	7
	8	8	8	8	8	8	8	8	8	8	8	8	8	8	8	8	8	8	8	8	8	8	8	8	8	8	8	8	8	8	8	8	8	8	8	8	8	8	8	8	8	8	8	8	8	8	8	8	8	8
	9	9	9	9	9	9	9	9	9	9	9	9	9	9	9	9	9	9	9	9	9	9	9	9	9	9	9	9	9	9	9	9	9	9	9	9	9	9	9	9	9	9	9	9	9	9	9	9	9	9

注意
1．各設問項目にはマークを一つだけつけること
2．この用紙を折り曲げたり汚したりしないこと
3．訂正時は消しゴムできれいに消し，消しくずを残さないこと
4．＊欄は記入指示があった場合のみ使用します

狭山ヶ丘高等学校(第1回推薦)　2024年度

◇英語◇

※141％に拡大していただくと，解答欄は実物大になります。

注意　1．各設問項目にはマークを一つだけつけること
2．この用紙を折り曲げたり汚したりしないこと
3．訂正時は消しゴムできれいに消し、消しくずを残さないこと
4．＊欄は記入指示があった場合のみ使用します

	設問番号 1 ～ 50																																																	
設問	1	2	3	4	5	6	7	8	9	10	11	12	13	14	15	16	17	18	19	20	21	22	23	24	25	26	27	28	29	30	31	32	33	34	35	36	37	38	39	40	41	42	43	44	45	46	47	48	49	50
	0	0	0	0	0	0	0	0	0	0	0	0	0	0	0	0	0	0	0	0	0	0	0	0	0	0	0	0	0	0	0	0	0	0	0	0	0	0	0	0	0	0	0	0	0	0	0	0	0	0
	1	1	1	1	1	1	1	1	1	1	1	1	1	1	1	1	1	1	1	1	1	1	1	1	1	1	1	1	1	1	1	1	1	1	1	1	1	1	1	1	1	1	1	1	1	1	1	1	1	1
解	2	2	2	2	2	2	2	2	2	2	2	2	2	2	2	2	2	2	2	2	2	2	2	2	2	2	2	2	2	2	2	2	2	2	2	2	2	2	2	2	2	2	2	2	2	2	2	2	2	2
	3	3	3	3	3	3	3	3	3	3	3	3	3	3	3	3	3	3	3	3	3	3	3	3	3	3	3	3	3	3	3	3	3	3	3	3	3	3	3	3	3	3	3	3	3	3	3	3	3	3
	4	4	4	4	4	4	4	4	4	4	4	4	4	4	4	4	4	4	4	4	4	4	4	4	4	4	4	4	4	4	4	4	4	4	4	4	4	4	4	4	4	4	4	4	4	4	4	4	4	4
答	5	5	5	5	5	5	5	5	5	5	5	5	5	5	5	5	5	5	5	5	5	5	5	5	5	5	5	5	5	5	5	5	5	5	5	5	5	5	5	5	5	5	5	5	5	5	5	5	5	5
	6	6	6	6	6	6	6	6	6	6	6	6	6	6	6	6	6	6	6	6	6	6	6	6	6	6	6	6	6	6	6	6	6	6	6	6	6	6	6	6	6	6	6	6	6	6	6	6	6	6
欄	7	7	7	7	7	7	7	7	7	7	7	7	7	7	7	7	7	7	7	7	7	7	7	7	7	7	7	7	7	7	7	7	7	7	7	7	7	7	7	7	7	7	7	7	7	7	7	7	7	7
	8	8	8	8	8	8	8	8	8	8	8	8	8	8	8	8	8	8	8	8	8	8	8	8	8	8	8	8	8	8	8	8	8	8	8	8	8	8	8	8	8	8	8	8	8	8	8	8	8	8
	9	9	9	9	9	9	9	9	9	9	9	9	9	9	9	9	9	9	9	9	9	9	9	9	9	9	9	9	9	9	9	9	9	9	9	9	9	9	9	9	9	9	9	9	9	9	9	9	9	9

	設問番号 51 ～ 100																																																	
設問	51	52	53	54	55	56	57	58	59	60	61	62	63	64	65	66	67	68	69	70	71	72	73	74	75	76	77	78	79	80	81	82	83	84	85	86	87	88	89	90	91	92	93	94	95	96	97	98	99	100
	0	0	0	0	0	0	0	0	0	0	0	0	0	0	0	0	0	0	0	0	0	0	0	0	0	0	0	0	0	0	0	0	0	0	0	0	0	0	0	0	0	0	0	0	0	0	0	0	0	0
	1	1	1	1	1	1	1	1	1	1	1	1	1	1	1	1	1	1	1	1	1	1	1	1	1	1	1	1	1	1	1	1	1	1	1	1	1	1	1	1	1	1	1	1	1	1	1	1	1	1
解	2	2	2	2	2	2	2	2	2	2	2	2	2	2	2	2	2	2	2	2	2	2	2	2	2	2	2	2	2	2	2	2	2	2	2	2	2	2	2	2	2	2	2	2	2	2	2	2	2	2
	3	3	3	3	3	3	3	3	3	3	3	3	3	3	3	3	3	3	3	3	3	3	3	3	3	3	3	3	3	3	3	3	3	3	3	3	3	3	3	3	3	3	3	3	3	3	3	3	3	3
	4	4	4	4	4	4	4	4	4	4	4	4	4	4	4	4	4	4	4	4	4	4	4	4	4	4	4	4	4	4	4	4	4	4	4	4	4	4	4	4	4	4	4	4	4	4	4	4	4	4
答	5	5	5	5	5	5	5	5	5	5	5	5	5	5	5	5	5	5	5	5	5	5	5	5	5	5	5	5	5	5	5	5	5	5	5	5	5	5	5	5	5	5	5	5	5	5	5	5	5	5
	6	6	6	6	6	6	6	6	6	6	6	6	6	6	6	6	6	6	6	6	6	6	6	6	6	6	6	6	6	6	6	6	6	6	6	6	6	6	6	6	6	6	6	6	6	6	6	6	6	6
欄	7	7	7	7	7	7	7	7	7	7	7	7	7	7	7	7	7	7	7	7	7	7	7	7	7	7	7	7	7	7	7	7	7	7	7	7	7	7	7	7	7	7	7	7	7	7	7	7	7	7
	8	8	8	8	8	8	8	8	8	8	8	8	8	8	8	8	8	8	8	8	8	8	8	8	8	8	8	8	8	8	8	8	8	8	8	8	8	8	8	8	8	8	8	8	8	8	8	8	8	8
	9	9	9	9	9	9	9	9	9	9	9	9	9	9	9	9	9	9	9	9	9	9	9	9	9	9	9	9	9	9	9	9	9	9	9	9	9	9	9	9	9	9	9	9	9	9	9	9	9	9

狭山ヶ丘高等学校(第1回推薦)　2024年度

◇国語◇

※141％に拡大していただくと，解答欄は実物大になります。

設　問　番　号　1　～　50

設問	1	2	3	4	5	6	7	8	9	10	11	12	13	14	15	16	17	18	19	20	21	22	23	24	25	26	27	28	29	30	31	32	33	34	35	36	37	38	39	40	41	42	43	44	45	46	47	48	49	50
	0	0	0	0	0	0	0	0	0	0	0	0	0	0	0	0	0	0	0	0	0	0	0	0	0	0	0	0	0	0	0	0	0	0	0	0	0	0	0	0	0	0	0	0	0	0	0	0	0	0
	1	1	1	1	1	1	1	1	1	1	1	1	1	1	1	1	1	1	1	1	1	1	1	1	1	1	1	1	1	1	1	1	1	1	1	1	1	1	1	1	1	1	1	1	1	1	1	1	1	1
解	2	2	2	2	2	2	2	2	2	2	2	2	2	2	2	2	2	2	2	2	2	2	2	2	2	2	2	2	2	2	2	2	2	2	2	2	2	2	2	2	2	2	2	2	2	2	2	2	2	2
	3	3	3	3	3	3	3	3	3	3	3	3	3	3	3	3	3	3	3	3	3	3	3	3	3	3	3	3	3	3	3	3	3	3	3	3	3	3	3	3	3	3	3	3	3	3	3	3	3	3
答	4	4	4	4	4	4	4	4	4	4	4	4	4	4	4	4	4	4	4	4	4	4	4	4	4	4	4	4	4	4	4	4	4	4	4	4	4	4	4	4	4	4	4	4	4	4	4	4	4	4
	5	5	5	5	5	5	5	5	5	5	5	5	5	5	5	5	5	5	5	5	5	5	5	5	5	5	5	5	5	5	5	5	5	5	5	5	5	5	5	5	5	5	5	5	5	5	5	5	5	5
	6	6	6	6	6	6	6	6	6	6	6	6	6	6	6	6	6	6	6	6	6	6	6	6	6	6	6	6	6	6	6	6	6	6	6	6	6	6	6	6	6	6	6	6	6	6	6	6	6	6
欄	7	7	7	7	7	7	7	7	7	7	7	7	7	7	7	7	7	7	7	7	7	7	7	7	7	7	7	7	7	7	7	7	7	7	7	7	7	7	7	7	7	7	7	7	7	7	7	7	7	7
	8	8	8	8	8	8	8	8	8	8	8	8	8	8	8	8	8	8	8	8	8	8	8	8	8	8	8	8	8	8	8	8	8	8	8	8	8	8	8	8	8	8	8	8	8	8	8	8	8	8
	9	9	9	9	9	9	9	9	9	9	9	9	9	9	9	9	9	9	9	9	9	9	9	9	9	9	9	9	9	9	9	9	9	9	9	9	9	9	9	9	9	9	9	9	9	9	9	9	9	9

設　問　番　号　51　～　100

設問	51	52	53	54	55	56	57	58	59	60	61	62	63	64	65	66	67	68	69	70	71	72	73	74	75	76	77	78	79	80	81	82	83	84	85	86	87	88	89	90	91	92	93	94	95	96	97	98	99	100
	0	0	0	0	0	0	0	0	0	0	0	0	0	0	0	0	0	0	0	0	0	0	0	0	0	0	0	0	0	0	0	0	0	0	0	0	0	0	0	0	0	0	0	0	0	0	0	0	0	0
	1	1	1	1	1	1	1	1	1	1	1	1	1	1	1	1	1	1	1	1	1	1	1	1	1	1	1	1	1	1	1	1	1	1	1	1	1	1	1	1	1	1	1	1	1	1	1	1	1	1
解	2	2	2	2	2	2	2	2	2	2	2	2	2	2	2	2	2	2	2	2	2	2	2	2	2	2	2	2	2	2	2	2	2	2	2	2	2	2	2	2	2	2	2	2	2	2	2	2	2	2
	3	3	3	3	3	3	3	3	3	3	3	3	3	3	3	3	3	3	3	3	3	3	3	3	3	3	3	3	3	3	3	3	3	3	3	3	3	3	3	3	3	3	3	3	3	3	3	3	3	3
答	4	4	4	4	4	4	4	4	4	4	4	4	4	4	4	4	4	4	4	4	4	4	4	4	4	4	4	4	4	4	4	4	4	4	4	4	4	4	4	4	4	4	4	4	4	4	4	4	4	4
	5	5	5	5	5	5	5	5	5	5	5	5	5	5	5	5	5	5	5	5	5	5	5	5	5	5	5	5	5	5	5	5	5	5	5	5	5	5	5	5	5	5	5	5	5	5	5	5	5	5
	6	6	6	6	6	6	6	6	6	6	6	6	6	6	6	6	6	6	6	6	6	6	6	6	6	6	6	6	6	6	6	6	6	6	6	6	6	6	6	6	6	6	6	6	6	6	6	6	6	6
欄	7	7	7	7	7	7	7	7	7	7	7	7	7	7	7	7	7	7	7	7	7	7	7	7	7	7	7	7	7	7	7	7	7	7	7	7	7	7	7	7	7	7	7	7	7	7	7	7	7	7
	8	8	8	8	8	8	8	8	8	8	8	8	8	8	8	8	8	8	8	8	8	8	8	8	8	8	8	8	8	8	8	8	8	8	8	8	8	8	8	8	8	8	8	8	8	8	8	8	8	8
	9	9	9	9	9	9	9	9	9	9	9	9	9	9	9	9	9	9	9	9	9	9	9	9	9	9	9	9	9	9	9	9	9	9	9	9	9	9	9	9	9	9	9	9	9	9	9	9	9	9

注意
1．各設問項目にはマークを一つだけつけること
2．この用紙を折り曲げたり汚したりしないこと
3．訂正時は消しゴムできれいに消し、消しくずを残さないこと
4．＊欄は記入指示があった場合のみ使用します

狭山ヶ丘高等学校(一般)　2024年度

◇数学◇

※141％に拡大していただくと，解答欄は実物大になります。

	設問番号 1 ～ 50																																																	
設問	1	2	3	4	5	6	7	8	9	10	11	12	13	14	15	16	17	18	19	20	21	22	23	24	25	26	27	28	29	30	31	32	33	34	35	36	37	38	39	40	41	42	43	44	45	46	47	48	49	50
	0	0	0	0	0	0	0	0	0	0	0	0	0	0	0	0	0	0	0	0	0	0	0	0	0	0	0	0	0	0	0	0	0	0	0	0	0	0	0	0	0	0	0	0	0	0	0	0	0	0
	1	1	1	1	1	1	1	1	1	1	1	1	1	1	1	1	1	1	1	1	1	1	1	1	1	1	1	1	1	1	1	1	1	1	1	1	1	1	1	1	1	1	1	1	1	1	1	1	1	1
解	2	2	2	2	2	2	2	2	2	2	2	2	2	2	2	2	2	2	2	2	2	2	2	2	2	2	2	2	2	2	2	2	2	2	2	2	2	2	2	2	2	2	2	2	2	2	2	2	2	2
	3	3	3	3	3	3	3	3	3	3	3	3	3	3	3	3	3	3	3	3	3	3	3	3	3	3	3	3	3	3	3	3	3	3	3	3	3	3	3	3	3	3	3	3	3	3	3	3	3	3
答	4	4	4	4	4	4	4	4	4	4	4	4	4	4	4	4	4	4	4	4	4	4	4	4	4	4	4	4	4	4	4	4	4	4	4	4	4	4	4	4	4	4	4	4	4	4	4	4	4	4
	5	5	5	5	5	5	5	5	5	5	5	5	5	5	5	5	5	5	5	5	5	5	5	5	5	5	5	5	5	5	5	5	5	5	5	5	5	5	5	5	5	5	5	5	5	5	5	5	5	5
	6	6	6	6	6	6	6	6	6	6	6	6	6	6	6	6	6	6	6	6	6	6	6	6	6	6	6	6	6	6	6	6	6	6	6	6	6	6	6	6	6	6	6	6	6	6	6	6	6	6
欄	7	7	7	7	7	7	7	7	7	7	7	7	7	7	7	7	7	7	7	7	7	7	7	7	7	7	7	7	7	7	7	7	7	7	7	7	7	7	7	7	7	7	7	7	7	7	7	7	7	7
	8	8	8	8	8	8	8	8	8	8	8	8	8	8	8	8	8	8	8	8	8	8	8	8	8	8	8	8	8	8	8	8	8	8	8	8	8	8	8	8	8	8	8	8	8	8	8	8	8	8
	9	9	9	9	9	9	9	9	9	9	9	9	9	9	9	9	9	9	9	9	9	9	9	9	9	9	9	9	9	9	9	9	9	9	9	9	9	9	9	9	9	9	9	9	9	9	9	9	9	9

	設問番号 51 ～ 100																																																	
設問	51	52	53	54	55	56	57	58	59	60	61	62	63	64	65	66	67	68	69	70	71	72	73	74	75	76	77	78	79	80	81	82	83	84	85	86	87	88	89	90	91	92	93	94	95	96	97	98	99	100
	0	0	0	0	0	0	0	0	0	0	0	0	0	0	0	0	0	0	0	0	0	0	0	0	0	0	0	0	0	0	0	0	0	0	0	0	0	0	0	0	0	0	0	0	0	0	0	0	0	0
	1	1	1	1	1	1	1	1	1	1	1	1	1	1	1	1	1	1	1	1	1	1	1	1	1	1	1	1	1	1	1	1	1	1	1	1	1	1	1	1	1	1	1	1	1	1	1	1	1	1
解	2	2	2	2	2	2	2	2	2	2	2	2	2	2	2	2	2	2	2	2	2	2	2	2	2	2	2	2	2	2	2	2	2	2	2	2	2	2	2	2	2	2	2	2	2	2	2	2	2	2
	3	3	3	3	3	3	3	3	3	3	3	3	3	3	3	3	3	3	3	3	3	3	3	3	3	3	3	3	3	3	3	3	3	3	3	3	3	3	3	3	3	3	3	3	3	3	3	3	3	3
答	4	4	4	4	4	4	4	4	4	4	4	4	4	4	4	4	4	4	4	4	4	4	4	4	4	4	4	4	4	4	4	4	4	4	4	4	4	4	4	4	4	4	4	4	4	4	4	4	4	4
	5	5	5	5	5	5	5	5	5	5	5	5	5	5	5	5	5	5	5	5	5	5	5	5	5	5	5	5	5	5	5	5	5	5	5	5	5	5	5	5	5	5	5	5	5	5	5	5	5	5
	6	6	6	6	6	6	6	6	6	6	6	6	6	6	6	6	6	6	6	6	6	6	6	6	6	6	6	6	6	6	6	6	6	6	6	6	6	6	6	6	6	6	6	6	6	6	6	6	6	6
欄	7	7	7	7	7	7	7	7	7	7	7	7	7	7	7	7	7	7	7	7	7	7	7	7	7	7	7	7	7	7	7	7	7	7	7	7	7	7	7	7	7	7	7	7	7	7	7	7	7	7
	8	8	8	8	8	8	8	8	8	8	8	8	8	8	8	8	8	8	8	8	8	8	8	8	8	8	8	8	8	8	8	8	8	8	8	8	8	8	8	8	8	8	8	8	8	8	8	8	8	8
	9	9	9	9	9	9	9	9	9	9	9	9	9	9	9	9	9	9	9	9	9	9	9	9	9	9	9	9	9	9	9	9	9	9	9	9	9	9	9	9	9	9	9	9	9	9	9	9	9	9

注意
1．各設問項目にはマークを一つだけつけること
2．この用紙を折り曲げたり汚したりしないこと
3．訂正時は消しゴムできれいに消し、消しくずを残さないこと
4．＊欄は記入指示があった場合のみ使用します

狭山ヶ丘高等学校(第3回推薦)　2024年度

◇英語◇

※141％に拡大していただくと，解答欄は実物大になります。

設問番号 1 ～ 50

設問	1	2	3	4	5	6	7	8	9	10	11	12	13	14	15	16	17	18	19	20	21	22	23	24	25
解答欄	0	0	0	0	0	0	0	0	0	0	0	0	0	0	0	0	0	0	0	0	0	0	0	0	0
	1	1	1	1	1	1	1	1	1	1	1	1	1	1	1	1	1	1	1	1	1	1	1	1	1
	2	2	2	2	2	2	2	2	2	2	2	2	2	2	2	2	2	2	2	2	2	2	2	2	2
	3	3	3	3	3	3	3	3	3	3	3	3	3	3	3	3	3	3	3	3	3	3	3	3	3
	4	4	4	4	4	4	4	4	4	4	4	4	4	4	4	4	4	4	4	4	4	4	4	4	4
	5	5	5	5	5	5	5	5	5	5	5	5	5	5	5	5	5	5	5	5	5	5	5	5	5
	6	6	6	6	6	6	6	6	6	6	6	6	6	6	6	6	6	6	6	6	6	6	6	6	6
	7	7	7	7	7	7	7	7	7	7	7	7	7	7	7	7	7	7	7	7	7	7	7	7	7
	8	8	8	8	8	8	8	8	8	8	8	8	8	8	8	8	8	8	8	8	8	8	8	8	8
	9	9	9	9	9	9	9	9	9	9	9	9	9	9	9	9	9	9	9	9	9	9	9	9	9

設問	26	27	28	29	30	31	32	33	34	35	36	37	38	39	40	41	42	43	44	45	46	47	48	49	50
解答欄	0	0	0	0	0	0	0	0	0	0	0	0	0	0	0	0	0	0	0	0	0	0	0	0	0
	1	1	1	1	1	1	1	1	1	1	1	1	1	1	1	1	1	1	1	1	1	1	1	1	1
	2	2	2	2	2	2	2	2	2	2	2	2	2	2	2	2	2	2	2	2	2	2	2	2	2
	3	3	3	3	3	3	3	3	3	3	3	3	3	3	3	3	3	3	3	3	3	3	3	3	3
	4	4	4	4	4	4	4	4	4	4	4	4	4	4	4	4	4	4	4	4	4	4	4	4	4
	5	5	5	5	5	5	5	5	5	5	5	5	5	5	5	5	5	5	5	5	5	5	5	5	5
	6	6	6	6	6	6	6	6	6	6	6	6	6	6	6	6	6	6	6	6	6	6	6	6	6
	7	7	7	7	7	7	7	7	7	7	7	7	7	7	7	7	7	7	7	7	7	7	7	7	7
	8	8	8	8	8	8	8	8	8	8	8	8	8	8	8	8	8	8	8	8	8	8	8	8	8
	9	9	9	9	9	9	9	9	9	9	9	9	9	9	9	9	9	9	9	9	9	9	9	9	9

設問番号 51 ～ 100

設問	51	52	53	54	55	56	57	58	59	60	61	62	63	64	65	66	67	68	69	70	71	72	73	74	75
解答欄	0	0	0	0	0	0	0	0	0	0	0	0	0	0	0	0	0	0	0	0	0	0	0	0	0
	1	1	1	1	1	1	1	1	1	1	1	1	1	1	1	1	1	1	1	1	1	1	1	1	1
	2	2	2	2	2	2	2	2	2	2	2	2	2	2	2	2	2	2	2	2	2	2	2	2	2
	3	3	3	3	3	3	3	3	3	3	3	3	3	3	3	3	3	3	3	3	3	3	3	3	3
	4	4	4	4	4	4	4	4	4	4	4	4	4	4	4	4	4	4	4	4	4	4	4	4	4
	5	5	5	5	5	5	5	5	5	5	5	5	5	5	5	5	5	5	5	5	5	5	5	5	5
	6	6	6	6	6	6	6	6	6	6	6	6	6	6	6	6	6	6	6	6	6	6	6	6	6
	7	7	7	7	7	7	7	7	7	7	7	7	7	7	7	7	7	7	7	7	7	7	7	7	7
	8	8	8	8	8	8	8	8	8	8	8	8	8	8	8	8	8	8	8	8	8	8	8	8	8
	9	9	9	9	9	9	9	9	9	9	9	9	9	9	9	9	9	9	9	9	9	9	9	9	9

設問	76	77	78	79	80	81	82	83	84	85	86	87	88	89	90	91	92	93	94	95	96	97	98	99	100
解答欄	0	0	0	0	0	0	0	0	0	0	0	0	0	0	0	0	0	0	0	0	0	0	0	0	0
	1	1	1	1	1	1	1	1	1	1	1	1	1	1	1	1	1	1	1	1	1	1	1	1	1
	2	2	2	2	2	2	2	2	2	2	2	2	2	2	2	2	2	2	2	2	2	2	2	2	2
	3	3	3	3	3	3	3	3	3	3	3	3	3	3	3	3	3	3	3	3	3	3	3	3	3
	4	4	4	4	4	4	4	4	4	4	4	4	4	4	4	4	4	4	4	4	4	4	4	4	4
	5	5	5	5	5	5	5	5	5	5	5	5	5	5	5	5	5	5	5	5	5	5	5	5	5
	6	6	6	6	6	6	6	6	6	6	6	6	6	6	6	6	6	6	6	6	6	6	6	6	6
	7	7	7	7	7	7	7	7	7	7	7	7	7	7	7	7	7	7	7	7	7	7	7	7	7
	8	8	8	8	8	8	8	8	8	8	8	8	8	8	8	8	8	8	8	8	8	8	8	8	8
	9	9	9	9	9	9	9	9	9	9	9	9	9	9	9	9	9	9	9	9	9	9	9	9	9

注意
1．各設問項目にはマークを一つだけつけること
2．この用紙を折り曲げたり汚したりしないこと
3．訂正時は消しゴムできれいに消し、消しくずを残さないこと
4．＊欄は記入指示があった場合のみ使用します

狭山ヶ丘高等学校（第2回推薦）　2024年度

◇国語◇

※141％に拡大していただくと，解答欄は実物大になります。

設　問　番　号　1　～　50

設問	1	2	3	4	5	6	7	8	9	10	11	12	13	14	15	16	17	18	19	20	21	22	23	24	25	26	27	28	29	30	31	32	33	34	35	36	37	38	39	40	41	42	43	44	45	46	47	48	49	50
	0	0	0	0	0	0	0	0	0	0	0	0	0	0	0	0	0	0	0	0	0	0	0	0	0	0	0	0	0	0	0	0	0	0	0	0	0	0	0	0	0	0	0	0	0	0	0	0	0	0
	1	1	1	1	1	1	1	1	1	1	1	1	1	1	1	1	1	1	1	1	1	1	1	1	1	1	1	1	1	1	1	1	1	1	1	1	1	1	1	1	1	1	1	1	1	1	1	1	1	1
解	2	2	2	2	2	2	2	2	2	2	2	2	2	2	2	2	2	2	2	2	2	2	2	2	2	2	2	2	2	2	2	2	2	2	2	2	2	2	2	2	2	2	2	2	2	2	2	2	2	2
	3	3	3	3	3	3	3	3	3	3	3	3	3	3	3	3	3	3	3	3	3	3	3	3	3	3	3	3	3	3	3	3	3	3	3	3	3	3	3	3	3	3	3	3	3	3	3	3	3	3
	4	4	4	4	4	4	4	4	4	4	4	4	4	4	4	4	4	4	4	4	4	4	4	4	4	4	4	4	4	4	4	4	4	4	4	4	4	4	4	4	4	4	4	4	4	4	4	4	4	4
答	5	5	5	5	5	5	5	5	5	5	5	5	5	5	5	5	5	5	5	5	5	5	5	5	5	5	5	5	5	5	5	5	5	5	5	5	5	5	5	5	5	5	5	5	5	5	5	5	5	5
	6	6	6	6	6	6	6	6	6	6	6	6	6	6	6	6	6	6	6	6	6	6	6	6	6	6	6	6	6	6	6	6	6	6	6	6	6	6	6	6	6	6	6	6	6	6	6	6	6	6
欄	7	7	7	7	7	7	7	7	7	7	7	7	7	7	7	7	7	7	7	7	7	7	7	7	7	7	7	7	7	7	7	7	7	7	7	7	7	7	7	7	7	7	7	7	7	7	7	7	7	7
	8	8	8	8	8	8	8	8	8	8	8	8	8	8	8	8	8	8	8	8	8	8	8	8	8	8	8	8	8	8	8	8	8	8	8	8	8	8	8	8	8	8	8	8	8	8	8	8	8	8
	9	9	9	9	9	9	9	9	9	9	9	9	9	9	9	9	9	9	9	9	9	9	9	9	9	9	9	9	9	9	9	9	9	9	9	9	9	9	9	9	9	9	9	9	9	9	9	9	9	9

設　問　番　号　51　～　100

設問	51	52	53	54	55	56	57	58	59	60	61	62	63	64	65	66	67	68	69	70	71	72	73	74	75	76	77	78	79	80	81	82	83	84	85	86	87	88	89	90	91	92	93	94	95	96	97	98	99	100
	0	0	0	0	0	0	0	0	0	0	0	0	0	0	0	0	0	0	0	0	0	0	0	0	0	0	0	0	0	0	0	0	0	0	0	0	0	0	0	0	0	0	0	0	0	0	0	0	0	0
	1	1	1	1	1	1	1	1	1	1	1	1	1	1	1	1	1	1	1	1	1	1	1	1	1	1	1	1	1	1	1	1	1	1	1	1	1	1	1	1	1	1	1	1	1	1	1	1	1	1
解	2	2	2	2	2	2	2	2	2	2	2	2	2	2	2	2	2	2	2	2	2	2	2	2	2	2	2	2	2	2	2	2	2	2	2	2	2	2	2	2	2	2	2	2	2	2	2	2	2	2
	3	3	3	3	3	3	3	3	3	3	3	3	3	3	3	3	3	3	3	3	3	3	3	3	3	3	3	3	3	3	3	3	3	3	3	3	3	3	3	3	3	3	3	3	3	3	3	3	3	3
	4	4	4	4	4	4	4	4	4	4	4	4	4	4	4	4	4	4	4	4	4	4	4	4	4	4	4	4	4	4	4	4	4	4	4	4	4	4	4	4	4	4	4	4	4	4	4	4	4	4
答	5	5	5	5	5	5	5	5	5	5	5	5	5	5	5	5	5	5	5	5	5	5	5	5	5	5	5	5	5	5	5	5	5	5	5	5	5	5	5	5	5	5	5	5	5	5	5	5	5	5
	6	6	6	6	6	6	6	6	6	6	6	6	6	6	6	6	6	6	6	6	6	6	6	6	6	6	6	6	6	6	6	6	6	6	6	6	6	6	6	6	6	6	6	6	6	6	6	6	6	6
欄	7	7	7	7	7	7	7	7	7	7	7	7	7	7	7	7	7	7	7	7	7	7	7	7	7	7	7	7	7	7	7	7	7	7	7	7	7	7	7	7	7	7	7	7	7	7	7	7	7	7
	8	8	8	8	8	8	8	8	8	8	8	8	8	8	8	8	8	8	8	8	8	8	8	8	8	8	8	8	8	8	8	8	8	8	8	8	8	8	8	8	8	8	8	8	8	8	8	8	8	8
	9	9	9	9	9	9	9	9	9	9	9	9	9	9	9	9	9	9	9	9	9	9	9	9	9	9	9	9	9	9	9	9	9	9	9	9	9	9	9	9	9	9	9	9	9	9	9	9	9	9

注意
1．各設問項目にはマークを一つだけつけること
2．この用紙を折り曲げたり汚したりしないこと
3．訂正時は消しゴムできれいに消し、消しくずを残さないこと
4．＊欄は記入指示があった場合のみ使用します

狭山ヶ丘高等学校（第2回推薦）　2023年度

◇数学◇

※141％に拡大していただくと，解答欄は実物大になります。

設問番号 1 ～ 50

設問	1	2	3	4	5	6	7	8	9	10	11	12	13	14	15	16	17	18	19	20	21	22	23	24	25	26	27	28	29	30	31	32	33	34	35	36	37	38	39	40	41	42	43	44	45	46	47	48	49	50
解答欄	0	0	0	0	0	0	0	0	0	0	0	0	0	0	0	0	0	0	0	0	0	0	0	0	0	0	0	0	0	0	0	0	0	0	0	0	0	0	0	0	0	0	0	0	0	0	0	0	0	0
	1	1	1	1	1	1	1	1	1	1	1	1	1	1	1	1	1	1	1	1	1	1	1	1	1	1	1	1	1	1	1	1	1	1	1	1	1	1	1	1	1	1	1	1	1	1	1	1	1	1
	2	2	2	2	2	2	2	2	2	2	2	2	2	2	2	2	2	2	2	2	2	2	2	2	2	2	2	2	2	2	2	2	2	2	2	2	2	2	2	2	2	2	2	2	2	2	2	2	2	2
	3	3	3	3	3	3	3	3	3	3	3	3	3	3	3	3	3	3	3	3	3	3	3	3	3	3	3	3	3	3	3	3	3	3	3	3	3	3	3	3	3	3	3	3	3	3	3	3	3	3
	4	4	4	4	4	4	4	4	4	4	4	4	4	4	4	4	4	4	4	4	4	4	4	4	4	4	4	4	4	4	4	4	4	4	4	4	4	4	4	4	4	4	4	4	4	4	4	4	4	4
	5	5	5	5	5	5	5	5	5	5	5	5	5	5	5	5	5	5	5	5	5	5	5	5	5	5	5	5	5	5	5	5	5	5	5	5	5	5	5	5	5	5	5	5	5	5	5	5	5	5
	6	6	6	6	6	6	6	6	6	6	6	6	6	6	6	6	6	6	6	6	6	6	6	6	6	6	6	6	6	6	6	6	6	6	6	6	6	6	6	6	6	6	6	6	6	6	6	6	6	6
	7	7	7	7	7	7	7	7	7	7	7	7	7	7	7	7	7	7	7	7	7	7	7	7	7	7	7	7	7	7	7	7	7	7	7	7	7	7	7	7	7	7	7	7	7	7	7	7	7	7
	8	8	8	8	8	8	8	8	8	8	8	8	8	8	8	8	8	8	8	8	8	8	8	8	8	8	8	8	8	8	8	8	8	8	8	8	8	8	8	8	8	8	8	8	8	8	8	8	8	8
	9	9	9	9	9	9	9	9	9	9	9	9	9	9	9	9	9	9	9	9	9	9	9	9	9	9	9	9	9	9	9	9	9	9	9	9	9	9	9	9	9	9	9	9	9	9	9	9	9	9

設問番号 51 ～ 100

設問	51	52	53	54	55	56	57	58	59	60	61	62	63	64	65	66	67	68	69	70	71	72	73	74	75	76	77	78	79	80	81	82	83	84	85	86	87	88	89	90	91	92	93	94	95	96	97	98	99	100
解答欄	0	0	0	0	0	0	0	0	0	0	0	0	0	0	0	0	0	0	0	0	0	0	0	0	0	0	0	0	0	0	0	0	0	0	0	0	0	0	0	0	0	0	0	0	0	0	0	0	0	0
	1	1	1	1	1	1	1	1	1	1	1	1	1	1	1	1	1	1	1	1	1	1	1	1	1	1	1	1	1	1	1	1	1	1	1	1	1	1	1	1	1	1	1	1	1	1	1	1	1	1
	2	2	2	2	2	2	2	2	2	2	2	2	2	2	2	2	2	2	2	2	2	2	2	2	2	2	2	2	2	2	2	2	2	2	2	2	2	2	2	2	2	2	2	2	2	2	2	2	2	2
	3	3	3	3	3	3	3	3	3	3	3	3	3	3	3	3	3	3	3	3	3	3	3	3	3	3	3	3	3	3	3	3	3	3	3	3	3	3	3	3	3	3	3	3	3	3	3	3	3	3
	4	4	4	4	4	4	4	4	4	4	4	4	4	4	4	4	4	4	4	4	4	4	4	4	4	4	4	4	4	4	4	4	4	4	4	4	4	4	4	4	4	4	4	4	4	4	4	4	4	4
	5	5	5	5	5	5	5	5	5	5	5	5	5	5	5	5	5	5	5	5	5	5	5	5	5	5	5	5	5	5	5	5	5	5	5	5	5	5	5	5	5	5	5	5	5	5	5	5	5	5
	6	6	6	6	6	6	6	6	6	6	6	6	6	6	6	6	6	6	6	6	6	6	6	6	6	6	6	6	6	6	6	6	6	6	6	6	6	6	6	6	6	6	6	6	6	6	6	6	6	6
	7	7	7	7	7	7	7	7	7	7	7	7	7	7	7	7	7	7	7	7	7	7	7	7	7	7	7	7	7	7	7	7	7	7	7	7	7	7	7	7	7	7	7	7	7	7	7	7	7	7
	8	8	8	8	8	8	8	8	8	8	8	8	8	8	8	8	8	8	8	8	8	8	8	8	8	8	8	8	8	8	8	8	8	8	8	8	8	8	8	8	8	8	8	8	8	8	8	8	8	8
	9	9	9	9	9	9	9	9	9	9	9	9	9	9	9	9	9	9	9	9	9	9	9	9	9	9	9	9	9	9	9	9	9	9	9	9	9	9	9	9	9	9	9	9	9	9	9	9	9	9

注意
1．各設問項目にはマークを一つだけつけること
2．この用紙を折り曲げたり汚したりしないこと
3．訂正時は消しゴムできれいに消し、消しくずを残さないこと
4．＊欄は記入指示があった場合のみ使用します

狭山ヶ丘高等学校（第1回推薦）　2023年度

◇英語◇

※141％に拡大していただくと，解答欄は実物大になります。

	設問番号 1 ～ 50																																																	
設問	1	2	3	4	5	6	7	8	9	10	11	12	13	14	15	16	17	18	19	20	21	22	23	24	25	26	27	28	29	30	31	32	33	34	35	36	37	38	39	40	41	42	43	44	45	46	47	48	49	50
	0	0	0	0	0	0	0	0	0	0	0	0	0	0	0	0	0	0	0	0	0	0	0	0	0	0	0	0	0	0	0	0	0	0	0	0	0	0	0	0	0	0	0	0	0	0	0	0	0	0
	1	1	1	1	1	1	1	1	1	1	1	1	1	1	1	1	1	1	1	1	1	1	1	1	1	1	1	1	1	1	1	1	1	1	1	1	1	1	1	1	1	1	1	1	1	1	1	1	1	1
解	2	2	2	2	2	2	2	2	2	2	2	2	2	2	2	2	2	2	2	2	2	2	2	2	2	2	2	2	2	2	2	2	2	2	2	2	2	2	2	2	2	2	2	2	2	2	2	2	2	2
	3	3	3	3	3	3	3	3	3	3	3	3	3	3	3	3	3	3	3	3	3	3	3	3	3	3	3	3	3	3	3	3	3	3	3	3	3	3	3	3	3	3	3	3	3	3	3	3	3	3
	4	4	4	4	4	4	4	4	4	4	4	4	4	4	4	4	4	4	4	4	4	4	4	4	4	4	4	4	4	4	4	4	4	4	4	4	4	4	4	4	4	4	4	4	4	4	4	4	4	4
答	5	5	5	5	5	5	5	5	5	5	5	5	5	5	5	5	5	5	5	5	5	5	5	5	5	5	5	5	5	5	5	5	5	5	5	5	5	5	5	5	5	5	5	5	5	5	5	5	5	5
	6	6	6	6	6	6	6	6	6	6	6	6	6	6	6	6	6	6	6	6	6	6	6	6	6	6	6	6	6	6	6	6	6	6	6	6	6	6	6	6	6	6	6	6	6	6	6	6	6	6
欄	7	7	7	7	7	7	7	7	7	7	7	7	7	7	7	7	7	7	7	7	7	7	7	7	7	7	7	7	7	7	7	7	7	7	7	7	7	7	7	7	7	7	7	7	7	7	7	7	7	7
	8	8	8	8	8	8	8	8	8	8	8	8	8	8	8	8	8	8	8	8	8	8	8	8	8	8	8	8	8	8	8	8	8	8	8	8	8	8	8	8	8	8	8	8	8	8	8	8	8	8
	9	9	9	9	9	9	9	9	9	9	9	9	9	9	9	9	9	9	9	9	9	9	9	9	9	9	9	9	9	9	9	9	9	9	9	9	9	9	9	9	9	9	9	9	9	9	9	9	9	9

注意
1．各設問項目にはマークを一つだけつけること
2．この用紙を折り曲げたり汚したりしないこと
3．訂正時は消しゴムできれいに消し、消しくずを残さないこと
4．＊欄は記入指示があった場合のみ使用します

	設問番号 51 ～ 100																																																	
設問	51	52	53	54	55	56	57	58	59	60	61	62	63	64	65	66	67	68	69	70	71	72	73	74	75	76	77	78	79	80	81	82	83	84	85	86	87	88	89	90	91	92	93	94	95	96	97	98	99	100
	0	0	0	0	0	0	0	0	0	0	0	0	0	0	0	0	0	0	0	0	0	0	0	0	0	0	0	0	0	0	0	0	0	0	0	0	0	0	0	0	0	0	0	0	0	0	0	0	0	0
	1	1	1	1	1	1	1	1	1	1	1	1	1	1	1	1	1	1	1	1	1	1	1	1	1	1	1	1	1	1	1	1	1	1	1	1	1	1	1	1	1	1	1	1	1	1	1	1	1	1
解	2	2	2	2	2	2	2	2	2	2	2	2	2	2	2	2	2	2	2	2	2	2	2	2	2	2	2	2	2	2	2	2	2	2	2	2	2	2	2	2	2	2	2	2	2	2	2	2	2	2
	3	3	3	3	3	3	3	3	3	3	3	3	3	3	3	3	3	3	3	3	3	3	3	3	3	3	3	3	3	3	3	3	3	3	3	3	3	3	3	3	3	3	3	3	3	3	3	3	3	3
	4	4	4	4	4	4	4	4	4	4	4	4	4	4	4	4	4	4	4	4	4	4	4	4	4	4	4	4	4	4	4	4	4	4	4	4	4	4	4	4	4	4	4	4	4	4	4	4	4	4
答	5	5	5	5	5	5	5	5	5	5	5	5	5	5	5	5	5	5	5	5	5	5	5	5	5	5	5	5	5	5	5	5	5	5	5	5	5	5	5	5	5	5	5	5	5	5	5	5	5	5
	6	6	6	6	6	6	6	6	6	6	6	6	6	6	6	6	6	6	6	6	6	6	6	6	6	6	6	6	6	6	6	6	6	6	6	6	6	6	6	6	6	6	6	6	6	6	6	6	6	6
欄	7	7	7	7	7	7	7	7	7	7	7	7	7	7	7	7	7	7	7	7	7	7	7	7	7	7	7	7	7	7	7	7	7	7	7	7	7	7	7	7	7	7	7	7	7	7	7	7	7	7
	8	8	8	8	8	8	8	8	8	8	8	8	8	8	8	8	8	8	8	8	8	8	8	8	8	8	8	8	8	8	8	8	8	8	8	8	8	8	8	8	8	8	8	8	8	8	8	8	8	8
	9	9	9	9	9	9	9	9	9	9	9	9	9	9	9	9	9	9	9	9	9	9	9	9	9	9	9	9	9	9	9	9	9	9	9	9	9	9	9	9	9	9	9	9	9	9	9	9	9	9

狭山ヶ丘高等学校(第1回推薦)　2023年度

◇国語◇

※141%に拡大していただくと，解答欄は実物大になります。

注意　1．各設問項目にはマークを一つだけつけること
2．この用紙を折り曲げたり汚したりしないこと
3．訂正時は消しゴムできれいに消し、消しくずを残さないこと
4．＊欄は記入指示があった場合のみ使用します

設　問　番　号　1　〜　50

設問	1	2	3	4	5	6	7	8	9	10	11	12	13	14	15	16	17	18	19	20	21	22	23	24	25	26	27	28	29	30	31	32	33	34	35	36	37	38	39	40	41	42	43	44	45	46	47	48	49	50
	0	0	0	0	0	0	0	0	0	0	0	0	0	0	0	0	0	0	0	0	0	0	0	0	0	0	0	0	0	0	0	0	0	0	0	0	0	0	0	0	0	0	0	0	0	0	0	0	0	0
	1	1	1	1	1	1	1	1	1	1	1	1	1	1	1	1	1	1	1	1	1	1	1	1	1	1	1	1	1	1	1	1	1	1	1	1	1	1	1	1	1	1	1	1	1	1	1	1	1	1
解	2	2	2	2	2	2	2	2	2	2	2	2	2	2	2	2	2	2	2	2	2	2	2	2	2	2	2	2	2	2	2	2	2	2	2	2	2	2	2	2	2	2	2	2	2	2	2	2	2	2
	3	3	3	3	3	3	3	3	3	3	3	3	3	3	3	3	3	3	3	3	3	3	3	3	3	3	3	3	3	3	3	3	3	3	3	3	3	3	3	3	3	3	3	3	3	3	3	3	3	3
	4	4	4	4	4	4	4	4	4	4	4	4	4	4	4	4	4	4	4	4	4	4	4	4	4	4	4	4	4	4	4	4	4	4	4	4	4	4	4	4	4	4	4	4	4	4	4	4	4	4
答	5	5	5	5	5	5	5	5	5	5	5	5	5	5	5	5	5	5	5	5	5	5	5	5	5	5	5	5	5	5	5	5	5	5	5	5	5	5	5	5	5	5	5	5	5	5	5	5	5	5
	6	6	6	6	6	6	6	6	6	6	6	6	6	6	6	6	6	6	6	6	6	6	6	6	6	6	6	6	6	6	6	6	6	6	6	6	6	6	6	6	6	6	6	6	6	6	6	6	6	6
欄	7	7	7	7	7	7	7	7	7	7	7	7	7	7	7	7	7	7	7	7	7	7	7	7	7	7	7	7	7	7	7	7	7	7	7	7	7	7	7	7	7	7	7	7	7	7	7	7	7	7
	8	8	8	8	8	8	8	8	8	8	8	8	8	8	8	8	8	8	8	8	8	8	8	8	8	8	8	8	8	8	8	8	8	8	8	8	8	8	8	8	8	8	8	8	8	8	8	8	8	8
	9	9	9	9	9	9	9	9	9	9	9	9	9	9	9	9	9	9	9	9	9	9	9	9	9	9	9	9	9	9	9	9	9	9	9	9	9	9	9	9	9	9	9	9	9	9	9	9	9	9

設　問　番　号　51　〜　100

設問	51	52	53	54	55	56	57	58	59	60	61	62	63	64	65	66	67	68	69	70	71	72	73	74	75	76	77	78	79	80	81	82	83	84	85	86	87	88	89	90	91	92	93	94	95	96	97	98	99	100
	0	0	0	0	0	0	0	0	0	0	0	0	0	0	0	0	0	0	0	0	0	0	0	0	0	0	0	0	0	0	0	0	0	0	0	0	0	0	0	0	0	0	0	0	0	0	0	0	0	0
	1	1	1	1	1	1	1	1	1	1	1	1	1	1	1	1	1	1	1	1	1	1	1	1	1	1	1	1	1	1	1	1	1	1	1	1	1	1	1	1	1	1	1	1	1	1	1	1	1	1
解	2	2	2	2	2	2	2	2	2	2	2	2	2	2	2	2	2	2	2	2	2	2	2	2	2	2	2	2	2	2	2	2	2	2	2	2	2	2	2	2	2	2	2	2	2	2	2	2	2	2
	3	3	3	3	3	3	3	3	3	3	3	3	3	3	3	3	3	3	3	3	3	3	3	3	3	3	3	3	3	3	3	3	3	3	3	3	3	3	3	3	3	3	3	3	3	3	3	3	3	3
	4	4	4	4	4	4	4	4	4	4	4	4	4	4	4	4	4	4	4	4	4	4	4	4	4	4	4	4	4	4	4	4	4	4	4	4	4	4	4	4	4	4	4	4	4	4	4	4	4	4
答	5	5	5	5	5	5	5	5	5	5	5	5	5	5	5	5	5	5	5	5	5	5	5	5	5	5	5	5	5	5	5	5	5	5	5	5	5	5	5	5	5	5	5	5	5	5	5	5	5	5
	6	6	6	6	6	6	6	6	6	6	6	6	6	6	6	6	6	6	6	6	6	6	6	6	6	6	6	6	6	6	6	6	6	6	6	6	6	6	6	6	6	6	6	6	6	6	6	6	6	6
欄	7	7	7	7	7	7	7	7	7	7	7	7	7	7	7	7	7	7	7	7	7	7	7	7	7	7	7	7	7	7	7	7	7	7	7	7	7	7	7	7	7	7	7	7	7	7	7	7	7	7
	8	8	8	8	8	8	8	8	8	8	8	8	8	8	8	8	8	8	8	8	8	8	8	8	8	8	8	8	8	8	8	8	8	8	8	8	8	8	8	8	8	8	8	8	8	8	8	8	8	8
	9	9	9	9	9	9	9	9	9	9	9	9	9	9	9	9	9	9	9	9	9	9	9	9	9	9	9	9	9	9	9	9	9	9	9	9	9	9	9	9	9	9	9	9	9	9	9	9	9	9

狭山ヶ丘高等学校(第3回推薦)　2023年度

◇数学◇

※141％に拡大していただくと，解答欄は実物大になります。

設問番号 1 ～ 50

設問	1	2	3	4	5	6	7	8	9	10	11	12	13	14	15	16	17	18	19	20	21	22	23	24	25	26	27	28	29	30	31	32	33	34	35	36	37	38	39	40	41	42	43	44	45	46	47	48	49	50
	0	0	0	0	0	0	0	0	0	0	0	0	0	0	0	0	0	0	0	0	0	0	0	0	0	0	0	0	0	0	0	0	0	0	0	0	0	0	0	0	0	0	0	0	0	0	0	0	0	0
	1	1	1	1	1	1	1	1	1	1	1	1	1	1	1	1	1	1	1	1	1	1	1	1	1	1	1	1	1	1	1	1	1	1	1	1	1	1	1	1	1	1	1	1	1	1	1	1	1	1
解	2	2	2	2	2	2	2	2	2	2	2	2	2	2	2	2	2	2	2	2	2	2	2	2	2	2	2	2	2	2	2	2	2	2	2	2	2	2	2	2	2	2	2	2	2	2	2	2	2	2
	3	3	3	3	3	3	3	3	3	3	3	3	3	3	3	3	3	3	3	3	3	3	3	3	3	3	3	3	3	3	3	3	3	3	3	3	3	3	3	3	3	3	3	3	3	3	3	3	3	3
	4	4	4	4	4	4	4	4	4	4	4	4	4	4	4	4	4	4	4	4	4	4	4	4	4	4	4	4	4	4	4	4	4	4	4	4	4	4	4	4	4	4	4	4	4	4	4	4	4	4
答	5	5	5	5	5	5	5	5	5	5	5	5	5	5	5	5	5	5	5	5	5	5	5	5	5	5	5	5	5	5	5	5	5	5	5	5	5	5	5	5	5	5	5	5	5	5	5	5	5	5
	6	6	6	6	6	6	6	6	6	6	6	6	6	6	6	6	6	6	6	6	6	6	6	6	6	6	6	6	6	6	6	6	6	6	6	6	6	6	6	6	6	6	6	6	6	6	6	6	6	6
欄	7	7	7	7	7	7	7	7	7	7	7	7	7	7	7	7	7	7	7	7	7	7	7	7	7	7	7	7	7	7	7	7	7	7	7	7	7	7	7	7	7	7	7	7	7	7	7	7	7	7
	8	8	8	8	8	8	8	8	8	8	8	8	8	8	8	8	8	8	8	8	8	8	8	8	8	8	8	8	8	8	8	8	8	8	8	8	8	8	8	8	8	8	8	8	8	8	8	8	8	8
	9	9	9	9	9	9	9	9	9	9	9	9	9	9	9	9	9	9	9	9	9	9	9	9	9	9	9	9	9	9	9	9	9	9	9	9	9	9	9	9	9	9	9	9	9	9	9	9	9	9

設問番号 51 ～ 100

設問	51	52	53	54	55	56	57	58	59	60	61	62	63	64	65	66	67	68	69	70	71	72	73	74	75	76	77	78	79	80	81	82	83	84	85	86	87	88	89	90	91	92	93	94	95	96	97	98	99	100
	0	0	0	0	0	0	0	0	0	0	0	0	0	0	0	0	0	0	0	0	0	0	0	0	0	0	0	0	0	0	0	0	0	0	0	0	0	0	0	0	0	0	0	0	0	0	0	0	0	0
	1	1	1	1	1	1	1	1	1	1	1	1	1	1	1	1	1	1	1	1	1	1	1	1	1	1	1	1	1	1	1	1	1	1	1	1	1	1	1	1	1	1	1	1	1	1	1	1	1	1
解	2	2	2	2	2	2	2	2	2	2	2	2	2	2	2	2	2	2	2	2	2	2	2	2	2	2	2	2	2	2	2	2	2	2	2	2	2	2	2	2	2	2	2	2	2	2	2	2	2	2
	3	3	3	3	3	3	3	3	3	3	3	3	3	3	3	3	3	3	3	3	3	3	3	3	3	3	3	3	3	3	3	3	3	3	3	3	3	3	3	3	3	3	3	3	3	3	3	3	3	3
	4	4	4	4	4	4	4	4	4	4	4	4	4	4	4	4	4	4	4	4	4	4	4	4	4	4	4	4	4	4	4	4	4	4	4	4	4	4	4	4	4	4	4	4	4	4	4	4	4	4
答	5	5	5	5	5	5	5	5	5	5	5	5	5	5	5	5	5	5	5	5	5	5	5	5	5	5	5	5	5	5	5	5	5	5	5	5	5	5	5	5	5	5	5	5	5	5	5	5	5	5
	6	6	6	6	6	6	6	6	6	6	6	6	6	6	6	6	6	6	6	6	6	6	6	6	6	6	6	6	6	6	6	6	6	6	6	6	6	6	6	6	6	6	6	6	6	6	6	6	6	6
欄	7	7	7	7	7	7	7	7	7	7	7	7	7	7	7	7	7	7	7	7	7	7	7	7	7	7	7	7	7	7	7	7	7	7	7	7	7	7	7	7	7	7	7	7	7	7	7	7	7	7
	8	8	8	8	8	8	8	8	8	8	8	8	8	8	8	8	8	8	8	8	8	8	8	8	8	8	8	8	8	8	8	8	8	8	8	8	8	8	8	8	8	8	8	8	8	8	8	8	8	8
	9	9	9	9	9	9	9	9	9	9	9	9	9	9	9	9	9	9	9	9	9	9	9	9	9	9	9	9	9	9	9	9	9	9	9	9	9	9	9	9	9	9	9	9	9	9	9	9	9	9

注意
1．各設問項目にはマークを一つだけつけること
2．この用紙を折り曲げたり汚したりしないこと
3．訂正時は消しゴムできれいに消し、消しくずを残さないこと
4．＊欄は記入指示があった場合のみ使用します

狭山ヶ丘高等学校（第3回推薦） 2023年度

◇英語◇

※141％に拡大していただくと，解答欄は実物大になります。

設問番号 1 ～ 50

設問	1	2	3	4	5	6	7	8	9	10	11	12	13	14	15	16	17	18	19	20	21	22	23	24	25	26	27	28	29	30	31	32	33	34	35	36	37	38	39	40	41	42	43	44	45	46	47	48	49	50
	0	0	0	0	0	0	0	0	0	0	0	0	0	0	0	0	0	0	0	0	0	0	0	0	0	0	0	0	0	0	0	0	0	0	0	0	0	0	0	0	0	0	0	0	0	0	0	0	0	0
	1	1	1	1	1	1	1	1	1	1	1	1	1	1	1	1	1	1	1	1	1	1	1	1	1	1	1	1	1	1	1	1	1	1	1	1	1	1	1	1	1	1	1	1	1	1	1	1	1	1
解	2	2	2	2	2	2	2	2	2	2	2	2	2	2	2	2	2	2	2	2	2	2	2	2	2	2	2	2	2	2	2	2	2	2	2	2	2	2	2	2	2	2	2	2	2	2	2	2	2	2
	3	3	3	3	3	3	3	3	3	3	3	3	3	3	3	3	3	3	3	3	3	3	3	3	3	3	3	3	3	3	3	3	3	3	3	3	3	3	3	3	3	3	3	3	3	3	3	3	3	3
答	4	4	4	4	4	4	4	4	4	4	4	4	4	4	4	4	4	4	4	4	4	4	4	4	4	4	4	4	4	4	4	4	4	4	4	4	4	4	4	4	4	4	4	4	4	4	4	4	4	4
	5	5	5	5	5	5	5	5	5	5	5	5	5	5	5	5	5	5	5	5	5	5	5	5	5	5	5	5	5	5	5	5	5	5	5	5	5	5	5	5	5	5	5	5	5	5	5	5	5	5
	6	6	6	6	6	6	6	6	6	6	6	6	6	6	6	6	6	6	6	6	6	6	6	6	6	6	6	6	6	6	6	6	6	6	6	6	6	6	6	6	6	6	6	6	6	6	6	6	6	6
欄	7	7	7	7	7	7	7	7	7	7	7	7	7	7	7	7	7	7	7	7	7	7	7	7	7	7	7	7	7	7	7	7	7	7	7	7	7	7	7	7	7	7	7	7	7	7	7	7	7	7
	8	8	8	8	8	8	8	8	8	8	8	8	8	8	8	8	8	8	8	8	8	8	8	8	8	8	8	8	8	8	8	8	8	8	8	8	8	8	8	8	8	8	8	8	8	8	8	8	8	8
	9	9	9	9	9	9	9	9	9	9	9	9	9	9	9	9	9	9	9	9	9	9	9	9	9	9	9	9	9	9	9	9	9	9	9	9	9	9	9	9	9	9	9	9	9	9	9	9	9	9

設問番号 51 ～ 100

設問	51	52	53	54	55	56	57	58	59	60	61	62	63	64	65	66	67	68	69	70	71	72	73	74	75	76	77	78	79	80	81	82	83	84	85	86	87	88	89	90	91	92	93	94	95	96	97	98	99	100
	0	0	0	0	0	0	0	0	0	0	0	0	0	0	0	0	0	0	0	0	0	0	0	0	0	0	0	0	0	0	0	0	0	0	0	0	0	0	0	0	0	0	0	0	0	0	0	0	0	0
	1	1	1	1	1	1	1	1	1	1	1	1	1	1	1	1	1	1	1	1	1	1	1	1	1	1	1	1	1	1	1	1	1	1	1	1	1	1	1	1	1	1	1	1	1	1	1	1	1	1
解	2	2	2	2	2	2	2	2	2	2	2	2	2	2	2	2	2	2	2	2	2	2	2	2	2	2	2	2	2	2	2	2	2	2	2	2	2	2	2	2	2	2	2	2	2	2	2	2	2	2
	3	3	3	3	3	3	3	3	3	3	3	3	3	3	3	3	3	3	3	3	3	3	3	3	3	3	3	3	3	3	3	3	3	3	3	3	3	3	3	3	3	3	3	3	3	3	3	3	3	3
答	4	4	4	4	4	4	4	4	4	4	4	4	4	4	4	4	4	4	4	4	4	4	4	4	4	4	4	4	4	4	4	4	4	4	4	4	4	4	4	4	4	4	4	4	4	4	4	4	4	4
	5	5	5	5	5	5	5	5	5	5	5	5	5	5	5	5	5	5	5	5	5	5	5	5	5	5	5	5	5	5	5	5	5	5	5	5	5	5	5	5	5	5	5	5	5	5	5	5	5	5
	6	6	6	6	6	6	6	6	6	6	6	6	6	6	6	6	6	6	6	6	6	6	6	6	6	6	6	6	6	6	6	6	6	6	6	6	6	6	6	6	6	6	6	6	6	6	6	6	6	6
欄	7	7	7	7	7	7	7	7	7	7	7	7	7	7	7	7	7	7	7	7	7	7	7	7	7	7	7	7	7	7	7	7	7	7	7	7	7	7	7	7	7	7	7	7	7	7	7	7	7	7
	8	8	8	8	8	8	8	8	8	8	8	8	8	8	8	8	8	8	8	8	8	8	8	8	8	8	8	8	8	8	8	8	8	8	8	8	8	8	8	8	8	8	8	8	8	8	8	8	8	8
	9	9	9	9	9	9	9	9	9	9	9	9	9	9	9	9	9	9	9	9	9	9	9	9	9	9	9	9	9	9	9	9	9	9	9	9	9	9	9	9	9	9	9	9	9	9	9	9	9	9

注意
1．各設問項目にはマークを一つだけつけること
2．この用紙を折り曲げたり汚したりしないこと
3．訂正時は消しゴムできれいに消し、消しくずを残さないこと
4．＊欄は記入指示があった場合のみ使用します

狭山ヶ丘高等学校（第2回推薦）　2023年度

◇国語◇

※141％に拡大していただくと，解答欄は実物大になります。

注意　1．各設問項目にはマークを一つだけつけること
2．この用紙を折り曲げたり汚したりしないこと
3．訂正時は消しゴムできれいに消し，消しくずを残さないこと
4．＊欄は記入指示があった場合のみ使用します

設問番号　1 ～ 50

設問	1	2	3	4	5	6	7	8	9	10	11	12	13	14	15	16	17	18	19	20	21	22	23	24	25	26	27	28	29	30	31	32	33	34	35	36	37	38	39	40	41	42	43	44	45	46	47	48	49	50
	0	0	0	0	0	0	0	0	0	0	0	0	0	0	0	0	0	0	0	0	0	0	0	0	0	0	0	0	0	0	0	0	0	0	0	0	0	0	0	0	0	0	0	0	0	0	0	0	0	0
	1	1	1	1	1	1	1	1	1	1	1	1	1	1	1	1	1	1	1	1	1	1	1	1	1	1	1	1	1	1	1	1	1	1	1	1	1	1	1	1	1	1	1	1	1	1	1	1	1	1
解	2	2	2	2	2	2	2	2	2	2	2	2	2	2	2	2	2	2	2	2	2	2	2	2	2	2	2	2	2	2	2	2	2	2	2	2	2	2	2	2	2	2	2	2	2	2	2	2	2	2
	3	3	3	3	3	3	3	3	3	3	3	3	3	3	3	3	3	3	3	3	3	3	3	3	3	3	3	3	3	3	3	3	3	3	3	3	3	3	3	3	3	3	3	3	3	3	3	3	3	3
	4	4	4	4	4	4	4	4	4	4	4	4	4	4	4	4	4	4	4	4	4	4	4	4	4	4	4	4	4	4	4	4	4	4	4	4	4	4	4	4	4	4	4	4	4	4	4	4	4	4
答	5	5	5	5	5	5	5	5	5	5	5	5	5	5	5	5	5	5	5	5	5	5	5	5	5	5	5	5	5	5	5	5	5	5	5	5	5	5	5	5	5	5	5	5	5	5	5	5	5	5
	6	6	6	6	6	6	6	6	6	6	6	6	6	6	6	6	6	6	6	6	6	6	6	6	6	6	6	6	6	6	6	6	6	6	6	6	6	6	6	6	6	6	6	6	6	6	6	6	6	6
欄	7	7	7	7	7	7	7	7	7	7	7	7	7	7	7	7	7	7	7	7	7	7	7	7	7	7	7	7	7	7	7	7	7	7	7	7	7	7	7	7	7	7	7	7	7	7	7	7	7	7
	8	8	8	8	8	8	8	8	8	8	8	8	8	8	8	8	8	8	8	8	8	8	8	8	8	8	8	8	8	8	8	8	8	8	8	8	8	8	8	8	8	8	8	8	8	8	8	8	8	8
	9	9	9	9	9	9	9	9	9	9	9	9	9	9	9	9	9	9	9	9	9	9	9	9	9	9	9	9	9	9	9	9	9	9	9	9	9	9	9	9	9	9	9	9	9	9	9	9	9	9

設問番号　51 ～ 100

設問	51	52	53	54	55	56	57	58	59	60	61	62	63	64	65	66	67	68	69	70	71	72	73	74	75	76	77	78	79	80	81	82	83	84	85	86	87	88	89	90	91	92	93	94	95	96	97	98	99	100
	0	0	0	0	0	0	0	0	0	0	0	0	0	0	0	0	0	0	0	0	0	0	0	0	0	0	0	0	0	0	0	0	0	0	0	0	0	0	0	0	0	0	0	0	0	0	0	0	0	0
	1	1	1	1	1	1	1	1	1	1	1	1	1	1	1	1	1	1	1	1	1	1	1	1	1	1	1	1	1	1	1	1	1	1	1	1	1	1	1	1	1	1	1	1	1	1	1	1	1	1
解	2	2	2	2	2	2	2	2	2	2	2	2	2	2	2	2	2	2	2	2	2	2	2	2	2	2	2	2	2	2	2	2	2	2	2	2	2	2	2	2	2	2	2	2	2	2	2	2	2	2
	3	3	3	3	3	3	3	3	3	3	3	3	3	3	3	3	3	3	3	3	3	3	3	3	3	3	3	3	3	3	3	3	3	3	3	3	3	3	3	3	3	3	3	3	3	3	3	3	3	3
	4	4	4	4	4	4	4	4	4	4	4	4	4	4	4	4	4	4	4	4	4	4	4	4	4	4	4	4	4	4	4	4	4	4	4	4	4	4	4	4	4	4	4	4	4	4	4	4	4	4
答	5	5	5	5	5	5	5	5	5	5	5	5	5	5	5	5	5	5	5	5	5	5	5	5	5	5	5	5	5	5	5	5	5	5	5	5	5	5	5	5	5	5	5	5	5	5	5	5	5	5
	6	6	6	6	6	6	6	6	6	6	6	6	6	6	6	6	6	6	6	6	6	6	6	6	6	6	6	6	6	6	6	6	6	6	6	6	6	6	6	6	6	6	6	6	6	6	6	6	6	6
欄	7	7	7	7	7	7	7	7	7	7	7	7	7	7	7	7	7	7	7	7	7	7	7	7	7	7	7	7	7	7	7	7	7	7	7	7	7	7	7	7	7	7	7	7	7	7	7	7	7	7
	8	8	8	8	8	8	8	8	8	8	8	8	8	8	8	8	8	8	8	8	8	8	8	8	8	8	8	8	8	8	8	8	8	8	8	8	8	8	8	8	8	8	8	8	8	8	8	8	8	8
	9	9	9	9	9	9	9	9	9	9	9	9	9	9	9	9	9	9	9	9	9	9	9	9	9	9	9	9	9	9	9	9	9	9	9	9	9	9	9	9	9	9	9	9	9	9	9	9	9	9

狭山ヶ丘高等学校（第2回推薦）　2022年度

◇数学◇

※141％に拡大していただくと，解答欄は実物大になります。

設　問　番　号　1　～　50

設問	1	2	3	4	5	6	7	8	9	10	11	12	13	14	15	16	17	18	19	20	21	22	23	24	25	26	27	28	29	30	31	32	33	34	35	36	37	38	39	40	41	42	43	44	45	46	47	48	49	50
	0	0	0	0	0	0	0	0	0	0	0	0	0	0	0	0	0	0	0	0	0	0	0	0	0	0	0	0	0	0	0	0	0	0	0	0	0	0	0	0	0	0	0	0	0	0	0	0	0	0
	1	1	1	1	1	1	1	1	1	1	1	1	1	1	1	1	1	1	1	1	1	1	1	1	1	1	1	1	1	1	1	1	1	1	1	1	1	1	1	1	1	1	1	1	1	1	1	1	1	1
解	2	2	2	2	2	2	2	2	2	2	2	2	2	2	2	2	2	2	2	2	2	2	2	2	2	2	2	2	2	2	2	2	2	2	2	2	2	2	2	2	2	2	2	2	2	2	2	2	2	2
	3	3	3	3	3	3	3	3	3	3	3	3	3	3	3	3	3	3	3	3	3	3	3	3	3	3	3	3	3	3	3	3	3	3	3	3	3	3	3	3	3	3	3	3	3	3	3	3	3	3
	4	4	4	4	4	4	4	4	4	4	4	4	4	4	4	4	4	4	4	4	4	4	4	4	4	4	4	4	4	4	4	4	4	4	4	4	4	4	4	4	4	4	4	4	4	4	4	4	4	4
答	5	5	5	5	5	5	5	5	5	5	5	5	5	5	5	5	5	5	5	5	5	5	5	5	5	5	5	5	5	5	5	5	5	5	5	5	5	5	5	5	5	5	5	5	5	5	5	5	5	5
	6	6	6	6	6	6	6	6	6	6	6	6	6	6	6	6	6	6	6	6	6	6	6	6	6	6	6	6	6	6	6	6	6	6	6	6	6	6	6	6	6	6	6	6	6	6	6	6	6	6
欄	7	7	7	7	7	7	7	7	7	7	7	7	7	7	7	7	7	7	7	7	7	7	7	7	7	7	7	7	7	7	7	7	7	7	7	7	7	7	7	7	7	7	7	7	7	7	7	7	7	7
	8	8	8	8	8	8	8	8	8	8	8	8	8	8	8	8	8	8	8	8	8	8	8	8	8	8	8	8	8	8	8	8	8	8	8	8	8	8	8	8	8	8	8	8	8	8	8	8	8	8
	9	9	9	9	9	9	9	9	9	9	9	9	9	9	9	9	9	9	9	9	9	9	9	9	9	9	9	9	9	9	9	9	9	9	9	9	9	9	9	9	9	9	9	9	9	9	9	9	9	9

設　問　番　号　51　～　100

設問	51	52	53	54	55	56	57	58	59	60	61	62	63	64	65	66	67	68	69	70	71	72	73	74	75	76	77	78	79	80	81	82	83	84	85	86	87	88	89	90	91	92	93	94	95	96	97	98	99	100
	0	0	0	0	0	0	0	0	0	0	0	0	0	0	0	0	0	0	0	0	0	0	0	0	0	0	0	0	0	0	0	0	0	0	0	0	0	0	0	0	0	0	0	0	0	0	0	0	0	0
	1	1	1	1	1	1	1	1	1	1	1	1	1	1	1	1	1	1	1	1	1	1	1	1	1	1	1	1	1	1	1	1	1	1	1	1	1	1	1	1	1	1	1	1	1	1	1	1	1	1
解	2	2	2	2	2	2	2	2	2	2	2	2	2	2	2	2	2	2	2	2	2	2	2	2	2	2	2	2	2	2	2	2	2	2	2	2	2	2	2	2	2	2	2	2	2	2	2	2	2	2
	3	3	3	3	3	3	3	3	3	3	3	3	3	3	3	3	3	3	3	3	3	3	3	3	3	3	3	3	3	3	3	3	3	3	3	3	3	3	3	3	3	3	3	3	3	3	3	3	3	3
	4	4	4	4	4	4	4	4	4	4	4	4	4	4	4	4	4	4	4	4	4	4	4	4	4	4	4	4	4	4	4	4	4	4	4	4	4	4	4	4	4	4	4	4	4	4	4	4	4	4
答	5	5	5	5	5	5	5	5	5	5	5	5	5	5	5	5	5	5	5	5	5	5	5	5	5	5	5	5	5	5	5	5	5	5	5	5	5	5	5	5	5	5	5	5	5	5	5	5	5	5
	6	6	6	6	6	6	6	6	6	6	6	6	6	6	6	6	6	6	6	6	6	6	6	6	6	6	6	6	6	6	6	6	6	6	6	6	6	6	6	6	6	6	6	6	6	6	6	6	6	6
欄	7	7	7	7	7	7	7	7	7	7	7	7	7	7	7	7	7	7	7	7	7	7	7	7	7	7	7	7	7	7	7	7	7	7	7	7	7	7	7	7	7	7	7	7	7	7	7	7	7	7
	8	8	8	8	8	8	8	8	8	8	8	8	8	8	8	8	8	8	8	8	8	8	8	8	8	8	8	8	8	8	8	8	8	8	8	8	8	8	8	8	8	8	8	8	8	8	8	8	8	8
	9	9	9	9	9	9	9	9	9	9	9	9	9	9	9	9	9	9	9	9	9	9	9	9	9	9	9	9	9	9	9	9	9	9	9	9	9	9	9	9	9	9	9	9	9	9	9	9	9	9

注意
1．各設問項目にはマークを一つだけつけること
2．この用紙を折り曲げたり汚したりしないこと
3．訂正時は消しゴムできれいに消し、消しくずを残さないこと
4．＊欄は記入指示があった場合のみ使用します

狭山ヶ丘高等学校(第1回推薦)　2022年度

◇英語◇

※141%に拡大していただくと，解答欄は実物大になります。

設　問　番　号　1　～　50

設問	1	2	3	4	5	6	7	8	9	10	11	12	13	14	15	16	17	18	19	20	21	22	23	24	25	26	27	28	29	30	31	32	33	34	35	36	37	38	39	40	41	42	43	44	45	46	47	48	49	50
解答欄	0	0	0	0	0	0	0	0	0	0	0	0	0	0	0	0	0	0	0	0	0	0	0	0	0	0	0	0	0	0	0	0	0	0	0	0	0	0	0	0	0	0	0	0	0	0	0	0	0	0
	1	1	1	1	1	1	1	1	1	1	1	1	1	1	1	1	1	1	1	1	1	1	1	1	1	1	1	1	1	1	1	1	1	1	1	1	1	1	1	1	1	1	1	1	1	1	1	1	1	1
	2	2	2	2	2	2	2	2	2	2	2	2	2	2	2	2	2	2	2	2	2	2	2	2	2	2	2	2	2	2	2	2	2	2	2	2	2	2	2	2	2	2	2	2	2	2	2	2	2	2
	3	3	3	3	3	3	3	3	3	3	3	3	3	3	3	3	3	3	3	3	3	3	3	3	3	3	3	3	3	3	3	3	3	3	3	3	3	3	3	3	3	3	3	3	3	3	3	3	3	3
	4	4	4	4	4	4	4	4	4	4	4	4	4	4	4	4	4	4	4	4	4	4	4	4	4	4	4	4	4	4	4	4	4	4	4	4	4	4	4	4	4	4	4	4	4	4	4	4	4	4
	5	5	5	5	5	5	5	5	5	5	5	5	5	5	5	5	5	5	5	5	5	5	5	5	5	5	5	5	5	5	5	5	5	5	5	5	5	5	5	5	5	5	5	5	5	5	5	5	5	5
	6	6	6	6	6	6	6	6	6	6	6	6	6	6	6	6	6	6	6	6	6	6	6	6	6	6	6	6	6	6	6	6	6	6	6	6	6	6	6	6	6	6	6	6	6	6	6	6	6	6
	7	7	7	7	7	7	7	7	7	7	7	7	7	7	7	7	7	7	7	7	7	7	7	7	7	7	7	7	7	7	7	7	7	7	7	7	7	7	7	7	7	7	7	7	7	7	7	7	7	7
	8	8	8	8	8	8	8	8	8	8	8	8	8	8	8	8	8	8	8	8	8	8	8	8	8	8	8	8	8	8	8	8	8	8	8	8	8	8	8	8	8	8	8	8	8	8	8	8	8	8
	9	9	9	9	9	9	9	9	9	9	9	9	9	9	9	9	9	9	9	9	9	9	9	9	9	9	9	9	9	9	9	9	9	9	9	9	9	9	9	9	9	9	9	9	9	9	9	9	9	9

設　問　番　号　51　～　100

設問	51	52	53	54	55	56	57	58	59	60	61	62	63	64	65	66	67	68	69	70	71	72	73	74	75	76	77	78	79	80	81	82	83	84	85	86	87	88	89	90	91	92	93	94	95	96	97	98	99	100
解答欄	0	0	0	0	0	0	0	0	0	0	0	0	0	0	0	0	0	0	0	0	0	0	0	0	0	0	0	0	0	0	0	0	0	0	0	0	0	0	0	0	0	0	0	0	0	0	0	0	0	0
	1	1	1	1	1	1	1	1	1	1	1	1	1	1	1	1	1	1	1	1	1	1	1	1	1	1	1	1	1	1	1	1	1	1	1	1	1	1	1	1	1	1	1	1	1	1	1	1	1	1
	2	2	2	2	2	2	2	2	2	2	2	2	2	2	2	2	2	2	2	2	2	2	2	2	2	2	2	2	2	2	2	2	2	2	2	2	2	2	2	2	2	2	2	2	2	2	2	2	2	2
	3	3	3	3	3	3	3	3	3	3	3	3	3	3	3	3	3	3	3	3	3	3	3	3	3	3	3	3	3	3	3	3	3	3	3	3	3	3	3	3	3	3	3	3	3	3	3	3	3	3
	4	4	4	4	4	4	4	4	4	4	4	4	4	4	4	4	4	4	4	4	4	4	4	4	4	4	4	4	4	4	4	4	4	4	4	4	4	4	4	4	4	4	4	4	4	4	4	4	4	4
	5	5	5	5	5	5	5	5	5	5	5	5	5	5	5	5	5	5	5	5	5	5	5	5	5	5	5	5	5	5	5	5	5	5	5	5	5	5	5	5	5	5	5	5	5	5	5	5	5	5
	6	6	6	6	6	6	6	6	6	6	6	6	6	6	6	6	6	6	6	6	6	6	6	6	6	6	6	6	6	6	6	6	6	6	6	6	6	6	6	6	6	6	6	6	6	6	6	6	6	6
	7	7	7	7	7	7	7	7	7	7	7	7	7	7	7	7	7	7	7	7	7	7	7	7	7	7	7	7	7	7	7	7	7	7	7	7	7	7	7	7	7	7	7	7	7	7	7	7	7	7
	8	8	8	8	8	8	8	8	8	8	8	8	8	8	8	8	8	8	8	8	8	8	8	8	8	8	8	8	8	8	8	8	8	8	8	8	8	8	8	8	8	8	8	8	8	8	8	8	8	8
	9	9	9	9	9	9	9	9	9	9	9	9	9	9	9	9	9	9	9	9	9	9	9	9	9	9	9	9	9	9	9	9	9	9	9	9	9	9	9	9	9	9	9	9	9	9	9	9	9	9

注意
1．各設問項目にはマークを一つだけつけること
2．この用紙を折り曲げたり汚したりしないこと
3．訂正時は消しゴムできれいに消し、消しくずを残さないこと
4．＊欄は記入指示があった場合のみ使用します

狭山ヶ丘高等学校(第1回推薦)　2022年度

◇国語◇

※141%に拡大していただくと，解答欄は実物大になります。

設　問　番　号　1　～　50

設問	1	2	3	4	5	6	7	8	9	10	11	12	13	14	15	16	17	18	19	20	21	22	23	24	25	26	27	28	29	30	31	32	33	34	35	36	37	38	39	40	41	42	43	44	45	46	47	48	49	50
	0	0	0	0	0	0	0	0	0	0	0	0	0	0	0	0	0	0	0	0	0	0	0	0	0	0	0	0	0	0	0	0	0	0	0	0	0	0	0	0	0	0	0	0	0	0	0	0	0	0
	1	1	1	1	1	1	1	1	1	1	1	1	1	1	1	1	1	1	1	1	1	1	1	1	1	1	1	1	1	1	1	1	1	1	1	1	1	1	1	1	1	1	1	1	1	1	1	1	1	1
解	2	2	2	2	2	2	2	2	2	2	2	2	2	2	2	2	2	2	2	2	2	2	2	2	2	2	2	2	2	2	2	2	2	2	2	2	2	2	2	2	2	2	2	2	2	2	2	2	2	2
	3	3	3	3	3	3	3	3	3	3	3	3	3	3	3	3	3	3	3	3	3	3	3	3	3	3	3	3	3	3	3	3	3	3	3	3	3	3	3	3	3	3	3	3	3	3	3	3	3	3
答	4	4	4	4	4	4	4	4	4	4	4	4	4	4	4	4	4	4	4	4	4	4	4	4	4	4	4	4	4	4	4	4	4	4	4	4	4	4	4	4	4	4	4	4	4	4	4	4	4	4
	5	5	5	5	5	5	5	5	5	5	5	5	5	5	5	5	5	5	5	5	5	5	5	5	5	5	5	5	5	5	5	5	5	5	5	5	5	5	5	5	5	5	5	5	5	5	5	5	5	5
	6	6	6	6	6	6	6	6	6	6	6	6	6	6	6	6	6	6	6	6	6	6	6	6	6	6	6	6	6	6	6	6	6	6	6	6	6	6	6	6	6	6	6	6	6	6	6	6	6	6
欄	7	7	7	7	7	7	7	7	7	7	7	7	7	7	7	7	7	7	7	7	7	7	7	7	7	7	7	7	7	7	7	7	7	7	7	7	7	7	7	7	7	7	7	7	7	7	7	7	7	7
	8	8	8	8	8	8	8	8	8	8	8	8	8	8	8	8	8	8	8	8	8	8	8	8	8	8	8	8	8	8	8	8	8	8	8	8	8	8	8	8	8	8	8	8	8	8	8	8	8	8
	9	9	9	9	9	9	9	9	9	9	9	9	9	9	9	9	9	9	9	9	9	9	9	9	9	9	9	9	9	9	9	9	9	9	9	9	9	9	9	9	9	9	9	9	9	9	9	9	9	9

設　問　番　号　51　～　100

設問	51	52	53	54	55	56	57	58	59	60	61	62	63	64	65	66	67	68	69	70	71	72	73	74	75	76	77	78	79	80	81	82	83	84	85	86	87	88	89	90	91	92	93	94	95	96	97	98	99	100
	0	0	0	0	0	0	0	0	0	0	0	0	0	0	0	0	0	0	0	0	0	0	0	0	0	0	0	0	0	0	0	0	0	0	0	0	0	0	0	0	0	0	0	0	0	0	0	0	0	0
	1	1	1	1	1	1	1	1	1	1	1	1	1	1	1	1	1	1	1	1	1	1	1	1	1	1	1	1	1	1	1	1	1	1	1	1	1	1	1	1	1	1	1	1	1	1	1	1	1	1
解	2	2	2	2	2	2	2	2	2	2	2	2	2	2	2	2	2	2	2	2	2	2	2	2	2	2	2	2	2	2	2	2	2	2	2	2	2	2	2	2	2	2	2	2	2	2	2	2	2	2
	3	3	3	3	3	3	3	3	3	3	3	3	3	3	3	3	3	3	3	3	3	3	3	3	3	3	3	3	3	3	3	3	3	3	3	3	3	3	3	3	3	3	3	3	3	3	3	3	3	3
答	4	4	4	4	4	4	4	4	4	4	4	4	4	4	4	4	4	4	4	4	4	4	4	4	4	4	4	4	4	4	4	4	4	4	4	4	4	4	4	4	4	4	4	4	4	4	4	4	4	4
	5	5	5	5	5	5	5	5	5	5	5	5	5	5	5	5	5	5	5	5	5	5	5	5	5	5	5	5	5	5	5	5	5	5	5	5	5	5	5	5	5	5	5	5	5	5	5	5	5	5
	6	6	6	6	6	6	6	6	6	6	6	6	6	6	6	6	6	6	6	6	6	6	6	6	6	6	6	6	6	6	6	6	6	6	6	6	6	6	6	6	6	6	6	6	6	6	6	6	6	6
欄	7	7	7	7	7	7	7	7	7	7	7	7	7	7	7	7	7	7	7	7	7	7	7	7	7	7	7	7	7	7	7	7	7	7	7	7	7	7	7	7	7	7	7	7	7	7	7	7	7	7
	8	8	8	8	8	8	8	8	8	8	8	8	8	8	8	8	8	8	8	8	8	8	8	8	8	8	8	8	8	8	8	8	8	8	8	8	8	8	8	8	8	8	8	8	8	8	8	8	8	8
	9	9	9	9	9	9	9	9	9	9	9	9	9	9	9	9	9	9	9	9	9	9	9	9	9	9	9	9	9	9	9	9	9	9	9	9	9	9	9	9	9	9	9	9	9	9	9	9	9	9

注意
1．各設問項目にはマークを一つだけつけること
2．この用紙を折り曲げたり汚したりしないこと
3．訂正時は消しゴムできれいに消し、消しくずを残さないこと
4．＊欄は記入指示があった場合のみ使用します

狭山ヶ丘高等学校(第3回推薦)　2022年度

◇数学◇

※141%に拡大していただくと，解答欄は実物大になります。

設　問　番　号　1　～　50

設問	1	2	3	4	5	6	7	8	9	10	11	12	13	14	15	16	17	18	19	20	21	22	23	24	25	26	27	28	29	30	31	32	33	34	35	36	37	38	39	40	41	42	43	44	45	46	47	48	49	50
解答欄	0	0	0	0	0	0	0	0	0	0	0	0	0	0	0	0	0	0	0	0	0	0	0	0	0	0	0	0	0	0	0	0	0	0	0	0	0	0	0	0	0	0	0	0	0	0	0	0	0	0
	1	1	1	1	1	1	1	1	1	1	1	1	1	1	1	1	1	1	1	1	1	1	1	1	1	1	1	1	1	1	1	1	1	1	1	1	1	1	1	1	1	1	1	1	1	1	1	1	1	1
	2	2	2	2	2	2	2	2	2	2	2	2	2	2	2	2	2	2	2	2	2	2	2	2	2	2	2	2	2	2	2	2	2	2	2	2	2	2	2	2	2	2	2	2	2	2	2	2	2	2
	3	3	3	3	3	3	3	3	3	3	3	3	3	3	3	3	3	3	3	3	3	3	3	3	3	3	3	3	3	3	3	3	3	3	3	3	3	3	3	3	3	3	3	3	3	3	3	3	3	3
	4	4	4	4	4	4	4	4	4	4	4	4	4	4	4	4	4	4	4	4	4	4	4	4	4	4	4	4	4	4	4	4	4	4	4	4	4	4	4	4	4	4	4	4	4	4	4	4	4	4
	5	5	5	5	5	5	5	5	5	5	5	5	5	5	5	5	5	5	5	5	5	5	5	5	5	5	5	5	5	5	5	5	5	5	5	5	5	5	5	5	5	5	5	5	5	5	5	5	5	5
	6	6	6	6	6	6	6	6	6	6	6	6	6	6	6	6	6	6	6	6	6	6	6	6	6	6	6	6	6	6	6	6	6	6	6	6	6	6	6	6	6	6	6	6	6	6	6	6	6	6
	7	7	7	7	7	7	7	7	7	7	7	7	7	7	7	7	7	7	7	7	7	7	7	7	7	7	7	7	7	7	7	7	7	7	7	7	7	7	7	7	7	7	7	7	7	7	7	7	7	7
	8	8	8	8	8	8	8	8	8	8	8	8	8	8	8	8	8	8	8	8	8	8	8	8	8	8	8	8	8	8	8	8	8	8	8	8	8	8	8	8	8	8	8	8	8	8	8	8	8	8
	9	9	9	9	9	9	9	9	9	9	9	9	9	9	9	9	9	9	9	9	9	9	9	9	9	9	9	9	9	9	9	9	9	9	9	9	9	9	9	9	9	9	9	9	9	9	9	9	9	9

設　問　番　号　51　～　100

設問	51	52	53	54	55	56	57	58	59	60	61	62	63	64	65	66	67	68	69	70	71	72	73	74	75	76	77	78	79	80	81	82	83	84	85	86	87	88	89	90	91	92	93	94	95	96	97	98	99	100
解答欄	0	0	0	0	0	0	0	0	0	0	0	0	0	0	0	0	0	0	0	0	0	0	0	0	0	0	0	0	0	0	0	0	0	0	0	0	0	0	0	0	0	0	0	0	0	0	0	0	0	0
	1	1	1	1	1	1	1	1	1	1	1	1	1	1	1	1	1	1	1	1	1	1	1	1	1	1	1	1	1	1	1	1	1	1	1	1	1	1	1	1	1	1	1	1	1	1	1	1	1	1
	2	2	2	2	2	2	2	2	2	2	2	2	2	2	2	2	2	2	2	2	2	2	2	2	2	2	2	2	2	2	2	2	2	2	2	2	2	2	2	2	2	2	2	2	2	2	2	2	2	2
	3	3	3	3	3	3	3	3	3	3	3	3	3	3	3	3	3	3	3	3	3	3	3	3	3	3	3	3	3	3	3	3	3	3	3	3	3	3	3	3	3	3	3	3	3	3	3	3	3	3
	4	4	4	4	4	4	4	4	4	4	4	4	4	4	4	4	4	4	4	4	4	4	4	4	4	4	4	4	4	4	4	4	4	4	4	4	4	4	4	4	4	4	4	4	4	4	4	4	4	4
	5	5	5	5	5	5	5	5	5	5	5	5	5	5	5	5	5	5	5	5	5	5	5	5	5	5	5	5	5	5	5	5	5	5	5	5	5	5	5	5	5	5	5	5	5	5	5	5	5	5
	6	6	6	6	6	6	6	6	6	6	6	6	6	6	6	6	6	6	6	6	6	6	6	6	6	6	6	6	6	6	6	6	6	6	6	6	6	6	6	6	6	6	6	6	6	6	6	6	6	6
	7	7	7	7	7	7	7	7	7	7	7	7	7	7	7	7	7	7	7	7	7	7	7	7	7	7	7	7	7	7	7	7	7	7	7	7	7	7	7	7	7	7	7	7	7	7	7	7	7	7
	8	8	8	8	8	8	8	8	8	8	8	8	8	8	8	8	8	8	8	8	8	8	8	8	8	8	8	8	8	8	8	8	8	8	8	8	8	8	8	8	8	8	8	8	8	8	8	8	8	8
	9	9	9	9	9	9	9	9	9	9	9	9	9	9	9	9	9	9	9	9	9	9	9	9	9	9	9	9	9	9	9	9	9	9	9	9	9	9	9	9	9	9	9	9	9	9	9	9	9	9

注意
1. 各設問項目にはマークを一つだけつけること
2. この用紙を折り曲げたり汚したりしないこと
3. 訂正時は消しゴムできれいに消し、消しくずを残さないこと
4. ＊欄は記入指示があった場合のみ使用します

狭山ヶ丘高等学校(第3回推薦)　2022年度

◇英語◇

※141％に拡大していただくと，解答欄は実物大になります。

設問番号 1 ～ 50

設問	1	2	3	4	5	6	7	8	9	10	11	12	13	14	15	16	17	18	19	20	21	22	23	24	25	26	27	28	29	30	31	32	33	34	35	36	37	38	39	40	41	42	43	44	45	46	47	48	49	50
	0	0	0	0	0	0	0	0	0	0	0	0	0	0	0	0	0	0	0	0	0	0	0	0	0	0	0	0	0	0	0	0	0	0	0	0	0	0	0	0	0	0	0	0	0	0	0	0	0	0
	1	1	1	1	1	1	1	1	1	1	1	1	1	1	1	1	1	1	1	1	1	1	1	1	1	1	1	1	1	1	1	1	1	1	1	1	1	1	1	1	1	1	1	1	1	1	1	1	1	1
解	2	2	2	2	2	2	2	2	2	2	2	2	2	2	2	2	2	2	2	2	2	2	2	2	2	2	2	2	2	2	2	2	2	2	2	2	2	2	2	2	2	2	2	2	2	2	2	2	2	2
	3	3	3	3	3	3	3	3	3	3	3	3	3	3	3	3	3	3	3	3	3	3	3	3	3	3	3	3	3	3	3	3	3	3	3	3	3	3	3	3	3	3	3	3	3	3	3	3	3	3
	4	4	4	4	4	4	4	4	4	4	4	4	4	4	4	4	4	4	4	4	4	4	4	4	4	4	4	4	4	4	4	4	4	4	4	4	4	4	4	4	4	4	4	4	4	4	4	4	4	4
答	5	5	5	5	5	5	5	5	5	5	5	5	5	5	5	5	5	5	5	5	5	5	5	5	5	5	5	5	5	5	5	5	5	5	5	5	5	5	5	5	5	5	5	5	5	5	5	5	5	5
	6	6	6	6	6	6	6	6	6	6	6	6	6	6	6	6	6	6	6	6	6	6	6	6	6	6	6	6	6	6	6	6	6	6	6	6	6	6	6	6	6	6	6	6	6	6	6	6	6	6
欄	7	7	7	7	7	7	7	7	7	7	7	7	7	7	7	7	7	7	7	7	7	7	7	7	7	7	7	7	7	7	7	7	7	7	7	7	7	7	7	7	7	7	7	7	7	7	7	7	7	7
	8	8	8	8	8	8	8	8	8	8	8	8	8	8	8	8	8	8	8	8	8	8	8	8	8	8	8	8	8	8	8	8	8	8	8	8	8	8	8	8	8	8	8	8	8	8	8	8	8	8
	9	9	9	9	9	9	9	9	9	9	9	9	9	9	9	9	9	9	9	9	9	9	9	9	9	9	9	9	9	9	9	9	9	9	9	9	9	9	9	9	9	9	9	9	9	9	9	9	9	9

設問番号 51 ～ 100

設問	51	52	53	54	55	56	57	58	59	60	61	62	63	64	65	66	67	68	69	70	71	72	73	74	75	76	77	78	79	80	81	82	83	84	85	86	87	88	89	90	91	92	93	94	95	96	97	98	99	100
	0	0	0	0	0	0	0	0	0	0	0	0	0	0	0	0	0	0	0	0	0	0	0	0	0	0	0	0	0	0	0	0	0	0	0	0	0	0	0	0	0	0	0	0	0	0	0	0	0	0
	1	1	1	1	1	1	1	1	1	1	1	1	1	1	1	1	1	1	1	1	1	1	1	1	1	1	1	1	1	1	1	1	1	1	1	1	1	1	1	1	1	1	1	1	1	1	1	1	1	1
解	2	2	2	2	2	2	2	2	2	2	2	2	2	2	2	2	2	2	2	2	2	2	2	2	2	2	2	2	2	2	2	2	2	2	2	2	2	2	2	2	2	2	2	2	2	2	2	2	2	2
	3	3	3	3	3	3	3	3	3	3	3	3	3	3	3	3	3	3	3	3	3	3	3	3	3	3	3	3	3	3	3	3	3	3	3	3	3	3	3	3	3	3	3	3	3	3	3	3	3	3
	4	4	4	4	4	4	4	4	4	4	4	4	4	4	4	4	4	4	4	4	4	4	4	4	4	4	4	4	4	4	4	4	4	4	4	4	4	4	4	4	4	4	4	4	4	4	4	4	4	4
答	5	5	5	5	5	5	5	5	5	5	5	5	5	5	5	5	5	5	5	5	5	5	5	5	5	5	5	5	5	5	5	5	5	5	5	5	5	5	5	5	5	5	5	5	5	5	5	5	5	5
	6	6	6	6	6	6	6	6	6	6	6	6	6	6	6	6	6	6	6	6	6	6	6	6	6	6	6	6	6	6	6	6	6	6	6	6	6	6	6	6	6	6	6	6	6	6	6	6	6	6
欄	7	7	7	7	7	7	7	7	7	7	7	7	7	7	7	7	7	7	7	7	7	7	7	7	7	7	7	7	7	7	7	7	7	7	7	7	7	7	7	7	7	7	7	7	7	7	7	7	7	7
	8	8	8	8	8	8	8	8	8	8	8	8	8	8	8	8	8	8	8	8	8	8	8	8	8	8	8	8	8	8	8	8	8	8	8	8	8	8	8	8	8	8	8	8	8	8	8	8	8	8
	9	9	9	9	9	9	9	9	9	9	9	9	9	9	9	9	9	9	9	9	9	9	9	9	9	9	9	9	9	9	9	9	9	9	9	9	9	9	9	9	9	9	9	9	9	9	9	9	9	9

注意
1. 各設問項目にはマークを一つだけつけること
2. この用紙を折り曲げたり汚したりしないこと
3. 訂正時は消しゴムできれいに消し、消しくずを残さないこと
4. ＊欄は記入指示があった場合のみ使用します

狭山ヶ丘高等学校(第2回推薦)　2022年度

◇国語◇

※141％に拡大していただくと，解答欄は実物大になります。

設問番号 1 ～ 50

設問	1	2	3	4	5	6	7	8	9	10	11	12	13	14	15	16	17	18	19	20	21	22	23	24	25
解答欄	0	0	0	0	0	0	0	0	0	0	0	0	0	0	0	0	0	0	0	0	0	0	0	0	0
	1	1	1	1	1	1	1	1	1	1	1	1	1	1	1	1	1	1	1	1	1	1	1	1	1
	2	2	2	2	2	2	2	2	2	2	2	2	2	2	2	2	2	2	2	2	2	2	2	2	2
	3	3	3	3	3	3	3	3	3	3	3	3	3	3	3	3	3	3	3	3	3	3	3	3	3
	4	4	4	4	4	4	4	4	4	4	4	4	4	4	4	4	4	4	4	4	4	4	4	4	4
	5	5	5	5	5	5	5	5	5	5	5	5	5	5	5	5	5	5	5	5	5	5	5	5	5
	6	6	6	6	6	6	6	6	6	6	6	6	6	6	6	6	6	6	6	6	6	6	6	6	6
	7	7	7	7	7	7	7	7	7	7	7	7	7	7	7	7	7	7	7	7	7	7	7	7	7
	8	8	8	8	8	8	8	8	8	8	8	8	8	8	8	8	8	8	8	8	8	8	8	8	8
	9	9	9	9	9	9	9	9	9	9	9	9	9	9	9	9	9	9	9	9	9	9	9	9	9

設問	26	27	28	29	30	31	32	33	34	35	36	37	38	39	40	41	42	43	44	45	46	47	48	49	50
解答欄	0	0	0	0	0	0	0	0	0	0	0	0	0	0	0	0	0	0	0	0	0	0	0	0	0
	1	1	1	1	1	1	1	1	1	1	1	1	1	1	1	1	1	1	1	1	1	1	1	1	1
	2	2	2	2	2	2	2	2	2	2	2	2	2	2	2	2	2	2	2	2	2	2	2	2	2
	3	3	3	3	3	3	3	3	3	3	3	3	3	3	3	3	3	3	3	3	3	3	3	3	3
	4	4	4	4	4	4	4	4	4	4	4	4	4	4	4	4	4	4	4	4	4	4	4	4	4
	5	5	5	5	5	5	5	5	5	5	5	5	5	5	5	5	5	5	5	5	5	5	5	5	5
	6	6	6	6	6	6	6	6	6	6	6	6	6	6	6	6	6	6	6	6	6	6	6	6	6
	7	7	7	7	7	7	7	7	7	7	7	7	7	7	7	7	7	7	7	7	7	7	7	7	7
	8	8	8	8	8	8	8	8	8	8	8	8	8	8	8	8	8	8	8	8	8	8	8	8	8
	9	9	9	9	9	9	9	9	9	9	9	9	9	9	9	9	9	9	9	9	9	9	9	9	9

設問番号 51 ～ 100

設問	51	52	53	54	55	56	57	58	59	60	61	62	63	64	65	66	67	68	69	70	71	72	73	74	75
解答欄	0	0	0	0	0	0	0	0	0	0	0	0	0	0	0	0	0	0	0	0	0	0	0	0	0
	1	1	1	1	1	1	1	1	1	1	1	1	1	1	1	1	1	1	1	1	1	1	1	1	1
	2	2	2	2	2	2	2	2	2	2	2	2	2	2	2	2	2	2	2	2	2	2	2	2	2
	3	3	3	3	3	3	3	3	3	3	3	3	3	3	3	3	3	3	3	3	3	3	3	3	3
	4	4	4	4	4	4	4	4	4	4	4	4	4	4	4	4	4	4	4	4	4	4	4	4	4
	5	5	5	5	5	5	5	5	5	5	5	5	5	5	5	5	5	5	5	5	5	5	5	5	5
	6	6	6	6	6	6	6	6	6	6	6	6	6	6	6	6	6	6	6	6	6	6	6	6	6
	7	7	7	7	7	7	7	7	7	7	7	7	7	7	7	7	7	7	7	7	7	7	7	7	7
	8	8	8	8	8	8	8	8	8	8	8	8	8	8	8	8	8	8	8	8	8	8	8	8	8
	9	9	9	9	9	9	9	9	9	9	9	9	9	9	9	9	9	9	9	9	9	9	9	9	9

設問	76	77	78	79	80	81	82	83	84	85	86	87	88	89	90	91	92	93	94	95	96	97	98	99	100
解答欄	0	0	0	0	0	0	0	0	0	0	0	0	0	0	0	0	0	0	0	0	0	0	0	0	0
	1	1	1	1	1	1	1	1	1	1	1	1	1	1	1	1	1	1	1	1	1	1	1	1	1
	2	2	2	2	2	2	2	2	2	2	2	2	2	2	2	2	2	2	2	2	2	2	2	2	2
	3	3	3	3	3	3	3	3	3	3	3	3	3	3	3	3	3	3	3	3	3	3	3	3	3
	4	4	4	4	4	4	4	4	4	4	4	4	4	4	4	4	4	4	4	4	4	4	4	4	4
	5	5	5	5	5	5	5	5	5	5	5	5	5	5	5	5	5	5	5	5	5	5	5	5	5
	6	6	6	6	6	6	6	6	6	6	6	6	6	6	6	6	6	6	6	6	6	6	6	6	6
	7	7	7	7	7	7	7	7	7	7	7	7	7	7	7	7	7	7	7	7	7	7	7	7	7
	8	8	8	8	8	8	8	8	8	8	8	8	8	8	8	8	8	8	8	8	8	8	8	8	8
	9	9	9	9	9	9	9	9	9	9	9	9	9	9	9	9	9	9	9	9	9	9	9	9	9

注意
1．各設問項目にはマークを一つだけつけること
2．この用紙を折り曲げたり汚したりしないこと
3．訂正時は消しゴムできれいに消し、消しくずを残さないこと
4．＊欄は記入指示があった場合のみ使用します

狭山ヶ丘高等学校(第1回推薦)　2021年度

◇数学◇

※141%に拡大していただくと，解答欄は実物大になります。

設　問　番　号　1　～　50

設問	1	2	3	4	5	6	7	8	9	10	11	12	13	14	15	16	17	18	19	20	21	22	23	24	25
	0	0	0	0	0	0	0	0	0	0	0	0	0	0	0	0	0	0	0	0	0	0	0	0	0
	1	1	1	1	1	1	1	1	1	1	1	1	1	1	1	1	1	1	1	1	1	1	1	1	1
解	2	2	2	2	2	2	2	2	2	2	2	2	2	2	2	2	2	2	2	2	2	2	2	2	2
	3	3	3	3	3	3	3	3	3	3	3	3	3	3	3	3	3	3	3	3	3	3	3	3	3
	4	4	4	4	4	4	4	4	4	4	4	4	4	4	4	4	4	4	4	4	4	4	4	4	4
答	5	5	5	5	5	5	5	5	5	5	5	5	5	5	5	5	5	5	5	5	5	5	5	5	5
	6	6	6	6	6	6	6	6	6	6	6	6	6	6	6	6	6	6	6	6	6	6	6	6	6
欄	7	7	7	7	7	7	7	7	7	7	7	7	7	7	7	7	7	7	7	7	7	7	7	7	7
	8	8	8	8	8	8	8	8	8	8	8	8	8	8	8	8	8	8	8	8	8	8	8	8	8
	9	9	9	9	9	9	9	9	9	9	9	9	9	9	9	9	9	9	9	9	9	9	9	9	9

設問	26	27	28	29	30	31	32	33	34	35	36	37	38	39	40	41	42	43	44	45	46	47	48	49	50
	0	0	0	0	0	0	0	0	0	0	0	0	0	0	0	0	0	0	0	0	0	0	0	0	0
	1	1	1	1	1	1	1	1	1	1	1	1	1	1	1	1	1	1	1	1	1	1	1	1	1
解	2	2	2	2	2	2	2	2	2	2	2	2	2	2	2	2	2	2	2	2	2	2	2	2	2
	3	3	3	3	3	3	3	3	3	3	3	3	3	3	3	3	3	3	3	3	3	3	3	3	3
	4	4	4	4	4	4	4	4	4	4	4	4	4	4	4	4	4	4	4	4	4	4	4	4	4
答	5	5	5	5	5	5	5	5	5	5	5	5	5	5	5	5	5	5	5	5	5	5	5	5	5
	6	6	6	6	6	6	6	6	6	6	6	6	6	6	6	6	6	6	6	6	6	6	6	6	6
欄	7	7	7	7	7	7	7	7	7	7	7	7	7	7	7	7	7	7	7	7	7	7	7	7	7
	8	8	8	8	8	8	8	8	8	8	8	8	8	8	8	8	8	8	8	8	8	8	8	8	8
	9	9	9	9	9	9	9	9	9	9	9	9	9	9	9	9	9	9	9	9	9	9	9	9	9

設　問　番　号　51　～　100

設問	51	52	53	54	55	56	57	58	59	60	61	62	63	64	65	66	67	68	69	70	71	72	73	74	75
	0	0	0	0	0	0	0	0	0	0	0	0	0	0	0	0	0	0	0	0	0	0	0	0	0
	1	1	1	1	1	1	1	1	1	1	1	1	1	1	1	1	1	1	1	1	1	1	1	1	1
解	2	2	2	2	2	2	2	2	2	2	2	2	2	2	2	2	2	2	2	2	2	2	2	2	2
	3	3	3	3	3	3	3	3	3	3	3	3	3	3	3	3	3	3	3	3	3	3	3	3	3
	4	4	4	4	4	4	4	4	4	4	4	4	4	4	4	4	4	4	4	4	4	4	4	4	4
答	5	5	5	5	5	5	5	5	5	5	5	5	5	5	5	5	5	5	5	5	5	5	5	5	5
	6	6	6	6	6	6	6	6	6	6	6	6	6	6	6	6	6	6	6	6	6	6	6	6	6
欄	7	7	7	7	7	7	7	7	7	7	7	7	7	7	7	7	7	7	7	7	7	7	7	7	7
	8	8	8	8	8	8	8	8	8	8	8	8	8	8	8	8	8	8	8	8	8	8	8	8	8
	9	9	9	9	9	9	9	9	9	9	9	9	9	9	9	9	9	9	9	9	9	9	9	9	9

設問	76	77	78	79	80	81	82	83	84	85	86	87	88	89	90	91	92	93	94	95	96	97	98	99	100
	0	0	0	0	0	0	0	0	0	0	0	0	0	0	0	0	0	0	0	0	0	0	0	0	0
	1	1	1	1	1	1	1	1	1	1	1	1	1	1	1	1	1	1	1	1	1	1	1	1	1
解	2	2	2	2	2	2	2	2	2	2	2	2	2	2	2	2	2	2	2	2	2	2	2	2	2
	3	3	3	3	3	3	3	3	3	3	3	3	3	3	3	3	3	3	3	3	3	3	3	3	3
	4	4	4	4	4	4	4	4	4	4	4	4	4	4	4	4	4	4	4	4	4	4	4	4	4
答	5	5	5	5	5	5	5	5	5	5	5	5	5	5	5	5	5	5	5	5	5	5	5	5	5
	6	6	6	6	6	6	6	6	6	6	6	6	6	6	6	6	6	6	6	6	6	6	6	6	6
欄	7	7	7	7	7	7	7	7	7	7	7	7	7	7	7	7	7	7	7	7	7	7	7	7	7
	8	8	8	8	8	8	8	8	8	8	8	8	8	8	8	8	8	8	8	8	8	8	8	8	8
	9	9	9	9	9	9	9	9	9	9	9	9	9	9	9	9	9	9	9	9	9	9	9	9	9

注意
1．各設問項目にはマークを一つだけつけること
2．この用紙を折り曲げたり汚したりしないこと
3．訂正時は消しゴムできれいに消し，消しくずを残さないこと
4．＊欄は記入指示があった場合のみ使用します

狭山ヶ丘高等学校（第2回推薦）　2021年度

◇英語◇

※141％に拡大していただくと，解答欄は実物大になります。

設問番号 1 ～ 50																																																		
設問	1	2	3	4	5	6	7	8	9	10	11	12	13	14	15	16	17	18	19	20	21	22	23	24	25	26	27	28	29	30	31	32	33	34	35	36	37	38	39	40	41	42	43	44	45	46	47	48	49	50
解答欄	0	0	0	0	0	0	0	0	0	0	0	0	0	0	0	0	0	0	0	0	0	0	0	0	0	0	0	0	0	0	0	0	0	0	0	0	0	0	0	0	0	0	0	0	0	0	0	0	0	0
	1	1	1	1	1	1	1	1	1	1	1	1	1	1	1	1	1	1	1	1	1	1	1	1	1	1	1	1	1	1	1	1	1	1	1	1	1	1	1	1	1	1	1	1	1	1	1	1	1	1
	2	2	2	2	2	2	2	2	2	2	2	2	2	2	2	2	2	2	2	2	2	2	2	2	2	2	2	2	2	2	2	2	2	2	2	2	2	2	2	2	2	2	2	2	2	2	2	2	2	2
	3	3	3	3	3	3	3	3	3	3	3	3	3	3	3	3	3	3	3	3	3	3	3	3	3	3	3	3	3	3	3	3	3	3	3	3	3	3	3	3	3	3	3	3	3	3	3	3	3	3
	4	4	4	4	4	4	4	4	4	4	4	4	4	4	4	4	4	4	4	4	4	4	4	4	4	4	4	4	4	4	4	4	4	4	4	4	4	4	4	4	4	4	4	4	4	4	4	4	4	4
	5	5	5	5	5	5	5	5	5	5	5	5	5	5	5	5	5	5	5	5	5	5	5	5	5	5	5	5	5	5	5	5	5	5	5	5	5	5	5	5	5	5	5	5	5	5	5	5	5	5
	6	6	6	6	6	6	6	6	6	6	6	6	6	6	6	6	6	6	6	6	6	6	6	6	6	6	6	6	6	6	6	6	6	6	6	6	6	6	6	6	6	6	6	6	6	6	6	6	6	6
	7	7	7	7	7	7	7	7	7	7	7	7	7	7	7	7	7	7	7	7	7	7	7	7	7	7	7	7	7	7	7	7	7	7	7	7	7	7	7	7	7	7	7	7	7	7	7	7	7	7
	8	8	8	8	8	8	8	8	8	8	8	8	8	8	8	8	8	8	8	8	8	8	8	8	8	8	8	8	8	8	8	8	8	8	8	8	8	8	8	8	8	8	8	8	8	8	8	8	8	8
	9	9	9	9	9	9	9	9	9	9	9	9	9	9	9	9	9	9	9	9	9	9	9	9	9	9	9	9	9	9	9	9	9	9	9	9	9	9	9	9	9	9	9	9	9	9	9	9	9	9

設問番号 51 ～ 100																																																		
設問	51	52	53	54	55	56	57	58	59	60	61	62	63	64	65	66	67	68	69	70	71	72	73	74	75	76	77	78	79	80	81	82	83	84	85	86	87	88	89	90	91	92	93	94	95	96	97	98	99	100
解答欄	0	0	0	0	0	0	0	0	0	0	0	0	0	0	0	0	0	0	0	0	0	0	0	0	0	0	0	0	0	0	0	0	0	0	0	0	0	0	0	0	0	0	0	0	0	0	0	0	0	0
	1	1	1	1	1	1	1	1	1	1	1	1	1	1	1	1	1	1	1	1	1	1	1	1	1	1	1	1	1	1	1	1	1	1	1	1	1	1	1	1	1	1	1	1	1	1	1	1	1	1
	2	2	2	2	2	2	2	2	2	2	2	2	2	2	2	2	2	2	2	2	2	2	2	2	2	2	2	2	2	2	2	2	2	2	2	2	2	2	2	2	2	2	2	2	2	2	2	2	2	2
	3	3	3	3	3	3	3	3	3	3	3	3	3	3	3	3	3	3	3	3	3	3	3	3	3	3	3	3	3	3	3	3	3	3	3	3	3	3	3	3	3	3	3	3	3	3	3	3	3	3
	4	4	4	4	4	4	4	4	4	4	4	4	4	4	4	4	4	4	4	4	4	4	4	4	4	4	4	4	4	4	4	4	4	4	4	4	4	4	4	4	4	4	4	4	4	4	4	4	4	4
	5	5	5	5	5	5	5	5	5	5	5	5	5	5	5	5	5	5	5	5	5	5	5	5	5	5	5	5	5	5	5	5	5	5	5	5	5	5	5	5	5	5	5	5	5	5	5	5	5	5
	6	6	6	6	6	6	6	6	6	6	6	6	6	6	6	6	6	6	6	6	6	6	6	6	6	6	6	6	6	6	6	6	6	6	6	6	6	6	6	6	6	6	6	6	6	6	6	6	6	6
	7	7	7	7	7	7	7	7	7	7	7	7	7	7	7	7	7	7	7	7	7	7	7	7	7	7	7	7	7	7	7	7	7	7	7	7	7	7	7	7	7	7	7	7	7	7	7	7	7	7
	8	8	8	8	8	8	8	8	8	8	8	8	8	8	8	8	8	8	8	8	8	8	8	8	8	8	8	8	8	8	8	8	8	8	8	8	8	8	8	8	8	8	8	8	8	8	8	8	8	8
	9	9	9	9	9	9	9	9	9	9	9	9	9	9	9	9	9	9	9	9	9	9	9	9	9	9	9	9	9	9	9	9	9	9	9	9	9	9	9	9	9	9	9	9	9	9	9	9	9	9

注意
1．各設問項目にはマークを一つだけつけること
2．この用紙を折り曲げたり汚したりしないこと
3．訂正時は消しゴムできれいに消し、消しくずを残さないこと
4．＊欄は記入指示があった場合のみ使用します

狭山ヶ丘高等学校(第1回推薦)　2021年度

◇国語◇

※141%に拡大していただくと，解答欄は実物大になります。

設　問　番　号　1　～　50

設問	1	2	3	4	5	6	7	8	9	10	11	12	13	14	15	16	17	18	19	20	21	22	23	24	25	26	27	28	29	30	31	32	33	34	35	36	37	38	39	40	41	42	43	44	45	46	47	48	49	50
解答欄	0	0	0	0	0	0	0	0	0	0	0	0	0	0	0	0	0	0	0	0	0	0	0	0	0	0	0	0	0	0	0	0	0	0	0	0	0	0	0	0	0	0	0	0	0	0	0	0	0	0
	1	1	1	1	1	1	1	1	1	1	1	1	1	1	1	1	1	1	1	1	1	1	1	1	1	1	1	1	1	1	1	1	1	1	1	1	1	1	1	1	1	1	1	1	1	1	1	1	1	1
	2	2	2	2	2	2	2	2	2	2	2	2	2	2	2	2	2	2	2	2	2	2	2	2	2	2	2	2	2	2	2	2	2	2	2	2	2	2	2	2	2	2	2	2	2	2	2	2	2	2
	3	3	3	3	3	3	3	3	3	3	3	3	3	3	3	3	3	3	3	3	3	3	3	3	3	3	3	3	3	3	3	3	3	3	3	3	3	3	3	3	3	3	3	3	3	3	3	3	3	3
	4	4	4	4	4	4	4	4	4	4	4	4	4	4	4	4	4	4	4	4	4	4	4	4	4	4	4	4	4	4	4	4	4	4	4	4	4	4	4	4	4	4	4	4	4	4	4	4	4	4
	5	5	5	5	5	5	5	5	5	5	5	5	5	5	5	5	5	5	5	5	5	5	5	5	5	5	5	5	5	5	5	5	5	5	5	5	5	5	5	5	5	5	5	5	5	5	5	5	5	5
	6	6	6	6	6	6	6	6	6	6	6	6	6	6	6	6	6	6	6	6	6	6	6	6	6	6	6	6	6	6	6	6	6	6	6	6	6	6	6	6	6	6	6	6	6	6	6	6	6	6
	7	7	7	7	7	7	7	7	7	7	7	7	7	7	7	7	7	7	7	7	7	7	7	7	7	7	7	7	7	7	7	7	7	7	7	7	7	7	7	7	7	7	7	7	7	7	7	7	7	7
	8	8	8	8	8	8	8	8	8	8	8	8	8	8	8	8	8	8	8	8	8	8	8	8	8	8	8	8	8	8	8	8	8	8	8	8	8	8	8	8	8	8	8	8	8	8	8	8	8	8
	9	9	9	9	9	9	9	9	9	9	9	9	9	9	9	9	9	9	9	9	9	9	9	9	9	9	9	9	9	9	9	9	9	9	9	9	9	9	9	9	9	9	9	9	9	9	9	9	9	9

設　問　番　号　51　～　100

設問	51	52	53	54	55	56	57	58	59	60	61	62	63	64	65	66	67	68	69	70	71	72	73	74	75	76	77	78	79	80	81	82	83	84	85	86	87	88	89	90	91	92	93	94	95	96	97	98	99	100
解答欄	0	0	0	0	0	0	0	0	0	0	0	0	0	0	0	0	0	0	0	0	0	0	0	0	0	0	0	0	0	0	0	0	0	0	0	0	0	0	0	0	0	0	0	0	0	0	0	0	0	0
	1	1	1	1	1	1	1	1	1	1	1	1	1	1	1	1	1	1	1	1	1	1	1	1	1	1	1	1	1	1	1	1	1	1	1	1	1	1	1	1	1	1	1	1	1	1	1	1	1	1
	2	2	2	2	2	2	2	2	2	2	2	2	2	2	2	2	2	2	2	2	2	2	2	2	2	2	2	2	2	2	2	2	2	2	2	2	2	2	2	2	2	2	2	2	2	2	2	2	2	2
	3	3	3	3	3	3	3	3	3	3	3	3	3	3	3	3	3	3	3	3	3	3	3	3	3	3	3	3	3	3	3	3	3	3	3	3	3	3	3	3	3	3	3	3	3	3	3	3	3	3
	4	4	4	4	4	4	4	4	4	4	4	4	4	4	4	4	4	4	4	4	4	4	4	4	4	4	4	4	4	4	4	4	4	4	4	4	4	4	4	4	4	4	4	4	4	4	4	4	4	4
	5	5	5	5	5	5	5	5	5	5	5	5	5	5	5	5	5	5	5	5	5	5	5	5	5	5	5	5	5	5	5	5	5	5	5	5	5	5	5	5	5	5	5	5	5	5	5	5	5	5
	6	6	6	6	6	6	6	6	6	6	6	6	6	6	6	6	6	6	6	6	6	6	6	6	6	6	6	6	6	6	6	6	6	6	6	6	6	6	6	6	6	6	6	6	6	6	6	6	6	6
	7	7	7	7	7	7	7	7	7	7	7	7	7	7	7	7	7	7	7	7	7	7	7	7	7	7	7	7	7	7	7	7	7	7	7	7	7	7	7	7	7	7	7	7	7	7	7	7	7	7
	8	8	8	8	8	8	8	8	8	8	8	8	8	8	8	8	8	8	8	8	8	8	8	8	8	8	8	8	8	8	8	8	8	8	8	8	8	8	8	8	8	8	8	8	8	8	8	8	8	8
	9	9	9	9	9	9	9	9	9	9	9	9	9	9	9	9	9	9	9	9	9	9	9	9	9	9	9	9	9	9	9	9	9	9	9	9	9	9	9	9	9	9	9	9	9	9	9	9	9	9

注意
1．各設問項目にはマークを一つだけつけること
2．この用紙を折り曲げたり汚したりしないこと
3．訂正時は消しゴムできれいに消し，消しくずを残さないこと
4．＊欄は記入指示があった場合のみ使用します

狭山ヶ丘高等学校（第2回推薦）　2021年度

◇数学◇

※141％に拡大していただくと，解答欄は実物大になります。

設問番号 1 ～ 50																																																		
設問	1	2	3	4	5	6	7	8	9	10	11	12	13	14	15	16	17	18	19	20	21	22	23	24	25	26	27	28	29	30	31	32	33	34	35	36	37	38	39	40	41	42	43	44	45	46	47	48	49	50
	0	0	0	0	0	0	0	0	0	0	0	0	0	0	0	0	0	0	0	0	0	0	0	0	0	0	0	0	0	0	0	0	0	0	0	0	0	0	0	0	0	0	0	0	0	0	0	0	0	0
	1	1	1	1	1	1	1	1	1	1	1	1	1	1	1	1	1	1	1	1	1	1	1	1	1	1	1	1	1	1	1	1	1	1	1	1	1	1	1	1	1	1	1	1	1	1	1	1	1	1
解	2	2	2	2	2	2	2	2	2	2	2	2	2	2	2	2	2	2	2	2	2	2	2	2	2	2	2	2	2	2	2	2	2	2	2	2	2	2	2	2	2	2	2	2	2	2	2	2	2	2
	3	3	3	3	3	3	3	3	3	3	3	3	3	3	3	3	3	3	3	3	3	3	3	3	3	3	3	3	3	3	3	3	3	3	3	3	3	3	3	3	3	3	3	3	3	3	3	3	3	3
答	4	4	4	4	4	4	4	4	4	4	4	4	4	4	4	4	4	4	4	4	4	4	4	4	4	4	4	4	4	4	4	4	4	4	4	4	4	4	4	4	4	4	4	4	4	4	4	4	4	4
	5	5	5	5	5	5	5	5	5	5	5	5	5	5	5	5	5	5	5	5	5	5	5	5	5	5	5	5	5	5	5	5	5	5	5	5	5	5	5	5	5	5	5	5	5	5	5	5	5	5
	6	6	6	6	6	6	6	6	6	6	6	6	6	6	6	6	6	6	6	6	6	6	6	6	6	6	6	6	6	6	6	6	6	6	6	6	6	6	6	6	6	6	6	6	6	6	6	6	6	6
欄	7	7	7	7	7	7	7	7	7	7	7	7	7	7	7	7	7	7	7	7	7	7	7	7	7	7	7	7	7	7	7	7	7	7	7	7	7	7	7	7	7	7	7	7	7	7	7	7	7	7
	8	8	8	8	8	8	8	8	8	8	8	8	8	8	8	8	8	8	8	8	8	8	8	8	8	8	8	8	8	8	8	8	8	8	8	8	8	8	8	8	8	8	8	8	8	8	8	8	8	8
	9	9	9	9	9	9	9	9	9	9	9	9	9	9	9	9	9	9	9	9	9	9	9	9	9	9	9	9	9	9	9	9	9	9	9	9	9	9	9	9	9	9	9	9	9	9	9	9	9	9

設問番号 51 ～ 100																																																		
設問	51	52	53	54	55	56	57	58	59	60	61	62	63	64	65	66	67	68	69	70	71	72	73	74	75	76	77	78	79	80	81	82	83	84	85	86	87	88	89	90	91	92	93	94	95	96	97	98	99	100
	0	0	0	0	0	0	0	0	0	0	0	0	0	0	0	0	0	0	0	0	0	0	0	0	0	0	0	0	0	0	0	0	0	0	0	0	0	0	0	0	0	0	0	0	0	0	0	0	0	0
	1	1	1	1	1	1	1	1	1	1	1	1	1	1	1	1	1	1	1	1	1	1	1	1	1	1	1	1	1	1	1	1	1	1	1	1	1	1	1	1	1	1	1	1	1	1	1	1	1	1
解	2	2	2	2	2	2	2	2	2	2	2	2	2	2	2	2	2	2	2	2	2	2	2	2	2	2	2	2	2	2	2	2	2	2	2	2	2	2	2	2	2	2	2	2	2	2	2	2	2	2
	3	3	3	3	3	3	3	3	3	3	3	3	3	3	3	3	3	3	3	3	3	3	3	3	3	3	3	3	3	3	3	3	3	3	3	3	3	3	3	3	3	3	3	3	3	3	3	3	3	3
答	4	4	4	4	4	4	4	4	4	4	4	4	4	4	4	4	4	4	4	4	4	4	4	4	4	4	4	4	4	4	4	4	4	4	4	4	4	4	4	4	4	4	4	4	4	4	4	4	4	4
	5	5	5	5	5	5	5	5	5	5	5	5	5	5	5	5	5	5	5	5	5	5	5	5	5	5	5	5	5	5	5	5	5	5	5	5	5	5	5	5	5	5	5	5	5	5	5	5	5	5
	6	6	6	6	6	6	6	6	6	6	6	6	6	6	6	6	6	6	6	6	6	6	6	6	6	6	6	6	6	6	6	6	6	6	6	6	6	6	6	6	6	6	6	6	6	6	6	6	6	6
欄	7	7	7	7	7	7	7	7	7	7	7	7	7	7	7	7	7	7	7	7	7	7	7	7	7	7	7	7	7	7	7	7	7	7	7	7	7	7	7	7	7	7	7	7	7	7	7	7	7	7
	8	8	8	8	8	8	8	8	8	8	8	8	8	8	8	8	8	8	8	8	8	8	8	8	8	8	8	8	8	8	8	8	8	8	8	8	8	8	8	8	8	8	8	8	8	8	8	8	8	8
	9	9	9	9	9	9	9	9	9	9	9	9	9	9	9	9	9	9	9	9	9	9	9	9	9	9	9	9	9	9	9	9	9	9	9	9	9	9	9	9	9	9	9	9	9	9	9	9	9	9

注意
1．各設問項目にはマークを一つだけつけること
2．この用紙を折り曲げたり汚したりしないこと
3．訂正時は消しゴムできれいに消し、消しくずを残さないこと
4．＊欄は記入指示があった場合のみ使用します

狭山ヶ丘高等学校(第3回推薦)　2021年度

◇英語◇

※141％に拡大していただくと，解答欄は実物大になります。

設　問　番　号　1　～　50

設問	1	2	3	4	5	6	7	8	9	10	11	12	13	14	15	16	17	18	19	20	21	22	23	24	25	26	27	28	29	30	31	32	33	34	35	36	37	38	39	40	41	42	43	44	45	46	47	48	49	50
	0	0	0	0	0	0	0	0	0	0	0	0	0	0	0	0	0	0	0	0	0	0	0	0	0	0	0	0	0	0	0	0	0	0	0	0	0	0	0	0	0	0	0	0	0	0	0	0	0	0
	1	1	1	1	1	1	1	1	1	1	1	1	1	1	1	1	1	1	1	1	1	1	1	1	1	1	1	1	1	1	1	1	1	1	1	1	1	1	1	1	1	1	1	1	1	1	1	1	1	1
解	2	2	2	2	2	2	2	2	2	2	2	2	2	2	2	2	2	2	2	2	2	2	2	2	2	2	2	2	2	2	2	2	2	2	2	2	2	2	2	2	2	2	2	2	2	2	2	2	2	2
	3	3	3	3	3	3	3	3	3	3	3	3	3	3	3	3	3	3	3	3	3	3	3	3	3	3	3	3	3	3	3	3	3	3	3	3	3	3	3	3	3	3	3	3	3	3	3	3	3	3
答	4	4	4	4	4	4	4	4	4	4	4	4	4	4	4	4	4	4	4	4	4	4	4	4	4	4	4	4	4	4	4	4	4	4	4	4	4	4	4	4	4	4	4	4	4	4	4	4	4	4
	5	5	5	5	5	5	5	5	5	5	5	5	5	5	5	5	5	5	5	5	5	5	5	5	5	5	5	5	5	5	5	5	5	5	5	5	5	5	5	5	5	5	5	5	5	5	5	5	5	5
	6	6	6	6	6	6	6	6	6	6	6	6	6	6	6	6	6	6	6	6	6	6	6	6	6	6	6	6	6	6	6	6	6	6	6	6	6	6	6	6	6	6	6	6	6	6	6	6	6	6
欄	7	7	7	7	7	7	7	7	7	7	7	7	7	7	7	7	7	7	7	7	7	7	7	7	7	7	7	7	7	7	7	7	7	7	7	7	7	7	7	7	7	7	7	7	7	7	7	7	7	7
	8	8	8	8	8	8	8	8	8	8	8	8	8	8	8	8	8	8	8	8	8	8	8	8	8	8	8	8	8	8	8	8	8	8	8	8	8	8	8	8	8	8	8	8	8	8	8	8	8	8
	9	9	9	9	9	9	9	9	9	9	9	9	9	9	9	9	9	9	9	9	9	9	9	9	9	9	9	9	9	9	9	9	9	9	9	9	9	9	9	9	9	9	9	9	9	9	9	9	9	9

設　問　番　号　51　～　100

設問	51	52	53	54	55	56	57	58	59	60	61	62	63	64	65	66	67	68	69	70	71	72	73	74	75	76	77	78	79	80	81	82	83	84	85	86	87	88	89	90	91	92	93	94	95	96	97	98	99	100
	0	0	0	0	0	0	0	0	0	0	0	0	0	0	0	0	0	0	0	0	0	0	0	0	0	0	0	0	0	0	0	0	0	0	0	0	0	0	0	0	0	0	0	0	0	0	0	0	0	0
	1	1	1	1	1	1	1	1	1	1	1	1	1	1	1	1	1	1	1	1	1	1	1	1	1	1	1	1	1	1	1	1	1	1	1	1	1	1	1	1	1	1	1	1	1	1	1	1	1	1
解	2	2	2	2	2	2	2	2	2	2	2	2	2	2	2	2	2	2	2	2	2	2	2	2	2	2	2	2	2	2	2	2	2	2	2	2	2	2	2	2	2	2	2	2	2	2	2	2	2	2
	3	3	3	3	3	3	3	3	3	3	3	3	3	3	3	3	3	3	3	3	3	3	3	3	3	3	3	3	3	3	3	3	3	3	3	3	3	3	3	3	3	3	3	3	3	3	3	3	3	3
答	4	4	4	4	4	4	4	4	4	4	4	4	4	4	4	4	4	4	4	4	4	4	4	4	4	4	4	4	4	4	4	4	4	4	4	4	4	4	4	4	4	4	4	4	4	4	4	4	4	4
	5	5	5	5	5	5	5	5	5	5	5	5	5	5	5	5	5	5	5	5	5	5	5	5	5	5	5	5	5	5	5	5	5	5	5	5	5	5	5	5	5	5	5	5	5	5	5	5	5	5
	6	6	6	6	6	6	6	6	6	6	6	6	6	6	6	6	6	6	6	6	6	6	6	6	6	6	6	6	6	6	6	6	6	6	6	6	6	6	6	6	6	6	6	6	6	6	6	6	6	6
欄	7	7	7	7	7	7	7	7	7	7	7	7	7	7	7	7	7	7	7	7	7	7	7	7	7	7	7	7	7	7	7	7	7	7	7	7	7	7	7	7	7	7	7	7	7	7	7	7	7	7
	8	8	8	8	8	8	8	8	8	8	8	8	8	8	8	8	8	8	8	8	8	8	8	8	8	8	8	8	8	8	8	8	8	8	8	8	8	8	8	8	8	8	8	8	8	8	8	8	8	8
	9	9	9	9	9	9	9	9	9	9	9	9	9	9	9	9	9	9	9	9	9	9	9	9	9	9	9	9	9	9	9	9	9	9	9	9	9	9	9	9	9	9	9	9	9	9	9	9	9	9

注意
1．各設問項目にはマークを一つだけつけること
2．この用紙を折り曲げたり汚したりしないこと
3．訂正時は消しゴムできれいに消し、消しくずを残さないこと
4．＊欄は記入指示があった場合のみ使用します

狭山ヶ丘高等学校（第2回推薦）　2021年度

◇国語◇

※141％に拡大していただくと，解答欄は実物大になります。

設問番号　1 ～ 50

設問	1	2	3	4	5	6	7	8	9	10	11	12	13	14	15	16	17	18	19	20	21	22	23	24	25	26	27	28	29	30	31	32	33	34	35	36	37	38	39	40	41	42	43	44	45	46	47	48	49	50
	0	0	0	0	0	0	0	0	0	0	0	0	0	0	0	0	0	0	0	0	0	0	0	0	0	0	0	0	0	0	0	0	0	0	0	0	0	0	0	0	0	0	0	0	0	0	0	0	0	0
	1	1	1	1	1	1	1	1	1	1	1	1	1	1	1	1	1	1	1	1	1	1	1	1	1	1	1	1	1	1	1	1	1	1	1	1	1	1	1	1	1	1	1	1	1	1	1	1	1	1
解	2	2	2	2	2	2	2	2	2	2	2	2	2	2	2	2	2	2	2	2	2	2	2	2	2	2	2	2	2	2	2	2	2	2	2	2	2	2	2	2	2	2	2	2	2	2	2	2	2	2
	3	3	3	3	3	3	3	3	3	3	3	3	3	3	3	3	3	3	3	3	3	3	3	3	3	3	3	3	3	3	3	3	3	3	3	3	3	3	3	3	3	3	3	3	3	3	3	3	3	3
答	4	4	4	4	4	4	4	4	4	4	4	4	4	4	4	4	4	4	4	4	4	4	4	4	4	4	4	4	4	4	4	4	4	4	4	4	4	4	4	4	4	4	4	4	4	4	4	4	4	4
	5	5	5	5	5	5	5	5	5	5	5	5	5	5	5	5	5	5	5	5	5	5	5	5	5	5	5	5	5	5	5	5	5	5	5	5	5	5	5	5	5	5	5	5	5	5	5	5	5	5
	6	6	6	6	6	6	6	6	6	6	6	6	6	6	6	6	6	6	6	6	6	6	6	6	6	6	6	6	6	6	6	6	6	6	6	6	6	6	6	6	6	6	6	6	6	6	6	6	6	6
欄	7	7	7	7	7	7	7	7	7	7	7	7	7	7	7	7	7	7	7	7	7	7	7	7	7	7	7	7	7	7	7	7	7	7	7	7	7	7	7	7	7	7	7	7	7	7	7	7	7	7
	8	8	8	8	8	8	8	8	8	8	8	8	8	8	8	8	8	8	8	8	8	8	8	8	8	8	8	8	8	8	8	8	8	8	8	8	8	8	8	8	8	8	8	8	8	8	8	8	8	8
	9	9	9	9	9	9	9	9	9	9	9	9	9	9	9	9	9	9	9	9	9	9	9	9	9	9	9	9	9	9	9	9	9	9	9	9	9	9	9	9	9	9	9	9	9	9	9	9	9	9

設問番号　51 ～ 100

設問	51	52	53	54	55	56	57	58	59	60	61	62	63	64	65	66	67	68	69	70	71	72	73	74	75	76	77	78	79	80	81	82	83	84	85	86	87	88	89	90	91	92	93	94	95	96	97	98	99	100
	0	0	0	0	0	0	0	0	0	0	0	0	0	0	0	0	0	0	0	0	0	0	0	0	0	0	0	0	0	0	0	0	0	0	0	0	0	0	0	0	0	0	0	0	0	0	0	0	0	0
	1	1	1	1	1	1	1	1	1	1	1	1	1	1	1	1	1	1	1	1	1	1	1	1	1	1	1	1	1	1	1	1	1	1	1	1	1	1	1	1	1	1	1	1	1	1	1	1	1	1
解	2	2	2	2	2	2	2	2	2	2	2	2	2	2	2	2	2	2	2	2	2	2	2	2	2	2	2	2	2	2	2	2	2	2	2	2	2	2	2	2	2	2	2	2	2	2	2	2	2	2
	3	3	3	3	3	3	3	3	3	3	3	3	3	3	3	3	3	3	3	3	3	3	3	3	3	3	3	3	3	3	3	3	3	3	3	3	3	3	3	3	3	3	3	3	3	3	3	3	3	3
答	4	4	4	4	4	4	4	4	4	4	4	4	4	4	4	4	4	4	4	4	4	4	4	4	4	4	4	4	4	4	4	4	4	4	4	4	4	4	4	4	4	4	4	4	4	4	4	4	4	4
	5	5	5	5	5	5	5	5	5	5	5	5	5	5	5	5	5	5	5	5	5	5	5	5	5	5	5	5	5	5	5	5	5	5	5	5	5	5	5	5	5	5	5	5	5	5	5	5	5	5
	6	6	6	6	6	6	6	6	6	6	6	6	6	6	6	6	6	6	6	6	6	6	6	6	6	6	6	6	6	6	6	6	6	6	6	6	6	6	6	6	6	6	6	6	6	6	6	6	6	6
欄	7	7	7	7	7	7	7	7	7	7	7	7	7	7	7	7	7	7	7	7	7	7	7	7	7	7	7	7	7	7	7	7	7	7	7	7	7	7	7	7	7	7	7	7	7	7	7	7	7	7
	8	8	8	8	8	8	8	8	8	8	8	8	8	8	8	8	8	8	8	8	8	8	8	8	8	8	8	8	8	8	8	8	8	8	8	8	8	8	8	8	8	8	8	8	8	8	8	8	8	8
	9	9	9	9	9	9	9	9	9	9	9	9	9	9	9	9	9	9	9	9	9	9	9	9	9	9	9	9	9	9	9	9	9	9	9	9	9	9	9	9	9	9	9	9	9	9	9	9	9	9

注意
1．各設問項目にはマークを一つだけつけること
2．この用紙を折り曲げたり汚したりしないこと
3．訂正時は消しゴムできれいに消し、消しくずを残さないこと
4．＊欄は記入指示があった場合のみ使用します

東京学参の
高校別入試過去問題シリーズ

＊出版校は一部変更することがあります。一覧にない学校はお問い合わせください。

東京ラインナップ

あ 愛国高校(A59)
青山学院高等部(A16)★
桜美林高校(A37)
お茶の水女子大附属高校(A04)
か 開成高校(A05)★
共立女子第二高校(A40)★
慶應義塾女子高校(A13)
啓明学園高校(A68)★
国学院高校(A30)
国学院大久我山高校(A31)
国際基督教大高校(A06)
小平錦城高校(A61)★
駒澤大高校(A32)
さ 芝浦工業大附属高校(A35)
修徳高校(A52)
城北高校(A21)
専修大附属高校(A28)
創価高校(A66)★
た 拓殖大第一高校(A53)
立川女子高校(A41)
玉川学園高等部(A56)
中央大高校(A19)
中央大杉並高校(A18)★
中央大附属高校(A17)
筑波大附属高校(A01)
筑波大附属駒場高校(A02)
帝京大高校(A60)
東海大菅生高校(A42)
東京学芸大附属高校(A03)
東京農業大第一高校(A39)
桐朋高校(A15)
都立青山高校(A73)★
都立国立高校(A76)★
都立国際高校(A80)★
都立国分寺高校(A78)★
都立新宿高校(A77)★
都立墨田川高校(A81)★
都立立川高校(A75)★
都立戸山高校(A72)★
都立西高校(A71)★
都立八王子東高校(A74)★
都立日比谷高校(A70)★
な 日本大櫻丘高校(A25)
日本大第一高校(A50)
日本大第三高校(A48)
日本大第二高校(A27)
日本大鶴ヶ丘高校(A26)
日本大豊山高校(A23)
は 八王子学園八王子高校(A64)
法政大高校(A29)
ま 明治学院高校(A38)
明治学院東村山高校(A49)
明治大付属中野高校(A33)
明治大付属八王子高校(A67)
明治大付属明治高校(A34)★
明法高校(A63)
わ 早稲田実業学校高等部(A09)
早稲田大高等学院(A07)

神奈川ラインナップ

あ 麻布大附属高校(B04)
アレセイア湘南高校(B24)
か 慶應義塾高校(A11)
神奈川県公立高校特色検査(B00)
さ 相洋高校(B18)
た 立花学園高校(B23)
桐蔭学園高校(B01)
東海大付属相模高校(B03)★
桐光学園高校(B11)
な 日本大高校(B06)
日本大藤沢高校(B07)
は 平塚学園高校(B22)
藤沢翔陵高校(B08)
法政大国際高校(B17)
法政大第二高校(B02)★
や 山手学院高校(B09)
横須賀学院高校(B20)
横浜商科大高校(B05)
横浜市立横浜サイエンスフロンティア高校(B70)
横浜翠陵高校(B14)
横浜清風高校(B10)
横浜創英高校(B21)
横浜隼人高校(B16)
横浜富士見丘学園高校(B25)

千葉ラインナップ

あ 愛国学園大附属四街道高校(C26)
我孫子二階堂高校(C17)
市川高校(C01)★
か 敬愛学園高校(C15)
さ 芝浦工業大柏高校(C09)
渋谷教育学園幕張高校(C16)★
翔凜高校(C34)
昭和学院秀英高校(C23)
専修大松戸高校(C02)
た 千葉英和高校(C18)
千葉敬愛高校(C05)
千葉経済大附属高校(C27)
千葉日本大第一高校(C06)★
千葉明徳高校(C20)
千葉黎明高校(C24)
東海大付属浦安高校(C03)
東京学館高校(C14)
東京学館浦安高校(C31)
な 日本体育大柏高校(C30)
日本大習志野高校(C07)
は 日出学園高校(C08)
や 八千代松陰高校(C12)
ら 流通経済大付属柏高校(C19)★

埼玉ラインナップ

あ 浦和学院高校(D21)
大妻嵐山高校(D04)★
か 開智高校(D08)
開智未来高校(D13)★
春日部共栄高校(D07)
川越東高校(D12)
慶應義塾志木高校(A12)
さ 埼玉栄高校(D09)
栄東高校(D14)
狭山ヶ丘高校(D24)
昌平高校(D23)
西武学園文理高校(D10)
西武台高校(D06)
た 東京農業大第三高校(D18)
は 武南高校(D05)
本庄東高校(D20)
や 山村国際高校(D19)
ら 立教新座高校(A14)
わ 早稲田大本庄高等学院(A10)

北関東・甲信越ラインナップ

あ 愛国学園大附属龍ヶ崎高校(E07)
宇都宮短大附属高校(E24)
か 鹿島学園高校(E08)
霞ヶ浦高校(E03)
共愛学園高校(E31)
甲陵高校(E43)
国立高等専門学校(A00)
さ 作新学院高校
（トップ英進・英進部）(E21)
（情報科学・総合進学部）(E22)
常総学院高校(E04)
た 中越高校(R03)＊
土浦日本大高校(E01)
東洋大附属牛久高校(E02)
な 新潟青陵高校(R02)
新潟明訓高校(R04)
日本文理高校(R01)
は 白鷗大足利高校(E25)
ま 前橋育英高校(E32)
や 山梨学院高校(E41)

中京圏ラインナップ

あ 愛知高校(F02)
愛知啓成高校(F09)
愛知工業大名電高校(F06)
愛知みずほ大瑞穂高校(F25)
暁高校（3年制）(F50)
鶯谷高校(F60)
栄徳高校(F29)
桜花学園高校(F14)
岡崎城西高校(F34)
か 岐阜聖徳学園高校(F62)
岐阜東高校(F61)
享栄高校(F18)
さ 桜丘高校(F36)
至学館高校(F19)
椙山女学園高校(F10)
鈴鹿高校(F53)
星城高校(F27)★
誠信高校(F33)
清林館高校(F16)★
た 大成高校(F28)
大同大大同高校(F30)
高田高校(F51)
滝高校(F03)★
中京高校(F63)
中京大附属中京高校(F11)★
中部大春日丘高校(F26)★
中部大第一高校(F32)
津田学園高校(F54)
東海高校(F04)★
東海学園高校(F20)
東邦高校(F12)
同朋高校(F22)
豊田大谷高校(F35)
な 名古屋高校(F13)
名古屋大谷高校(F23)
名古屋経済大市邨高校(F08)
名古屋経済大高蔵高校(F05)
名古屋女子大高校(F24)
名古屋たちばな高校(F21)
日本福祉大付属高校(F17)
人間環境大附属岡崎高校(F37)
は 光ヶ丘女子高校(F38)
誉高校(F31)
ま 三重高校(F52)
名城大附属高校(F15)

宮城ラインナップ

さ 尚絅学院高校(G02)
聖ウルスラ学院英智高校(G01)★
聖和学園高校(G05)
仙台育英学園高校(G04)
仙台城南高校(G06)
仙台白百合学園高校(G12)
た 東北学院高校(G03)★
東北学院榴ヶ岡高校(G08)
東北高校(G11)
東北生活文化大高校(G10)
常盤木学園高校(G07)
は 古川学園高校(G13)
ま 宮城学院高校(G09)★

北海道ラインナップ

さ 札幌光星高校(H06)
札幌静修高校(H09)
札幌第一高校(H01)
札幌北斗高校(H04)
札幌龍谷学園高校(H08)
は 北海高校(H03)
北海学園札幌高校(H07)
北海道科学大高校(H05)
ら 立命館慶祥高校(H02)

★はリスニング音声データのダウンロード付き。

都道府県別 公立高校入試過去問 シリーズ

- 全国47都道府県別に出版
- 最近数年間の検査問題収録
- リスニングテスト音声対応

公立高校入試対策 問題集シリーズ

- 目標得点別・公立入試の数学（基礎編）
- 実戦問題演習・公立入試の数学（実力錬成編）
- 実戦問題演習・公立入試の英語（基礎編・実力錬成編）
- 形式別演習・公立入試の国語
- 実戦問題演習・公立入試の理科
- 実戦問題演習・公立入試の社会

高校入試特訓問題集 シリーズ

- 英語長文難関攻略33選（改訂版）
- 英語長文テーマ別難関攻略30選
- 英文法難関攻略20選
- 英語難関徹底攻略33選
- 古文完全攻略63選（改訂版）
- 国語融合問題完全攻略30選
- 国語長文難関徹底攻略30選
- 国語知識問題完全攻略13選
- 数学の図形と関数・グラフの融合問題完全攻略272選
- 数学難関徹底攻略700選
- 数学の難問80選
- 数学 思考力―規則性とデータの分析と活用―

〈ダウンロードコンテンツについて〉

本問題集のダウンロードコンテンツ、弊社ホームページで配信しております。現在ご利用いただけるのは「2025年度受験用」に対応したもので、**2025年3月末日**までダウンロード可能です。弊社ホームページにアクセスの上、ご利用ください。

※配信期間が終了いたしますと、ご利用いただけませんのでご了承ください。

高校別入試過去問題シリーズ

狭山ヶ丘高等学校　2025年度

ISBN978-4-8141-3021-4

[発行所] 東京学参株式会社

〒153-0043　東京都目黒区東山2-6-4

書籍の内容についてのお問い合わせは右のQRコードから ⇒

※書籍の内容についてのお電話でのお問い合わせ、本書の内容を超えたご質問には対応できませんのでご了承ください。

2024年6月20日　初版